MÉMOIRES DE GUERRE

DU MÊME AUTEUR CHEZ TALLANDIER

Mes jeunes années, coll. « Texto », 2007.
Réflexions et aventures, coll. « Texto », 2008.
Discours de guerre, coll. « Texto », 2009.
Mon voyage en Afrique, coll. « Texto », 2010.
Journal politique, coll. « Texto », 2010.
Mémoires de guerre, 1919-1941, tome I, 2010 ; coll. « Texto », 2013.

WINSTON S. CHURCHILL

MÉMOIRES DE GUERRE

TOME II

Février 1941 – 1945

Texte établi, présenté et annoté par François Kersaudy

TEXTO
Le goût de l'histoire

Cet ouvrage est publié sur le conseil de Jean-Claude Zylberstein

Titre original : *Memoirs of the Second World War.*
An Abridgement of the Six Volumes of the Second World War.
© The Estate of Sir Winston S. Churchill.

Première édition en Grande-Bretagne par Cassell & Co Ltd., 1959.
© Pimlico edition, pour la présente édition en langue anglaise, 2002.

© Éditions Tallandier, 2010 pour la traduction
et l'édition en langue française, et 2013 pour la présente édition.
Cartographie © Florence Bonnaud/Éditions Tallandier, 2010.

2, rue Rotrou – 75 006 Paris
www.tallandier.com

AVERTISSEMENT

La Deuxième Guerre mondiale est une version abrégée par Denis Kelly des volumes suivants rédigés par sir Winston Churchill :
L'orage approche (1919 – 10 mai 1940)
L'Heure tragique (1940)
La Grande Alliance (1941)
Le Tournant du destin (1942 – juillet 1943)
L'étau se resserre (juillet 1943 – 6 juin 1944)
Triomphe et Tragédie (6 juin 1944 – 25 juillet 1945)

Des contraintes d'espace ont nécessité l'excision de nombreux passages de ces volumes, et il a fallu, pour respecter la chronologie et les proportions, remanier considérablement le reste du texte. Toutefois, en dehors d'un très petit nombre de phrases de liaison, cette version abrégée est entièrement écrite par sir Winston.

SOMMAIRE

Table des cartes 13
Avant-propos 15

LIVRE III
LA GRANDE ALLIANCE
1941-1942

Chapitre premier. La bataille de l'Atlantique 21
Chapitre II. La Yougoslavie et la Grèce 37
Chapitre III. Le flanc dans le désert. Rommel-Tobrouk 59
Chapitre IV. La Crète 69
Chapitre V. Ultime effort du général Wavell 85
Chapitre VI. La Némésis soviétique 103
Chapitre VII. Notre allié soviétique 121
Chapitre VIII. Ma rencontre avec Roosevelt 141
Chapitre IX. La Perse et le Moyen-Orient 153
Chapitre X. Pearl Harbor ! 171
Chapitre XI. Voyage dans un monde en guerre 183
Chapitre XII. Accord anglo-américain 199
Chapitre XIII. La chute de Singapour 213
Chapitre XIV. Le paradis des sous-marins 233
Chapitre XV. Victoires navales américaines. La mer
   de Corail et Midway 251
Chapitre XVI. « Un second front tout de suite ! » 271
Chapitre XVII. Ma seconde visite à Washington – Tobrouk .. 285

SOMMAIRE

Chapitre XVIII. La motion de censure 303

Chapitre XIX. La 8ᵉ armée aux abois 319

Chapitre XX. Mon voyage au Caire. Mutations dans le commandement 335

Chapitre XXI. Moscou. La première réunion 353

Chapitre XXII. Moscou. Des relations personnelles sont nouées 369

Chapitre XXIII. Tensions et suspense 385

Chapitre XXIV. La bataille d'El-Alamein 403

Chapitre XXV. La torche est allumée 413

Chapitre XXVI. La conférence de Casablanca 429

Chapitre XXVII. La Turquie, Stalingrad et Tunis 447

Chapitre XXVIII. L'Italie en ligne de mire 467

LIVRE IV
TRIOMPHE ET TRAGÉDIE
1943-1945

Chapitre premier. La conquête de la Sicile et la chute de Mussolini 485

Chapitre II. Ports artificiels 509

Chapitre III. L'invasion de l'Italie 525

Chapitre IV. Impasse en Méditerranée 537

Chapitre V. Les convois de l'Arctique 551

Chapitre VI. La conférence de Téhéran : l'ouverture 567

Chapitre VII. La conférence de Téhéran : apogée et conclusions 587

Chapitre VIII. Carthage et Marrakech 603

Chapitre IX. Le maréchal Tito ; les tourments de la Grèce 623

Chapitre X. L'opération d'Anzio 637

SOMMAIRE

Chapitre XI. « Overlord »	651
Chapitre XII. Rome et le Jour J	663
Chapitre XIII. De la Normandie à Paris	673
Chapitre XIV. L'Italie et le débarquement de Provence	691
Chapitre XV. Les victoires russes	713
Chapitre XVI. La Birmanie	733
Chapitre XVII. La bataille du golfe de Leyte	751
Chapitre XVIII. La libération de l'Europe occidentale	769
Chapitre XIX. Octobre à Moscou	781
Chapitre XX. Paris et les Ardennes	795
Chapitre XXI. Noël à Athènes	807
Chapitre XXII. Malte et Yalta : plan pour la paix mondiale	827
Chapitre XXIII. Russie et Pologne : la promesse soviétique	839
Chapitre XXIV. Le passage du Rhin	859
Chapitre XXV. Le rideau de fer	875
Chapitre XXVI. La capitulation allemande	899
Chapitre XXVII. L'abîme s'ouvre	923
Chapitre XXVIII. La bombe atomique	939
Index	961

TABLE DES CARTES

1. Les Balkans	48
2. La Grèce	52
3. La Crète et la mer Égée	71
4. La Syrie et l'Irak	83
5. L'attaque allemande en Russie	123
6. La Cyrénaïque	163
7. La bataille de l'Atlantique. Navires de commerce coulés par les U-Boat. Le paradis des U-Boat. 7 décembre 1941-31 juillet 1942	234
8. La bataille de l'Atlantique. Navires de commerce coulés par les U-Boat. La crise de la guerre des U-Boat. 1er août 1942-21 mai 1943	235
9. Le Pacifique	250
10. La mer de Corail	255
11. Le désert occidental	286
12. Le front d'El-Alamein : 23 octobre 1942	402
13. La côte d'Afrique du Nord	414
14. Le front russe, avril 1942-mars 1943	455
15. La bataille de l'Atlantique. Navires de commerce coulés par les U-Boat. La crise. 1er août 1942-21 mai 1943	486

TABLE DES CARTES

16. La bataille de l'Atlantique. Navires de commerce coulés par les U-Boat. La grande offensive air-mer. 22 mai 1943-18 septembre 1943 487

17. La bataille de l'Atlantique. Navires de commerce coulés par les U-boat. La troisième attaque contre les routes des convois. 19 septembre 1943-15 mai 1944 488

18. Italie du Sud : les opérations, de septembre à décembre 1943 530

19. Les opérations en Russie, juillet-décembre 1943 553

20. La Normandie 676

21. Opérations sur le front russe, juin 1944-janvier 1945 719

22. Birmanie, juillet 1944-janvier 1945 735

23. Bataille du golfe de Leyte, Philippines : approche et contact, 22-24 octobre 1944 761

24. Bataille du golfe de Leyte, Philippines : la phase décisive, 25 octobre 1944 762

25. Bataille du golfe de Leyte, Philippines : la poursuite, 26-27 octobre 1944 763

26. La contre-offensive de Rundstedt 799

27. L'invasion de l'Allemagne 897

28. Les zones d'occupation en Allemagne, comme convenu à Québec, en septembre 1944 905

29. Navires de commerce coulés par les U-Boat, janvier 1940-avril 1945 916

30. Le retrait des alliés occidentaux en juillet 1945 934

31. Zones d'occupation en Allemagne et en Autriche, finalement adoptées en juillet 1945 950

32. Les frontières de l'Europe centrale 953

AVANT-PROPOS

Le tome précédent a mené le lecteur de la fin de la Première Guerre mondiale jusqu'au début de la Seconde[1]. C'est que Winston Churchill, tout comme Charles de Gaulle, était persuadé qu'il existait une continuité absolue entre ces deux grandes conflagrations du XXe siècle. Le présent tome reprend donc la narration au milieu de l'année 1941, pour la mener à son terme en août 1945. Depuis les premiers épisodes, le mode de rédaction très personnel de l'auteur n'a guère varié, mais trois éléments au moins sont venus changer substantiellement la donne : d'une part, Churchill aborde désormais une période de guerre véritablement mondiale, avec l'entrée dans le conflit de l'URSS et des États-Unis, ce qui l'oblige à traiter de stratégies et de batailles dont il n'a pas eu directement connaissance ; d'autre part, au cours des années 1949 et 1950, alors que le gouvernement travailliste de M. Attlee peine à redresser le pays, les perspectives de retour au pouvoir des conservateurs se précisent, de sorte que l'écrivain Churchill doit bien souvent s'effacer devant le chef de l'opposition du même nom ; enfin, notre illustre guerrier-auteur-politicien a eu en 1949 un nouvel accident vasculaire qui l'a contraint à se ménager, tout en laissant planer un doute sur sa capacité à terminer l'immense œuvre d'historien entreprise deux ans plus tôt.

C'est pour toutes ces raisons qu'une partie croissante

---

1. Winston Churchill, *Mémoires de guerre, 1919-1941*, Tallandier, Paris, 2009 ; coll. « Texto », 2013.

du travail littéraire a été assumée par ses assistants du « consortium[1] », même si Churchill en est resté le grand ordonnateur et l'ultime rédacteur. Comment en douter, lorsqu'on lit des passages comme celui-ci, concernant le printemps de 1945 : « Avec le recul, nous distinguons pleinement le mortel abîme qui sépara le moment où les forces du président Roosevelt déclinèrent de celui où le président Truman commença à saisir toute l'immensité des problèmes mondiaux. Dans ce triste vide, l'un ne pouvait agir et l'autre ne pouvait savoir. » Ou bien cet hommage à son médecin lord Moran : « À ses soins diligents, je dois probablement la vie. Bien que je n'aie pu le persuader de suivre mes conseils lorsqu'il était malade, et qu'il n'ait pu toujours compter sur mon obéissance inconditionnelle à toutes ses instructions, nous sommes devenus de fidèles amis. De plus, nous avons survécu tous les deux. » Ou encore cette confidence au lecteur, faisant suite à la citation de sa lettre de déclaration de guerre aux autorités japonaises : « Certaines personnes se sont offusquées du style cérémonieux de la missive. Mais après tout, lorsqu'on doit tuer un homme, il ne coûte rien d'être poli. »

Comme pour le tome précédent, Churchill doit accepter bien des contraintes lors de la rédaction de ces prodigieux *Mémoires* : l'*Official Secrets Act*, qui lui interdit de mentionner quelques lourds secrets de la guerre comme « Ultra » ou « Bodyguard » ; la susceptibilité des ministres, des chefs d'état-major et des diplomates ayant pris part au conflit, qui l'amène à tempérer bien des commentaires acerbes ; la censure du gouvernement, du roi, de son épouse et de ses propres assistants ; et bien sûr les répercussions diplomatiques éventuelles de ses propos, dont l'importance est encore accrue lorsque Churchill revient au pouvoir en 1951. C'est ainsi qu'il écrit à son secrétaire dès la fin de 1952 : « Comme Eisenhower a remporté l'élection, il va falloir faire de larges coupes dans le

---

1. Voir introduction dans *Idem*, p. 17.

volume VI des *Mémoires de Guerre*, et il sera impossible de raconter l'épisode de l'abandon par les Américains de vastes portions de l'Europe [...] pour plaire aux Russes, ou d'évoquer la méfiance avec laquelle ils ont accueilli à l'époque mes appels à la prudence. » C'est ainsi que la vérité historique de 1945 devra s'incliner devant les nécessités politiques de 1952 – même si Churchill possède au plus haut point l'art de laisser entendre ce qu'il ne peut dire explicitement...

Dans cette seconde partie des *Mémoires de Guerre*, le lecteur français pourra apprécier à nouveau le caractère somptueux de la prose churchillienne – un privilège réservé jusqu'à présent aux lecteurs de la version originale anglaise. C'est que les traductions de 1951 ne s'étant guère améliorées par rapport à celles de 1948, on retrouvait dans les volumes ultérieurs de l'édition française la langue fragile, les expressions familières, les approximations et les contresens désastreux émaillant les premiers tomes[1]. Par

---

1. – Dans la première catégorie : « Si nous avions succombé pour jamais » ; « Des commandos et des paratroupes » ; « Une conférence lourde de destinée » ; « des avions terrestres » ; « Je m'engageai à travers la rue » ; « des attaques d'amollissement » ; « un académicien âgé, à la barbe grise de beaucoup de charme et de valeur » ; « Il nous fallait occuper aussi grand que possible de l'Autriche » ; « Ils s'étaient rencontrés avec le gouvernement de Lublin ».

– Dans la deuxième catégorie : « un autre son de cloche » ; « avant de frapper son coup » ; « quelque chose comme ça » ; « Brooke répondit sec » ; « si cela nous chantait » ; « un général russe du coin » ; « pour cogner sur Hitler ». (Mais en contraste brutal : « C'était la seule question pour laquelle ils se passionnassent. »)

– Dans la troisième catégorie : *In late summer* : « L'été précédent » ; *The Foreign Secretary* : « Le secrétaire d'État à la Guerre » ; *British servicemen* : « les hommes de service britanniques » ; *The Eastern Mediterranean* : « La Méditerranée occidentale » ; *The Head of the fourth power in the world* : « le chef des quatre grandes puissances du monde » ; *Eventually* : « éventuellement » ; *The vanished enemy* : « l'ennemi vaincu » ; *That night* : « le soir-même » ; *Tunis* : « la Tunisie » ; *Soviet policy* : « la politique des Soviets » ; *The breastplates* : « les casques » ; *During the summer* : « au cours de

chance, le comité Nobel suédois ne s'est intéressé qu'au texte anglais, ce qui lui a permis de saluer l'œuvre d'un « maître de la description historique et biographique » en même temps que sa « brillante éloquence au service des grandes valeurs de l'humanité[1] ». Il faut entendre par là que le prix Nobel décerné à Churchill en 1953 s'adressait autant à l'auteur de 28 ouvrages qu'à l'orateur qui avait prononcé 2 563 discours en un peu plus d'un demi-siècle[2]. En l'occurrence, l'auteur se distinguait d'autant moins de l'orateur que Churchill avait pour habitude de dicter ses livres et d'écrire ses discours ; du reste, c'est bien le maître de la description historique qui avait rédigé ces propos bien avant de les prononcer : « L'histoire, avec sa lampe vacillante, avance d'un pas incertain sur les chemins du passé, en s'efforçant de reconstruire ses scènes, de raviver ses échos, et de faire revivre avec de pâles lueurs les passions des jours révolus. » Un homme capable de concevoir d'aussi belles phrases après avoir accompli de si grands exploits justifie amplement ce jugement définitif du général de Gaulle, son vieux compagnon de guerre : « Winston Churchill fut le grand champion d'une grande entreprise et le grand artiste d'une grande Histoire. »[3]

François KERSAUDY

---

l'hiver » ; *A goldfish* : « un poisson doré » ; *A petrol engine* : « un appareil à pétrole » ; *Anyone could say* : « Personne n'avait le droit de dire ». *And* était presque systématiquement traduit par « ou » et *or* par « et ». *A pistol* devenait « un revolver », tandis que *a revolver* se transformait en « un pistolet » – et on trouvait même « un revolver automatique » !

1. L'académicien suédois Sigfried Siwertz avait ajouté, lors de la remise du prix Nobel à Stockholm : « Un prix littéraire est censé faire honneur à l'auteur, mais en l'occurrence, c'est l'auteur qui fait honneur au prix. »

2. Une traduction française des plus beaux discours de Churchill est publiée par les éditions Tallandier (coll. « Texto », 2009 et 2010).

3. Dans le texte, les notes de Churchill sont indiquées par un astérisque, celles du commentateur par des chiffres.

LIVRE III

LA GRANDE ALLIANCE

1941-1942

CHAPITRE PREMIER

LA BATAILLE DE L'ATLANTIQUE

La seule chose qui m'ait vraiment effrayé au cours de la guerre, ce fut la menace des sous-marins. Même avant la bataille d'Angleterre, je pensais que l'invasion était condamnée à échouer. Après la victoire aérienne, les choses se présentaient bien pour nous ; c'était même le genre de combat que l'on devait être satisfait de livrer dans les conditions cruelles de la guerre. Mais à présent, nos lignes d'approvisionnement vitales, même sur les vastes étendues des océans et surtout aux approches de notre île, se trouvaient en péril. Cette bataille m'inquiétait davantage encore que le glorieux affrontement aérien qu'avait été la bataille d'Angleterre.

L'Amirauté, avec laquelle j'entretenais les contacts les plus étroits et les plus amicaux, partageait d'autant plus ces craintes que sa première responsabilité était de préserver nos rivages de l'invasion et de garder nos lignes d'approvisionnement ouvertes sur le monde extérieur. Cela avait toujours été reconnu par la Marine comme étant son devoir suprême, sacré et incontournable. Nous dûmes donc méditer longuement et profondément sur ce problème ; il ne se présentait pas sous l'aspect de batailles flamboyantes et de brillants exploits, mais sous forme de statistiques, de diagrammes et de courbes inconnus de la nation et incompréhensibles pour le grand public.

De combien la guerre sous-marine réduirait-elle nos importations et notre flotte de transport ? Cela atteindrait-il un point tel que nos vies en seraient anéanties ? Il n'y avait là aucune place pour les postures ou les coups d'éclat ; seul le tracé froid et lent des lignes sur les cartes marines, qui faisait apparaître le danger d'asphyxie potentielle. Au regard de ces faits, peu importait le courage des armées prêtes à bondir sur l'envahisseur, ou un bon plan pour la guerre dans le désert. L'esprit noble et loyal du peuple ne comptait pour rien dans ce sombre domaine. Ou bien les vivres, les approvisionnements et les armes nous parvenaient du Nouveau Monde et de l'empire britannique en traversant les océans, ou bien ils n'arrivaient pas. Maîtres de toute la côte française depuis Dunkerque jusqu'à Bordeaux, les Allemands se hâtèrent de construire en territoire occupé des bases pour leurs sous-marins et pour l'aviation d'appui. À partir de juillet, nous fûmes forcés de détourner nos navires marchands des approches méridionales de l'Irlande, où nous n'avions évidemment pas le droit de baser des avions de chasse. Tout devait arriver par l'Irlande du Nord. Là, grâce à Dieu, l'Ulster veillait en sentinelle fidèle. La Mersey et la Clyde étaient les poumons qui nous permettaient de respirer. Sur la côte Est et dans la Manche, de petits navires continuaient à naviguer sous la menace sans cesse croissante des avions, des *E-Boote** et des mines, de sorte que le passage entre le Forth et Londres devint à lui seul une opération de guerre presque quotidienne.

Les pertes infligées à notre marine marchande devinrent gravissimes entre juillet 1940 et juillet 1941 – après quoi nous pûmes prétendre avoir gagné la bataille de l'Atlantique. La semaine qui s'achevait le 22 septembre 1940 fut la pire depuis le début de la guerre, et les torpillages furent plus nombreux que ceux que nous avions subis durant une période comparable de 1917. La pression ne cessait de croître et nos pertes en navires dépassaient effroyablement les nouvelles constructions ; les vastes ressources des États-Unis ne se mobilisaient que très lentement ; nous ne pouvions plus espérer l'aubaine

---

* *E-Boot* = l'équivalent allemand d'un *light coastal craft* anglais.

de l'acquisition d'un grand nombre de navires, telle que celle qui avait suivi l'invasion de la Norvège, du Danemark et des Pays-Bas au printemps de 1940. Vingt-sept navires furent coulés, dont beaucoup dans un convoi venant de Halifax, et en octobre, les sous-marins décimèrent un autre convoi dans l'Atlantique, coulant vingt navires sur trente-quatre. En novembre et décembre 1940, les atterrages et les estuaires de la Mersey et de la Clyde surpassèrent en importance vitale tous les autres facteurs de la guerre. Nous aurions naturellement pu, à ce moment-là, attaquer l'Irlande de De Valera et reprendre ses ports du sud par la force des armes modernes. J'avais toujours déclaré que rien d'autre que notre ultime survie ne me conduirait à prendre cette décision. Du reste, même cette mesure radicale n'aurait apporté qu'une atténuation. Le seul remède sûr était de garantir la liberté d'entrée et de sortie dans la Mersey et dans la Clyde. Chaque jour, lorsqu'ils se rencontraient, les initiés échangeaient des regards éloquents. On imagine un scaphandrier par grande profondeur, dépendant à chaque minute de son tuyau d'arrivée d'air. Que ressentirait-il en voyant une meute croissante de requins mordre le tuyau ? Et ce, d'autant plus qu'il n'aurait aucune possibilité d'être hissé à la surface ! Car pour nous, il n'y avait pas de surface ; et le scaphandrier, c'était quarante-six millions de personnes dans une île surpeuplée, occupées à gérer la guerre dans le monde entier et ancrées au fond de la mer par la nature et par la gravité. Que feraient les requins de son tuyau d'arrivée d'air ? Comment pourrait-il les repousser ou les détruire ?

L'attaque des sous-marins revêtait un autre aspect. Au début, l'Amirauté n'avait naturellement pensé qu'à amener les navires aux ports sains et saufs, mesurant ses succès d'après la réduction du nombre de torpillages. Mais la question se posait désormais tout autrement ; nous comprenions tous que la vie et l'effort de guerre de notre pays dépendaient également du tonnage des importations effectivement débarquées. Dans la semaine du 2 au 8 juin, au plus fort de la bataille de France, nous avions fait rentrer dans le pays 1 250 000 tonnes de marchandises, sans compter le pétrole. Après ce chiffre record, les importations étaient descendues à moins de 750 000 tonnes par semaine. Des progrès substantiels avaient certes été faits en août, mais la moyenne hebdomadaire était ensuite retombée, et pour les trois derniers mois de l'année, elle ne dépassa guère les 800 000 tonnes. J'étais de plus en plus préoccupé par cette chute inquiétante des importations. « Je constate, écrivis-je au premier lord à la mi-février 1941, que les entrées de navires chargés en janvier ont été inférieures de moitié à ce qu'elles étaient en janvier dernier. »

L'ampleur et le perfectionnement même de nos mesures de protection – convois, déroutements, démagnétisation, et dragage de mines, détours pour éviter la Méditerranée, allongement en durée et en distance de la plupart des parcours, retards subis dans les ports à cause des bombardements et du black-out – tout contribuait à réduire le rendement de notre flotte de transport encore plus sérieusement que les pertes réelles. Chaque semaine, nos ports étaient plus engorgés et nos retards plus considérables. Au début de mars, plus de 2 600 000 tonnes de vaisseaux endommagés s'étaient accumulés, dont plus de la moitié était immobilisée pour les besoins de la réparation.

Au fléau des sous-marins s'ajoutèrent bientôt les attaques des avions à grand rayon d'action, qui s'étendaient très loin sur l'océan. Le plus redoutable d'entre eux était le Focke-Wulf 200, *Condor*, dont il n'existait heureusement qu'un très petit nombre au début. Ces appareils pouvaient partir de Brest ou de Bordeaux, faire le tour des îles Britanniques, refaire le plein en Norvège et effectuer leur retour le lendemain. En chemin, ils étaient capables de repérer loin au-dessous d'eux les très grands convois de quarante à cinquante navires que la pénurie d'escorteurs nous avait forcés à constituer. Ils pouvaient attaquer à la bombe ces convois ou des bâtiments isolés, ou encore en signaler la position à des sous-marins aux aguets capables de les intercepter.

De puissants croiseurs allemands étaient également actifs. Le *Sheer* se trouvait à présent dans l'Atlantique Sud, faisant route vers l'océan Indien ; en trois mois, il devait détruire dix navires, pour un total de soixante mille tonneaux, puis réussir à regagner l'Allemagne. Le croiseur *Hipper* s'abritait à Brest. À la fin de janvier, les croiseurs de bataille *Scharnhorst* et *Gneisenau*, ayant enfin réparé les dommages subis en Norvège, reçurent l'ordre d'effectuer un raid dans l'Atlantique Nord, tandis que le *Hipper* opérerait sur la route de la Sierra Leone. Au cours de leur périple de deux mois, le *Scharnhorst* et le *Gneisenau* coulèrent ou arraisonnèrent vingt-deux navires, jaugeant au total 115 000 tonnes. Le *Hipper* tomba près des Açores sur un convoi revenant de Sierra Leone, qui n'avait pas encore été rejoint par son escorte. Au cours d'une attaque féroce qui dura une heure, il détruisit sept des dix-neuf navires, ne fit aucune tentative pour recueillir les survivants et rallia Brest deux jours plus tard. Ces redoutables vaisseaux nous obligeaient à utiliser pour les escortes la presque totalité de nos grandes unités. Il se trouva un moment où le commandant en chef de la Home Fleet ne disposait plus que d'un seul cuirassé...

Le *Bismarck* n'était pas encore en service. L'Amirauté allemande aurait dû attendre son achèvement, ainsi que celui de son frère, le *Tirpitz*. Hitler n'aurait pu employer plus efficacement ces deux bateaux géants qu'en les gardant prêts à agir dans la Baltique, tout en faisant courir de temps à autre le bruit qu'ils étaient sur le point d'effectuer une sortie. Nous aurions ainsi été contraints de garder concentrés à Scapa Flow ou aux environs tous les navires modernes dont nous disposions, et l'ennemi aurait eu tous les avantages que confère le choix du moment, sans les inconvénients de rester perpétuellement sur le qui-vive. Comme les navires doivent passer périodiquement en radoub, il nous aurait été à peu près impossible de conserver une marge de supériorité raisonnable, et le premier accident sérieux l'aurait réduite à néant.

*
* *

Cet angoissant problème m'avait hanté jour et nuit. À cette époque, ma ferme et unique espérance de victoire dépendait de notre capacité à soutenir une guerre longue et incertaine, jusqu'à ce que nous ayons acquis une supériorité aérienne écrasante et que d'autres grandes puissances se soient rangées à nos côtés. Mais ce danger mortel qui menaçait nos lignes d'approvisionnement vitales me rongeait les entrailles. Au début de mars, l'amiral Pound annonça au Cabinet de guerre des pertes exceptionnellement lourdes. J'avais déjà vu les chiffres et, après notre réunion qui se tenait dans le bureau du Premier ministre à la Chambre des communes, je dis à Pound : « Nous devons élever cette affaire au plus haut niveau, au-dessus de tout le reste. Je vais proclamer la "bataille de l'Atlantique". » Cette expression, comme celle de « bataille d'Angleterre » neuf mois plus tôt, était destinée à concentrer l'attention de tous les esprits et de tous les services ministériels concernés sur la guerre sous-marine.

Afin de suivre personnellement la question au plus près, de donner en temps utile des directives propres à éliminer les difficultés et les résistances, enfin de pousser à l'action les multiples départements et sections ministériels impliqués, je créai le Comité de la bataille de l'Atlantique. Il se réunissait chaque semaine, et ses séances étaient suivies par tous les ministres et hauts fonctionnaires concernés, tant civils que militaires. En général, elles ne duraient pas moins de deux heures et demie. L'ensemble du problème était examiné et débattu, rien n'était entravé faute de décision. À travers les innombrables rouages de notre machine de guerre, qui comptait des milliers d'hommes capables et dévoués, une nouvelle échelle de valeurs était fixée et des regards perçants convergeaient de cent directions différentes.

C'est alors que les sous-marins commencèrent à employer de nouvelles méthodes d'agression, connues sous le nom de « tactique de meute ». Le principe consistait à lancer depuis des directions différentes les attaques coordonnées de plusieurs sous-marins. À l'époque, ces attaques s'effectuaient généralement de nuit, les sous-marins opérant en surface et à pleine vitesse. Seuls les destroyers étaient capables de les rattraper rapidement, et l'asdic était pratiquement impuissant. La solution résidait non seulement dans la multiplication des escortes rapides, mais plus encore dans la mise au point d'un radar efficace, capable de nous avertir de leur approche. Les scientifiques, les marins et les aviateurs y travaillaient de leur mieux, mais les résultats étaient longs à venir. Il nous fallait aussi une arme aérienne capable de détruire les sous-marins en surface, et du temps pour entraîner nos forces à son emploi. Lorsqu'enfin ces deux problèmes furent résolus, les sous-marins durent reprendre leurs attaques en plongée, où l'on pouvait les affronter avec les anciennes méthodes qui avaient fait leurs preuves. Mais il fallut deux années de plus pour y arriver.

Entre-temps, la nouvelle tactique de meute imaginée par l'amiral Dönitz, chef de l'arme sous-marine et lui-même commandant de submersible pendant la guerre précédente, fut vigoureusement mise en œuvre par le redoutable Prien et par les autres commandants d'élite. Mais bientôt sonna l'heure du châtiment : le 8 mars, l'*U.47* de Prien fut coulé avec tout son équipage par le destroyer *Wolverine* ; neuf jours plus tard, l'*U.99* et l'*U.100* furent coulés à leur tour, alors qu'ils exécutaient une attaque coordonnée contre un convoi. Tous deux étaient commandés par des officiers d'exception, et leur disparition eut une répercussion marquée sur l'évolution de la lutte. Peu des commandants de sous-marins qui leur succédèrent les égalaient en adresse et en audace impitoyables. Cinq submersibles furent détruits en mars dans les atterrages de l'Ouest, et en dépit de pertes très sérieuses s'élevant à 243 000 tonnes du fait des sous-marins et à 113 000 tonnes du fait de l'aviation, on peut dire que la première reprise de la « bataille de l'Atlantique » se termina par un match nul.

Trouvant les atterrages occidentaux trop malsains, les sous-marins se mirent à opérer plus à l'ouest, là où seuls quelques rares bâtiments de notre flotille d'escorte pouvaient les atteindre et notre aviation était dans l'impossibilité d'agir, les ports du sud de l'Irlande nous étant fermés. Les escortes venues du Royaume-Uni ne pouvaient protéger nos convois que sur le quart environ de la route de Halifax. Au début d'avril, une meute de sous-marins s'en prit à un convoi par 28° de longitude ouest, avant que l'escorte ne l'ait rejoint. Dix navires sur vingt-deux furent coulés, contre un seul sous-marin perdu. Il nous fallait coûte que coûte étendre notre rayon de protection, faute de quoi nos jours étaient comptés.

Entre le Canada et la Grande-Bretagne se trouvent les îles de Terre-Neuve, du Groenland et de l'Islande. Toutes se situent en bordure de la route la plus courte – dite du « grand cercle » – entre Halifax et l'Écosse. Des forces établies sur ces « pierres de gué » pouvaient contrôler par secteurs la totalité du parcours ; le Groenland était entièrement dépourvu de ressources, mais les deux autres îles pouvaient être rapidement mises à profit. Quelqu'un a dit : « Quiconque possède l'Islande tient un pistolet braqué sur l'Angleterre, l'Amérique et le Canada. » Voilà pourquoi, en accord avec sa population, nous avions occupé l'Islande après l'invasion du Danemark en 1940 ; en avril 1941, nous y installâmes des bases pour nos flottilles d'escorte et notre aviation. À partir de là, nous étendîmes le rayon d'action de nos escortes de surface jusqu'au 35e degré de longitude ouest. Malgré cela, il restait une brèche menaçante plus à l'ouest, que nous ne pouvions combler pour le moment. En mai, un convoi parti de Halifax fut sauvagement attaqué aux environs du 41e degré de longitude ouest, et il perdit neuf bateaux avant l'arrivée des secours.

À l'évidence, rien d'autre ne ferait l'affaire qu'une escorte sur la totalité du parcours entre le Canada et la Grande-Bretagne. Le 23 mai, l'Amirauté demanda donc aux gouvernements canadien et terre-neuvas la permission d'utiliser l'île de St. John à Terre-Neuve, comme base avancée pour nos forces d'escorte conjointes. Elle nous fut accordée sans délai, et à la fin du mois, la protection des convois sur l'ensemble du trajet était enfin assurée. Dès lors, la Marine royale canadienne assuma la responsabilité de la protection de nos convois, avec ses propres moyens, dans le secteur occidental de cette route maritime. Depuis la Grande-Bretagne et l'Islande, nous étions en mesure de couvrir le reste de la route. Pourtant, même ainsi, les forces dont nous disposions restaient dangereusement réduites et nos pertes s'élevaient rapidement. Entre mars et mai 1941, les sous-marins coulèrent, à eux seuls, 142 navires, jaugeant au total 818 000 tonnes, 99 d'entre eux étaient britanniques.

*
* *

Au milieu de cette tension croissante, le président, agissant dans le cadre des pleins pouvoirs que lui conférait la constitution américaine en tant que commandant en chef des forces armées, commença à nous apporter une aide militaire. Il résolut d'interdire aux sous-marins et aux raiders de surface allemands toute approche des côtes américaines, et de s'assurer que les armements qu'il expédiait en Angleterre parviendraient au moins à mi-parcours. À partir de plans élaborés de longue date naquit ainsi le vaste dessein d'une défense conjointe de l'océan Atlantique par les deux puissances de langue anglaise. De même que nous avions jugé nécessaire d'établir des bases en Islande, M. Roosevelt prit des mesures pour constituer sa propre base aérienne au Groenland. On savait que les Allemands avaient déjà installé des stations météorologiques sur la côte Est et en face de l'Islande ; son action arrivait donc à point. Grâce à d'autres décisions, non seulement nos navires marchands, mais aussi nos vaisseaux de guerre endommagés dans les durs combats de Méditerranée et d'ailleurs, purent désormais être réparés dans des chantiers navals américains, ce qui apporta un soulagement immédiat et bien nécessaire à nos propres capacités de réparation surmenées à l'extrême.

De grandes nouvelles arrivèrent au début d'avril ; le président me câbla le 11 avril que le gouvernement des États-Unis allait étendre ce qu'il appelait sa « zone de sécurité » et son secteur de patrouille, établis tout au début de la guerre, jusqu'à une ligne située vers le 26e degré de longitude ouest, et englobant toute la partie occidentale de l'Atlantique Nord. À cet effet, il se proposait d'employer des avions et des bâtiments de guerre opérant à partir du Groenland, de Terre-Neuve, de Nouvelle-Écosse, des États-Unis, des Bermudes, des Antilles et peut-être plus tard du Brésil. Il nous invitait à lui signaler dans le plus grand secret les mouvements de nos convois « de façon, ajoutait-il, à ce que nos unités en patrouille puissent repérer tout navire ou avion ennemi opérant à l'ouest de la nouvelle ligne des zones de sécurité ». De leur côté, les Américains communiquaient immédiatement la position de tout vaisseau ou de tout appareil présumé ennemi repéré dans leurs secteurs de patrouille. C'est avec un profond soulagement que je transmis ce télégramme à l'Amirauté.

Le 18 avril, le gouvernement des États-Unis annonça l'établissement de la ligne de démarcation entre les hémisphères Est et Ouest, mentionné par le président dans son message du 11. Cette ligne devint par la suite la frontière maritime virtuelle des États-Unis ; elle incluait dans la sphère américaine toutes les possessions britanniques situées sur le continent américain ou dans ses parages, le Groenland et les Açores, et elle fut rapidement déplacée vers l'est pour englober l'Islande. Selon les termes de cette déclaration, les navires de guerre américains patrouilleraient dans les eaux de l'hémisphère occidental et nous signaleraient au passage toute activité ennemie dans ces lieux. Mais les États-Unis restant une nation non belligérante, ils ne pouvaient à ce stade apporter à nos convois une protection directe ; l'unique responsabilité en incombait toujours à la Grande-Bretagne tout au long du parcours.

Les effets de la politique du président étaient considérables, et nous pûmes poursuivre notre lutte avec d'importantes parties de notre fardeau assumées par les marines canadienne et américaine. Les États-Unis se rapprochaient de plus en plus de la guerre, et ce raz de marée mondial fut encore accéléré par l'irruption du *Bismarck* dans l'Atlantique vers la fin de mai. Dans un discours radiodiffusé le 27 mai, le jour même où le *Bismarck* était coulé, le président déclara : « Il serait suicidaire d'attendre que l'ennemi se trouve à nos portes… Nous avons donc étendu notre zone de patrouille aux eaux de l'Atlantique Nord et Sud. » À la fin de son discours, le président proclama « l'état d'alerte nationale illimitée ».

Tout indique que les Allemands furent très ennuyés par cela ; les amiraux Raeder et Dönitz implorèrent le Führer de donner une plus grande latitude à leurs sous-marins, afin de leur permettre d'opérer vers les côtes américaines et d'attaquer les navires des Américains s'ils étaient escortés ou naviguaient tous feux éteints. Mais Hitler demeura inébranlable ; il redoutait toujours les conséquences d'une guerre avec les États-Unis, et tenait à ce que les forces allemandes évitent toute provocation.

L'extension des efforts de l'ennemi amenait ses propres correctifs. En juin, en dehors des unités à l'entraînement, les Allemands avaient environ trente-cinq sous-marins à la mer ; mais les nouvelles unités qui sortaient des chantiers excédaient leurs ressources en équipages bien entraînés et surtout en capitaines expérimentés. Les équipages « panachés » des nouveaux sous-marins, composés en grande partie d'hommes jeunes et peu entraînés, faisaient preuve de moins de mordant et de talent. De plus, l'extension de la bataille à des parties plus éloignées de l'océan rompait la dangereuse combinaison des submersibles et des avions. Peu d'appareils allemands avaient été équipés ou entraînés pour des opérations au-dessus de la mer. Néanmoins, au cours des mêmes mois de mars, avril et mai, 179 navires, représentant 545 000 tonnes, furent coulés par des attaques aériennes, la plupart au large de nos côtes. Sur ce total, 40 000 tonnes en tout furent détruites pendant deux violents bombardements effectués sur les docks de Liverpool, au début de mai. J'étais heureux que les Allemands n'aient pas continué à pilonner cet objectif martyrisé. Pendant tout ce temps, les mines magnétiques avaient maintenu autour de nos côtes leur menace perfide et insidieuse, avec un succès inégal mais déclinant. Nous développâmes et étendîmes nos bases au Canada et en Islande aussi rapidement que possible, tout en programmant nos convois en conséquence ; nous augmentâmes la capacité des réservoirs de mazout de nos vieux destroyers, et donc leur rayon d'action. Le quartier général interarmes, récemment constitué à Liverpool, se consacrait corps et âme à la lutte. Au fur et à mesure que davantage d'escortes entraient en service et que les équipages gagnaient en expérience, l'amiral Noble les constituait en groupes permanents, dont chacun était sous les ordres d'un commandant de flottille. C'est ainsi que se créa l'esprit d'équipe et que les hommes s'habituèrent à travailler ensemble, en comprenant bien les méthodes de leur chef. Ces flottilles d'escorte devinrent de plus en plus efficaces, et à mesure que leur puissance augmentait, celle des sous-marins allemands déclinait.

En juin, nous reprîmes le dessus. Nous ne ménagions aucun effort pour perfectionner l'organisation de nos escortes de convois et pour développer de nouvelles armes et de nouveaux systèmes. Nous avions surtout besoin de navires d'escorte plus nombreux, plus rapides et pouvant tenir la mer plus longtemps, de plus d'avions à long rayon d'action, et par-dessus tout, de bons radars. Les avions basés à terre ne suffisaient pas et tous les convois avaient besoin d'avions embarqués pour repérer de jour n'importe quel sous-marin placé à distance d'attaque et le forcer à plonger, l'empêchant ainsi d'entrer en action ou de lancer des signaux pour attirer d'autres submersibles sur les lieux. Les chasseurs catapultés équipant les navires marchands ordinaires, ainsi que les navires convertis et armés par des équipages de la Royal Navy, ne tardèrent pas à affronter les attaques du Focke-Wulf. Au début, le pilote, lancé comme un faucon sur sa proie, devait compter sur un des escorteurs pour lui sauver la vie en le repêchant. Le Focke-Wulf, de chasseur qu'il était, devint progressivement le gibier. L'invasion de la Russie par Hitler l'obligea à redéployer massivement ses avions, si bien qu'après le pic d'avril avec presque 300 000 tonnes coulées, nos pertes se réduisirent à environ un cinquième de ce chiffre au milieu de l'été.

Et voilà qu'à présent, le président prenait une autre initiative importante ; il décida d'établir une base en Islande. Il fut entendu que les forces américaines y relèveraient la garnison britannique. Elles arrivèrent sur place le 7 juillet, et l'île fut englobée dans le système défensif de l'hémisphère occidental. Dès lors, les convois américains escortés par des navires de guerre américains abordèrent régulièrement à Reykjavik et, bien que les États-Unis ne fussent toujours pas en guerre, ils acceptaient des navires étrangers pour la protection de leurs convois.

*
* *

Au paroxysme de cette bataille, je procédai à une des plus importantes et des plus heureuses nominations de mon administration de guerre. En 1930, alors que je n'occupais aucune fonction officielle, j'avais accepté, pour la seule et unique fois de ma vie, un poste d'administrateur de société ; c'était dans l'une des filiales de la vaste organisation de transport maritime qu'était la *Peninsular and Oriental Company* de lord Inchcape. Pendant huit ans, j'assistai régulièrement aux réunions mensuelles du conseil d'administration et m'acquittai de mes fonctions avec soin. Au cours de ces séances, je fis la connaissance d'un homme tout à fait remarquable ; il présidait trente ou quarante sociétés, celle à laquelle j'étais associé n'en étant qu'une petite entité. Je compris bien vite que Frederick Leathers était le cerveau et la cheville ouvrière de cette vaste organisation ; il savait tout et suscitait une confiance absolue. Depuis ma modeste place, je l'observai de près année après année, et je me dis : « Si jamais il devait y avoir une nouvelle guerre, voilà un homme qui jouera le même rôle que les grands capitaines d'industrie qui ont servi sous mes ordres au ministère de l'Armement en 1917 et 1918[1]. »

Leathers offrit ses services au ministère de la Marine marchande lors du déclenchement des hostilités en 1939. Nous n'eûmes guère de rapports lorsque j'étais à l'Amirauté, parce que ses fonctions étaient spécialisées et subordonnées ; mais à présent, en 1941, au milieu des affres de la bataille de l'Atlantique, alors qu'il s'agissait de coordonner l'organisation de nos transports maritimes, avec tous les mouvements de nos approvisionnements par route et chemin de fer à partir de nos ports dévastés, je songeai de plus en plus à cet homme. Le 8 mai, je fis appel à lui. Après bien des discussions, je parvins à fusionner le ministère de la Marine marchande et celui des Transports en une seule organisation embrassant l'ensemble du secteur ; je mis Leathers à sa tête, et pour lui donner l'autorité nécessaire, je créai la fonction de ministre des Transports de guerre. J'hésitais toujours à présenter à la Chambre des communes des collaborateurs dotés de hautes fonctions ministérielles, lorsqu'ils n'avaient pas acquis l'expérience de la vie parlementaire pendant de nombreuses années ; certains députés chevronnés sans responsabilités gouvernementales risquent de harceler le nouveau venu, qui sera toujours excessivement préoccupé par les discours à préparer et à prononcer. Je proposai donc à la Couronne de conférer la pairie au nouveau ministre.

Jusqu'à la fin des hostilités, lord Leathers devait conserver la direction du ministère des Transports de guerre, et

---

1. Churchill pense manifestement à sir Herbert Hambling, sir Keith Price, lord James Stevenson, sir Glynn West et sir Arthur Duckham, à l'époque responsables respectivement des finances, des explosifs, des munitions, des canons et des moteurs.

sa réputation ne fit que croître et embellir avec le passage des années. Il gagna la confiance des chefs d'état-major et de tous les ministères, et il entretint d'étroits et excellents rapports avec les dirigeants américains dans ce secteur vital de notre activité. Il se trouvait tout particulièrement en communion d'idées avec M. Lewis Douglas, du ministère de la Marine marchande des États-Unis, qui devait devenir plus tard ambassadeur à Londres. Leathers me fut d'une aide considérable dans la conduite de la guerre. Il était bien rare qu'il ne pût s'acquitter des lourdes tâches que je lui fixais ; à plusieurs reprises, lorsque tous les organismes bureaucratiques et ministériels avaient échoué devant les complications soulevées par le transport d'une division supplémentaire, ou par son transbordement de bateaux anglais sur des navires américains, ou par toute autre nécessité primordiale, je fis personnellement appel à lui, et les difficultés parurent s'évanouir comme par magie.

Tout au long de ces mois décisifs, les deux croiseurs de bataille *Scharnhorst* et *Gneisenau* restaient tapis à Brest. Ils paraissaient en mesure de gagner l'Atlantique à tout moment. C'est grâce à la Royal Air Force qu'ils demeuraient inactifs ; elle lança contre eux des attaques aériennes répétées, avec tant d'efficacité qu'ils restèrent paralysés pendant toute l'année. L'ennemi n'eut bientôt plus d'autre souci que de les rapatrier, mais même cela, il ne put le faire avant 1942. Nous verrons le moment venu ce qu'ont été les succès de la Marine et du Coastal Command de la R.A.F. ; comment nous nous sommes rendus maîtres des débouchés maritimes ; comment les Heinkel He-111 ont été abattus par nos chasseurs, et les *U-Boat* étranglés dans ces mêmes mers où ils tentaient de nous étrangler – jusqu'au moment où, de nos armes étincelantes, nous avons une fois encore nettoyé les atterrages de notre île[1].

---

1. L'expression « une fois encore » est certainement une référence à la Grande Guerre, où ce travail avait déjà été accompli pendant la dernière année du conflit.

Chapitre II

LA YOUGOSLAVIE ET LA GRÈCE

Le moment était venu de prendre une décision irrévocable concernant l'envoi en Grèce de l'armée du Nil. Cette grave mesure s'imposait non seulement pour aider la Grèce dans ses périls et ses tourments, mais aussi pour constituer, face à l'attaque allemande imminente, un front balkanique comprenant la Yougoslavie, la Grèce et la Turquie – avec sur la Russie soviétique des effets incommensurables ; ils auraient certainement été décisifs, si les dirigeants soviétiques s'étaient rendu compte de ce qui les attendait. Ce n'était pas ce que nous pouvions envoyer nous-mêmes qui déciderait du sort des Balkans ; notre espoir se bornait à susciter et à organiser l'unité d'action. Si, sur un coup de notre baguette magique, la Yougoslavie, la Grèce et la Turquie se mettaient à agir toutes de concert, il nous semblait que Hitler devrait soit renoncer aux Balkans pour le moment, soit engager une lutte si âpre avec nos forces combinées qu'il lui faudrait créer un front de première importance sur ce théâtre d'opérations. Nous ne savions pas alors qu'il était déjà profondément absorbé par la préparation de sa gigantesque invasion de la Russie. Si nous l'avions su, nous aurions eu plus de confiance dans le succès de notre politique ; nous aurions vu qu'il risquait de s'asseoir entre deux chaises et de compromettre sa suprême entreprise au profit d'un prélude balkanique. C'est effectivement ce qui arriva, mais nous ne pouvions le savoir à l'époque. Certains penseront que notre conception était juste ; elle était du moins meilleure que nous ne le pensions. Notre but était de stimuler et d'unir les efforts de la Yougoslavie, de la Grèce et de la Turquie ; notre devoir était d'aider les Grecs dans toute la mesure du possible. Nos quatre divisions du Delta étaient bien placées pour y contribuer.

*
* *

Le 1ᵉʳ mars, l'armée allemande commença à entrer en Bulgarie ; l'armée bulgare mobilisa et occupa des positions le long de la frontière grecque. Un mouvement général des forces allemandes vers le sud était en cours, aidé à tous égards par la Bulgarie. Le lendemain, M. Eden et le général Dill reprirent leurs conversations militaires en Athènes ; à la suite de ces entretiens, M. Eden nous expédia un message d'une extrême gravité, et nos opinions à Londres s'en trouvèrent sensiblement affectées. L'amiral Cunningham, bien que convaincu de la justesse de notre politique, ne nous cacha rien des risques navals considérables que cela impliquait en Méditerranée. Les chefs d'état-major énuméraient les divers facteurs qui militaient contre notre politique balkanique, et en particulier contre l'envoi d'une armée en Grèce. « Les risques de l'entreprise, concluaient-ils, se sont considérablement aggravés. » Mais ils ne croyaient pas pouvoir remettre en question l'opinion des experts militaires qui se trouvaient sur place, et qui estimaient que la situation n'était nullement désespérée.

Après avoir réfléchi seul aux Chequers le dimanche soir sur le tour qu'avait pris la discussion du matin au Cabinet de guerre, j'adressai le message suivant à M. Eden, qui venait de quitter Athènes pour Le Caire. C'était certes un revirement de ma part, mais j'assume toute responsabilité pour la décision qui fut prise en fin de compte, car je suis certain que j'aurais pu tout arrêter si j'avais eu la conviction que c'était nécessaire. Il est tellement plus facile d'arrêter que d'aller de l'avant.

« Nous avons fait de notre mieux pour promouvoir une coalition balkanique contre l'Allemagne. Nous devons avoir soin d'éviter de pousser la Grèce contre son gré à une résistance solitaire et désespérée, alors que nous n'avons que quelques poignées d'hommes en mesure de parvenir à temps sur ce théâtre. Nous soulevons de graves questions de relations impériales en engageant des troupes néo-zélandaises et australiennes dans une entreprise qui, comme vous le dites vous-même, est devenue encore plus risquée.

Nous devons affranchir les Grecs de l'impression qu'ils sont tenus de rejeter un ultimatum allemand. Si, de leur plein gré, ils décident de combattre, nous devons, dans une certaine mesure, partager leurs épreuves. Mais une avance allemande rapide empêchera probablement l'engagement de forces britanniques et impériales de quelque importance.

La perte de la Grèce et des Balkans ne serait nullement une catastrophe irréparable pour nous, à condition que la Turquie reste honnêtement neutre. Nous pourrions prendre Rhodes et envisager un coup de main sur la Sicile ou sur Tripoli. On nous signale de plusieurs côtés que notre éviction ignominieuse de Grèce nous ferait plus de tort en Espagne et à Vichy que la soumission des Balkans, que nous n'avons jamais été censés empêcher avec nos maigres forces seules. »

À ce document était joint le commentaire pessimiste des chefs d'état-major, résumé ci-dessus.

Notre ambassadeur à Athènes fut profondément affecté par mon télégramme d'avertissement :

« Comment, câbla-t-il au ministre des Affaires étrangères, pourrions-nous abandonner le roi de Grèce après que le commandant en chef et le chef d'état-major impérial lui ont donné l'assurance qu'il existe des chances raisonnables de succès ? Cela me paraît absolument inconcevable. Nous serions cloués au pilori par les Grecs et par le monde entier pour avoir manqué à notre parole. Il n'est pas question d'"affranchir les Grecs de l'impression qu'ils sont tenus de rejeter l'ultimatum". Ils sont décidés à combattre l'Allemagne, seuls si nécessaire. La question est de savoir si nous les aidons ou si nous les abandonnons. »

Le Cabinet de guerre résolut donc de ne prendre aucune décision avant réception d'une réponse de M. Eden à tous ces arguments ; elle arriva le lendemain. La partie principale était rédigée en ces termes :

> « La chute de la Grèce, sans autre effort de notre part pour la sauver par une intervention de nos forces terrestres alors qu'il est de notoriété publique que nos victoires en Libye ont libéré des effectifs, serait la pire des calamités. La Yougoslavie serait certainement perdue, et nous ne sommes même pas sûrs que la Turquie aurait la force de résister, si les Allemands et les Italiens s'installaient en Grèce sans le moindre effort de notre part pour les contrer. Sans doute notre prestige souffrira-t-il si nous sommes ignominieusement chassés, mais en tout état de cause, il sera moins désastreux pour nous d'avoir combattu et succombé en Grèce que d'avoir abandonné la Grèce à son sort. Dans l'état actuel des choses, nous sommes tous d'accord sur le fait qu'il est nécessaire d'appliquer le plan préconisé et d'aider la Grèce. »

Accompagné des chefs d'état-major, je soumis l'affaire au Cabinet de guerre – qui était constamment tenu au courant de l'évolution de la situation –, pour décision finale. En dépit du fait que nous ne pouvions envoyer plus d'aviation que les contingents déjà rassemblés et mis en route, il n'y eut parmi nous ni hésitations ni divergences. Personnellement, j'étais d'avis que nos hommes sur le terrain avaient dit tout ce qu'ils avaient sur le cœur ; à l'évidence, ils n'avaient nullement été influencés par des pressions politiques venant de métropole. Smuts, avec toute sa sagesse, son point de vue personnel et son regard nouveau, avait donné son assentiment. Et personne ne pouvait insinuer que nous nous étions imposés à la Grèce contre son gré ; nous n'avions forcé la main de personne. Il est bien certain que nous avions pour nous les plus hautes expertises en matière militaire, qui s'exprimaient en toute liberté et en pleine connaissance des hommes comme du terrain. Mes collègues, aguerris par les multiples risques que nous avions déjà affrontés avec succès, en étaient arrivés séparément aux mêmes conclusions. M. Menzies, sur qui reposait une charge particulièrement lourde, faisait preuve d'un grand courage ; tous brûlaient de passer à l'action. La séance du Cabinet fut courte, la décision définitive, la réponse brève :

« Les chefs d'état-major sont d'avis, compte tenu de l'opinion invariablement exprimée par les commandants en chef sur place, par le chef d'état-major impérial et par les commandants des unités à engager, qu'il y a lieu d'aller de l'avant. Le Cabinet a décidé de vous autoriser à poursuivre l'opération, et *ce faisant, il prend sur lui toutes les responsabilités**. Nous allons informer les gouvernements australien et néo-zélandais en conséquence. »

*
* *

Il me faut aborder à présent le destin de la Yougoslavie ; toute la défense de Salonique dépendait de son entrée en guerre à nos côtés, et il était vital de savoir ce qu'elle ferait. Le 2 mars, M. Campbell, notre ambassadeur à Belgrade, rencontra M. Eden à Athènes. Il lui dit que les Yougoslaves avaient peur de l'Allemagne et qu'ils étaient intérieurement déstabilisés par des difficultés politiques ; il y avait cependant une chance pour qu'ils soient disposés à nous aider s'ils connaissaient nos plans d'aide à la Grèce. Le 5 mars, le ministre des Affaires étrangères renvoya M. Campbell à Belgrade avec une lettre confidentielle pour le prince régent Paul. Elle laissait entrevoir le sort de la Yougoslavie aux mains des Allemands, et déclarait que la Grèce et la Turquie avaient l'intention de se battre si elles étaient attaquées ; dans ce cas, la Yougoslavie devrait se joindre à nous. Il fallait aussi faire savoir verbalement au régent que la Grande-Bretagne avait décidé d'aider la

---

* Souligné par moi – W.S.C.

Grèce avec des forces terrestres et aériennes, aussi puissamment et aussi rapidement que possible, et que si un officier d'état-major yougoslave pouvait être dépêché à Athènes, nous l'inviterions à participer à nos discussions.

Dans ce contexte, bien des choses dépendaient de l'attitude du régent. Le prince Paul avait un tempérament aimable et artistique, mais le prestige de la monarchie s'était estompé depuis longtemps, et il poussait maintenant la politique de neutralité jusqu'à ses limites. Il craignait en particulier que la moindre mesure prise par la Yougoslavie ou ses voisins n'incitât les Allemands à lancer une offensive vers le sud, dans les Balkans. Il déclina la proposition d'une visite de M. Eden. La peur régnait; ni les ministres ni les chefs des partis politiques n'osaient livrer leur pensée. Il y avait une exception : un général de l'armée de l'Air du nom de Simovic représentait les éléments nationalistes au sein du corps des officiers des forces armées; depuis le mois de décembre, son bureau était devenu un centre clandestin d'opposition à la pénétration allemande dans les Balkans, et à l'inertie du gouvernement yougoslave.

Le 4 mars, le prince Paul quitta Belgrade pour se rendre secrètement à Berchtesgaden et, soumis à une terrible pression, il s'engagea verbalement à ce que la Yougoslavie suive l'exemple de la Bulgarie. À son retour, au cours d'une réunion du Conseil royal et lors d'un entretien distinct avec les chefs politiques et militaires, il se heurta à une nette opposition. Les débats furent violents, mais l'ultimatum allemand était bien réel. Convoqué au Palais Blanc, résidence du prince Paul sur les collines au-dessus de Belgrade, le général Simovic se prononça fermement contre la capitulation; la Serbie n'accepterait pas une telle décision et la dynastie serait mise en péril. Mais de fait, le prince Paul avait déjà engagé son pays.

Dans la nuit du 20 mars, lors d'une réunion du cabinet, le gouvernement yougoslave décida d'adhérer au Pacte tripartite, mais cela provoqua la démission de trois ministres. Le 24 mars, le Premier ministre et le ministre des Affaires étrangères quittèrent furtivement Belgrade, et depuis une gare de banlieue, ils prirent le train pour Vienne. Le lendemain, à Vienne, ils signèrent le Pacte tripartite avec Hitler, et la cérémonie fut retransmise par la radio à Belgrade. Des rumeurs de catastrophe imminente se répandirent comme une traînée de poudre dans les cafés et les conclaves de la capitale yougoslave.

Dans le petit cercle des officiers qui entouraient Simovic, une action directe avait été envisagée depuis quelques mois, pour le cas où le gouvernement capitulerait devant l'Allemagne. Lorsque, dans la journée du 26 mars, la rumeur du retour des ministres commença à circuler dans Belgrade, les conspirateurs décidèrent de passer à l'action. Peu de révolutions se sont déroulées plus aisément ; il n'y eut pas d'effusion de sang. Certains officiers supérieurs furent mis aux arrêts. Le Premier ministre fut amené par la police au quartier général de Simovic et contraint de signer une lettre de démission. Le prince Paul fut informé que Simovic avait pris la tête du gouvernement au nom du jeune roi et que le Conseil de régence avait été dissous ; le prince fut ensuite conduit sous escorte au bureau du général Simovic ; en même temps que les deux autres régents, il signa l'acte d'abdication. On lui accorda quelques heures pour rassembler ses effets personnels et, en compagnie de sa famille, il quitta le pays la nuit même pour se rendre en Grèce.

Le plan avait été conçu et exécuté par un groupe très uni d'officiers serbes nationalistes qui s'étaient identifiés avec les véritables sentiments du public. Leur action déclencha une explosion d'enthousiasme populaire. Les rues de Belgrade furent bientôt remplies d'une foule de Serbes qui scandaient : « Plutôt la guerre que le pacte ; plutôt la mort que l'esclavage ! » On dansait sur les places publiques ; des drapeaux anglais et français apparaissaient partout ; l'hymne national serbe retentissait comme un défi, chanté par des foules courageuses et impuissantes. Le

28 mars, le jeune roi Pierre, qui s'était libéré de la tutelle de régence en descendant le long d'une gouttière, assista au service divin dans la cathédrale de Belgrade, au milieu de ferventes acclamations. Le ministre d'Allemagne fut insulté publiquement et la foule cracha sur sa voiture. L'exploit des militaires avait provoqué un renouveau de la vitalité nationale ; un peuple réduit à l'impuissance, jusqu'alors mal gouverné et mal dirigé, longtemps hanté par l'impression d'être pris au piège, lançait un défi aussi téméraire qu'héroïque au tyran et conquérant parvenu à l'apogée de sa puissance.

Hitler fut piqué au vif ; il eut un accès de cette rage convulsive qui lui faisait perdre momentanément la raison et le précipitait parfois dans ses entreprises les plus funestes. Hors de lui, il convoqua le haut commandement allemand. Göring, Keitel et Jodl étaient présents à la réunion, et Ribbentrop arriva plus tard. Hitler déclara que la Yougoslavie constituait un facteur d'incertitude dans la prochaine campagne contre la Grèce, et plus encore dans l'opération « Barbarossa » prévue ensuite contre la Russie. Il estima que c'était une chance que les Yougoslaves aient jeté le masque avant le déclenchement de l'opération « Barbarossa ». Pour Hitler, il fallait anéantir la Yougoslavie « militairement et en tant que nation » ; le coup devait être asséné avec une rigueur impitoyable. Les généraux passèrent la nuit à préparer les ordres d'opérations. La déposition de Keitel confirme l'opinion que nous avons toujours eue : le plus grand danger pour l'Allemagne était bien de voir « l'armée italienne prise à revers ». « La décision d'attaquer la Yougoslavie signifiait un bouleversement complet de tous les mouvements et plans militaires prévus à cette date. L'invasion de la Grèce devait être complètement remaniée. Il fallait amener de nouvelles forces du Nord à travers la Hongrie. Tout devait être improvisé. »

La Hongrie fut directement et immédiatement affectée ; même si le gros des colonnes allemandes contre les Yougoslaves allait manifestement traverser la Roumanie, toutes les lignes de communication passaient par le territoire hongrois. L'une des premières réactions du gouvernement allemand à la nouvelle des événements de Belgrade fut de dépêcher à Budapest par avion le ministre de Hongrie à Berlin, avec un message urgent pour l'amiral Horthy, régent de Hongrie :

> « La Yougoslavie va être anéantie, car elle vient de dénoncer publiquement la politique d'entente avec l'Axe. La majeure partie des forces armées allemandes devra traverser la Hongrie. Mais l'attaque principale n'aura pas lieu dans le secteur hongrois. Sur ce front, c'est l'armée hongroise qui devrait intervenir et, pour prix de sa coopération, la Hongrie sera en mesure de recouvrer les territoires qu'elle avait jadis été contrainte de céder à la Yougoslavie. Le temps presse. Une réponse affirmative immédiate est demandée*. »

La Hongrie était liée à la Yougoslavie par un pacte d'amitié signé en décembre 1940 seulement ; mais une opposition ouverte aux exigences allemandes ne pouvait que provoquer une occupation de la Hongrie par les Allemands, à la faveur des opérations militaires imminentes. Par ailleurs, la tentation était grande pour la Hongrie de récupérer sur ses frontières méridionales les territoires qu'elle avait perdus au bénéfice de la Yougoslavie, après la Première Guerre mondiale. Le comte Teleki, Premier ministre de Hongrie, n'avait cessé d'œuvrer pour conserver une certaine liberté d'action à son pays ; il n'était nullement convaincu que l'Allemagne gagnerait la guerre. À l'époque de la signature du Pacte tripartite, il ne se faisait guère d'illusions sur les perspectives d'indépendance de l'Italie en tant que partenaire de l'Axe. L'ultimatum d'Hitler exigeait la rupture de l'accord hungaro-yougoslave qu'il avait lui-même conclu. Mais l'initiative lui fut ravie par l'état-major général hongrois dont le chef, le général Werth – d'origine allemande –, s'entendit personnellement avec le

---

* Ullein REVICZY, *Guerre allemande : paix russe*, p. 89.

haut commandement allemand derrière le dos du gouvernement hongrois.

Aussitôt, Teleki dénonça les agissements de Werth comme une trahison ; dans la soirée du 2 avril 1941, il reçut du ministre de Hongrie à Londres un télégramme l'informant que le *Foreign Office* avait officiellement déclaré au ministre de Hongrie qu'au cas où la Hongrie participerait à une action quelconque contre la Yougoslavie, elle devrait s'attendre à une déclaration de guerre de la part de la Grande-Bretagne. La Hongrie avait donc le choix entre deux solutions : ou bien opposer une vaine résistance au passage des troupes allemandes, ou bien prendre ouvertement position contre les Alliés et trahir la Yougoslavie. Devant ce cruel dilemme, le comte Teleki ne vit qu'un moyen de sauver son propre honneur ; peu après 9 heures, il quitta le ministère des Affaires étrangères de Hongrie et se retira dans ses appartements du palais Sandor. Il y reçut un coup de téléphone ; on pense qu'il s'agissait d'un message l'avisant que les armées allemandes avaient déjà franchi la frontière hongroise. Quelques instants plus tard, il se donna la mort. Son suicide était un sacrifice expiatoire, destiné à dégager sa responsabilité et celle de son peuple dans l'attaque allemande contre la Yougoslavie. Ce geste le réhabilite devant l'histoire ; mais il ne pouvait arrêter la marche des armées allemandes, non plus que ses conséquences.

*
* *

Entre-temps, notre corps expéditionnaire à destination de la Grèce s'était mis en mouvement. Il comprenait, par ordre de débarquement, la 1re brigade blindée anglaise, la division néo-zélandaise et la 6e division australienne. Toutes ces unités avaient été entièrement équipées par des prélèvements effectués sur les autres formations du Moyen-Orient ; elles devaient être suivies par la brigade polonaise et la 7e division australienne. Le plan consistait à tenir la ligne de l'Aliakhmon, qui partait de l'embouchure de ce fleuve et s'étendait jusqu'à la frontière yougoslave, en passant par Verria et Edessa. Nos unités devaient rejoindre les forces grecques déployées sur ce front, qui équivalaient théoriquement à sept divisions, et seraient placées sous les ordres du général Wilson.

Les troupes grecques étaient bien moins nombreuses que ne l'avait promis à l'origine le général Papagos[1]. La grande majorité de l'armée grecque – quinze divisions environ – se trouvait en Albanie ; le reste était en Macédoine, d'où Papagos refusa de les retirer, et lorsque les Allemands attaquèrent, elles cessèrent de constituer une force organisée au bout de quatre jours de combat. Nos forces aériennes en Grèce ne comptaient que quatre-vingts avions opérationnels, contre une aviation allemande plus de dix fois supérieure en nombre. Le flanc gauche constituait le point faible de la position de l'Aliakhmon, parce qu'il pouvait être tourné par une avance allemande à travers le sud de la Yougoslavie. Il y avait eu peu de contacts avec l'état-major yougoslave, dont le plan de défense et le degré de préparation étaient inconnus des Grecs comme de nous-mêmes. On espérait cependant que, dans la région très difficile que les Allemands avaient à traverser, les Yougoslaves seraient au moins capables de retarder considérablement leur avance. Cet espoir devait s'avérer vain. Le général Papagos estima qu'il n'était pas possible de retirer des troupes d'Albanie pour s'opposer à ce mouvement tournant ; outre qu'une telle décision aurait eu un effet désastreux sur le moral des troupes, l'armée grecque était si mal équipée en moyens de transports et de transmissions qu'un repli général en présence de l'ennemi était impossible. Il avait certainement trop attendu pour prendre une décision. C'est dans ces circonstances que le 27 mars, notre 1re brigade blindée

---

1. Papagos a prétendu depuis que ce premier accord au sujet d'une résistance sur la ligne de l'Aliakhmon dépendait d'une entente avec le gouvernement yougoslave, qui n'eut jamais lieu.

Les Balkans

atteignit le secteur avancé, où elle fut rejointe quelques jours plus tard par la division néo-zélandaise.

La nouvelle de la révolution de Belgrade nous causa naturellement une grande satisfaction ; c'était là au moins un résultat tangible de nos efforts désespérés pour constituer un front allié dans les Balkans et empêcher que tous ces pays ne passent successivement sous l'emprise d'Hitler. Il fut décidé qu'Eden resterait à Athènes pour négocier avec la Turquie, et que le général Dill se rendrait à Belgrade. Chacun pouvait voir que la situation de la Yougoslavie était désespérée si toutes les puissances intéressées n'opposaient pas immédiatement un front commun à l'ennemi. Il restait toutefois aux Yougoslaves la possibilité de porter un coup mortel aux arrières très vulnérables des armées italiennes désorganisées en Albanie ; en agissant rapidement, ils pouvaient remporter un succès militaire de grande ampleur, et tandis que les Allemands ravageraient le nord de leur patrie, ils auraient la possibilité de s'emparer de masses de munitions et de matériel qui leur permettraient ensuite d'organiser la guérilla dans leurs montagnes, ce qui constituait à présent leur dernière chance. Le coup aurait été magnifique et aurait eu des répercussions sur l'ensemble du théâtre balkanique. À Londres, nous portions tous le même jugement sur la situation. La carte de la page 48 montre le mouvement que nous estimions réalisable.

Mais les erreurs de plusieurs années ne se réparent pas en quelques heures. Une fois l'excitation générale retombée, tous à Belgrade comprirent que le désastre et la mort étaient proches, et qu'ils ne pouvaient pas faire grand-chose pour échapper à leur destin. Le haut commandement pouvait enfin mobiliser ses troupes, mais il n'y avait pas de plan stratégique ; Dill ne trouva que confusion et paralysie. Le gouvernement yougoslave, essentiellement par crainte des effets sur la situation intérieure, était décidé à ne prendre aucune mesure susceptible d'être considérée par les Allemands comme provocatrice. Or, à ce moment précis, toute la puissance que pouvait concentrer l'Allemagne descendait vers lui comme une avalanche. On aurait pu croire, à voir l'attitude des ministres yougoslaves, qu'ils avaient des mois pour prendre une décision concernant la paix ou la guerre avec l'Allemagne; en fait, il ne leur restait que soixante-douze heures avant d'être submergés par l'assaut. Au matin du 6 avril, des bombardiers allemands firent leur apparition au-dessus de Belgrade. Venus par vagues successives d'aérodromes occupés en Roumanie, ils firent subir à la capitale yougoslave trois jours d'une attaque méthodique; rasant les toits sans avoir à redouter la moindre résistance, ils pilonnèrent impitoyablement la ville. Ce fut l'opération « Châtiment ». Lorsque, le 8 avril, le silence se fit enfin sur la ville, plus de dix-sept mille habitants de Belgrade gisaient morts dans les rues ou sous les décombres. Les animaux, échappés des cages fracassées du jardin zoologique, traversaient affolés ce cauchemar de fumée et de flammes; une cigogne blessée passait en clopinant devant l'hôtel principal de Belgrade, transformé en brasier; un ours hébété parcourait cet enfer sans comprendre, descendant vers le Danube d'un pas lent et maladroit. Il n'était pas le seul ours à n'y rien comprendre...

Alors que Belgrade était férocement bombardée, les armées allemandes déjà massées le long des frontières envahissaient la Yougoslavie, venant de plusieurs directions à la fois. L'état-major général yougoslave n'essaya pas de frapper sur les arrières des Italiens le seul coup qui pouvait être mortel; il se sentit contraint de ne pas abandonner la Croatie et la Slovénie, et dut en conséquence tenter de défendre l'ensemble de la frontière. Les quatre corps d'armée du Nord furent rapidement et irrésistiblement refoulés vers l'intérieur par les colonnes blindées allemandes, appuyées par les troupes hongroises qui avaient franchi le Danube, ainsi que par des unités allemandes et italiennes marchant sur Zagreb. Le gros des forces yougoslaves se trouva donc rejeté en désordre vers le sud, et le 13 avril, les Allemands firent leur entrée à Belgrade. Entre-temps, la XIIe armée allemande, concentrée en Bulgarie, s'était lancée contre la Serbie et la

Macédoine; elle était entrée à Monastir et à Yannina le 10, empêchant ainsi toute liaison entre les Yougoslaves et les Grecs, et dispersant les forces yougoslaves dans le sud.

Sept jours plus tard, la Yougoslavie capitulait.

Cet effondrement brutal anéantit le principal espoir des Grecs, illustrant une fois de plus la règle suivie par les Allemands : « Chacun son tour. » Nous avions fait de notre mieux pour mettre sur pied une action concertée, et nous avions échoué, sans que ce fût de notre faute. De sinistres perspectives s'ouvraient désormais devant nous. Cinq divisions allemandes – dont trois blindées – fonçaient vers le sud, en direction d'Athènes. Le 8 avril, il était clair que la résistance yougoslave cédait dans le sud et que le flanc gauche de la position de l'Aliakhmon allait être menacé sous peu. Le 10 avril, l'attaque commença sur notre flanc-garde ; elle fut stoppée en deux jours de durs combats, par un temps impossible.

Plus à l'ouest, il n'y avait qu'une division de cavalerie grecque assurant la liaison avec les forces en Albanie. Le général Wilson décida que ce flanc gauche, soumis à une très forte pression, devait être ramené en arrière ; le mouvement fut achevé le 13, mais, en l'exécutant, les divisions grecques commencèrent à se dissoudre. Dès lors, notre corps expéditionnaire se retrouva seul. Wilson, toujours menacé sur son flanc gauche, décida de se retirer sur les Thermopyles. Il en informa Papagos, qui approuva et suggéra lui-même à ce moment que les Britanniques évacuent la Grèce. Les quelques jours qui suivirent furent décisifs ; Wavell télégraphia le 16 pour annoncer que le général Wilson avait eu un entretien avec Papagos, qui déclara que l'armée grecque était soumise à une pression très forte et éprouvait des difficultés à maintenir sa cohésion, du fait des attaques aériennes. Les instructions données à Wilson par Wavell étaient de poursuivre le combat en coopération avec les Grecs, tant que ceux-ci étaient en état de résister, mais elles autorisaient tout nouveau repli qui serait jugé nécessaire. Des ordres avaient été donnés à tous les navires

La Grèce

en route vers la Grèce de virer de bord, aux autres de ne plus charger, et à ceux qui étaient déjà chargés ou en cours de chargement de procéder au déchargement. Face à ces nouvelles graves mais non inattendues, je fis savoir aussitôt que nous ne pouvions rester en Grèce contre le souhait du commandant en chef grec, exposant du même coup le pays à la dévastation, et que, si le gouvernement grec en était d'accord, l'évacuation devait commencer.

« La Crète, ajoutai-je, doit être occupée en force. »

Le 17, le général Wilson partit de Thèbes en automobile pour se rendre au palais de Tatoï, où il rencontra le roi, le général Papagos et notre ambassadeur. Il fut admis que la retraite sur la ligne des Thermopyles avait été la seule manœuvre réalisable. Le général Wilson se faisait fort de la tenir un certain temps. La discussion principale porta surtout sur la méthode à suivre pour mener à bien l'évacuation, et sur l'ordre dans lequel elle s'effectuerait. Le gouvernement grec ne comptait pas partir avant une semaine au moins.

Il a déjà été question de M. Korysis, le Premier ministre grec ; il avait été choisi pour combler le vide laissé par la mort de Metaxás. Rien ne le désignait pour assumer cette charge, sinon une vie privée sans tache et des convictions aussi nettes que bien arrêtées. Il ne put survivre à la ruine qui semblait menacer son pays, ni porter plus longtemps le poids de ses responsabilités. Comme le comte Teleki en Hongrie, il décida de faire le sacrifice de sa vie, et se donna la mort le 18 avril. Sa mémoire mérite le respect.

*
* *

La retraite vers les Thermopyles était une manœuvre difficile, mais d'habiles et opiniâtres actions d'arrière-garde entravèrent partout l'impétueuse avance allemande, en infligeant à l'ennemi des pertes sévères. Le 20 avril, la position des Thermopyles acheva d'être occupée ; de front, elle était puissante, mais nos forces étaient très étirées. Les Allemands progressaient lentement, et la position ne fut jamais réellement mise à l'épreuve ; ce même jour, les armées grecques du front d'Albanie capitulèrent. Le 21 avril, Sa Majesté déclara au général qu'aucune force grecque organisée n'avait le temps matériel d'appuyer le flanc gauche britannique avant que l'ennemi ne pût attaquer. Le général Wavell répondit que, dans ce cas, il estimait de son devoir de prendre des mesures immédiates pour rembarquer la fraction de son armée qu'il pourrait dégager. Le roi l'approuva entièrement et semblait même s'y attendre ; il exprima son profond regret d'avoir placé les forces britanniques dans une telle situation, et promit son aide dans la mesure du possible. Mais tout fut en vain. La Grèce se rendit finalement le 24 avril à des forces allemandes écrasantes.

Nous nous trouvions à présent confrontés à la perspective d'une nouvelle évacuation par mer, telle que nous en avions connues en 1940. Retirer en bon ordre plus de cinquante mille hommes de Grèce dans les conditions existantes pouvait paraître une entreprise presque désespérée. À Dunkerque, dans l'ensemble, nous avions la maîtrise de l'air ; en Grèce, les Allemands dominaient les airs d'une manière absolue et incontestée, et ils étaient en mesure d'attaquer presque en permanence les ports et l'armée en retraite. Il était évident que le rembarquement ne pouvait s'effectuer que de nuit, et qu'en outre, les troupes devaient éviter de se montrer au voisinage des plages pendant la journée. C'était la retraite de Norvège qui se répétait, mais sur une échelle dix fois plus grande[1].

L'amiral Cunningham jeta dans l'opération la quasi-totalité de ses forces, comprenant six croiseurs et dix-neuf destroyers. À partir des petits ports et des plages du sud de

---

1. Cette disproportion n'est pas à prendre au sérieux : de mai à juin 1940, entre Namsos, Aandalsnes et Narvik, plus de 38 000 hommes avaient été évacués de Norvège.

la Grèce, en coopération avec des navires de transport, des vaisseaux amphibies et un grand nombre de bâtiments moins importants, ils entamèrent l'opération de sauvetage dans la nuit du 24 avril.

L'entreprise se poursuivit pendant cinq nuits consécutives. Le 26 avril, une attaque de parachutistes permit à l'ennemi de s'emparer du pont vital au-dessus du canal de Corinthe. Dès lors, les troupes allemandes se déversèrent dans le Péloponnèse, harcelant nos soldats éreintés tandis qu'ils essayaient de gagner les plages du sud. Un désastre se produisit à Nauplie ; le transport *Slamat*, qui tentait avec autant de courage que d'imprudence de recueillir le plus de soldats possible, s'attarda trop longtemps dans la rade. Peu après l'aube, alors qu'il gagnait le large, il fut attaqué et coulé par des bombardiers en piqué. Deux destroyers qui avaient sauvé la plupart des sept cents hommes transportés du *Slamat* furent également coulés quelques heures plus tard. Des trois navires, il n'y eut que cinquante rescapés.

Le 28 et le 29 avril, deux croiseurs et six destroyers tentèrent de recueillir 8 000 soldats et 1 400 réfugiés yougoslaves concentrés sur les plages à proximité de Kalamáta. Un destroyer, envoyé en éclaireur pour organiser l'embarquement, constata que l'ennemi s'était emparé de la ville et que de vastes incendies y faisaient rage ; il fallut donc renoncer à l'opération principale. Bien qu'une contre-attaque ait rejeté les Allemands hors de la ville, seuls 450 hommes environ purent être recueillis sur les plages à l'est de l'agglomération par quatre destroyers, qui utilisèrent leurs propres embarcations. Au cours de la même nuit, l'*Ajax* et trois destroyers recueillirent 4 300 hommes à Monemvassie. Ces événements marquèrent la fin du gros de l'évacuation. Quelques petits détachements isolés furent recueillis au cours des deux jours suivants dans diverses îles ou en mer à bord de petits bâtiments, et 1 400 officiers et soldats, que des Grecs avaient aidés au péril de leur vie, regagnèrent l'Égypte par leurs propres moyens durant les mois qui suivirent.

Nous perdîmes en tout plus de 11 000 hommes, tandis que 50 662 autres furent évacués, parmi lesquels du personnel de la Royal Air Force et plusieurs milliers de Chypriotes, de Palestiniens, de Grecs et de Yougoslaves. Ce chiffre représente à peu près 80 % des forces envoyées en Grèce au début des opérations. Un tel résultat ne fut possible que grâce à l'énergie et à l'habileté des marins de la Royal Navy et des marines marchandes alliées, qui ne flanchèrent pas un seul instant, en dépit des efforts impitoyables de l'ennemi pour les empêcher d'accomplir leur tâche. Entre le 21 avril et la fin de l'évacuation, vingt-six navires succombèrent aux attaques aériennes. La Royal Air Force, aidée par un détachement de l'aviation navale venu de Crète, fit de son mieux pour couvrir l'embarquement, mais elle fut écrasée sous le nombre. Néanmoins, les quelques escadrilles envoyées en Grèce depuis le mois de novembre avaient accompli un bon travail, en détruisant 231 appareils ennemis (homologués) et en larguant 500 tonnes de bombes. Leurs propres pertes – 209 appareils, dont 72 en combat aérien – étaient sévères, mais leur comportement avait été exemplaire.

La marine de guerre grecque, réduite mais efficace, passa alors sous contrôle britannique ; un croiseur, six destroyers modernes et quatre sous-marins parvinrent à gagner Alexandrie le 25 avril. Dès lors, la marine grecque se distingua dans beaucoup de nos opérations en Méditerranée.

Si l'on avait l'impression, en lisant ce récit tragique, que les forces impériales et britanniques ne furent pas efficacement appuyées par leurs alliés grecs, il faudrait se souvenir que ces trois semaines de combats désespérés en avril furent pour les Grecs le point culminant de cinq mois de lutte contre l'Italie, au cours desquels ils avaient déjà épuisé presque entièrement les forces vives de leur pays. Attaqués à l'improviste en octobre 1940 par des ennemis au moins deux fois supérieurs en nombre, les Grecs avaient d'abord repoussé les envahisseurs, puis, passant à la contre-attaque, ils les avaient refoulés jusqu'à soixante-cinq kilomètres en territoire albanais. Au cours d'un hiver rigoureux, ils avaient combattu de près dans les montagnes un ennemi supérieur en nombre et en équipement. L'armée grecque du Nord-Ouest ne disposait ni des moyens de transport ni des routes qui lui auraient permis de manœuvrer rapidement pour faire face au dernier moment à l'attaque massive des Allemands, dirigée contre son flanc et ses arrières; elle était déjà presque arrivée à la limite de ses forces, après avoir si longtemps et si vaillamment défendu le sol de sa patrie.

Il n'y eut pas de récriminations. Jusqu'à la fin, les Grecs apportèrent noblement à nos troupes amitié et assistance; les habitants d'Athènes et d'autres points d'évacuation parurent même se préoccuper davantage de la sécurité de ceux qui avaient voulu les sauver que de leur propre sort. L'honneur militaire grec demeure intact.

Dans un discours radiodiffusé, j'essayai non seulement d'exprimer les sentiments du monde anglo-saxon, mais aussi d'exposer les faits essentiels dont dépendait notre destin:

> « Nous considérons certes avec tristesse et inquiétude bien des événements survenus en Europe et en Afrique, ainsi que d'autres qui pourraient se produire en Asie, mais nous ne devons pas perdre le sens des proportions et nous laisser gagner par l'effroi ou le découragement. En affrontant sans faiblir les difficultés qui nous attendent, nous pouvons puiser une confiance nouvelle dans le souvenir de celles que nous avons déjà surmontées. Rien de ce qui se produit actuellement n'est comparable en gravité aux dangers auxquels nous avons échappé l'an dernier. Rien de ce qui peut se produire à l'Est n'est comparable à ce qui se déroule à l'Ouest.
>
> J'ai ici quelques vers qui me semblent s'appliquer à nos destinées ce soir, et je crois qu'ils seront considérés comme

tels partout où l'on parle la langue anglaise et où flotte le drapeau de la liberté :

Tandis que les vagues lasses, se brisant en vain,

Semblent ici, ne pas gagner le moindre pouce,

Tout là-bas, se frayant un chemin à travers les criques et les anses,

Arrive en silence la marée montante.

Et ce n'est pas seulement par les fenêtres de l'est,

Quand paraît l'aube et qu'entre la lumière ;

Devant nous le soleil monte lentement, oh ! combien lentement !

Mais à l'ouest, regardez, la terre est illuminée. »

Chapitre III

LE FLANC DANS LE DÉSERT
ROMMEL – TOBROUK

Tous nos efforts pour former un front dans les Balkans reposaient sur le maintien de notre flanc dans le désert d'Afrique du Nord. Il aurait pu être fixé à Tobrouk, mais l'avance rapide de Wavell vers l'ouest et la prise de Benghazi nous avaient donné toute la Cyrénaïque ; le rentrant d'El-Agheïla en commandait l'accès. Il était admis par toutes les autorités de Londres et du Caire que cette position devait être tenue coûte que coûte, avant toute autre entreprise. La destruction totale des forces italiennes en Cyrénaïque et les longues distances que l'ennemi devait parcourir avant de pouvoir rassembler une nouvelle armée amenèrent Wavell à penser qu'il pourrait tenir pendant quelque temps ce flanc ouest vital avec des forces réduites, et faire relever ses troupes harassées par des unités moins bien entraînées. Le *Desert Flank* constituait le point d'ancrage auquel tout était lié, et personne, nulle part, ne songeait un seul instant à le perdre, ou à risquer de le perdre, au bénéfice de la Grèce ou de tout autre pays dans les Balkans.

Mais soudain apparut sur la scène mondiale une nouvelle figure – un homme de guerre allemand qui figurera dans les annales militaires de son pays. Erwin Rommel était né à Heidenheim, dans le Wurtemberg, en novembre 1891. Pendant la Première Guerre mondiale, il avait combattu en Argonne, en Roumanie et en Italie ; deux fois blessé, il avait reçu les suprêmes degrés de distinction dans l'ordre de la Croix de fer et du Pour le Mérite. Lorsqu'éclata la Seconde Guerre mondiale, il fut nommé commandant du quartier général de campagne du Führer lors de l'invasion de la Pologne, et placé ensuite à la tête de la 7ᵉ *Panzer Division* du XVᵉ corps d'armée. Cette division, surnommée « la division fantôme », constitua le fer de lance de la percée allemande au-delà de la Meuse. Échappant de peu à la capture lorsque les Britanniques contre-attaquèrent à Arras le 21 mai 1940, il était également en flèche lors du franchissement de la Somme et de l'avance sur la Seine en direction de Rouen, qui refoula l'aile gauche des Français et captura de nombreuses unités françaises et britanniques dans les environs de Saint-Valery. Sa division fit son entrée dans Cherbourg juste après notre évacuation définitive ; Rommel y reçut la reddition du port et de 30 000 soldats français.

Ces multiples exploits et distinctions le firent nommer au début de 1941 à la tête des troupes allemandes envoyées en Libye. À cette époque, les espoirs italiens se bornaient à tenir la Tripolitaine, et Rommel prit en charge un contingent allemand qui se renforçait et était sous commandement italien. Il s'efforça immédiatement d'imposer une campagne offensive, et lorsqu'au début d'avril, le commandant en chef italien tenta de le persuader que l'*Afrika Korps* allemand ne devait pas avancer sans sa permission, Rommel répliqua qu'« en sa qualité de général allemand, il devait donner les ordres en fonction des exigences de la situation ».

Pendant toute la campagne d'Afrique, Rommel s'est révélé maître dans l'art de faire manœuvrer des formations mobiles, et surtout de les regrouper rapidement après l'action pour exploiter le succès. C'était un excellent joueur sur le plan militaire, qui dominait les problèmes de ravitaillement et dédaignait l'opposition. Au début, le haut commandement allemand, lui ayant donné le feu vert, fut surpris de ses succès et enclin à le freiner. Son ardeur et son audace nous ont fait subir de cuisants revers, mais il mérite l'hommage que je lui ai rendu à la Chambre des communes en janvier 1942 – non sans essuyer quelques reproches de la part du public – lorsque j'ai déclaré : « Nous sommes confrontés à un adversaire très audacieux et très habile et, si je puis me permettre d'ajouter en m'élevant au-dessus du chaos de la guerre, à un grand général. » Il mérite aussi notre respect parce que, tout en restant un loyal soldat allemand, il en vint à détester Hitler et toute son œuvre, et il participa au complot de 1944 pour sauver l'Allemagne en renversant le fou furieux et le tyran. Il le paya de sa vie[1].

* * *

Le défilé d'Agheïla était la clé de la situation. Si les ennemis perçaient en direction d'Adjedabia, Benghazi et toutes les positions situées à l'ouest de Tobrouk seraient menacées. Ils pouvaient choisir entre la bonne route côtière menant à Benghazi et au-delà, et les pistes conduisant droit sur Mekhili et Tobrouk, en coupant à travers le saillant long de 320 kilomètres et large de plus de 160 formé par le désert à cet endroit. Ayant nous-mêmes emprunté ce dernier itinéraire en février, nous y avions surpris des Italiens qui faisaient retraite par Benghazi ; nous n'aurions donc pas dû être surpris si Rommel prenait la route du désert pour nous jouer le même tour. Néanmoins, tant que nous tenions la passe d'Agheïla, l'ennemi n'avait aucune chance de nous surprendre de cette façon.

Tout cela dépendait de la connaissance non seulement du terrain, mais aussi des conditions de la guerre du désert. Des blindés supérieurs en puissance et en qualité plutôt qu'en nombre et des aviations sensiblement égales auraient permis au meilleur et au plus entreprenant des

---

1. En dépit d'une légende tenace, le général Rommel n'a jamais participé au complot contre Hitler, et il n'en a même pas été informé au préalable. Churchill a sans doute été influencé par l'ouvrage du premier biographe britannique de Rommel, Desmond Young, qui avait fait de Rommel un héros de la résistance dès 1950, sans connaître l'envers du décor. En réalité, Rommel était resté fidèle jusqu'au bout à son serment d'allégeance au Führer.

deux adversaires de l'emporter dans une mêlée au milieu du désert, même si la passe d'Agheïla avait été perdue. Or, aucun de ces avantages ne nous était assuré par les dispositions que nous avions prises ; nous étions inférieurs dans les airs, et pour des raisons qui apparaîtront plus tard, nos blindés étaient absolument inadéquats, de même que l'entraînement et l'équipement de nos troupes à l'ouest de Tobrouk.

L'attaque de Rommel sur Agheïla commença le 31 mars. Notre division blindée, qui n'avait en fait qu'une de ses brigades cuirassées avec son groupe de soutien, se replia lentement au cours des deux jours qui suivirent. Dans les airs, l'ennemi jouissait d'une nette supériorité. L'aviation italienne continuait à compter pour peu de chose, mais il y avait environ une centaine de chasseurs et autant de bombardiers et de bombardiers en piqué allemands. Nos unités blindées, soumises aux attaques ennemies, commencèrent à se désorganiser et essuyèrent de lourdes pertes. D'un seul coup, presque en une journée, le flanc du désert dont dépendaient toutes nos décisions s'était effondré.

On ordonna l'évacuation de Benghazi, et dès la nuit du 6 avril, la retraite battait son plein. Tobrouk fut renforcé et tenu, mais le quartier général de la 2e division blindée et deux régiments motorisés indiens se trouvèrent cernés. Un certain nombre d'hommes s'échappèrent, emportant une centaine de prisonniers allemands, mais la grande majorité dut se rendre. L'ennemi poussa très rapidement vers Bardia et Solloum, avec des véhicules puissamment blindés et de l'infanterie motorisée. D'autres troupes attaquèrent les défenses de Tobrouk ; la garnison repoussa deux assauts en détruisant un certain nombre de tanks ennemis, et là, comme sur la frontière égyptienne, les positions se stabilisèrent pour un temps.

*

* *

L'enfoncement de notre flanc du désert, alors que nous étions engagés à fond dans l'aventure grecque, était un désastre de premier ordre. Pendant quelque temps, les causes m'en échappèrent complètement, et dès qu'il y eut une accalmie temporaire, je me sentis obligé de demander au général Wavell des explications sur ce qui s'était produit. De façon caractéristique, il en assuma la responsabilité*; le désastre l'avait presque entièrement privé de ses forces blindées.

Le dimanche 20 avril, je passais le week-end à Ditchley et j'étais en train de travailler au lit lorsque je reçus deux télégrammes adressés par le général Wavell au chef de l'état-major impérial, qui exposaient sa fâcheuse posture dans toute sa gravité. Il décrivait en détail la situation de ses blindés; le tableau paraissait sombre: « On constatera, écrivait-il, que d'ici la fin du mois de mai, nous n'avons en perspective que deux régiments de chars de bataille pour l'Égypte, sans aucune réserve pour compenser nos pertes, *alors qu'il y a actuellement en Égypte d'excellents équipages bien entraînés pour six régiments de chars.* J'estime qu'il est vital que nous recevions des chars de bataille, en plus des chars d'infanterie qui manquent de rapidité et d'autonomie pour des opérations dans le désert. Je demande l'intervention personnelle du chef de l'état-major impérial. »

À la lecture de ces messages alarmants, je résolus de ne plus me laisser influencer par les réticences de l'Amirauté, et d'envoyer directement à Alexandrie par la Méditerranée tous les chars nécessaires au général Wavell. Un convoi comprenant d'importants renforts de blindés était sur le point de partir pour le Moyen-Orient en empruntant la route du Cap. Je décidai que les navires rapides qui transportaient les chars se détacheraient du convoi à Gibraltar et couperaient au plus court, gagnant ainsi près de

---

* Le succès de cette attaque précoce de Rommel, avec ses heureuses conséquences, fut également une surprise pour ses supérieurs, ainsi que l'explique Desmond Young dans son ouvrage *Rommel*.

quarante jours. Le général Ismay, qui séjournait à proximité, vint me voir à midi. Je lui préparai une note de service personnelle à l'intention des chefs d'état-major et lui demandai de la porter immédiatement à Londres, en soulignant que j'attachais la plus grande importance à l'exécution de ces instructions.

Les chefs d'état-major se trouvaient réunis au moment où Ismay arriva à Londres, et ils examinèrent ma note de service jusqu'à une heure avancée de la nuit. Leurs premières réactions à ces projets furent défavorables ; ils considéraient que les navires de transfert n'avaient que peu de chances de traverser indemnes la Méditerranée centrale, car la veille de leur entrée dans le canal de Sicile et le matin suivant leur passage au large de Malte, ils seraient exposés à des attaques de bombardiers en piqué, tout en étant hors de portée de nos chasseurs basés à terre ; ils firent également remarquer que nous étions dangereusement démunis de chars en métropole, et que si nous subissions à présent de lourdes pertes à l'extérieur, on nous demanderait de les remplacer, ce qui entraînerait un nouveau prélèvement de tanks sur les forces de l'intérieur.

Toutefois, lorsque le Conseil de défense se réunit le lendemain, j'eus la grande satisfaction d'entendre l'amiral Pound se ranger à mon avis et accepter d'acheminer le convoi par la Méditerranée ; le chef d'état-major des forces aériennes, le maréchal de l'Air Portal, déclara qu'il s'efforcerait de prendre les dispositions nécessaires pour qu'une escadrille de Beaufighters vînt renforcer la protection depuis Malte. Je demandai alors au Conseil d'envisager la possibilité d'expédier par le convoi une centaine de chars de bataille supplémentaires. Le général Dill s'y opposa, *au vu de la pénurie dont souffrait la défense de métropole*. Étant donné ce qu'il avait accepté dix mois auparavant, lorsqu'en juillet 1940, nous avions envoyé la moitié de nos maigres disponibilités en chars au Moyen-Orient par la route du Cap, je ne pouvais à présent tenir cette raison pour valable. Le lecteur sait déjà qu'en avril 1941, je ne considérais pas l'invasion comme un danger sérieux, car des mesures appropriées avaient été prises pour y faire face; il fut donc décidé d'exécuter cette opération, que je baptisai « Tigre ».

*
* *

Tandis que tout cela se mettait en place, Tobrouk restait pour nous une grave préoccupation. Tous les Hurricanes engagés en Grèce avaient été perdus, et une grande partie de ceux de Tobrouk étaient détruits ou endommagés. Le maréchal de l'Air Longmore estimait que toute nouvelle tentative de maintenir une escadrille de chasse à Tobrouk ne ferait qu'entraîner de lourdes pertes, sans le moindre avantage; l'ennemi aurait ainsi la maîtrise absolue de l'air au-dessus de Tobrouk jusqu'à ce que de nouvelles formations de chasse aient pu être constituées. Néanmoins, la garnison venait de repousser une attaque, en causant de lourdes pertes à l'ennemi et en faisant 150 prisonniers.

Le général Wavell nous envoya bientôt des nouvelles plus inquiétantes encore concernant l'approche des renforts de Rommel; le débarquement de la XVe division blindée allemande serait probablement achevé le 21 avril. Certains indices montraient que Benghazi était régulièrement utilisé, et même s'il faudrait quinze jours au moins pour réunir les approvisionnements, il paraissait probable que la XVe division blindée, la Ve division légère motorisée et les divisions « Ariete » et « Trento » seraient en mesure d'avancer après la mi-juin. À Londres, nous considérions d'un mauvais œil le fait que Benghazi, dont nous n'avions pas su faire une base utile, jouât déjà un rôle si important une fois passée aux mains des Allemands.

*
* *

Pendant les deux semaines qui suivirent, toute mon attention et toutes mes inquiétudes se concentrèrent sur les péripéties de l'opération « Tigre ». Je ne sous-estimais pas les risques que le premier lord de la mer avait consentis, et je savais qu'il y avait beaucoup d'appréhensions à l'Amirauté. Le convoi, qui se composait de cinq bâtiments filant 15 nœuds, escortés par la force « H » de l'amiral Somerville (le *Renown*, le *Malaya*, l'*Ark Royal* et le *Sheffield*), passa le détroit de Gibraltar le 6 mai ; il était également accompagné des renforts destinés à la flotte de Méditerranée, comprenant le *Queen Elizabeth* et les croiseurs *Naiad* et *Fiji*. Le 8 mai, des attaques aériennes furent repoussées sans dommages pour nous. Mais cette nuit-là, deux navires du convoi heurtèrent des mines en approchant le canal de Sicile ; l'un d'eux prit feu et coula à la suite d'une explosion ; l'autre put continuer sa route avec le convoi. À l'entrée du canal de Skerki, l'amiral Somerville fit demi-tour et revint à Gibraltar. Dans l'après-midi du 9 mai, l'amiral Cunningham, ayant profité de l'occasion pour faire passer un convoi à Malte, rejoignit le convoi « Tigre » avec sa flotte à 50 milles au sud de Malte. Toutes ses forces mirent alors le cap sur Alexandrie, qu'elles atteignirent sans autres pertes ni dommages.

Alors que ces événements étaient en suspens, mes pensées se tournaient vers la Crète, sur laquelle nous savions à présent que pesait la menace imminente d'une attaque massive par des troupes aéroportées[1]. Il m'apparaissait que, si les Allemands pouvaient s'emparer des aérodromes de l'île et les utiliser, ils seraient en mesure de recevoir des renforts presque indéfiniment ; il me semblait aussi que même une petite douzaine de chars d'infanterie pourrait jouer un rôle décisif en les empêchant d'y parvenir. Je demandai donc aux chefs d'état-major d'envisager la possibilité de détourner de sa route un navire du convoi « Tigre », afin de déposer au passage quelques-uns de ces chars en Crète. Mes collègues professionnels, tout en reconnaissant que des chars seraient particulièrement

---

1. Churchill ne peut dire qu'il le savait grâce aux interceptions par « Ultra » des transmissions de la machine allemande « Enigma ».

utiles pour le dessein que j'avais formé, jugèrent inopportun de mettre en danger le reste de la précieuse cargaison du navire par un tel détour. Aussi leur suggérai-je le 9 mai que « s'ils jugeaient trop dangereux de faire entrer le *Clan Lamont* dans la baie de Souda, ce navire ou un autre devrait prendre douze chars à son bord immédiatement après que son chargement aurait été déposé à Alexandrie ». Des ordres furent envoyés en conséquence. Wavell nous répondit le 10 mai qu' « il avait déjà pris ses dispositions pour envoyer en Crète six chars d'infanterie et quinze chars légers », et qu'ils « devraient arriver dans un délai de quelques jours, si tout allait bien ». Mais il ne nous restait que très peu de jours.

Chapitre IV

LA CRÈTE

L'importance stratégique de la Crète pour tous nos intérêts méditerranéens a déjà été expliquée par les arguments et par les faits ; nos navires de guerre stationnés dans la baie de Souda, ou pouvant s'y ravitailler en mazout, étaient en mesure de fournir à Malte une protection de tout premier ordre. Si notre base en Crète était bien défendue contre les attaques aériennes, notre supériorité sur mer pourrait jouer à plein et repousser toute expédition maritime ennemie. Mais à seulement cent milles de là se trouvait la forteresse italienne de Rhodes, avec ses vastes aérodromes et ses installations solidement établies, alors qu'en Crète, tout avait marché cahin-caha. J'avais multiplié les injonctions pour faire fortifier la baie de Souda ; j'avais même utilisé l'expression de « second Scapa Flow ». L'île était en notre possession depuis presque six mois, mais il n'aurait été possible d'équiper le port avec de plus puissantes batteries de DCA qu'au détriment d'autres besoins encore plus urgents. Et le commandant du Moyen-Orient n'avait pu trouver, ni sur place ni ailleurs, la main-d'œuvre nécessaire pour développer les aérodromes. Il n'était pas question d'envoyer en Crète une importante garnison ou de puissantes forces aériennes tant que les Alliés tenaient encore en Grèce. Mais on aurait dû se préparer à les recevoir au cas où elles deviendraient disponibles et où le besoin s'en ferait sentir. La responsabilité de l'étude défectueuse du problème et de la médiocre exécution des directives doit être partagée entre

Le Caire et Whitehall. Ce n'est qu'après les désastres survenus en Cyrénaïque, en Crète et dans le désert que je compris à quel point les services du général Wavell étaient surchargés et sous-équipés ; Wavell faisait de son mieux, mais l'appareil de commandement dont il disposait était trop faible pour lui permettre de faire face à l'énorme tâche que lui imposaient quatre ou cinq campagnes à mener simultanément[1].

*
* *

À aucun autre moment pendant la guerre nos services de renseignements ne furent plus fidèlement et plus précisément informés. Dans la joyeuse confusion qui présida à la prise d'Athènes, les états-majors allemands prirent moins de précautions que d'habitude, et nos agents en Grèce furent aussi actifs qu'audacieux. Dans la dernière semaine d'avril, nous obtînmes de sources sûres de bonnes informations sur la prochaine opération allemande ; les mouvements et l'agitation du IIe corps aérien allemand, de même que la concentration fébrile de petites embarcations dans les ports grecs, ne pouvaient échapper à des yeux exercés et à des oreilles attentives[2]. Tout laissait présager une attaque aérienne et navale. Pour aucune autre opération je ne pris tant de soins à étudier et à vérifier personnellement les faits, et à faire en sorte que l'ampleur de l'attaque imminente fût bien prise en compte par les commandants en chef et communiquée au général qui se trouvait sur place.

---

1. Sept campagnes en réalité : l'Abyssinie, la Grèce, la Crète, la Libye, Malte, l'Irak et la Syrie...
2. Rien de tout cela n'est crédible : ces trois dernières phrases sont destinées à camoufler le travail des décrypteurs de Bletchley Park, tout en donnant une explication plausible au fait que les Britanniques avaient été parfaitement informés à l'avance des détails de l'opération « Merkur » contre la Crète.

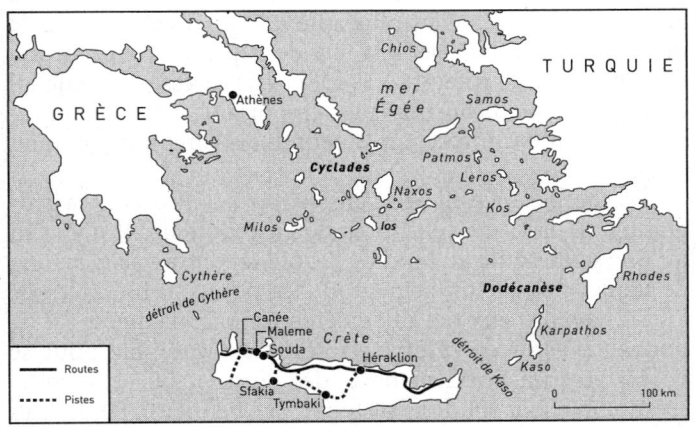

La Crète et la mer Égée

J'avais suggéré au chef d'état-major impérial que le général Freyberg prenne le commandement en Crète ; il transmit cette proposition au général Wavell, qui l'accepta d'emblée. Bernard Freyberg et moi étions amis depuis bien des années. La *Victoria Cross* et le DSO avec deux palmes étaient venus récompenser ses services inégalés. Freyberg – comme Carton de Wiart –, le seul homme qui l'égalait, méritait le titre de « salamandre » que je leur avais décerné à tous deux ; l'un comme l'autre s'épanouissait au feu et avait été littéralement taillé en pièces, sans en être affecté physiquement ou moralement. Au commencement de cette guerre, personne n'était plus apte que lui à commander la division néo-zélandaise, à la tête de laquelle on s'empressa de le placer. En septembre 1940, j'avais caressé l'idée de lui donner un rôle beaucoup plus important ; voici qu'à présent, il allait enfin recevoir un commandement de premier plan.

Freyberg et Wavell ne se faisaient pas d'illusions : la géographie de la Crète rendait sa défense difficile. Il n'y avait qu'une seule route au bord de la côte septentrionale, le long de laquelle s'échelonnaient tous les points vulnérables de l'île. Chacun d'eux devait se défendre par lui-même ; il ne pouvait y avoir de réserve stratégique disponible pour se porter vers un point menacé, dès l'instant où cette route serait coupée et solidement tenue par l'ennemi. Seules des pistes non carrossables reliaient la côte sud à la côte nord. Alors que le danger se faisait menaçant, les autorités s'efforcèrent d'amener sur l'île des renforts et de l'armement, surtout de l'artillerie, mais il était déjà trop tard. Dans la deuxième semaine de mai, l'aviation allemande, depuis ses bases en Grèce et dans la mer Égée, établit un blocus diurne à peu près complet de la Crète et préleva une lourde dîme sur nos transports, surtout au nord où se trouvaient tous les ports. Sur les 27 000 tonnes d'armement indispensable expédiées à la Crète pendant les trois premières semaines de mai, moins de 3 000 purent être débarquées ; le reste dut faire demi-tour. Nos forces de DCA comptaient 50 canons et 24 projecteurs. Il n'y avait que 25 chars légers et usés. Nos forces de défense étaient essentiellement réparties pour protéger les terrains d'atterrissage, et l'ensemble des troupes impériales qui prit part à la défense de l'île s'élevait à quelque 28 600 hommes.

Mais ce fut naturellement notre faiblesse dans les airs qui rendit possible l'attaque allemande. Au début de mai, la RAF disposait sur place de 36 avions, dont la moitié seulement était en état de voler ; ils étaient répartis entre Réthymnon, Maleme et Héraklion – autant dire des effectifs insignifiants comparés aux forces aériennes écrasantes qui allaient bientôt s'abattre sur l'île. Notre infériorité aérienne était reconnue de tous, et le 19 mai, veille de l'attaque, tous les avions restants furent évacués sur l'Égypte. Le Cabinet de guerre, les chefs d'état-major et les commandants en chef au Moyen-Orient étaient conscients du fait qu'il n'y avait d'autre choix que de se battre dans ces conditions terriblement désavantageuses ou d'évacuer précipitamment l'île, ainsi qu'il aurait été possible de le faire dans les premiers jours de mai. Mais nous étions tous d'avis qu'il fallait faire front. Lorsque nous voyons maintenant, à la lumière des événements postérieurs, combien, en dépit de toutes nos faiblesses, nous avons été près de l'emporter, ainsi que les avantages tirés de notre échec même, nous devons nous estimer satisfaits des risques que nous avons courus et du prix que nous avons payé.

*
* *

La lutte commença dans la matinée du 20 mai, et il n'y eut jamais d'attaque allemande plus téméraire et plus impitoyable. Elle fut, à plus d'un titre, unique pour l'époque ; on n'avait jamais rien vu de tel auparavant, et ce fut la première offensive aéroportée de grande ampleur dans les annales de la guerre. Le corps aérien allemand représentait la fine fleur de la *Hitlerjugend*, ardente incarnation de l'esprit de revanche sur la défaite de 1918. La quintessence de la virilité allemande se retrouvait dans ces troupes parachutistes vaillantes, parfaitement entraînées et totalement fanatisées ; sacrifier leur vie sur l'autel de la gloire et de la puissance mondiale de l'Allemagne était leur plus fervent idéal. Ils allaient se mesurer à de farouches soldats, dont beaucoup étaient venus de l'autre bout du monde, engagés volontaires au service de la mère patrie et de ce qu'ils estimaient être la cause du droit et de la liberté.

Les Allemands déployèrent toute la force qu'ils pouvaient mobiliser ; ce devait être la plus prodigieuse entreprise aérienne de Göring. Elle aurait pu être déchaînée contre l'Angleterre, si l'aviation britannique avait été brisée ; mais cet espoir avait été déçu ; elle aurait pu s'abattre sur Malte, mais ce coup nous avait été épargné. Le corps aérien allemand avait attendu plus de sept mois pour frapper et prouver sa valeur ; et voilà enfin que Göring pouvait leur donner le signal tant attendu. Lorsque la bataille s'engagea, nous ne savions pas à combien se montaient les effectifs parachutistes ; ils auraient pu disposer d'une demi-douzaine d'unités semblables au XIe corps aérien. De nombreux mois devaient s'écouler avant que nous soyons sûrs que c'était le seul – en fait, le fer de la lance allemande. Voici comment il triompha et se brisa dans l'entreprise.

À Maleme, la plus grande partie de notre DCA fut presque immédiatement mise hors de combat. Avant même la fin du bombardement, des planeurs commencèrent à atterrir à l'ouest de l'aérodrome. Partout où nos troupes étaient en vue, elles furent soumises à un furieux bombardement : toute contre-attaque de jour était impossible. Les planeurs et les transports de troupes atterrissaient ou s'écrasaient sur les plages, dans la broussaille ou sur l'aérodrome balayé par les balles. Le premier jour, plus de 5 000 Allemands touchèrent le sol entre Maleme et La Canée ; ils subirent de très lourdes pertes sous le feu des Néo-Zélandais et dans de farouches corps à corps avec eux. À la fin de la journée, nous tenions toujours l'aérodrome, mais dans la soirée, les quelques survivants du bataillon se replièrent sur leurs points d'appui.

Réthymnon et Héraklion subirent également un violent bombardement aérien ce matin-là, suivi par des lâchers de parachutistes dans l'après-midi; de durs combats s'ensuivirent, mais à la tombée de la nuit, nous tenions toujours solidement les deux aérodromes. Les résultats des combats de la première journée étaient donc assez satisfaisants, sauf à Maleme; dans chaque secteur, pourtant, des groupes d'hommes bien armés tenaient à présent la campagne. La puissance des attaques avait dépassé de beaucoup les prévisions du commandement britannique, mais notre résistance opiniâtre avait surpris l'ennemi.

L'assaut reprit le second jour, lorque réapparurent les transports de troupes. Quoique l'aérodrome de Maleme demeurât sous le feu rapproché de notre artillerie et de nos mortiers, ces appareils ne cessèrent de s'y poser, de même que sur le terrain accidenté plus à l'ouest. Le haut commandement allemand paraissait indifférent aux pertes, et une centaine d'avions au moins s'écrasa à l'atterrissage dans ce secteur; l'arrivée des troupes n'en continua pas moins. Une contre-attaque lancée au cours de la nuit atteignit la lisière du champ d'aviation, mais au lever du jour, la Luftwaffe refit son apparition, et nous ne pûmes tenir le terrain.

Le troisième jour, Maleme devint pour l'ennemi un aérodrome opérationnel; des avions de transport continuaient d'arriver à une cadence de plus de vingt à l'heure. Plus décisif encore était le fait qu'ils pouvaient également retourner chercher des renforts; on estima qu'au total, durant ces premiers jours et ceux qui suivirent, plus de 600 transports de troupes se posèrent ou s'écrasèrent sur l'aérodrome. Sous la pression croissante de ces forces, la brigade néo-zélandaise recula progressivement jusqu'à près de 16 kilomètres de Maleme. Aucun changement n'était à signaler à La Canée comme à Souda, et la situation était bien en main à Réthymnon; à Héraklion, l'ennemi débarquait à l'est de l'aérodrome et commençait à s'y concentrer en nombre.

La nuit suivante, nos hommes éreintés virent s'embraser tout l'horizon au nord, et ils comprirent que la Royal Navy était à l'œuvre. Le premier convoi maritime allemand avait entamé sa mission impossible ; pendant deux heures et demie, les navires britanniques traquèrent leur proie et ne coulèrent pas moins d'une douzaine de caïques et trois vapeurs, tous surchargés de soldats allemands. On estime qu'environ 4 000 hommes se noyèrent cette nuit-là. Entre-temps, le contre-amiral King avait passé la nuit du 21 mai à patrouiller au large d'Héraklion, et à l'aube du 22, il mit cap au nord. Un seul caïque chargé de troupes fut détruit, et à 10 heures, l'escadre approchait de l'île de Milo. Quelques minutes plus tard, un destroyer ennemi accompagnant cinq petits bâtiments fut aperçu au nord et immédiatement attaqué. On vit alors un autre destroyer qui lançait un rideau de fumée, derrière lequel s'abritaient un grand nombre de caïques ; nous venions en fait d'intercepter un autre convoi important, bondé de soldats. Nos reconnaissances aériennes l'avaient déjà annoncé à l'amiral Cunningham, mais il fallut plus d'une heure pour que cette nouvelle fût confirmée à l'amiral King. Ses navires subissaient depuis l'aube d'incessantes attaques aériennes, et bien qu'aucun d'eux n'ait été atteint, tous commençaient à manquer de munitions de DCA. Le contre-amiral, ne se rendant pas bien compte de l'importance de l'objectif qui était presque à portée de main, estima qu'en poussant plus au nord, il mettrait toute son escadre en danger, et il ordonna un repli vers l'ouest. Dès que le commandant en chef eut connaissance du signal ordonnant ce mouvement, il envoya l'ordre suivant : « Tenez jusqu'au bout. Restez au contact visuel. Ne laissez pas tomber l'Armée en Crète. Il est essentiel qu'aucune force ennemie n'atteigne la Crète par mer. »

Il était désormais trop tard pour détruire le convoi, qui avait fait demi-tour et s'était dispersé entre les nombreuses îles ; c'est ainsi qu'au moins 5 000 soldats allemands échappèrent au sort de leurs camarades. L'audace des autorités allemandes, qui lançaient ces convois de troupes pratiquement sans défense à travers des eaux dont leur marine n'avait pas la maîtrise au même titre que leur aviation celle du ciel, indique bien ce qui aurait pu se produire sur une échelle gigantesque dans la mer du Nord et dans la Manche en septembre 1940. Cela montre combien les Allemands évaluaient mal la puissance de la maîtrise navale contre des forces d'invasion, et aussi le prix à payer en vies humaines pour ce genre d'ignorance.

Résolu à détruire tous les envahisseurs venant par la mer quel qu'en soit le prix, Cunningham jeta toutes ses forces dans la balance. Il est clair que tout au long de ces opérations, il n'hésita pas à risquer non seulement ses bâtiments les plus précieux, mais encore toute la maîtrise navale de l'Angleterre en Méditerranée orientale. Sa conduite fut hautement approuvée par l'Amirauté ; dans cette terrible bataille, le commandement allemand n'était pas le seul à jouer le tout pour le tout. Les événements de ces quarante-huit heures de combats en mer firent réfléchir l'ennemi, qui ne fit aucune nouvelle tentative de débarquement maritime avant que le sort de la Crète n'eût été scellé.

Les 22 et 23 mai furent des journées coûteuses pour la Marine : deux croiseurs et trois destroyers, ainsi qu'un cuirassé, le *Warspite*, furent mis hors service pour longtemps, tandis que le *Valiant* et beaucoup d'autres furent considérablement endommagés. Néanmoins, la garde en mer autour de la Crète avait été maintenue ; la Marine royale n'avait pas failli à sa tâche ; aucun Allemand ne débarqua en Crète par la mer jusqu'à la fin de la bataille pour l'île.

Le 26 mai fut une journée décisive. Nos troupes, soumises depuis six jours à une pression croissante, finirent par céder. La décision d'évacuer la Crète fut prise tard cette même nuit, et nous nous retrouvions face à la tâche amère et lugubre d'une évacuation, avec la certitude de lourdes pertes. La flotte, harcelée et débordée, dut embarquer environ vingt-deux mille hommes, en majorité depuis la plage exposée de

Sphakia. Quinze mille hommes au moins se cachaient dans la région accidentée autour de Sphakia, et l'arrière-garde de Freyberg était constamment engagée.

Une tragédie attendait l'expédition simultanée de l'amiral Rawlings, qui s'était porté au secours de la garnison d'Héraklion. Arrivés avant minuit, les destroyers convoyèrent des troupes jusqu'aux croiseurs qui attendaient au large. Le rembarquement était achevé à 3 h 20 ; quatre mille hommes avaient été recueillis, et l'on entama la traversée de retour. Une protection de chasseurs avait été prévue, mais en partie à cause d'un changement d'horaire, les avions ne trouvèrent pas les navires. Le bombardement redouté commença à 6 heures et se poursuivit jusqu'à 15 heures, lorsque l'escadre se trouvait à cent milles d'Alexandrie. La première perte fut celle du *Hereward* ; il fut atteint par une bombe à 6 h 25 et ne put suivre le convoi. L'amiral prit la décision justifiée d'abandonner le navire sinistré à son sort ; il fut aperçu pour la dernière fois approchant de la côte crétoise. La majorité de ceux qui étaient à bord survécurent, mais comme prisonniers de guerre. Le pire était à venir : au cours des quatre heures qui suivirent, les croiseurs *Dido*, *Orion* et le destroyer *Decoy* furent tous touchés. La vitesse de l'escadre tomba à 21 nœuds, mais tous les bâtiments gardèrent le cap au sud. La situation à bord de l'*Orion* était épouvantable ; outre son équipage, il transportait 1 100 soldats ; sur ses entreponts bondés, 260 hommes environ furent tués et 280 blessés par une bombe qui traversa le pont. Le capitaine de vaisseau G. R. B. Back, son commandant, fut également tué, tandis que son navire était gravement endommagé et incendié. À midi, deux Fulmars de l'Aéronavale firent leur apparition et apportèrent quelque soulagement. Les chasseurs de la RAF, malgré tous leurs efforts, ne purent trouver la malheureuse escadre, mais ils livrèrent plusieurs combats et abattirent au moins deux avions ennemis. Quand l'escadre atteignit Alexandrie à 20 heures au soir du 29 mai, on constata qu'un cinquième de la garnison évacuée d'Héraklion avait été tué, blessé ou fait prisonnier.

*
* *

Ayant appris tout cela, le général Wavell et ses collègues durent décider jusqu'où il convenait de poursuivre l'effort pour évacuer nos troupes de Crète. L'armée se trouvait en danger mortel, l'aviation ne pouvait pas grand-chose, et une fois de plus, la tâche retombait sur une marine exténuée et décimée par les bombardements. L'amiral Cunningham, considérant qu'il était contraire à toutes les traditions d'abandonner l'armée dans une pareille crise, déclara : « Il faut à la Marine trois ans pour construire un nouveau navire ; il faudra trois siècles pour rétablir une tradition. L'évacuation continuera. » Au matin du 29 mai, près de 5 000 hommes avaient été évacués, mais beaucoup d'autres tenaient encore et s'abritaient tout autour de Sphakia, bombardés dès qu'ils se montraient le jour. La décision d'accepter le risque de nouvelles pertes navales illimitées se trouva justifiée, tant par ses motivations que par ses résultats.

Au soir du 28 mai, l'amiral King avait mis le cap sur Sphakia ; la nuit suivante, environ 6 000 hommes furent embarqués sans incidents, et bien qu'attaqués trois fois dans la journée du 30, ils atteignirent Alexandrie sains et saufs. Ce fut grâce aux chasseurs de la RAF, qui brisèrent plus d'une attaque avant de regagner leurs bases. Au matin du 30, le capitaine Arliss repartit pour Sphakia avec quatre destroyers ; deux d'entre eux durent rebrousser chemin, mais il continua avec les autres et réussit à embarquer plus de 1 500 hommes. Les deux navires furent endommagés sur le chemin du retour, mais ils parvinrent à rallier Alexandrie. Le roi de Grèce avait bravé maints dangers, quelques jours plus tôt avec l'ambassadeur de Grande-Bretagne. Cette nuit-là, le général Freyberg fut également évacué par avion, sur ordre des commandements en chef.

Le 30 mai, un ultime effort fut ordonné pour recueillir les troupes restantes ; on pensait qu'il n'y avait pas plus de 3 000 hommes à Sphakia, mais des renseignements ultérieurs montrèrent qu'il y en avait plus du double. L'amiral King reprit la mer au matin du 31 mai ; il ne pouvait espérer embarquer tout le monde, mais l'amiral Cunningham donna l'ordre de charger les navires au maximum. En même temps, l'Amirauté fut prévenue que ce serait la dernière nuit d'évacuation. L'embarquement s'effectua dans de bonnes conditions, et les navires repartirent le 1er juin à 3 heures, en ramenant près de 4 000 hommes sains et saufs à Alexandrie.

Un peu plus de 5 000 hommes des forces anglaises et impériales restaient disséminés dans toute la Crète, et le général Wavell les autorisa à capituler. Mais beaucoup d'entre eux se dispersèrent dans l'île montagneuse, longue de plus de 260 kilomètres ; comme les soldats grecs, ces hommes furent secourus par les villageois et les Crétois, qui furent impitoyablement châtiés partout où l'ennemi les découvrit. Des représailles barbares furent exercées sans discrimination sur ces paysans innocents ou héroïques, qui furent fusillés par dizaines. C'est pour cela que trois ans plus tard, en 1944, je proposai au Conseil de guerre suprême de faire juger les crimes aux endroits où ils avaient été commis, en y renvoyant les accusés. Ce principe fut accepté, et certaines des dettes purent alors être payées.

*
* *

16 500 hommes, presque exclusivement de troupes britanniques et impériales, furent ramenés à bon port en Égypte ; près d'un millier d'autres furent encore délivrés plus tard par diverses opérations de commandos. Nos pertes s'élevaient à environ 13 000 tués, blessés et prisonniers, auxquels il faut ajouter presque 2 000 marins. Depuis la fin de la

guerre, on a dénombré plus de 4 000 tombes allemandes dans la région de Maleme et de la baie de Souda, et un millier de plus à Réthymnon et à Héraklion ; il y eut en outre un nombre considérable d'Allemands noyés en mer, sans qu'on en connût le chiffre exact, ainsi que d'autres qui moururent de leurs blessures en Grèce par la suite. Au total, l'ennemi dut avoir plus de 15 000 tués et blessés ; environ 170 avions de transport de troupes furent détruits ou gravement avariés. Mais le prix dont l'ennemi paya sa victoire ne peut être évalué à la seule aune de ce massacre.

La bataille de Crète offre un exemple des résultats décisifs que peut procurer un combat durement et obstinément mené, en dehors de toute manœuvre pour gagner des positions stratégiques. Nous ignorions combien les Allemands possédaient de divisions de parachutistes ; en fait, la 7e division aéroportée était la seule dont disposait Göring. Or, cette division fut détruite dans la bataille de Crète. Plus de 5 000 de ses soldats les plus braves furent tués, et toute la structure de cette formation fut irrémédiablement démantelée ; elle ne reparut plus jamais sur le terrain en tant que force efficace. Les Néo-Zélandais et les autres troupes britanniques, australiennes et grecques qui livrèrent un combat confus, démoralisant et vain pour la Crète peuvent se dire malgré tout qu'ils jouèrent un rôle éminent dans un événement qui nous apporta un immense soulagement à cette période charnière de la guerre.

La destruction de ses combattants d'élite priva une redoutable arme aéroportée de tout rôle ultérieur dans les événements du Moyen-Orient. En Crète, Göring ne remporta qu'une victoire à la Pyrrhus, car les forces qu'il y dépensa auraient pu aisément lui donner Chypre, l'Irak, la Syrie et peut-être même la Perse. Ces troupes constituaient l'instrument rêvé pour conquérir de vastes pays encore hésitants, où elles n'auraient rencontré aucune résistance sérieuse ; il fut assez fou pour gaspiller ces possibilités presque infinies en lançant des forces irremplaçables dans une lutte à mort, souvent au corps à corps, contre les guerriers de l'empire britannique.

Nous sommes aujourd'hui en possession du « rapport de bataille » du XIe corps aérien, dont faisait partie la 7e division aéroportée. Quand on se remémore les critiques et autocritiques sévères dont firent l'objet nos dispositions, il est intéressant de lire les propos de l'adversaire : « Les forces britanniques en Crète, disaient les Allemands, comptaient environ trois fois les effectifs escomptés. Le théâtre des opérations dans l'île avait été préparé en vue de la défense avec un soin extrême et avec tous les moyens possibles. [...] Tous les ouvrages étaient camouflés avec une très grande habileté. [...] L'erreur commise, faute de renseignements suffisants, dans l'estimation du dispositif de l'adversaire, mit en péril l'attaque du XIe corps aérien et entraîna des pertes exceptionnellement lourdes et sanglantes. »

En théorie du moins, la situation navale en Méditerranée se trouva gravement compromise par les pertes que nous avions subies au cours de la bataille et de l'évacuation de la Crète. La bataille de Matapan le 28 mars avait pour un temps refoulé la flotte italienne dans ses ports, mais de nouvelles et lourdes pertes venaient de frapper la nôtre. Au lendemain de l'affrontement de Crète, l'amiral Cunningham n'avait plus en service que deux cuirassés, trois croiseurs et dix-sept destroyers ; neuf autres croiseurs et destroyers étaient en réparation en Égypte, mais les cuirassés *Warspite* et *Barham*, son unique porte-avions, le *Formidable*, et plusieurs autres navires allaient devoir quitter Alexandrie pour être réparés ailleurs ; trois croiseurs et six destroyers avaient été perdus. Il fallait envoyer immédiatement des renforts pour rétablir l'équilibre. Mais nous allons bientôt voir que d'autres malheurs nous attendaient. La période qui s'ouvrait offrait à l'ennemi sa meilleure chance de remettre en question notre maîtrise précaire de la Méditerranée et du Moyen-Orient, avec tout ce que cela impliquait. Nous ne pouvions prévoir qu'il n'allait pas la saisir.

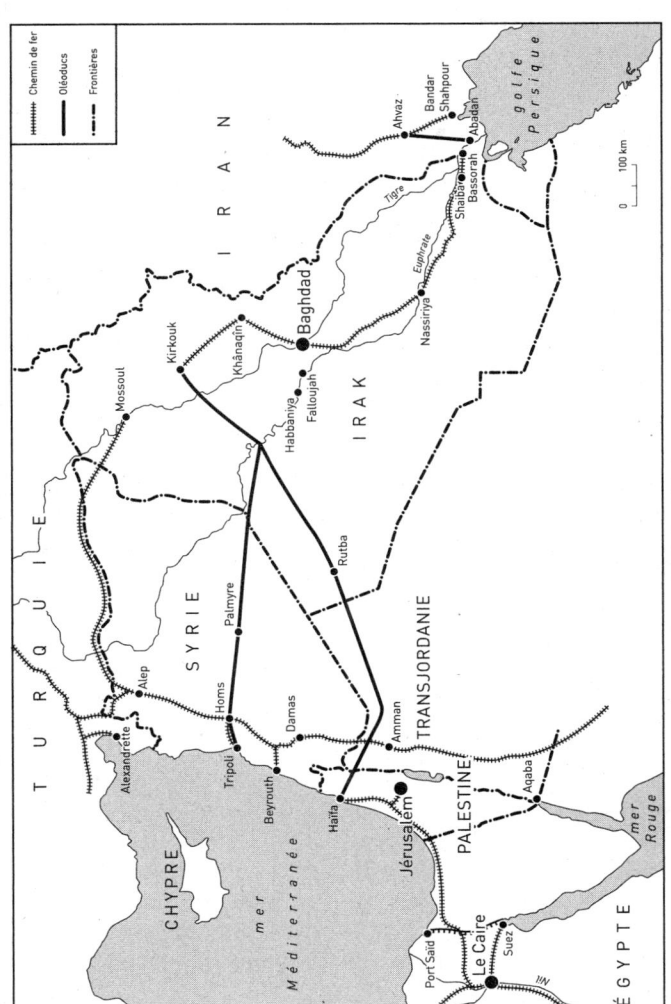

La Syrie et l'Irak

Chapitre V

ULTIME EFFORT DU GÉNÉRAL WAVELL

Tandis que la lutte atteignait son paroxysme en Crète et dans le désert de Libye, et que l'on pourchassait le *Bismarck* dans les eaux de l'Atlantique avant de le détruire, des dangers moins sanglants mais non moins graves nous menaçaient en Syrie et en Irak. Notre traité de 1930 avec l'Irak prévoyait qu'en temps de paix, la Grande-Bretagne maintiendrait des bases aériennes près de Bassora et à Habbaniya, et aurait un droit de passage permanent pour ses forces militaires et leur approvisionnement. Le traité disposait aussi qu'en temps de guerre, nous aurions la possibilité d'utiliser les voies ferrées, les fleuves, les ports et les aérodromes pour le transport de nos forces armées. Lorsque la guerre éclata, l'Irak rompit ses relations diplomatiques avec l'Allemagne, mais sans lui déclarer la guerre. Lorsque l'Italie entra en guerre à son tour, l'Irak ne rompit même pas ses relations avec elle, et la légation italienne de Bagdad devint pour l'Axe le principal foyer de propagande et d'agitation antibritannique. Le grand mufti de Jérusalem y contribuait : il avait fui la Palestine juste avant le déclenchement de la guerre, pour trouver ensuite asile à Bagdad. Avec l'effondrement de la France, le prestige britannique tomba très bas et la situation nous causa beaucoup d'inquiétude. Mais une action militaire étant hors de question, il nous fallut poursuivre tant bien que mal.

En mars 1941, les choses empirèrent ; Rachid Ali, qui collaborait avec les Allemands, devint premier ministre, et le régent pro-anglais, l'émir Abdul-Illah prit la fuite. Il devint essentiel de s'assurer de Bassora, le principal port irakien sur le golfe Persique, et le général Auchinleck, commandant en chef en Inde, y dépêcha une brigade, qui débarqua le 18 avril sans rencontrer d'opposition. Rachid Ali, qui avait compté sur l'assistance de l'aviation et même des troupes aéroportées allemandes, fut alors contraint d'agir.

Sa première action se porta contre Habbaniya, notre base aérienne d'entraînement dans le désert irakien ; le camp abritant un peu plus de 2 200 combattants et pas moins de 9 000 civils, son école de pilotage devint un objectif majeur. Le vice-maréchal de l'Air Smart, qui la commandait, prit à temps des dispositions énergiques. L'école n'avait eu jusqu'alors que des avions d'entraînement et des modèles anciens, mais quelques chasseurs Gladiator venaient d'arriver d'Égypte, et l'on improvisa quatre escadrilles avec les 82 appareils hétéroclites disponibles ; un bataillon anglais arriva des Indes le 29 avril. La défense au sol des onze kilomètres du périmètre, avec son unique réseau de barbelés, était vraiment faible. Le 30, des troupes irakiennes venues de Bagdad apparurent à 1,6 kilomètre de distance à peine, sur le plateau qui surplombait le camp ; elles reçurent rapidement des renforts, pour arriver à un effectif d'environ 9 000, avec cinquante canons. Les deux jours suivants se passèrent en pourparlers stériles, et les combats commencèrent à l'aube du 2 mai.

En Syrie, la menace n'était pas moins imminente, et nos ressources tout aussi limitées. C'était l'un des multiples territoires d'outre-mer de l'empire colonial français qui se considéraient comme liés par la reddition de leur gouvernement, et les autorités de Vichy avaient fait de leur mieux pour empêcher les hommes de l'« armée française du Levant » de passer en Palestine pour nous rejoindre. En août 1940 arriva une « Commission d'armistice italienne », et on libéra des agents allemands qui avaient été internés à la déclaration de guerre. Ils redevinrent actifs, et dès la fin de l'année, beaucoup d'autres arrivèrent ; abondamment dotés de fonds, ils se mirent à susciter des sentiments anti-anglais et antisionistes au sein de la population arabe du Levant. Au moment où Rachid Ali prenait le pouvoir en Irak, la Syrie s'imposa à notre attention ; la Luftwaffe attaquait déjà le canal de Suez depuis ses bases dans le Dodécanèse, et elle pouvait manifestement opérer contre la Syrie, notamment à l'aide de troupes aéroportées. Si les Allemands en prenaient le contrôle, l'Égypte, la zone du canal et les raffineries de pétrole d'Abadan seraient sous la menace directe d'attaques aériennes incessantes ; nos communications terrestres entre la Palestine et l'Irak seraient compromises ; il pouvait fort bien y avoir des répercussions politiques en Égypte, et notre réputation en Turquie comme dans tout le Moyen-Orient s'en trouverait ruinée.

Peu après que Rachid Ali eut demandé au Führer un appui armé contre nous en Irak, l'amiral Darlan négocia avec les Allemands un accord préliminaire sur la Syrie : les trois quarts du matériel de guerre rassemblé sous le contrôle de la Commission italienne d'armistice devaient être transportés en Irak, et la Luftwaffe recevait toutes facilités pour atterrir en Syrie. Le général Dentz, haut-commissaire de Vichy et commandant en chef, reçut l'ordre de se conformer à ces dispositions, et à la fin du mois de mai, une centaine d'avions allemands et une vingtaine d'appareils italiens se posèrent sur des terrains d'aviation syriens.

*
* *

Dès l'apparition de ces nouveaux dangers, le général Wavell se montra réticent à endosser de nouveaux fardeaux. En Syrie, il ne pouvait aligner qu'une seule brigade. Il déclara donc qu'il allait s'apprêter et qu'il ferait son possible pour donner l'impression qu'une force puissante se préparait à intervenir depuis la Palestine, ce qui serait susceptible de produire quelque effet sur le gouvernement irakien, mais que tout ce qu'il pourrait envoyer serait à la fois insuffisant et trop tardif. Cela affaiblirait très dangereusement la Palestine, au moment où se manifestaient déjà des incitations à la révolte. « Je vous ai constamment averti, câbla-t-il, qu'aucune assistance ne pouvait être fournie à l'Irak depuis la Palestine dans les circonstances présentes, et j'ai toujours recommandé d'éviter un engagement en Irak [...]. Mes forces sont partout étirées à l'extrême, et je ne puis courir le risque d'en détacher une partie pour une action qui serait sans effet. »

Le général Auchinleck, en revanche, continuait à proposer des renforts pour l'Irak à hauteur de cinq brigades d'infanterie et de troupes auxiliaires, si l'on pouvait en assurer le transport. Nous fûmes satisfaits de cette attitude résolue. Le général Wavell n'obéit qu'en protestant : « Mon devoir est de vous avertir le plus formellement possible, câbla-t-il le 5 mai, que je considère la prolongation du combat en Irak comme une sérieuse mise en danger de la défense de la Palestine et de l'Égypte. Les répercussions politiques en seront incalculables, et elles risquent de provoquer ce que j'ai passé presque deux ans à essayer d'éviter, à savoir de sérieux problèmes internes dans nos bases. Je vous demande donc à nouveau très instamment de négocier un arrangement dès que possible. »

Voilà qui ne me convenait pas, et avec le soutien des chefs d'état-major, je portai l'affaire devant le Comité de défense lors de sa séance de midi le lendemain. L'humeur y était à la détermination, et les ordres suivants furent donc envoyés au général Wavell :

> « [...] Une solution négociée ne saurait être envisagée que sur la base d'une reculade des Irakiens, accompagnée de garanties contre toutes entreprises futures de l'Axe en Irak. Or, la réalité de la situation est que Rachid Ali a toujours travaillé en étroite collaboration avec les puissances de l'Axe, et qu'il n'attendait qu'un soutien de leur part pour passer à

l'action. Notre arrivée à Bassora l'a obligé à se découvrir avant que l'Axe ne soit prêt. Il y a donc une excellente chance de rétablir la situation par une action audacieuse, pourvu qu'elle soit menée sans retard.

Les chefs d'état-major ont donc signifié au Comité de défense qu'ils sont prêts à endosser la responsabilité du déploiement immédiat des forces spécifiées dans votre télégramme. Le Comité de défense ordonne de faire savoir au vice-maréchal de l'Air Smart qu'il lui sera prêté assistance, et qu'entre-temps, il est de son devoir de défendre Habbaniya jusqu'au dernier homme. Sous réserve du maintien de la sécurité en Égypte, un maximum d'appui aérien devra être fourni aux opérations en Irak. »

Dans l'intervalle, les escadrilles de l'école de pilotage de Habbaniya, opérant conjointement avec les bombardiers Wellington basés à Shaïba, au fond du golfe Persique, attaquèrent les troupes irakiennes installées sur le plateau. Celles-ci répliquèrent en canonnant le cantonnement, avec l'appui des bombardements et des mitraillages de leur aviation. Plus de quarante de nos hommes furent tués ou blessés le premier jour, et vingt-deux avions détruits ou mis hors d'usage. Malgré les risques du décollage sous le feu rapproché de l'artillerie ennemie, nos aviateurs ne fléchirent pas. L'ennemi ne tenta aucun assaut d'infanterie, et ses batteries furent progressivement réduites au silence. On s'aperçut que les canonniers ennemis abandonnaient leurs pièces sous une attaque aérienne, ou même à la seule vue de nos avions au-dessus de leurs positions. Cette pusillanimité fut pleinement mise à profit, et après la seconde journée, nous pûmes engager une partie de notre effort aérien contre l'aviation irakienne et ses bases. Au cours des nuits du 3 et du 4 mai, des patrouilles effectuèrent des raids sur les lignes ennemies, et le 5, après quatre jours d'offensive de la Royal Air Force, l'ennemi eut son compte ; la nuit même, il se retira du plateau. On le poursuivit, et une action heureusement menée nous livra quatre cents prisonniers, une douzaine de canons, soixante mitrailleuses et dix automitrailleuses. Une colonne de renfort fut surprise et détruite par notre aviation. Le 7 mai, le siège était levé, et le 18, l'avant-garde des colonnes de secours arriva de Palestine.

Mais à ce stade, les Irakiens n'étaient plus les seuls ennemis ; les premiers avions allemands s'étant posés sur l'aérodrome de Mossoul le 13 mai, le principal objectif de la RAF était désormais de les attaquer et d'empêcher leur approvisionnement par chemin de fer depuis la Syrie. Nous réussîmes à les écraser en quelques jours ; un peu plus tard, une escadrille de chasseurs italiens apparut, mais elle ne put rien faire. L'officier allemand chargé de coordonner l'action des avions de l'Axe et des forces irakiennes, un fils du maréchal Blomberg, atterrit à Bagdad avec une balle dans la tête, par suite d'une erreur de tir de ses alliés. Son successeur, quoique plus heureux à l'atterrissage, fut également impuissant, et toute chance d'intervention utile de l'Axe s'évanouit.

Nos avant-gardes atteignirent les faubourgs de Bagdad le 30 mai. Elles n'étaient pas nombreuses et il y avait toute une division irakienne dans la ville, mais leur arrivée effaroucha Rachid Ali et ses séides, qui s'enfuirent en Perse, accompagnés des ambassadeurs allemand et italien comme de l'ancien grand mufti de Jérusalem. Un armistice fut signé le lendemain, le régent reprit sa place, un nouveau gouvernement entra en fonction et nous occupâmes bientôt tous les points stratégiques du pays.

Ainsi fut déjoué de justesse le plan des Allemands pour fomenter une rébellion en Irak et s'emparer à bon compte de cette vaste région. Ils disposaient pourtant d'une force aéroportée qui aurait pu leur donner à ce stade la Syrie, l'Irak et la Perse, avec leurs précieux champs pétroliers ; la main d'Hitler aurait pu s'étendre très loin en direction de l'Inde, en donnant du même coup un signal au Japon. Mais comme on l'a vu, il avait choisi d'employer et de gaspiller son corps aéroporté d'élite dans une autre direction. C'est ainsi qu'il laissa passer l'occasion de remporter un grand succès à moindres frais au Moyen-Orient.

*
* *

L'urgente nécessité de devancer les Allemands en Syrie nous obligea également à exercer une forte pression sur Wavell. Il déclara qu'il espérait ne pas être chargé d'une campagne en Syrie, sauf en cas d'absolue nécessité ; les chefs d'état-major lui répondirent qu'il n'y avait pas d'autre choix que d'improviser, en constituant une armée aussi forte que possible sans nuire à la sécurité du désert de Libye. Le 21 mai, au moment de l'attaque allemande en Crète, Wavell donna donc au général Maitland Wilson l'ordre de se préparer à faire mouvement.

Appuyée par des Forces françaises libres, l'avance commença le 8 juin et rencontra d'abord peu de résistance. Personne ne pouvait dire jusqu'à quel point Vichy allait combattre ; bien que nous ne puissions guère bénéficier de l'effet de surprise, certains pensaient que l'ennemi n'offrirait qu'un simulacre de résistance. Mais lorsqu'il se rendit compte de notre faiblesse, il reprit courage et réagit vigoureusement, ne fût-ce que pour l'honneur de ses armes. Au bout d'une semaine de combats, Wavell, se rendant compte qu'il fallait des renforts, parvint à rassembler des troupes supplémentaires, dont une partie de la force qui avait pris Bagdad. Damas fut enlevée par les Australiens le 21 juin, après trois jours de durs combats. Leur avance fut aidée par un raid audacieux du commando nº 11, débarqué derrière les lignes ennemies. Le général Dentz comprit qu'il avait atteint ses limites ; il disposait encore d'environ 24 000 hommes, mais il ne pouvait espérer prolonger la résistance, d'autant qu'il lui restait à peine un cinquième de son aviation. À 8 h 30 du matin le 12 juillet, des émissaires de Vichy arrivèrent pour demander un armistice. Il leur fut accordé, on signa une convention et la Syrie passa sous occupation alliée[1]. Nos

---

1. Le lecteur de ces lignes est laissé entièrement dans l'ignorance des clauses du désastreux armistice de Saint-Jean-d'Acre, qui fait des

pertes dépassaient 4 600 hommes tués et blessés ; celles de l'ennemi étaient d'environ 6 500. Un incident désagréable restait à régler ; des soldats anglais faits prisonniers pendant la campagne avaient été embarqués en hâte à destination de la France occupée, d'où ils auraient certainement été livrés aux Allemands. Lorsque la chose fut découverte sans qu'il y eût de proposition de rectification, le général Dentz et d'autres officiers supérieurs furent pris en otages. Cela eut l'effet désiré, et nos hommes nous furent rendus.

*
* *

Le succès des campagnes de Syrie et d'Irak améliora considérablement notre position stratégique au Moyen-Orient. Il ferma la porte à toute nouvelle tentative de pénétration ennemie vers l'est à partir de la Méditerranée, ramena notre défense du canal de Suez 400 kilomètres plus au nord, et ôta à la Turquie toute inquiétude concernant sa frontière méridionale ; elle pouvait à présent compter sur l'aide d'une puissance amie en cas d'attaque. La bataille de Crète, qui nous coûta si cher, annihila la puissance offensive du corps aéroporté allemand ; la révolte en Irak fut finalement écrasée et, avec des effectifs dérisoires et des moyens improvisés, nous reprîmes le contrôle de ces vastes régions. La conquête et l'occupation de la Syrie, entreprises pour répondre à des nécessités désespérées, mirent fin définitivement à l'avance allemande en direction du golfe Persique et des Indes. Si, cédant aux tentations de la prudence, le Cabinet de guerre et les chefs d'état-major n'avaient pas fait de chaque épreuve une étape victorieuse, ni imposé leur volonté à tous les commandants, nous en serions restés aux pertes subies en Crète, sans recueillir le fruit des durs et glorieux

---

concessions excessives aux vichystes, tout en ignorant jusqu'à l'existence des Français libres. C'est ce qui provoque les premiers heurts sérieux entre de Gaulle et Churchill.

combats qui suivirent. Si le général Wavell, épuisé, avait succombé à l'immense fatigue que lui imposaient nos ordres et la marche des événements, tout l'avenir de la guerre et de la Turquie aurait pu en être affecté de manière fatidique. Il est vrai qu'on ne doit ni outrepasser ses limites, ni rien tenter qu'on ne soit assuré de réussir ; mais, comme tant d'autres principes de la vie et de la guerre, celui-ci souffre des exceptions.

Il faut rappeler que la rébellion en Irak et la poussée en Syrie ne représentaient qu'une petite partie des immenses urgences moyen-orientales qui assaillaient de tous côtés et simultanément le général Wavell. De même, l'ensemble du théâtre méditerranéen, vu de Londres, n'était qu'un élément secondaire de nos problèmes mondiaux, parmi lesquels figuraient en priorité la menace d'invasion, la guerre sous-marine et l'attitude du Japon. Seuls les forces et la cohésion du Cabinet de guerre, le respect mutuel et la concordance des vues militaires, ainsi que le fonctionnement harmonieux de notre machine de guerre, nous ont permis de surmonter, en dépit de cruelles blessures, ces épreuves et ces périls. Il nous reste à parler d'une opération, la bataille du désert de Libye, qui tenait la première place dans mon esprit comme dans celui des chefs d'état-major. Sans être couronnée de succès, elle n'en paralysa pas moins Rommel pendant près de cinq mois.

*
* *

À cette époque, nous avions un espion en contact étroit avec le quartier général de Rommel, qui nous donnait des renseignements précis sur les redoutables difficultés qui assaillaient sa position aussi aventurée que précaire[1]. Nous connaissions l'étroitesse de la marge d'action qu'il espérait conserver, mais aussi les ordres sévères et formels du haut

---

1. Bien entendu, il ne s'agissait pas d'un espion, mais cette fois encore des services de décryptage « Ultra » de Bletchley Park.

commandement allemand, qui lui enjoignaient de ne pas perdre le fruit de ses victoires en forçant sa chance.

Wavell, qui était en possession de tous nos renseignements[1], prit l'initiative, au moment même où l'affaire de Crète était imminente, d'accrocher Rommel avant que l'ensemble de la 15e *Panzer Division* tant redoutée n'arrivât par la longue route de Tripoli, et avant que l'ouverture effective du port de Benghazi n'ait offert à l'ennemi un raccourci pour acheminer ses approvisionnements. Il souhaitait attaquer avant même que les chars apportés par l'opération « Tigre » – les « bébés tigres », comme Wavell et moi les appelions dans notre correspondance – n'aient pu entrer en action. Une petite force sous les ordres du général Gott fit une tentative qui échoua ; et dès le 20 mai, nous avions manqué l'occasion de battre Rommel avant l'arrivée de ses renforts.

En dépit de tous les préparatifs, les délais pour débarquer, rééquiper et adapter les « bébés tigres » aux conditions du désert s'avérèrent considérables ; on découvrit aussi à l'arrivée que l'état mécanique de nombreux chars d'infanterie était médiocre. Des ennuis ne tardèrent pas à nous accabler. Rommel déploya la plus grande partie de la 15e *Panzer Division* et la concentra entre Capuzzoi et Sidi Omar ; s'attendant à une attaque d'ampleur pour briser le siège de Tobrouk, il était résolu à reprendre et à conserver Halfaya, afin de rendre cette manœuvre plus difficile. Cette passe célèbre était tenue par le 3e bataillon des Coldstream Guards, un régiment d'artillerie de campagne et deux escadrons de chars. L'ennemi marcha sur Halfaya le 26 mai et s'empara le soir même d'une éminence située au nord du col, qui constituait un bon poste d'observation occupé par les Coldstream. Le lendemain matin, après un bombardement intensif, une attaque combinée d'au moins deux bataillons et soixante chars nous plaça dans

---

1. Mais sans en connaître la provenance, ce qui lui faisait trop souvent douter de leur authenticité.

une situation des plus délicates ; nos réserves étant trop éloignées pour pouvoir intervenir, il ne nous restait plus qu'à décrocher sans plus de cérémonie. Ce fut fait, mais au prix de pertes sévères : seuls deux de nos chars étaient encore en état de marche. Ayant atteint son objectif, Rommel se mit en devoir de s'installer solidement à Halfaya ; ainsi qu'il l'avait espéré, son occupation de cette position devait nous gêner considérablement trois semaines plus tard.

*
* *

Les préparatifs en vue de notre grande offensive – nom de code : « Battleaxe » – se poursuivaient sans relâche, mais ils souffraient d'un lourd handicap : le 31 mai, le général Wavell nous rendit compte des difficultés techniques qu'il rencontrait pour reconstituer la 7e division blindée ; il ne serait donc en mesure de déclencher l'opération « Battleaxe » que le 15 juin au plus tôt. Tout en se rendant compte des dangers de ce retard, avec le risque de voir l'ennemi renforcer son aviation et déclencher une violente attaque contre Tobrouk, il se doutait bien que la bataille qui se préparait serait avant tout une bataille de chars ; dès lors, il lui fallait donner toutes ses chances à notre division blindée, considérant que les journées supplémentaires gagnées en temporisant « doubleraient les possibilités de succès ».

J'attendais maintenant avec espoir et crainte cette attaque dans le désert, qui pouvait modifier en notre faveur tout le cours de la campagne. À la différence de ce que nous avions nous-mêmes accompli au début de l'année, les Allemands avaient rapidement mis en service le port de Benghazi, et le gros de leurs forces recevait sans doute déjà la plus grande partie de ses approvisionnements par cette voie. Nous savons aujourd'hui que les Allemands avaient réussi à concentrer vers l'avant une bonne part de leurs propres blindés sans être observés. En fait, ce furent un peu plus de 200 chars qu'ils alignèrent contre nos 180 blindés.

L'opération « Battleaxe » débuta à l'aube du 15 juin. Au début, les choses se passèrent assez bien, mais au troisième jour, le 17 juin, tout empira et il apparut que notre action avait échoué. Le repli de l'ensemble de nos forces s'effectua en bon ordre, sous la protection de notre aviation de chasse ; l'ennemi n'entama aucune poursuite, en partie sans doute parce que ses blindés étaient soumis aux attaques massives des bombardiers de la RAF. Mais il y avait probablement une autre raison ; comme nous le savons à présent, Rommel avait reçu l'ordre de se tenir strictement sur la défensive et de concentrer ses forces en prévision d'une offensive à l'automne. Se lancer à notre poursuite au-delà de la frontière, en subissant des pertes du même coup, aurait été entièrement contraire aux ordres reçus. Bien que cette action puisse paraître réduite à l'échelle de la guerre de Méditerranée, avec ses diverses et multiples campagnes, son échec fut pour moi une cruelle déception ; un succès dans le désert aurait amené la destruction des audacieuses forces de Rommel ; Tobrouk aurait pu être délivrée, et la retraite de l'ennemi aurait pu le ramener au-delà de Benghazi aussi vite qu'il en était venu. Dans mon esprit, c'était bien pour atteindre cet objectif suprême qu'avaient été courus tous les risques de l'expédition « Tigre ». Je n'avais reçu aucune nouvelle des événements du 17 juin, et, sachant que le résultat ne tarderait guère à arriver, je partis pour Chartwell, qui était entièrement fermé. Je souhaitais y être seul, et c'est là que je fus informé de ce qui s'était passé. J'errai tristement dans la vallée pendant plusieurs heures.

*
* *

Le lecteur qui a suivi ce récit ne sera pas surpris par la décision que je fus amené à prendre au cours des dix derniers jours de juin 1941. À Londres, nous avions l'impression que Wavell était un homme fatigué ; on aurait pu dire que nous avions épuisé un cheval plein de bonne volonté. L'exceptionnelle convergence sous un commandement unique de cinq ou six théâtres d'opérations différents, avec leurs hauts et leurs bas – mais surtout leurs bas – représentait un surmenage auquel peu de soldats ont été astreints. Mais j'étais insatisfait des mesures prises par Wavell pour la défense de la Crète, et surtout du fait qu'on n'y ait pas expédié quelques chars supplémentaires. Les chefs d'état-major lui avaient forcé la main pour l'incursion en Irak, opération de faible envergure mais extrêmement fructueuse, qui avait permis de dégager Habbaniya et de remporter un succès local complet. Enfin, il y avait l'opération « Battleaxe », que Wavell avait montée en considérant les risques que j'avais victorieusement courus pour lui faire parvenir les « bébés tigres ». J'étais mécontent aussi des dispositions prises par l'état-major du Moyen-Orient pour réceptionner ces derniers, envoyés à son secours à travers les périls mortels de la Méditerranée, au prix de tant de risques et grâce à tant de chance. J'admirais naturellement le courage avec lequel Wavell avait livré cette petite bataille qui aurait pu être si importante, ainsi que son mépris extrême du danger qu'il courait en survolant de long en large ce champ de bataille aussi vaste que déroutant. Mais l'opération semblait avoir été mal conçue, particulièrement en l'absence de toute sortie préliminaire et concomitante à partir de la base de Tobrouk[1].

Par-dessus tout, il y avait l'enfoncement de notre flanc dans le désert par Rommel, qui avait sapé et bouleversé tous les projets grecs dans lesquels nous nous étions lancés, avec leurs lugubres dangers, mais aussi leurs

---

1. Churchill avait effectivement donné des instructions détaillées en ce sens, que Wavell avait choisi de négliger – avec l'assentiment discret des chefs d'état-major. C'est qu'il n'y avait à Tobrouk que des effectifs insignifiants et 25 tanks très usés. Toute tentative de sortie dans ces conditions aurait été suicidaire.

étincelantes promesses dans ce qui était pour nous le théâtre suprême de la guerre des Balkans. On m'a rappelé que j'avais fait le commentaire suivant : « Rommel a arraché au front de Wavell les lauriers qu'il venait de gagner et les a jetés dans le sable. » Ce n'était pas là un jugement réfléchi, mais seulement l'expression d'une angoisse passagère. On ne pourra porter de jugement sur tout cela qu'au vu des documents authentiques rédigés à l'époque – et aussi, sans doute, de bien d'autres témoignages que l'avenir nous dévoilera. Il n'en reste pas moins qu'après l'opération « Battleaxe », j'en arrivai à la conclusion qu'un changement s'imposait.

Le général Auchinleck était alors commandant en chef aux Indes. Je n'avais pas vraiment apprécié son attitude à Narvik, lors de la campagne de Norvège ; il m'avait paru trop enclin à jouer la sécurité et la certitude – ni l'une ni l'autre n'existant en temps de guerre –, et à se contenter de tout subordonner à la satisfaction de ce qu'il considérait comme le minimum d'exigence pour réussir[1]. Toutefois, j'avais été très impressionné par ses qualités personnelles, sa prestance et la noblesse de son caractère. Lorsque, après Narvik, il avait pris le commandement du secteur sud, j'avais reçu de nombreuses sources, tant officielles que privées, des témoignages de la résolution et du bon ordonnancement qu'il avait imposé dans cette importante région. Sa nomination en tant que commandant en chef aux Indes avait été saluée de toutes parts. Nous avons vu quel empressement il avait mis à envoyer les troupes indiennes à Bassora, et avec quelle ardeur il s'était employé à réprimer la révolte en Irak. J'étais persuadé qu'en Auchinleck, je tenais l'homme nouveau, énergique et capable de supporter

---

1. Churchill confond ici avec le général Mackesy. Auchinleck, qui avait remplacé ce dernier le 13 mai 1940, était loin d'être timoré, mais il n'avait pas eu l'occasion de faire ses preuves, car le commandement de la prise de Narvik était déjà passé à ce stade entre les mains du général français Antoine Béthouart.

les multiples tensions du Moyen-Orient, tandis que Wavell aurait le temps, dans ses importantes fonctions à la tête des Indes, de retrouver ses forces avant que surgissent les nouveaux défis et les nouvelles occasions qui s'annonçaient. Je pus constater que ces points de vue ne rencontraient pas de résistance dans nos milieux gouvernementaux et militaires de Londres. Le lecteur ne doit pas oublier que je n'ai jamais exercé de pouvoir absolu, et qu'il m'a toujours fallu agir en accord et en concertation avec les hommes politiques comme avec les responsables militaires. Le 21 juin, j'expédiai donc un télégramme en ce sens. Wavell accueillit cette décision avec flegme et dignité ; il était alors sur le point de s'envoler pour l'Abyssinie, un voyage qui se révéla extrêmement dangereux. Son biographe rapporte qu'à la lecture de mon message, il déclara : « Le Premier ministre a entièrement raison. Il faut sur ce théâtre un nouveau coup d'œil et un nouveau tour de main. »

*
* *

Depuis quelques mois, j'avais également été très inquiet de la carence manifeste de l'état-major du Caire, et je comprenais de plus en plus clairement le caractère excessif des tâches de toutes sortes qui pesaient sur notre commandement en chef. Wavell lui-même, de concert avec les autres commandants en chef, avait demandé dès le 18 avril à être quelque peu soulagé et secondé ; son point de vue était partagé par ses deux adjoints. Durant le séjour de M. Eden, les commandants en chef avaient compris tout l'intérêt que présentait pour eux la présence d'une haute autorité politique, et ils avaient ressenti un vide après son départ.

Mon fils Randolph – qui était parti avec les commandos, à présent partiellement dispersés – servait à cette époque dans le désert. Il était député et avait d'importantes relations. Je ne recevais pas souvent de ses nouvelles, mais le 7 juin m'était parvenu, par l'intermédiaire du ministère des Affaires étrangères, le télégramme suivant, qu'il m'avait expédié du Caire avec l'approbation de notre ambassadeur, sir Miles Lampson :

> « Ne vois pas comment nous pouvons nous mettre à gagner la guerre ici, tant que nous n'avons pas sur place un civil compétent pour donner au jour le jour une orientation politique et stratégique à suivre. Pourquoi ne pas envoyer ici un membre du Cabinet de guerre pour présider tout l'effort de guerre ? Hormis un petit état-major personnel, il aurait besoin de deux hommes de premier plan pour coordonner les approvisionnements et diriger la censure, les services de renseignement et de propagande. La plupart des gens qui réfléchissent se rendent compte ici de la nécessité de réformes radicales dans ce sens. De simples remplacements de personnel ne suffiront pas, et la conjoncture actuelle semble particulièrement propice à un changement de système. Pardonne-moi de t'importuner, mais je considère que la situation présente est déplorable et qu'une initiative urgente est essentielle à toute perspective de succès. »

Ce fut pour moi l'élément décisif. Je lui répondis quinze jours plus tard : « J'ai beaucoup et longuement réfléchi au contenu de ton télégramme utile et bien conçu. » Sur quoi je passai aux actes.

En octobre 1940, j'avais fait entrer le capitaine Oliver Lyttelton au gouvernement, en tant que ministre du Commerce. Je le connaissais depuis son enfance. Il avait servi dans les grenadiers et participé aux plus durs combats de la Première Guerre mondiale, ayant été blessé et décoré à plusieurs reprises ; après avoir quitté l'armée, il était entré dans les affaires pour devenir directeur général d'une grande firme métallurgique. Connaissant ses remarquables qualités personnelles, je n'hésitai pas à le faire entrer au Parlement et à lui confier un poste élevé au sein du gouvernement. La façon dont il gérait son ministère lui avait gagné le respect de tous les partis de notre gouvernement d'union nationale. Je n'avais pas apprécié ses propositions de 1941 concernant les cartes de rationnement de produits textiles, mais je m'aperçus qu'elles avaient l'approbation du Cabinet et de la Chambre des communes, et il n'est pas douteux qu'elles étaient nécessaires à l'époque. Lyttelton était un homme d'action complet, et il m'apparut comme compétent à tous égards pour occuper ce poste nouveau et sans précédent de ministre du Cabinet de guerre résidant au Moyen-Orient. Cela soulageait d'un autre grand fardeau les chefs militaires. Je trouvai mes collègues de tous les partis très favorables à cette idée ; il fut donc nommé, avec pour mission essentielle « de décharger le haut commandement de toutes les tâches qui ne sont pas de son ressort et de régler promptement sur place, conformément à la politique du gouvernement de Sa Majesté, un grand nombre de questions intéressant plusieurs départements ministériels ou autorités, qui devaient jusqu'à présent être soumises à la métropole ».

Ces dispositions nouvelles, avec leurs répercussions administratives, cadraient en tous points avec les changements intervenus dans le commandement au Moyen-Orient.

Chapitre VI

LA NÉMÉSIS SOVIÉTIQUE

Némésis personnifie « la déesse du châtiment, qui brise toute chance excessive, réprime la présomption qui l'accompagne [...] et punit les crimes extraordinaires* ». Il nous faut maintenant dévoiler l'erreur et la vanité des calculs inhumains du gouvernement soviétique et de l'énorme machine communiste, ainsi que leur stupéfiante inconscience de ce qu'était leur propre situation. Ils s'étaient montrés parfaitement indifférents au sort des puissances occidentales, bien que cela signifiât la destruction du « second front » qu'ils allaient bientôt réclamer à grands cris. Ils ne semblaient nullement se douter que depuis plus de six mois, Hitler avait résolu de les détruire ; et si leur service de renseignements les informa du vaste déploiement allemand vers l'Est qui s'amplifiait chaque jour davantage, les Soviétiques omirent maintes précautions indispensables pour y faire face. C'est ainsi qu'ils avaient abandonné la totalité des Balkans à l'invasion allemande. Ils haïssaient et méprisaient les démocraties occidentales ; mais les quatre pays – Turquie, Roumanie, Bulgarie et Yougoslavie – qui étaient d'une importance capitale pour eux et pour leur sécurité auraient pu être regroupés sous la houlette du gouvernement soviétique, avec l'aide active des Anglais, pour former un front balkanique contre Hitler. Les Soviétiques les laissèrent tous sombrer dans la confusion et tous, sauf la Turquie, furent

---

* Cité dans l'*Oxford English Dictionary*.

liquidés l'un après l'autre. La guerre est essentiellement une collection de bourdes, mais on peut se demander s'il est une autre erreur dans l'Histoire qui soit comparable à celle que commirent Staline et les chefs communistes lorsqu'ils renoncèrent à toute initiative dans les Balkans et attendirent nonchalamment – ou furent incapables de comprendre – l'effroyable agression qui menaçait la Russie. Nous les avions considérés jusque-là comme d'égoïstes calculateurs ; mais durant cette période, ils se révélèrent être des nigauds de surcroît. La force, la masse, la bravoure et l'endurance de la Mère Russie n'avaient pas encore été jetées dans la balance ; mais pour ce qui est de la stratégie, de la politique, de la prévoyance et de la compétence, Staline et ses commissaires furent à ce stade les plus lamentables dupes de la Seconde Guerre mondiale.

*
* *

La directive d'Hitler « Barbarossa », en date du 18 décembre 1940, avait défini l'organisation générale et les tâches primordiales des forces à concentrer contre la Russie. À cette époque, le total des forces allemandes sur le front de l'Est était de 34 divisions. Pour faire plus que tripler ce chiffre, il fallut un immense travail de planification et de préparation, qui occupa pleinement les premiers mois de 1941. En janvier et février, l'aventure balkanique dans laquelle le Führer s'était laissé entraîner détourna de l'est vers le sud cinq divisions, dont trois blindées ; en mai, le déploiement allemand à l'Est avait atteint 87 divisions, dont les Balkans n'absorbaient pas moins de 25. Considérant l'ampleur et les risques de l'invasion de la Russie, il était bien imprudent de désorganiser la concentration à l'Est par une telle diversion. Nous allons voir à présent comment l'opération essentielle subit un retard de cinq semaines par suite de notre résistance dans les Balkans, et en particulier de la révolution yougoslave. Nul ne peut mesurer exactement ce que furent les conséquences de ce retard, avant que la survenue de l'hiver n'affectât l'issue de la campagne des Allemands en Russie, mais on peut raisonnablement estimer que Moscou lui dut son salut. En mai et au début de juin 1941, plusieurs divisions allemandes parmi les mieux entraînées et tous les blindés furent ramenés des Balkans vers le front de l'Est, et au moment de l'assaut, les Allemands attaquèrent avec 120 divisions, dont 17 blindées et 12 motorisées ; six divisions roumaines étaient également incluses dans leur groupe d'armées du Sud, et il y avait encore en réserve générale 26 divisions formées ou en cours de formation ; si bien qu'au début de juillet, le haut commandement allemand pouvait compter sur au moins 150 divisions, soutenues par la puissance principale des forces aériennes, qui comprenait quelque 2 700 avions.

*
* *

Jusqu'à la fin de mars, je n'étais pas convaincu qu'Hitler était résolu à mener une guerre à mort contre la Russie, dont j'ignorais également l'imminence. Les rapports de nos services de renseignements signalaient avec force détails les vastes mouvements des troupes allemandes en direction des États balkaniques, puis à l'intérieur de ces États, au cours des trois premiers mois de 1941. Nos agents pouvaient se déplacer avec une assez grande liberté dans ces pays quasi neutres, et ils avaient pu nous tenir exactement au courant des forces allemandes massives acheminées par rail et par route vers le sud-est. Mais rien de tout cela n'impliquait nécessairement l'invasion de la Russie, car tout pouvait facilement s'expliquer par les intérêts et la politique de l'Allemagne en Roumanie et en Bulgarie, par ses desseins sur la Grèce et par ses arrangements avec la Yougoslavie et la Hongrie. Il nous était bien plus difficile d'obtenir des renseignements sur l'immense mouvement qui avait lieu à travers l'Allemagne en direction de la partie essentielle du front russe, qui s'étendait de la Roumanie à la Baltique. Qu'à ce stade, l'Allemagne entreprît une autre guerre de grande envergure contre la Russie, avant même d'avoir liquidé l'affaire balkanique, me semblait trop beau pour être vrai.

Il n'y avait aucun indice d'une diminution des forces allemandes face à nous, de l'autre côté de la Manche ; les raids aériens allemands sur la Grande-Bretagne restaient intensifs. La manière dont les concentrations de troupes allemandes en Roumanie et en Bulgarie avaient été minimisées et apparemment acceptées par le gouvernement soviétique, les preuves que nous avions d'approvisionnements massifs et inestimables envoyés de Russie en Allemagne, l'évidente communauté d'intérêt qu'avaient ces deux pays à envahir et se partager l'empire britannique d'Orient – tout cela rendait vraisemblable l'hypothèse qu'Hitler et Staline concluraient un marché à nos dépens plutôt que de se faire la guerre ; nous savons à présent que ce marché entrait largement dans les vues de Staline.

Ces impressions étaient partagées par notre Comité de renseignements interarmes. Le 7 avril, celui-ci fit connaître qu'il circulait en Europe plusieurs rapports concernant un plan allemand d'agression contre la Russie. Bien que l'Allemagne disposât de forces considérables à l'Est, et qu'elle comptât assurément faire la guerre à la Russie à un moment ou à un autre, le Comité jugeait qu'il était peu probable qu'elle choisît d'ouvrir à ce moment un autre front de grande envergure ; il estimait plutôt que son objectif principal pour 1941 demeurerait la défaite du Royaume-Uni. Le 23 mai encore, ce Comité interarmes rapporta que les rumeurs d'attaque imminente contre la Russie s'étaient tues, et que d'autres informations faisaient état de l'imminence d'un nouvel accord entre les deux pays.

Mais nos chefs d'état-major avaient une longueur d'avance sur leurs experts, et ils étaient plus catégoriques : « Nous avons des indications sûres, firent-ils savoir au Commandement du Moyen-Orient le 31 mai, selon lesquelles les Allemands concentrent actuellement d'importantes forces terrestres et aériennes contre la Russie. Usant de cette menace, ils vont probablement exiger des concessions qui nous seront extrêmement préjudiciables. Si les Russes refusent, les Allemands passeront à l'attaque. »

C'est seulement le 5 juin que le Comité de renseignements interarmes signala que l'ampleur des préparatifs militaires allemands en Europe de l'Est semblait indiquer qu'il s'agissait de bien autre chose que d'un accord économique. Peut-être l'Allemagne désirait-elle écarter de sa frontière orientale la menace potentielle de forces soviétiques de plus en plus puissantes ; mais le Comité ne pouvait encore dire s'il en sortirait une guerre ou un accord.

Je ne m'étais pas satisfait de cette expression de sagesse collective, et je préférais voir moi-même les documents originaux ; j'avais donc demandé dès l'été de 1940 au commandant Desmond Morton de faire une sélection quotidienne des morceaux de choix, que je ne manquais jamais de lire pour me faire ma propre opinion, parfois bien avant le Comité lui-même.

C'est donc avec émotion et soulagement que je lus vers la fin de mars 1941 un rapport émanant de l'une de nos sources les plus fiables[1], faisant état des allers et retours de blindés allemands sur la voie ferrée de Bucarest à Cracovie. Il montrait d'abord qu'aussitôt après la soumission à Vienne des ministres yougoslaves, trois des cinq divisions blindées qui avaient traversé la Roumanie en direction du sud, à destination de la Grèce et de la Yougoslavie, avaient été ramenées au nord, vers Cracovie ; et, ensuite, que tout ce mouvement avait été inversé après la révolution de Belgrade, les trois divisions blindées ayant été renvoyées en Roumanie. Ces allées et venues de quelque soixante trains n'avaient pu être dissimulées à nos agents sur place.

Pour moi, ce fut comme un éclair qui illuminait toute l'Europe de l'Est ; le brusque mouvement vers Cracovie d'une telle force blindée, si nécessaire dans la région des

---

1. Il s'agit toujours de la même source.

Balkans, ne pouvait que traduire l'intention d'Hitler d'envahir la Russie en mai. Voilà qui m'apparut désormais comme son objectif suprême. Le fait que la révolution de Belgrade ait nécessité le retour des blindés en Roumanie entraînerait peut-être un report de mai à juin. J'essayai de trouver quelque moyen d'avertir Staline et, en lui faisant prendre conscience du danger, d'établir avec lui des contacts analogues à ceux que j'avais noués avec le président Roosevelt. Je rédigeai un message bref et sibyllin, espérant ainsi attirer son attention et le faire réfléchir, d'autant plus qu'il s'agissait là de mon premier message depuis le télégramme officiel du 25 juin 1940 accréditant sir Stafford Cripps en qualité d'ambassadeur.

« 3 avril 1941.

Premier ministre à sir Stafford Cripps.

Ce qui suit, de moi à M. Staline, à condition que vous puissiez le lui remettre personnellement :

J'ai reçu d'un agent de confiance[1] le renseignement certain que lorsque les Allemands ont cru tenir la Yougoslavie dans leurs filets – c'est-à-dire après le 20 mars – ils ont commencé à transférer trois des cinq divisions blindées de Roumanie jusqu'en Pologne méridionale. Au moment où ils ont appris la nouvelle de la révolution serbe, ce transfert a été décommandé. Votre Excellence appréciera sans peine la signification de ces faits. »

L'ambassadeur de Grande-Bretagne ne répondit que le 12 avril, pour dire que, juste avant la réception de mon télégramme, il avait lui-même adressé à Vychinsky une longue lettre personnelle récapitulant les diverses occasions où le gouvernement soviétique s'était abstenu de

---

1. Il n'était évidemment pas question de souffler mot des décryptages « Ultra » à Joseph Staline.

contrecarrer les empiétements des Allemands dans les Balkans, et adjurant dans les termes les plus vifs l'URSS d'adopter sans délai une politique énergique de coopération avec les pays encore hostiles à l'Axe dans cette région. « Si je faisais, disait-il, parvenir par Molotov le message du Premier ministre, qui exprime la même thèse sous une forme beaucoup plus courte et beaucoup moins pressante, je crains que le seul effet serait probablement d'affaiblir l'impression déjà faite par ma lettre à Vychinsky. »

Je fus contrarié de cette abstention et du retard qui en avait découlé. C'était là le seul message que j'avais envoyé directement à Staline avant l'attaque ; sa brièveté, son caractère exceptionnel, le fait qu'il émanait du chef du gouvernement de Sa Majesté et devait être remis personnellement au chef du gouvernement russe par l'ambassadeur – tout cela était destiné à lui conférer une importance particulière et à retenir l'attention de Staline. On finit par me dire que sir Stafford l'avait remis à Vychinsky le 19 avril, et que ce dernier l'avait informé par une lettre du 23 qu'il avait été transmis à Staline.

Je ne puis formuler aucun jugement définitif sur le point de savoir si mon message, remis avec toute la célérité et le cérémonial prescrits, aurait changé le cours des événements. Néanmoins, je regrette toujours que mes instructions n'aient pas été exécutées à la lettre. Si j'avais eu un contact direct avec Staline, j'aurais peut-être pu lui éviter la destruction au sol d'une telle proportion de ses forces aériennes[1].

---

1. En l'occurrence, les regrets sont superflus : près de dix ans après l'événement, Churchill ne se rend toujours pas compte du fait que toutes les communications adressées aux diplomates britanniques à Moscou étaient aussitôt interceptées, décryptées et présentées à Staline. Il ne comprend pas davantage la méfiance pathologique du petit Père des Peuples, qui l'amenait à considérer de tels messages comme de grossières tentatives de duperie de la part d'un vieil impérialiste antibolchevik.

* *

Nous savons aujourd'hui que la directive d'Hitler du 18 décembre avait indiqué le 15 mai comme date d'invasion de la Russie et que, dans son accès de fureur provoqué par la révolution de Belgrade, il avait retardé cette date d'un mois, pour la fixer ensuite au 22 juin. Jusqu'au milieu de mars, les mouvements de troupes dans le Nord, sur le principal front russe, n'étaient pas encore de nature à nécessiter des mesures spéciales de camouflage de la part des Allemands. Le 13 mars, pourtant, Berlin donna l'ordre de mettre fin aux activités des commissions russes opérant en territoire allemand et de les renvoyer chez elles ; la présence de Russes dans cette partie de l'Allemagne ne pouvait être autorisée que jusqu'au 25 mars. Pendant ce temps, les 120 divisions allemandes d'élite se rassemblaient en trois groupes d'armées le long de la frontière russe. Pour des raisons déjà expliquées, le groupe Sud, commandé par Rundstedt, était médiocrement pourvu en blindés, ses divisions de *Panzers* étant récemment revenues de Grèce et de Yougoslavie. Malgré l'ajournement de l'offensive au 22 juin, elles avaient grand besoin de repos et de remise en état, après la fatigue et l'usure du matériel dans les Balkans.

Le 13 avril, Schulenburg revint de Moscou ; Hitler reçut son ambassadeur le 28 et le gratifia d'une diatribe contre la Russie, mais Schulenburg en resta à la thèse qui avait inspiré tous ses rapports : « Je suis convaincu que Staline est disposé à nous faire encore des concessions. Il a déjà été indiqué à nos négociateurs économiques que (si nous en faisions la demande en temps opportun) la Russie pourrait nous fournir jusqu'à 5 millions de tonnes de céréales par an*. » Schulenburg retourna à Moscou le 30 avril, profondément déçu par son entrevue avec Hitler ; il avait nettement l'impression que le Führer voulait la

---

* *Relations germano-soviétiques*, 1939-1941, p. 332.

guerre. Il semble qu'il ait même essayé d'en avertir Dekanosov, l'ambassadeur d'URSS à Berlin, et il lutta avec persévérance jusqu'au dernier moment en faveur de sa politique d'entente germano-russe.

Weizsäcker, chef officiel du ministère allemand des Affaires étrangères, était un fonctionnaire d'une haute compétence, comme il s'en trouve dans les services gouvernementaux de nombreux pays. Ce n'était pas un politicien détenteur de pouvoirs exécutifs, et il ne pouvait pas, selon la coutume anglaise, être tenu pour responsable de la politique de l'État ; il n'en fut pas moins condamné à sept ans de travaux forcés, en vertu du jugement des tribunaux constitués par les vainqueurs. Bien qu'il soit par conséquent classé dans la catégorie des criminels de guerre, il n'en donna pas moins de bons conseils à ses supérieurs, et nous pouvons nous féliciter qu'il n'ait pas été écouté. Voici comment il relate cette entrevue :

> « Je peux résumer en une seule phrase mon opinion sur un conflit germano-russe. Si chaque ville russe réduite en cendres avait pour nous la même valeur qu'un navire de guerre britannique coulé, je préconiserais la guerre germano-russe pour cet été ; mais je crois que nous serions vainqueurs des Russes militairement, mais que par contre, nous serions perdants dans le domaine économique.
>
> On peut sans doute considérer comme une séduisante perspective de porter un coup mortel au système communiste, et l'on peut également dire qu'il est dans la logique des choses de mobiliser tout le continent eurasien contre le monde anglo-saxon et ses suppôts. Mais le seul facteur décisif est de savoir si ce projet hâtera l'effondrement de l'Angleterre...
>
> Or une attaque allemande contre la Russie ne ferait que donner aux Anglais une nouvelle force morale. Ils en concluraient que nous doutons du succès de notre lutte contre l'Angleterre. Ainsi, non seulement nous admettrions que la guerre durera encore longtemps, mais nous risquerions même de la prolonger, au lieu de l'abréger. »

Le 7 mai, Schulenburg, plein d'espoir, rapporta que Staline avait pris la place de Molotov à la présidence du Conseil des commissaires du peuple, et qu'il était ainsi devenu le chef du gouvernement de l'Union soviétique. « [...] Je suis convaincu que Staline utilisera sa nouvelle position pour prendre une part personnelle au maintien et au développement de bonnes relations entre l'URSS et l'Allemagne. »

L'attaché naval allemand, écrivant de Moscou, exprimait la même opinion en ces termes : « Staline est le pivot de la collaboration germano-soviétique. » Les signes d'apaisement donnés par la Russie à l'Allemagne se multiplièrent : le 3 mai, la Russie avait officiellement reconnu le gouvernement pro-allemand de Rachid Ali en Irak ; le 7 mai, les représentants diplomatiques de la Belgique et de la Norvège furent expulsés de Russie ; le ministre de Yougoslavie lui-même fut jeté dehors ; au début de juin, la légation de Grèce fut bannie de Moscou. Ainsi que le général Thomas, chef des services économiques au ministère allemand de la Guerre, l'écrivit plus tard dans son étude sur l'économie de guerre du Reich : « Les Russes ont effectué leurs livraisons jusqu'à la veille de l'attaque, et dans les derniers jours, le transport du caoutchouc provenant d'Extrême-Orient a été diligenté par trains express. »

*
* *

Nous n'étions évidemment pas complètement renseignés sur les humeurs de Moscou, mais les intentions des Allemands semblaient claires et compréhensibles. Le 16 mai, j'avais câblé au général Smuts : « Tout se passe comme si Hitler massait ses forces contre la Russie. Un mouvement incessant de troupes, de forces blindées et d'unités aériennes se poursuit vers le Nord depuis les Balkans, et vers l'Est depuis la France et l'Allemagne. » Staline dut vraiment faire beaucoup d'efforts pour conserver ses illusions sur la politique d'Hitler ; après un nouveau mois d'intenses mouvements et déploiements de troupes allemandes, Schulenburg pouvait télégraphier le 13 juin au ministère allemand des Affaires étrangères :

> « Le commissaire du peuple Molotov vient de me remettre le texte suivant d'une dépêche de l'agence Tass, qui sera radiodiffusé ce soir et publié demain dans les journaux :
> "Avant même le retour à Londres de l'ambassadeur anglais Cripps, mais plus encore depuis son retour, la presse anglaise et étrangère a beaucoup fait état de rumeurs au sujet de l'imminence d'une guerre entre l'URSS et l'Allemagne. [...]
> En dépit de l'absurdité manifeste de ces rumeurs, les milieux responsables de Moscou ont jugé nécessaire de déclarer qu'elles constituent une grossière manœuvre de propagande de la part des forces coalisées contre l'Union soviétique et l'Allemagne, qui ont intérêt à voir la guerre s'étendre et s'intensifier." »

Hitler avait toutes raisons d'être satisfait du succès de ses mesures d'intoxication et de camouflage, ainsi que de l'état d'esprit de sa victime ; l'aveuglement dont Molotov fit preuve jusqu'à la fin mérite d'être rapporté : le 22 juin à 1 h 17 du matin, Schulenburg télégraphia une nouvelle fois au ministère allemand des Affaires étrangères :

> « Molotov m'a convoqué à son bureau hier soir à 9 h 30. Après avoir mentionné les prétendues violations frontalières répétées par les avions allemands [...], il a déclaré ce qui suit :
> "Il y a un certain nombre d'indications selon lesquelles le gouvernement allemand serait mécontent du gouvernement soviétique. Des rumeurs ont même couru qu'une guerre était imminente entre l'Allemagne et l'Union soviétique. Le gouvernement soviétique n'a pas pu comprendre les raisons du mécontentement de l'Allemagne. Il me serait reconnaissant de lui faire savoir ce qui est à l'origine de l'état actuel des relations germano-soviétiques."
> J'ai répliqué que je ne pouvais répondre à sa question, car je n'avais pas les renseignements nécessaires ; mais que je transmettrais sa communication à Berlin. »

Mais l'heure fatale avait sonné ; ce même 22 juin, à 4 heures du matin, Ribbentrop remit à l'ambassadeur russe à Berlin une déclaration de guerre en bonne et due forme. À l'aube, Schulenburg se rendit au Kremlin et se présenta à Molotov ; ce dernier écouta en silence la déclaration que lui lut l'ambassadeur d'Allemagne, puis il fit ce commentaire : « C'est la guerre. Votre aviation a déjà bombardé une dizaine de villages sans défense. Croyez-vous que nous avons mérité cela* ? »

*
* *

Après la publication de la dépêche de l'agence Tass, il aurait été vain d'ajouter aux avertissements répétés qu'Eden avait donnés à l'ambassadeur d'Union soviétique à Londres, ou de tenter un nouvel effort personnel pour ouvrir les yeux de Staline sur le péril qui le menaçait. Des renseignements plus précis encore avaient été régulièrement adressés au gouvernement soviétique par les États-Unis. Mais rien de ce que nous pûmes faire les uns comme les autres ne devait percer la carapace de préjugés et d'obsessions que Staline avait dressée entre lui-même et la terrible vérité. Bien que, selon les estimations allemandes, 186 divisions russes aient été massées derrière les frontières soviétiques, dont 119 face au front allemand, les troupes russes furent très largement prises à l'improviste. Les Allemands ne trouvèrent aucun indice de préparatifs d'offensives dans la zone de l'avant, et les troupes de cou-

---

* Cet acte fut le dernier de la carrière diplomatique du comte von der Schulenburg. Vers la fin de 1943, son nom apparaît dans les cercles allemands clandestins de conspirateurs contre Hitler, comme titulaire possible du portefeuille des Affaires étrangères dans le gouvernement qui succéderait au régime nazi, en raison de ses titres particuliers à négocier une paix séparée avec Staline. Il fut arrêté par les nazis après la tentative d'assassinat contre Hitler en juillet 1944, et incarcéré dans les prisons de la Gestapo. Il fut exécuté le 10 novembre de cette année-là.

verture russes furent promptement maîtrisées ; un désastre analogue à celui qu'avaient subi les forces aériennes polonaises le 1er septembre 1939 allait maintenant se répéter à bien plus grande échelle sur les aérodromes russes, où plusieurs centaines d'avions russes furent surpris à l'aube et détruits avant d'avoir pu décoller. C'est ainsi que les hurlements de haine contre la Grande-Bretagne et les États-Unis que la propagande soviétique déversait sur les ondes nocturnes furent couverts dès l'aurore par la canonnade allemande. Les méchants ne sont pas toujours intelligents et les dictateurs n'ont pas toujours raison…

Il est impossible d'achever ce récit sans rappeler l'effroyable décision prise par Hitler concernant le traitement réservé à ses nouveaux ennemis, et qui fut exécutée avec toute la rigueur qu'impliquait une lutte à mort sur de vastes étendues dénudées, au milieu des ruines et des horreurs de l'hiver. Au cours d'une conférence tenue le 14 juin 1941, il avait donné verbalement des ordres qui déterminèrent dans une large mesure la conduite des armées allemandes à l'égard des troupes et de la population civile russes, et provoquèrent maints actes de cruauté et de barbarie. Selon les documents du procès de Nuremberg, le général Halder devait faire la déposition suivante :

> « Avant l'attaque contre la Russie, le Führer réunit une conférence de tous les commandants d'unité et de tous les membres du commandement suprême, pour évoquer l'attaque prochaine contre la Russie. Je ne me rappelle pas la date exacte de cette conférence […]. Le Führer y déclara que les méthodes à employer dans la guerre contre les Russes devraient être différentes de celles utilisées contre l'Occident […]. Il dit que la lutte entre la Russie et l'Allemagne était une confrontation à la russe. Il expliqua que du moment que les Russes n'étaient pas signataires de la convention de La Haye, le traitement de leurs prisonniers de guerre n'avait pas à se conformer aux articles de la Convention […]. Il

ajouta que les soi-disant commissaires ne devraient pas être considérés comme prisonniers de guerre*. »

Et selon Keitel :

« Le thème principal d'Hitler était que cette guerre contre la Russie constituait la bataille décisive entre deux idéologies ; de ce fait, il était impossible d'y appliquer les méthodes que nous connaissions en tant que soldat, et qui étaient considérées comme étant les seules correctes en vertu des lois internationales**. »

*
* *

Le soir du vendredi 20 juin, je me rendis seul aux Chequers. Je savais que l'agression allemande contre la Russie n'était plus qu'une question de jours – peut-être même d'heures. J'avais prévu de prononcer le samedi soir une allocution radiodiffusée à ce sujet, qui devrait naturellement être à mots couverts. À cette époque, en outre, le gouvernement soviétique arrogant et aveugle considérait chaque avertissement de notre part comme une simple tentative d'hommes vaincus pour en entraîner d'autres dans la ruine. À la suite de mes réflexions dans la voiture, je remis mon allocution au dimanche soir, pensant que la situation se serait éclaircie. C'est ainsi que le samedi s'écoula, avec son labeur habituel.

À mon réveil au matin du dimanche 22 juin, on m'informa qu'Hitler avait envahi la Russie. Cela transforma ma conviction en certitude. Je n'avais pas le moindre doute sur ce que devaient être notre devoir et notre politique, ni d'ailleurs sur ce qu'il me fallait dire ; je n'avais plus qu'à la rédiger. Je demandai que l'on annonçât immédiatement que je parlerais à la radio le soir même à 9 heures. Bientôt, le général Dill, qui était venu de

---

* *Documents de Nuremberg*, VIe partie, p. 310.
** *Idem*, XIe partie, p. 16.

Londres en toute hâte, entra dans ma chambre avec des nouvelles détaillées; les Allemands avaient envahi la Russie sur un énorme front, surprenant au sol une grande partie des forces aériennes soviétiques, et semblaient avancer avec une grande rapidité et une extrême violence. Le chef de l'état-major impérial ajouta: « Je suppose que les Russes vont se faire encercler en masse. »

Je passai la journée à rédiger ma déclaration. Le temps manquait pour consulter le Cabinet de guerre, et du reste, ce n'était pas nécessaire; je savais que nous pensions à l'unisson dans cette affaire. M. Eden, lord Beaverbrook et sir Stafford Cripps – qui avait quitté Moscou le 10 juin –, étaient également auprès de moi ce jour-là. Lors de mon allocution radiodiffusée, je déclarai:

> « Le régime nazi est identique à ce qu'il y a de pire dans le communisme. Il est dénué de tout principe et de tout sens moral, en dehors de ses ambitions territoriales et de son instinct de domination raciale. Il surpasse toutes les formes de la malignité humaine dans l'efficacité de sa cruauté et la férocité de ses agressions. Personne n'a été un adversaire plus constant du communisme que je ne l'ai été depuis vingt-cinq ans. Je ne retirerai pas une seule parole que j'ai prononcée à ce sujet. Mais tout cela s'efface devant le spectacle qui se dévoile à présent. Le passé, avec ses crimes, ses folies et ses tragédies, s'en trouve éclipsé. Je vois les soldats russes debout sur le seuil de leur terre natale, protégeant les champs que leurs pères ont labourés depuis des temps immémoriaux. Je les vois gardant leurs demeures où prient leurs mères et leurs épouses – ah, oui, certes, car il y a des moments où tout le monde prie – pour la sécurité des êtres chers, pour le retour de celui qui gagne le pain quotidien, qui défend la cause sacrée, qui protège le foyer. Je vois les dix mille villages de la Russie éternelle où les moyens d'existence sont si péniblement arrachés à la terre, mais où l'on trouve encore les joies humaines essentielles, où des jeunes filles rient et des enfants jouent. Je vois la machine de guerre nazie se ruant hideusement sur tout cela, avec ses officiers prussiens robotisés, compassés et claquant

des talons, avec ses agents experts qui se sont fait la main en réprimant et en asservissant douze pays. Je vois aussi les mornes masses disciplinées, serviles et brutales de la soldatesque boche[1] marchant lourdement comme une nuée de sauterelles rampantes. Je vois dans le ciel les chasseurs et les bombardiers allemands, encore meurtris de maintes corrections infligées par les Britanniques, ravis de découvrir ce qu'ils croient être une proie plus facile et plus sûre.

Derrière tout cet embrasement, derrière toute cette tempête, je vois un petit groupe de scélérats qui planifient, organisent et déversent cette avalanche d'horreurs sur l'humanité. [...]

J'ai à vous annoncer la décision du gouvernement de Sa Majesté – et je suis convaincu que les grands Dominions s'y associeront en temps utile –, car nous devons prendre position immédiatement, sans perdre un seul jour. J'ai à vous annoncer cette décision, mais pouvez-vous douter de ce que sera notre ligne de conduite ? Nous n'avons qu'un seul but, qu'un seul et irrévocable dessein. Nous sommes résolus à détruire Hitler et tous les vestiges du régime nazi. De cela, rien ne nous détournera – absolument rien. Jamais nous ne parlementerons, jamais nous ne négocierons avec Hitler, ni avec personne de sa bande. Nous le combattrons sur terre, nous le combattrons sur mer, nous le combattrons dans les airs jusqu'à ce que, avec l'aide de Dieu, nous ayons débarrassé le monde de son ombre et libéré les peuples de son joug. Tout homme, toute nation qui poursuit le combat contre le nazisme peut compter sur notre aide. Tout homme, toute nation qui marchera au côté d'Hitler est notre ennemi. [...] Voilà notre politique et voilà notre intention. Il s'ensuit que nous apporterons toute l'aide possible à la Russie et au peuple russe. Nous lancerons un appel à nos amis et alliés aux quatre coins du monde pour qu'ils suivent la même voie et s'y tiennent, ainsi que nous le ferons nous-mêmes, loyalement et résolument jusqu'au bout. [...]

---

1. Avec une superbe allitération dans la version originale : « *dull, drilled, docile* ».

Ceci n'est pas une guerre de classe, mais une guerre dans laquelle l'empire britannique et le Commonwealth des nations se trouvent engagés tout entiers, sans distinction de race, de croyance ou de parti. Il ne m'appartient pas de parler de l'action des États-Unis, mais je tiens à dire ceci : si Hitler s'imagine que son agression contre la Russie soviétique causera la moindre divergence de desseins ou le moindre relâchement de l'effort parmi les grandes démocraties qui ont résolu sa perte, il se trompe complètement. Au contraire, nous serons fortifiés et encouragés dans nos efforts pour délivrer le genre humain de sa tyrannie. Loin d'être affaiblis, notre résolution et nos moyens s'en trouveront renforcés.

Ce n'est pas le moment de moraliser sur la folie des nations et des gouvernements qui se sont laissé abattre les uns après les autres, alors qu'en agissant de concert, ils auraient pu se préserver et épargner au monde cette catastrophe. Mais lorsque j'ai parlé, il y a quelques minutes, de la soif de sang et des horribles appétits qui ont poussé ou attiré Hitler dans son aventure russe, j'ai dit qu'il y avait à son forfait un mobile plus profond : il veut détruire la puissance russe parce qu'il espère, s'il y réussit, pouvoir ramener de l'Est le gros de ses armées et de ses forces aériennes et les précipiter contre notre île[1] ; car il sait qu'il doit la conquérir ou subir le châtiment de ses crimes. Son invasion de la Russie n'est rien d'autre que le prélude à une tentative d'invasion des îles Britanniques ; il espère sans doute que toute cette campagne pourra être achevée avant l'hiver, et qu'il sera ensuite en mesure d'écraser la Grande-Bretagne avant que la flotte et la puissance aérienne des États-Unis ne puissent intervenir[2] ; il espère pouvoir rééditer, sur une

---

1. Excellente intuition : telle est en effet l'exacte intention du Führer.
2. C'est également l'expression fidèle des desseins d'Hitler ! Le Führer a effectivement prévu qu'à l'issue d'une campagne victorieuse de trois à quatre mois, il se retournerait contre la Grande-Bretagne *dès l'automne de 1941*. Mai peu soucieux de renouveler l'échec de la bataille d'Angleterre, il pense la vaincre au moyen d'une stratégie périphérique

échelle plus grande que jamais, cette tactique consistant à détruire ses ennemis un par un, ce qui lui a si bien et si longtemps réussi. Alors, la scène sera libre pour le dernier acte, sans lequel toutes ses conquêtes seraient vaines – à savoir la soumission de l'hémisphère occidental à sa volonté et à son système.

Le péril de la Russie est donc notre péril et celui des États-Unis, tout comme la cause de chaque Russe combattant pour son foyer et sa demeure est celle des hommes libres et des peuples libres aux quatre coins du monde. Profitons des leçons qu'une si cruelle expérience nous a déjà enseignées. Redoublons d'efforts, et unissons nos forces pour frapper, avec tout ce qu'il nous reste de vie et de force. »

---

consistant à la couper de ses approvisionnements en pétrole par une offensive contre le canal de Suez, en passant par la Libye, la Turquie, la Syrie et… le Caucase ! À l'évidence, le Führer n'est guère troublé par des considérations de temps, de distances, de reliefs, d'approvisionnement, d'usure des hommes et des matériaux.

Chapitre VII

NOTRE ALLIÉ SOVIÉTIQUE

L'entrée en guerre de la Russie était la bienvenue, mais elle ne nous aidait pas dans l'immédiat. Les armées allemandes étaient si puissantes qu'elles semblaient pouvoir faire planer pendant des mois encore la menace d'une invasion de l'Angleterre, tout en s'enfonçant profondément en Russie. Presque tous les militaires compétents estimaient que les armées russes ne tarderaient pas à être vaincues et en grande partie détruites ; elles avaient pris un mauvais départ du fait que leur gouvernement avait laissé surprendre son aviation au sol, et que ses préparatifs militaires étaient loin d'être achevés. Les armées soviétiques avaient subi des pertes effroyables. En dépit d'une résistance héroïque, de l'autorité despotique et compétente du haut commandement, d'un mépris total pour la vie humaine et du déclenchement d'une guérilla impitoyable sur les arrières des troupes allemandes, elles durent battre en retraite sur 600 à 800 kilomètres, tout le long de l'énorme front qui s'étendait sur environ 1 800 kilomètres au sud de Leningrad. Ce furent l'énergie du gouvernement soviétique, le stoïcisme du peuple russe, les immenses réserves en hommes, la vaste étendue du pays et les rigueurs de l'hiver russe qui provoquèrent finalement la ruine des armées hitlériennes ; mais aucun de ces éléments n'était perceptible en 1941. On trouva le président Roosevelt bien téméraire lorsqu'il affirma en septembre que le front russe résisterait et que Moscou ne serait pas pris ; la force et le patriotisme magnifiques du peuple russe devaient lui donner raison.

Même en août 1942, après ma visite à Moscou et les conférences qui s'y tinrent, le général Brooke, qui m'avait accompagné, estimait que les armées allemandes franchiraient les monts du Caucase et domineraient le bassin de la Caspienne. Nous nous préparions donc à mener une campagne défensive sur la plus grande échelle possible en Syrie et en Perse. Mais j'eus toujours une opinion plus optimiste que celle de mes conseillers militaires sur la capacité de résistance des Russes[1]. J'acceptai avec confiance l'assurance que me donna Staline à Moscou, selon laquelle il tiendrait la ligne du Caucase et empêcherait les Allemands d'atteindre en force la Caspienne ; toutefois, les renseignements qu'on daignait nous fournir sur les ressources et sur les intentions soviétiques étaient si rares que tous nos avis, dans un sens comme dans l'autre, n'étaient guère que des suppositions.

Il est vrai que l'entrée en guerre de la Russie détourna l'aviation allemande de la Grande-Bretagne, diminua la menace d'invasion et nous apporta un soulagement important en Méditerranée. Mais d'un autre côté, elle nous imposa des sacrifices et des saignées considérables. Nous commencions enfin à être convenablement équipés, et nos usines d'armement fonctionnaient enfin à plein rendement. En Égypte et en Libye, nos armées livraient de durs combats et réclamaient à cor et à cri les derniers types d'armes, surtout des chars et des avions ; les armées de métropole attendaient avec impatience l'équipement moderne promis depuis si longtemps, et qui finissait par leur parvenir en nombre et en complexité sans cesse croissants. Nous fûmes alors contraints de détourner vers la

---

1. « Toujours » est sans doute quelque peu exagéré : au cours des premières semaines de l'opération « Barberousse », Churchill exprimera souvent des doutes quant à la capacité des Soviétiques de résister plus de six mois.

L'attaque allemande en Russie

Russie de très grandes quantités de ces armes et de ces approvisionnements vitaux en tous genres, y compris du caoutchouc et du pétrole. C'est à nous qu'échut la lourde tâche d'organiser les convois emportant vers Mourmansk et Arkhangelsk nos livraisons, et plus encore celles des États-Unis, à travers les périls et les rigueurs des passages dans l'Arctique. Tous ces approvisionnements américains étaient prélevés sur ceux qui nous étaient destinés et avaient traversé l'Atlantique sans encombre, ou étaient sur le point de le faire. Pour pouvoir procéder à cet immense détournement et renoncer au flot grandissant de l'aide sans compromettre notre campagne dans le désert libyen, il fallut restreindre les préparatifs que la prudence nous commandait de faire pour assurer la défense de la péninsule malaise et de notre empire d'Extrême-Orient contre la menace grandissante du Japon.

Sans vouloir le moins du monde discuter les conclusions auxquelles aboutira l'Histoire, à savoir que la résistance russe a brisé la puissance des armées hitlériennes et infligé des blessures mortelles à l'énergie vitale du peuple allemand, il n'en est pas moins juste de souligner que pendant plus d'une année après son entrée en guerre, nous voyions encore en la Russie un fardeau plutôt qu'une assistance. Nous ne nous en réjouissions pas moins d'avoir cette puissante nation à nos côtés dans la bataille, et nous pensions tous que, même si les armées soviétiques étaient refoulées jusqu'à l'Oural, la Russie n'en exercerait pas moins une influence considérable et finalement décisive sur l'issue de la guerre, pour peu qu'elle persévérât dans la lutte.

*
* *

Jusqu'au moment de l'agression d'Hitler, le gouvernement soviétique semblait se préoccuper exclusivement de lui-même, et par la suite, cet état d'esprit ne fit naturellement que s'accentuer. Jusque-là, il avait observé avec une impassibilité glacée l'écroulement du front de France en 1940 et nos vains efforts pour en créer un autre dans les Balkans en 1941 ; il avait fourni une aide économique importante à l'Allemagne et l'avait assistée à bien d'autres égards. À présent, ayant été trompé et pris par surprise, il se trouvait à son tour sous le fil du redoutable glaive allemand. Sa première impulsion, qui devait devenir sa tactique habituelle, fut de demander tous les secours possibles à la Grande-Bretagne et à son empire, qu'il avait rêvé de partager avec Hitler pendant les huit derniers mois, à tel point que cela avait détourné son attention de la concentration des forces allemandes face à l'Est. Il n'hésitait pas à adresser des appels pressants et stridents à la Grande-Bretagne combattante et harcelée, pour en obtenir les armes dont ses troupes avaient tant besoin ; il incitait les États-Unis à détourner à son profit la majeure partie des fournitures sur lesquelles nous comptions, et surtout, dès l'été de 1941, il réclamait à grands cris des débarquements britanniques en Europe pour y constituer un deuxième front, quels qu'en soient les risques et les coûts. Les communistes britanniques, qui avaient jusqu'alors fait de leur mieux – sans grand succès – pour désorganiser le travail de nos usines en dénonçant « la guerre capitaliste et impérialiste », retournèrent leur veste du jour au lendemain, et se mirent à écrire sur les murs et les palissades : « Un second front tout de suite. »

Nous négligeâmes ces faits aussi lamentables qu'ignominieux, pour nous concentrer sur les héroïques sacrifices consentis par le peuple russe accablé des calamités que son gouvernement lui avait imposées, et sur ses efforts acharnés pour défendre le sol de sa patrie. Tant que dura la lutte, cela racheta tout le reste.

Les Russes n'ont jamais rien compris à la nature des opérations amphibies nécessaires au débarquement et à l'approvisionnement d'une grande armée sur des côtes fortement défendues par l'ennemi. À l'époque, les Américains eux-mêmes étaient loin d'en saisir toutes les difficultés. Il fallait avoir non seulement la supériorité navale, mais aussi la supériorité aérienne dans le secteur d'invasion, et il y avait un troisième élément capital : tout débarquement face à une forte opposition ne pouvait réussir que grâce à une immense armada de bâtiments spécialement conçus à cet effet, comprenant surtout des chalands transporteurs de chars de types très variés. Comme nous l'avons vu et le verrons encore, je m'étais depuis longtemps efforcé de créer cette armada ; elle ne pouvait être prête, même à une échelle réduite, avant l'été de 1943, et n'atteindrait pas la puissance requise avant 1944, ainsi qu'on le reconnaît aujourd'hui. À l'époque, c'est-à-dire à l'été de 1941, nous ne possédions pas la maîtrise de l'air au-dessus de l'Europe occupée, excepté dans le Pas de Calais, où se trouvaient les plus puissantes fortifications allemandes. Les chalands de débarquement n'en étaient encore qu'au stade de la construction ; nous n'avions même pas en Grande-Bretagne une armée aussi nombreuse, aussi bien entraînée et aussi bien armée que celle que nous aurions eu à affronter sur le sol de France. Et pourtant, des flots d'idées folles et erronées continuent de se déverser aujourd'hui sur cette question du second front ; il ne fallait donc pas espérer convaincre le gouvernement soviétique à cette époque ou à toute autre. Par la suite, Staline alla même jusqu'à me dire que si les Britanniques avaient peur d'entreprendre l'opération, il était prêt à envoyer trois ou quatre corps d'armée russes pour s'acquitter de la besogne. Je ne pus le prendre au mot, en raison du manque de navires et d'autres considérations matérielles...

Le gouvernement soviétique ne réagit pas à mon allocution radiodiffusée à l'adresse de la Russie et du monde entier le jour de l'agression allemande. La *Pravda* et d'autres organes officiels en publièrent cependant des passages, et l'on nous demanda de recevoir une mission militaire russe. Mais le silence en haut lieu avait quelque chose d'oppressant, et il m'apparut que mon devoir était de briser la glace. Je comprenais parfaitement la réserve des dirigeants soviétiques, eu égard à tout ce qui s'était passé depuis le début de la guerre entre les Soviétiques et les alliés occidentaux, et en considération de tout ce qui s'était produit vingt ans plus tôt entre le gouvernement révolutionnaire bolchevique et moi-même. Le 7 juillet, je m'adressai donc directement à Staline, en lui exprimant notre intention d'apporter au peuple russe toute aide en notre pouvoir.

Le 10, j'essayai à nouveau. Des communications officielles furent échangées entre les deux ministères des Affaires étrangères, mais je ne reçus le premier message personnel de M. Staline que le 19 juillet; m'ayant remercié pour mes deux télégrammes, il écrivit:

> « Il n'est peut-être pas inopportun de mentionner que la situation des forces soviétiques au front reste tendue. Aussi me semble-t-il que la situation militaire de l'Union soviétique, comme celle de la Grande-Bretagne, s'améliorerait énormément si un nouveau front contre Hitler pouvait être ouvert à l'Ouest, en France septentrionale, et au Nord, dans l'Arctique. Un front dans le nord de la France obligerait Hitler à retirer des forces de l'Est, tout en l'empêchant d'envahir la Grande-Bretagne. Il serait très favorablement accueilli par l'armée britannique et par toute la population de l'Angleterre du Sud.
>
> Je me rends parfaitement compte des difficultés que comporte la création d'un tel front. Mais je crois qu'il devrait être constitué en dépit de tous les obstacles, non seulement dans l'intérêt de notre cause commune, mais aussi dans celui de la Grande-Bretagne elle-même. Le moment est actuellement le plus propice parce que Hitler a détourné ses forces vers l'Est, et qu'il n'a pas encore eu la possibilité de consolider la position qu'il y occupe.
>
> Il est encore plus facile d'établir un front dans l'Arctique. Là, il suffirait à la Grande-Bretagne d'effectuer des opérations navales et aériennes, sans avoir à débarquer de troupes ou d'artillerie. Les forces terrestres, navales et aériennes

soviétiques participeraient à cette opération. Nous serions favorables à ce que la Grande-Bretagne transporte sur ce théâtre d'opérations quelque chose comme une division légère ou davantage de volontaires norvégiens, qui pourraient servir à organiser un soulèvement contre les Allemands dans le nord de la Norvège. »

C'est ainsi que la pression russe en faveur de l'ouverture d'un second front commença dès le début de notre correspondance ; ce thème allait être abordé sans relâche au cours de nos relations ultérieures, et toujours au mépris des facteurs matériels, sauf dans le cas de l'Extrême-Nord. Ce premier télégramme de Staline contenait l'unique indice de remords que j'aie jamais décelé dans l'attitude soviétique ; il y présentait spontanément une défense de sa volte-face et de son accord avec Hitler avant le début de la guerre, et invoquait, comme je l'ai déjà fait moi-même, la nécessité stratégique pour les Russes de contenir les Allemands le plus à l'ouest possible de la Pologne, afin de gagner du temps pour développer au maximum une puissance militaire soviétique très dispersée. Je n'ai jamais sous-estimé cet argument, et il me fut facile de répondre en des termes qui témoignaient de ma compréhension.

Je fis d'emblée tout mon possible pour envoyer à la Russie des armements et des approvisionnements, en consentant d'importants prélèvements sur les fournitures des États-Unis et sur nos propres ressources. Au début de septembre, nous transportâmes à bord de l'*Argus* l'équivalent de deux escadrilles de Hurricanes à Mourmansk, pour participer à la défense de la base navale et collaborer avec les forces russes opérant dans cette région ; elles entrèrent en action le 11 septembre, et combattirent vaillamment pendant trois mois. Je me rendais bien compte du fait que dans les premiers temps de notre alliance, nous ne pouvions pas faire grand-chose ; j'essayai donc de compenser cette impuissance par des amabilités, et d'instaurer par l'envoi fréquent de télégrammes personnels le genre de relations cordiales que j'entretenais avec le président. Cela me valut maintes rebuffades et un mot aimable à l'occasion ; dans bien des cas, les réponses à mes télégrammes se firent attendre ou ne vinrent jamais.

Le gouvernement soviétique avait l'impression qu'il nous accordait une très grande faveur en luttant pour son existence même, sur son propre sol ; plus il se battait et plus nous lui étions redevables. Ce n'était pas une façon bien équitable de voir les choses ; à deux ou trois reprises au cours de cette longue correspondance, il me fallut protester sans mâcher mes mots, particulièrement contre les mauvais traitements infligés à nos marins, qui amenaient des cargaisons à Mourmansk et à Arkhangelsk en s'exposant à tant de périls. Mais j'ai presque toujours supporté les reproches et les camouflets avec « résignation, car la souffrance est le lot* » de tous ceux qui ont affaire au Kremlin. Du reste, je tins toujours le plus grand compte des conditions extrêmement dures que devaient affronter Staline et l'indomptable nation russe[1].

*
* *

Je ne pourrai faire davantage ici que de présenter au lecteur les aspects saillants de cette nouvelle lutte colossale des armées et des peuples qui venait de se déclencher. Au cours du premier mois, les Allemands avaient fait une percée de 480 kilomètres à l'intérieur du territoire russe, mais à la fin de juillet, un désaccord fondamental se fit jour entre Hitler et Brauchitsch, le commandant en chef. Ce dernier estimait que le groupe d'armées de Timochenko, qui se trouvait devant Moscou, constituait la principale force russe, et qu'il fallait le battre en premier. C'était la doctrine

---

* *Measure for measure* de William Shakespeare.

1. Il faut aussi se souvenir de ce churchillisme prononcé à l'époque : « Si Hitler envahissait l'enfer, je mentionnerais au moins le diable en termes favorables à la Chambre des communes. »

orthodoxe ; ensuite, affirmait le maréchal, il faudrait prendre Moscou, principal centre nerveux de la puissance militaire, politique et industrielle de toute la Russie. Hitler le contredit violemment ; il voulait conquérir des territoires et détruire des armées russes sur le plus large front possible ; il réclamait la prise de Leningrad dans le nord, et dans le sud la prise du bassin industriel du Donets et de la Crimée, ainsi que l'accès aux ressources pétrolières du Caucase. Moscou pouvait attendre...

À la suite de véhémentes discussions, Hitler imposa ses vues aux chefs militaires[1]. Le groupe d'armées du nord, renforcé par une partie de celui du centre, reçut l'ordre de pousser ses opérations contre Leningrad. Le groupe d'armées du centre fut cantonné à la défensive et dut détacher un groupe de blindés vers le sud, afin de prendre de flanc les Russes que Rundstedt poursuivait au-delà du Dniepr. La manœuvre fut une réussite pour les Allemands ; au début de septembre, de nombreuses troupes soviétiques se trouvèrent encerclées dans une vaste poche autour de Kiev, et plus d'un demi-million d'hommes furent tués ou faits prisonniers au cours d'une bataille acharnée qui dura tout le mois. Mais dans le nord, on ne vit aucun succès comparable ; Leningrad fut certes encerclée, mais non conquise. Hitler s'était trompé ; il reporta dès lors vers le centre son attention et sa volonté de vaincre. Les assiégeants de Leningrad reçurent l'ordre de détacher des forces mobiles et une partie de leur soutien aérien pour renforcer la nouvelle poussée en direction de Moscou ; le groupe de blindés qui avait été envoyé dans le sud à Rundstedt revint pour participer à l'assaut. À la fin de septembre, tout était en place pour effectuer la poussée au centre précédemment abandonnée, tandis que les

---

1. Churchill ne se rend pas compte du fait que le Führer n'aurait jamais toléré de « véhémentes discussions », à supposer qu'un homme aussi timoré que von Brauchitsch ait osé y prendre part.

armées du sud avançaient en direction du Don inférieur, où la route du Caucase s'ouvrirait devant elles.

Mais une nouvelle perspective s'ouvrait à ce stade ; en dépit d'effroyables pertes, la résistance du peuple russe restait ferme et implacable ; ses soldats luttaient jusqu'à la mort, et ses armées gagnaient en expérience comme en savoir-faire ; des partisans se dressaient derrière les fronts allemands et harcelaient leurs lignes de communication dans une guerre sans merci. Le réseau ferroviaire russe exploité par les Allemands s'avérait inadéquat ; les routes cédaient sous le poids des véhicules lourds, et tout mouvement hors des routes après les pluies était souvent impossible ; les véhicules de transport donnaient bien des signes d'usure. Il restait à passer deux mois avant l'arrivée de l'hiver russe tant redouté ; Moscou pourrait-elle être prise dans l'intervalle ? Telle était la question fatidique. Si Hitler restait enivré par la victoire de Kiev, les généraux allemands pouvaient estimer à bon droit que leurs craintes initiales s'étaient trouvées justifiées. Quatre semaines avaient été perdues sur ce qui était à présent le front décisif. La mission du groupe d'armées du centre : « anéantir les forces de l'ennemi en Biélorussie », restait inaccomplie.

Mais à mesure que l'automne progressait et qu'approchait sur le front russe le moment décisif, les exigences que nous présentaient les Soviétiques se faisaient de plus en plus pressantes.

*
* *

Lord Beaverbrook revint des États-Unis après avoir stimulé les forces déjà puissantes qui concouraient à un prodigieux accroissement de la production. Il se fit dès lors le champion de l'aide à la Russie au sein du Cabinet de guerre, rendant en cela un précieux service. Il était indispensable, en effet, que les demandes soviétiques fussent vigoureusement défendues au sein de notre instance décisionnelle suprême, car, du fait des très lourdes charges que nous imposait la préparation de la bataille dans le désert de Libye, ainsi que des graves menaces que faisait peser le Japon sur la Malaisie et l'Extrême-Orient, tous nos envois à la Russie s'effectuaient au détriment de nos besoins vitaux. J'essayais cependant de conserver le sens des proportions, en faisant partager mes inquiétudes à mes collègues. Nous nous trouvions dans la désagréable situation d'avoir à mettre en péril notre propre sécurité et à compromettre tous nos projets pour aider notre nouvelle alliée – bourrue, hargneuse, avide, et que notre survie avait laissée indifférente jusqu'à une date si récente.

J'avais pensé que lorsque Beaverbrook et Harriman rentreraient de Washington et que nous pourrions connaître toutes les perspectives de réception de matériel de guerre et d'approvisionnements, ils devraient ensuite se rendre à Moscou pour offrir tout ce dont nous oserions nous priver. Des discussions aussi pénibles qu'interminables s'engagèrent ; les divers services de la Défense nationale se sentaient écorchés vifs. Afin de contribuer efficacement à la résistance soviétique, nous n'en rassemblâmes pas moins tout ce que nous pouvions épargner et effectuâmes de très importants prélèvements sur les livraisons américaines, dont nous avions pourtant le plus grand besoin. Le 28 août, je proposai à mes collègues d'envoyer lord Beaverbrook à Moscou ; le Cabinet était tout disposé à lui permettre d'exposer la situation à Staline ; quant au président, il s'estimait bien représenté par Harriman.

Pour préparer cette mission, je brossai à Staline un tableau de la situation, dans une lettre rédigée en termes généraux. M. Maisky vint me voir dans la soirée du 4 septembre pour m'apporter sa réponse ; c'était le premier message personnel que je recevais depuis le mois de juillet. Nous ayant remerciés de lui avoir offert deux cents avions de chasse supplémentaires, il entra dans le vif du sujet :

> « La stabilisation relative du front, que nous avions pu assurer il y a environ trois semaines, s'est effondrée au cours des

huit derniers jours à la suite du transport sur le front oriental de 30 à 34 nouvelles divisions fraîches d'infanterie allemande, ainsi que d'une énorme quantité de chars et d'avions, tandis que s'accroissait l'activité des 20 divisions finlandaises et des 26 divisions roumaines. Les Allemands considèrent toute menace à l'Ouest comme un bluff, et ils transportent impunément leurs forces vers l'Est, dans la conviction qu'il n'existe pas de second front à l'Ouest et qu'il n'en existera jamais. Ils estiment tout à fait possible d'écraser leurs ennemis séparément : la Russie d'abord, puis l'Angleterre.

Il en résulte que nous avons perdu plus de la moitié de l'Ukraine, et qu'en outre, l'ennemi est aux portes de Leningrad. Je pense qu'il n'existe qu'un seul moyen de sortir de cette situation : établir dès cette année un second front quelque part dans les Balkans ou en France, afin de faire retirer 30 à 40 divisions du front de l'Est, tout en assurant la livraison à l'Union soviétique de 30 000 tonnes d'aluminium au début du mois d'octobre prochain, ainsi que la fourniture *mensuelle* d'au moins 400 avions et 500 chars (légers ou moyens)... »

L'ambassadeur soviétique, accompagné de M. Eden, m'entretint pendant une heure et demie. Il souligna avec amertume que la Russie avait été pratiquement seule à soutenir l'essentiel de l'assaut allemand au cours des onze dernières semaines ; les armées russes devaient supporter une attaque d'une puissance encore inégalée. Il dit qu'il ne voulait pas dramatiser les choses, mais que nous nous trouvions peut-être à un tournant de l'histoire. Comment pourrions-nous gagner la guerre si la Russie soviétique était vaincue ? M. Maisky dépeignit l'extrême gravité de la crise sur le front russe dans des termes émouvants qui forcèrent ma sympathie ; mais lorsqu'au bout d'un moment, je discernai comme un ton de menace voilée dans son appel, je me mis en colère. Le connaissant depuis bien des années, je lui déclarai : « Rappelez-vous qu'il y a seulement quatre mois, nous ne savions pas ici, dans cette île, si vous n'alliez pas vous ranger contre nous aux côtés des Allemands ! En fait, nous pensions que c'était très probable ! Même alors, nous avions la conviction que nous finirions par gagner. Nous n'avons jamais pensé que notre salut dépendait d'une quelconque initiative de votre part ! Quoi qu'il arrive et quoi que vous fassiez, vous êtes les derniers à avoir le droit de nous adresser des reproches. » Me voyant ainsi m'échauffer, l'ambassadeur s'exclama : « Calmez-vous, je vous en prie, mon cher monsieur Churchill ! » Mais après cela, il changea nettement de ton.

La discussion se poursuivit sur les sujets déjà évoqués dans l'échange de télégrammes. L'ambassadeur plaida en faveur d'un débarquement immédiat sur les côtes de France ou des Pays-Bas. Je lui exposai les raisons militaires qui rendaient la chose impossible et l'empêcheraient de soulager le front russe ; j'ajoutai que j'avais passé cinq heures le jour même à étudier avec nos experts les moyens d'accroître considérablement la capacité de transport du chemin de fer traversant la Perse ; je parlai de la mission Beaverbrook-Harriman et de notre ferme intention de livrer tout le matériel transportable dont nous pourrions nous départir ; finalement, M. Eden et moi lui annonçâmes que nous étions tout disposés à faire comprendre aux Finlandais que nous leur déclarerions la guerre s'ils avançaient en Russie au-delà de leur frontière de 1918. M. Maisky ne pouvait naturellement renoncer à réclamer la formation d'un second front, et il devint inutile de discuter davantage.

Je consultai immédiatement le Cabinet sur les questions soulevées par cette conversation et par le message de Staline. Le soir même, je répondis à celui-ci dans les termes suivants :

> « Bien que nous ne reculions devant aucun effort, il est en fait impossible, les bombardements mis à part, de lancer à l'Ouest une opération britannique susceptible de forcer le retrait des forces allemandes du front de l'Est avant la venue de l'hiver. Il n'y a pas la moindre possibilité de créer un

second front dans les Balkans sans le concours de la Turquie. Si Votre Excellence le désire, j'exposerai toutes les raisons qui ont conduit nos chefs d'état-major à ces conclusions. Elles ont déjà été discutées aujourd'hui même avec votre ambassadeur en présence du ministre des Affaires étrangères et des chefs d'état-major. Toute opération, si bien intentionnée fût-elle, qui aboutirait à de coûteux échecs ne bénéficierait à personne, sauf à Hitler.

Nous sommes prêts à élaborer des plans communs avec vous dès maintenant. Les armées britanniques seront-elles assez fortes pour envahir le continent européen en 1942 ? Cela dépendra d'événements encore imprévisibles. Mais il nous sera peut-être possible de vous aider dans l'Extrême-Nord, lorsque les nuits seront plus longues. Nous espérons porter l'effectif de nos armées du Moyen-Orient à 750 000 hommes avant la fin de cette année, et à un million pour l'été de 1942. Dès que les forces germano-italiennes de Libye auront été détruites, ces armées deviendront disponibles pour entrer en ligne sur votre aile sud, grâce à quoi l'on peut espérer encourager la Turquie à conserver au moins une honnête neutralité. Entre-temps, nous continuerons à écraser l'Allemagne sous les bombes avec une vigueur croissante, tout en conservant la maîtrise des mers, dont dépend notre survie... »

Toute l'affaire me parut si importante que j'envoyai simultanément le télégramme suivant au président, pendant que l'impression restait bien présente à mon esprit :

« L'ambassadeur soviétique [...] a parlé en termes vagues de la gravité du moment et de l'importance décisive qu'aurait notre réponse. Quoique rien de ce qu'il a dit ne confirme cette supposition, nous ne pouvions exclure la possibilité qu'ils pensent à conclure une paix séparée. Il me semble que le moment peut être décisif. Nous ne pouvons que faire de notre mieux. »

Je reçus un autre télégramme de Staline le 15 septembre :

« Je ne doute pas que le gouvernement britannique désire que l'Union soviétique soit victorieuse et recherche les moyens de l'y aider. Si, comme il le pense, l'ouverture d'un second front à l'Ouest est actuellement impossible, peut-être pourrait-on trouver une autre façon d'apporter à l'Union soviétique un concours militaire efficace.

Il me semble que la Grande-Bretagne pourrait débarquer sans risque entre 25 et 30 divisions à Arkhangelsk, ou bien les transporter dans le sud de l'URSS à travers l'Iran. Il serait ainsi possible d'établir une collaboration militaire entre les troupes soviétiques et britanniques sur le territoire de l'Union soviétique. Une situation analogue s'est présentée en France au cours de la dernière guerre[1]. Ce serait pour nous un grand secours, ainsi qu'un coup sérieux porté à l'agression hitlérienne. »

Il est presque incroyable que le chef du gouvernement russe, fort des conseils de tous ses experts militaires, ait pu se laisser aller à formuler de telles absurdités. Discuter avec un homme dont les pensées pouvaient s'égarer aussi loin de la réalité paraissait sans espoir, et je lui fis la meilleure réponse possible.

*
* *

À Londres, dans l'intervalle, les entretiens Beaverbrook-Harriman avaient pris fin, et le 22 septembre, la mission d'approvisionnement anglo-américaine appareilla de Scapa Flow à bord du croiseur *London*, gagna Arkhangelsk à travers l'Arctique, puis s'envola pour Moscou. Elle était porteuse de beaucoup d'espoirs, mais fut accueillie froidement, et les pourparlers n'eurent rien d'amical; on eût presque dit que nous étions responsables des épreuves qu'endureraient les Soviétiques. Leurs généraux et leurs fonctionnaires ne donnèrent pas la moindre information à leurs collègues américains et britanniques; ils ne leur exposèrent même pas sur

---

1. Allusion au fait que des troupes russes avaient combattu sur le front de France durant la Grande Guerre. Staline ne précise pas qu'il s'agissait de celles du tsar.

quelles bases ils avaient évalué les besoins russes que devaient combler notre précieux matériel de guerre ; il n'y eut aucune réception officielle en l'honneur de notre mission avant le dernier soir, où ses membres furent invités à dîner au Kremlin. À n'en pas douter, de telles occasions, même lorsqu'elles réunissent des gens que préoccupent les plus graves questions, contribuent pourtant à aplanir les difficultés ; c'est que les contacts personnels qu'elles permettent d'établir contribuent à créer l'atmosphère propice à la conclusion d'accords[1]. Mais nous en étions bien loin en l'occurrence, et l'on eût presque dit que c'était nous qui étions venus en solliciteurs.

On nous permettra d'animer notre récit en citant un incident rapporté par le général Ismay, sous une forme aussi vivace qu'apocryphe. Son ordonnance, un Royal Marine, fut emmené par un guide de l'Intourist pour visiter les curiosités de Moscou. « Voici, dit le Russe, l'hôtel Eden, naguère hôtel Ribbentrop. Voici la rue Churchill, naguère rue Hitler. Ceci, c'est la gare Beaverbrook, naguère gare Göring. Veux-tu une cigarette, camarade ? » Et le fusilier marin de répliquer : « Merci, camarade naguère salopard ! » Cette histoire a beau être une plaisanterie, elle n'en illustre pas moins l'étrange ambiance de ces réunions.

On aboutit finalement à un accord amical. Un protocole fut signé, indiquant ce que la Grande-Bretagne et les États-Unis pourraient fournir à l'Union soviétique entre octobre 1941 et juin 1942. Cela entraînait certes un sérieux bouleversement de nos plans militaires, dont l'exécution était déjà gênée par l'inquiétante pénurie de matériel de guerre ; nous en subissions le contrecoup, parce qu'il nous fallait non seulement sacrifier une partie de notre production, mais aussi renoncer aux très importants contingents

---

[1]. À l'évidence, Churchill n'a pas compris la mentalité paranoïaque de Staline, qui évitait par-dessus tout les contacts personnels entre Occidentaux et responsables soviétiques, susceptibles de « contaminer » ces derniers et de les amener à comploter contre leur chef...

d'armements que les Américains nous auraient envoyés autrement. Ni les Américains ni nous-mêmes ne prîmes d'engagements au sujet du transport de ces approvisionnements par les voies difficiles et dangereuses de l'Atlantique Nord et de l'Arctique. Étant donné les reproches insultants que Staline nous adressa lorsque nous proposâmes de ne faire partir les convois qu'après le retrait des glaces, on voudra bien noter que nous nous étions bornés à garantir que le matériel « serait mis à disposition aux centres de production de la Grande-Bretagne et des États-Unis ». Le préambule du protocole se terminait par ces mots : « La Grande-Bretagne et les États-Unis prêteront assistance pour transporter ce matériel en Union Soviétique, et aideront à sa livraison. »

Lord Beaverbrook me télégraphia le 4 octobre :

> « L'accord a considérablement renforcé le moral à Moscou. Son maintien dépendra de l'arrivée des approvisionnements. Je ne considère pas que la situation militaire ici soit stabilisée pour les mois d'hiver. Mais je crois que le moral pourrait permettre de la consolider. »

Le général Ismay était pleinement qualifié et avait tout pouvoir pour exposer la situation militaire sous ses divers aspects et pour en discuter avec les chefs militaires soviétiques, mais Beaverbrook et Harriman décidèrent de ne pas compliquer leur tâche en abordant des sujets sur lesquels il ne pouvait y avoir d'accord ; il n'en fut donc pas question à Moscou. Les Russes continuèrent à réclamer officieusement l'ouverture immédiate d'un second front, en paraissant absolument fermés à tous les arguments qui en démontraient l'impossibilité. Le caractère désespéré de leur situation l'excusait, mais ce fut notre ambassadeur qui dut en supporter le poids.

L'automne était déjà avancé, et le groupe d'armées centre de von Bock reprit son avance en direction de Moscou le 2 octobre ; ses deux armées venant du sud-ouest marchèrent directement sur la capitale, tandis qu'un groupe blindé opérait sur chaque flanc. Orel fut pris le 8 octobre, et huit jours plus tard, ce fut le tour de Kalinine, situé sur la route de Moscou à Leningrad. Devant la menace ainsi exercée sur ses ailes et sous la puissante pression de l'avance allemande au centre, le maréchal Timochenko replia ses forces sur une ligne établie à 60 kilomètres à l'ouest de Moscou, où il s'arrêta pour reprendre le combat. À ce moment, la situation des Russes était extrêmement critique ; le gouvernement soviétique, le corps diplomatique et tous les établissements industriels transportables furent évacués de la ville en direction de Kouibychev, situé à 750 kilomètres plus à l'est. Le 19 octobre, Staline proclama l'état de siège dans la capitale et émit un ordre du jour : « Moscou sera défendu jusqu'au bout. » Il fut fidèlement obéi ; bien que le groupe blindé de Guderian, partant d'Orel, poussât jusqu'à Toula, bien que Moscou fût alors entouré de trois côtés et eût à subir quelques bombardements aériens, la résistance russe se raidit très sensiblement à la fin d'octobre, et elle arrêta définitivement l'avance allemande.

*
* *

Mon épouse ressentait profondément combien notre incapacité à aider militairement la Russie déroutait et tourmentait notre peuple, à mesure que les mois passaient et que les armées allemandes progressaient à travers les steppes. Je lui dis qu'il ne pouvait être question d'un second front, et que pour longtemps encore, nous ne pourrions faire davantage que d'envoyer toute sorte de matériel sur une grande échelle. M. Eden et moi l'encourageâmes à explorer la possibilité de lever des fonds au moyen de souscriptions volontaires pour l'envoi d'une aide médicale à la Russie. La Croix-Rouge britannique et les hospitaliers de St John avaient déjà commencé à œuvrer en ce sens, et mon épouse fut invitée par ces deux organismes à prendre la tête d'une campagne en faveur de l'« Aide à la Russie ». C'est donc sous leurs auspices qu'elle lança son premier appel à la fin d'octobre, et le pays répondit aussitôt avec générosité. Au cours des quatre années qui suivirent, ma femme se dévoua à cette tâche avec enthousiasme et compétence. Au total, près de 8 millions de livres furent recueillis grâce aux dons des riches comme des pauvres ; beaucoup de personnes aisées firent des donations somptueuses, mais l'essentiel des fonds vint des souscriptions hebdomadaires émanant de la masse du peuple. Ainsi, grâce aux puissantes organisations de la Croix-Rouge et de St John, et en dépit des lourdes pertes subies par les convois de l'Arctique, le matériel médical et chirurgical, ainsi que toutes sortes de commodités et d'appareils spéciaux, furent acheminés en un flot continu, à travers des eaux glacées et des périls mortels, pour parvenir aux vaillantes armées et au courageux peuple russes.

Chapitre VIII

MA RENCONTRE AVEC ROOSEVELT

Entre-temps, bien des choses s'étaient produites dans la sphère anglo-américaine. Au milieu de juillet, M. Harry Hopkins, envoyé par le président, arriva en Grande-Bretagne pour sa seconde mission. Le premier sujet qu'il aborda avec moi fut la situation nouvelle créée par l'invasion de la Russie, ainsi que les effets qu'elle pouvait avoir sur les fournitures du prêt-bail que nous comptions recevoir des États-Unis. Deuxièmement, un général américain, à qui nous avions donné toutes facilités pour inspecter nos dispositifs, avait fait un rapport dans lequel il mettait en doute nos possibilités de résister à une invasion, et le président en avait éprouvé de l'inquiétude. Par conséquent, n'étant pas convaincu que nous agissions sagement en essayant de défendre l'Égypte et le Moyen-Orient, il y avait vu une confirmation de ses doutes. Ne risquions-nous pas de tout perdre en essayant de faire trop de choses à la fois ? Il fut enfin question d'organiser une rencontre entre Roosevelt et moi, d'une façon ou d'une autre, en un endroit quelconque et dans les meilleurs délais.

Cette fois, Hopkins n'était pas seul ; il y avait à Londres un certain nombre d'officiers supérieurs de l'armée et de la marine américaines qui étaient censés s'occuper du prêt-bail, et en particulier l'amiral Ghormley, qui travaillait quotidiennement avec l'Amirauté au problème de la bataille de l'Atlantique et à la participation américaine à sa solution. J'eus une réunion avec l'entourage de Hopkins et les chefs d'état-major au 10 Downing Street dans la nuit du 24 juillet. En plus de l'amiral Ghormley, Hopkins amena le général de division Chaney, qualifié d'« observateur particulier », et le général de brigade Lee, attaché militaire américain ; Averell Harriman, qui revenait d'Égypte où, selon mes instructions, il avait pu tout voir, complétait la réunion.

Hopkins déclara que « les principales personnalités aux États-Unis qui décidaient des questions relatives à la défense nationale » étaient d'avis que le Moyen-Orient ne pouvait être défendu par l'empire britannique, alors que de grands sacrifices étaient consentis pour le conserver. Dans leur esprit, la bataille de l'Atlantique constituait le combat décisif de la guerre, et c'était sur elle que devaient se concentrer tous les efforts. Le président, dit-il, était plus favorable à la lutte au Moyen-Orient, pensant qu'il fallait combattre l'ennemi partout où on le rencontrait. Le général Chaney énuméra alors dans l'ordre suivant les quatre problèmes qui se posaient à l'empire britannique : défense du Royaume-Uni et des routes de navigation de l'océan Atlantique ; défense de Singapour et des routes de navigation conduisant en Australie et en Nouvelle-Zélande ; défense des routes océanes d'une manière générale ; quatrièmement, défense du Moyen-Orient. Tous étaient importants, mais il les plaçait dans cet ordre. Le général Lee se rangea à son avis. L'amiral Ghormley émit des inquiétudes au sujet des lignes d'approvisionnement du Moyen-Orient, si les armements américains devaient y être envoyés en grandes quantités. N'affaiblirait-on pas ainsi notre effort dans la bataille de l'Atlantique ?

Je demandai alors aux chefs d'état-major britanniques de faire connaître leur opinion ; le premier lord de la mer expliqua pourquoi il était encore plus sûr que l'année précédente de détruire une armée d'invasion ; le chef d'état-major de l'Air montra combien la RAF était plus puissante par rapport à la Luftwaffe qu'en septembre précédent, et parla des nouvelles possibilités que nous avions de pilonner les ports d'embarquement de l'ennemi ; le chef de l'état-major impérial eut également des paroles rassurantes et affirma que l'armée était incomparablement plus forte qu'au mois de septembre précédent. J'intervins pour expliquer les mesures spéciales prises pour la défense des aérodromes en fonction de l'expérience acquise en Crète, et j'invitai nos visiteurs à aller voir tout aérodrome qui les intéressait. « L'ennemi peut employer les gaz, mais s'il le fait, ce sera à son détriment, car nous sommes prêts à riposter immédiatement et nous aurons des cibles admirablement concentrées en tous les points où il parviendrait à s'établir sur la côte. La guerre des gaz serait également portée en Allemagne. » Je demandai ensuite à Dill de parler du Moyen-Orient, et il exposa avec vigueur certaines des raisons qui nous obligeaient à y rester.

À la fin de nos entretiens, j'eus l'impression que nos amis américains avaient été convaincus par nos explications et impressionnés par notre unité de vues.

Toutefois, la confiance que nous éprouvions concernant la défense de la métropole ne s'étendait pas à l'Extrême-Orient, pour le cas où le Japon nous déclarerait la guerre. Ces inquiétudes tourmentaient également sir John Dill. J'étais persuadé que dans son esprit, Singapour avait priorité sur Le Caire. C'était en effet un cruel dilemme, comme celui d'avoir à décider qui, de son fils ou de sa fille, devrait être tué. Pour ma part, je pensais que, quoi qu'il arrivât en Malaisie, les conséquences n'atteindraient pas le cinquième de celles qu'entraînerait la perte de l'Égypte, du canal de Suez et du Moyen-Orient. Je ne pouvais tolérer l'idée de renoncer à lutter pour l'Égypte, et j'étais résigné à payer en Malaisie tout le prix nécessaire. Mes collègues partageaient cette façon de voir[1].

---

1. Rien n'est moins sûr. Tout ce passage constitue une allusion rapide et schématique à une furieuse querelle ayant opposé au début du mois Churchill au maréchal Dill et au général Kennedy, chef des services de planification. Ce dernier ayant préparé des plans d'urgence pour le cas où il serait nécessaire d'évacuer l'Égypte, Churchill l'avait accusé de

Par un après-midi de la fin de juillet, Harry Hopkins vint dans le jardin de Downing Street, et nous nous assîmes ensemble au soleil. Après un moment, il me déclara que le président serait très heureux de me rencontrer dans quelque baie écartée ; je répondis aussitôt que le Cabinet m'y autoriserait certainement. Tout fut rapidement organisé ; on choisit la baie de Placentia, à Terre-Neuve, la date fut fixée au 9 août, et notre plus récent cuirassé, le *Prince of Wales*, préparé en conséquence. J'avais le plus vif désir de rencontrer M. Roosevelt, avec qui je correspondais depuis près de deux ans de plus en plus intimement. En outre, notre conférence ferait ressortir l'union toujours plus étroite entre la Grande-Bretagne et les États-Unis, ce qui inquiéterait nos ennemis, ferait réfléchir le Japon et encouragerait nos amis. Il y avait également bien des questions à régler au sujet de l'intervention américaine dans l'Atlantique, de l'aide à la Russie, de nos propres approvisionnements, et surtout de la menace croissante constituée par le Japon.

J'emmenai également avec moi sir Alexander Cadogan, du *Foreign Office*, lord Cherwell, les colonels Hollis et Jacob, du secrétariat de la Défense, ainsi que mon état-major personnel ; vinrent encore un certain nombre de hauts fonctionnaires des services techniques et administratifs, ainsi que de la section des plans d'opérations. Le président annonça qu'il se ferait accompagner par les chefs des forces armées et par M. Sumner Welles, du département d'État. Il

---

défaitisme, en assurant que la perte de l'Égypte serait un désastre irréparable. Le maréchal Dill avait fait remarquer que cette éventualité, d'ailleurs improbable, ne serait pas fatale, et qu'il importait de distraire du Moyen-Orient un nombre réduit de troupes pour assurer la défense de Singapour en cas d'attaque japonaise. Churchill, qui ne croyait pas en mai 1941 à l'éventualité d'une guerre contre le Japon, avait réagi très violemment et perdu une partie de sa confiance en Dill, qu'il fera remplacer six mois plus tard.

était indispensable d'observer le secret le plus absolu, en raison du grand nombre de sous-marins qui opéraient alors dans l'Atlantique. Le président, qui était censé faire une croisière d'agrément, transborda donc en mer sur le croiseur *Augusta*, laissant son yacht derrière lui comme leurre. Entretemps, Harry Hopkins, bien qu'étant loin d'être en bonne santé, obtint de Roosevelt la permission de se rendre en avion à Moscou, en passant par la Norvège, la Suède et la Finlande – un voyage long, fatigant et dangereux – afin d'obtenir directement de Staline le plus possible de renseignements complets sur la situation des Soviétiques et sur leurs besoins. Il devait rejoindre le *Prince of Wales* à Scapa Flow.

Le long train spécial qui transportait tout notre groupe, y compris un nombre important de chiffreurs, me prit à la gare située près des Chequers. Un destroyer nous conduisit jusqu'au *Prince of Wales*, à Scapa Flow ; avant la tombée de la nuit du 4 août, le cuirassé et ses destroyers d'escorte mirent le cap sur les vastes étendues de l'Atlantique. Je trouvai Harry Hopkins épuisé par ses longs voyages en avion et par les conférences astreignantes auxquelles il avait participé à Moscou. En fait, il était arrivé à Scapa Flow deux jours auparavant dans un tel état que l'amiral l'avait immédiatement envoyé au lit, avec ordre d'y rester. Pourtant, il était toujours aussi gai, et reprenant lentement des forces au cours de la traversée, il me raconta sa mission en détail.

Les spacieuses cabines situées au-dessus des hélices sont extrêmement agréables au mouillage, mais deviennent presque inhabitables en mer par gros temps, du fait des vibrations. Aussi allai-je travailler et dormir dans la cabine de veille de l'amiral, sur la passerelle. Je me pris d'une vive sympathie pour le capitaine de vaisseau Leach, commandant du cuirassé, un homme charmant et attachant, avec toutes les qualités inhérentes au marin anglais. Hélas ! Moins de quatre mois plus tard, lui et beaucoup de ses compagnons devaient disparaître à jamais sous les flots avec leur magnifique navire. Le second jour, la mer devint si grosse qu'il nous fallut choisir entre le ralentissement de notre allure et l'abandon de notre escorte de destroyers. Ce fut l'amiral Pound, premier lord de la mer, qui prit la décision : nous poursuivîmes seuls notre route, à pleine vitesse. Plusieurs sous-marins étant signalés, nous fîmes des zigzags et de larges détours pour les éviter. On essayait d'imposer un silence complet à la TSF ; il nous était possible de recevoir des messages, mais pendant un certain temps, nous ne pûmes en envoyer que de loin en loin. Mes occupations quotidiennes s'en trouvèrent interrompues et je me sentis étrangement disponible, une impression que je n'avais pas éprouvée depuis le début de la guerre. Pour la première fois depuis bien des mois, je pus lire un livre pour le plaisir. Oliver Lyttelton, ministre d'État au Caire, m'avait donné *Captain Hornblower, R. N.*[1], que je trouvai extrêmement captivant. Profitant de la première occasion, je lui envoyai ce message : « Je trouve *Hornblower* admirable. » Il en résulta un certain trouble au quartier général du Moyen-Orient, où l'on s'imagina que « Hornblower » était le mot de code ordonnant quelque opération particulière dont on n'avait pas entendu parler[2].

Nous arrivâmes à notre rendez-vous de la baie de Placentia, à Terre-Neuve, le samedi 9 août à 9 heures du matin. Dès que les visites de courtoisie habituelles entre marins eurent été échangées, je me rendis à bord de l'*Augusta* pour saluer le président Roosevelt, qui me reçut avec tous les honneurs. Il se tint debout au bras de son fils Elliott pendant l'exécution des hymnes nationaux, puis il me souhaita la bienvenue dans les termes les plus chaleureux. Je lui remis une lettre du roi et lui présentai mes compagnons. Des conversations s'engagèrent alors entre le

---

1. Un roman de C. S. Forester.
2. La méprise est aisément compréhensible, dans la mesure où Churchill était très prodigue de ces projets personnels d'« opérations particulières », qui prenaient souvent les militaires par surprise.

président et moi-même, M. Sumner Welles et sir Alexander Cadogan, de même qu'entre les officiers des deux nations. Elles se poursuivirent d'une façon plus ou moins continue pendant tout le temps que dura notre rencontre, parfois en tête à tête et parfois en groupes plus nombreux.

Le dimanche matin, 10 août, M. Roosevelt vint à bord du *Prince of Wales* et assista au service divin sur la plage arrière avec ses officiers d'état-major et plusieurs centaines de marins et de fusiliers marins américains de tous grades. Nous eûmes tous le sentiment que ce service constituait une manifestation profondément émouvante de l'unité de foi de nos deux peuples, et aucun de ceux qui y participèrent n'oubliera jamais le spectacle offert en ce matin ensoleillé sur la plage arrière couverte d'hommes – le symbole de la Bannière étoilée et de l'Union Jack drapés côte à côte sur la chaire, les aumôniers américains et britanniques qui se partageaient la lecture des prières, les officiers supérieurs de terre, de mer et de l'air des deux pays groupés en un seul corps derrière le président et moi-même, les rangs serrés des matelots britanniques et américains étroitement mêlés, lisant dans les mêmes livres et s'unissant avec ferveur aux prières et aux hymnes qui leur étaient également familiers.

Je choisis moi-même ces hymnes : *Pour ceux qui sont au péril de la mer* et *En avant, soldats du Christ*. Nous terminâmes par *Ô Dieu, notre secours à travers les âges*. Chaque mot semblait aller droit au cœur ; ce fut une heure exaltante à vivre. Près de la moitié de ceux qui chantaient avec nous allaient bientôt mourir.

*
* *

Le président Roosevelt me dit au cours de l'une de nos premières conversations qu'à son avis, il serait bon de fixer dans une déclaration commune certains principes généraux destinés à orienter nos politiques dans la même voie. Désireux de suivre sans tarder cette suggestion hautement pertinente, je lui remis ce même samedi l'ébauche d'une telle déclaration [1], et après maintes discussions entre nous et des échanges par télégramme avec le Cabinet de guerre à Londres, nous produisîmes le document suivant :

« DÉCLARATION COMMUNE DU PRÉSIDENT ET DU PREMIER MINISTRE

12 août 1941.

Le président des États-Unis d'Amérique et le Premier ministre, M. Churchill, représentant le gouvernement de Sa Majesté dans le Royaume-Uni, s'étant rencontrés, estiment devoir faire connaître certains principes communs de la politique nationale de leurs pays respectifs, sur lesquels ils fondent leur espoir d'un avenir meilleur pour le monde.

1° Leurs pays ne recherchent aucun agrandissement territorial ou autre.

2° Ils ne désirent voir aucun changement territorial qui ne soit conforme à la volonté librement exprimée des peuples intéressés.

3° Ils respectent le droit de tous les peuples de choisir la forme de gouvernement sous laquelle ils veulent vivre ; ils souhaitent voir rétablir les droits souverains et le gouvernement indépendant des nations qui en ont été dépouillées par la force.

4° Ils entreprendront, dans le respect de leurs obligations existantes, de favoriser l'accès de tous les États, grands ou petits, vainqueurs ou vaincus, et sur un pied d'égalité, au commerce et aux matières premières du monde nécessaires à leur prospérité économique.

5° Ils souhaitent établir la collaboration la plus complète entre toutes les nations dans le domaine économique, afin d'assurer à tous de meilleures normes de travail, une amélioration de leur situation économique et la sécurité sociale.

---

1. Churchill omet de préciser ici que cette ébauche a été rédigée par le sous-secrétaire d'État aux Affaires étrangères Alexander Cadogan.

6° *Après la destruction finale de la tyrannie nazie**, ils espèrent voir rétablir une paix qui fournira à toutes les nations les moyens de vivre en sécurité à l'intérieur de leurs propres frontières et qui apportera aux habitants de tous les pays l'assurance de pouvoir finir leurs jours à l'abri de la crainte et du besoin.

7° Une telle paix devrait permettre à tous les hommes de franchir sans entrave les mers et les océans.

8° Ils croient que toutes les nations du monde, pour des raisons purement matérielles autant que spirituelles, doivent en venir à renoncer à l'emploi de la force. Étant donné qu'il ne pourra pas y avoir de paix durable si des armements continuent d'être utilisés sur terre, sur mer et dans les airs, par des nations qui menacent ou peuvent menacer de se livrer à des agressions au-delà de leurs frontières, ils sont convaincus que, en attendant l'établissement d'un système plus vaste et permanent de sécurité générale, le désarmement de telles nations est essentiel. Ils aideront et encourageront également toutes les autres mesures pratiques susceptibles d'alléger le fardeau écrasant des armements qui pèse sur les peuples épris de paix. »

L'immense importance et la vaste portée de cette déclaration commune étaient manifestes ; le seul fait que les États-Unis, encore théoriquement neutres, puissent se joindre à une puissance belligérante pour la publier était saisissant ; l'allusion qu'elle contenait à « la destruction finale de la tyrannie nazie » (tirée d'une phrase de ma rédaction originale) constituait un défi qui, en temps ordinaire, ne serait pas allé sans acte de guerre ; enfin, le trait le plus frappant était le réalisme du dernier paragraphe, où il était dit nettement et hardiment que les États-Unis se joindraient à nous après la guerre pour assurer la police dans le monde, en attendant l'établissement d'un ordre meilleur[1].

---

* Italiques ajoutés *a posteriori* par mes soins – W.S.C.

1. Diplomatie oblige, même tant d'années après l'événement : Churchill cache soigneusement l'immense déception qu'il avait éprouvée à l'époque de n'avoir reçu des Américains aucune assurance quant à leur entrée prochaine dans la guerre.

Des pourparlers ininterrompus se tinrent également entre les hauts responsables militaires et navals, qui tombèrent largement d'accord. Nous étions très préoccupés par la menace venue d'Extrême-Orient ; depuis plusieurs mois, les gouvernements britannique et américain concertaient étroitement leur politique vis-à-vis du Japon. À la fin de juillet, les Japonais avaient achevé l'occupation militaire de l'Indochine ; à la suite de cette flagrante agression, leurs forces étaient prêtes à frapper les Britanniques en Malaisie, les Américains aux Philippines et les Hollandais aux Indes orientales. Le 24 juillet, le président demanda au gouvernement japonais d'accepter une neutralisation de l'Indochine et un retrait des troupes japonaises, comme prélude à un accord général. Pour donner davantage de poids à cette démarche, il émit un décret gelant tous les avoirs financiers japonais aux États-Unis, ce qui paralysa tout commerce entre les deux pays. Le gouvernement britannique fit de même, suivi en cela par les Hollandais deux jours plus tard. L'adhésion de ces derniers signifiait que le Japon se trouvait privé d'un seul coup de ses approvisionnements vitaux en pétrole.

*
* *

Le voyage de retour vers l'Islande s'effectua sans incident, quoiqu'à un moment, nous dûmes changer de cap, des sous-marins ayant été signalés dans les parages. Notre escorte comprenait deux destroyers américains, sur l'un desquels était embarqué l'enseigne Franklin D. Roosevelt junior, fils du président. Le 15 août, nous rencontrâmes un grand convoi mixte de 73 navires, rangés dans un ordre parfait, qui se dirigeait vers l'est après avoir traversé l'Atlantique sans encombre. Ce fut un spectacle réconfortant, et les navires marchands furent tout aussi heureux d'apercevoir le *Prince of Wales*.

Notre navire atteignit l'Islande dans la matinée du samedi 16 août et mouilla au Hvalfjörður, d'où un destroyer nous transporta jusqu'à Reykjavik. En arrivant dans ce port, je fus l'objet d'une réception particulièrement chaleureuse et bruyante de la part d'une foule très nombreuse, dont les démonstrations d'amitié se répétèrent partout où nous fûmes reconnus durant notre séjour. Ces ovations atteignirent leur point culminant dans l'après-midi, lors des scènes de grand enthousiasme qui accompagnèrent notre départ. On m'assura que les rues de Reykjavik avaient rarement résonné de pareilles acclamations et de tels applaudissements.

Après avoir rendu une rapide visite à l'Altingishus pour saluer le régent et les membres du cabinet islandais, j'assistai à une revue de troupes britanniques et américaines. Il y eut un long défilé par rangs de trois au cours duquel le refrain de *United States Marines* se grava si fortement dans ma mémoire que pendant longtemps, je ne parvins pas à l'en chasser. Je trouvai le temps de voir les nouveaux aérodromes que nous construisions, ainsi que les merveilleuses sources chaudes et les serres qu'elles desservent. Je pensai aussitôt qu'elles pourraient chauffer également Reykjavik, et je proposai de mettre cette idée en application malgré la guerre ; je suis heureux que ce soit maintenant chose faite. Je saluai les couleurs avec le fils du président à mes côtés, et la parade fournit à nouveau une remarquable démonstration de solidarité anglo-américaine.

En revenant au Hvalfjörður, je me rendis à bord du *Ramillies* et prononçai une allocution devant les délégués des équipages des navires anglais et américains présents au mouillage, parmi lesquels se trouvaient les destroyers *Hecla* et *Churchill*. Lorsque la nuit tomba sur cette longue et très fatigante journée, nous appareillâmes pour Scapa Flow, où nous arrivâmes sans autre incident aux premières heures de la matinée du 18. Le lendemain, j'étais de retour à Londres.

Chapitre IX

LA PERSE ET LE MOYEN-ORIENT

Il était très souhaitable d'ouvrir à travers la Perse une voie de communication aussi large que possible avec la Russie, d'une part pour faire parvenir à celle-ci le matériel de guerre et les approvisionnements de toutes sortes qu'il était extrêmement difficile d'acheminer à travers l'océan Arctique, et d'autre part en prévision de futures possibilités stratégiques. Ce n'est pas sans inquiétude que je m'engageai dans cette nouvelle campagne au Moyen-Orient, mais les raisons en étaient impératives ; les champs pétrolifères persans étaient un facteur essentiel dans la guerre, et en cas de défaite russe, nous devrions nous tenir prêts à les occuper nous-mêmes. En outre, il y avait la menace qui pesait sur l'Inde. La répression de la révolte en Irak et l'occupation anglo-française de la Syrie, obtenues à l'arrachée, avaient déjoué les plans d'Hitler au Moyen-Orient, mais si les Russes s'effondraient, il risquait de tenter une nouvelle fois l'aventure. Une mission allemande nombreuse et active s'était installée à Téhéran, où elle jouissait d'un grand prestige. La veille de mon voyage à Placentia, j'avais constitué un comité spécial pour coordonner la planification d'une opération contre la Perse, et durant ma traversée, je reçus par câble un rapport sur l'avancement de ses travaux, qui avait reçu entre-temps l'approbation du Cabinet de guerre ; il en ressortait que les Persans refusant d'expulser les agents et les résidents allemands, nous allions devoir recourir à la force. Le 13 août, M. Eden reçut au *Foreign Office* M. Maiski, et ils s'accordèrent sur les termes de nos notes respectives à l'adresse de Téhéran. Une communication anglo-soviétique du 17 août ayant reçu une réponse insatisfaisante, la date d'une entrée conjointe en Perse des forces russes et britanniques fut fixée au 25 août.

En quatre jours, tout fut terminé. La raffinerie d'Abadan fut capturée par une brigade d'infanterie embarquée à Bassora, qui débarqua à l'aube du 25 août. La plupart des forces persanes furent surprises, mais elles s'échappèrent en camions. Il y eut des combats de rues et quelques navires de guerre persans furent saisis. Au même moment, nous nous emparions du port de Khorramshahr par voie de terre, tandis qu'un détachement remontait vers le nord en direction d'Ahvaz. Nos soldats approchaient de cette localité, lorsque le chah donna l'ordre de cesser le feu ; le général persan fit alors rentrer ses troupes dans leurs casernes. Dans le nord, les puits de pétrole furent aisément enlevés, et les forces du général Slim avancèrent de 45 kilomètres le long de la route de Kermanshah. Nos pertes s'élevaient à 22 morts et 42 blessés.

Tous les accords avec les Russes furent conclus aisément et rapidement ; les principales conditions imposées au gouvernement persan étaient la cessation de toute résistance, l'expulsion des Allemands, le maintien de la neutralité pendant la guerre, et la liberté pour les Alliés d'utiliser les voies et moyens de communication persans pour assurer le transit du matériel de guerre destiné à la Russie. L'occupation du reste de la Perse s'acheva pacifiquement ; les troupes britanniques et russes firent une jonction amicale, et Téhéran fut occupé conjointement le 17 septembre, le chah ayant abdiqué la veille en faveur de son fils – un jeune homme de vingt-deux ans fort doué. Sur les conseils des Alliés, celui-ci restaura la monarchie constitutionnelle le 20 septembre, et son père partit peu après pour un exil très confortable, avant de décéder à Johannesburg en juillet 1944. Nous retirâmes la plupart de nos forces du pays, ne laissant que des détachements pour garder les voies de communication, et Téhéran fut évacué par les troupes britanniques et russes le 18 octobre. Par la suite, nos forces, commandées par le général Quinan, s'employèrent à mettre le pays en état de défense contre une éventuelle incursion d'armées allemandes descendant de Turquie ou du Caucase, et prirent les mesures administratives voulues pour recevoir les renforts substantiels qu'il eût été nécessaire d'envoyer si une telle attaque avait semblé imminente.

Notre but principal fut dès lors d'aménager une voie à grand rendement pour le ravitaillement de la Russie par le golfe Persique ; le gouvernement de Téhéran étant bien disposé à notre égard, nous pûmes agrandir les ports, améliorer les communications fluviales, construire des routes et développer les chemins de fer. À partir de septembre 1941, les travaux commencés et poursuivis par l'armée britannique, repris et étendus ensuite par les États-Unis, nous permirent d'envoyer en Russie 5 millions de tonnes d'approvisionnements au cours d'une période de quatre ans et demi. Ainsi s'acheva une brève et fructueuse démonstration de force contre un État faible et millénaire. La Grande-Bretagne et la Russie combattaient pour leur survie. *Inter arma silent leges.* Nous pouvons nous féliciter du fait que notre victoire ait permis de préserver l'indépendance de la Perse.

*
* *

Revenons maintenant au théâtre d'opérations méditerranéen, où tout se jouait. Le général Auchinleck avait pris officiellement le commandement au Moyen-Orient le 5 juillet. C'est avec de grands espoirs que j'entamai mes relations avec notre nouveau commandant en chef, mais à la suite d'un échange de télégrammes, il devint évident que de graves divergences de vues et de valeurs nous sépareraient. Le général se proposait d'envoyer une division en renfort à Chypre le plus tôt possible, il était pleinement conscient de la nécessité de reprendre la Cyrénaïque, mais il ne pouvait donner l'assurance que Tobrouk tiendrait encore après septembre. Il signalait que les caractéristiques et l'armement des nouveaux chars américains obligeaient à modifier leur emploi tactique, et qu'il fallait prévoir un certain délai pour en tirer les leçons. Il disposerait effectivement d'environ 500 chars moyens, d'infanterie ou américains, à la fin de juillet, mais pour toute opération, il lui fallait garder 50 % des chars en réserve, dont une moitié dans les ateliers et l'autre pour effectuer sans délai les remplacements des pertes subies lors des combats. C'était là une proportion prohibitive : il n'y a qu'au paradis que les généraux jouissent de telles commodités ; et ceux qui les exigent n'y montent pas toujours. Auchinleck soulignait l'importance de consacrer tout le temps nécessaire à l'entraînement, tant individuel que collectif, et de créer l'esprit d'équipe si essentiel à l'efficacité. Il pensait que la partie décisive pourrait bien se jouer sur le théâtre d'opérations du nord (par une attaque allemande à travers la Turquie, la Syrie et la Palestine), plutôt que sur le front du désert.

De tout cela, je conçus une vive déception ; les premières décisions du général furent également déroutantes. Au prix d'une longue insistance, j'étais enfin parvenu à faire acheminer la 50ᵉ division britannique en Égypte ; je n'étais pas insensible à la propagande ennemie, qui prétendait que la politique britannique consistait à faire combattre toutes les troupes autres que les nôtres, afin d'épargner les soldats du Royaume-Uni. En réalité, les pertes britanniques au Moyen-Orient, y compris en Grèce et en Crète, avaient été supérieures à celles de toutes les autres troupes réunies, mais la désignation habituelle des unités donnait une impression erronée des faits. Les divisions indiennes, dans lesquelles le tiers de l'infanterie et la totalité de l'artillerie étaient britanniques, ne comptaient pas comme divisions anglo-indiennes ; les divisions blindées, qui avaient livré l'essentiel du combat, étaient entièrement britanniques, mais leurs noms ne l'indiquaient pas. Le fait que les communiqués mentionnaient rarement les troupes « britanniques » donnait une apparence de vérité aux sarcasmes de l'ennemi et suscitait des commentaires défavorables, non seulement aux États-Unis, mais aussi en Australie. J'avais escompté que l'arrivée de la 50e division couperait court à tous ces dénigrements. Dans ces conditions, la décision du général Auchinleck d'envoyer précisément cette division-là à Chypre semblait bien malheureuse, et donnait du poids aux reproches injustes qui nous étaient adressés ; en métropole, les chefs d'état-major furent tout aussi surpris, pour des raisons purement militaires, qu'on employât ce corps magnifique de si étrange façon.

Une autre décision du général Auchinleck fut beaucoup plus grave : celle de retarder toute action contre Rommel dans le désert libyen de trois mois au début, et en fin de compte, de plus de quatre mois et demi. « Battleaxe », l'action engagée par Wavell le 15 juin, trouvait sa justification dans le fait que, si nous avions été quelque peu malmenés et avions dû nous replier sur nos positions de départ, les Allemands avaient été dans l'incapacité totale de reprendre leur avance pendant toute cette longue période. Leurs lignes de communication, menacées par Tobrouk, ne suffisaient pas à leur apporter les renforts nécessaires en chars et même en munitions d'artillerie, de sorte que Rommel ne pouvait que s'accrocher à une position défensive, grâce à sa volonté et à son prestige. Ravitailler ses forces lui imposait de tels efforts qu'il ne pouvait accroître ses effectifs que progressivement. Dans ces conditions, il aurait dû être constamment harcelé par l'armée britannique, qui disposait d'un ample réseau de communications routier, ferroviaire et maritime, et qui recevait continuellement des renforts en personnel et en matériel, à une cadence beaucoup plus rapide.

Ces inquiétudes exagérées au sujet de notre flanc nord me paraissaient également erronées. Il est vrai que ce théâtre réclamait la plus grande vigilance et justifiait d'amples préparatifs de défense, ainsi que la construction de puissantes lignes fortifiées en Palestine et en Syrie. Mais la situation dans ce secteur devint rapidement bien meilleure qu'en juin : la Syrie fut conquise ; la révolte en Irak avait été maîtrisée ; toutes les positions clés du désert se trouvaient aux mains de nos soldats. Par-dessus tout, l'affrontement entre la Russie et l'Allemagne donnait à la Turquie une confiance nouvelle ; tant que cette lutte restait indécise, l'Allemagne ne risquait pas d'exiger le droit de faire passer ses armées par le territoire turc. La Perse entrait dans le camp allié grâce à l'action des Britanniques et des Russes. Nous arriverions ainsi au printemps. Entre-temps, l'ensemble de la situation était propice à une opération décisive dans le désert.

Pourtant, je ne pouvais m'empêcher de noter dans l'attitude du général Auchinleck une certaine raideur, qui ne pouvait que nuire aux intérêts que nous servions tous. Des livres écrits depuis la guerre ont montré que certaines fractions subalternes mais influentes de l'état-major du Caire avaient déploré notre décision d'envoyer l'armée en Grèce ; ces officiers ne savaient pas que le général Wavell avait accepté cette politique de plein gré sans réticence, et encore moins que le Cabinet de guerre et les chefs d'état-major avaient pris au préalable l'avis du général, l'invitant presque à répondre par la négative. Wavell, disait-on, avait été induit en erreur par les politiciens, et tous les malheurs qui avaient suivi venaient de ce qu'il avait cédé à leurs désirs ; et pour le remercier de sa complaisance, on lui avait enlevé son commandement lors de la défaite, sans se souvenir de toutes ses victoires. Je ne doute pas que dans cette fraction de l'état-major, on inclinait très fortement à penser que le nouveau commandant en chef ne devait pas se laisser entraîner dans de dangereuses aventures, mais prendre son temps et n'agir qu'à coup sûr. Cette façon de voir pouvait très bien avoir été communiquée au général Auchinleck. Dès ce moment, il était évident qu'on ne progresserait guère à coup de télégrammes, et au mois de juillet, je le convoquai à Londres.

Son bref passage dans la capitale s'avéra utile à maints égards ; il établit des relations harmonieuses avec les membres du Cabinet de guerre, les chefs d'état-major et le *War Office*; il passa un long week-end aux Chequers avec moi. Nous apprîmes à mieux connaître cet officier distingué, des qualités duquel notre sort allait si largement dépendre, tandis que lui-même voyait de près les sphères les plus élevées de la machine de guerre britannique et se rendait compte de l'aisance comme de la souplesse qui présidaient à son fonctionnement. La confiance mutuelle s'en trouva accrue, mais d'un autre côté, nous ne pûmes lui faire abandonner son exigence de disposer d'un délai assez long pour préparer une offensive dans les règles de l'art, qui serait déclenchée le 1er novembre. Elle devait être baptisée « Crusader » et revêtir une ampleur sans précédent. Tous ses arguments circonstanciés eurent certes pour effet d'ébranler mes conseillers militaires, mais pour ma part, je ne fus pas convaincu. Toutefois, la valeur indiscutable du général Auchinleck, sa clarté d'exposition, sa dignité, son autorité et sa forte personnalité me donnèrent l'impression qu'après tout, il pouvait bien avoir raison, et que même s'il avait tort, il n'en restait pas moins le chef le plus qualifié. Je finis donc par accepter la date du 1er novembre pour le déclenchement de l'offensive, et employai toute mon énergie à en assurer le succès. Nous regrettions tous beaucoup de n'avoir pu le persuader de confier le moment venu la direction de la bataille au général Maitland Wilson; il lui préféra le général Alan Cunningham, qui jouissait d'une grande réputation au lendemain des victoires d'Abyssinie. Il fallut en prendre notre parti, et comme il ne faut jamais le faire à demi, nous partageâmes ses responsabilités en approuvant ses choix. Je n'en reste pas moins convaincu que la décision du général Auchinleck de retarder de quatre mois et demi son offensive contre l'ennemi fut à la fois une erreur et un malheur.

Nous sommes aujourd'hui très exactement renseignés sur ce que pensait le haut commandement allemand de la situation de Rommel. Il admirait beaucoup son audace, couronnée d'incroyables succès, mais il ne l'en estimait pas moins en grave danger et lui interdit formellement de courir de nouveaux risques avant d'avoir été sérieusement renforcé. Peut-être, du fait de son prestige, pourrait-il en imposer malgré sa situation précaire, jusqu'à ce que le commandement soit en mesure de lui apporter toute l'aide en son pouvoir. Ses lignes de communication s'étiraient sur quelque 1 600 kilomètres jusqu'à Tripoli ; Benghazi constituait un précieux raccourci pour une partie au moins de son ravitaillement et de ses renforts, mais les pertes subies en mer pour gagner l'un et l'autre port n'avaient cessé de croître. Les forces britanniques, déjà beaucoup plus nombreuses, augmentaient constamment. Les *Panzers* n'étaient supérieurs qu'en qualité et en organisation ; l'aviation allemande était plus faible ; Rommel manquait cruellement de munitions d'artillerie et redoutait fort d'épuiser ses réserves. Tobrouk apparaissait comme une menace mortelle sur ses arrières, d'où pouvait toujours saillir une offensive qui couperait ses communications. Aussi, chaque jour d'inaction de notre part était-il pour lui une aubaine.

Dans les deux camps, on profita de l'été pour renforcer ses armées. Le ravitaillement de Malte était pour nous une question vitale ; nous ne pouvions employer notre maîtrise navale pour la protéger, la perte de la Crète ayant enlevé à la flotte de l'amiral Cunningham une base de ravitaillement suffisamment rapprochée. Un assaut par mer contre Malte, depuis l'Italie ou la Sicile, paraissait de plus en plus probable, même si, nous le savons aujourd'hui, c'est seulement en 1942 que Mussolini et Hitler en approuvèrent le projet. Les aérodromes ennemis en Crète et en Cyrénaïque menaçaient si gravement la route des convois entre Alexandrie et Malte que nous ne pouvions approvisionner cette dernière que par l'ouest ; l'amiral Somerville, opérant depuis Gibraltar avec la Force H, se distingua tout particulièrement dans cette tâche. La route qui avait été pourtant jugée la plus dangereuse par l'Amirauté resta seule ouverte. Par chance, les impératifs de l'invasion de la Russie à cette époque obligèrent Hitler à rappeler ses forces aériennes de

Sicile, ce qui donna un répit à l'île et nous permit de regagner la maîtrise de l'air au-dessus du canal de Malte. Non seulement nos convois venant de l'ouest purent approcher plus facilement, mais nous fûmes en mesure de frapper plus efficacement les transports de troupes et de matériel destinés à Rommel.

Deux convois d'envergure parvinrent à se frayer un chemin jusqu'à l'île, ce qui nécessita à chaque fois une opération navale majeure. En octobre, plus de 60 % du ravitaillement de Rommel fut coulé pendant sa traversée. Mais cela ne suffit pas à me rassurer, et je pressai l'Amirauté de faire davantage ; je souhaitais particulièrement que Malte serve de port d'attache à une nouvelle flotte. Cette proposition fut acceptée, mais il fallut du temps pour la mettre à exécution. Une escadre de raid, désignée sous le nom de « Force K », fut constituée à Malte en octobre ; elle comprenait les croiseurs *Aurora* et *Penelope*, ainsi que les destroyers *Lance* et *Lively*. Toutes ces mesures devaient jouer un rôle important dans la lutte qui était désormais imminente.

*
* *

L'aspect théâtral des batailles modernes tend à disparaître, car elles se livrent sur de vastes étendues et ne se concluent souvent qu'après des semaines, alors que sur les champs de bataille célèbres de l'histoire, le sort des nations et des empires se décidait en quelques heures et sur un espace de quelques kilomètres carrés. Ce contraste avec le passé apparaît sous sa forme extrême lors des combats du désert entre unités blindées et motorisées.

Les chars ont pris la place tenue par la cavalerie dans les guerres anciennes, en lui substituant une arme autrement puissante et d'une portée infiniment plus grande, tandis qu'à bien des égards, leurs manœuvres ressemblent à des évolutions navales, la mer de sable remplaçant les étendues marines. L'élément décisif au cours de ces combats, c'étaient les qualités guerrières d'une colonne blindée, comparables à celles d'une escadre de croiseurs, plutôt que les conditions dans lesquelles elle rencontrait l'ennemi ou le secteur de l'horizon où celui-ci apparaissait. Les divisions ou les brigades de chars, et plus encore les plus petites unités, pouvaient faire front dans n'importe quelle direction si rapidement que le danger d'être tournées, prises à revers ou isolées avait perdu beaucoup de son acuité. D'un autre côté, leur action dépendait à tout moment de l'état de leur approvisionnement en carburant et en munitions, qui posait un problème beaucoup plus complexe que pour des navires et des escadres autonomes en mer. Les principes fondamentaux de l'art militaire se posaient donc dans des termes nouveaux, et chaque combat nous apportait son lot de leçons particulières.

Il ne faudrait pas sous-estimer l'ampleur de l'effort militaire qu'exigeaient ces luttes dans le désert ; même si chaque armée ne mettait en ligne que 90 000 à 100 000 combattants, il fallait concentrer sur leurs arrières des effectifs deux ou trois fois plus nombreux et des masses de matériels pour les soutenir dans leurs épreuves de force. Considérée dans son ensemble, la farouche rencontre de Sidi Rezeg, qui marqua le début de l'offensive du général Auchinleck, présente quelques-uns des caractères les plus marquants de la guerre. Les interventions personnelles des deux commandants en chef furent aussi dominantes et aussi décisives que dans les batailles du passé, et leur enjeu ne fut pas moins considérable.

Le premier objectif du général Auchinleck était de reconquérir la Cyrénaïque, en détruisant pour ce faire les forces blindées de l'ennemi ; le second, si tout allait bien, était de s'emparer de la Tripolitaine. À cet effet, le général Cunningham avait reçu le commandement de ce qui venait d'être baptisé la 8e armée, formée des 13e et 30e corps d'armée, et comprenant, outre la garnison de Tobrouk, environ 6 divisions, trois brigades de réserve et 724 tanks. L'aviation du désert de Libye comptait en

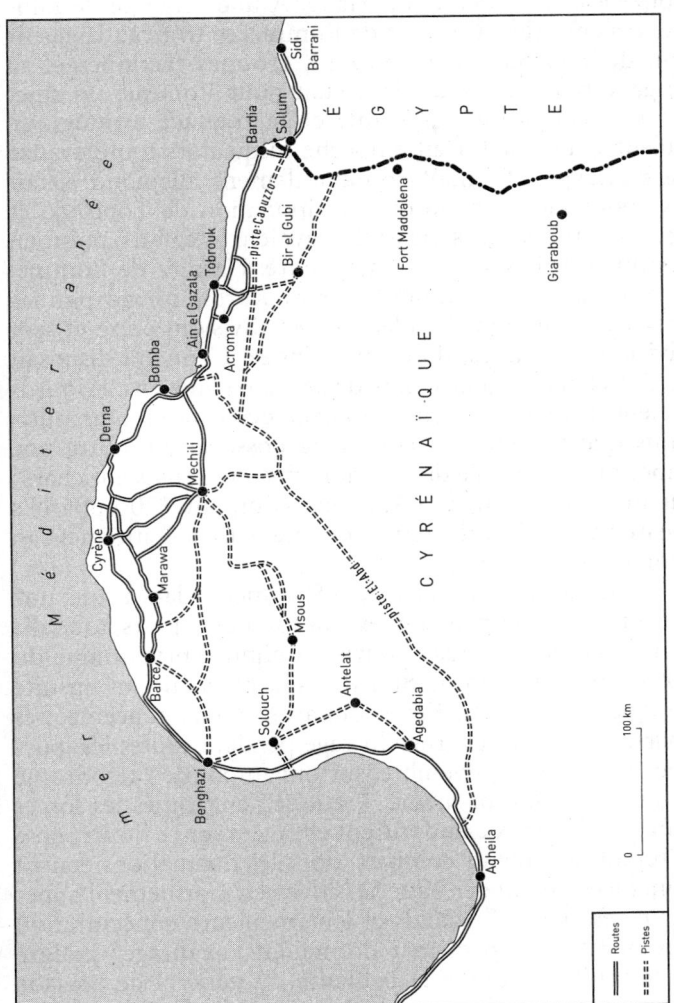

La Cyrénaïque

tout 1 072 avions de combat opérationnels, en plus de douze escadrilles basées à Malte. À une centaine de kilomètres en arrière du front de Rommel se trouvait la garnison de Tobrouk, avec ses cinq groupes tactiques et sa brigade blindée. Cette place était pour Rommel un sujet de préoccupation constant, et la menace stratégique qu'elle constituait avait empêché jusqu'alors toute avance vers l'Égypte. Le haut commandement allemand s'était fixé pour tâche primordiale l'élimination de Tobrouk, et tous les préparatifs possibles avaient été faits pour en commencer l'assaut le 23 novembre. L'armée de Rommel comprenait le redoutable *Afrika Korps*, formé par les 15e et 21e divisions blindées, la 90e division légère et sept divisions italiennes, dont une blindée. L'ennemi disposait de 558 chars ; les deux tiers de ses tanks moyens et lourds étaient allemands, et ils portaient des canons plus puissants que les nôtres ; l'adversaire possédait en outre une supériorité marquée dans le domaine des armes antichars ; quant à l'aviation de l'Axe, elle comptait 120 appareils allemands et plus de 200 avions italiens opérationnels au moment de l'attaque.

Le 18 novembre à l'aube, la 8e armée s'élança sous une pluie battante, et pendant les trois premiers jours, tout alla bien. Une partie de la 7e division blindée britannique du 30e corps s'empara de Sidi Rezegh, mais elle fut ensuite attaquée par l'*Afrika Korps*, qui avait mieux concentré ses chars. Une lutte acharnée fit rage pendant toutes les journées des 21 et 22 novembre, surtout autour de l'aérodrome et sur le terrain lui-même. Pratiquement toutes les forces blindées des deux camps furent engagées sur ce théâtre et se livrèrent de violents combats, dont les fluctuations étaient ponctuées du feu des batteries adverses. L'armement supérieur des chars allemands et leur meilleure concentration aux points d'impact leur donnaient l'avantage ; malgré la conduite héroïque et brillante du général de brigade Jock Campbell, les Allemands prirent le dessus, et nous perdîmes davantage de blindés qu'eux. Dans la nuit du

22 novembre, ils réoccupèrent Sidi Rezegh. Notre force, ayant perdu les deux tiers de ses blindés, reçut l'ordre d'effectuer un repli d'environ 30 km pour se réorganiser. Ce fut un grave échec.

Entre-temps, le 21 novembre, les blindés ennemis ayant été engagés dans la bataille, le général Cunningham avait fait donner le 13e corps. Il captura le QG de l'*Afrika Korps* et le 23 novembre, faillit même reprendre Sidi Rezeg, d'où ses camarades de la 7e DB venaient d'être chassés. Le 24 novembre, Freyberg concentra le gros de ses Néo-Zélandais à 7 kilomètres à l'est de l'aérodrome ; la garnison de Tobrouk avait effectué une sortie et se battait avec acharnement contre l'infanterie allemande, sans toutefois réussir à percer. La division néo-zélandaise était arrivée devant Sidi Rezeg après une avance triomphale. Les garnisons ennemies sur la frontière étaient coupées de leurs arrières, mais leurs blindés l'avaient emporté sur le 30e corps. Des deux côtés, on avait frappé des coups très durs, subi des pertes sévères, et le sort de la bataille restait en suspens.

*
* *

Il se produisit alors un épisode dramatique qui rappelle la chevauchée de « Jeb » Stuart autour de l'armée de Mac Clellan dans la presqu'île de York Town en 1862, au cours de la guerre de Sécession américaine. Mais il fut exécuté cette fois par une force blindée qui constituait une armée à elle seule, et dont la destruction eût provoqué la perte du reste de l'armée de l'Axe. Rommel résolut de reprendre l'initiative tactique et de se frayer un chemin vers l'est jusqu'à la frontière avec ses chars, dans l'espoir de créer un tel chaos et de causer tant d'inquiétude que notre commandement se verrait contraint d'abandonner la lutte et de se replier. Peut-être se souvenait-il du succès qui avait couronné une manœuvre analogue au cours de la précédente bataille du 15 juin, lorsque nous avions dû battre en retraite au moment crucial. Nous verrons combien il fut près de réussir une nouvelle fois.

Il rassembla la plus grande partie de l'*Afrika Korps*, qui constituait encore la plus redoutable unité présente sur le terrain, et atteignit la frontière, en manquant de peu le PC du 30ᵉ corps et deux importants dépôts d'approvisionnements, sans lesquels nous n'aurions pu continuer la lutte. Après quoi il scinda ses forces en plusieurs colonnes, certaines se dirigeant vers le nord, d'autres vers le sud, tandis que d'autres encore avançaient de 30 kilomètres en territoire égyptien. Il fit des ravages sur nos arrières et captura un grand nombre de prisonniers ; toutefois, ses colonnes ne parvinrent pas à entamer la 4ᵉ division indienne, et elles furent poursuivies par des détachements hâtivement constitués avec des éléments de la 7ᵉ division blindée, du groupe de soutien et de la brigade de la Garde. Par-dessus tout, notre aviation, qui venait de s'assurer une quasi-maîtrise de l'air au-dessus du champ de bataille, ne cessa de harceler les colonnes de Rommel ; pratiquement abandonnées par leur propre aviation, elles durent supporter les affres qu'avaient connues nos troupes lorsque la Luftwaffe dominait le ciel. Le 26 novembre, tous les blindés ennemis obliquèrent au nord pour aller se réfugier au voisinage de Bardia, ou dans la localité même. Le lendemain, ils se précipitèrent vers l'ouest, revenant à Sidi Rezeg où on les appelait d'urgence. Le coup d'audace de Rommel avait échoué, mais nous allons voir présentement que ce fut un homme, un seul, le commandant en chef britannique, qui l'arrêta.

Les rudes coups qui nous avaient été assenés et le sentiment de désordre créé par le raid de Rommel sur nos arrières avaient conduit le général Cunningham à déclarer au commandant en chef qu'en poursuivant l'offensive, nous risquions de provoquer la destruction de nos forces blindées, compromettant ainsi la sécurité de l'Égypte. C'eût été reconnaître la défaite et l'échec de toute l'opération. À cet instant décisif, le général Auchinleck intervint personnellement; à la demande de Cunningham, il s'envola pour son QG en compagnie du maréchal de l'Air Tedder le 23 novembre, puis, en pleine connaissance des dangers encourus, lui ordonna de poursuivre l'offensive contre l'ennemi. Cette initiative personnelle d'Auchinleck sauva la situation et démontra ses remarquables qualités de chef sur le champ de bataille.

Après son retour au Caire le 25 novembre, Auchinleck décida de remplacer provisoirement le général Cunningham par le général Richtie, son chef d'état-major adjoint. « J'en suis arrivé à mon grand regret, m'écrivit-il, à la conclusion que Cunningham, si admirable qu'il ait été jusqu'ici, s'est mis à penser en termes de défensive, principalement du fait de nos lourdes pertes en chars. » Le ministre d'État, Oliver Lyttelton, expliqua et appuya fermement la décision du commandant en chef. Je lui télégraphiai aussitôt notre approbation.

Je n'en dirai pas davantage sur cet incident, si pénible pour le vaillant officier concerné, pour son frère le commandant en chef de la flotte de la Méditerranée, ainsi que pour le général Auchinleck, qui était l'ami personnel de l'un comme de l'autre. J'admirai particulièrement la conduite de ce dernier, qui sut s'élever au-dessus de toutes les considérations de personnes et de toutes les tentations de compromis ou d'atermoiements.

*
* *

Entre-temps, Freyberg et ses Néo-Zélandais, appuyés par la 1re brigade de chars, avaient vigoureusement attaqué Sidi Rezeg, et ils s'en emparèrent après deux jours de durs combats. Au même moment, la garnison de Tobrouk renouvela sa sortie, et dans la nuit du 26 novembre, elle fit sa jonction avec les forces envoyées à son secours. Quelques unités de la division néo-zélandaise et le QG du 13e corps pénétrèrent dans Tobrouk assiégé. Cette situation fit revenir Rommel de Bardia. Bien qu'attaqué de flanc par la 7e DB réorganisée et comptant 120 chars, il se fraya un chemin jusqu'à Sidi Rezeg et s'en empara, repoussant la 6ᵉ brigade néo-zélandaise avec de lourdes pertes. Cette brigade se retira vers le sud-est, jusqu'à la frontière, où l'héroïque division se reconstitua après avoir perdu plus de 3 000 hommes. La garnison de Tobrouk, de nouveau isolée, s'accrocha avec un grand courage à tout le terrain qu'elle avait gagné.

Sur ce, le général Ritchie regroupa son armée et Rommel tenta un suprême effort pour secourir ses garnisons frontalières. Il fut repoussé, et l'armée de l'Axe amorça dès lors une retraite générale vers la ligne d'Aïn el Gazala.

Le 1ᵉʳ décembre, Auchinleck se rendit en personne au quartier général avancé et demeura pendant dix jours auprès du général Ritchie ; il ne prit pas directement le commandement, mais supervisa soigneusement son subordonné. Cela ne me paraissait pas être la meilleure solution pour l'un comme pour l'autre. Toutefois, la 8ᵉ armée avait désormais pris l'ascendant sur l'adversaire, et le commandant en chef put m'annoncer le 10 décembre : « L'ennemi est apparemment en pleine retraite vers l'ouest. [...] Je crois que nous pouvons maintenant affirmer que le siège de la place a été levé. Nous poursuivons vigoureusement l'action, en étroite liaison avec la Royal Air Force. » Nous savons aujourd'hui, d'après les rapports allemands, que l'ennemi perdit dans la bataille quelque 33 000 hommes et 300 tanks. Les pertes de l'armée britannique et impériale au cours de la même période furent inférieures de moitié, tout en incluant 278 chars ; les neuf-dixièmes de ces pertes furent subies au cours du premier mois de l'offensive. Nous connûmes alors un moment de soulagement, et même de satisfaction, dans cette guerre du désert.

Mais à ce stade crucial, notre puissance maritime en Méditerranée orientale fut pratiquement anéantie par une série de désastres. Notre période d'immunité et de prépondérance toucha à sa fin ; les coups portés par les submersibles allemands en Méditerranée furent terribles. Le

12 novembre, alors qu'il revenait de Malte où il avait amené des renforts d'aviation, l'*Ark Royal* fut torpillé par un sous-marin allemand. Toutes les tentatives pour le sauver échouèrent, et ce glorieux vétéran, qui s'était distingué dans tant de campagnes, coula à 25 milles seulement de Gibraltar. Quinze jours plus tard, le *Barham* reçut trois torpilles et chavira en trois minutes, entraînant avec lui plus de 500 hommes. Et ce n'était pas tout ; dans la nuit du 18 décembre, un sous-marin italien approcha d'Alexandrie et lança trois « torpilles humaines », dirigées chacune par deux hommes. Elles pénétrèrent dans le port en profitant de ce que le barrage avait été ouvert pour laisser entrer des navires. Les équipages fixèrent sous la coque des cuirassés *Queen Elizabeth* et *Valiant* des mines munies de détonateurs à retardement qui explosèrent au début de la matinée du 19 décembre. Les deux bâtiments furent gravement avariés et restèrent inutilisables pendant de longs mois. Nous réussîmes à tenir secrets pendant un certain temps les dommages causés à notre flotte de ligne, mais la « Force K » fut également touchée ; le jour même où se produisait le désastre d'Alexandrie, on apprit à Malte qu'un important convoi ennemi appareillait pour Tripoli. Trois croiseurs et quatre destroyers sortirent immédiatement pour l'intercepter. En approchant de Tripoli, ils entrèrent dans un champ de mines récemment mouillé. Deux des croiseurs furent endommagés, mais purent se dégager ; le troisième, continuant à dériver, heurta deux nouvelles mines et coula. Sur ses 700 hommes d'équipage, il n'y eut qu'un seul survivant, qui fut capturé au bout de quatre jours d'errance à bord d'un radeau sur lequel avaient péri le commandant du croiseur, R. C. O'Connor, et treize autres marins. Il ne restait plus de la flotte de Méditerranée orientale que quelques destroyers et les trois croiseurs de l'escadre commandée par l'amiral Vian.

Le 5 décembre, Hitler, comprenant enfin le péril mortel auquel était exposé Rommel, ordonna de transférer tout un corps d'aviation de la Russie vers la Sicile et l'Afrique du Nord. Une nouvelle offensive aérienne contre

Malte fut déclenchée sous la direction du général Kesselring ; les attaques contre l'île prirent une nouvelle intensité, et Malte ne put faire davantage que lutter pour sa survie. À la fin de l'année, c'était la Luftwaffe qui avait la maîtrise du ciel au-dessus des routes maritimes conduisant à Tripoli, ce qui permit de rééquiper les armées de Rommel après leur défaite. Rarement l'interdépendance des opérations terrestres, navales et aériennes avait été aussi clairement démontrée que lors des péripéties de ces quelques mois.

Mais tout cela devait s'estomper face au cours des événements mondiaux.

Chapitre X

PEARL HARBOR !

C'était le dimanche 7 décembre 1941 au soir ; Winant et Averell Harriman étaient seuls à table avec moi, aux Chequers. J'allumai le contact de mon petit appareil de radio un peu après le début du bulletin d'information de 21 heures ; il y était question des combats sur le front russe et en Libye, après quoi on entendit quelques phrases sur une attaque japonaise contre des navires américains à Hawaï et contre des navires britanniques aux Indes néerlandaises. Il fut ensuite annoncé qu'un monsieur quelconque ferait un commentaire après les nouvelles, et que le programme du « Brains Trust » suivrait, ou quelque chose de ce genre. Rien de particulier ne me frappa, mais Averell fit observer qu'on avait parlé d'une attaque japonaise contre des Américains, et bien que nous fussions fatigués et en train de nous détendre, nous nous redressâmes tous. À ce moment, le maître d'hôtel, Sawyers, qui nous avait entendus, entra dans la pièce et dit : « C'est tout à fait exact. Nous venons de l'entendre nous-mêmes au dehors. Les Japonais ont attaqué les Américains. » Un silence se fit. Au banquet du lord-maire, le 11 novembre, j'avais déclaré que si le Japon attaquait les États-Unis, la déclaration de guerre de la Grande-Bretagne suivrait « dans l'heure ». Je quittai la table, traversai le hall et gagnai le bureau où l'on travaillait en permanence ; je demandai la communication avec le président. L'ambassadeur me suivit et, pensant que j'allais prendre quelque décision irrévocable, me dit : « Ne croyez-vous pas qu'il vaudrait mieux attendre une confirmation ? »

Deux ou trois minutes plus tard, M. Roosevelt était à l'autre bout du fil. « Monsieur le président, qu'est-ce que cette histoire de Japon ? » – « C'est parfaitement vrai, me répondit-il. Ils viennent de nous attaquer à Pearl Harbor. Nous voilà tous à présent dans le même bateau. » Je tendis l'appareil à Winant et quelques phrases furent échangées ; l'ambassadeur dit d'abord : « Bien, bien ! » puis, sur un ton qui semblait plus grave : « Ah ! » Je repris l'appareil et déclarai : « Voilà qui simplifie manifestement les choses. Que Dieu soit avec vous ! », ou quelque chose comme cela. Nous revînmes alors dans le hall et essayâmes de rassembler nos idées pour prendre la mesure de cet événement mondial, d'importance capitale, et si surprenant qu'il coupait le souffle même à ceux qui se trouvaient au cœur des affaires. Mes deux amis américains réagirent avec un admirable sang-froid. Nous ne nous doutions pas que des pertes sérieuses avaient été infligées à la flotte des États-Unis. Ils ne se lamentèrent pas sur le fait que leur pays était désormais en guerre ; ils n'eurent pas un mot de reproche ou de regret ; en réalité, ils donnaient plutôt l'impression d'avoir été délivrés d'une longue souffrance.

*
* *

Le Parlement ne devait pas se réunir avant mardi, et ses membres étant dispersés à travers tout le pays, il n'allait pas être facile de les joindre. Je chargeai aussitôt mon bureau de téléphoner au *speaker*, aux *whips* et à tous les autres intéressés, afin qu'ils convoquent les deux Chambres pour le lendemain. J'appelai le *Foreign Office* pour lui dire de préparer sans délai la déclaration de guerre au Japon, qui exigeait quelques formalités, afin de pouvoir la soumettre au Parlement dès sa réunion ; je m'assurai également que tous les membres du Cabinet de guerre étaient bien informés, de même que les chefs d'état-major et les ministres des forces armées qui, comme je le supposais, avaient déjà appris la nouvelle.

Aucun Américain ne m'en voudra de proclamer que j'éprouvai la plus grande joie à voir les États-Unis nous rejoindre ; je ne pouvais prévoir le déroulement des événements ; je ne prétends pas avoir mesuré avec précision la puissance guerrière du Japon, mais je compris dès cet instant que la grande République américaine était en guerre, jusqu'au cou et jusqu'à la mort. Ainsi, nous avions fini par l'emporter ! Après Dunkerque ; après la chute de la France ; après l'horrible épisode de Mers el-Kébir ; après la menace d'invasion, lorsque, la marine et l'aviation mises à part, nous étions un peuple pratiquement désarmé ; après la lutte féroce contre les sous-marins, la première bataille de l'Atlantique, gagnée d'extrême justesse ; après dix-sept mois d'un combat solitaire et dix-neuf mois pendant lesquels j'avais endossé d'effroyables responsabilités, nous avions gagné la guerre. L'Angleterre survivrait, la Grande-Bretagne survivrait, le Commonwealth des nations et l'empire survivraient. Personne ne pouvait dire combien de temps dureraient encore les hostilités ni comment elles se termineraient, et peu m'importait à ce moment. Une fois de plus dans la longue histoire de notre île, quoique meurtris et mutilés, nous allions ressurgir, saufs et victorieux ; nous ne serions pas anéantis ; notre histoire ne s'achèverait pas ; nous n'aurions peut-être même pas à mourir en tant qu'individus. Le destin d'Hitler était scellé ; celui de Mussolini l'était aussi ; quant aux Japonais, ils allaient être réduits en poussière. Il ne restait plus qu'à utiliser convenablement nos forces écrasantes. Il m'apparaissait que l'empire britannique, l'Union soviétique et désormais les États-Unis, unissant jusqu'à leur dernière parcelle de vie et de puissance, étaient deux ou même trois fois supérieurs à leurs adversaires. Il faudrait certes bien du temps ; je m'attendais à payer un terrible tribut en Orient, mais ce ne serait qu'une phase passagère. Unis, nous pouvions vaincre n'importe qui au monde ; nous aurions encore à connaître bien des désastres, à subir des pertes et des tribulations sans nombre, mais désormais, l'issue du combat ne faisait plus de doute.

Les imbéciles – il y en avait beaucoup, et pas seulement dans les pays ennemis – pouvaient négliger la puissance militaire des États-Unis. Certains disaient qu'ils étaient mous, d'autres qu'ils ne seraient jamais unis ; ils s'agiteraient à distance, mais n'en viendraient pas aux mains ; ils ne supporteraient jamais une saignée ; leur régime démocratique et leurs élections périodiques paralyseraient leur effort de guerre ; ils ne constitueraient qu'une vague silhouette à l'horizon, pour leurs amis comme pour leurs ennemis ; nous allions voir toutes les faiblesses de ce peuple nombreux mais lointain, riche et bavard. Mais pour ma part, j'avais étudié la guerre de Sécession, où les Américains s'étaient battus avec l'énergie du désespoir ; du sang américain coulait dans mes veines. Je me souvenais d'une observation que m'avait faite Edward Grey plus de trente années plus tôt, selon laquelle les États-Unis étaient comme « une gigantesque chaudière. Une fois le foyer allumé, elle peut produire une puissance illimitée ». Saturé, rassasié d'émotions et de sensations, j'allai me coucher et dormis du sommeil d'un homme délivré et reconnaissant.

*
* *

Dès mon réveil, je décidai d'aller immédiatement rencontrer Roosevelt, et j'en parlai à mes collègues du Cabinet quand nous nous réunîmes à midi. Ayant obtenu leur approbation, j'écrivis au roi, et Sa Majesté donna son assentiment[1].

---

1. Churchill n'allègue nulle part avoir demandé préalablement au président si une telle visite lui convenait. De fait, Roosevelt, une fois informé, tentera discrètement de dissuader le bouillant Premier ministre de précipiter son voyage, mais ce dernier choisira de ne pas comprendre les allusions.

Le Cabinet de guerre avalisa la déclaration de guerre immédiate au Japon, toutes les formalités requises ayant été remplies. Comme Eden était déjà en route pour Moscou et que j'avais par intérim la charge du *Foreign Office*, j'envoyai la lettre suivante à l'ambassadeur du Japon :

> « Ministère des Affaires étrangères, 8 décembre.
>
> Monsieur l'Ambassadeur,
>
> Le gouvernement de Sa Majesté dans le Royaume-Uni a appris dans la soirée du 7 décembre que des forces japonaises ont tenté de débarquer sur la côte de Malaisie et ont bombardé Singapour et Hong Kong sans avertissement préalable, que ce soit sous forme de déclaration de guerre ou d'ultimatum avec déclaration de guerre conditionnelle.
>
> Devant ces actes injustifiables d'agression non provoquée, commis en violation flagrante du Droit international et particulièrement de l'article 1er de la Troisième Convention de La Haye relative à l'ouverture des hostilités, convention à laquelle sont parties le Japon comme le Royaume-Uni, l'ambassadeur de Sa Majesté à Tokyo a reçu pour instructions d'informer le gouvernement impérial japonais, au nom du gouvernement de Sa Majesté dans le Royaume-Uni, que nos deux pays sont désormais en état de guerre.
>
> En vous exprimant mes sentiments de haute considération, j'ai l'honneur d'être, Monsieur l'Ambassadeur, votre dévoué serviteur.
>
> Winston S. Churchill. »

D'aucuns se sont offusqués de ce style cérémonieux ; mais après tout, quand vous devez tuer quelqu'un, rien ne coûte d'être poli.

En dépit de la brièveté du préavis, la Chambre était pleine lorsque le Parlement se réunit à 15 heures. D'après la constitution britannique, c'est la Couronne qui déclare la guerre sur l'avis des ministres, et le Parlement doit en prendre acte ; nous pûmes donc faire mieux que tenir notre promesse envers les États-Unis, en déclarant la guerre au Japon avant le Congrès lui-même. Le gouvernement royal des Pays-Bas avait suivi. Les deux Chambres approuvèrent la déclaration de guerre à l'unanimité.

*
* *

Il se passa un certain temps avant que nous fussions informés du détail des événements de Pearl Harbor, mais l'histoire est parfaitement connue aujourd'hui. Jusqu'au début de 1941, le plan d'opérations navales du Japon, en cas de guerre contre les États-Unis, consistait à envoyer sa flotte principale livrer bataille dans les eaux des Philippines lorsque les Américains, comme c'était à prévoir, essaieraient de se frayer un passage pour secourir leur garnison dans cette position avancée. L'idée d'attaquer Pearl Harbor par surprise naquit dans le cerveau de l'amiral Yamamoto, le commandant en chef japonais[1]. Les préparatifs de cet acte de traîtrise, commis avant toute déclaration de guerre, furent poussés dans le plus grand secret. Le 22 novembre, le groupe d'attaque de six porte-avions, appuyé par une escadre de cuirassés et de croiseurs, fut concentré dans un mouillage peu utilisé des îles Kouriles, au nord du Japon proprement dit. Dès ce moment, la date fut fixée au dimanche 7 décembre, et le 26 novembre (date de longitude est), l'ensemble appareilla sous le commandement de l'amiral Nagumo. Celui-ci, gouvernant très au nord des Hawaï au milieu des brouillards et des tempêtes de ces latitudes élevées, approcha de son objectif sans avoir été détecté. L'attaque fut

---

1. C'est en effet Isoroku Yamamoto, l'amiral commandant en chef de la flotte impériale, qui est l'auteur du « plan Z » d'attaque contre Pearl Harbor. Mais cet ancien attaché naval à Washington tentera jusqu'au tout dernier moment d'utiliser son influence auprès de l'empereur pour empêcher le déclenchement d'une guerre contre les États-Unis.

lancée avant le lever du soleil en ce funeste jour du 7 décembre, depuis une position située à quelque 275 milles au nord de Pearl Harbor. Elle fut exécutée par 360 avions, comprenant des bombardiers de tous types, escortés par des chasseurs. La première bombe tomba à 7 h 55. Il y avait dans le port 94 navires de guerre américains, et les 8 cuirassés de la flotte du Pacifique constituaient la cible principale. Par bonheur, les porte-avions étaient en mer pour exécuter diverses missions sous une forte protection de croiseurs. À 8 h 25, la première vague d'avions torpilleurs et de bombardiers en piqué frappa les premiers coups ; à 10 heures, la bataille était terminée et l'ennemi prenait le chemin du retour. Il laissait derrière lui une flotte ravagée, encore enveloppée de flammes et de fumée, mais aussi un ardent désir de vengeance au cœur des Américains. Le cuirassé *Arizona* avait explosé, l'*Oklahoma* chaviré, le *West Virginia* et le *California* coulé au mouillage, et tous les autres cuirassés, sauf le *Pennsylvania* qui était en cale sèche, étaient fortement endommagés ; plus de 2 000 Américains avaient péri, et près de 2 000 autres étaient blessés. La maîtrise du Pacifique était passée aux mains des Japonais, et pour l'heure, l'équilibre stratégique du monde s'en trouvait radicalement bouleversé.

Aux Philippines, où commandait le général MacArthur, nos alliés américains connurent une autre succession d'infortunes. Un avertissement selon lequel les relations diplomatiques prenaient une tournure très grave avait été reçu le 20 novembre ; l'amiral Hart, chef de la petite escadre américaine d'Extrême-Orient, avait déjà pris contact avec les autorités navales britanniques et hollandaises de la région et, conformément à son plan d'opérations, avait commencé à disperser ses forces vers le sud, comptant constituer un groupe offensif dans les eaux néerlandaises en liaison avec ses futurs alliés. Il ne disposait que de trois croiseurs, un lourd et deux légers, plus une douzaine de vieux destroyers et divers bâtiments auxiliaires ; sa force reposait presque entièrement sur ses 28 sous-marins.

Le 8 décembre, à 3 heures du matin, l'amiral Hart intercepta un message annonçant la consternante nouvelle de l'agression de Pearl Harbor. Il signala immédiatement à tous les intéressés que les hostilités avaient commencé, sans attendre une confirmation de Washington. Les bombardiers en piqué japonais attaquèrent à l'aube, et les bombardements se poursuivirent avec une intensité croissante au cours des jours suivants. La base navale de Cavite fut complètement détruite par le feu le 10 décembre, jour où les Japonais effectuèrent leur premier débarquement dans le nord de Luçon. Les désastres se succédèrent rapidement ; la plus grande partie de l'aviation américaine fut détruite en combat ou au sol, et ce qu'il en restait fut replié le 20 décembre sur Port Darwin, en Australie. Les navires de l'amiral Hart avaient commencé à se disperser vers le sud quelques jours plus tôt, et les sous-marins demeurèrent seuls pour disputer la mer à l'ennemi. Le gros des troupes d'invasion nippones débarqua le 21 décembre dans le golfe de Lingayen, menaçant directement Manille, et dès lors, tout se déroula à peu près comme en Malaisie au même moment ; mais la défense se prolongea davantage. C'est ainsi que les plans du Japon, si longuement mûris, étaient couronnés d'un triomphe éclatant.

Hitler et son état-major furent stupéfaits. Jodl, à son procès, raconta qu'« Hitler vint au milieu de la nuit dans ma salle des cartes pour communiquer la nouvelle au maréchal Keitel et à moi-même. Il était extrêmement surpris ». Pourtant, au matin du 8 décembre, il donna l'ordre à la marine allemande d'attaquer les navires américains partout où elle les rencontrerait, et cela trois jours avant que l'Allemagne ne déclare officiellement la guerre aux États-Unis.

*
* *

Le 9 décembre à 22 heures, je convoquai dans la salle des opérations une réunion comprenant surtout des membres de l'Amirauté, afin d'examiner la situation navale. Nous étions environ une douzaine à tenter de mesurer les conséquences du changement radical qui venait de se produire dans notre situation militaire vis-à-vis du Japon ; nous avions perdu la maîtrise de tous les océans, à l'exception de l'Atlantique ; l'Australie, la Nouvelle-Zélande et toutes les îles d'importance capitale aux alentours devenaient vulnérables. Nous ne disposions que d'une seule arme décisive : le *Prince of Wales* et le *Repulse* étaient arrivés à Singapour ; ils y avaient été envoyés pour exercer cette menace imprécise que les navires de guerre de très grande classe, dont la position n'est pas exactement connue, font toujours peser sur les projets navals de l'ennemi. Comment allions-nous les utiliser à présent ? Il leur fallait évidemment prendre la mer et disparaître parmi les innombrables îles ; tout le monde s'accordait sur ce point[1].

Je pensai pour ma part qu'ils devraient traverser le Pacifique pour rejoindre ce qui restait de la flotte américaine. C'eût été à ce stade un beau geste, propre à unir étroitement le monde anglo-saxon. Nous avions déjà dû accepter sans réserve que le ministère de la Marine des États-Unis retirât ses cuirassés de l'Atlantique. En quelques mois allait ainsi se constituer, sur la côte occidentale des États-Unis, une flotte capable de livrer une bataille décisive en cas de nécessité. L'existence de cette flotte et de cette capacité constituerait pour nos frères

---

1. Les choses sont nettement plus complexes. Le *Prince of Wales* et le *Repulse* auraient dû être accompagnés du porte-avions *Indomitable*, mais celui-ci, endommagé, était resté en Méditerranée. Dès lors, l'état-major de la marine s'était opposé à l'envoi en Malaisie d'une force dépourvue de couverture aérienne. Le Premier ministre, qui croyait toujours à ce stade que les grands navires étaient invulnérables aux attaques aériennes, avait insisté pour que les deux cuirassés poursuivent malgré tout leur route vers l'est – et vers leur perte. Churchill tentera souvent de se justifier par la suite, tout en laissant parfois percer un fort sentiment de culpabilité.

d'Australasie le meilleur bouclier possible. Cette perspective nous séduisait tous beaucoup. Mais comme il se faisait tard, nous prîmes le parti d'attendre le lendemain matin pour décider de l'affectation du *Prince of Wales* et du *Repulse*.

Quelques heures plus tard, ils étaient au fond de la mer.

Le 10 décembre, j'étais en train d'ouvrir mes dossiers lorsque la sonnerie du téléphone retentit à mon chevet. C'était le premier lord de la mer qui m'appelait ; sa voix était étrange ; il eut une sorte de toux sèche, et je ne parvins pas immédiatement à comprendre ses paroles. « Monsieur le Premier ministre, je dois vous faire savoir que le *Prince of Wales* et le *Repulse* ont été coulés tous les deux par les Japonais, par des avions, apparemment. Tom Phillips s'est noyé. » – « Vous en êtes bien sûr ? » – « Il n'y a pas le moindre doute. » Je raccrochai le téléphone ; par chance, j'étais seul. De toute la guerre, je n'ai jamais reçu choc plus brutal. Le lecteur de ces pages comprendra combien d'efforts, d'espoirs et de projets avaient sombré avec ces deux navires. Alors que je me tournais et me retournais dans mon lit, toute l'horreur de la nouvelle m'apparaissait en pleine clarté ; il n'existait plus de navires de ligne britanniques ou américains dans l'océan Indien et le Pacifique, à l'exception des survivants de Pearl Harbor qui se hâtaient de rentrer en Californie ; le Japon régnait en maître absolu sur cette immense étendue marine, alors que nous étions partout faibles et nus.

Je me rendis à la Chambre des communes dès qu'elle se réunit à 11 heures du matin, afin de l'informer moi-même de ce qui s'était passé, et le lendemain, je lui fis un exposé complet de la nouvelle situation. La bataille de Libye qui s'éternisait, et dont l'issue restait manifestement en suspens, suscitait beaucoup d'inquiétude et un certain mécontentement. Je ne dissimulai aucunement que nous devions nous attendre à être très sévèrement étrillés par le Japon. D'un autre côté, les victoires russes avaient démontré l'erreur fatale commise par Hitler en attaquant à l'Est, et l'hiver allait encore produire tout son effet; nous étions pour l'heure maîtres de la guerre sous-marine, et nos pertes avaient considérablement diminué; enfin, les quatre cinquièmes de la population du globe combattaient désormais dans notre camp. La victoire finale était certaine. Tel fut le sens de mon discours.

Je conservai le ton parfaitement calme de la narration objective, en évitant toute promesse de succès rapide. La Chambre garda un profond silence, et parut réserver son jugement; je ne cherchais ni n'attendais rien de plus.

Chapitre XI

VOYAGE DANS UN MONDE EN GUERRE

Bien des raisons sérieuses nécessitaient ma présence à Londres en cette période où la situation était si fluide, mais je n'eus jamais le moindre doute : la réalisation d'une entente totale entre les États-Unis et la Grande-Bretagne l'emportant sur tout le reste, il me fallait partir sur-le-champ pour Washington avec la plus forte équipe d'experts qui se puisse rassembler. On estima qu'il était trop risqué de partir en avion à cette période de l'année ; nous nous mîmes donc en route pour la Clyde le 12 décembre. Le *Prince of Wales* n'étant plus et le *King George V* surveillant le *Tirpitz*, c'était le *Duke of York* flambant neuf qui allait nous transporter, tout en parachevant sa mise au point. Les principaux membres de notre groupe étaient lord Beaverbrook, membre du Cabinet de guerre, l'amiral Pound, premier lord de la mer, le maréchal de l'Air Portal, chef d'état-major général de l'Air, et le maréchal Dill, qui avait été remplacé par le général Brooke à la tête de l'état-major impérial. Je tenais essentiellement à ce que Brooke demeure à Londres pour s'atteler aux immenses problèmes qui l'attendaient. J'invitai donc Dill à m'accompagner ; resté au centre de nos affaires, il jouissait de la confiance et de l'estime de tous. À Washington, un nouveau champ d'action allait s'ouvrir devant lui[1].

---

1. La réalité était sensiblement moins idyllique : Churchill, qui ne s'entendait plus du tout avec Dill, songeait à s'en débarrasser en le nommant gouverneur de Bombay. Mais le général Brooke, qui admirait

J'emmenai également lord Moran, devenu en 1941 mon médecin personnel. Ce devait être son premier voyage avec moi, mais après cela, il fut de tous les autres. C'est à ses soins si dévoués que je dois probablement d'être encore en vie [1]. Même si je n'arrivais pas à le persuader de suivre mes conseils lorsqu'il était malade, et si lui-même ne pouvait pas toujours compter sur une docilité exemplaire de ma part, nous n'en sommes pas moins devenus d'excellents amis. Qui plus est, nous avons survécu tous les deux.

Nous espérions faire la traversée en sept jours, à une vitesse de 20 nœuds de moyenne, en tenant compte des zigzags et des détours nécessaires pour éviter les sous-marins détectés en chemin. L'Amirauté nous fit descendre la mer d'Irlande pour déboucher dans le golfe de Gascogne. Le temps était mauvais ; il soufflait une assez forte tempête et la mer était grosse ; des bancs de nuages emplissaient le ciel. Nous avions à traverser la route suivie à l'aller et au retour par les *U-Boat*, entre les ports français de la côte ouest et leurs zones de chasse dans l'Atlantique. Ils étaient si nombreux dans les parages que l'Amirauté ordonna au commandant du cuirassé de ne pas se séparer de sa flottille d'escorte, mais les destroyers ne pouvaient naviguer à plus de 6 nœuds, tant la mer était creuse ; nous dûmes traîner à cette allure pendant quarante-huit heures pour doubler l'Irlande par le sud. Alors que nous passions à moins de 400 milles de Brest, je ne manquai pas de me souvenir que le *Prince of Wales* et le *Repulse* avaient été coulés la semaine

---

énormément son prédécesseur, avait insisté pour qu'il lui soit confié un poste de responsabilité – en l'occurrence, celui de chef de la mission militaire britannique à Washington. La sagesse de cette mesure apparaîtra clairement au cours des années suivantes.

1. Rien n'est plus vrai : sir Charles Wilson, devenu lord Moran, était un médecin généraliste de renom, et il veillera très attentivement sur Churchill pendant près d'un quart de siècle. Lorsque les divers maux de Churchill dépasseront sa compétence, il saura toujours convoquer en urgence les meilleurs spécialistes au chevet de son illustre patient.

précédente par des avions torpilleurs basés à terre. À cause des nuages, certains de nos avions d'escorte n'avaient pu qu'occasionnellement nous rejoindre, mais quand je montai sur la passerelle, je vis sans aucun plaisir paraître de larges étendues de ciel bleu. Pourtant, rien ne se produisit, et tout alla pour le mieux. Le grand navire avançait lentement avec ses destroyers, et nous finîmes par nous impatienter. Le second soir, nous approchions de la route des *U-Boat*. L'amiral Pound, qui prit la décision, déclara que nous risquions beaucoup plus d'éperonner un sous-marin que d'être torpillés par l'un d'eux. La nuit était d'un noir d'encre. Nous laissâmes donc les destroyers en arrière et poursuivîmes seuls notre route, aussi vite que nous le permettait l'état de la mer. Nous naviguions toutes écoutilles fermées, et d'immenses paquets de mer couvraient les ponts ; Lord Beaverbrook maugréa qu'il eût tout aussi bien fait de voyager en sous-marin.

Le très nombreux personnel chargé du déchiffrement était naturellement à même de recevoir une grande quantité de dépêches, et nous pouvions répondre de façon limitée. Quand de nouveaux escorteurs venant des Açores nous eurent rejoints, il devint possible de leur envoyer de jour des signaux Morse en code, qu'ils retransmettaient après s'être éloignés d'une centaine de milles pour ne pas révéler notre position. Cependant, le manque de communication radio nous faisait éprouver une sorte de claustrophobie, alors que nous étions au centre d'un monde en guerre.

Entre-temps, la lutte se poursuivait sur tous les fronts. Hong Kong avait été attaqué presque au même moment que Pearl Harbor ; je ne me faisais aucune illusion sur son sort, étant donné l'écrasante supériorité japonaise. Douze mois plus tôt, j'avais désapprouvé le renforcement de sa garnison, dont la perte était certaine ; elle aurait dû être réduite à un contingent symbolique, mais j'avais fini par céder, et des renforts avaient été envoyés. Ils s'étaient trouvés confrontés d'emblée à une tâche impossible ; pourtant, ils devaient tenir pendant une semaine. Tout homme en état de porter les armes joua son rôle dans cette résistance désespérée. La ténacité des militaires n'eut d'égale que la force d'âme des civils britanniques. La limite de l'endurance fut atteinte le jour de Noël, et la capitulation devint inévitable. Une nouvelle série de désastres s'annonçait en Malaisie ; les débarquements japonais dans la péninsule s'accompagnaient d'attaques aériennes dévastatrices contre nos aérodromes, qui paralysaient nos forces aériennes déjà réduites et rendirent rapidement inutilisables les aérodromes du nord. À la fin du mois, nos troupes, qui avaient dû livrer de durs combats, se battaient à plus de 250 kilomètres de leurs positions initiales, et les Japonais avaient débarqué dans la péninsule au moins trois divisions à pleins effectifs, dont leur Garde impériale. La qualité des avions ennemis, rapidement déployés sur les champs d'aviation capturés, dépassait toutes les prévisions. Nous avions été acculés à la défensive et nos pertes étaient sévères.

*
* *

Tout le monde dans notre groupe travaillait sans relâche, tandis que le *Duke of York* poursuivait sa route vers l'ouest et que nos pensées se concentraient sur les nouveaux et vastes problèmes auxquels nous étions confrontés. Nous attendions avec impatience, mais aussi avec quelque inquiétude, ce premier contact direct entre alliés, avec le président et ses conseillers politiques et militaires. Nous savions avant notre départ combien l'outrage de Pearl Harbor avait touché au cœur le peuple des États-Unis. Les déclarations officielles et les résumés de presse que nous avions reçus donnaient à penser que toute la rage de la nation allait se tourner contre le Japon. Nous redoutions que les véritables proportions de la guerre dans son ensemble fussent mal appréciées, et nous avions conscience d'un grave danger : celui de voir les États-Unis poursuivre la lutte contre le Japon dans le Pacifique, en nous laissant combattre seuls l'Allemagne et l'Italie en Europe, en Afrique et au Moyen-Orient[1].

La première bataille de l'Atlantique contre les sous-marins allemands avait nettement tourné à notre avantage ; nous n'avions pas de doutes quant à nos possibilités de maintenir libres nos grandes routes maritimes ; nous étions certains de vaincre Hitler s'il essayait d'envahir notre île ; la résistance russe nous encourageait ; nous attendions beaucoup, et même trop, de la campagne de Libye. Mais tous nos plans pour l'avenir dépendaient du maintien de ce vaste flux d'approvisionnements américains de toutes sortes qui traversait alors l'Atlantique. Nous comptions particulièrement sur les avions et les chars, ainsi que sur la prodigieuse cadence de construction des navires marchands américains. Jusque-là, pendant la période de non-belligérance, le président avait accepté de prélever une importante quantité d'armements normalement destinés aux forces armées américaines, car celles-ci n'étaient pas engagées ; il ne pouvait plus en être de même à présent que les États-Unis étaient en guerre contre l'Allemagne, l'Italie et surtout le Japon. Les besoins nationaux n'auraient-ils pas la priorité ? Quand la Russie avait été attaquée, nous avions sacrifié à juste titre une grande partie des armements et des équipements qui sortaient enfin de nos usines ; les États-Unis avaient dérouté vers la Russie des quantités de matériel plus grandes encore, qui autrement nous seraient parvenues. Nous avions pleinement approuvé tout cela, du fait de la magnifique résistance qu'opposait la Russie à l'envahisseur nazi.

Il n'en avait pas moins été pénible de retarder l'équipement de nos propres unités, et surtout de priver nos

---

1. Cette inquiétude est fortement exagérée pour tenir le lecteur en haleine. En fait, les chefs d'état-major des deux pays étaient déjà convenus huit mois plus tôt, lors des conversations « ABC-1 » à Washington, qu'en cas d'entrée en guerre des États-Unis, priorité serait donnée par les deux alliés à la guerre contre l'Allemagne.

armées si durement engagées en Libye des armes dont elles avaient un besoin vital. Il était naturel de supposer que le principe de « l'Amérique d'abord » dominerait désormais l'attitude de nos alliés ; nous redoutions de voir un long délai s'écouler avant que des forces américaines puissent entrer en action sur une vaste échelle, et que, durant cette période préparatoire, nous soyons par nécessité mis à la portion congrue. Et cela se produirait juste au moment où nous devions nous-mêmes affronter un nouvel et terrible ennemi en Malaisie, dans l'océan Indien, en Birmanie et aux Indes. À l'évidence, la répartition des approvisionnements allait nécessiter un examen très approfondi, tout en comportant bien des difficultés et des aspects délicats. On nous avait déjà annoncé que tous les programmes de livraisons au titre du prêt-bail étaient suspendus en attendant les réajustements. Heureusement, la production des usines d'armement et d'aviation britanniques atteignait à ce stade une grande ampleur et un rythme satisfaisant ; bientôt, elle serait considérable. Mais tandis que le *Duke of York* se frayait un chemin au travers d'incessantes tempêtes, nous envisagions une longue suite de goulots d'étranglement, et peut-être même le refus de certains matériaux clés, susceptible d'affecter l'ensemble de notre production ! Comme toujours en temps de crise, Beaverbrook était optimiste ; il déclarait que les États-Unis avaient à peine entamé jusque-là leurs immenses ressources, qu'elles étaient pratiquement illimitées, et que, lorsque le peuple américain aurait consacré toute son énergie à la guerre, il obtiendrait des résultats dépassant de beaucoup tout ce qui avait été prévu ou imaginé. Il pensait en outre que les Américains n'avaient pas encore pris la mesure de leur propre puissance. Leur effort de production balaierait toutes les statistiques actuelles ; il y en aurait pour tout le monde. En cela, il voyait juste.

Mais toutes ces considérations s'effaçaient devant le problème stratégique fondamental : serions-nous capables de persuader le président et les chefs militaires américains que la défaite du Japon n'entraînerait pas celle d'Hitler, tandis qu'une fois la défaite d'Hitler acquise, celle du Japon ne serait plus qu'une question de temps et de peine ? Nous passâmes de longues heures à examiner ce grave problème sous tous ses aspects. Les deux chefs d'état-major, le maréchal Dill, Hollis et ses officiers, préparèrent plusieurs rapports sur l'ensemble de la question, qui faisaient bien ressortir que la guerre constituait un tout. Comme on le verra, ces efforts allaient s'avérer inutiles et ces craintes sans fondement.

*
* *

Ces huit jours de traversée, durant lesquels ma tâche quotidienne se trouva réduite faute de conseils de Cabinet à présider et de visiteurs à recevoir, me permirent de passer en revue tous les aspects de la guerre, telle qu'elle m'apparaissait après sa vaste et soudaine extension. Je me souvenais de l'observation de Napoléon concernant l'avantage de pouvoir concentrer longuement son esprit sur un sujet sans se lasser, de « fixer les objets longtemps sans être fatigué[1] ». Comme toujours, j'essayai d'y parvenir en consignant mes pensées par écrit ; je dictai aux sténotypistes trois notes sur le déroulement de la guerre telle que j'estimais qu'elle devait être conduite, afin de me préparer aux entrevues que je devais avoir avec le président et aux discussions avec les Américains, ainsi que pour m'assurer d'être bien suivi par les deux chefs d'état-major Pound et Portal comme par le maréchal Dill, et enfin pour donner au général Hollis et au secrétariat tout le temps de vérifier les faits. Chacune de ces notes me prit quatre ou cinq heures, réparties sur deux ou trois jours. Comme j'avais tout mon sujet bien présent en tête, je pus exprimer ma pensée assez aisément, bien que fort lentement ; en fait, on aurait pu l'écrire deux ou trois fois à la main dans le même temps. Chaque document une fois achevé était envoyé après vérification à mes collègues

---

1. En français dans le texte.

militaires, en tant qu'expression de mes idées personnelles. De leur côté, ils préparaient des notes pour les conférences des deux états-majors. Je fus heureux de constater que si mes conceptions étaient plus générales et les leurs plus techniques, nous étions d'accord comme toujours sur les principes et les valeurs ; aucune divergence ne s'exprima, et très peu des faits allégués eurent besoin d'être corrigés. C'est ainsi que nous parvînmes en Amérique, avec un ensemble de doctrines de caractère constructif qui, dans une très large mesure, avait reçu l'assentiment de tous, sans que personne se fût engagé de manière trop précise ou trop rigide.

La première note regroupait toutes les raisons pour lesquelles notre principal objectif pour la campagne de 1942 sur le théâtre européen devait être l'occupation par des forces anglo-américaines de toute la côte d'Afrique et du Levant, depuis Dakar jusqu'à la frontière turque. La seconde envisageait les mesures à prendre pour recouvrer la maîtrise du Pacifique, et spécifiait que ce but pourrait être atteint en mai 1942 ; elle insistait particulièrement sur la nécessité de multiplier par tous les moyens le nombre de porte-avions. La troisième fixait pour ultime objectif la libération de l'Europe au moyen d'un débarquement de fortes armées américaines en tout endroit des territoires occupés jugé le plus adapté à cet effet, avec 1943 pour année d'exécution.

On a publié tant de fables au sujet de ma prétendue aversion pour des opérations de grande envergure sur le continent qu'il importe de rétablir la vérité. J'ai toujours considéré que la seule façon de gagner la guerre était de lancer une attaque décisive de la plus vaste ampleur possible contre les pays occupés par l'Allemagne, et qu'il fallait choisir l'été de 1943 pour l'exécuter ; dès la fin de 1941, j'estimais que la phase initiale de l'opération exigerait quarante divisions blindées et un million de fantassins. Quand je vois le nombre de livres écrits en se basant sur des suppositions erronées concernant mon attitude à cet égard, je me sens obligé d'attirer l'attention du lecteur sur les documents authentiques et seuls valables qui furent rédigés à cette époque, et dont on trouvera d'autres exemples dans la suite de ce récit[1].

Je remis ces notes au président avant Noël, en lui expliquant que si elles reflétaient mon point de vue personnel, elles ne s'imposaient nullement aux chefs d'état-major lors de leurs entrevues ; je les avais conçues comme des mémorandums à l'intention du comité des chefs d'état-major britanniques. J'ajoutai que si je ne les avais pas écrites à son intention, il me paraissait important que le président soit informé de ce que je pensais, de ce que je voulais obtenir et de ce que je tenterais d'entreprendre du côté britannique. Il les lut dès réception, et me demanda le lendemain la permission d'en conserver des copies ; elle lui fut volontiers accordée.

J'avais nettement l'impression que le président partageait en grande partie mon point de vue au sujet d'une action en Afrique du Nord française. À présent que nous étions alliés, il nous fallait agir de concert et sur une plus grande échelle. Je ne doutais pas que nous nous accorderions dans une large mesure et que le terrain avait été bien préparé ; j'étais donc optimiste et, comme on le verra, je devais finir par obtenir l'assentiment du président à une expédition en Afrique du Nord (opération « Torch »), destinée à devenir la première grande opération amphibie effectuée conjointement.

Mais s'il est essentiel d'élaborer des plans pour l'avenir, et parfois possible de prédire cet avenir à certains égards, on ne peut empêcher que les actions et les ripostes de l'ennemi modifient les échéances de si vastes entreprises. Tous les objectifs fixés dans les notes précitées furent atteints par les forces britanniques et américaines dans l'ordre où ils avaient été énumérés. Mais mon espoir de voir le général Auchinleck dégager complètement la Libye en février 1942 fut déçu ; il subit une série de graves revers, qui seront

---

1. Les trois notes en question sont reproduites dans le chapitre 34 de *The Grand Alliance*.

bientôt rapportés. Hitler, que ces succès avaient peut-être encouragé, décida de faire un gros effort pour défendre Tunis, et il y fit passer des troupes fraîches comptant 100 000 hommes à travers l'Italie et la Méditerranée. Les armées britanniques et américaines se trouvèrent donc engagées en Afrique du Nord dans une campagne plus vaste et plus longue que je ne l'avais envisagé, et notre programme s'en trouva retardé de quatre mois. Les alliés anglo-américains ne purent établir leur contrôle sur l'ensemble de la côte nord-africaine depuis Tunis jusqu'à l'Égypte avant le mois de mai 1943 ; le plan suprême consistant à traverser la Manche pour libérer la France, que j'avais tant désiré et tant préparé, ne put donc être mis en œuvre cet été-là, et dut être reporté d'une année entière, jusqu'à l'été de 1944.

Mes réflexions ultérieures et la pleine connaissance des événements dont nous disposons actuellement m'ont convaincu que ce retard décevant nous fut favorable ; le délai d'un an dans l'exécution du débarquement nous épargna ce qui eût été, dans l'hypothèse la plus favorable, une entreprise extrêmement périlleuse, susceptible d'aboutir à un désastre au retentissement mondial. Si Hitler avait été sage, il aurait arrêté les frais en Afrique du Nord pour nous affronter en France, avec des forces doubles de celles qu'il possédait en 1944, avant que les armées et les états-majors américains nouvellement formés aient atteint leur pleine valeur professionnelle, et bien longtemps avant que les énormes armadas de bâtiments spéciaux et les ports flottants (Mulberries) aient été spécialement construits à cet effet. Je suis persuadé aujourd'hui que, même si l'opération « Torch » s'était achevée en 1942 comme je l'espérais, ou même si elle n'avait jamais été entreprise, toute tentative de traverser la Manche en 1943 se serait soldée par une sanglante défaite de toute première ampleur, avec des conséquences incommensurables. J'en pris de plus en plus conscience tout au long de l'année 1943, aussi acceptai-je comme inévitable l'ajournement d'« Overlord », tout en comprenant parfaitement la colère et la déception de notre allié soviétique.

*

* *

Il avait été prévu que nous remonterions le Potomac, pour gagner ensuite la Maison-Blanche en automobile, mais nous avions tous hâte de voir notre voyage se terminer après quelque dix jours de mer ; nous prîmes donc un avion à Hampton Roads et atterrîmes à l'aéroport de Washington tard dans la soirée du 22 décembre. Le président nous attendait dans sa voiture, et ce fut avec plaisir et soulagement que je serrai sa main robuste. Nous arrivâmes bientôt à la Maison-Blanche, qui devait être notre foyer, à tous égards, pendant les trois semaines suivantes. Mme Roosevelt nous y accueillit, et elle ne ménagea pas sa peine pour rendre notre séjour agréable[1].

Je dois avouer que mon esprit était si absorbé par le tourbillon des événements et par toutes les tâches que j'avais à remplir que ma mémoire, avant d'être rafraîchie, n'avait conservé qu'un souvenir assez vague de ces journées. Mes contacts avec le président en constituaient naturellement le fait saillant. Nous nous voyions pendant plusieurs heures chaque jour et déjeunions toujours ensemble, Harry Hopkins constituant le troisième convive. Nous ne parlions que de nos affaires et nous mîmes d'accord sur de nombreux points, essentiels ou secondaires. Le dîner était plus mondain, tout en restant aussi intime et cordial ; le président ne manquait jamais de faire lui-même les cocktails préliminaires[2], et je le roulais dans sa chaise depuis le salon jusqu'à l'ascenseur en

---

1. C'est un fait, mais Churchill ne soupçonne pas que l'idéalisme de gauche d'Eleonor Roosevelt lui fait considérer le visiteur comme un impérialiste antédiluvien, dont elle se méfie au plus haut point. Une de ses déclarations les moins perspicaces : « Staline ne sera jamais aussi dangereux que Churchill ! »

2. Très sensible à cette attention, Churchill en oublie de mentionner qu'il déteste les cocktails...

témoignage de respect, et aussi en pensant à sir Walter Raleigh, qui avait étendu son manteau aux pieds de la reine Elizabeth. Je conçus une affection très profonde, qui ne fit que croître au cours de nos années de collaboration, pour cet homme d'État extraordinaire qui sut imposer sa volonté pendant près de dix ans à la politique américaine, et dont le cœur paraissait maintes fois vibrer à l'unisson du mien. Comme nous étions tous deux contraints, par nécessité ou par habitude, de travailler souvent au lit, il venait me voir dans ma chambre chaque fois qu'il lui en prenait l'envie, et m'invitait à lui rendre la politesse. Hopkins était logé de l'autre côté du couloir, juste en face de ma chambre, et ma salle des cartes fut bien vite établie dans la pièce voisine de la sienne. Le président s'intéressa vivement à cette installation, que le capitaine Pim avait perfectionnée ; il aimait venir étudier attentivement les grandes cartes de tous les théâtres d'opérations qui couvrirent bientôt les murs, et où les mouvements des flottes et des armées étaient portés si rapidement et avec tant de précision. En fait, il ne tarda pas à se faire installer sa propre salle des cartes, d'une extrême efficacité.

Les jours passèrent, aussi rapides que des heures. Je compris bientôt qu'il me faudrait parler devant le Congrès américain aussitôt après Noël, et devant le Parlement canadien d'Ottawa quelques jours plus tard. Ces grandes occasions m'imposèrent des efforts considérables, qui vinrent s'ajouter à mes entretiens quotidiens et à l'expédition de la masse des affaires courantes. En fait, je ne sais pas comment j'ai réussi à m'acquitter de tout cela.

On célébra Noël sans affectation, et l'arbre traditionnel fut dressé dans les jardins de la Maison-Blanche ; le président et moi-même prononçâmes depuis le balcon de courtes allocutions, devant des foules immenses rassemblées dans l'obscurité. Nous assistâmes ensemble au service divin le jour de Noël ; sa simplicité fit naître en moi un sentiment de paix, et je pris plaisir à chanter les hymnes bien connus, ainsi qu'un nouveau que je n'avais encore jamais entendu : *Ô, petite ville de Bethléem*. Il y avait certainement là de quoi fortifier la foi de ceux qui croient que l'univers est régi par des lois morales.

*
* *

Ce n'est pas sans émotion que j'acceptai l'invitation à prononcer un discours devant le Congrès des États-Unis. L'occasion était importante pour ce qui devait être, j'en avais la conviction, l'alliance invincible des peuples anglo-saxons. Jamais encore je n'avais pris la parole devant un Parlement étranger ; mais moi, dont la mère descendait, en ligne masculine directe sur cinq générations, d'un lieutenant qui servit dans l'armée de George Washington, je me sentais en droit de m'adresser aux représentants de cette grande République dont la cause était la nôtre. Il est vrai que l'enchaînement des circonstances était étrange, et j'eus de nouveau le sentiment, qu'on me pardonnera d'exprimer ici, d'être l'instrument bien indigne de quelque dessein providentiel.

Je passai une bonne partie de la journée de Noël à préparer mon discours. Le président me souhaita bonne chance lorsque je quittai la Maison-Blanche pour le Capitole le 26 décembre, accompagné des leaders du Sénat et de la Chambre des représentants. Une grande foule me parut s'être rassemblée tout le long des vastes avenues conduisant au Congrès, mais les mesures de sécurité, qui sont poussées beaucoup plus loin aux États-Unis qu'en Grande-Bretagne, la tenaient à distance, et deux ou trois voitures remplies de policiers en civil armés nous entouraient pour nous servir d'escorte ; en descendant de l'automobile, j'aurais voulu aller manifester mes sentiments de fraternité aux masses qui m'acclamaient, mais cela ne me fut pas permis. À l'intérieur, le spectacle était aussi grandiose qu'impressionnant, et l'immense salle semi-circulaire que j'apercevais à travers une batterie de microphones était pleine à craquer.

Je dois avouer que je me sentis parfaitement à l'aise et

beaucoup plus sûr de moi que je ne l'avais parfois été à la Chambre des communes. Mes propos furent reçus avec la plus grande attention et une extrême bienveillance. Je provoquai des rires et des applaudissements exactement aux endroits que j'avais prévus, et j'obtins la réaction la plus favorable lorsque, parlant de l'outrage commis par les Japonais, je m'écriai : « Pour qui nous prennent-ils donc ? » Ce mouvement spontané de l'auguste assemblée me fit ressentir la puissance et l'ardente volonté de la nation américaine. Qui eût pu douter du succès final ? Les leaders m'accompagnèrent ensuite vers les foules qui entouraient le Capitole, afin que je puisse les saluer personnellement. Après quoi les agents des services secrets et leurs voitures s'interposèrent et me ramenèrent à la Maison-Blanche, où le président, qui avait écouté mon discours, m'assura que je m'en étais fort bien sorti.

Le 28 décembre, je pris le train de nuit pour Ottawa, où je devais descendre chez lord Athlone, le gouverneur général. J'assistai le lendemain à une séance du Cabinet de guerre canadien, après quoi M. Mackenzie King, le Premier ministre, me présenta aux chefs de l'opposition conservatrice et me laissa en leur compagnie. Ces messieurs étaient d'une loyauté et d'une détermination sans égales, mais ils regrettaient amèrement de n'avoir pas l'honneur de diriger eux-mêmes la guerre, et d'entendre exprimer par leurs adversaires libéraux des sentiments qu'ils avaient eux-mêmes défendus toute leur vie.

Le 30 décembre, je m'adressai au Parlement canadien. La préparation de ces deux discours prononcés outre-Atlantique, et destinés à être retransmis dans le monde entier, me coûta un extraordinaire effort au milieu du flot ininterrompu de mes tâches officielles. Parler vient facilement à un homme politique blanchi sous le harnois, mais choisir ce qu'il faut dire et ne pas dire au milieu d'une ambiance aussi électrique est une besogne délicate et épuisante. Je fis de mon mieux ; le passage qui eut le plus de succès dans mon discours canadien fut celui qui concernait le gouvernement de Vichy, avec lequel le Canada était resté en relations :

> « C'était son devoir (en 1940) et aussi son intérêt de passer en Afrique du Nord, où il se serait trouvé à la tête de l'empire français. En Afrique, avec notre aide, il aurait disposé d'une écrasante supériorité navale. Il aurait été reconnu par les États-Unis et aurait pu disposer de tout l'or qu'il avait envoyé outre-mer. S'il avait agi ainsi, l'Italie aurait peut-être été mise hors de combat avant la fin de 1940, la France aurait eu sa place dans les conseils interalliés comme à la table des vainqueurs lors de la conférence de paix. Mais ses généraux l'avaient trompée ! Lorsque je les avertis que la Grande-Bretagne se battrait seule quoi qu'ils fassent, ces généraux déclarèrent au président du Conseil et à son gouvernement divisé : "Dans trois semaines, l'Angleterre aura le cou tordu comme un poulet." Fameux poulet ! Fameux cou ! »

Cela passa très bien. Je citai pour mémoire le début du chant composé par sir Harry Lauder lors de la dernière guerre :

> « En jetant un regard sur le long passé de l'histoire
> Nous pouvons dire exactement où nous en sommes. »

Pour le décrire, j'avais inscrit dans mes notes les mots « cet auguste comédien ». Mais en chemin, le mot de « ménestrel » me vint à l'esprit ; quelle amélioration ! J'apprends avec plaisir qu'il était à l'écoute et avait été enchanté de ma citation. Je suis très heureux d'avoir su trouver le mot juste pour qualifier celui qui, par ses chants enthousiasmants et sa vie héroïque, a rendu tant de services à la race écossaise et à l'empire britannique[1].

Ces discours de Washington et d'Ottawa vinrent à

---

1. Sir Harry McLennan Lauder, né en 1870, était un célèbre comédien et compositeur écossais. Durant la guerre de 1914-1918, il avait organisé des concerts de bienfaisance en Angleterre et des représentations pour les troupes sur le front français, ce qui lui valut d'être fait chevalier en 1919, « pour services rendus à la cause alliée ». Il récidivera

point nommé, alors que nous pouvions tous nous réjouir de la formation de la Grande Alliance, avec son écrasant potentiel, et avant la série de catastrophes qui devaient s'abattre sur nous du fait de l'attaque japonaise, si longuement et si admirablement préparée. Alors même que je prononçais des paroles pleines de confiance, je pressentais les effroyables coups de fouet qui allaient déchirer notre chair vulnérable. La Grande-Bretagne, la Hollande, mais aussi les États-Unis allaient avoir à payer d'effroyables tributs dans le Pacifique, dans l'océan Indien et dans tous les pays et îles asiatiques que baignent leurs flots; nous devions certainement nous attendre à une succession de désastres militaires d'une durée imprévisible; nous aurions à supporter de longs et sombres mois de défaite avant de voir à nouveau briller le soleil de la victoire. Dans le train qui me ramenait à Washington en ce dernier jour de l'année 1941, on me pria de rendre visite au wagon occupé par certains des plus éminents journalistes américains. Ce fut sans illusions que je leur souhaitai à tous une excellente nouvelle année : « Je salue 1942. Je salue une année de dur labeur, une année de luttes et de périls, qui verra aussi un grand pas accompli vers la victoire. Puissions-nous tous la traverser indemnes et dans l'honneur ! »

---

pendant la Seconde Guerre mondiale, et Churchill le décrira comme « le plus grand ambassadeur que l'Écosse ait jamais eu ».

Chapitre XII

ACCORD ANGLO-AMÉRICAIN

Le premier projet d'envergure que me présenta M. Roosevelt à mon arrivée d'Angleterre avait été la rédaction d'une déclaration solennelle à signer par toutes les nations en guerre contre l'Allemagne et l'Italie, ou bien contre le Japon. Le président et moi, selon la méthode que nous avions adoptée pour rédiger la Charte de l'Atlantique, préparâmes chacun une ébauche de déclaration, pour ensuite les fondre en un tout. Qu'il s'agisse de principes, de sentiments et même de langage, nous étions à l'unisson. Chez nous, le Cabinet de guerre était surpris et ravi par l'ampleur qui présidait à la planification de la Grande Alliance. Il s'ensuivit un rapide échange de correspondance, qui fit apparaître quelques difficultés sur la question de savoir quels gouvernements et autorités devraient être invités à signer la déclaration, ainsi que sur l'ordre de préséance ; nous cédâmes volontiers la première place aux États-Unis, et quand je rentrai à la Maison-Blanche, tout était prêt pour la signature du pacte des Nations unies. Beaucoup de télégrammes avaient été échangés entre Washington, Londres et Moscou, mais tout était désormais réglé. Le président avait déployé les plus ardents efforts pour persuader l'ambassadeur soviétique, Litvinov, qui venait de rentrer en grâce du fait de la tournure prise par les événements, d'accepter les mots « liberté religieuse » ; c'est tout exprès qu'il fut invité à déjeuner avec nous dans la chambre du président. Après les rudes épreuves qu'il avait connues dans son pays, il se devait d'être prudent. Par la suite, le président eut avec lui une longue conversation en tête à tête, au cours de laquelle il lui parla de son âme et des feux de l'enfer. Les comptes rendus que nous fit plusieurs fois M. Roosevelt au sujet de ses entretiens avec le Russe étaient impressionnants ; je promis même à M. Roosevelt de le recommander pour la fonction d'archevêque de Canterbury s'il était battu aux prochaines élections présidentielles. Toutefois, je m'abstins de toute communication officielle au cabinet ou à la Couronne sur cette question, qui ne se posa jamais, puisqu'il fut réélu en 1944. Litvinov, tremblant manifestement de peur, signala le problème posé par les mots « liberté religieuse » à Staline, qui les accepta sans sourciller. Le Cabinet de guerre eut également gain de cause au sujet de la « sécurité sociale », ce en quoi je l'approuvai cordialement, en tant qu'auteur de la première loi d'assurance contre le chômage. Après qu'un véritable torrent de télégrammes eut roulé à travers le monde pendant une semaine, on parvint à un accord complet au sein de toute la Grande Alliance.

Le président remplaça le titre de « Puissances associées » par celui de « Nations unies » ; cela me parut hautement préférable. Je montrai à mon ami les vers du *Childe Harold* de Byron :

> Ici, où fut tiré le glaive des Nations unies,
> Nos compatriotes se battaient en ce jour !
> C'est là une chose, la plus essentielle de toutes,
> Qui demeurera à jamais.

Le président fut amené en chaise roulante jusqu'à ma chambre dans la matinée du 1er janvier ; je sortis du bain et acceptai la rédaction qu'il me présenta. La Déclaration ne pouvait par elle-même remporter des victoires, mais elle montrait bien qui nous étions et quel était le sens de notre combat. Roosevelt, moi-même, Litvinov et Soong, représentant la Chine, signâmes cet auguste document dans le bureau du président ; le Département d'État fut chargé de recueillir les signatures des vingt-deux autres nations. Le texte définitif est digne de figurer ici :

> « Déclaration commune des États-Unis d'Amérique, du Royaume-Uni de Grande-Bretagne et d'Irlande du Nord, de l'Union des Républiques socialistes soviétiques, de la Chine, de l'Australie, de la Belgique, du Canada, de Costa Rica, de Cuba, de la Tchécoslovaquie, de la République dominicaine, du Salvador, de la Grèce, du Guatemala, de Haïti, du Honduras, de l'Inde, du Luxembourg, des Pays-Bas, de la Nouvelle-Zélande, du Nicaragua, de la Norvège, du Panama, de la Pologne, de l'Afrique du Sud et de la Yougoslavie.
>
> Les gouvernements soussignés,
>
> Ayant souscrit au programme commun de buts et de principes énoncé par la Déclaration conjointe du président des États-Unis d'Amérique et du Premier ministre du Royaume-Uni de Grande-Bretagne et d'Irlande du Nord, en date du 14 août 1941, et connue sous le nom de Charte de l'Atlantique,
>
> Étant convaincus qu'il est essentiel de remporter une victoire complète sur leurs ennemis pour défendre leur existence, leur liberté, leur indépendance et leur liberté religieuse, ainsi que pour sauvegarder les droits de l'homme et la justice dans leurs propres pays aussi bien que dans les autres, et qu'ils sont désormais engagés dans une lutte commune contre des forces sauvages et brutales visant à asservir le monde, déclarent :
>
> 1° Chaque gouvernement s'engage à mettre en œuvre toutes ses ressources, militaires ou économiques, contre les membres du Pacte tripartite ou ses adhérents contre lesquels ce gouvernement est en guerre.
>
> 2° Chaque gouvernement s'engage à coopérer avec les gouvernements soussignés, et à ne pas conclure d'armistice ou de paix séparée avec les ennemis.
>
> Les autres nations qui collaborent ou pourront collaborer par une assistance et une contribution matérielles à la lutte pour vaincre l'hitlérisme, pourront adhérer à la présente déclaration. »

*
* *

Les historiens penseront peut-être à l'avenir que le résultat le plus précieux et le plus durable de notre première conférence à Washington, baptisée « Arcadia », fut la création du « Comité des chefs d'état-major combinés ». Il eut son siège à Washington, mais comme les chefs d'état-major britanniques étaient obligés de rester auprès de leur gouvernement, ils se firent représenter par des officiers de haut rang, installés à demeure aux États-Unis. Ces officiers se tenaient en contact avec Londres, quotidiennement et même heure par heure, et se trouvaient donc en mesure d'exposer et d'expliquer les vues des chefs d'état-major britanniques à leurs collègues américains sur tout nouveau problème lié à la guerre, quelle que soit l'heure du jour ou de la nuit. Les fréquentes conférences qui se réunirent en divers points du globe, Casablanca, Washington, Québec, Téhéran, Le Caire, Malte et la Crimée, mettaient les dirigeants eux-mêmes en contact pendant des périodes pouvant parfois atteindre deux semaines ; sur les 200 séances officielles du Comité des chefs d'état-major combinés pendant la guerre, 89 se tinrent à l'occasion de ces conférences, et ce fut au cours de ces séances plénières que fut prise la majorité des décisions essentielles.

La procédure habituelle était la suivante : au début de la matinée, chaque Comité des chefs d'état-major se réunissait séparément. Un peu plus tard, les deux groupes fusionnaient et tenaient souvent une seconde réunion commune dans la soirée. Ils étudiaient la conduite de la guerre dans son ensemble et nous soumettaient, au président et à moi, les recommandations sur lesquelles ils s'étaient accordés. Naturellement, nous avions continué dans l'intervalle nos échanges directs par entretiens en tête à tête ou par télégrammes, et nous nous tenions en contact étroit avec nos propres services. Les propositions des conseillers militaires étaient examinées au cours de réunions plénières, et des ordres étaient donnés en conséquence aux commandants sur le terrain. Dans ces séances du Comité des chefs d'état-major combinés, les échanges pouvaient être francs, voire rudes, mais le dévouement à la cause commune l'emportait toujours sur les intérêts nationaux ou personnels. Une fois les décisions arrêtées et approuvées par les chefs de gouvernement, elles étaient mises à exécution avec la plus complète loyauté – surtout par ceux dont l'avis initial n'avait pas été retenu. Nous parvînmes toujours à un accord sur l'action à entreprendre et sur les instructions précises à envoyer aux commandants sur les divers théâtres d'opérations ; tous les officiers responsables savaient que les ordres reçus représentaient la conception commune et l'autorité compétente des deux gouvernements. Jamais organisme de guerre plus fécond ne fut créé entre alliés, et je me réjouis de savoir qu'il continue à fonctionner, sinon institutionnellement, du moins en pratique.

Les Russes n'étaient pas représentés à ce Comité des chefs d'état-major combinés. Leur front étant lointain, unique et indépendant, il n'y avait aucune nécessité ni d'ailleurs aucun moyen de fusionner les états-majors ; il nous suffisait de connaître les grandes lignes de leurs projets et les dates qu'ils leur assignaient, et de les tenir au courant des nôtres. Dans ce domaine, nous gardâmes avec eux un contact aussi étroit qu'ils le permirent : je raconterai en temps voulu mes visites personnelles à Moscou ; à Téhéran, Yalta et Potsdam, les chefs d'état-major des trois nations se réunirent autour des tables de négociation.

*
* *

J'ai décrit dans quelles conditions le maréchal Dill, bien que n'étant plus chef de l'état-major impérial, nous avait accompagnés lors de notre périple sur le *Duke of York*. Il avait joué un rôle important dans toutes les discussions, non seulement à bord, mais plus encore lorsque nous rencontrâmes les dirigeants américains. Je constatai aussitôt qu'il jouissait à leurs yeux d'un grand prestige et pouvait exercer sur eux une influence considérable. Aucun des officiers britanniques que nous envoyâmes outre-Atlantique au cours de cette guerre n'obtint jamais auprès des Américains une estime et une confiance comparables ; la puissance de sa personnalité, sa discrétion, et son tact lui gagnèrent presque immédiatement l'oreille du président ; parallèlement, il noua des liens de véritable camaraderie et d'amitié personnelle avec le général Marshall.

D'énormes accroissements de production furent décidés, et Beaverbrook joua à cet égard un rôle capital. L'histoire officielle de la mobilisation industrielle américaine* en porte généreusement témoignage. Donald Nelson, directeur général de la production de guerre américaine, avait déjà échafaudé de gigantesques plans, « mais, dit le compte rendu américain, lord Beaverbrook avait exposé à M. Nelson dans les termes les plus catégoriques la nécessité de faire preuve d'audace. » C'est M. Nelson lui-même qui rapporte le mieux ce qui s'est produit :

> « Lord Beaverbrook a souligné avec force que nous devions viser à une production beaucoup plus élevée que pour l'année 1942, si nous voulions tenir tête à un ennemi résolu et plein de ressources. Il a fait remarquer que nous ne possédions pas encore l'expérience des pertes de matériel inhérentes à une guerre du genre de celle que nous menions... »

Ce ferment que lord Beaverbrook avait semé dans l'esprit de Nelson, il le communiqua également au président ; dans une note qu'il lui adressa, il compara la production des États-Unis, de la Grande-Bretagne et du Canada prévue pour 1942 aux besoins réels américains, anglais et russes. Cette confrontation faisait apparaître des déficits énormes dans les fabrications envisagées, s'élevant à 10 500 pour les chars, 26 730 pour les avions, 22 600 pour les canons, et 1 600 000 pour les fusils. Il fallait

---

* *History of the War Production Board,* 1940-1945.

accroître les objectifs de production, écrivait lord Beaverbrook, et il fondait sa confiance dans leur réalisation sur « les immenses possibilités de l'industrie américaine ».

D'où un programme de production supérieur même à celui que Nelson avait proposé. Ceci convainquit le président qu'il était nécessaire de revoir complètement la question de notre capacité de production industrielle... Il fixa lui-même un programme d'armements prévoyant 45 000 avions de combat, 45 000 chars, 20 000 canons de DCA, 14 900 canons antichars et 500 000 mitrailleuses pour 1942. Ces chiffres remarquables furent atteints ou dépassés à la fin de 1943. En ce qui concerne les navires marchands, par exemple, les nouvelles constructions américaines furent de 5 339 000 tonnes en 1942 et 12 384 000 tonnes en 1943.

*
* *

Ma concentration d'esprit permanente sur la conduite générale de la guerre, mes discussions constantes avec le président, ses principaux conseillers et les miens, mes deux discours et mon voyage au Canada, joints au flot continuel d'affaires urgentes réclamant des décisions et à l'échange de très nombreux télégrammes avec mes collègues de Londres, rendirent mon séjour à Washington non seulement intense et laborieux, mais encore exténuant. Mes amis américains me trouvèrent l'air fatigué et estimèrent que j'avais besoin de repos[1]. M. Stettinius mit

---

[1]. On ignore si c'est la pudeur ou la coquetterie qui empêche Churchill d'avouer ici qu'il a été victime d'une thrombose coronaire au soir du 27 décembre ; ce ne sont donc pas ses amis américains qui lui ont trouvé l'air fatigué, c'est son médecin qui lui a ordonné de prendre du repos... En fait, au moment où Churchill écrit ces lignes, il compte bien revenir au pouvoir, et ne tient donc pas à faire état d'ennuis de santé d'une telle gravité survenus neuf ans plus tôt.

donc très aimablement à ma disposition la petite villa qu'il possédait sur une plage isolée près de Palm Beach, et j'y fus conduit en avion le 4 janvier ; là, je trouvai le temps de régler plusieurs questions difficiles qui s'imposaient à mon attention.

J'ai déjà décrit la mise hors de combat du *Queen Elizabeth* et du *Valiant* à Alexandrie par des « torpilles humaines » italiennes ; ce malheur, venant s'ajouter à toutes les autres pertes navales que nous subîmes à cette époque, était fort malencontreux et très préoccupant. J'en compris immédiatement la gravité ; la flotte de combat en Méditerranée cessait momentanément d'exister, de même que la possibilité de protéger l'Égypte contre une invasion venue directement de la mer. La conjoncture parut nécessiter l'envoi de tous les avions torpilleurs qu'on put retirer de la côte sud d'Angleterre ; ainsi qu'on le verra, ceci devait avoir des conséquences néfastes.

J'étais également fort troublé par les rapports que M. Eden avait ramenés de Moscou : ils faisaient état d'ambitions territoriales soviétiques, particulièrement à l'égard des États baltes, anciennes conquêtes de Pierre le Grand, administrées par les tsars pendant deux cents ans. Depuis la révolution bolchevique, ils avaient constitué le bastion avancé de l'Europe contre le bolchevisme ; on les appellerait aujourd'hui des « démocraties sociales », mais fort animées et truculentes. Hitler les avait sacrifiées comme des pions avant le déclenchement de la guerre en 1939. Les purges russes et communistes avaient été sévères ; d'une façon ou d'une autre, toutes leurs élites avaient été liquidées ; ces peuples forts vivaient désormais dans la clandestinité. Nous verrons qu'Hitler devait procéder à une contre-purge nazie. Enfin, lors de la victoire finale, les Soviétiques allaient en reprendre le contrôle. C'est ainsi que cette navette mortelle passa et repassa sur l'Estonie, la Lituanie et la Lettonie. Mais à n'en pas douter, la justice voulait que les États baltes redeviennent des nations souveraines.

*
* *

Je pris le train pour rentrer à Washington dans la nuit du 9 janvier, et j'arrivai à la Maison-Blanche le 11. Là, je constatai que le Comité des chefs d'état-major combinés avait bien avancé sa besogne et qu'il partageait très largement mes vues. Le président convoqua le 12 janvier une réunion où l'on se mit entièrement d'accord sur les principes généraux et les objectifs de guerre. Les divergences portèrent uniquement sur les ordres d'urgence et d'importance, et tout fut dominé par un facteur constant et tyrannique : le tonnage. « Le président, dit le procès-verbal britannique, a attaché beaucoup de prix à la mise sur pied d'une opération combinée anglo-américaine en Afrique du Nord. Des échéances provisoires ont été fixées pour le débarquement dans cette région de 90 000 soldats américains et 90 000 britanniques, appuyés par une aviation considérable. » Dans le domaine de la « grande stratégie », les chefs d'état-major s'accordèrent pour déclarer qu'« on ne distrairait des opérations contre l'Allemagne que le minimum de forces nécessaires pour sauvegarder les intérêts vitaux sur les autres théâtres ». Le grand artisan de cette décision capitale fut le général Marshall.

Je pris congé du président le 14 janvier. Il me parut s'inquiéter des dangers du voyage ; le monde entier connaissait depuis bien des jours notre présence à Washington, et les cartes montraient qu'il y avait plus de vingt sous-marins allemands sur la route du retour. Nous partîmes de Norfolk en avion par un temps magnifique pour gagner les Bermudes, où le *Duke of York* et ses destroyers d'escorte nous attendaient, à l'abri de la barrière de corail. Je fis la traversée dans un énorme hydravion Boeing, qui m'impressionna très favorablement. Au cours des trois heures du voyage, je me liai d'amitié avec le capitaine Kelly Rogers, chef pilote, qui me parut être un homme de grande valeur et de haute expérience. Je pris les commandes pendant un temps pour sentir comment cette lourde machine de trente tonnes ou plus se comportait en vol; je m'intéressai de plus en plus à l'hydravion, et je finis par demander au commandant de bord: « Si nous volions des Bermudes jusqu'en Angleterre? L'appareil peut-il emporter assez d'essence? » Je devinai son animation derrière son air impassible. « Bien sûr que c'est possible. D'après les prévisions météorologiques actuelles, nous aurions un vent arrière de 60 km/heure. Nous pourrions faire la traversée en vingt heures. » Je demandai quelle était la distance. « Environ 3 500 milles », me répondit-il. Cela me rendit songeur.

À notre arrivée, je n'en soumis pas moins la question à Portal et à Pound. Des événements considérables se déroulaient en Malaisie, qui réclamaient notre retour d'urgence. Le chef d'état-major de l'Air déclara aussitôt qu'il estimait le risque tout à fait injustifié, et qu'il ne pouvait en prendre la responsabilité; le premier lord de la mer fut du même avis. Le *Duke of York* était là, avec ses destroyers, prêt à partir, nous offrant le confort et la certitude. Je demandai: « Et qu'en est-il des sous-marins dont vous m'avez parlé? » L'amiral eut un geste de dédain qui exprimait bien sa façon d'évaluer une telle menace pour un cuirassé rapide et convenablement escorté. J'eus soudain l'idée que ces deux officiers pensaient que mon intention était de partir seul par avion, en les laissant rentrer par le *Duke of York*. Je me hâtai donc d'ajouter: « Bien entendu, il y aurait de la place pour nous tous. » Leur attitude changea alors visiblement; au bout d'un long moment, Portal déclara que la question valait la peine d'être étudiée, qu'il allait s'en entretenir à fond avec le commandant de l'hydravion et s'enquérir des prévisions météorologiques auprès des services compétents. Je me contentai de cette réponse.

Ils revinrent me trouver deux heures plus tard, et Portal me dit que la chose lui paraissait faisable; l'appareil pouvait certainement accomplir la traversée dans des conditions raisonnables, et les prévisions météorologiques étaient exceptionnellement favorables en raison du fort vent arrière. Il importait certes de rentrer le plus vite possible. Pound me déclara qu'il avait une très haute opinion du chef de bord, dont l'expérience était manifestement sans égale ; bien entendu, il y avait des risques, mais d'un autre côté, il fallait aussi tenir compte des sous-marins. Nous décidâmes donc de partir par avion si le temps ne se gâtait pas, en fixant le départ au lendemain 14 heures. On estima nécessaire de réduire nos bagages à quelques boîtes de documents essentiels. Dill resterait à Washington pour être mon représentant militaire personnel auprès du président. Partiraient avec moi les deux chefs d'état-major, Max Beaverbrook, Charles Moran et Hollis ; tous les autres prendraient le *Duke of York*.

Je me réveillai bien plus tôt que d'habitude, persuadé que je ne pourrais plus me rendormir. Je dois avouer que j'étais assez effrayé ; je pensai à l'immensité de l'océan, et songeai que nous resterions constamment à plus de 1 500 kilomètres de toute terre avant d'approcher des îles Britanniques. Je me demandai si je n'avais pas agi avec témérité, si je n'avais pas mis trop d'œufs dans le même panier ; j'avais toujours éprouvé une certaine crainte à la pensée d'un vol transatlantique, mais les dés étaient jetés. Je dois cependant admettre que si on était venu m'annoncer au petit déjeuner, ou même avant le déjeuner, que le temps avait changé et qu'il nous fallait partir par mer, je me serais fait une raison et j'aurais volontiers accepté de rentrer à bord de ce magnifique navire, qui était venu de si loin pour nous ramener.

Comme le capitaine l'avait prédit, le décollage fut toute une affaire ; en fait, je crus que nous n'arriverions pas à franchir les collines basses qui entouraient le port. Mais il n'y avait aucun danger, nous étions entre des mains très sûres. L'hydravion s'éleva lourdement à 400 m des récifs, en nous laissant une marge de plusieurs centaines de pieds. Ces grands hydravions offrent indiscutablement un très grand confort : je disposais d'un lit excellent et spacieux dans la cabine d'honneur située à l'arrière, avec de larges fenêtres de chaque côté. Il y avait une assez longue distance à parcourir, dix ou douze mètres, pour gagner, à travers les divers compartiments superposés, le salon et la salle à manger, où rien ne manquait en fait de nourriture et de boisson. Le mouvement de l'appareil était doux, les vibrations n'étaient pas désagréables, nous passâmes un excellent après-midi et le dîner fut très gai. Ces hydravions sont à deux étages, et il faut monter un véritable escalier pour se rendre dans la cabine de pilotage. La nuit était tombée et toutes les prévisions étaient bonnes. Nous volions alors à travers une brume épaisse à environ 2 000 m d'altitude. On apercevait le bord d'attaque des ailes avec les grandes flammes des pots d'échappement qui couvraient la surface portante. Ces appareils utilisaient à l'époque un grand tube de caoutchouc qui se contractait et se détendait régulièrement pour empêcher le givrage ; le commandant m'en expliqua le fonctionnement, et nous vîmes de temps à autre la glace se détacher sous son action. J'allai me coucher et dormis paisiblement pendant plusieurs heures.

*
* *

Je m'éveillai juste avant l'aube et gagnai la cabine de pilotage. Le jour pointait. En dessous de nous s'étendait une mer de nuages presque ininterrompue.

Après être resté assis pendant une heure environ dans le siège du copilote, je sentis une atmosphère d'inquiétude autour de moi ; nous étions censés approcher l'Angleterre par le sud-ouest et aurions déjà dû dépasser les îles Sorlingues, mais elles n'étaient pas apparues dans les interstices de la mer de nuages. Comme nous avions volé pendant plus de dix heures dans la brume en n'apercevant qu'une seule étoile pendant tout ce temps, nous pouvions fort bien avoir dévié de notre route après une aussi longue traversée. Les communications radio étaient naturellement restreintes, comme il est normal en temps de guerre. D'après les discussions en cours, il était évident que nous ne savions pas exactement où nous nous trouvions ; Portal, qui avait étudié notre position, eut une conversation avec le commandant de bord et vint me dire : « Nous allons virer au nord immédiatement. » Ainsi fut fait, et au bout d'une demi-heure de vol entre les nuages, nous aperçûmes l'Angleterre ; bientôt, nous étions au-dessus de Plymouth, où nous fîmes un magnifique amerrissage, en évitant les ballons de barrage qui brillaient de tous leurs feux.

Au moment où je quittai l'appareil, le capitaine me déclara : « Je n'ai jamais été aussi soulagé de ma vie qu'au moment où je vous ai posé sain et sauf dans le port. » Sur le moment, je ne compris pas toute la signification de cette observation. Je devais apprendre par la suite que si nous avions encore attendu cinq ou six minutes pour mettre le cap au nord, nous serions arrivés au-dessus des batteries allemandes de Brest ; nous avions trop dévié vers le sud au cours de la nuit ; en outre, le changement de route décisif que nous avions effectué nous amenait sur l'Angleterre, non par le sud-ouest, mais un peu à l'est du sud, c'est-à-dire dans la direction de l'ennemi plutôt que dans celle où nous étions attendus. Le résultat fut, comme on me le rapporta quelques semaines plus tard, qu'on nous signala comme un bombardier allemand venant de Brest, et que six Hurricanes du *Fighter Command* reçurent l'ordre de nous abattre. Par chance, ils échouèrent dans leur mission[1].

---

1. L'ensemble constitue un magnifique récit à suspense, propre à donner le frisson au lecteur. Mais Churchill reconnaît lui-même qu'il a appris tout cela après-coup, et les rapports de l'équipage de l'hydravion Boeing 314 « Berwick » aussitôt après l'amerrissage indiquent clairement qu'il ne s'est rien passé de tel : l'hydravion n'avait à aucun moment dévié de sa route, sinon pour éviter le port de Pembroke Dock en raison de la

Je télégraphiai au président Roosevelt : « Nous avons fait un excellent bond depuis les Bermudes jusqu'ici, avec un vent arrière de 50 km/heure. »

---

couverture nuageuse ; il n'avait jamais risqué de se trouver à proximité de Brest ; la correction de trajectoire vers le nord après Lands End était la procédure normale pour atteindre Plymouth ; Churchill omet également de mentionner la présence à bord d'un navigateur hautement expérimenté, alors que le chef d'état-major de l'Air sir Charles Portal avait reconnu, à la surprise du commandant de bord Kelly Rogers, que ses propres connaissances en matière de navigation étaient « très limitées ». Enfin, le fait que le capitaine Kelly se soit déclaré très soulagé à l'arrivée de l'hydravion n'avait rien d'anormal, de la part d'un pilote ayant endossé au dernier moment la responsabilité de convoyer trois des hommes les plus importants du royaume en temps de guerre... (Voir l'excellent *Churchill goes to war*, de Brian Lavery, Conway, Londres, 2007, p. 104-110) À noter toutefois qu'en 1950, le chef d'état-major de l'Air sir Charles Portal confirmera publiquement la version de Churchill – peut-être en vertu du principe que le chef a toujours raison... Dans sa correspondance privée, il sera nettement plus réservé, et niera en particulier avoir donné la moindre instruction au capitaine Kelly Rogers.

Chapitre XIII

LA CHUTE DE SINGAPOUR

Il était prévu que je fasse au Parlement un compte rendu complet de ma mission à Washington, et de tout ce qui s'était passé au cours des cinq semaines qu'avait duré mon absence. Deux faits dominaient dans mon esprit ; le premier était que la Grande Alliance finirait forcément par gagner la guerre ; le second, qu'une série de désastres d'une ampleur encore imprévisible allait s'abattre sur nous, du fait de la ruée japonaise. Chacun pouvait se rendre compte avec un immense soulagement que la vie de la nation et de l'empire n'était plus en jeu ; d'un autre côté, du fait que la crainte du péril mortel se trouvait en grande partie dissipée, toutes les critiques, amicales ou malveillantes, pouvaient se donner libre cours et souligner les nombreuses erreurs commises. En outre, beaucoup de gens estimaient qu'ils avaient le devoir d'améliorer notre façon de conduire la guerre, afin d'en diminuer la durée. J'étais moi-même profondément affecté par les défaites qui nous avaient déjà accablés, et personne mieux que moi ne savait que c'était seulement le début du déluge. L'attitude du gouvernement australien, les critiques des journaux désinvoltes et bien informés, les railleries sagaces et incessantes de vingt ou trente habiles députés, l'atmosphère des couloirs de la Chambre, tout me donnait l'impression que l'opinion publique, déconcertée, inquiète, tourmentée mais superficielle, se dressait de toutes parts contre moi.

D'un autre côté, je me rendais bien compte que ma position était très forte ; je pouvais compter sur la gratitude du pays pour la part que j'avais prise à son salut en 1940 ; je ne sous-estimais pas la profondeur et l'intensité du sentiment de fidélité nationale qui me portait ; le Cabinet de guerre et les chefs d'état-major me témoignaient la plus parfaite loyauté. J'étais sûr de moi. Chaque fois que l'occasion s'en présenta, j'assurai mon entourage que je ne consentirais jamais à la moindre diminution de mon autorité et de mes responsabilités personnelles. Les journaux ne cessaient de laisser entendre que je devrais rester Premier ministre et faire les discours, tout en cédant à quelqu'un d'autre la conduite effective de la guerre. Je résolus de ne pas céder d'un pouce, d'assumer personnellement la responsabilité pleine et entière de nos décisions, et de demander un vote de confiance à la Chambre des communes ; je me rappelai aussi cette sage pensée française : *On ne règne sur les âmes que par le calme*[1].

Il importait avant tout d'avertir la Chambre et le pays des nouveaux malheurs qui nous attendaient. Pour un responsable politique, il n'y a pas pire erreur que d'entretenir de faux espoirs, destinés à être balayés par les événements ; le peuple britannique est capable de faire face aux périls et aux revers avec force d'âme et optimisme, mais il a horreur d'être trompé ou de découvrir que ceux qui dirigent ses affaires se bercent d'illusions. Il me semblait absolument essentiel, pour ma propre position comme pour la conduite générale de la guerre, d'amortir par avance le choc des futures catastrophes en présentant les perspectives immédiates sous le jour le plus sombre. Je pouvais le faire à cette époque sans compromettre la situation militaire et sans troubler cette confiance intime en la victoire finale que chacun se sentait désormais en droit de ressentir. En dépit des mauvaises surprises et des tensions quotidiennes, je ne lésinai pas sur les douze ou quatorze heures de concentration nécessaires pour composer un exposé original de dix mille mots sur un sujet extrême-

---

1. En français dans le texte.

ment vaste et complexe, et bien que la tournure défavorable prise par la guerre du désert me tînt alors sur les charbons ardents, je parvins à préparer ma déclaration et l'exposé de notre situation.

*
* *

Avant même de quitter la Maison-Blanche, j'avais perdu tout espoir d'une victoire écrasante sur Rommel ; il était parvenu à s'échapper. Les succès remportés par Auchinleck à Sidi Rezegh et à Gazala n'avaient pas été décisifs. La montée en puissance de l'aviation ennemie en Méditerranée entre décembre et janvier, ainsi que la perte quasi complète pour plusieurs mois de notre maîtrise de la mer, devaient le priver des fruits d'une victoire tant recherchée et trop longtemps différée ; le prestige qu'il nous avait conféré lors de l'élaboration de tous nos plans d'offensive en Afrique du Nord française s'en trouvait manifestement affaibli, et à l'évidence, cela retarda l'opération de plusieurs mois. Mais le pire était encore à venir. Par manque de place, je ne rapporterai pas les détails du désastre militaire qui devait, l'année suivante et en ce même endroit fatal, ruiner toute la campagne britannique dans le désert pour 1942. Qu'il me suffise de préciser que le 21 janvier, depuis ses positions d'Agheïla, Rommel lança une reconnaissance en force avec trois colonnes composées chacune d'un millier d'hommes de l'infanterie motorisée, soutenus par des tanks ; elles se glissèrent rapidement dans les failles entre nos éléments avancés qui, dépourvus de blindés, reçurent l'ordre de battre en retraite. Une fois encore, Rommel devait se révéler comme un maître de la guerre du désert et, se jouant de nos chefs militaires, il reconquit la plus grande partie de la Cyrénaïque. Une retraite de près de 500 km mit fin à tous nos espoirs, nous faisant perdre Benghazi et tous les approvisionnements accumulés par le général Auchinleck en prévision de son offensive prévue pour la mi-février. Le général Ritchie rassembla le reste de ses forces très sévèrement étrillées aux alentours de Gazala et de Tobrouk ; c'est là que les fugitifs et leurs poursuivants se firent face jusqu'à la fin du mois de mai, lorsque Rommel put frapper à nouveau.

*
* *

Je fis mon exposé de la situation devant la Chambre le 27 janvier. J'avais pu me rendre compte que l'humeur y était assez maussade car, ayant demandé dès mon retour en Angleterre que le discours que j'allais prononcer fût enregistré pour être ensuite retransmis dans l'empire et aux États-Unis, on m'avait présenté diverses objections sans aucun rapport avec les nécessités de l'heure. Je retirai donc ma demande, bien qu'aucun autre Parlement au monde ne l'eût refusée. C'est dans cette atmosphère que je me levai pour parler.

Je donnai quelques renseignements sur la bataille du désert, mais bien entendu, la Chambre ne pouvait saisir pleinement la signification de la contre-attaque victorieuse de Rommel, faute de soupçonner le moins du monde les vastes desseins qu'autoriserait notre conquête rapide de la Tripolitaine. La perte de Benghazi et d'Agedabia, déjà connue du public, semblait n'être qu'un des mouvements de flux et de reflux de la guerre du désert ; en outre, je n'avais alors aucun renseignement précis sur ce qui s'était produit et sur ce qu'en étaient les causes.

J'en vins ensuite au problème plus important de nos insuffisances en Extrême-Orient :

« Il n'y a jamais eu un seul instant, il ne pouvait y avoir un seul instant, où la Grande-Bretagne ou l'empire britannique eussent été en mesure de lutter seuls contre l'Allemagne et l'Italie, de livrer la bataille d'Angleterre, la bataille de l'Atlantique et la bataille du Moyen-Orient, tout en restant en état de parfaite préparation en Birmanie, dans la péninsule malaise et plus généralement en Extrême-Orient, face à un vaste empire militaire comme le Japon, disposant de plus de 70 divisions mobiles, de la troisième marine du monde, d'une puissante aviation, et de quatre-vingts à quatre-vingt-dix millions d'Asiatiques endurcis et belliqueux. Si nous nous étions mis à disperser nos forces dans les immenses espaces de l'Extrême-Orient, nous aurions été écrasés ; si nous avions envoyé de grandes armées, requises d'urgence sur les fronts où l'on se battait, vers des régions où l'on ne se battait pas, et où l'on ne se battrait peut-être jamais, nous aurions fait entièrement fausse route. Nous aurions sacrifié notre chance, qui est devenue maintenant plus qu'une chance, de sortir tous sains et saufs de la terrible épreuve que nous avons subie…

Nous avons décidé d'apporter notre aide à la Russie, d'essayer de battre Rommel et de former un front plus solide depuis le Levant jusqu'à la Caspienne. Dès lors, seules restaient possibles en Extrême-Orient des mesures partielles et de peu d'envergure contre le danger hypothétique d'un assaut japonais. Soixante mille hommes n'en furent pas moins concentrés à Singapour, mais la vallée du Nil avait priorité pour l'affectation des avions modernes, des chars, de l'artillerie antiaérienne et antichars. »

Je dus imposer à la Chambre un exposé de près de deux heures, qu'elle accepta sans enthousiasme ; j'eus cependant l'impression que mes paroles ne restaient pas sans effet[1]. Étant donné les désastres dont je prévoyais

---

1. Est-ce la modestie qui empêche Churchill de citer d'autres extraits de son discours ? Certains passages sont pourtant des morceaux d'anthologie : « Pendant deux années et demie de combats, nous avons tout juste réussi à garder la tête hors de l'eau. Quand j'ai été appelé à devenir Premier ministre, il n'y avait guère d'autres candidats à l'emploi. Depuis lors, sans doute, le marché s'est quelque peu amélioré : en dépit de la honteuse négligence, de l'indécente gabegie, de la flagrante incompétence, de la béate suffisance et de l'incurie administrative qui nous sont quotidiennement reprochées, nous commençons à aller de l'avant. […] Au bout du compte, la Chambre ne doit pas imaginer que si tout

l'imminence, j'estimai opportun de terminer en mettant les choses au pire et de ne faire aucune promesse, sans cependant exclure tout espoir[1].

Le débat se poursuivit ensuite pendant trois jours. Mais le ton fut bien plus amical à mon égard que je ne m'y attendais, et la décision de la Chambre ne fit plus de doute ; mes collègues du Cabinet de guerre, M. Attlee en tête, soutinrent le gouvernement avec vigueur, et même avec virulence. Il me revint de conclure le 29 janvier ; je craignis à ce moment qu'il n'y eût pas de vote, et je défiai donc nos critiques de présenter une motion contre nous, sans toutefois offenser une assemblée désormais pleinement pacifiée. Mais rien de tout ce que j'osai dire ne put inciter les mécontents des partis conservateur, travailliste et libéral à réclamer un scrutin. Heureusement, l'ordre du jour de confiance qui fut déposé rencontra l'opposition du parti travailliste indépendant, composé de trois députés. Deux d'entre eux furent désignés comme scrutateurs, de sorte que le résultat donna au gouvernement 464 voix contre 1 ; je fus reconnaissant à James Maxton, chef de la minorité, d'avoir fait aboutir cette affaire. La presse avait mené un tel tapage qu'un flot de télégrammes exprimant soulagement et félicitations me parvint de tous les coins du monde allié ; les plus chaleureux furent ceux de mes amis américains de la Maison-Blanche. J'avais envoyé mes

---

avait parfaitement fonctionné sur le terrain — ce qui est très rare en temps de guerre —, cela aurait radicalement atténué le lourd tribut que Britanniques et Américains ont dû payer du fait de la perte temporaire de la maîtrise du Pacifique, jointe au fait que nos ressources étaient dispersées à l'extrême partout ailleurs. »

1. C'est exact, et l'extrait suivant est fort éloquent à cet égard : « Je me suis efforcé d'exposer la situation à la Chambre, dans toute la mesure permise par les considérations de sécurité publique. [...] Je n'ai à offrir ni excuses, ni échappatoires, ni promesses, [...] mais en même temps, j'exprime ma confiance, plus forte que jamais, en une issue de ce conflit qui se révélera hautement favorable au meilleur ordonnancement du monde futur. »

compliments au président pour son soixantième anniversaire. « C'est amusant, me câbla-t-il, de vivre dans la même décennie que vous. » Cependant, les grincheux de la presse ne manquaient pas de répondant, et ils firent volte-face avec l'agilité de l'écureuil : combien il avait été inutile de réclamer un vote de confiance ! Qui avait jamais songé à défier le gouvernement d'union nationale ? Ces « voix stridentes », comme je les appelais, n'étaient que les hérauts inconscients d'une catastrophe imminente.

*
* *

Je jugeai impossible de faire procéder à une enquête de la commission royale sur les circonstances de la chute de Singapour pendant toute la durée de la guerre ; nous ne pouvions y consacrer les hommes, le temps et l'énergie nécessaires. Le Parlement accepta ce point de vue, mais j'avais la conviction que pour rendre justice aux officiers et aux soldats en cause, il faudrait procéder à une enquête détaillée dès la fin des hostilités. Toutefois, elle n'a pas été ordonnée par le gouvernement actuel[1]. Les années ont passé, et beaucoup de témoins sont décédés ; il est fort possible que nous n'ayons jamais de déclaration officielle émanant d'une cour compétente au sujet du plus grave désastre et de la capitulation la plus considérable de toute l'histoire britannique. Je ne prétends pas ici me substituer à cette cour, ni prononcer un jugement sur la conduite de personnalités individuelles. J'ai rapporté ailleurs les principaux faits tels qu'ils me sont apparus* ; à partir de ceux-ci, et des documents rédigés à l'époque, le lecteur se fera sa propre opinion.

On peut discuter de la question de savoir si nous aurions mieux fait de concentrer toutes nos forces pour défendre l'île de Singapour, en nous contentant de ralentir

---

1. Écrit en 1951.
* *The Hinge of Fate*, chap. VI.

l'avance des Japonais le long de la péninsule malaise avec des forces légères et mobiles. La décision prise par les chefs militaires sur place, et approuvée par moi, était de livrer la bataille pour Singapour à Johore, mais de retarder le plus possible l'arrivée de l'ennemi dans cette région. La défense du continent prit la forme d'une retraite continue, avec de violentes actions d'arrière-garde et des points de résistance obstinément tenus. Cette lutte fit grand honneur aux troupes et aux chefs qui la livrèrent, mais elle engloutit à peu près la totalité des renforts au fur et à mesure de leur arrivée. L'ennemi possédait tous les avantages : il avait minutieusement étudié avant la guerre le terrain et les conditions de combat ; des cartes à grande échelle avaient été soigneusement dressées, des agents secrets s'étaient infiltrés partout, des dépôts de bicyclettes destinées aux soldats nippons avaient même été constitués, on avait rassemblé des forces très supérieures et des réserves considérables, dont certaines devaient s'avérer superflues, et toutes les divisions japonaises étaient entraînées aux opérations dans la jungle.

Les Japonais possédaient la maîtrise de l'air parce que, je l'ai dit, nous avions terriblement besoin de nos forces aériennes dans d'autres secteurs ; les chefs militaires de cette région n'étaient nullement responsables de cette situation, et pourtant, ce fut un autre facteur capital. De tout cela, il résulta que le gros de l'armée chargée de défendre Singapour, et presque tous les renforts envoyés après la déclaration de guerre du Japon, s'épuisèrent en vaillants combats dans la péninsule, et quand ils eurent franchi la jetée pour gagner ce qui aurait dû être leur champ de bataille suprême, tout leur mordant avait disparu. Ils y retrouvèrent la garnison de l'île et la masse des hommes affectés aux services de l'arrière, qui gonflaient nos effectifs sans accroître notre force. L'armée qui aurait pu livrer la bataille décisive pour Singapour, et avait été constituée en vue de cet objectif suprême, fut gaspillée avant même le commencement de l'attaque japonaise ; il pouvait bien y avoir là 100 000 hommes, mais ils ne constituaient plus une armée.

*
* *

Il fut bientôt évident que le général Wavell, devenu commandant suprême de ce secteur oriental, nourrissait déjà des doutes sur notre capacité à défendre Singapour pendant bien longtemps. J'avais beaucoup compté sur la possibilité pour l'île et la forteresse de soutenir un siège nécessitant de la grosse artillerie, que les Japonais seraient contraints de débarquer, de transporter et de mettre en batterie, avant de quitter Washington, j'envisageais encore une résistance d'au moins deux mois. Je suivais avec inquiétude, mais sans intervenir directement, l'usure subie par nos forces au cours de leur retraite à travers la péninsule malaise. D'un autre côté, celle-ci nous faisait gagner un temps précieux.

Mais le 16 janvier 1942, Wavell câbla :

> « Jusqu'à une date très récente, tous les plans prévoyaient de repousser des attaques par mer contre l'île de Singapour, et de contenir l'ennemi sur terre à Johore ou plus au nord. Rien, ou presque rien, n'avait été fait pour construire des ouvrages défensifs dans le nord de l'île, afin d'interdire le franchissement du détroit de Johore, encore que des dispositions aient été prises pour faire sauter la jetée. Les canons de forteresse de plus gros calibres peuvent tirer sur tout l'horizon, mais leurs trajectoires tendues les rendent impropres au travail de contrebatterie. Je ne peux certainement pas garantir qu'ils domineront l'artillerie de siège ennemie... »

Je fus désagréablement surpris en lisant ce message dans la matinée du 19 janvier. Ainsi, il n'existait pas de fortifications permanentes pour couvrir la base navale et la ville du côté de la terre ! Fait plus étonnant encore, aucun chef depuis le début de la guerre, et plus spécialement depuis que les Japonais s'étaient installés en

Indochine, n'avait pris de mesures concrètes pour faire construire des fortifications de campagne ; ils n'avaient pas même signalé leur absence.

Toutes mes expériences personnelles et mes lectures sur la guerre m'avaient donné la conviction que, du fait de la puissance de feu des armes modernes, il suffisait de quelques semaines pour créer de fortes défenses de campagne, et aussi pour circonscrire et limiter le front d'attaque de l'ennemi par des champs de mines et autres obstacles analogues. En outre, je n'avais jamais imaginé qu'il n'existât aucune ceinture de forts détachés, construits en dur, pour protéger les arrières de la célèbre forteresse. Je n'arrive pas à comprendre comment j'ai pu l'ignorer ; mais aucun des officiers sur place, ni aucun de mes conseillers techniques en métropole, ne semblait avoir pris conscience de cette effroyable lacune. En tout cas, aucun d'eux ne me l'avait indiquée – pas même ceux qui lisaient mes télégrammes basés sur la supposition erronée qu'un siège en règle serait nécessaire. J'avais lu qu'à Plevna, en 1877, avant l'ère de la mitrailleuse, les Turcs avaient improvisé des défenses au moment même de l'assaut des Russes ; en 1917, j'avais visité Verdun, où une armée de campagne retranchée dans des forts isolés et à leurs abords avait écrit un an plus tôt une page si glorieuse. J'avais fondé mon espoir sur la conviction que l'ennemi serait obligé d'utiliser de l'artillerie sur une très vaste échelle afin de pulvériser les points forts de nos défenses à Singapour, qu'il subirait de longs retards et se heurterait à des difficultés presque insurmontables pour effectuer une telle concentration de grosses pièces et constituer des stocks de munitions par les voies de communications de la Malaisie. À présent, toutes ces illusions se dissipaient brusquement, et j'avais devant moi le tableau hideux d'une île presque nue et de troupes fatiguées, sinon épuisées, qui battaient en retraite dans sa direction.

Je n'écris nullement ceci pour me disculper ; j'aurais dû savoir, mes conseillers auraient dû savoir, ils auraient dû me le dire, et j'aurais dû les interroger. Si je n'ai posé aucune question à ce sujet, alors que j'en ai posé des milliers d'autres, c'est parce que l'idée que Singapour pouvait n'être pas défendue du côté de la terre ne m'était pas davantage venue à l'esprit que l'idée qu'un cuirassé pouvait être lancé sans carène. Je connais les diverses raisons qui ont été données pour expliquer cette faute : le souci primordial des troupes de s'entraîner et de construire des ouvrages défensifs dans le nord de la Malaisie, la pénurie de main-d'œuvre civile, les restrictions financières d'avant-guerre et l'étroite centralisation du *War Office*; le fait que l'armée avait pour mission de protéger la base navale, établie sur le rivage nord de l'île, ce qui l'obligeait à se battre en avant de ce rivage et non sur lui. J'estime qu'aucune de ces raisons n'est valable; il aurait fallu construire des fortifications.

Ma réaction immédiate fut d'essayer de réparer la faute commise, dans la mesure où le temps le permettait encore. Lorsque je m'éveillai au matin du 21 janvier, je trouvai sur ma pile de dossiers ce télégramme extrêmement pessimiste du général Wavell : « L'officier que j'avais envoyé à Singapour pour s'enquérir des plans de défense de l'île vient de rentrer. Des projets pour la défense de la partie septentrionale de celle-ci sont actuellement en cours de préparation. *La quantité de troupes nécessaire pour tenir l'île est aussi importante ou plus importante que celle qui est nécessaire pour défendre Johore**. J'ai donné l'ordre à Percival [le commandant en chef] de poursuivre jusqu'au bout la bataille à Johore, mais d'élaborer des plans pour prolonger la résistance dans l'île aussi longtemps que possible, si cette bataille était perdue. Je dois cependant vous avertir que je doute de la possibilité de tenir l'île bien longtemps après la perte de Johore. Les canons de la forteresse ont été installés pour tirer sur des navires et n'ont guère que des munitions pouvant servir à cette fin.

---

* Souligné par l'auteur.

Beaucoup ne peuvent être pointés que vers le large[1]. Une partie de la garnison a déjà été envoyée à Johore, et la valeur de bien des troupes restantes est douteuse. Je regrette de vous brosser un tableau aussi sombre, mais je ne voudrais pas que vous vous fassiez une fausse idée de l'île forteresse. Les défenses de Singapour ont été construites uniquement pour faire face à une attaque venant de la mer. J'espère encore que nous pourrons tenir Johore jusqu'à l'arrivée du prochain convoi. »

Je méditai longuement ce télégramme de Wavell. Jusque-là, je n'avais pensé qu'à inciter, et si possible à obliger, les défenseurs à livrer un combat désespéré pour l'île, pour la forteresse et pour la ville, et de toute façon, je considérais que cette attitude devait être maintenue tant qu'un changement radical de politique n'aurait pas été ordonné. Mais je me mis alors à penser un peu plus à la Birmanie et aux renforts en route vers Singapour, qui pouvaient être sacrifiés ou déroutés ; nous avions encore largement le temps de leur faire mettre cap au nord, vers Rangoon. Je préparai donc la note suivante à l'intention des chefs d'état-major, et la donnai au général Ismay pour qu'il pût la présenter à leur réunion de 11 h 30, le 21 janvier. Cependant, j'avoue franchement que mon parti n'était pas encore pris. Je m'appuyai sur mes conseillers et sur mes amis ; ce fut pour nous tous une période extrêmement pénible :

> « Au vu de ce très mauvais télégramme du général Wavell, il nous faut reprendre l'examen de l'ensemble de la situation lors de la réunion du Conseil de défense de ce soir.
>
> Nous avons déjà commis exactement l'erreur que je redoutais... Des forces qui auraient pu constituer un front solide à Johore, ou en tout cas sur les rivages de l'île de Singapour, ont été engagées par petites unités. Aucune ligne

---

1. C'était inexact ; la plupart des pièces pouvaient également tirer en direction des terres.

de défense n'a été construite du côté de la terre. La marine n'a fait aucune opposition aux mouvements tournants exécutés par l'ennemi sur la côte ouest de la péninsule. Le général Wavell s'est déclaré d'avis qu'il faudrait davantage de troupes pour défendre l'île de Singapour que pour gagner la bataille de Johore. Cette bataille est presque certainement perdue.

Son message ne permet guère d'espérer une résistance prolongée. Il est évident qu'elle ne pourrait l'être qu'en sacrifiant tous les renforts actuellement en route. Si le général Wavell n'est pas sûr de pouvoir compter sur un délai supérieur à quelques semaines, on peut se demander s'il ne faudrait pas détruire immédiatement les docks, les batteries et les ateliers et tout concentrer sur la défense de la Birmanie, en maintenant ouverte la route de Birmanie[1].

À mon avis, il faut envisager carrément cette question maintenant et la poser brutalement au général Wavell. Quelle peut être pour l'ennemi la valeur de Singapour par rapport aux autres ports du Pacifique sud-ouest, si ses installations militaires et navales sont entièrement détruites ? D'un autre côté, la perte de la Birmanie aurait des conséquences très graves ; elle nous couperait des Chinois, dont les troupes ont remporté jusqu'à présent le plus de succès contre les Japonais. Si nous faisons de fausses manœuvres et si nous hésitons à prendre une décision cruelle, nous risquons de perdre à la fois Singapour et la route de Birmanie. Cette décision dépend évidemment du temps pendant lequel l'île de Singapour pourra être préservée. S'il ne s'agit que d'un délai de quelques semaines, il ne justifie certainement pas la perte de tous nos renforts et de toute notre aviation.

Il faut considérer en outre que la chute de Singapour, accompagnée comme elle le sera par celle de Corregidor[2],

---

1. La « Burma Road » reliant Mandalay à Kunming permettait à Tchang Kaï-chek de recevoir des approvisionnements américains, afin de poursuivre sa lutte contre les Japonais.

2. L'île fortifiée de Corregidor, dans la baie de Manille, et la presqu'île de Bataan, où le général MacArthur résiste aux Japonais depuis le début de janvier 1942.

causera un choc effroyable à l'Inde, dont le moral ne pourra être soutenu que par l'arrivée de forces puissantes et par une action victorieuse sur le front de Birmanie.

Veuillez faire étudier tous ces points dès ce matin. »

Les chefs d'état-major ne purent trancher, et lorsque le Conseil de défense se réunit dans la soirée, nous hésitâmes nous aussi à prendre une décision d'une telle gravité; la responsabilité initiale directe en incombait au général Wavell, en sa qualité de commandant suprême des forces alliées. Le problème me paraissait si délicat que je n'insistai pas pour imposer mon nouveau point de vue, ce que j'aurais assurément fait s'il avait été bien arrêté. Aucun de nous ne pouvait prévoir que la défense allait s'effondrer en à peine plus de trois semaines; nous pouvions tout au moins nous accorder un ou deux jours de réflexion.

*
* *

Bien entendu, sir Earle Page, le délégué australien, n'avait pas assisté à la réunion du Comité des chefs d'état-major, et je ne l'avais pas invité non plus à la séance du Comité de défense. D'une façon ou d'une autre, il obtint communication d'un exemplaire de ma note aux chefs d'état-major, et télégraphia aussitôt à son gouvernement; le 24 janvier, nous reçumes donc du Premier ministre australien, M. Curtin, un message dont voici les passages essentiels :

« Page a signalé que le Comité de défense avait envisagé l'évacuation de la Malaisie et de Singapour. Après toutes les assurances qui nous ont été données, l'abandon de Singapour serait considéré ici et ailleurs comme une trahison inexcusable. Singapour constitue l'une des forteresses clés dans le système de la défense impériale et locale. [...] Nous comptions qu'elle serait rendue inexpugnable, et qu'en tout cas elle serait capable de résister pendant une période de temps prolongée, jusqu'à l'arrivée du gros de la flotte. Même en cas d'urgence, c'est sur les Indes néerlandaises et non sur la Birmanie que les renforts devraient être déroutés. Toute autre mesure serait très mal accueillie, et pourrait contraindre les Indes néerlandaises à conclure une paix séparée.

Nous avons agi et rempli nos engagements dans la conviction que le flot de renforts proposé serait bien envoyé. Nous comptons que vous ne rendrez pas vains tous nos efforts en opérant une évacuation... »

Il faut tenir le plus grand compte de l'état d'esprit créé parmi les membres du gouvernement australien par l'implacable efficacité de la machine de guerre japonaise. Dans le Pacifique, la maîtrise des mers leur échappait ; leurs trois meilleures divisions combattaient en Égypte, et une quatrième se trouvait à Singapour ; ils se rendaient bien compte du fait que Singapour encourait un péril mortel, et ils redoutaient l'invasion de l'Australie elle-même ; toutes leurs grandes villes, abritant plus de la moitié de la population du pays, étaient situées sur les côtes ; ils se voyaient déjà contraints d'organiser un exode massif vers l'intérieur du pays, ainsi qu'une guérilla dépourvue d'arsenaux et d'approvisionnements ; la mère patrie était trop éloignée pour leur offrir un secours immédiat, et les États-Unis ne pouvaient que lentement imposer leur puissance dans les eaux australiennes. Quant à moi, je ne pensais pas que les Japonais franchiraient 3 000 milles d'océan pour envahir l'Australie, alors que les Indes néerlandaises et la Malaisie constituaient des proies bien plus tentantes ; mais le cabinet australien voyait les choses autrement et craignait le pire. Même face à ce péril, les divisions de partis demeuraient rigides dans le pays ; le gouvernement travailliste n'avait qu'une majorité de deux députés et refusait la conscription, même pour la défense du pays. Bien que l'opposition puisse siéger au conseil de guerre, il n'y avait pas de gouvernement d'union nationale.

Le télégramme de M. Curtin n'en était pas moins aussi grave qu'inhabituel. L'expression de « trahison inexcusable » ne correspondait ni à la vérité ni à la situation militaire. Un effroyable désastre menaçait. Pouvions-nous l'éviter ? Comment évaluer le rapport des pertes et profits ? À cette époque, nous pouvions encore décider de l'affectation de forces importantes ; l'évaluation réaliste de ces problèmes ne constituait en aucun cas une « trahison ». En outre, le Comité de guerre australien ne pouvait avoir une vue globale de la situation, sinon il ne se serait pas prononcé en faveur d'un abandon de la Birmanie, dont les événements ultérieurs ont démontré que c'était le seul pays que nous étions encore en mesure de sauver[1].

Il n'est pas exact de dire que le message de M. Curtin a été décisif. Si nous avions tous été d'accord sur la politique à suivre, nous aurions, comme je l'ai laissé entendre, présenté les choses sans ménagements à Wavell. Toutefois, j'étais conscient du fait que mes collègues étaient de plus en plus hostiles à l'abandon de cette position clé, si célèbre en Extrême-Orient. Un « sabordage » britannique au moment où les Américains combattaient si opiniâtrement à Corregidor produirait dans le monde entier, particulièrement aux États-Unis, un effet inimaginable. Ce qu'aurait dû être une décision purement militaire ne faisait aucun doute ; mais que ce soit au terme d'un accord explicite ou d'un simple acquiescement, on ne ménagea aucun effort pour renforcer Singapour et consolider ses défenses. La 18e division britannique, dont une partie avait déjà débarqué, poursuivit donc son chemin vers la forteresse.

Pourtant, la valeur de ces renforts comme des autres était sans rapport avec leurs effectifs. Ils devaient être lancés dans une bataille désespérée aussitôt après leur débarquement, sans avoir eu le temps de s'aguerrir. On comptait

---

1. Étonnante réflexion, si l'on considère que Rangoun tombera aux mains des Japonais au début de mars 1942, et que les 30 000 hommes du général Alexander seront contraints de se replier précipitamment vers l'Assam, au prix de marches forcées à travers les jungles, les montagnes et les marécages.

beaucoup sur les chasseurs Hurricane, qui avaient été envoyés en grand nombre ; nous avions enfin sur place des avions de qualité, capables de se mesurer à ceux des Japonais. Ils furent assemblés en toute hâte et prirent l'air. Pendant quelques jours, ils portèrent des coups sensibles à l'ennemi, mais leurs pilotes fraîchement débarqués n'étaient pas habitués aux conditions locales, et leur nombre alla en diminuant, à mesure que la supériorité numérique des Japonais se faisait sentir. Ceux-ci alignaient désormais cinq divisions entières sur le terrain. Ils descendaient rapidement le long de la côte, et le 27 janvier, le général Percival ordonna la retraite vers l'île de Singapour. Chaque homme et chaque véhicule dut en définitive passer par la digue qui y menait. L'essentiel d'une brigade fut perdu au début des opérations, mais au matin du 31 janvier, le reste de l'unité avait traversé, après quoi l'on fit sauter la digue derrière elle.

En métropole, nous ne nous faisions plus d'illusions sur les chances d'une résistance prolongée ; la seule question était de savoir combien de temps elle durerait. Sur les défenses côtières, les canons de gros calibre pouvant tirer vers le nord n'étaient pas d'une grande utilité contre les rassemblements ennemis dans la jungle, d'autant qu'ils n'avaient que peu de munitions. Il ne restait sur l'île qu'une escadrille de chasseurs, et un seul aérodrome demeurait utilisable. Les pertes et l'usure avaient réduit les effectifs de la garnison désormais concentrée sur l'île, de 106 000 hommes selon l'estimation initiale du *War office* à environ 85 000, y compris les unités de soutien et d'administration, ainsi que diverses formations non combattantes. En tout, quelque 70 000 hommes étaient armés. La préparation des ouvrages de campagne et des obstacles était certes poussée au maximum, mais elle était sans rapport avec les besoins vitaux qui se faisaient sentir. Sur le front qui allait être assailli, il n'y avait pas de fortifications permanentes. Le moral de l'armée avait été affecté par la longue retraite et les durs combats dans la péninsule ; et derrière tout cela s'étendait la ville de

Singapour, qui abritait alors une population d'environ un million d'habitants de multiples origines, ainsi qu'une foule de réfugiés.

*
* *

Des patrouilles signalèrent dans la matinée du 8 février que l'ennemi se massait dans les plantations situées au nord-ouest de l'île, et nos positions subirent un intense bombardement. À 22 h 45, les premières vagues d'assaut franchirent le détroit de Johore dans des chalands de débarquement blindés, amenés par route aux points de lancement selon un plan longuement et minutieusement préparé. Les combats furent acharnés et beaucoup de ces chalands furent coulés, mais les Australiens étaient en nombre insuffisant pour couvrir le terrain, et des détachements ennemis prirent pied en de nombreux endroits. Au soir du lendemain, une autre attaque similaire fut lancée le long de la digue, et là encore, l'ennemi parvint à prendre pied. Pendant la journée du 11 février, des combats confus se poursuivirent sur l'ensemble du front. La brèche dans la digue avait été pratiquée du côté de l'ennemi, de sorte qu'il put procéder rapidement à la réparation dès le repli de nos troupes de couverture. La Garde impériale japonaise franchit cette digue au cours de la nuit. Le 13 février, on mit en œuvre le plan prévoyant l'évacuation par mer sur Java de quelque 3 000 personnes nommément désignées ; elles comprenaient des spécialistes, des techniciens, des officiers d'état-major surnuméraires, des infirmières et d'autres encore dont les services seraient particulièrement précieux pour la poursuite de la guerre.

La situation était devenue affreuse dans la ville de Singapour ; les requis civils étaient en proie à la panique, il semblait qu'on fût sur le point de manquer d'eau, et les réserves de vivres et de munitions pour les troupes avaient été sérieusement entamées par la perte des dépôts tombés aux mains de l'ennemi. On avait commencé à appliquer le plan de démolitions systématiques ; les canons des fortifications et presque toutes les pièces de campagne et de DCA furent détruits en même temps que tous les documents et matériels secrets ; on incendia ou l'on fit sauter tous les stocks d'essence et de bombes d'aviation. Une certaine confusion régna au sujet des démolitions à effectuer dans la base navale ; les ordres furent bien donnés, le dock flottant fut coulé, et le bateau-porte ainsi que la station de pompage de la cale sèche mis hors d'usage, mais beaucoup d'autres destructions prévues par le plan complet ne furent pas exécutées. Wavell m'envoya alors le message suivant, qui paraissait décisif :

« J'ai reçu un télégramme de Percival m'annonçant que les Japonais sont aux portes de la ville et que ses troupes ne sont plus en état de contre-attaquer. Je lui ai ordonné de continuer à infliger à l'ennemi le plus de pertes possible, en résistant au besoin maison par maison. Je crains toutefois que la résistance ne puisse se prolonger bien longtemps. »

*
* *

Le lecteur se souviendra de la note que j'avais adressée aux chefs d'état-major le 21 janvier, dans laquelle je recommandais d'abandonner la défense de Singapour et de dérouter les renforts sur Rangoun, mais sans insister pour faire adopter mon point de vue. Puisque nous avions pris la ferme résolution de lutter jusqu'au bout à Singapour, la seule issue – en fait l'unique possibilité de gagner du temps, car nous ne pouvions espérer faire davantage – était de donner l'ordre formel de poursuivre jusqu'à la fin ce combat désespéré. Cet ordre fut accepté et avalisé par le général Wavell, qui exerça sur le général Percival la plus forte pression possible. D'ailleurs, quels que soient les doutes éprouvés à la direction suprême de la guerre, le général commandant sur le terrain doit les ignorer et recevoir des instructions simples et nettes. Mais à présent que tout était manifestement perdu à Singapour, j'étais convaincu que nous aurions tort d'imposer un massacre inutile et d'infliger, sans espoir de vaincre, les horreurs des combats de rues à la vaste cité, à sa population grouillante, sans défense et en proie à la panique. Ayant fait connaître mon point de vue au général Brooke, je m'aperçus qu'il jugeait également inapproprié de continuer à exercer depuis Londres une pression sur le général Wavell, estimant qu'il fallait l'autoriser à prendre une décision inévitable dont nous partagerions la responsabilité.

La capitulation eut lieu le dimanche 15 février. Il ne restait plus que quelques jours de vivres pour les troupes, presque plus de munitions pour l'artillerie et pratiquement plus d'essence pour les véhicules ; pis encore, on prévoyait que l'eau manquerait dans les vingt-quatre heures. Les officiers supérieurs informèrent le général Percival que, placées devant l'alternative de contre-attaquer ou de se rendre, les troupes étaient trop épuisées pour contre-attaquer. Percival décida donc de capituler ; les Japonais exigèrent et obtinrent une reddition sans conditions ; les hostilités prirent donc fin à 20 h 30.

Chapitre XIV

LE PARADIS DES SOUS-MARINS

En dépit d'un remaniement substantiel du gouvernement[1], ma position personnelle n'avait pas paru entamée tout au long de cette période de tensions politiques, de changements à l'intérieur et de désastres à l'extérieur. Les exigences de ma besogne quotidienne me laissaient peu de temps pour m'en préoccuper. Mon autorité semblait même s'être accrue du fait des incertitudes qu'éprouvaient plusieurs de mes collègues, ou de ceux qui auraient bien voulu l'être. Je n'avais nulle envie d'être déchargé de mes responsabilités; tout ce que je demandais, c'était que l'on se plie à ma volonté, après un temps de discussion raisonnable. L'adversité me rapprocha encore davantage des chefs d'état-major, et cette unité se fit également sentir dans tous les milieux gouvernementaux; il n'y eut pas un soupçon d'intrigue ou de dissidence, que ce fût au sein du Cabinet de guerre ou parmi les rangs beaucoup plus fournis des ministres de haut rang. Mais de l'extérieur s'exerçait une pression constante visant à modifier ma façon de conduire la guerre, afin d'obtenir de meilleurs résultats : « Nous sommes tous avec le Premier ministre, mais il a trop à faire. On devrait le soulager d'une partie de ses fardeaux. » On

---

1. Les principaux changements lors des remaniements de février 1942 : Clement Atlee devient vice-Premier ministre, Oliver Lyttelton ministre de la Production, lord Cranborne ministre des Colonies, sir James Grigg remplace le capitaine Margesson au ministère de la Guerre et lord Beaverbrook donne sa démission en tant que ministre de l'Approvisionnement.

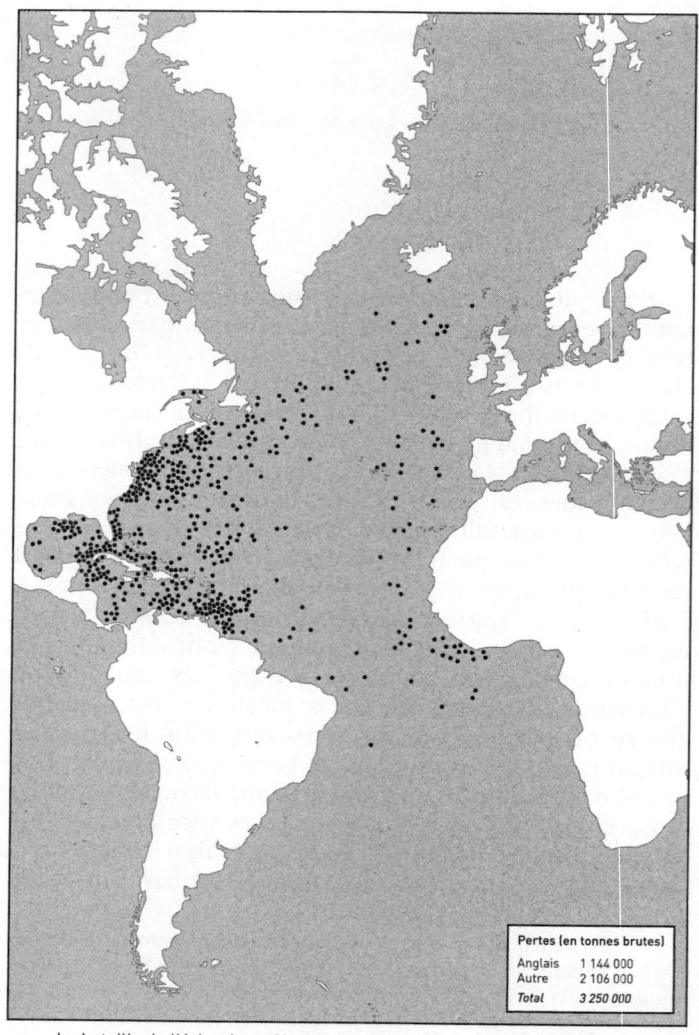

La bataille de l'Atlantique. Navires de commerce coulés par les U-Boat.
Le paradis des U-Boat. 7 décembre 1941-31 juillet 1942

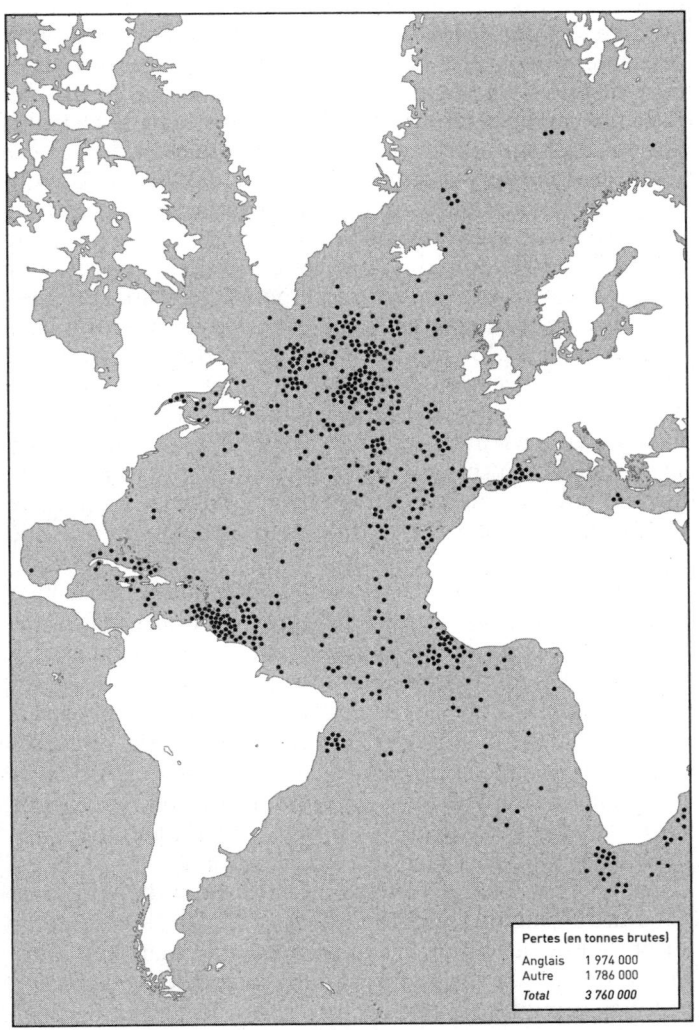

La bataille de l'Atlantique. Navires de commerce coulés par les U-Boat.
La crise de la guerre des U-Boat. 1ᵉʳ août 1942-21 mai 1943

n'entendait que cela, et bien des solutions étaient avancées avec insistance. Mais moi, j'étais fermement résolu à conserver l'intégralité de mes pouvoirs de diriger la guerre, et ils ne pouvaient s'exercer qu'en maintenant le cumul des fonctions de Premier ministre et de ministre de la Défense. On éprouve souvent davantage de difficultés et de peine à surmonter l'opposition et à concilier des points de vue divergents qu'à prendre soi-même les décisions. Il est essentiel d'avoir au sommet une volonté unique s'exerçant sur l'ensemble du champ d'action, certes loyalement assistée et corrigée, mais dont l'autorité soit maintenue dans son intégrité. Bien entendu, je ne serais pas resté Premier ministre une heure de plus si j'avais été privé des fonctions de ministre de la Défense. Le fait que la chose ait été largement connue suffit à repousser toutes initiatives en ce sens, même dans les circonstances les plus défavorables, et nombre de suggestions bien intentionnées de comités ou autres organismes impersonnels s'en trouvèrent réduites à néant. Je tiens à exprimer ici ma gratitude à tous ceux qui m'ont aidé à y parvenir.

Mais l'année 1942 devait nous apporter des chocs bien rudes. Au cours des six premiers mois, tout alla mal. Dans l'Atlantique, ce fut la plus dure période de toute la guerre ; à la fin de 1941, le nombre des sous-marins allemands avait presque atteint 250, et l'amiral Dönitz pouvait annoncer qu'une centaine d'entre eux étaient opérationnels, renforcés chaque mois par quinze unités supplémentaires. Ils ravageaient les eaux américaines sans presque rencontrer d'opposition, et à la fin de janvier, 31 navires, jaugeant au total près de 200 000 tonnes, avaient été coulés au large des côtes du Canada et des États-Unis. Les attaques ne tardèrent pas à s'étendre au sud de Hampton Roads et du cap Hatteras, puis au littoral de la Floride. Cette grande route maritime fourmillait de navires américains et alliés sans défense, avec une procession ininterrompue des précieux pétroliers à destination ou en provenance des ports du Venezuela et du golfe du Mexique ; dans la mer des Caraïbes, parmi une pléthore de cibles, les sous-marins s'en prenaient principalement aux pétroliers. Les vaisseaux neutres étaient également assaillis sans distinction. De semaine en semaine, l'ampleur du massacre allait croissant; en février, les pertes s'élevèrent à 71 navires, soit 384 000 tonnes, et tous, sauf deux, furent coulés dans les eaux américaines. C'était là le chiffre le plus élevé jamais atteint; pourtant, il n'allait pas tarder à être surpassé.

Ces destructions, dépassant de beaucoup tout ce que l'on avait connu depuis le début de la guerre – sans atteindre toutefois les chiffres catastrophiques de la période la plus critique de 1917 –, n'étaient dues qu'à douze ou quinze sous-marins opérant simultanément dans le secteur. Pendant plusieurs mois, la protection apportée par la marine américaine fut désespérément insuffisante. Il était bien surprenant qu'au cours des deux années pendant lesquelles la guerre totale s'était sans cesse rapprochée du continent américain, on n'eût pas pris davantage de mesures pour se prémunir contre ce péril mortel. Les États-Unis avaient beaucoup fait pour nous dans le cadre de la politique du président : « Toute l'aide possible à la Grande-Bretagne, sans aller jusqu'à la guerre. » Nous avions acquis cinquante destroyers anciens et dix cotres des douanes américaines; en échange, nous avions donné nos inestimables bases des Antilles. Mais à présent, ces navires faisaient terriblement défaut à nos alliés[1]. Après Pearl Harbor, le Pacifique accapara en grande partie la marine des États-Unis. Pourtant, étant donné tous les renseignements que nous leur avions fournis au sujet des mesures de défense que nous avions adoptées avant et pendant le conflit, il reste étonnant qu'aucun plan n'ait été élaboré pour organiser des convois le long des côtes et multiplier le nombre des petits bâtiments; l'aviation de défense côtière n'avait pas été développée non plus; les forces aériennes de l'armée

---

1. C'est hautement improbable : sur les cinquante destroyers cédés aux Britanniques, dix seulement devaient se révéler utilisables...

américaine, qui contrôlaient presque tous les avions militaires basés à terre, n'étaient pas entraînées à la lutte anti-sous-marine, et l'U.S. Navy, équipée d'hydravions et d'appareils amphibies, n'avait pas les moyens d'y suppléer. Aussi advint-il qu'au cours de ces mois critiques, les Américains ne purent organiser un système de défense efficace qu'après bien des tâtonnements et de sérieux retards.

Nos pertes auraient été beaucoup plus lourdes si les Allemands avaient envoyé leurs grands navires de surface opérer dans l'Atlantique, mais Hitler était obsédé par l'idée que nous allions envahir prochainement la Norvège septentrionale. Son puissant esprit obsessionnel lui fit sacrifier les fabuleuses occasions qui s'offraient à lui dans l'Atlantique, et concentrer dans les eaux norvégiennes tous ses bâtiments de surface disponibles, ainsi qu'un grand nombre de ses précieux sous-marins. « La Norvège, disait-il, est la zone fatidique de cette guerre. » Elle était certes très importante, ainsi que le lecteur ne l'ignore pas, mais à cette époque, c'était dans l'Atlantique que l'occasion favorable se présentait pour l'Allemagne. Ses amiraux réclamèrent en vain qu'elle y prît l'offensive ; leur Führer demeura inébranlable, et sa décision stratégique se trouva renforcée par la pénurie de mazout. Dès le mois de janvier, il avait envoyé à Trondheim son unique cuirassé, le *Tirpitz*, qui était le plus puissant du monde, et le 12 du même mois, il décida de faire rentrer en Allemagne les croiseurs de bataille *Scharnhorst* et *Gneisenau*, restés bloqués à Brest depuis près d'un an. Cette décision fut à l'origine d'un incident qui souleva en Angleterre une telle émotion et une telle colère qu'il est nécessaire de s'y arrêter ici.

*
* *

À la suite des très graves pertes que nous avions subies en Méditerranée et de la mise hors de combat momentanée de toute notre flotte d'Extrême-Orient, nous avions été contraints d'envoyer presque tous nos avions torpilleurs pour protéger l'Égypte contre une éventuelle invasion par mer. Mais toutes les mesures avaient été prises pour surveiller Brest et attaquer à la bombe comme à la torpille, par mer et par air, les bâtiments qui tenteraient d'en sortir. Des mines furent également mouillées le long de la route qu'ils auraient à prendre dans la Manche et près de la côte hollandaise. L'Amirauté s'attendait à ce que le passage du Pas de Calais soit tenté de nuit, mais l'amiral allemand préféra utiliser les ténèbres pour déjouer nos patrouilles au départ de Brest, et affronter en plein jour les batteries de Douvres. Il appareilla donc le 11 février avant minuit.

La matinée du 12 fut brumeuse, et lorsque les navires ennemis furent repérés, les appareils radar de nos avions de patrouille tombèrent en panne. Nos radars côtiers ne parvinrent pas non plus à les détecter. Nous pensions à l'époque qu'il s'agissait d'un malheureux hasard, mais nous avons appris depuis la fin de la guerre que le général Martini, chef du service des radars allemands, avait soigneusement préparé son plan ; le brouillage ennemi, qui avait été assez inefficace jusque-là, fut amélioré par la mise en service de nombreux dispositifs nouveaux, mais, pour que rien ne parût suspect avant le grand jour, ceux-ci n'entrèrent que progressivement en action, afin que le brouillage s'accentuât un peu plus chaque jour. Par conséquent, nos opérateurs ne se plaignirent pas spécialement, et personne ne soupçonna qu'il se passait quelque chose d'anormal. Mais le 12 février, ce brouillage était devenu si efficace que nos radars côtiers furent pratiquement rendus inopérants. L'Amirauté n'apprit la nouvelle qu'à 11 h 25, alors que les croiseurs fugitifs et leur puissante escorte de destroyers et d'avions étaient parvenus à moins de 20 milles de Boulogne. Peu après midi, les grosses pièces des batteries de Douvres ouvrirent le feu, tandis qu'un premier groupe de cinq vedettes lance-torpilles prenait aussitôt la mer pour attaquer. Six avions-torpilleurs Swordfish décollèrent de Manston, dans le Kent, sous le commandement du capitaine de corvette Esmonde (l'officier qui avait conduit la première attaque contre le *Bismarck*), sans attendre d'autre protection que celle de dix Spitfire. Les Swordfish, farouchement attaqués par les chasseurs ennemis, lancèrent leurs torpilles, mais il leur en coûta cher ; aucun d'eux ne revint, et cinq survivants seulement furent recueillis ; Esmonde fut décoré de la Victoria Cross à titre posthume.

Des vagues successives de bombardiers et d'avions-torpilleurs attaquèrent l'ennemi jusqu'à la tombée de la nuit ; il y eut des combats acharnés et confus contre les chasseurs allemands, au cours desquels nous subîmes des pertes plus lourdes qu'un ennemi bien supérieur en nombre. Vers 15 h 30, alors que les croiseurs étaient arrivés au large de la côte hollandaise, cinq destroyers de Harwich, s'engageant à fond, vinrent lancer leurs torpilles à moins de 3 000 m de distance, sous un feu d'enfer. Mais, l'escadre ennemie, ayant échappé à la fois aux batteries de Douvres et aux attaques à la torpille, poursuivit sa route et tous ses bâtiments arrivèrent à bon port le 13 février au matin. La nouvelle stupéfia le public britannique ; il ne parvenait pas à comprendre cet événement, dans lequel il voyait assez naturellement la preuve que les Allemands possédaient la maîtrise de la Manche. Mais nous apprîmes bientôt par notre service de renseignements que le *Scharnhorst* et le *Gneisenau* avaient tous deux été victimes des mines mouillées par nos avions ; le premier devait rester indisponible pendant six mois, et le second ne reparut plus jamais de toute la guerre. Toutefois, nous ne pouvions en informer le public, et sa colère s'exprima avec véhémence.

Afin d'apaiser les clameurs, une enquête officielle fut ordonnée, et elle publia tout ce qui pouvait l'être. Considéré *a posteriori* et replacé dans une perspective plus large, cet épisode nous fut très favorable. « Quand je parlerai à la radio lundi soir, câbla le président, je dirai un mot de ces gens qui considèrent l'incident de la Manche comme une défaite. Je suis de plus en plus convaincu que la concentration de tous les navires ennemis en Allemagne simplifie beaucoup notre problème commun dans l'Atlantique Nord[1]. » L'affaire n'en parut pas moins extrêmement fâcheuse dans tous les pays de la Grande Alliance, en dehors de nos cercles les plus secrets.

*
* *

Entre-temps, les ravages continuaient au large de la côte atlantique des États-Unis ; un commandant de sous-marins signala à Dönitz qu'il y aurait des cibles pour dix fois plus de *U-Boat*. Se posant sur le fond pendant la journée, ils utilisaient pendant la nuit leur grande vitesse en surface pour choisir les meilleures proies. Presque chacune des torpilles qu'ils transportaient faisait une victime, et quand il n'y avait plus de torpilles, le canon était presque aussi efficace. Dans les villes de la côte où, pendant un certain temps, les esplanades donnant sur la mer restèrent brillamment illuminées, on entendait chaque nuit le bruit de la bataille qui se déroulait près du rivage, on voyait les navires incendiés couler au large, et l'on recueillait les survivants et les blessés. La colère grondait contre les autorités, qui étaient fort embarrassées ; mais il est plus facile d'exaspérer les Américains que de les intimider.

À Londres, nous avions suivi ces déplorables événements avec chagrin et inquiétude. Le 10 février, nous prîmes l'initiative d'offrir à la marine américaine vingt-quatre de nos chalutiers anti-sous-marins les mieux armés, ainsi que dix corvettes avec des équipages bien entraînés. Cette offre fut chaleureusement acceptée, et les premiers bâtiments arrivèrent à New York au début de mars. C'était bien peu, mais nous ne pouvions faire davantage. « C'est tout ce qu'elle donna – c'est tout ce qu'elle avait à

---

1. C'est un fait. Le président Roosevelt, ancien sous-secrétaire d'État à la Marine, avait en matière navale un jugement très sûr.

donner[1]. » Les convois côtiers ne pouvaient commencer à circuler avant la mise sur pied d'une organisation et le rassemblement d'un minimum d'escorteurs. Au début, les navires de guerre et les avions disponibles ne furent utilisés que pour patrouiller dans les secteurs menacés ; l'ennemi les évitait aisément et allait chasser ailleurs. Au mois de mars, l'effort allemand porta principalement sur la région comprise entre Charleston et New York, tandis que des sous-marins isolés écumaient la mer des Caraïbes et le golfe du Mexique, avec une liberté et une insolence bien pénibles à supporter. Au cours de ce mois, les destructions atteignirent près d'un demi-million de tonnes, dont les trois quarts s'accomplirent à moins de 300 milles de la côte américaine, et dont la moitié ou presque frappait des pétroliers. Deux sous-marins seulement furent coulés dans ces eaux par des avions américains, et ce ne fut pas avant le 14 avril que le premier bâtiment de surface (des États-Unis), le destroyer *Roper*, en coula un au large des côtes américaines.

En Europe, le mois de mars s'acheva par l'exploit étincelant autant qu'héroïque de Saint-Nazaire. C'était le seul endroit de toute la côte atlantique où le *Tirpitz* aurait pu être mis en cale sèche dans l'éventualité d'une avarie. Si l'on parvenait à détruire la forme de radoub, l'une des plus grandes au monde, il deviendrait beaucoup plus dangereux pour le *Tirpitz* de sortir de Trondheim en vue d'opérer dans l'Atlantique – si dangereux même que les Allemands pourraient y renoncer. Nos commandos rêvaient d'en découdre, et c'était l'occasion d'un fait d'armes aux répercussions hautement stratégiques. Un groupe de destroyers et de vedettes côtières, placé sous le commandement du capitaine de frégate Ryder, appareilla donc de Falmouth dans l'après-midi du 26 mars avec environ 250 hommes des commandos. Il leur fallait parcourir 400 milles à travers des eaux constamment

---

1. « *'Twas all she gave – 'twas all she had to give.* »

patrouillées par l'ennemi, et remonter ensuite l'estuaire de la Loire pendant 5 milles de plus[1].

L'objectif était de détruire les caissons-portes de la grande forme de radoub. Le *Campbeltown*, l'un des cinquante vieux destroyers cédés par les Américains, portant trois tonnes d'explosif à grande puissance logées dans la proue, s'enfonça dans la porte extérieure en dépit d'un feu meurtrier; là, le capitaine de corvette Beattie donna l'ordre de sabordage, après que l'ont eut enclenché les détonateurs des charges explosives à retardement. Le commandant Copeland débarqua à la tête d'un détachement pour aller détruire les machines de la forme; il se heurta à un ennemi très supérieur en nombre, et un combat acharné s'engagea; tous les commandos sauf cinq furent tués ou faits prisonniers. La vedette du commandant Ryder, bien que mitraillée de toutes parts, resta miraculeusement à flot pour gagner le large avec ce qui restait de membres du commando, et elle parvint à rallier l'Angleterre sans encombre[2]. Mais la grande explosion était encore à venir: le détonateur n'avait pas fonctionné correctement, et ce fut seulement le lendemain, alors qu'un important groupe d'officiers et de techniciens allemands inspectait le *Campbeltown* encastré dans le caisson-porte, que le destroyer sauta avec une violence dévastatrice, tuant des centaines d'Allemands et mettant la grande forme de radoub hors service jusqu'à la fin de la guerre. L'ennemi traita avec respect les prisonniers, dont quatre furent décorés par nous de la Victoria Cross, mais il châtia cruellement les braves Français accourus spontanément de

---

1. C'est l'opération « Chariot » contre la forme Joubert, minutieusement préparée par le commodore Louis Mountbatten, nouveau chef de la Direction des opérations combinées. (Voir F. Kersaudy, *Lord Mountbatten, l'Étoffe des Héros*, Payot, Paris, 2007, p.114-115.)

2. Ce sont en fait quatre vedettes qui rentreront en Grande-Bretagne, sur les dix-huit qui avaient accompagné le *Campbeltown* dans cette expédition.

toutes parts pour venir en aide à ce qu'ils espéraient être l'avant-garde des armées de libération.

*
* *

Le 1ᵉʳ avril, la marine américaine put enfin mettre en place l'ébauche d'un système de convois. Au début, il ne s'agissait que d'étapes d'environ 120 milles, effectuées de jour par des groupes de vaisseaux escortés, entre deux rades protégées ; la nuit, toute navigation s'arrêtait. Chaque jour, il fallait protéger jusqu'à 120 navires entre la Floride et New York ; les retards qui en résultaient étaient une autre forme de dommage. Ce fut seulement le 14 mai que le premier convoi entièrement constitué appareilla de Hampton Roads pour Key West ; par la suite, le système s'étendit rapidement vers le nord, jusqu'à New York et Halifax, et à la fin du mois, le circuit était complet tout le long de la côte est au nord de Key West. L'effet s'en fit sentir immédiatement, et les pertes de navires diminuèrent.

L'amiral Dönitz reporta aussitôt son centre d'attaque sur la mer des Caraïbes et le golfe du Mexique, où le système des convois n'était pas encore en place ; poussant encore plus loin, les *U-Boat* firent leur apparition au large de la côte brésilienne et dans le Saint-Laurent. Il fallut attendre la fin de l'année pour qu'un système complet de convois entièrement imbriqué, couvrant toutes ces étendues immenses, devînt tout à fait efficace. Mais une amélioration se produisit dès le mois de juin, et l'on peut dater des derniers jours de juillet la fin du grand massacre de navires le long de la côte américaine. En sept mois, les pertes subies par les Alliés dans l'Atlantique du seul fait des sous-marins avaient dépassé 3 millions de tonnes, dont 181 navires britanniques d'une jauge totale de 1 130 000 tonnes ; moins d'un dixième de ces pertes s'était produit au sein des convois. Jusqu'au 1ᵉʳ juillet, tout ceci ne devrait coûter à l'ennemi que quatorze sous-marins coulés dans les océans Atlantique et Arctique, dont six seulement dans les eaux de l'Amérique du Nord.

Après cela, nous reprîmes l'initiative dans cette zone. Pour le seul mois de juillet, cinq sous-marins furent détruits au large de la côte atlantique et neuf autres ailleurs, dont trois italiens. Cette destruction de quatorze *U-Boat* en un mois, effectuée pour moitié par les escortes des convois, fut pour nous un encouragement ; c'était le meilleur résultat obtenu jusque-là. Pourtant, même ainsi, les nouvelles entrées en service de sous-marins restaient supérieures aux pertes que nous pouvions leur infliger. En outre, dès que nos contre-mesures devenaient efficaces dans un secteur, l'amiral Dönitz déplaçait le champ d'action de ses sous-marins. Ayant tous les océans à sa disposition, il était toujours assuré d'une courte période d'immunité dans sa nouvelle zone d'opérations. En mai, un convoi transatlantique perdit sept bâtiments à 700 milles environ à l'ouest de l'Irlande ; une autre attaque suivit dans le secteur de Gibraltar, et les sous-marins reparurent au large de Freetown. Une fois de plus, Hitler vint à notre aide, en exigeant qu'un groupe de sous-marins se tînt prêt à repousser une tentative alliée d'occupation de Madère ou des Açores. Il n'avait pas tout à fait tort de parer à cette éventualité, mais il est fort improbable que la seule intervention des sous-marins eût suffi à nous empêcher d'effectuer cette occupation si nous l'avions décidée. Dönitz déplora cette nouvelle exigence imposée à ses chers sous-marins, car elle coïncidait avec la fin de leur période faste sur les côtes américaines, et il était précisément en train de rassembler ses forces en vue de frapper à nouveau sur la route principale des convois.

La guerre sous-marine était le plus grave de nos maux ; il eût été habile de la part des Allemands de tout miser sur elle. J'entends encore mon père dire : « En politique, quand on a trouvé quelque chose de bon, il faut s'y tenir. » C'est également un important principe de stratégie ; de même que Göring changea fréquemment les objectifs fixés à son aviation au cours de la bataille d'Angleterre en 1940, la guerre sous-marine se trouva dans une certaine mesure ralentie par la poursuite simultanée de plusieurs desseins. Elle n'en constitua pas moins une terrible épreuve, survenant à un moment particulièrement critique.

* * *

Il convient à présent de relater les événements qui se déroulèrent ailleurs, et d'exposer brièvement les péripéties de la bataille de l'Atlantique jusqu'à la fin de 1942. En août, les sous-marins allemands portèrent leur attention sur les parages de Trinidad et de la côte nord du Brésil, où les navires apportant aux États-Unis la bauxite nécessaire à l'industrie aéronautique et les processions de bâtiments transportant du ravitaillement au Moyen-Orient offraient les objectifs les plus tentants; d'autres opéraient au voisinage de Freetown, certains poussaient jusqu'au cap de Bonne-Espérance, et quelques-uns pénétrèrent même dans l'océan Indien. L'Atlantique Sud nous causa des inquiétudes pendant un certain temps; en septembre et en octobre, cinq grands paquebots qui naviguaient isolément vers l'Angleterre y furent coulés, mais tous les transports de troupes qui naviguaient en convois vers le Moyen-Orient y parvinrent indemnes. Au nombre des grands navires détruits se trouvait le *Laconia*, de près de 20 000 tonnes, qui amenait en Angleterre 2 000 prisonniers de guerre italiens; beaucoup périrent noyés.

Une fois de plus, la bataille se déplaça vers les grandes routes des convois de l'Atlantique Nord; les sous-marins avaient déjà appris à respecter la puissance aérienne, et lors de leur nouvel assaut, ils opérèrent à peu près exclusivement dans le secteur central, hors du rayon d'action des avions basés en Islande et à Terre-Neuve. Deux convois furent sérieusement étrillés en août, l'un d'eux perdant 11 navires, et au cours de ce même mois, les *U-Boat* coulèrent 108 navires, jaugeant plus d'un demi-million de tonnes. En septembre et en octobre, les Allemands reprirent leur ancienne tactique des attaques diurnes en plongée. Le nombre d'unités opérant dans les « meutes de loups » ayant augmenté et nos ressources restant limitées, nous ne pûmes empêcher les convois de subir des pertes sérieuses. Ce fut alors que le manque d'appareils à très long rayon d'action (V.L.R.) se fit le plus cruellement sentir au *coastal command*; la protection aérienne ne s'étendait toujours pas à plus de 600 milles de nos bases côtières, ce qui laissait une large faille au centre de l'Atlantique, où nos escortes de surface ne pouvaient attendre aucun soutien de l'aviation. Dans de pénibles conditions, nos pilotes firent de leur mieux.

Les forces navales d'escorte ne pouvaient s'écarter des convois pour rompre les fortes concentrations qui s'effectuaient sur leurs flancs. Aussi, lorsque les « meutes » attaquaient, elles étaient en mesure de saturer nos défenses. À cela, l'unique remède consistait à faire entourer chaque convoi d'un écran d'avions suffisant pour découvrir et obliger à plonger tous les sous-marins dans les parages, créant ainsi un couloir de sécurité. Mais c'était encore insuffisant; il nous fallait les rechercher et les attaquer vigoureusement partout où nous pouvions les trouver, avec nos navires comme avec nos avions. Nous ne disposions pas encore d'appareils, d'équipages entraînés et d'armes aéroportées en nombre suffisant, mais nous prîmes une première mesure en constituant des « groupes de soutien » avec des forces de surface.

Ce procédé tactique était préconisé depuis longtemps, mais les moyens de le réaliser nous avaient manqué. Le premier de ces groupes de soutien, destiné à devenir par la suite un élément important de la lutte anti-sous-marine, comprenait deux sloops, quatre des nouvelles frégates qui sortaient alors des chantiers, et quatre destroyers. Ayant des équipages hautement entraînés et expérimentés, munis des armes les plus récentes, ces bâtiments, agissant indépendamment des escortes de convois et libérés de toutes autres responsabilités, devaient rechercher, chasser et détruire les meutes de sous-marins, en collaboration avec les forces aériennes. En 1943, on put voir couramment un avion guider un groupe de soutien jusqu'à sa proie ; de plus, la poursuite d'un submersible ennemi isolé pouvait fort bien en faire découvrir d'autres, et même conduire jusqu'à une « meute ».

On eut également recours à des avions embarqués pouvant se joindre aux convois. À la fin de 1942, six « porte-avions d'escorte » étaient en service, après quoi beaucoup d'autres furent construits en Amérique et un certain nombre en Grande-Bretagne ; le premier d'entre eux, l'*Avenger*, accompagna un convoi à destination du nord de la Russie en septembre. D'autres entrèrent en action pour la première fois à la fin d'octobre, en escortant les convois de l'opération « Torch » ; emportant des Swordfish de l'aéronavale, ils remplirent leur mission, à savoir des reconnaissances en profondeur tous azimuts, indépendantes des bases terrestres et exécutées en étroite collaboration avec les escorteurs de surface. Ainsi, au terme d'efforts acharnés et de trésors d'ingéniosité, nous commencions à l'emporter ; mais la puissance de l'ennemi augmentait aussi, et nous eûmes encore à subir bien des revers.

Entre janvier et octobre 1942, le nombre des sous-marins allemands avait plus que doublé ; 196 d'entre eux étaient opérationnels, et nos convois dans l'Atlantique Nord subirent de féroces attaques de la part de groupes de meutes plus nombreux que jamais. À cette époque, il nous fallut saigner à blanc nos forces d'escorte au profit de notre grande opération en Afrique du Nord. Les pertes subies en novembre furent donc les plus lourdes de toute la guerre, s'élevant à 117 navires, soit plus de 700 000 tonnes détruites par les seuls sous-marins, et 100 000 tonnes de plus par d'autres actions.

La situation était devenue si menaçante dans les eaux situées au-delà des zones protégées que je convoquai personnellement le 4 novembre une nouvelle commission de lutte anti-sous-marine ; elle fut habilitée à prendre des décisions de grande portée, ce qui lui permit de jouer un rôle des plus importants dans le conflit. Afin d'accroître au maximum le rayon d'action de nos bombardiers Liberator munis de radar, nous décidâmes de les retirer du service le temps qu'il soit procédé aux travaux d'amélioration nécessaires. Sur ma demande, le président nous envoya tous les appareils américains munis du dernier modèle de radar, afin qu'ils puissent opérer à partir du Royaume-Uni. Nous fûmes alors en mesure de reprendre nos opérations dans le golfe de Gascogne avec des effectifs accrus et un équipement très supérieur ; tout cela devait porter ses fruits en 1943.

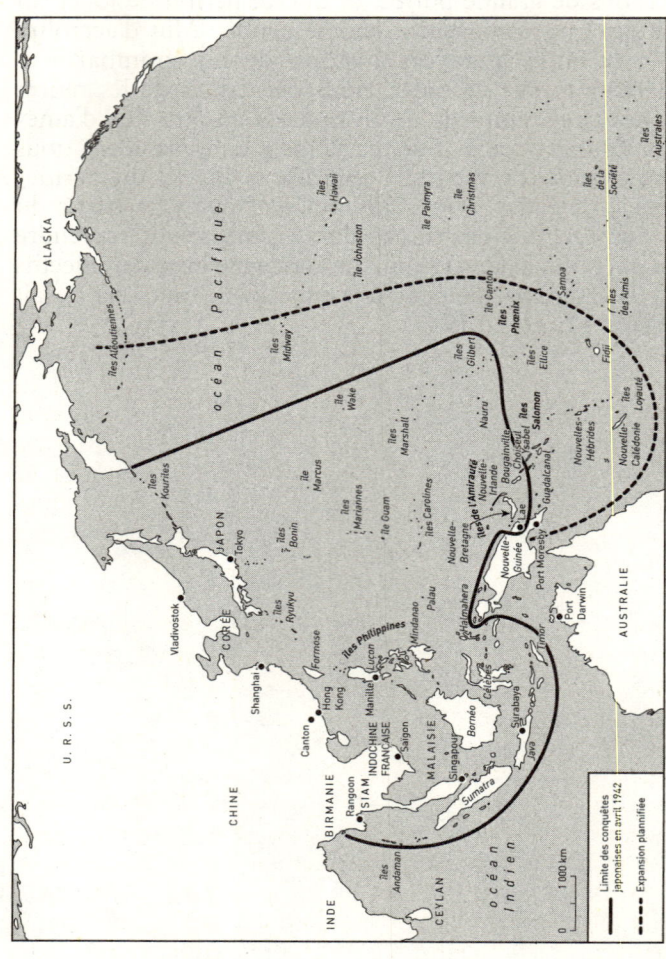

Le Pacifique

Chapitre XV

VICTOIRES NAVALES AMÉRICAINES.
LA MER DE CORAIL ET MIDWAY

C'est à cette époque que se produisirent dans le Pacifique des événements sensationnels, qui eurent une influence décisive sur tout le déroulement de la guerre. À la fin du mois de mars, la première phase du plan d'opérations japonais avait remporté un succès si total qu'il surprit ses auteurs eux-mêmes. Le Japon s'était rendu maître de Hong Kong, du Siam, de la Malaisie et de presque tout l'immense archipel constituant les Indes néerlandaises ; des troupes nippones s'enfonçaient profondément en Birmanie, tandis qu'aux Philippines, les Américains continuaient le combat à Corregidor, mais sans espoir d'être secourus.

L'exultation des Japonais était à son comble ; l'orgueil suscité par leurs victoires militaires et la confiance qu'ils avaient en leurs dirigeants se trouvaient renforcés par la conviction que les puissances occidentales n'avaient pas la volonté requise pour mener une lutte à mort. Les armées impériales avaient déjà atteint les frontières que leurs chefs avaient prudemment assignées à l'expansion dans des plans mûris avant la guerre. À l'intérieur de cette immense zone, qui contenait des ressources et des richesses innombrables, ils pouvaient désormais consolider leurs conquêtes et développer la puissance qu'ils venaient d'acquérir. À ce stade, leurs plans étudiés de longue date prévoyaient une pause pour reprendre haleine, faire face à une contre-attaque des États-Unis, ou préparer un nouveau bond en avant. Mais dans l'ivresse de la victoire, les dirigeants nippons crurent que l'heure avait sonné d'accomplir leur destinée ; ils devaient s'en montrer dignes. Ces idées leur étaient inspirées non seulement par les tentations naturelles auxquelles un succès éclatant expose tout mortel, mais aussi par un sérieux raisonnement militaire. Était-il plus sage d'organiser à fond le nouveau périmètre défensif, ou fallait-il le pousser encore plus loin, pour donner davantage de profondeur à sa défense ? Les deux solutions à ce problème stratégique leur paraissaient d'égale valeur.

Après délibération à Tokyo, ce fut la stratégie la plus ambitieuse qui l'emporta ; il fut décidé d'étendre les conquêtes en direction des Aléoutiennes occidentales, de l'île de Midway, des Samoa, des Fidji, de la Nouvelle-Calédonie et de Port Moresby, en Nouvelle-Guinée méridionale. Cette nouvelle expansion menacerait Pearl Harbor, qui demeurait la base principale des Américains. En outre, si elle pouvait être maintenue, elle couperait les communications directes entre les États-Unis et l'Australie, et procurerait au Japon d'excellentes bases de départ pour lancer de nouvelles attaques.

Le haut commandement japonais avait fait preuve d'une habileté et d'une audace extrêmes dans la conception et l'exécution de ses plans. Toutefois, il était parti d'un postulat qui ne prenait pas la juste mesure du rapport de force mondial ; il n'avait jamais saisi la puissance virtuelle dont disposaient les États-Unis ; il croyait toujours à cette époque que l'Allemagne hitlérienne l'emporterait en Europe ; il sentait battre dans ses veines l'irrésistible désir de conduire l'Asie à des conquêtes démesurées, tout en assurant sa propre gloire. Il fut donc entraîné à tout risquer sur un coup de dés qui, même en cas de succès, aurait tout au plus prolongé d'un an son ascendant, et qui eut pour effet de le raccourcir d'autant lorsqu'il perdit la partie. En fait, il abandonna un avantage assez considérable et solidement tenu pour des espaces beaucoup plus vastes et plus dispersés, qu'il n'avait pas les moyens de conserver. Ayant été vaincu dans cette zone extérieure, il devait se trouver privé de forces suffisantes pour assurer une défense cohérente de sa zone intérieure vitale.

Néanmoins, à ce stade de la lutte mondiale, personne ne pouvait être sûr que l'Allemagne ne vaincrait pas la Russie, ou qu'elle ne la refoulerait pas au-delà de l'Oural, ce qui lui permettrait de revenir à l'Ouest pour envahir l'Angleterre. Elle pouvait aussi s'avancer à travers le Caucase et la Perse pour opérer sa jonction en Inde avec les avant-gardes japonaises. Pour rétablir la situation de la Grande Alliance dans cette région, les États-Unis devaient remporter une victoire navale décisive, qui assurerait leur prédominance dans le Pacifique, même s'ils ne pouvaient en conquérir immédiatement la maîtrise totale ; cette victoire ne devait pas nous échapper. J'avais toujours pensé que la flotte américaine pourrait reprendre la maîtrise du Pacifique en mai, avec le concours que nous serions en mesure de lui prêter depuis l'Atlantique. Ces espoirs se fondaient uniquement sur le calcul des nouvelles constructions de cuirassés, de porte-avions et autres grands navires alors en voie d'achèvement aux États-Unis et en Grande-Bretagne. Nous pouvons exposer à présent, sous une forme nécessairement condensée, les brillantes et étonnantes batailles navales qui entraînèrent sans conteste cet immense revirement.

*
* *

C'est à la fin d'avril 1942 que le haut commandement nippon amorça son nouveau programme d'expansion. Il s'agissait tout d'abord de s'emparer de Port Moresby et de Tulagi, dans les Salomons méridionales, en face de la grande île de Guadalcanal. L'occupation de Port Moresby mettrait un point final au premier stade de la mainmise sur la Nouvelle-Guinée, en conférant une sécurité accrue à leur base navale avancée de Rabaul, sur l'île de Nouvelle-Bretagne. À partir de la Nouvelle-Guinée et des Salomons, il leur devenait ensuite possible de procéder à l'encerclement de l'Australie.

Le service américain des renseignements eut bien vite connaissance d'une concentration de forces japonaises dans ces eaux. On observa à Rabaul des rassemblements de navires venus de leur principale base navale de Truk, dans l'archipel des Carolines, ce qui indiquait clairement qu'une poussée vers le sud était imminente ; on put même prédire que les opérations commenceraient le 3 mai[1]. À cette époque, les porte-avions américains se trouvaient très largement dispersés, accomplissant diverses missions qui comprenaient le bombardement hardi et spectaculaire de Tokyo, exécuté par les avions du général Doolittle le 18 avril. En fait, cet événement a pu peser sur le choix des Japonais lorsqu'ils décidèrent d'adopter une nouvelle stratégie.

Conscient de la menace qui se précisait au Sud, l'amiral Nimitz se mit aussitôt en devoir de réunir des forces aussi importantes que possible dans la mer de Corail. Le contre-amiral Fletcher s'y trouvait déjà avec le porte-avions *Yorktown* et trois croiseurs lourds ; il fut rejoint le 1er mai par le porte-avions *Lexington* et deux autres croiseurs venus de Pearl Harbor sous les ordres du contre-amiral Fitch, et, trois jours plus tard, par une escadre que commandait le contre-amiral anglais Grace, comprenant les croiseurs australiens *Australia* et *Hobart*, ainsi que le croiseur américain *Chicago*. Les seuls autres porte-avions immédiatement disponibles, l'*Enterprise* et le *Hornet*, avaient été engagés dans le raid contre Tokyo et, bien qu'on les eût envoyés vers le sud dans les meilleurs délais, ils ne purent rallier le pavillon de l'amiral Fletcher avant le milieu de mai. La bataille avait été livrée dans l'intervalle.

Le 3 mai, tandis que sa flotte mazoutait en mer à 400 milles environ au sud de Guadalcanal, l'amiral

---

1. Prédiction rendue possible par le décryptage américain du « code pourpre » japonais – ce que Churchill ne peut pas non plus révéler au moment d'écrire ces lignes.

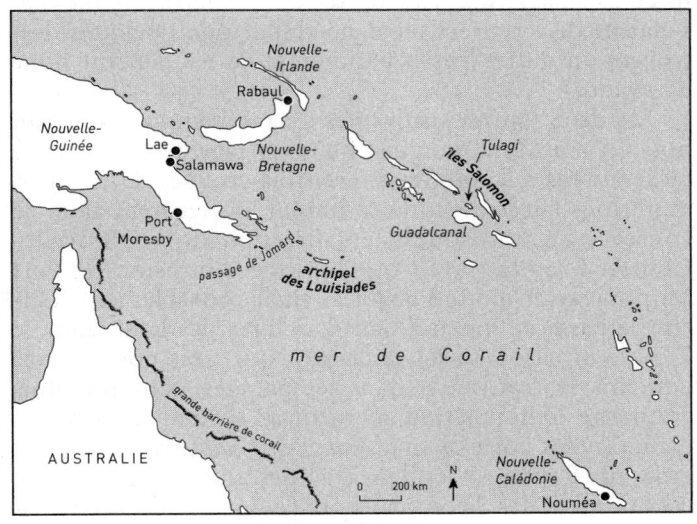

La mer de Corail

Fletcher apprit que l'ennemi avait débarqué à Tulagi, apparemment dans le but d'y installer une base d'hydravions lui permettant de surveiller les approches orientales de la mer de Corail. Devant la menace qui pesait indiscutablement sur cet avant-poste, la petite garnison australienne en avait été retirée quelques jours plus tôt. Fletcher entreprit aussitôt d'attaquer cette île avec son seul groupe, tandis que celui de Fitch mazoutait encore. Au début de la matinée suivante, les avions du *Yorktown* frappèrent en force à Tulagi; mais les unités de couverture ennemies s'étaient déjà retirées, et il ne restait que quelques destroyers ou autres petits bâtiments. Le résultat fut donc décevant.

Les deux journées suivantes s'écoulèrent sans incident notable, mais tout indiquait qu'un engagement majeur ne tarderait pas à se produire. Les trois groupes de Fletcher, ayant tous fait le plein de carburant, naviguèrent alors de conserve au nord-ouest, en direction de la Nouvelle-Guinée. L'amiral savait que la flotte d'invasion de Port Moresby avait quitté Rabaul et allait probablement franchir la passe de Jomard, dans l'archipel des Louisiades, le 7 ou le 8 mai; il savait également que trois porte-avions ennemis se trouvaient dans les parages, sans toutefois connaître leur position. Le groupe d'attaque japonais, composé des porte-avions *Zuikaku* et *Shokaku*, avec deux croiseurs lourds en soutien, était descendu de Truk en se tenant à l'est des Salomons, hors de portée des reconnaissances aériennes; le 5 au soir, il entra par l'est dans la mer de Corail; le 6, il se rapprocha rapidement de Fletcher, au point de ne plus s'en trouver éloigné de plus de 70 milles à un moment de la soirée, mais aucun des adversaires n'avait détecté la présence de l'autre. Au cours de la nuit, ils reprirent leurs distances, et le 7 au matin, Fletcher parvint au sud des Louisiades, d'où il comptait frapper la force d'invasion. Il lança le groupe de Grace pour barrer la sortie méridionale de la passe de Jomard, où l'ennemi pouvait paraître le jour même. Grace fut vite découvert et violemment attaqué au cours de l'après-midi par des vagues successives d'avions torpilleurs basés à terre, d'une puissance comparable à ceux qui avaient coulé le *Prince of Wales* et le *Repulse*. Grâce à d'habiles manœuvres et à un surcroît de chance, aucun des navires ne fut touché ; l'amiral Grace poursuivit donc sa route en direction de Port Moresby, puis, apprenant que l'ennemi avait fait demi-tour, il se retira vers le sud.

Entre-temps, l'amiral Fletcher se préoccupait surtout des porte-avions ennemis, sur lesquels il n'avait toujours aucun renseignement précis. Au lever du jour, il lança une vaste reconnaissance, et il en fut récompensé en apprenant à 8 h 15 qu'il y avait deux porte-avions et quatre croiseurs au nord des Louisiades. En réalité, les unités ennemies qui venaient d'être ainsi découvertes n'étaient pas celles du groupe d'attaque aéronaval japonais, mais la faible escorte qui protégeait les transports de troupes et comprenait également un porte-avions léger, le *Shoho*. Fletcher n'en frappa pas moins de toutes ses forces, et trois heures plus tard, le *Shoho* était détruit et coulait. Sa disparition privait les troupes de débarquement de toute couverture aérienne, ce qui les obligea à faire demi-tour. C'est ainsi que les transports qui devaient gagner Port Moresby n'entrèrent jamais dans la passe de Jomard et restèrent au nord des Louisiades, jusqu'à ce que leur parvînt l'ordre de se retirer.

*
* *

L'ennemi avait donc appris la présence de Fletcher, qui se trouva dès lors dans une situation délicate. Il lui fallait en effet s'attendre à être attaqué d'un moment à l'autre, alors que ses avions, devant se ravitailler et se réarmer, ne seraient pas opérationnels avant l'après-midi. Heureusement pour lui, le temps était couvert et allait en se gâtant, alors que l'ennemi ne possédait pas de radar. En fait, les porte-avions japonais se trouvaient à l'est, bien à portée d'attaque ; ils lancèrent des appareils dans l'après-midi mais, par suite du temps bouché et brumeux, ceux-ci ne découvrirent pas leur objectif. Comme ils revenaient bredouilles vers leurs porte-avions, ils passèrent tout près des bâtiments de Fletcher, qui les détectèrent au radar. Des chasseurs furent aussitôt dépêchés pour les intercepter; il en résulta, dans l'obscurité grandissante, une mêlée très confuse, au cours de laquelle de nombreux appareils japonais furent abattus. Bien peu des 27 bombardiers qui avaient pris l'air pour attaquer les Américains purent regagner leurs navires et prendre part à la bataille du lendemain.

Dans les deux camps, sachant que l'adversaire était tout près, on envisagea de lancer une attaque de nuit avec des navires de surface, mais on estima que c'était trop risqué. Les deux escadres prirent encore leurs distances pendant la nuit, mais quand l'aube du 8 mai se leva, la chance et le vent avaient tourné : les Japonais étaient cette fois abrités par des nuages bas, tandis qu'un magnifique soleil éclairait les bâtiments de Fletcher. Le jeu de cache-cache recommença ; à 8 h 38, un avion de reconnaissance du *Lexington* finit par découvrir l'ennemi, et presque simultanément, l'interception d'un message apprit aux Américains qu'ils avaient été aperçus eux aussi. Une grande bataille entre des forces sensiblement égales et bien équilibrées allait s'engager.

Avant 9 heures du matin, un groupe de 82 avions américains décolla des porte-avions, et à 9 h 25, tous étaient en route vers leurs objectifs ; à la même heure, l'ennemi lançait lui aussi une vague de 69 appareils. Les Américains attaquèrent vers 11 heures, les Japonais vingt minutes plus tard environ. À 11 h 30, tout était terminé. Les appareils américains furent gênés par les nuages bas qui dissimulaient leurs cibles ; quand ils les découvrirent enfin, l'un des porte-avions ennemis manœuvra pour gagner l'abri d'un grain de pluie, et tout le poids de l'attaque s'abattit sur l'autre, le *Shokaku*. Trois bombes le touchèrent et il prit feu. Pourtant, les dégâts n'étaient pas aussi graves qu'on le crut ; bien que mis hors de combat pour un certain temps, le *Shokaku* parvint à regagner le port pour y être réparé. Le *Zuikaku* demeura indemne.

Entre-temps, l'attaque japonaise s'était déroulée contre le *Yorktown* et le *Lexington* par ciel clair. Au prix de manœuvres extrêmement habiles, le premier put éviter à peu près toutes les attaques, mais plusieurs bombes ne le manquèrent que de peu. Toutefois, un coup au but fit de nombreuses victimes et déclencha un incendie; mais celui-ci fut rapidement maîtrisé, et la puissance de combat du navire ne s'en trouva que peu réduite. Le *Lexington*, plus difficile à manœuvrer, fut moins heureux; il reçut deux torpilles et deux ou trois bombes. À la fin de l'engagement, ravagé par de violents incendies et donnant de la bande sur bâbord, il avait trois de ses chaufferies noyées. Les incendies purent être maîtrisés grâce à des efforts héroïques, la bande fut corrigée, et le bâtiment put bientôt reprendre une vitesse de 25 nœuds. Les pertes d'avions subies au cours de cette farouche bataille, la première de l'histoire qui se livra uniquement entre porte-avions, ont pu être évaluées après la guerre: elles furent de 33 appareils pour les Américains et de 43 pour les Japonais.

*
* *

Si les événements de la mer de Corail s'étaient arrêtés à ce moment, le bilan aurait été nettement favorable aux Américains; ils avaient coulé le porte-avions léger *Shoho*, gravement endommagé le *Shokaku*, et fait rebrousser chemin à la force d'invasion qui devait débarquer à Port Moresby. Leurs deux porte-avions semblaient être en bon état, et jusqu'alors, ils n'avaient perdu qu'un pétrolier et son destroyer d'escorte, coulés la veille par l'aviation embarquée des Japonais. C'est alors qu'un malheur s'abattit sur eux. Une heure après la fin des combats, une violente explosion intérieure secoua le *Lexington*; des incendies éclatèrent à l'intérieur et se propagèrent, au point qu'il devint impossible de les maîtriser. Tous les efforts faits pour sauver le navire s'avérant inutiles, il fut abandonné dans la soirée sans autre perte de vies humaines, et une torpille américaine lui donna le coup de grâce. Les adversaires quittèrent alors la mer de Corail, chacun d'eux criant victoire. La propagande japonaise proclama en termes stridents que non seulement les deux porte-avions de Fletcher, mais encore un cuirassé et un croiseur lourd avaient été coulés. Pourtant, le comportement des Nippons après la bataille ne s'accorda guère avec ces prétentions ; ils remirent au mois de juin leur opération contre Port Moresby, bien qu'ils eussent désormais la voie libre. À cette date, la situation avait changé du tout au tout, et le débarquement fut abandonné au profit d'une opération terrestre partant des bases déjà conquises en Nouvelle-Guinée. Ainsi, ces journées marquèrent l'extrême limite de l'avance maritime japonaise en direction de l'Australie.

Du côté américain, il s'agissait avant tout de conserver les porte-avions ; l'amiral Nimitz se rendait bien compte que des événements plus importants allaient se dérouler dans le Nord, qui nécessiteraient tous les moyens dont il disposait. Satisfait d'avoir momentanément arrêté l'avance ennemie dans la mer de Corail, il rappela aussitôt à Pearl Harbor tous ses porte-avions, y compris l'*Enterprise* et le *Hornet*, alors lancés à toute vitesse pour rejoindre Fletcher. Très habilement aussi, la perte du *Lexington* fut gardée secrète jusqu'à la fin de la bataille de Midway, car les Japonais, qui ignoraient manifestement le véritable état des choses, tâtonnaient pour obtenir des renseignements.

Cet affrontement eut des répercussions disproportionnées par rapport à son importance tactique. Stratégiquement, c'était une victoire américaine, d'autant mieux accueillie qu'elle était la première remportée sur le Japon. On n'avait encore jamais rien vu de semblable, car ce fut la première bataille navale au cours de laquelle les navires de surface n'échangèrent pas un seul coup de canon ; elle donnait aussi une importance toute nouvelle aux impondérables et aux hasards de la guerre. La nouvelle exerça dans le monde entier un effet réconfortant; l'Australie et la Nouvelle-Zélande, tout comme les États-Unis, en furent immensément soulagés et encouragés. Les leçons tactiques apprises à grands frais dans cette action furent bientôt mises à profit avec un succès éclatant lors de la bataille de Midway, dont la phase initiale était sur le point de s'ouvrir.

*
* *

L'avance dans la mer de Corail n'était que la première phase d'une politique d'expansion plus ambitieuse de la part des Japonais; elle n'était pas encore achevée que Yamamoto, l'amiralissime nippon, se préparait déjà à défier les Américains au centre du Pacifique, en s'emparant de Midway et de son aérodrome – d'où Pearl Harbor lui-même, situé à un peu plus de 1 000 milles à l'est, pouvait être menacé et peut-être maîtrisé. Dans le même temps, une autre force de diversion s'emparerait de positions dominantes dans les Aléoutiennes occidentales. En combinant soigneusement les dates de ces mouvements, Yamamoto comptait que les navires américains seraient attirés dans le nord par la menace exercée contre ces îles, ce qui lui laisserait les mains libres pour lancer ses forces principales contre Midway. Il espérait l'occuper au moment où les Américains seraient en mesure de réagir, pour les recevoir ensuite avec une supériorité de forces écrasante. Midway, avant-poste de Pearl Harbor, avait une telle importance pour les États-Unis que ces opérations devaient fatalement provoquer un choc de grande ampleur. Yamamoto croyait fermement qu'il pourrait imposer une bataille décisive à ses propres conditions, et que, disposant de moyens supérieurs, particulièrement en cuirassés rapides, il aurait d'excellentes chances d'anéantir l'ennemi. Tel fut en gros le plan qu'il exposa à son subordonné l'amiral Nagumo. Mais encore fallait-il que l'amiral Nimitz tombât dans le piège, et qu'il n'envisageât de son côté aucune manœuvre inattendue.

Pourtant, le commandant en chef américain était vigilant et actif; son service de renseignements le tenait bien informé, lui annonçant même la date à laquelle le coup attendu devait être porté. Il ne pouvait certes avoir la certitude absolue que l'opération contre Midway n'était pas une simple diversion, l'attaque réelle étant dirigée contre la chaîne des Aléoutiennes pour amorcer une avance vers le continent américain ; malgré tout, c'était dans le secteur de Midway que la menace était de loin la plus probable et la plus grave ; aussi Nimitz n'hésita-t-il pas un seul instant à déployer toutes ses forces dans cette direction. Son principal souci était que, même en mettant les choses au mieux, ses porte-avions ne pouvaient qu'être inférieurs aux quatre de Nagumo, qui n'avaient cessé de remporter les succès les plus éclatants depuis Pearl Harbor jusqu'à Ceylan. Deux autres, appartenant au même groupe, avaient été envoyés dans la mer de Corail, et l'un d'eux avait été avarié. Mais d'un autre côté, Nimitz avait perdu le *Lexington*, le *Yorktown* était très endommagé, tandis que le *Saratoga*, obligé de réparer des avaries de combat, n'avait pas encore rallié, et le *Wasp* se trouvait toujours dans les parages de la Méditerranée, où il était allé secourir Malte. Seuls l'*Enterprise* et le *Hornet*, rappelés en toute hâte du Pacifique méridional, et le *Yorktown* s'il pouvait être remis en état assez vite, seraient en mesure de participer à la bataille qui s'annonçait. Les cuirassés les plus proches se trouvaient à San Francisco, et ils étaient trop lents pour opérer avec les porte-avions. Dans l'autre camp, Yamamoto en avait onze, dont trois étaient parmi les plus puissants et les plus rapides du monde. Le bilan était donc nettement défavorable aux Américains, mais Nimitz pouvait désormais compter sur l'appui d'importantes forces aériennes basées à Midway même.

*
* *

Le gros de la marine japonaise commença à quitter ses bases dans la dernière semaine de mai. Le premier groupe qui appareilla fut celui des Aléoutiennes ; il devait attaquer

Dutch Harbor le 3 juin, en attirant la flotte américaine dans cette direction. Aussitôt après, des troupes de débarquement s'empareraient des îles Attou, Kiska et Adakh, situées plus à l'ouest. Nagumo s'en prendrait à Midway le lendemain, avec son groupe de quatre porte-avions, et le 5 juin, la force d'invasion débarquerait pour capturer l'île; les Japonais ne prévoyaient aucune opposition sérieuse. Pendant tout ce temps, l'amiral Yamamoto, avec sa flotte de ligne, se tiendrait loin à l'ouest, au-delà du rayon d'action des reconnaissances aériennes, prêt à intervenir dès que se développerait la contre-attaque américaine.

C'était la seconde fois que l'heure du destin sonnait pour Pearl Harbor. L'*Enterprise* et le *Hornet*, venus du sud, y arrivèrent le 26 mai; le *Yorktown* y entra le lendemain, pour des réparations d'une durée évaluée à trois mois, mais en vertu d'une décision digne des circonstances, il fut rendu apte au combat en quarante-huit heures et reçut un nouveau groupe aérien. Il appareilla le 30 pour rejoindre l'amiral Spruance, parti deux jours auparavant avec les deux autres porte-avions; l'amiral Fletcher conservait le commandement tactique de l'ensemble. À Midway, l'aérodrome était encombré de bombardiers, tandis que les troupes chargées de défendre l'île restaient en état d'alerte maximale. Il était indispensable de déceler le plus tôt possible l'approche de l'ennemi, et des reconnaissances aériennes permanentes commencèrent le 30 mai. Des sous-marins américains montaient la garde à l'ouest et au nord de Midway; quatre journées passèrent dans une attente fiévreuse. Le 3 juin, à 9 heures du matin, un hydravion Catalina, patrouillant à plus de 700 milles à l'ouest de l'île, aperçut un groupe de 11 navires japonais. Les attaques à la bombe et à la torpille qui suivirent n'obtinrent aucun succès, à l'exception d'une torpille qui atteignit un pétrolier. Mais la bataille était engagée, dissipant du même coup toutes les incertitudes au sujet des intentions de l'ennemi. Fort des renseignements dont il disposait, l'amiral Fletcher avait de bonnes raisons de penser que les porte-avions japonais approcheraient de Midway par le nord-ouest, et il ne se laissa pas détourner de son plan par la position des premiers vaisseaux ennemis, qu'il considéra à juste titre comme des navires de transport. Il manœuvra donc ses porte-avions pour se trouver le 4 juin à l'aube au point qu'il avait choisi, à environ 200 milles au nord de Midway, prêt à prendre Nagumo de flanc dès qu'il ferait son apparition.

Le 4 juin, l'aube se leva sur une journée radieuse, et à 5 h 34, une patrouille de Midway émit enfin le signal tant attendu, annonçant l'approche des porte-avions japonais. Dès lors, les renseignements arrivèrent en succession rapide. On vit de nombreux avions se diriger vers l'île, et l'on repéra des cuirassés en soutien des porte-avions. À 6 h 30, l'attaque nippone se déclencha, puissante et brutale ; elle se heurta à une résistance farouche, et il est probable qu'un tiers des assaillants n'en revint pas. Il y eut dans l'île des dégâts considérables et des pertes élevées, mais l'aéroport demeura utilisable. On avait eu le temps de lancer une contre-attaque sur l'escadre de Nagumo, mais celui-ci disposait d'une écrasante supériorité en avions de chasse, qui firent payer un lourd tribut aux assaillants ; les résultats de cette action héroïque, sur laquelle on avait fondé de grands espoirs, furent donc décevants. Cependant, le trouble qu'elle causa parut fausser le jugement du commandant japonais, auquel ses aviateurs avaient déclaré par ailleurs qu'une seconde attaque contre Midway serait nécessaire. Jusque-là, il avait conservé à bord un nombre d'appareils suffisant pour pouvoir réagir si des porte-avions américains étaient signalés, mais il ne comptait guère les rencontrer et n'avait lancé que de très faibles reconnaissances qui, au début, ne virent rien. Dès lors, il décida de ne plus maintenir en alerte les appareils réservés à ces missions, et de les réarmer en vue du nouvel assaut contre Midway[1]. De toute

---

1. En d'autres termes, de faire enlever les torpilles pour les remplacer par des bombes – un processus nécessairement très lent.

façon, il lui fallait dégager les ponts de ses navires pour recevoir les avions qui rentraient de la première attaque. Cette décision faisait courir à Nagumo un danger mortel, et lorsqu'il apprit ensuite qu'il y avait à l'est des bâtiments américains, dont un porte-avions, c'était trop tard. Il se trouvait condamné à recevoir tout le poids de l'assaut ennemi avec des ponts d'envol encombrés de bombardiers impuissants, qui se ravitaillaient en carburant et en munitions.

*
* *

Du fait de leur anticipation lucide, les amiraux Fletcher et Spruance étaient bien placés pour intervenir en cet instant crucial. Ils avaient intercepté le flot de messages envoyés au début de la matinée, et à 7 heures, l'*Enterprise* et le *Hornet* commencèrent à lancer tous leurs avions à l'attaque, ne conservant que ceux qui leur étaient nécessaires pour assurer leur propre défense. Le *Yorktown*, dont les appareils avaient effectué les reconnaissances matinales, dut attendre de les avoir récupérés, mais son groupe d'assaut prit l'air peu après 9 heures, alors que les premières vagues parties des deux autres porte-avions approchaient déjà de leur objectif. Dans les parages de l'ennemi, le temps était couvert et les bombardiers en piqué ne le découvrirent pas tout de suite. Le groupe du *Hornet*, ignorant que l'ennemi avait changé de cap, ne le trouva pas et ne put prendre part à la bataille ; du fait de ce contretemps, les premières attaques furent effectuées par les seuls avions torpilleurs des trois porte-avions et, bien que poussées avec une énergie farouche, elles se heurtèrent à une opposition écrasante sans obtenir le moindre résultat. Sur les 41 appareils engagés, 6 seulement rentrèrent à leur base, mais ce sacrifice fut récompensé : alors que l'attention de tous les veilleurs japonais était concentrée sur eux et qu'ils occupaient tous les chasseurs disponibles, les 37 bombardiers en piqué de l'*Enterprise* et du *Yorktown* arrivèrent sur les lieux ; ne rencontrant pratiquement aucune opposition, ils larguèrent leurs bombes sur l'*Akagi*, bâtiment de l'amiral Nagumo, et sur le *Kaga*, son similaire, tandis qu'au même moment, une autre vague de 17 bombardiers du *Yorktown* frappait le *Soryu*. En quelques minutes, les ponts des trois navires, couverts d'avions qui brûlaient et explosaient, furent entièrement dévastés. D'immenses incendies se déclarèrent sur les ponts, et il devint bientôt évident que les trois bâtiments étaient condamnés. L'amiral Nagumo ne put que transférer son pavillon sur un croiseur, d'où il regarda brûler les trois quarts de sa magnifique escadre.

Il était plus de midi lorsque les appareils américains regagnèrent leurs porte-avions. Plus de 60 d'entre eux avaient été abattus, mais le résultat obtenu était considérable ; il ne restait plus qu'un seul porte-avions ennemi, le *Hiryu*, qui résolut aussitôt de frapper un grand coup pour l'honneur de l'emblème du Soleil-Levant. Alors que les pilotes américains étaient au rapport après leur retour à bord du *Yorktown*, on apprit l'imminence d'une attaque. Les bombardiers nippons, dont le nombre était évalué à une quarantaine, poussèrent énergiquement leur assaut et, bien que sévèrement malmenés par les chasseurs et la DCA, ils touchèrent par trois fois le *Yorktown*. Celui-ci subit de graves avaries, mais il put maîtriser ses incendies et poursuivre sa route, jusqu'à ce que, deux heures plus tard, il fût attaqué de nouveau par les appareils du *Hiryu*, à la torpille cette fois. Ce nouvel assaut lui fut fatal ; il resta à flot pendant deux jours encore, après quoi les torpilles d'un sous-marin japonais l'envoyèrent par le fond.

Le *Yorktown* devait être vengé avant même d'avoir sombré ; le *Hiryu* fut repéré à 14 h 45, et moins d'une heure plus tard, 25 bombardiers en piqué de l'*Enterprise* mettaient le cap sur lui. Ils l'atteignirent à 17 heures, et en quelques minutes, le porte-avions japonais n'était plus qu'une épave incendiée, bien qu'il ne coulât que le lendemain matin. Ainsi disparaissait le dernier des quatre grands porte-avions de Nagumo, avec ses équipages d'aviateurs si magnifiquement entraînés, qui devaient s'avérer irremplaçables. Telle fut la fin de la bataille du 4 juin, considérée à juste titre comme le tournant de la guerre du Pacifique.

*　*　*

Les amiraux américains victorieux devaient encore faire face à d'autres périls. L'amiral en chef japonais risquait toujours d'assaillir Midway avec sa redoutable flotte de ligne ; les forces aériennes des États-Unis avaient subi de lourdes pertes, et il n'existait pas de grands navires de combat capables d'affronter avec succès Yamamoto s'il décidait de poursuivre son avance. L'amiral Spruance, qui venait de prendre le commandement du groupe des porte-avions, renonça à poursuivre l'ennemi vers l'ouest, car il ignorait les forces dont celui-ci disposait et ne possédait pas lui-même d'escorte assez puissante. Ce fut incontestablement une sage décision. Par contre, il est plus difficile de comprendre pourquoi l'amiral Yamamoto n'essaya pas de redresser la situation ; sa première réaction fut de poursuivre l'attaque, et il ordonna à quatre de ses plus grands croiseurs de bombarder Midway à l'aube du 5 juin. Simultanément, un autre puissant groupe japonais avançait vers le nord-est, et si Spruance avait décidé de poursuivre les débris du groupe de Nagumo, il aurait pu être entraîné dans un désastreux combat nocturne. Mais le commandant en chef japonais, changeant brusquement d'avis, ordonna la retraite générale à 2 h 55 le 5 juin. Ses raisons ne sont pas claires, mais il est évident que la destruction brutale et inattendue de ses précieux porte-avions l'avait profondément affecté. Un autre désastre l'attendait : deux des croiseurs lourds qui bombardaient Midway entrèrent en collision au cours d'une manœuvre destinée à éviter l'attaque d'un sous-marin américain ; tous deux furent gravement avariés et restèrent en arrière lorsque commença la retraite générale. Le 6 juin, ils furent attaqués par les avions de

Spruance, qui en coulèrent un et laissèrent l'autre apparemment sur le point de sombrer. Ce bâtiment très éprouvé, le *Mogami*, parvint cependant à regagner son port d'attache.

Après s'être emparés des îlots d'Attou et de Kiska, dans le groupe occidental des Aléoutiennes, les Japonais se retirèrent aussi discrètement qu'ils étaient venus.

*
* *

À ce stade, il est instructif de se pencher sur le processus de prise de décision du commandement japonais. Par deux fois en un mois, il avait engagé ses forces navales et aériennes au combat avec agressivité, adresse et détermination ; mais à chaque fois que ses forces aériennes s'étaient trouvées malmenées, il avait renoncé à son objectif, bien que celui-ci fût à portée de main. C'étaient les chefs de l'opération Midway, les amiraux Yamamoto, Nagumo et Kondo, qui avaient conçu et exécuté les entreprises hardies et colossales qui, en quatre mois, avaient détruit les flottes alliées d'Extrême-Orient et chassé la flotte orientale britannique de l'océan Indien. À Midway, Yamamoto s'était replié parce que, comme devait le montrer tout le déroulement de la guerre, une flotte qui se trouvait à plusieurs milliers de milles de ses bases sans protection aérienne ne pouvait risquer de demeurer à portée d'une force ennemie accompagnée de porte-avions ayant des groupes aériens largement intacts. S'il ordonna à ses forces d'invasion de faire demi-tour, c'est parce que, sans appui de l'aviation, l'attaque d'une île défendue par des forces aériennes et suffisamment petite pour exclure tout effet de surprise aurait été un suicide pur et simple.

On a attribué en grande partie la rigidité de la planification des Japonais, ainsi que leur tendance à renoncer dès que leurs plans ne se déroulaient pas comme prévu, à leur langue compliquée et imprécise, qui rendait extrêmement difficile toute improvisation communiquée par voie de transmissions.

Une autre leçon ressort de tout cela : le service de renseignements américain réussit à pénétrer les secrets les plus jalousement gardés de l'ennemi, bien avant la date des engagements[1]. C'est pourquoi l'amiral Nimitz, quoique disposant de forces inférieures, put à deux reprises concentrer ses unités en nombre suffisant, au bon moment et au bon endroit, ce qui s'avéra décisif quand vint l'heure de l'action. L'importance du secret et les conséquences des fuites en matière de renseignement en temps de guerre sont ainsi mises en lumière de façon éclatante.

*
* *

Cette mémorable victoire américaine devait revêtir une importance capitale, non seulement pour les États-Unis, mais pour l'ensemble de la cause alliée. L'effet moral en fut immense et immédiat. D'un seul coup, le Japon perdait sa position prédominante dans le Pacifique ; l'extraordinaire ascendant qui, six mois durant, lui avait permis de déjouer nos efforts communs en Extrême-Orient, s'évanouissait à jamais. Dès lors, toutes nos pensées se tournèrent vers l'offensive avec une confiance raisonnable ; nous n'en étions plus à nous demander où les Japonais allaient porter le coup suivant, mais à rechercher l'endroit où nous pouvions les frapper au mieux pour reprendre les vastes territoires qu'ils avaient si fougueusement conquis. La route serait longue et difficile, d'immenses préparatifs s'avéreraient encore nécessaires pour s'assurer la victoire en Orient, mais l'issue ne faisait plus de doute, et les exigences matérielles de la guerre du Pacifique ne pèseraient pas trop lourdement sur le grand effort que les États-Unis s'apprêtaient à fournir en Europe.

---

1. Le lecteur n'est toujours pas éclairé quant à l'origine de ces renseignements (voir *supra*, p. 254).

> *
> * *

On chercherait en vain dans les annales de la guerre navale des événements présentant une intensité plus forte et plus émouvante que ces deux batailles, où les qualités de la marine et de l'aviation des États-Unis, et celles de toute la race américaine, brillèrent avec autant d'éclat. La guerre aérienne avait créé des conditions nouvelles et jusqu'alors insoupçonnées, qui portaient la rapidité de l'action et les caprices de la fortune à un degré d'intensité tel qu'on n'en avait jamais connu. Mais à la base de tout, il y avait la bravoure et l'esprit de sacrifice des marins et des aviateurs américains, ainsi que le sang-froid et la valeur de leurs chefs. En se retirant vers leurs ports lointains, les amiraux de la flotte japonaise comprirent non seulement que leurs forces aéronavales étaient irrémédiablement brisées, mais aussi qu'ils avaient provoqué un adversaire dont la volonté et l'ardeur au combat étaient dignes des plus hautes traditions de leurs ancêtres samouraïs – et qui était de surcroît soutenu par une puissance, des effectifs et une science apparemment sans limites[1].

---

1. C'est là un effet de style: à l'époque, aucun des responsables japonais, à l'exception sans doute de l'amiral Yamamoto, ne raisonnait de cette façon.

Chapitre XVI

« UN SECOND FRONT TOUT DE SUITE ! »

Hopkins et le général Marshall arrivèrent à Londres le 8 avril ; ils apportaient un mémorandum extrêmement complet, préparé par l'état-major interarmes des États-Unis et approuvé par le président. L'importance de ce document justifie sa reproduction intégrale :

« Opérations en Europe occidentale : avril 1942.

L'Europe occidentale apparaît comme le théâtre d'opérations le plus favorable à la première offensive majeure des États-Unis et de la Grande-Bretagne. C'est là seulement qu'ils pourraient déployer complètement leurs ressources en forces terrestres et aériennes combinées, et apporter le maximum d'aide à la Russie.

La décision de lancer cette offensive doit être prise *sans délai*, du fait des immenses préparatifs qu'elle nécessite dans de nombreux domaines. Jusqu'à ce qu'elle puisse être lancée, l'ennemi devra être fixé à l'Ouest et tenu dans l'incertitude par des stratagèmes et des raids ; ces derniers permettraient également d'obtenir des renseignements utiles, tout en constituant un entraînement précieux.

Les forces d'invasion combinées devraient comprendre 48 divisions (dont 9 blindées), la part britannique s'élevant à 18 (dont 3 blindées). L'aviation de soutien nécessaire s'élèverait au total à 5 800 avions de combat, dont 2 550 britanniques.

La rapidité est essentielle. Les principaux obstacles sont la pénurie de péniches de débarquement pour l'assaut, et celle de navires de transport pour acheminer les forces américaines nécessaires jusqu'au Royaume-Uni. Sans préjudice des engagements vitaux sur d'autres théâtres, ces forces peuvent être amenées à pied d'œuvre pour le 1er avril 1943, mais seulement si 60 pour 100 de leur effectif est acheminé par des navires non américains. Si le transport ne peut être effectué que par des navires américains, la date de l'attaque devra être reportée à la fin de l'été 1943.

Il faudra environ 7 000 péniches de débarquement, et les programmes de construction actuellement en cours devront être considérablement accélérés pour obtenir un tel chiffre. En même temps, il faut pousser très vigoureusement les dispositions envisagées pour recevoir et engager les importants contingents terrestres et aériens fournis par les États-Unis.

L'assaut devrait être effectué sur des plages choisies entre Le Havre et Boulogne, et mené par une première vague d'au moins six divisions, complétée par des unités aéroportées, puis alimentée à la cadence d'au moins 100 000 hommes par semaine. Dès que les têtes de pont auront été solidement établies, des forces blindées se porteraient rapidement en avant pour s'emparer de la ligne Oise – Saint-Quentin. Anvers constituerait l'objectif suivant.

Un débarquement de cette ampleur ne pouvant être mis au point avant le 1er avril 1943 au plus tôt, il s'agit de dresser un plan constamment tenu à jour et pouvant permettre une entrée en action immédiate des forces disponibles à un moment donné. Ceci pourrait devenir nécessaire en cas d'urgence, soit :

a) pour profiter d'un brusque effondrement allemand

b) sous forme de « sacrifice », pour prévenir un écroulement imminent de la résistance russe.

Dans les deux cas, la prépondérance aérienne au-dessus du champ de bataille est essentielle. D'un autre côté, il est probable que l'on ne pourra transporter et entretenir plus de cinq divisions pendant l'automne de 1942. C'est donc au Royaume-Uni qu'incomberait la tâche la plus lourde durant cette période. Par exemple, au 15 septembre, les États-Unis pourraient rassembler deux divisions et demie sur les cinq nécessaires, mais seulement 700 avions de combat, de sorte que la contribution demandée au Royaume-Uni pourrait s'élever à 5 000 appareils. »

*
* *

Hopkins, épuisé par son voyage, fut souffrant pendant deux ou trois jours, mais Marshall entama immédiatement ses conversations avec nos chefs d'état-major. Il ne fut pas possible d'organiser la conférence officielle avec le Comité de défense avant le mardi 14 avril. Dans l'intervalle, je discutai de l'ensemble de la question avec les chefs d'état-major et avec mes collègues; nous fûmes tous soulagés par la volonté manifestement très ferme qu'avaient les États-Unis d'intervenir en Europe et de donner la priorité à la défaite d'Hitler, ce qui avait toujours été le fondement de notre conception stratégique. D'un autre côté, ni nous, ni nos conseillers techniques n'avions pu concevoir un plan réalisable permettant de faire franchir la Manche à une grande armée anglo-américaine et de la faire débarquer en France avant la fin de l'été 1943 ; comme je l'ai déjà mentionné, je n'avais jamais envisagé d'autre but ni d'autre date. Nous nous trouvions également devant une idée américaine nouvelle prévoyant, en cas d'urgence, un débarquement préliminaire d'une ampleur plus réduite, bien qu'assez considérable, pour l'automne de 1942. Nous étions très désireux de l'étudier, ainsi que tout autre projet de diversion destiné à soulager la Russie et à mener la guerre dans son ensemble.

Le Comité de défense se réunit le 14 avril au soir avec nos amis américains au 10, Downing Street ; cette discussion était d'importance primordiale, et la conclusion en fut unanime : nous nous accordâmes tous sur le fait qu'il devrait y avoir une opération trans-Manche en 1943. Le plan fut dès lors baptisé « Round-up », mais non par moi.

Pourtant, tout en préparant les plans de cette gigantesque opération, nous ne pouvions négliger tous nos autres devoirs. Notre première obligation, dans le cadre de l'empire, était de protéger l'Inde contre l'invasion japonaise qui semblait déjà la menacer. D'ailleurs, cette tâche était liée directement à l'ensemble de la guerre. C'eût été une action honteuse que de laisser les 400 millions de sujets indiens de Sa Majesté, envers lesquels nous étions engagés par l'honneur, être assaillis et massacrés par les Japonais comme l'avaient été les Chinois ; mais en outre, laisser les Allemands et les Japonais opérer leur jonction en Inde ou au Moyen-Orient eût été une catastrophe aux répercussions incalculables pour la cause alliée. Une telle éventualité me paraissait presque aussi grave qu'un repli de la Russie soviétique au-delà des monts Oural, ou même que la conclusion par elle d'une paix séparée avec l'Allemagne. À l'époque, ces deux dernières hypothèses me paraissaient improbables ; j'avais foi dans la puissance des armées et de la nation russes, qui combattaient pour défendre leur sol natal. Mais notre empire indien, avec toutes ses splendeurs, pouvait constituer une proie facile. Il me fallut exposer ce point de vue aux envoyés américains ; faute d'une aide britannique efficace, l'Inde pouvait être conquise en quelques mois. Il faudrait beaucoup plus de temps à Hitler pour soumettre la Russie, et la tâche serait singulièrement plus coûteuse. Avant qu'il ne pût la mener à bien, les Anglo-Américains auraient eu le temps d'établir une maîtrise aérienne incontestée ; même si tout le reste échouait, cette maîtrise emporterait finalement la décision.

J'approuvais complètement ce que Hopkins appelait « un assaut frontal contre l'ennemi dans le nord de la France en 1943 ». Mais que fallait-il faire dans l'intervalle ? Nos grandes armées ne pouvaient passer tout ce temps à se préparer. Les opinions étaient très divisées sur ce point. Le général Marshall avait proposé que nous tentions de nous emparer des ports de Brest ou de Cherbourg – de ce dernier port de préférence, ou même des deux à la fois – au début de l'automne de 1942. L'opération devrait être presque entièrement britannique; nous aurions à fournir les navires de guerre, les avions, les deux tiers des troupes et tous les chalands de débarquement disponibles. On ne pouvait trouver que deux ou trois divisions américaines, celles-ci, il faut s'en souvenir, étant fraîchement constituées. Or, il faut au moins deux ans et un très fort encadrement professionnel pour former des unités d'élite. Les conceptions de l'état-major britannique devaient donc tout naturellement prévaloir, s'agissant d'une telle entreprise. À l'évidence, cette question méritait une étude technique approfondie.

Néanmoins, je ne rejetais nullement l'idée *a priori*, mais j'envisageais d'autres possibilités. La première était ce débarquement en Afrique du Nord-Ouest française (Maroc, Algérie, Tunisie) qui portait alors le nom de « Gymnast », et devait par la suite donner naissance à la grande opération « Torch ». Il y avait un autre plan qui m'avait toujours beaucoup tenté, et dont l'exécution pouvait s'ajouter selon moi au débarquement en Afrique du Nord: c'était l'opération « Jupiter » pour la libération de la Norvège du Nord. Voilà qui aurait constitué une aide directe à la Russie; voilà le seul moyen d'agir en liaison directe avec les troupes, les navires et les avions russes; voilà qui aurait permis, grâce à une mainmise sur l'extrémité nord de l'Europe, d'ouvrir en grand les écluses à un torrent d'approvisionnements en direction de l'Union soviétique; voilà une entreprise qui, devant être menée à bien dans les régions arctiques, n'exigeait ni effectifs considérables ni dépenses exagérées en matériel et en armement. Les Allemands avaient acquis à très bon marché ces points stratégiques vitaux aux environs du cap Nord; on pouvait également les reprendre à peu de frais, compte tenu de l'ampleur prise alors par la guerre. Mes préférences personnelles allaient à « Torch », et si j'avais pu agir exactement à ma guise, j'aurais également tenté « Jupiter » en 1942[1].

---

1. Notre stratège enthousiaste omet de citer ici les innombrables objections présentées par les chefs d'état-major à ces plans churchilliens

Établir une tête de pont à Cherbourg me paraissait plus difficile, moins séduisant, moins immédiatement utile et moins rentable à long terme. Mieux valait porter notre griffe droite sur l'Afrique du Nord française, enfoncer la gauche au cap Nord, et attendre un an avant d'essayer nos dents sur le front fortifié des Allemands, de l'autre côté de la Manche.

Telles étaient mes vues à l'époque, et je ne les ai jamais reniées. Mais j'étais tout disposé à laisser « Sledgehammer » (c'est ainsi que l'on appelait l'assaut contre Cherbourg) tenter sa chance avec les autres propositions devant les comités de planification. J'étais à peu près certain que plus on l'étudierait et moins il plairait. S'il avait été en mon pouvoir de donner des ordres, je me serais décidé pour « Torch » et « Jupiter », en les synchronisant convenablement pour l'automne. Je me serais servi de « Sledgehammer » comme feinte, en laissant filtrer des rumeurs et en étalant des préparatifs au grand jour. Mais il me fallait agir par influence et avec diplomatie pour obtenir l'accord et la collaboration harmonieuse de nos chers alliés, sans l'aide desquels le monde courrait à sa ruine ; je ne fis donc aucune allusion à ces possibilités lors de notre réunion du 14 avril.

Au sujet de la question essentielle, nous accueillîmes avec joie et soulagement la proposition décisive faite par les États-Unis d'exécuter une invasion massive de l'Allemagne le plus rapidement possible, l'Angleterre devant servir de tremplin. Nous aurions pu si facilement, comme

---

entre 1941 et 1943 : manque de couverture aérienne ; fortification par les Allemands des côtes norvégiennes, défendues en outre par près de 400 000 hommes ; extrême difficulté d'opérer en terrain montagneux ; voies de communication très insuffisantes ; enfin et surtout, pénurie aiguë de moyens de débarquement, qui limite déjà sévèrement les possibilités d'opérations en Méditerranée. Pour les responsables militaires britanniques et américains, l'idée de mener à bien simultanément deux opérations majeures aux deux extrémités de l'Europe avec des moyens aussi dérisoires constituait une preuve supplémentaire de l'irréalisme du Premier ministre en matière stratégique.

on le verra, nous trouver face à des plans américains assignant la priorité à l'aide de la Chine et à l'écrasement du Japon ! Mais dès les tout premiers jours de notre alliance après Pearl Harbor, le président et le général Marshall, s'élevant au-dessus des puissants courants de l'opinion publique, virent en Hitler l'ennemi numéro un. Personnellement, j'étais impatient de voir les armées américaines et britanniques se battre au coude à coude en Europe, mais j'étais bien persuadé que l'étude des détails – péniches de débarquement et tout le reste –, de même qu'un examen approfondi de la stratégie générale de la guerre, aboutirait à exclure « Sledgehammer ». En définitive, on ne trouva pas un seul expert militaire, américain ou britannique, appartenant à l'armée de terre, à la marine ou à l'aviation, qui fût capable de préparer un tel plan ou, pour autant que je le sache, disposé à accepter la responsabilité de son exécution. Les désirs et la bonne volonté réunis ne peuvent rien contre les faits bruts.

En résumé : je poursuivais toujours le schéma exposé dans le mémorandum remis au président en décembre 1941, à savoir : 1° Le débarquement en Europe des armées de libération anglo-américaines pour 1943. Et d'où pouvaient-elles débarquer en force, sinon de l'Angleterre méridionale ? Il fallait tout entreprendre pour faciliter cette opération, et tout éviter de ce qui pouvait y faire obstacle. 2° Dans l'intervalle, nous ne pouvions rester oisifs alors que les Russes menaient, heure après heure, une lutte gigantesque contre la masse des armées allemandes. Nous devions engager l'ennemi. Cette détermination sous-tendait également toutes les conceptions du président. Que pouvions-nous donc faire au cours de l'année ou des quinze mois qui devaient s'écouler avant que nous puissions agir en force outre-Manche ? Évidemment, l'occupation de l'Afrique du Nord française, possible et judicieuse en elle-même, cadrait parfaitement avec le schéma stratégique général.

J'espérais voir cette opération se combiner avec un débarquement en Norvège, et je crois encore que l'on aurait pu les exécuter simultanément. Mais lorsque l'on discute passionnément d'impondérables, il est très dangereux de ne pas conserver un objectif unique et simple ; tout en désirant à la fois « Torch » et « Jupiter », je n'eus jamais l'intention de laisser la seconde compromettre la première. Les difficultés rencontrées pour concentrer et harmoniser en une seule poussée irrésistible tous les efforts de deux puissantes nations étaient telles que l'on ne pouvait permettre à aucune ambiguïté d'obscurcir le jugement. 3° Par conséquent, le seul moyen de mettre à profit l'intervalle qui devait s'écouler avant que de puissantes masses de troupes anglaises et américaines soient amenées au contact des Allemands en Europe pendant l'année 1943, c'était d'occuper par la force l'Afrique du Nord française, en liaison avec l'avance des Britanniques vers l'ouest à travers le désert, en direction de Tripoli et de Tunis.

Finalement, tous les autres plans et arguments s'étant épuisés d'eux-mêmes ou ayant péri en chemin, les Alliés occidentaux se rallièrent unanimement à cette décision.

*
* *

En mai, nous eûmes d'autres visiteurs ; Molotov arriva le 20 mai pour négocier une alliance anglo-russe et s'enquérir de nos vues concernant l'ouverture d'un second front. L'alliance fut conclue, et l'on discuta en détail du second front. Nos hôtes russes ayant exprimé le désir d'être logés en dehors de Londres durant leur séjour, je mis les Chequers à leur disposition et demeurai entre-temps à l'Annexe de Storey's Gate. J'allai toutefois passer deux nuits aux Chequers, et j'eus ainsi l'avantage de pouvoir m'entretenir longuement en privé avec Molotov, ainsi qu'avec l'ambassadeur Maisky, le meilleur des interprètes qui, traduisant vite et bien, possédait en outre une connaissance étendue des problèmes de l'heure. Avec l'aide de bonnes cartes, j'essayai de leur expliquer ce que nous faisions, ainsi que les limites et le caractère particulier de la puissance militaire d'un État insulaire; j'entrai aussi dans les détails de la technique des opérations amphibies, et je décrivis les dangers et les difficultés que nous rencontrions pour maintenir nos lignes de communications vitales à travers l'Atlantique, face aux assauts des sous-marins allemands. Je crois que Molotov fut impressionné par tout cela, et qu'il comprit que nos problèmes différaient radicalement de ceux qu'avait à résoudre une grande puissance continentale. En tout cas, nous nous rapprochâmes davantage à cette occasion qu'en toute autre circonstance.

La suspicion invétérée que nourrissaient les Russes à l'égard des étrangers se traduisit par quelques incidents notables durant le séjour de Molotov aux Chequers. En arrivant, ils avaient aussitôt demandé des clefs pour toutes les chambres; on les leur procura avec quelque difficulté, et dès lors, nos hôtes tinrent leurs portes constamment verrouillées; lorsque les membres du personnel qui assuraient le service aux Chequers parvenaient à entrer pour faire les lits, ils étaient gênés de trouver des pistolets sous les oreillers. Les trois principaux membres de la mission étaient accompagnés non seulement de leurs propres policiers, mais encore de deux femmes qui s'occupaient de leurs vêtements et faisaient leurs chambres; lorsque les envoyés soviétiques se rendaient à Londres, ces femmes montaient la garde en permanence dans les chambres de leurs maîtres, et ne descendaient jamais qu'une à la fois pour prendre leurs repas. Cependant, nous pouvons nous vanter de les avoir quelque peu apprivoisées, car au bout d'un certain temps, elles se mirent à bavarder en mauvais français et en langage des signes avec le personnel de la maison.

Des précautions extraordinaires avaient été prises pour assurer la sécurité personnelle de Molotov. Sa chambre avait été méticuleusement fouillée par ses policiers, chaque placard, chaque meuble, les murs et les planchers furent minutieusement examinés par des yeux expérimentés; le lit fit l'objet d'une attention particulière: les Russes palpèrent tous les matelas pour le cas où quelque machine infernale s'y trouverait dissimulée, et ils disposèrent les draps et les couvertures de manière à laisser une ouverture au milieu, permettant à l'occupant de sauter instantanément à bas du lit en cas de nécessité; le soir, un revolver était posé à côté de sa robe de chambre et de son porte-documents. On a toujours raison, surtout en temps de guerre, de prendre des précautions contre tout danger, mais encore faut-il s'efforcer d'en mesurer la réalité; le plus simple est de se demander si l'autre a quelque intérêt à vous supprimer. Pour ma part, lors de mes visites à Moscou, j'ai toujours fait la plus entière confiance à l'hospitalité russe.

*
* *

Lorsque Molotov revint à Londres après sa visite en Amérique, il ne pensait qu'aux plans d'une opération trans-Manche en 1942. Nous continuions nous-mêmes à y travailler activement en collaboration avec l'état-major américain, et jusqu'alors, notre étude n'avait fait ressortir que des difficultés. Mais rien n'empêchait de publier un communiqué susceptible d'inquiéter les Allemands, et de les inciter à retenir à l'Ouest le plus de troupes possible. Nous acceptâmes donc de rédiger un communiqué qui fut publié le 11 juin, et comprenait la phrase suivante: « Les pourparlers ont fait apparaître un accord complet quant à la nécessité urgente d'ouvrir un second front en Europe durant l'année 1942. »

J'attachais la plus grande importance à ce que cette manœuvre, destinée à leurrer l'ennemi, ne trompât pas également notre allié. Lors de la rédaction du communiqué, je remis donc personnellement à Molotov, dans la salle de réunion du Cabinet et en présence de certains de mes collègues, un *aide-mémoire* spécifiant nettement que si nous faisions de notre mieux pour établir des plans, nous ne prenions aucun engagement de passer aux actes, et ne pouvions faire aucune promesse. Lorsque par la suite, le gouvernement soviétique nous adressa des reproches et que Staline aborda personnellement la question avec moi, nous produisîmes à chaque fois l'aide-mémoire suivant, en attirant l'attention sur les mots : « Nous ne pouvons donc faire aucune promesse ».

« Aide-mémoire.

Nous effectuons des préparatifs en vue de débarquer sur le continent en août ou en septembre 1942. Comme il a déjà été expliqué, le principal facteur limitant l'importance des effectifs engagés est la pénurie de chalands de débarquement adaptés. Il est cependant bien évident que la cause russe, et celle des Alliés dans leur ensemble, n'auraient rien à gagner si, uniquement par désir d'agir à tout prix, nous nous lancions dans une opération qui se terminerait par un désastre et donnerait à l'ennemi l'occasion de se glorifier de notre déconfiture. Il est impossible de dire à l'avance si la situation permettra d'exécuter cette opération le moment venu. *Nous ne pouvons donc faire aucune promesse à cet égard*, mais dès lors que cela apparaîtra raisonnable et opportun, nous n'hésiterons pas à mettre nos projets à exécution. »

*
* *

Les longues études techniques avancèrent au cours des semaines suivantes. Je concentrai toute mon attention sur le problème de « Sledgehammer », en réclamant sans cesse des rapports à ce sujet. Les problèmes qu'il posait ne tardèrent pas à apparaître : prendre Cherbourg d'assaut avec une armée obligée de débarquer face à une défense allemande disposant d'effectifs probablement supérieurs et de puissantes fortifications constituait une opération des plus risquées. En cas de succès, les Alliés, se trouvant bloqués à Cherbourg et à l'extrémité de la presqu'île du Cotentin, auraient été contraints de se maintenir dans ce véritable piège pendant près d'un an, face à de continuels assauts aériens et terrestres ; leur ravitaillement n'aurait pu s'effectuer que par le port de Cherbourg, qu'il eût fallu défendre pendant tout l'hiver et le printemps contre des attaques aériennes susceptibles d'être continues, et à l'occasion écrasantes ; les engagements de tonnage et de forces aériennes exigés par une telle défense auraient été prioritaires, et toutes les autres opérations s'en seraient trouvées saignées à blanc. Si nous avions réussi à nous maintenir, il aurait fallu ensuite déboucher pendant l'été de l'étroit goulet de la presqu'île du Cotentin, après avoir enlevé une série de lignes fortifiées défendues par toutes les troupes que les Allemands auraient décidé d'y amener ; même alors, notre armée n'aurait pu avancer que le long d'une seule ligne de chemin de fer, qui aurait certainement été détruite. En outre, on ne voyait pas très bien en quoi cette entreprise peu prometteuse aurait pu aider la Russie. Les Allemands avaient laissé vingt-cinq divisions mobiles en France ; nous ne pouvions en avoir plus de neuf disponibles en août pour exécuter « Sledgehammer », dont sept auraient été britanniques. L'ennemi n'aurait donc eu nul besoin de rappeler des divisions du front de l'Est.

À mesure que ces faits, et bien d'autres encore, apparaissaient sous un jour extrêmement fâcheux aux membres des états-majors, un certain manque de conviction et d'enthousiasme se faisait jour, non seulement parmi les Britanniques, mais aussi parmi leurs camarades américains. Les discussions d'états-majors se poursuivirent pendant tout l'été, et pour finir, un consensus se dégagea en faveur de l'abandon de « Sledgehammer »[1]. Par ailleurs, je ne rencontrai que peu de soutien concernant « Jupiter »[2] – l'opération en Norvège du Nord. Nous nous accordions tous sur le projet de débarque-

---

1. Les impératifs diplomatiques du moment empêchent Churchill de préciser que ce sont les militaires britanniques qui ont finalement persuadé leurs homologues américains Marshall, Eisenhower et Wedemeyer de l'irréalisme complet de « Sledgehammer », comme de toute autre opération trans-Manche en 1942.

2. Un doux euphémisme en l'occurrence... Voir *supra*, p. 276.

ment outre-Manche en 1943, mais la question se posait immanquablement : que faire dans l'intervalle ? La Grande-Bretagne et les États-Unis ne pouvaient rester inactifs pendant tout ce temps, sans combattre ailleurs que dans le désert de Libye. Le président était fermement résolu à engager les Américains contre les Allemands sur la plus grande échelle possible *dès* 1942. Où pouvait-il le faire ? Où, sinon dans cette Afrique du Nord française qui avait toujours eu sa faveur ? Parmi tant de projets, seul le plus adapté avait des chances de survivre.

Je me contentai d'attendre le résultat de cette décantation.

Chapitre XVII

MA SECONDE VISITE À WASHINGTON – TOBROUK

Bien que le général Auchinleck ne se soit pas cru assez fort pour prendre l'initiative dans le désert, il attendait l'attaque ennemie avec une certaine confiance. Sous sa haute direction, le général Ritchie, commandant de la 8ᵉ armée, avait minutieusement aménagé une position défensive qui s'étendait de Gazala jusqu'à Bir-Hakeim, 70 kilomètres plus au sud ; elle se composait de points d'appui fortifiés appelés « boxes », occupés en force par des brigades ou des unités plus importantes, le tout étant couvert par une immense étendue de champs de mines. Derrière ce dispositif, les chars et le 30ᵉ corps étaient gardés en réserve.

Toutes les batailles du désert, sauf celle d'El-Alamein, devaient débuter par de vastes et rapides mouvements d'enveloppement menés par les blindés du côté du désert. Rommel se mit en route dans la nuit du 26 au 27 mai avec tous ses chars, dans l'espoir d'intercepter et de détruire les nôtres, puis, comme nous le savons maintenant, de s'emparer de Tobrouk au second jour de l'attaque. Il n'y réussit pas, et le 10 juin, à l'issue de maints combats héroïques et acharnés, le général Auchinleck nous envoya une évaluation des pertes subies de part et d'autre. Les chiffres relatifs aux blindés, aux canons et aux avions étaient aussi précis que satisfaisants, mais je fus naturellement frappé par la mention suivante : « Nos propres pertes sont estimées très approximativement à 10 000 hommes, dont 8 000 peuvent être prisonniers, mais nous ne

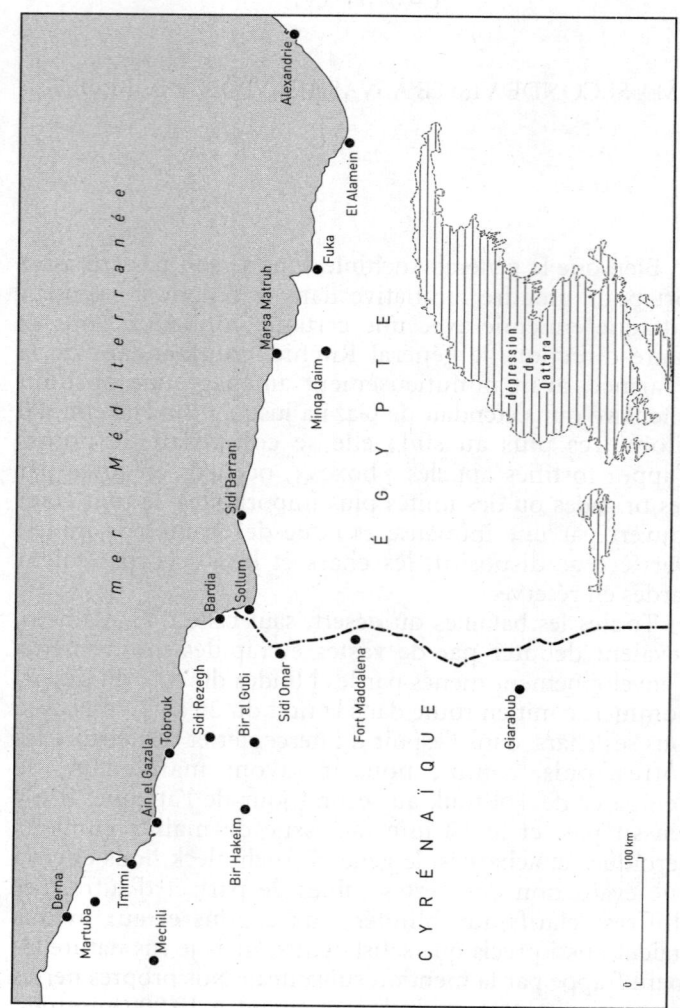

connaissons pas encore précisément celles de la 5ᵉ division indienne. » Cette disproportion extraordinaire entre le nombre de tués et de blessés d'une part, et celui des prisonniers de l'autre, révélait qu'il avait dû se produire quelque événement fâcheux; elle montrait aussi que le quartier général du Caire était, sur des aspects importants, hors d'état de prendre la mesure de la situation. Je n'insistai pas sur ce point dans ma réponse.

Pendant les deux journées du 12 et du 13 juin, un combat farouche se déroula pour la possession des crêtes situées entre El Adem et « Knightsbridge ». Ce fut le point culminant de la bataille de chars; lorsqu'elle s'acheva, l'ennemi restait maître du terrain et nos forces blindées étaient sévèrement réduites. « Knightsbridge », nœud de communications dans cette région, dut être évacué après une résistance obstinée, et le 14 juin, il devint évident que la bataille prenait une très mauvaise tournure. M. Casey, ministre d'État, m'envoya un télégramme qui accentuait encore l'impression donnée par les comptes rendus militaires, et comprenait le passage suivant :

> « En ce qui concerne Auchinleck personnellement, j'ai toute confiance en lui, tant pour ses qualités de chef que pour la façon dont il conduit la bataille avec les forces dont il dispose. Je souhaiterais seulement qu'il puisse être en deux endroits à la fois, ici au centre de commandement et à l'avant en train de diriger personnellement la 8ᵉ armée. J'ai même parfois songé au cours de ces derniers jours qu'il vaudrait mieux qu'il aille prendre la direction des opérations, en déléguant provisoirement son autorité à l'état-major d'ici; mais il n'est pas de cet avis et je ne veux pas insister. C'est *sa* bataille et c'est à lui de prendre les décisions en ce qui concerne ses subordonnés. »

La remarque de M. Casey au sujet de l'avantage qu'il y aurait à ce que Auchinleck prît personnellement en mains la direction de la bataille confirmait les vues que j'avais exprimées un mois plus tôt devant le général. Le commandant en chef au Moyen-Orient était entravé dans son action par ses trop nombreuses responsabilités. Il ne voyait, dans cette bataille dont dépendait toute sa mission, qu'une tâche parmi d'autres ; il existait toujours une menace en provenance du nord, à laquelle il se croyait obligé d'attacher une importance que nous-mêmes, qui étions mieux placés pour juger, ne prenions plus au sérieux.

Auchinleck avait eu recours à un compromis, en laissant le général Ritchie, qui avait été son délégué peu de temps auparavant, diriger la bataille décisive ; mais simultanément, il le soumit à un contrôle sévère, en lui envoyant un flot d'instructions. Ce n'est qu'après le désastre qu'il se décida, en grande partie sur les instances du ministre d'État, à faire ce qu'il aurait dû faire dès le début, c'est-à-dire à prendre directement la tête des opérations. C'est à cela que j'attribue son échec personnel. Une part du blâme doit sans aucun doute retomber sur mes collègues et sur moi-même, pour avoir conféré des attributions trop étendues au commandement du théâtre moyen-oriental un an plus tôt. Nous avions pourtant fait de notre mieux pour le libérer de ce fardeau trop lourd, en lui envoyant des conseils précis, basés sur les renseignements les plus récents, qui annulaient toutes les considérations antérieures ; mais il ne les avait pas acceptés. Pour ma part, je crois que s'il avait pris le commandement dès le début, en laissant un délégué au Caire pour surveiller le secteur nord et s'occuper des tâches nombreuses et variées concernant le reste de l'immense théâtre qu'il dirigeait, il aurait très bien pu gagner la bataille. En tout cas, lorsqu'il se décida tardivement à prendre en mains la bataille, nul doute qu'il sauva tout ce qui pouvait encore l'être.

Le lecteur verra plus loin que ces impressions me firent tant d'effet que dans mon instruction du 10 août au général Alexander, je définis sans la moindre ambiguïté sa mission essentielle ; c'était le fruit de l'expérience.

La menace sur Tobrouk nous apparut d'emblée, et tout comme l'année précédente, nous étions persuadés qu'il fallait le tenir à tout prix. Là encore, après un mois d'atermoiements inutiles, le général Auchinleck fit venir de Syrie la division néo-zélandaise, mais elle arriva trop tard pour prendre part à la bataille de Tobrouk. Nous n'étions pas satisfaits des ordres donnés par Auchinleck au général Ritchie, car ceux-ci ne lui faisaient pas obligation absolue de défendre la forteresse. Pour mettre les choses au point, j'envoyai à Auchinleck le télégramme suivant :

> « Nous prenons acte avec satisfaction de vos assurances selon lesquelles vous n'avez aucune intention d'abandonner Tobrouk. Le Cabinet de guerre en déduit que, si le besoin s'en faisait sentir, le général Ritchie laisserait à Tobrouk autant d'effectifs que nécessaire pour tenir solidement la place. »

La réponse fut sans ambiguïté et nous en restâmes là, notre confiance se fondant sur l'expérience de l'année précédente. En outre, comme l'avait fait observer le général Auchinleck, notre situation paraissait théoriquement bien meilleure qu'en 1941 : nous disposions d'une armée établie sur un front fortifié au voisinage immédiat de Tobrouk, ravitaillée grâce à une voie de chemin de fer à grand écartement récemment construite. Nous n'étions plus déployés sur une aile avec des lignes de communications dépendant en grande partie du trafic maritime ; conformément aux principes stratégiques les plus orthodoxes, ces lignes couraient désormais à angle droit depuis le centre de notre front jusqu'à notre base principale. Dans ces conditions, bien que très chagriné par ce qui venait de se produire, j'avais encore l'impression que tout irait bien, compte tenu des forces en présence dans les deux camps et des immenses difficultés qu'éprouvait Rommel à se ravitailler. Avec la division néo-zélandaise sur le point d'arriver et de puissants renforts approchant par mer, je ne pensais pas personnellement que la poursuite de combats très durs entre des effectifs aussi considérables que possible des deux côtés puisse au bout du compte nous être défavorable. Je ne changeai donc rien au projet que j'avais conçu d'une seconde visite à Washington, où j'avais à traiter d'affaires de la plus haute importance pour la stratégie de guerre. Ceci recueillit l'approbation de mes collègues.

*
* *

Le but principal de mon voyage était d'aboutir à une décision définitive quant aux opérations à mener en 1942-1943. Les autorités américaines en général, M. Stimson et le général Marshall en particulier, étaient très désireuses que l'on arrêtât sans délai quelque plan qui permettrait aux États-Unis de s'engager en force contre les Allemands dès 1942, sur terre et dans les airs. Faute d'y parvenir, nous risquions fort de voir les chefs d'état-major américains envisager sérieusement de modifier du tout au tout la stratégie basée sur le principe de « l'Allemagne d'abord ». Un autre sujet me préoccupait également beaucoup : c'était la question de « Tube Alloys », notre nom de code pour ce qui devait devenir par la suite la bombe atomique. Nos recherches et nos expériences en étaient arrivées à un point où il fallait conclure des accords précis avec les États-Unis, et l'on estimait que seule une discussion personnelle entre le président et moi permettrait d'y parvenir. Le fait que le Cabinet de guerre ait consenti à ce que je quitte le pays et Londres avec le chef d'état-major impérial et le général Ismay, au moment précis où la bataille du désert atteignait son point culminant, montre bien l'importance que nous attachions au règlement des graves problèmes stratégiques de l'heure.

Compte tenu de la crise que nous traversions et des urgentes nécessités de ces jours très difficiles, je décidai d'effectuer mon voyage en avion plutôt qu'en bateau. Grâce à cela, mes compagnons et moi ne serions coupés que vingt-quatre heures à peine du flot de renseignements sur l'évolution de la situation. Des dispositions très efficaces furent prises pour la retransmission immédiate des rapports en provenance d'Égypte et leur déchiffrement rapide. On s'attendait ainsi à ce que les décisions à prendre ne subissent pas de retards préjudiciables, et de fait, il n'y en eut pas.

Bien que je connusse désormais les risques que nous avions courus en revenant des Bermudes au mois de janvier[1], j'avais une telle confiance dans le chef pilote Kelly Rogers et dans son hydravion Boeing que je fis tout spécialement appel à ses services. Nous partîmes de Stranraer dans la nuit du 17 juin, peu avant minuit ; la lune était pleine et le temps parfait. Je restai assis pendant au moins deux heures à la place du copilote, en admirant la mer étincelante, en retournant tous les problèmes dans ma tête et en pensant à l'inquiétante bataille du désert. Je dormis profondément dans la « cabine des jeunes mariés » jusqu'à Gander, où nous arrivâmes en plein jour. Nous aurions pu nous y ravitailler en carburant, mais ce ne fut pas jugé nécessaire, et nous poursuivîmes notre route après avoir salué l'aérodrome. Comme nous avancions avec le soleil, la journée parut fort longue ; nous déjeunâmes deux fois à six heures d'intervalle, en prévoyant un dîner tardif pour l'arrivée.

Nous volâmes au-dessus de la terre pendant les deux dernières heures, et il était environ 7 heures du soir, heure américaine, lorsque nous approchâmes de Washington. Tandis que nous descendions progressivement pour nous poser sur le Potomac, je remarquai que le sommet du *Washington Monument*, haut de plus de 170 m, se trouvait sensiblement à notre niveau. Je fis bien observer au capitaine Kelly Rogers qu'il serait particulièrement regrettable de mettre fin à notre carrière en heurtant précisément cet obstacle, plutôt que tous les autres qui se dressaient de par le vaste monde ; il m'assura qu'il prendrait grand soin de le manquer. Nous nous posâmes donc doucement et sans

---

1. Risques très relatifs, comme on l'a vu (voir *supra*, p. 211, note 1).

encombre sur le Potomac après 27 heures de vol. Lord Halifax, le général Marshall et plusieurs hautes personnalités américaines étaient venus nous accueillir. Je me rendis à l'ambassade de Grande-Bretagne, où je devais dîner. Il était trop tard pour gagner Hyde Park en avion le même soir. Nous prîmes connaissance des derniers télégrammes – il n'y avait rien d'important –, et nous dînâmes agréablement en plein air. L'ambassade, édifiée sur une éminence, est un des endroits les plus frais de Washington, ce en quoi elle ne le cède en rien à la Maison-Blanche.

Le lendemain matin 19 juin, je partis de bonne heure pour Hyde Park. Le président, qui s'était rendu à l'aérodrome local, nous vit effectuer l'atterrissage le plus brutal que j'aie jamais connu. Il m'accueillit avec une grande cordialité et, conduisant lui-même sa voiture, me mena jusqu'à la magnifique falaise dominant l'Hudson, sur laquelle est construite Hyde Park, sa maison familiale[1]. Il me fit admirer toute la propriété, en me montrant les splendides panoramas qui s'offraient à nos yeux. Je connus quelques moments d'appréhension à cette occasion, car l'infirmité de M. Roosevelt l'empêchait de se servir de ses pieds pour actionner le frein, l'embrayage ou l'accélérateur ; un ingénieux dispositif lui permettait de faire tout cela avec ses bras, qui étaient étonnamment forts et musculeux. Il m'invita à tâter ses biceps, en me déclarant qu'un célèbre lutteur les lui avait enviés ; c'était rassurant, mais j'avoue qu'à plusieurs occasions, quand la voiture stationnait et faisait marche arrière sur les extrémités herbeuses des précipices surplombant l'Hudson, je me pris à souhaiter que les dispositifs mécaniques et les freins fissent bien leur office. Pendant tout ce temps, nous discutions de nos affaires et, bien que j'eusse grand soin de ne pas détourner son attention des manœuvres de la

---

1. Churchill croit manifestement que Hyde Park est le nom de la maison, alors que c'est celui de la petite ville la plus proche.

voiture, nous obtînmes davantage de résultats qu'au cours d'une conférence officielle.

Le président se montra très heureux d'apprendre que j'étais accompagné du chef de l'état-major impérial. Son intérêt s'éveillait toujours à l'évocation de souvenirs de jeunesse ; or, il se trouvait que le père du président avait jadis reçu à Hyde Park celui du général Brooke. M. Roosevelt se déclara donc enchanté de rencontrer son fils, qui occupait désormais une si haute fonction. Il l'accueillit deux jours après avec la plus grande cordialité ; la personnalité et le charme du général créèrent presque aussitôt une atmosphère d'intimité qui facilita énormément la progression des pourparlers[1].

*
* *

J'indiquai à Harry Hopkins les divers points sur lesquels j'attendais des décisions, et il en parla au président, de sorte que le terrain était préparé et l'esprit du président bien armé pour examiner chaque sujet. Celui de « Tube Alloys » était l'un des plus complexes et – l'expérience devait le prouver – de beaucoup le plus important. J'avais apporté toute ma documentation, mais la discussion fut remise au lendemain 20 juin, car le président devait faire venir d'autres renseignements de Washington. Nos conversations se tinrent après le déjeuner dans une pièce minuscule, sombre et bien abritée du soleil, faisant saillie au rez-de-chaussée. M. Roosevelt était installé derrière un bureau qui avait presque les dimensions de la pièce ; Harry se tenait assis ou debout à l'arrière-plan. Mes deux amis américains ne paraissaient pas gênés par la chaleur ambiante.

J'exposai au président en termes généraux les grands progrès que nous avions accomplis, en ajoutant que nos savants étaient désormais bien convaincus qu'il était

---

1. Le général Brooke avait certes d'immenses qualités, mais force est de reconnaître que le charme n'en faisait pas partie...

possible d'obtenir des résultats avant la fin de cette guerre. Il répondit que ses spécialistes avançaient aussi, mais que personne n'était en mesure de dire s'il en sortirait quelque chose de concret tant que l'on n'aurait pas procédé à une expérience grandeur nature. Nous comprenions parfaitement tous les deux combien il eût été dangereux de ne rien faire ; nous étions au courant des efforts accomplis par les Allemands pour se procurer de l'« eau lourde », un terme sinistre, étrange et monstrueux qui commençait à se glisser dans nos documents secrets. Que se passerait-il si l'ennemi mettait au point une bombe atomique avant nous ? Quelque scepticisme que l'on pût éprouver devant les affirmations des savants, d'ailleurs très controversées dans leur propre milieu et formulées dans un jargon inaccessible aux profanes, nous ne pouvions courir le risque mortel de nous laisser devancer dans cet effroyable domaine.

J'insistai vigoureusement pour que nous mettions sans délai tous nos renseignements en commun, pour que nous poursuivions les travaux sur un pied d'égalité et que nous en partagions équitablement les résultats, s'il y en avait. La question se posa ensuite de savoir où serait installée l'usine de recherches. Nous nous rendions déjà bien compte des énormes dépenses que nous allions devoir supporter, et des graves conséquences du fait que d'immenses ressources matérielles et intellectuelles se trouveraient détournées de nos autres efforts de guerre. La Grande-Bretagne étant soumise à de fréquentes attaques des bombardiers ennemis et constamment surveillée par des avions de reconnaissance, il semblait impossible d'établir dans notre île les usines vastes et ostentatoires qui étaient nécessaires. Nous considérions que nous étions au moins aussi avancés que nos alliés, et nous pouvions naturellement envisager une installation au Canada, dont la participation avait une importance capitale du fait des stocks d'uranium qu'il avait constitués[1]. Il était très difficile de prendre la

---

1. Et de sa possibilité, unique au monde, de fournir du graphite pur,

décision de consacrer plusieurs centaines de millions de livres sterling – somme moins importante par elle-même que par ce qu'elle représentait comme précieuses ressources de guerre – pour un projet dont aucun savant, d'un côté de l'Atlantique comme de l'autre, n'était en mesure de garantir le succès. Néanmoins, si les Américains n'avaient pas accepté de tenter l'aventure, nous aurions certainement poursuivi seuls les recherches au Canada, ou en quelque autre endroit de l'empire si le gouvernement canadien s'y était opposé. Je n'en fus pas moins heureux d'entendre le président dire qu'à son avis, c'était aux États-Unis de prendre l'affaire en mains ; nous arrêtâmes donc cette décision en commun et jetâmes les bases d'un accord. J'en reparlerai dans un chapitre à venir. Mais pour l'heure, je n'ai pas le moindre doute que ce furent les progrès réalisés en Grande-Bretagne, de même que la confiance de nos savants dans le succès final ainsi communiquée au président, qui le conduisirent à prendre cette décision si grave et lourde de conséquences[1].

---

un « modérateur » de neutrons très supérieur à l'eau lourde (le modérateur ralentit les neutrons bombardant l'atome d'uranium, ce qui permet d'obtenir une réaction en chaîne contrôlée).

1. Ces deux derniers paragraphes sont à considérer avec la plus extrême circonspection, tant ils recèlent d'inexactitudes fondamentales. L'image d'un Churchill venant révéler au président Roosevelt en juin 1942 l'état d'avancement des recherches britanniques sur l'atome, le poussant à développer un gigantesque programme nucléaire américain et se faisant l'apôtre d'une coopération anglo-américaine en la matière ne résiste pas à l'examen. En réalité, il y avait dès octobre 1939 aux États-Unis un « comité consultatif pour l'uranium », constitué à la demande d'Albert Einstein en personne, et travaillant avec des savants tels que Szilard Fermi, Teller, Wigner et Sachs ; l'année suivante s'était formé en Grande-Bretagne le *Maud Committee*, comprenant six physiciens distingués qui poursuivaient à peu près les mêmes recherches en matière de fission nucléaire. C'est en octobre 1941 que le physicien américain Vannevar Bush, directeur du Bureau de recherches et de développements scientifiques, envoie deux savants en Grande-Bretagne pour s'enquérir de l'état des travaux du *Maud Committee*, puis va expliquer

*

* *

Nous prîmes le train présidentiel tard dans la nuit du 20 juin, pour arriver à Washington le lendemain matin vers 8 heures. Entourés d'une puissante escorte, nous gagnâmes la Maison-Blanche, où l'on m'attribua de nouveau la très grande chambre climatisée ; j'y séjournai confortablement, avec une température inférieure d'une quinzaine de degrés à celle qui régnait dans la plupart des autres pièces de la maison. Je jetai un coup d'œil sur les journaux, lus les télégrammes pendant une heure, déjeunai, rendis une petite visite à Harry de l'autre côté du couloir, et partis enfin retrouver le président dans son bureau ; le général Ismay m'accompagnait. On remit bientôt au président un télégramme, qu'il me tendit sans pro-

---

la situation à Roosevelt : la victoire reviendra à celui qui aura la bombe atomique en premier. C'est ainsi que le président d'une Amérique encore neutre décide la création du « *Top Policy Group* », un organisme dirigé par lui-même, le vice-président Wallace, le ministre de la Guerre Stimson et le chef d'état-major Marshall, qui veillera au lancement d'un programme de recherches accéléré bénéficiant d'un fonds spécial, c'est-à-dire illimité. Deux jours plus tard – et presque deux mois avant Pearl Harbor –, c'est Roosevelt lui-même qui écrit à Churchill pour lui proposer « une action conjointe » en matière de recherches nucléaires... Voilà qui fait déjà apparaître les choses sous un jour quelque peu différent. Mais il y a davantage : les archives comme les témoins indiquent que Churchill a quitté Londres en juin 1942 sans le moindre document et sans le moindre avis d'experts concernant le programme atomique ; que les militaires américains et britanniques présents lors de sa visite aux États-Unis ce mois-là n'ont même pas évoqué la question nucléaire, et qu'il n'existe pas le moindre mémorandum concernant de telles discussions, à Hyde Park ou à Washington. L'hypothèse la plus vraisemblable est qu'une confusion s'est introduite dans l'esprit de Churchill entre ses conversations de 1942 et celles de 1943-1944 – lorsque les questions nucléaires ont effectivement été longuement débattues, pour déboucher enfin sur un accord – que les Américains ne respecteront d'ailleurs pas.

noncer un seul mot. Je lus : « Tobrouk a capitulé, 25 000 hommes ont été faits prisonniers. » Cela me parut si surprenant que je ne pus le croire ; je demandai donc à Ismay de téléphoner immédiatement à Londres pour s'informer. Quelques minutes plus tard, il m'apporta le message suivant, qui venait juste d'arriver, signé de l'amiral Harwood à Alexandrie[1] :

> « Tobrouk est tombé et la situation s'est aggravée, au point que des attaques aériennes massives sur Alexandrie deviennent possibles dans un proche avenir. En prévision de la prochaine période de pleine lune, je fais passer toutes les unités de la flotte de Méditerranée orientale au sud du canal de Suez pour attendre la suite des événements[2]. J'espère pouvoir faire sortir la *Queen Elizabeth* de cale sèche vers la fin de la semaine. »

Je ne crois pas avoir reçu beaucoup de chocs plus brutaux durant la guerre. Non seulement les conséquences militaires étaient très graves, mais la réputation des armées britanniques s'en trouvait entachée. À Singapour, 85 000 hommes s'étaient rendus à des Japonais inférieurs en nombre ; et voici qu'à Tobrouk, une garnison de 25 000 soldats aguerris [33 000 en réalité] déposait les armes devant un adversaire moitié moins nombreux. S'il fallait voir là un indice du moral de l'armée du désert, nous pouvions nous attendre à des désastres sans limites dans l'Afrique du Nord-Est. Je n'essayai pas de dissimuler au président le choc que je venais de subir. Ce fut une heure amère ; la défaite est une chose, la honte en est une autre. Rien ne saurait dépasser la sympathie et la générosité chevaleresque que manifestèrent mes deux amis ; pas un

---

1. L'amiral Harwood avait remplacé l'amiral Cunningham le 31 mai au commandement des forces navales de Méditerranée.

2. L'amiral Harwood avait pris cette décision parce qu'Alexandrie pouvait désormais être attaquée par des bombardiers en piqué protégés par des chasseurs.

reproche, pas une parole blessante. « Comment pouvons-nous vous aider ? » dit Roosevelt. Je répondis aussitôt : « Donnez-nous tous les Sherman dont vous pourrez disposer, et envoyez-les au Moyen-Orient aussi rapidement que possible. » Le président fit appeler le général Marshall, qui arriva quelques minutes plus tard, et il lui transmit ma demande. Le général répondit : « Monsieur le président, les Sherman commencent tout juste à sortir. Les quelques premières centaines ont été distribuées à nos propres divisions blindées, qui avaient dû se contenter jusqu'ici d'un matériel démodé. C'est une chose terrible que de retirer leurs armes aux soldats. Néanmoins, si les Britanniques en ont un si grand besoin, il faut les leur donner, et nous pourrions même y ajouter cent canons de 105 mm autopropulsés. »

Pour achever cette histoire, il me faut dire que les Américains firent mieux que tenir leur promesse : trois cents chars Sherman, sur lesquels les moteurs n'avaient pas encore été montés, furent embarqués sur six de leurs navires de transport les plus rapides et envoyés vers le canal de Suez. Le navire contenant les moteurs de tous ces chars fut coulé par un sous-marin au large des Bermudes ; sans que nous ayons dit un seul mot, le président et Marshall firent embarquer un nouveau chargement de moteurs sur un autre navire rapide, et l'envoyèrent aussitôt rejoindre le convoi. « C'est dans le malheur que l'on connaît ses amis. »

*
* *

Le 21 juin, alors que nous nous trouvions seuls après le déjeuner, Harry me dit : « Le président aimerait vous faire rencontrer deux officiers américains qui jouissent d'une très grande réputation auprès des milieux militaires, de Marshall et de lui-même. » À 5 heures, on introduit donc dans ma chambre climatisée les généraux de brigade Eisenhower et Clark. Je fus impressionné d'emblée par ces hommes remarquables, quoiqu'encore inconnus; ils arrivaient tous deux de chez le président, qu'ils venaient de rencontrer pour la première fois. Il ne fut guère question que du grand débarquement trans-Manche à effectuer en 1943, alors baptisé « Round-up », et qui avait manifestement été au centre de leurs réflexions; la conversation fut très agréable et se prolongea pendant plus d'une heure. J'eus la conviction que ces hommes étaient destinés à jouer un grand rôle dans l'opération, et qu'on me les avait présentés pour cette raison[1]. Dès ce moment se noua entre nous une amitié que je suis fort heureux d'avoir préservée à ce jour, en dépit de toutes les vicissitudes de la guerre.

Entre-temps, les échos de la capitulation de Tobrouk retentissaient dans le monde entier. Le 22 juin, Hopkins et moi déjeunions avec le président dans sa chambre; M. Elmer Davis, directeur du Bureau d'information militaire, vint nous apporter un paquet de journaux new-yorkais ornés de manchettes à sensation : « LA COLÈRE GRONDE EN ANGLETERRE », « LA CHUTE DE TOBROUK PEUT PROVOQUER UN CHANGEMENT DE GOUVERNEMENT », « CHURCHILL FERA L'OBJET D'UN VOTE DE CENSURE », etc. Le général Marshall m'avait invité à inspecter un des camps de l'armée américaine en Caroline du Sud; je devais partir en train avec lui et M. Stimson dans la soirée du 23 juin. M. Davis me demanda très sérieusement si, étant donné la situation politique en Grande-Bretagne, je jugeais toujours opportun de suivre ce programme qui, bien entendu, avait été minutieusement organisé. Ne risquais-je pas de donner prise à la critique en inspectant des troupes en Amérique, alors que des événements d'une importance aussi capitale se déroulaient en

---

1. Une conviction acquise *a posteriori* et sans le moindre fondement à l'époque : personne n'avait encore songé à Eisenhower pour commander le débarquement en France deux ans plus tard... Quant à Clark, il ne sera même pas amené à y participer, étant retenu en Italie.

Afrique et à Londres ? Je lui répondis que j'effectuerais très certainement les inspections prévues, et que je n'étais pas du tout certain d'amener plus de vingt membres de la Chambre des communes à voter contre le gouvernement lors de la question de confiance. De fait, ce fut à peu près le nombre de voix que devaient obtenir les mécontents.

Je pris donc le train le lendemain soir pour la Caroline du Sud, et arrivai à Fort Jackson le lendemain matin. Le train s'arrêta en pleine campagne plutôt que dans une gare ; la journée était torride et nous gagnâmes directement le terrain de manœuvres, qui rappelait les plaines de l'Inde à la saison chaude. Nous nous rendîmes d'abord sous une tente, d'où nous vîmes défiler des unités de chars et d'infanterie. Nous assistâmes ensuite à des exercices de parachutage aussi impressionnants que convaincants ; je n'avais encore jamais vu un millier d'hommes sauter ensemble dans le vide. On me donna un *walkie talkie*[1], et ce fut la première fois que je me servis d'un tel appareil. Dans l'après-midi, nous vîmes les divisions américaines formées « à la chaîne » manœuvrer sur le terrain avec des munitions réelles. Lorsque ce fut terminé, je demandai à Ismay (à qui je dois le rappel de cette anecdote) : « Qu'en pensez-vous ? » Il me répondit : « Aligner ces troupes contre les Allemands serait les envoyer au massacre. » Sur quoi je rétorquai : « Vous vous trompez. Il y a là un matériau humain d'une qualité magnifique ; ils apprendront très vite. » Mais je ne cessai d'affirmer à nos hôtes américains qu'il fallait au moins deux ans pour faire un bon soldat ; et de fait, les hommes que nous avions vus en Caroline devaient se comporter comme des vétérans deux ans plus tard.

Dans l'après-midi du 24 juin, nous reprîmes l'avion pour Washington, où je reçus divers rapports, et dans la soirée du lendemain, je me mis en route pour Baltimore, où m'attendait mon hydravion. Le président m'ayant fait ses adieux à la Maison-Blanche avec sa grâce et sa courtoisie

---

1. Un des premiers postes émetteurs-récepteurs portatifs.

habituelles, Harry Hopkins et Averell Harriman m'accompagnèrent jusqu'à l'appareil. L'étroit passage fermé conduisant au quai était fortement gardé par des policiers américains en armes ; l'atmosphère paraissait chargée d'électricité et les officiers avaient un air grave. Avant notre décollage, on m'annonça qu'un des agents en civil de service dans le passage avait été surpris en train de manipuler un pistolet et de murmurer qu'il allait « me régler mon compte », en même temps que quelques expressions assez défavorables à mon endroit. On s'était jeté sur lui pour l'arrêter, et par la suite, il fut diagnostiqué comme étant fou. Les détraqués constituent un danger tout particulier pour les hommes d'État, car ils ne se soucient pas de la manière de prendre la fuite une fois leur forfait accompli.

Nous nous posâmes à Botwood le lendemain matin pour refaire le plein de carburant et repartîmes après un repas de homards frais. Ensuite, je mangeai en me réglant sur mon estomac – c'est-à-dire en ménageant un intervalle normal entre les repas –, et je dormis à chaque fois que c'était possible. J'étais assis dans le siège du copilote lorsque, après avoir survolé l'Irlande du Nord, nous approchâmes de la Clyde à l'aube, pour amerrir sans encombre. Mon train m'attendait avec Peck, l'un de mes secrétaires particuliers, une foule de dossiers et les journaux des quatre ou cinq derniers jours. Une heure plus tard, nous étions en route pour le sud. Il s'avérait que nous avions perdu une élection partielle à Maldon, par suite d'un énorme déplacement de voix ; c'était une des répercussions de Tobrouk.

Tout cela m'apparaissait comme un bien mauvais moment de la guerre. Je me couchai, je feuilletai les dossiers un moment, puis je dormis pendant quatre ou cinq heures jusqu'à l'arrivée à Londres. Quel don précieux que le sommeil ! Le Cabinet de guerre m'attendait sur le quai pour m'accueillir, et quelques instants plus tard, j'étais au travail dans la salle du Cabinet.

Chapitre XVIII

LA MOTION DE CENSURE

Aux caquetages et aux critiques de la presse, où les plumes les plus acérées et bien des voix perçantes s'en donnaient à cœur joie, faisaient écho l'activité de quelques dizaines de membres de la Chambre et l'attitude plutôt maussade de notre immense majorité parlementaire. À ce stade, un gouvernement de parti aurait fort bien pu être renversé, sinon par un vote, du moins par le genre de mouvement d'opinion qui avait conduit M. Chamberlain à quitter le pouvoir en mai 1940. Mais le gouvernement d'union nationale, renforcé par le remaniement de février, constituait un bloc inébranlable par sa force et son unité; ses principaux ministres faisaient bloc autour de moi, loyaux et résolus jusque dans leurs moindres pensées. Je paraissais avoir conservé la confiance de tous ceux qui avaient suivi le déroulement des événements en pleine connaissance de cause, et partageaient les responsabilités du pouvoir. Pas un ne flancha; il n'y eut pas l'ombre d'une intrigue. Nous formions un cercle solide, infrangible, capable de résister à n'importe quel assaut politique et de persévérer dans la tâche commune en dépit de tous les mécomptes.

Nous avions connu une longue série de malheurs et de défaites: la Malaisie, Singapour, la Birmanie; la bataille perdue par Auchinleck dans le désert; Tobrouk, inexpliqué et apparemment inexplicable; la retraite précitée de la 8e armée et la perte de toutes nos conquêtes, en Libye comme en Cyrénaïque; 600 kilomètres de recul en direction de la frontière égyptienne; plus de 50 000 de nos soldats tués, blessés ou prisonniers ; nous avions perdu d'énormes quantités d'artillerie, de munitions, de véhicules, et d'approvisionnements de toute nature ; nous nous retrouvions à Mersa Matrouh, sur les positions que nous occupions deux ans auparavant, mais cette fois, Rommel et ses Allemands triomphants avançaient dans des camions qu'ils nous avaient pris, propulsés par du carburant provenant de nos stocks, et tirant bien souvent nos propres munitions. Encore quelques étapes, encore un succès, et Mussolini entrerait avec Rommel au Caire ou dans ses ruines[1]. Tout se trouvait suspendu à la roue de la Fortune et, après les étonnants revers que nous avions subis, devant tous les facteurs inconnus qui étaient à l'œuvre, qui pouvait prédire dans quel sens elle tournerait ?

La situation parlementaire réclamait une prompte décision. Il paraissait cependant difficile de demander un nouveau vote de confiance si peu de temps après celui qui avait précédé la chute de Singapour. Dès lors, l'initiative de députés mécontents, qui décidèrent le 25 juin de déposer une motion de censure, tomba fort à propos. En voici le texte :

> « La Chambre, tout en rendant hommage à l'héroïsme et à la résistance dont ont fait preuve les forces armées de la Couronne dans des circonstances exceptionnellement difficiles, n'a pas confiance dans la direction centrale de la guerre. »

Cette motion était signée par sir John Wardlaw-Milne, un membre influent du parti conservateur ; il présidait la puissante commission interpartis des Finances, dont j'avais toujours lu avec la plus grande attention les rap-

---

1. Churchill a toujours considéré que l'entrée de Rommel au Caire constituerait un désastre irréparable. Ses chefs d'état-major estimaient au contraire qu'au vu de l'état des forces de l'Axe dans la région et de la situation sur le front de l'Est, une pénétration profonde de Rommel en Égypte ne serait que le début de son enlisement.

ports sur les cas de gaspillage et d'impéritie administrative. Cette commission disposait de nombreuses informations et entretenait bien des contacts avec les milieux périphériques de notre machine de guerre. Quand il fut annoncé que cette motion serait appuyée par l'amiral de la flotte sir Roger Keyes et soutenue par M. Hore-Belisha, ancien secrétaire d'État à la Guerre, il devint aussitôt évident que nous nous trouvions face à un défi d'envergure. En fait, dans certains journaux et dans les couloirs de la Chambre, on parlait d'une crise politique imminente et décisive.

Je déclarai immédiatement que nous donnerions toutes facilités pour la tenue d'un grand débat public, et j'en fixai la date au 1er juillet. Dans l'intervalle, je jugeai nécessaire de faire une mise au point, et je télégraphiai à Auchinleck :

> « Au cours du débat sur la motion de censure jeudi vers 16 heures, j'estime nécessaire d'annoncer que vous avez pris le commandement en remplacement de Ritchie, à compter du 25 juin. »

La crise militaire ne cessait de s'aggraver en Égypte, et beaucoup pensaient que Le Caire et Alexandrie allaient bientôt succomber devant le glaive flamboyant de Rommel. De fait, Mussolini fit des préparatifs pour se rendre en avion au quartier général de Rommel, en prévision d'une entrée triomphale dans l'une ou l'autre ville. Nous paraissions devoir atteindre simultanément le point culminant de la crise sur le front du désert et sur le front parlementaire. Lorsque nos critiques comprirent qu'ils allaient se trouver devant l'union inébranlable de notre gouvernement national, leur ardeur tiédit quelque peu, et l'auteur de la motion offrit de la retirer si la situation critique en Égypte rendait une discussion publique inopportune. Mais nous n'avions nulle intention de laisser nos adversaires se dérober aussi facilement ; étant donné que le monde entier, ami ou hostile, suivait avec inquiétude depuis près de trois semaines la montée des tensions politiques et militaires, il était impossible de ne pas trancher immédiatement la question.

*
* *

Sir John Wardlaw-Milne ouvrit le débat par un discours habile, dans lequel il posait le problème essentiel. Sa motion n'était pas dirigée contre « les officiers sur le champ de bataille » ; « elle est, dit-il, nettement dirigée contre le commandement suprême ici, à Londres, et j'espère démontrer que les causes de notre échec se trouvent ici, bien plus qu'en Libye ou ailleurs. La première erreur capitale que nous ayons commise au cours de cette guerre a été de réunir les fonctions de Premier ministre et celle de ministre de la Défense. » Il s'étendit sur les « tâches énormes » qu'avait à remplir le titulaire de ces deux postes : « Il nous faut, pour diriger le Comité des chefs d'état-major, un leader énergique qui ne s'occupe de rien d'autre. Ce que je veux, c'est un homme fort et indépendant pour nommer ses généraux et ses amiraux, etc. Il me faut un homme fort, qui soit chargé des trois branches des forces armées de la Couronne [...] assez fort pour exiger toutes les armes nécessaires à la victoire [...] pour veiller à ce que ses généraux, ses amiraux, ses maréchaux de l'Air puissent accomplir leur besogne comme ils l'entendent, sans avoir à subir des interventions intempestives venant d'en haut. Et par-dessus tout, je veux un homme qui, s'il n'obtient pas ce qu'il demande, soit prêt à démissionner immédiatement [...] Nous avons souffert à la fois du fait que le Premier ministre ne puisse suivre de très près ce qui se passe dans notre pays, et de l'absence de cette direction que nous aurions obtenue d'un ministre de la Défense nationale ou d'une autre autorité (quel que soit son titre), ayant la charge de l'ensemble des forces armées. Il apparaît sûrement à n'importe quel civil que la série de désastres éprouvés au cours des derniers mois, et en fait, au cours des deux dernières années, est due à des défauts affectant les fondements mêmes de la direction centrale de la guerre. »

Tout cela produisait quelque effet, mais sir John fit alors une digression : « Il serait extrêmement souhaitable – si sa Majesté le roi et son Altesse Royale y consentaient – que Son Altesse Royale le duc de Gloucester fût nommée commandant en chef de l'armée britannique – en étant bien entendu déchargée de toutes les questions administratives. » Cela nuisit à la cause qu'il défendait, en apparaissant comme une proposition de faire assumer à la famille royale des responsabilités sérieuses et prêtant à polémique. De plus, la nomination en tant que chef de guerre suprême, aux pouvoirs à peu près illimités, d'un duc de sang royal aurait comme un arrière-goût de dictature[1]. À partir de ce moment, le réquisitoire long et détaillé parut s'enliser quelque peu ; sir John termina en disant : « La Chambre doit faire nettement comprendre qu'il nous faut un homme qui consacre la totalité de son temps à la conduite victorieuse de la guerre, un homme ayant la charge entière de toutes les forces armées de la Couronne. Et quand nous l'aurons, il faudra que la Chambre lui donne les pouvoirs et l'indépendance nécessaires à l'accomplissement de sa tâche. »

La motion fut appuyée par sir Roger Keyes ; l'amiral, qui avait été très affecté par son remplacement à la tête de la Direction des opérations combinées – et plus encore par le fait que je n'avais pas toujours pu suivre ses conseils lorsqu'il occupait ces fonctions – se trouva gêné dans ses attaques par nos longues relations d'amitié personnelle. Il

---

[1]. La diplomatie de Churchill, son respect pour l'institution monarchique... et la censure royale l'empêchent d'exposer la véritable raison pour laquelle les députés ont accueilli cette proposition avec beaucoup de scepticisme et une certaine hilarité : le duc Henry de Gloucester, troisième fils de George V, était un aimable et timide retraité de l'armée, aussi mal préparé que possible à exercer les fonctions de commandant en chef.

concentra donc ses critiques sur mes conseillers techniques, ce qui signifiait naturellement les chefs d'état-major. « Il est regrettable que le Premier ministre ait été empêché à trois reprises au cours de sa carrière – à Gallipoli, en Norvège et en Méditerranée – de mener à bien des manœuvres stratégiques qui auraient pu modifier entièrement le cours de deux guerres, et à chaque fois parce que son conseiller naval attitré avait refusé d'en partager la responsabilité avec lui, dès lors qu'elles comportaient le moindre risque. » Cet argument était en contradiction avec celui de l'auteur de la motion, ce qui ne passa pas inaperçu ; l'un des membres du parti travailliste indépendant, M. Stephen, l'interrompit pour faire observer que sir John Wardlaw-Milne avait déposé une motion de censure alléguant « que le Premier ministre était intervenu indûment dans la conduite de la guerre, alors que l'orateur qui l'appuyait semblait reprocher au Premier ministre de n'être pas intervenu suffisamment ». Cela n'échappa pas à la Chambre.

« Nous attendons du Premier ministre », dit l'amiral Keyes, « qu'il mette de l'ordre dans sa maison et rassemble à nouveau le pays pour poursuivre sa tâche immense. » Un autre socialiste fit alors une intervention pertinente. « La motion est dirigée contre la direction centrale de la guerre. Si cette motion est votée, le Premier ministre devra se retirer ; mais l'honorable et valeureux député nous demande de maintenir en place le Premier ministre. » « Ce serait, répondit sir Roger, un véritable désastre si le Premier ministre était contraint de se retirer. » Ainsi, le débat se trouvait faussé dès l'abord.

Pourtant, à mesure qu'il se poursuivait, les critiques prenaient l'avantage. Le capitaine Oliver Lyttelton, nouveau ministre de l'Armement, qui avait à répondre aux critiques formulées contre nos équipements, dut affronter un assez violent orage lors de l'exposé très complet qu'il fit à ce sujet. Le gouvernement fut très fortement soutenu par sa majorité ; M. Boothby, en particulier, prononça un discours aussi puissant qu'efficace. Par contre, lord

Winterton, doyen de la Chambre, redonna de la vigueur à l'attaque en concentrant ses traits sur moi : « Quel est le membre du gouvernement qui a pratiquement pris en main l'opération de Narvik ? C'est l'actuel Premier ministre qui était alors premier lord de l'Amirauté. Personne n'ose faire retomber le blâme sur celui qui est constitutionnellement responsable, c'est-à-dire sur le Premier ministre... Si, chaque fois que nous subissons des désastres, on nous répond que, quoi qu'il arrive, le Premier ministre ne peut en être blâmé, alors nous ne sommes plus très éloignés de l'attitude morale et intellectuelle du peuple allemand, pour qui "le Führer a toujours raison". Depuis trente-sept ans que je siège dans cette Assemblée, je n'ai encore jamais vu de tentatives comparables à celles d'aujourd'hui pour absoudre un Premier ministre de sa responsabilité. Au cours de la dernière guerre, nous n'avons jamais rien connu de semblable à cette série de désastres. Et maintenant, voyez comment ce gouvernement s'en tire – parce que "le Führer a toujours raison" ! Le Premier ministre a été le grand capitaine qui a galvanisé notre courage et notre fermeté en 1940 ; nous sommes tous d'accord là-dessus. Mais il s'est passé bien des choses depuis 1940. Si cette série de désastres se poursuivait, le très honorable gentleman, dans un des plus grands gestes de renoncement qu'un homme puisse accomplir, devrait aller trouver ses collègues – et il y en a plus d'un au banc des ministres qui serait capable d'être Premier ministre, – pour proposer que l'un d'eux constituât un nouveau gouvernement, dans lequel le très honorable gentleman accepterait lui-même un portefeuille. Ce pourrait être celui des Affaires étrangères, car il a dirigé d'une façon parfaite nos relations avec la Russie et les États-Unis. »

Je ne pus écouter plus de la moitié des discours prononcés au cours de ce débat très animé, qui se prolongea jusqu'à près de trois heures du matin. Il me fallait naturellement préparer ma réponse pour le lendemain, mais je ne cessais de penser à la bataille d'Égypte, dont l'issue semblait toujours incertaine.

*
* *

Le débat, qui avait faibli aux dernières heures du premier jour, reprit le 2 juillet avec une vigueur renouvelée. À l'évidence, personne ne se vit refuser la parole, et personne ne se priva d'en user. L'un des députés alla même jusqu'à dire :

> « Nous avons dans ce pays cinq ou six généraux appartenant à d'autres nations, tchèques, polonais et français, qui ont tous l'expérience de ces armes et de cette technique allemandes. Je sais combien ce serait dur pour notre orgueil, mais ne pourrait-on mettre provisoirement certains de ces hommes à la tête de nos armées en campagne, jusqu'à ce que nous ayons pu former nous-mêmes des spécialistes expérimentés ? Quel mal y aurait-il à envoyer au front ces hommes d'un rang égal à celui du général Ritchie ? Pourquoi ne les placerions-nous pas à la tête de nos troupes ? Ils savent comment conduire cette guerre ; les nôtres ne le savent pas, et je déclare qu'il vaut beaucoup mieux gagner les batailles et épargner la vie de soldats britanniques sous le commandement d'autres membres des Nations unies que de les perdre avec nos officiers incompétents. Le Premier ministre doit savoir que dans le pays, ce sarcasme est sur toutes les lèvres : « Si Rommel servait dans l'armée britannique, il ne serait encore que sergent[1]. » N'est-ce pas la vérité ? Toute l'armée le répète. Il y a dans l'armée britannique, un homme – et cela montre comment nous savons utiliser les compétences – qui fit traverser l'Èbre à 150 000 soldats, en Espagne. Il s'appelle Michael Dunbar. Actuellement, il est sergent dans une de nos brigades blindées en Angleterre ; il était chef d'état-major en

---

1. C'était évidemment faire preuve d'une ignorance complète de la carrière militaire longue et distinguée de Rommel, au cours des deux guerres mondiales.

Espagne, c'est lui qui a gagné la bataille de l'Èbre, et il est sergent dans l'armée britannique ! La vérité, c'est que l'armée est dominée par les préjugés de classe. Il faut que vous changiez cela et vous le changerez. Si la Chambre des communes n'a pas assez de cran pour obliger le gouvernement à changer cela, les événements s'en chargeront. La Chambre peut ne tenir aucun compte de mes paroles aujourd'hui, mais la semaine prochaine, elle le fera. Lundi ou mardi prochain, rappelez-vous mes paroles. Ce sont les événements qui accusent le gouvernement. Nous nous bornons à leur donner une voix, maladroitement peut-être, mais en tout cas, nous essayons de le faire. »

Le réquisitoire principal contre le gouvernement fut résumé par M. Hore-Belisha, ancien secrétaire d'État à la Guerre. Il conclut en ces termes : « Nous perdrons ou nous ne perdrons pas l'Égypte – et je prie le Ciel pour que nous ne la perdions pas –, mais le Premier ministre nous disait qu'il conserverait Singapour, qu'il conserverait la Crète, que nous avions écrasé l'armée allemande en Libye [...] Alors quand j'ai lu qu'il avait déclaré que nous tiendrions l'Égypte, mes inquiétudes sont allées croissant [...] Comment peut-on se fier à des jugements qui se sont déjà tant de fois montrés erronés ? C'est ce que la Chambre des communes doit décider. Pensez à tout ce qui est en jeu. En l'espace de cent jours, nous avons perdu notre empire d'Extrême-Orient. Que va-t-il se produire au cours des cent jours à venir ? Que chaque membre de cette Chambre vote selon sa conscience. »

Je clôturai le débat à la suite de cette vigoureuse intervention. La salle était bondée. Je fis naturellement usage de tous les arguments qui me venaient à l'esprit. M. Hore-Belisha avait insisté sur les défauts des tanks britanniques et sur notre infériorité en matière de blindés ; il était mal placé pour le faire, ayant occupé le ministère de la Guerre avant le conflit. Je pus donc retourner l'argument contre lui :

« Le char est une conception britannique. L'emploi actuel des blindés est surtout d'origine française, comme le démontre le livre du général de Gaulle. Les Allemands se sont contentés d'adapter ces idées à leur usage. Au cours des trois ou quatre années précédant la guerre, ils ont travaillé avec leur perfectionnisme habituel à mettre au point les plans et la fabrication des chars, tout en étudiant la théorie et la pratique de leur emploi en opérations. On était en droit de penser que le ministre de la Guerre de cette époque, même s'il manquait de fonds pour financer une production en grande série, aurait au moins fait construire et soumis à tous les essais voulus quelques modèles grandeur nature, qu'il aurait choisi des usines et leur aurait fait fournir tout l'outillage nécessaire afin de pouvoir passer, dès le début de la guerre, à la production en série de chars et de canons antichars.

À la fin de ce que je pourrais appeler la période Belisha, il nous restait quelque 250 véhicules blindés, dont très peu étaient armés même d'un canon de 38 mm. La plupart d'entre eux furent détruits ou pris par l'ennemi en France...

J'accepte très volontiers, je suis même tenu d'accepter, ce que le noble lord [le comte Winterton] a appelé la "responsabilité constitutionnelle" de tout ce qui s'est passé, et je considère que je me suis soumis à cette responsabilité en m'abstenant d'intervenir dans le commandement tactique des armées au contact de l'ennemi. Mais avant le début de la bataille, j'ai pressé le général Auchinleck de prendre lui-même la tête des opérations, parce que j'étais sûr que rien ne se produirait sur le vaste théâtre du Moyen-Orient pendant un ou deux mois qui pût revêtir une importance comparable à cette bataille dans le désert de Libye, et aussi parce que j'estimais qu'il était l'homme le plus apte à la diriger. Il me donna diverses bonnes raisons de ne pas le faire, et la bataille fut livrée par le général Ritchie. Comme je l'ai annoncé mardi à la Chambre, le général Auchinleck a remplacé Ritchie le 25 juin, et il a pris personnellement le commandement. Nous avons aussitôt approuvé sa décision, mais je dois avouer franchement que l'affaire n'était pas de celles qui nous permettraient de formuler un jugement définitif sur le compte de l'officier remplacé. Je ne peux prétendre juger de ce qui s'est passé au cours de cette bataille. J'aime que les chefs sur terre, sur mer ou dans les airs sentent bien que le gouvernement forme un rempart puissant entre eux et toutes formes de critique publique. Il faut leur laisser leur chance, et même plus d'une chance. Les hommes peuvent commettre des erreurs, et ils en tirent des leçons. Les hommes peuvent avoir de la malchance, après quoi la chance peut tourner. Mais en tout état de cause, vous n'obtiendrez jamais que des généraux acceptent de prendre des risques s'ils ne se sentent pas soutenus par un gouvernement fort. Ils ne courront aucun risque, à moins d'être assurés de pouvoir se dispenser de regarder par-dessus leur épaule, ou d'avoir à s'inquiéter de ce qui se passe au pays ; à moins d'avoir la certitude de pouvoir concentrer toute leur attention sur l'ennemi. J'ajoute que vous n'obtiendrez pas non plus qu'un gouvernement coure des risques, à moins d'être assuré d'avoir l'appui d'une majorité solide et fidèle. Considérez ce qu'on nous demande de faire actuellement, et imaginez le genre d'attaques que nous aurions à subir si nous tentions de le faire et si nous échouions. En temps de guerre, si vous voulez être bien servis, il vous faut donner de la loyauté en échange…

Je désirerais dire quelques mots "en toute vérité et tout respect" – selon la formule des documents diplomatiques – et j'espère que l'on m'accordera entière liberté dans ce débat. Notre Parlement porte une responsabilité particulière : il a présidé au début des calamités qui se sont déchaînées sur le monde ; je dois beaucoup à la Chambre, et j'ai le ferme espoir qu'elles s'achèveront par notre triomphe. Mais ce ne sera le cas que si, au cours de la longue période que nous avons peut-être encore à parcourir, la Chambre apporte un appui solide au gouvernement responsable qu'elle a choisi de porter au pouvoir. Il faut que la Chambre soit un facteur de stabilité dans l'État, et non un instrument par lequel les factions insatisfaites de la presse peuvent essayer de provoquer crise après crise. Si la démocratie et les institutions parlementaires doivent triompher dans cette guerre, il est absolument indispensable que les gouvernements qui reposent sur elles soient à même d'agir et d'oser, que les serviteurs de la Couronne ne soient pas harcelés par des grondements et des grognements, que nous ne prêtions pas inutilement assistance à la propagande ennemie, que notre réputation ne soit pas vilipendée et sapée dans le monde entier. Bien au contraire, la Chambre tout entière doit manifester clairement sa volonté dans les grandes occasions. Il importe que non seulement ceux qui parlent, mais aussi ceux qui regardent, écoutent et jugent, puissent également compter dans les affaires du monde. Après tout, nous nous battons toujours pour notre vie, et pour des causes qui nous sont plus chères que la vie elle-même ! Nous n'avons pas le droit d'être certains de la victoire ; elle ne viendra que si nous ne manquons pas à nos devoirs. Les critiques mesurées et constructives, ou les critiques en séance secrète, peuvent avoir de grands mérites ; mais le devoir de la Chambre des communes est de soutenir le gouvernement ou bien d'en changer. Si elle ne peut en changer, elle doit le soutenir ; en temps de guerre, il n'y a pas de moyen terme. Les deux jours de débats du mois de mai nous ont fait beaucoup de tort à l'étranger. Seuls les discours hostiles au gouvernement y sont reproduits, et l'ennemi en tire le plus grand profit.

Mais il est une question beaucoup plus haute que celle des personnes. L'auteur de la motion de censure a proposé de me dépouiller de mes responsabilités en matière de défense nationale, afin que quelque militaire ou quelque autre personnage non identifié soit chargé de la conduite générale de la guerre, qu'il exerce un contrôle absolu sur les forces armées de la Couronne, qu'il soit le chef des chefs d'état-major, qu'il puisse faire ou défaire les généraux et les amiraux, qu'il soit toujours prêt à démissionner – c'est-à-dire à s'opposer à ses collègues politiques, si l'on peut les considérer ainsi – au cas où il n'obtiendrait pas tout ce qu'il voudrait, qu'il ait sous ses ordres un duc de sang royal comme commandant en chef de l'armée et finalement, je suppose, quoiqu'on n'en ait pas fait mention, que ce personnage non identifié dispose du Premier ministre comme d'un instrument pour présenter au Parlement les explications, les justifications et les excuses quand les choses iraient mal – ce qui arrive souvent et ce qui arrivera encore souvent. C'est évidemment une manière de faire ; c'est un système bien différent du régime parlementaire sous lequel nous vivons ; il pourrait aisément ressembler à une dictature, ou en devenir une. Je tiens à déclarer sans équivoque qu'en ce qui me concerne, je ne participerai jamais à un tel système. »

Sir John Wardlaw-Milne m'interrompit à ce stade en s'écriant : « J'espère que mon très honorable ami n'a pas oublié ma formule première, qui comportait les mots "sous l'autorité du Cabinet de guerre". »
Je poursuivis :

« "Sous l'autorité du Cabinet de guerre", contre lequel ce tout-puissant potentat n'hésitera pas à donner sa démission chaque fois qu'il ne pourra en faire à sa tête. C'est un plan, mais ce n'est pas un plan auquel je tiendrais personnellement à participer, et je doute qu'il soit de nature à recueillir l'approbation de cette Chambre.

Le fait que des représentants de tous les partis aient déposé cette motion de censure est un événement considérable. Je prie la Chambre de ne pas sous-estimer la gravité de ce qui a été fait. Cette motion a été annoncée au monde entier à cor et à cri, pour notre plus grand déshonneur, et maintenant que toutes les nations, amies et ennemies, attendent de voir ce qu'est la conviction profonde et la véritable résolution de la Chambre des communes, cette motion doit aller jusqu'à son terme. Sur la Terre entière, dans l'ensemble des États-Unis, comme je peux en témoigner, en Russie, dans la Chine lointaine, et dans tous les pays qui sont sous le joug de l'ennemi, nos amis attendent de savoir s'il existe un gouvernement solide et fort en Grande-Bretagne, et si son autorité sur la nation sera contestée. Chaque voix va compter. Si le nombre de ceux qui nous ont attaqués est réduit à quantité négligeable, et si leur vote de censure contre le gouvernement national se transforme en un vote de censure contre eux-mêmes, alors, ne vous y trompez pas, on entendra les acclamations de tous les amis de la Grande-Bretagne et de tous les fidèles serviteurs de notre cause, tandis que le glas du désespoir sonnera aux oreilles de tous les tyrans que nous nous efforçons d'abattre. »

La Chambre vota, et la motion de censure de sir John Wardlaw-Milne fut repoussée par 475 voix contre 25.

Mes amis américains, qui attendaient les résultats avec inquiétude, furent ravis de ce dénouement, et je trouvai leurs félicitations à mon réveil.

*
* *

Au cours du débat, M. Walter Elliot avait soulevé un curieux point d'histoire, en rappelant un passage de Macaulay relatif au gouvernement de Pitt. « Pitt était à la tête d'une nation engagée dans une lutte à mort... Mais le fait est qu'après huit années de guerre, après une dépense considérable en vies humaines et... en ressources, l'armée anglaise de Pitt était la risée de toute l'Europe. Elle ne pouvait se targuer du moindre succès. Elle ne s'était manifestée sur le continent que pour être battue, chassée et contrainte de rembarquer. » Mais Macaulay rappela ensuite que Pitt avait toujours été soutenu par la Chambre des communes. « C'est ainsi que tout au long d'une période longue et calamiteuse, chaque désastre qui survint hors les murs du Parlement fut constamment suivi d'un triomphe au dedans. Pitt finit par ne plus rencontrer d'opposition, et dans l'année fort mouvementée de 1799, le plus grand nombre de voix qu'il fut possible de réunir contre le gouvernement s'éleva à 25. » « Il est étrange, avait dit M. Elliot, de voir l'histoire se répéter à certains égards. » Il ne pouvait savoir avant le scrutin à quel point c'était vrai. Je fus moi-même étonné de constater que ce nombre de 25 correspondait presque exactement à celui que j'avais indiqué au président et à Harry Hopkins le jour où nous reçûmes à la Maison-Blanche la nouvelle de Tobrouk.

CHAPITRE XIX

LA 8ᵉ ARMÉE AUX ABOIS

La prise de Tobrouk sans qu'un long siège eût été nécessaire bouleversa entièrement les plans de l'Axe. Il avait été entendu jusque-là qu'après la chute de cette place, Rommel s'arrêterait à la frontière égyptienne, et que Malte serait conquise au moyen de troupes acheminées par air et par mer. Le 21 juin encore, Mussolini répétait ces ordres. Mais le lendemain de la chute de Tobrouk, Rommel annonça qu'il se proposait de détruire les faibles unités britanniques restées à la frontière, et de s'ouvrir ainsi la route de l'Égypte ; l'état physique et moral de ses troupes, l'énorme quantité de matériel et d'approvisionnements capturés et la faiblesse des positions britanniques incitaient à prolonger la poursuite « jusqu'au cœur de l'Égypte ». Il demanda l'autorisation de Berlin pour exécuter ce plan, qu'une lettre de Hitler à Mussolini vint encore appuyer :

> « Le destin nous a offert une chance qui ne se représentera pas deux fois sur le même théâtre d'opérations... La 8ᵉ armée anglaise a été pratiquement détruite. Les installations du port de Tobrouk sont presque intactes. Vous êtes maintenant, Duce, en possession d'une base auxiliaire dont l'importance est encore accrue par le fait que les Anglais ont construit à partir de là une ligne de chemin de fer qui mène jusqu'à l'intérieur de l'Égypte. Si à présent les débris de la 8ᵉ armée ne sont pas poursuivis jusqu'au dernier souffle de chaque homme, nous connaîtrons le même sort malheureux que les Anglais, qui étaient presque parvenus à Tripoli

lorsqu'ils s'arrêtèrent soudain pour envoyer des troupes en Grèce [...]

Le Dieu des batailles ne sourit qu'une fois au guerrier. Celui qui ne saisit pas l'occasion en un tel moment ne la retrouve jamais plus*... »

Le Duce n'avait pas besoin d'être aiguillonné ; enivré à la pensée de conquérir l'Égypte, il remit l'attaque de Malte au début de septembre, et Rommel – promu maréchal, à la surprise des Italiens – fut autorisé à occuper la bande de terrain relativement étroite séparant El-Alamein de la dépression de Quattara ; elle devait servir de point de départ à de nouvelles opérations, dont l'objectif final était le canal de Suez. Kesselring était d'un autre avis ; persuadé que la position de l'Axe dans le désert ne serait jamais assurée tant que Malte n'aurait pas été prise, il s'inquiéta de ce changement de plan, et attira l'attention de Rommel sur les dangers de cette « téméraire entreprise ».

Hitler lui-même avait toujours douté du succès de l'opération contre Malte, parce qu'il n'avait pas confiance dans la valeur militaire des troupes italiennes devant constituer la majeure partie du corps expéditionnaire. Il est vrai que l'attaque aurait pu échouer, mais il paraît à présent certain que la chute consternante et désastreuse de Tobrouk épargna à Malte l'épreuve suprême. C'est pourtant le genre de consolation dont aucun bon soldat, qu'il soit ou non impliqué, ne devrait se prévaloir, mais la responsabilité des opérations incombe au haut commandement, non aux généraux sur place, et encore moins à leurs troupes.

*
* *

Rommel organisa rapidement la poursuite, et il franchit la frontière égyptienne le 24 juin sans rencontrer d'autre opposition que celle de nos colonnes légères

---

* Cité par Cavallero, *Commando supremo*, p. 277.

mobiles, et celle, magnifique et opiniâtre, des groupes de chasse de la RAF, qui couvrirent véritablement la retraite de la 8ᵉ armée sur Mersa Matrouh. La position qu'elle y trouva n'était guère solide ; il existait bien un réseau de défenses organisé aux abords de la ville elle-même, mais au sud, il n'y avait plus guère que des lignes de champs de mines qui n'étaient ni reliés entre eux ni suffisamment gardés. Comme la ligne de frontière abandonnée, la position de Mersa Matrouh nécessitait pour être tenue de puissantes forces blindées en appui de son flanc sud ; la 7ᵉ division blindée, bien que son effectif eût été reconstitué jusqu'à comprendre une centaine de chars, n'était pas encore en mesure de jouer ce rôle.

Le général Auchinleck vint lui-même à Mersa Matrouh le 25 juin et décida de prendre directement le commandement de l'armée à la place du général Ritchie. C'est au mois de mai, lorsque je le lui avais demandé, qu'il aurait dû le faire. Très vite, le général Auchinleck conclut qu'il n'était pas possible de fixer la ligne d'arrêt définitive à Mersa Matrouh ; des préparatifs étaient déjà en cours pour aménager et occuper la position d'El-Alamein, à 190 kilomètres en arrière. Afin de contenir l'ennemi, ne fût-ce que momentanément, la division néo-zélandaise, arrivée de Syrie le 21 juin, fut envoyée en ligne le 26, sur la crête avoisinant Minqua Quaim. Ce soir-là, l'ennemi perça le front de la 29ᵉ brigade d'infanterie indienne, à l'endroit où les champs de mines étaient inachevés. Le lendemain matin, il s'engouffra dans la brèche et arriva ainsi sur l'arrière des Néo-Zélandais, qu'il encercla et attaqua par trois côtés. Des combats acharnés furent livrés pendant toute la journée, et pour finir, la division paraissait condamnée. Le général Freyberg avait été grièvement blessé, mais il eut un digne successeur ; le général de brigade Inglis était résolu à se frayer un passage. Peu après minuit, la 4ᵉ brigade néo-zélandaise, tous ses bataillons déployés, baïonnette au canon, se mit en marche vers l'est ; elle parcourut près d'un kilomètre sans rencontrer l'ennemi, puis la fusillade éclata et la brigade chargea sur toute sa ligne de front. Les Allemands, pris entièrement par surprise, furent mis en déroute à la suite d'un furieux corps-à-corps au clair de lune ; le reste de la division néo-zélandaise se dirigea vers le sud par des pistes détournées. Voici comment Rommel a raconté l'épisode :

> « Mon propre PC se trouva menacé dans la sauvage bataille qui suivit... La fusillade entre mes unités et les Néo-Zélandais atteignit une intensité extraordinaire. Mon PC se trouva bientôt entouré de véhicules en flammes, ce qui permettait à l'ennemi de diriger sur lui un tir continu à courte distance. Au bout d'un moment, j'en eus assez et j'ordonnai aux troupes et à l'état-major de se retirer vers le sud-est. On peut difficilement imaginer la confusion qui régna cette nuit-là*. »

C'est ainsi que les Néo-Zélandais se frayèrent un passage et que toute la division se rassembla près d'El-Alamein, à 120 kilomètres plus à l'est, avec une discipline parfaite et un moral magnifique. Elle était si peu désorganisée qu'elle put être utilisée immédiatement pour renforcer la défense des nouvelles positions.

Le reste de la 8ᵉ armée fut également ramené en sûreté, mais non sans difficultés. Les troupes étaient stupéfiées plutôt que déprimées, mais bénéficiant de lignes de communication raccourcies et de positions situées à seulement 60 kilomètres d'Alexandrie, elles ne furent pas longues à se réorganiser. Dès qu'il eut pris le commandement direct, Auchinleck se montra très différent du stratège préoccupé qui surveillait d'un œil la bataille décisive et de l'autre les menaces vagues et lointaines de Syrie et de Perse. Tentant aussitôt de reprendre l'initiative tactique, il lança dès le 2 juillet la première d'une série de contre-attaques qui se poursuivirent jusqu'au milieu du mois, avec pour objectif de contester l'ascendant précaire pris par Rommel. Au lendemain du débat sur la motion de

---

* Desmond YOUNG, *Rommel*, p. 269.

censure, lointain accompagnement de la canonnade, je lui envoyai mes encouragements.

En fait, les lignes de communications de Rommel se trouvaient étirées à l'extrême, et ses troupes étaient épuisées ; il ne restait plus qu'une douzaine de chars allemands en état de combattre, et la supériorité de l'aviation britannique, de ses chasseurs en particulier, recommençait à s'affirmer. Rommel fit savoir dans un rapport du 4 juillet qu'il arrêtait ses attaques et allait se mettre sur la défensive pendant un certain temps, afin de regrouper et de reconstituer ses unités. Toutefois, il avait encore le ferme espoir de conquérir l'Égypte, et cette opinion était partagée par Mussolini comme par Hitler. Le Führer, sans en référer aux Italiens ou à son propre commandement naval, alla même jusqu'à reporter l'attaque contre Malte en attendant que la conquête de l'Égypte fût achevée.

Les contre-attaques d'Auchinleck mirent Rommel à dure épreuve pendant la première quinzaine de juillet. Le chef allemand releva le défi et, du 15 au 20 juillet, il redoubla d'efforts pour rompre le front britannique. Le 21, il lui fallut annoncer à ses chefs qu'il était tenu en échec : « La crise persiste. » Le 26 juillet, il envisageait de se replier jusqu'à la frontière ; il se plaignait d'avoir été mal réapprovisionné, et il manquait d'hommes, de chars, et de canons, alors que l'aviation britannique se montrait extrêmement active. La bataille oscilla ainsi jusqu'à la fin du mois, lorsque les positions des deux adversaires se stabilisèrent. Sous les ordres d'Auchinleck, la 8ᵉ armée avait résisté à l'orage et fait 7 000 prisonniers au cours de sa résistance opiniâtre. L'Égypte restait préservée.

C'est sur ces entrefaites, alors que j'étais politiquement au plus bas et privé du moindre succès militaire, qu'il me fallut obtenir des États-Unis une décision qui, pour le meilleur ou pour le pire, devait dominer les deux prochaines années de guerre. Il s'agissait de l'abandon de tous les plans visant à traverser la Manche en 1942, ainsi que du projet de débarquement en Afrique du Nord française par une grande expédition anglo-américaine au cours de l'automne ou de l'hiver.

* * *

Il y avait un certain temps que j'étudiais attentivement l'état d'esprit et les réactions du président, et j'étais sûr que le projet nord-africain exerçait sur lui une puissante attraction. Pour ma part, je n'avais cessé d'y aspirer, ainsi qu'en témoignent mes notes de décembre 1941. Dans notre milieu, en Grande-Bretagne, tout le monde était désormais persuadé qu'une traversée de la Manche en 1942 était vouée à l'échec, et aucun chef militaire, qu'il soit anglais ou américain, n'était disposé à recommander un tel plan, ou à prendre la responsabilité de le mettre en œuvre. Dans un télégramme du 8 juillet, j'exposai donc la question au président Roosevelt, dans les termes les plus nets et avec toute la force de persuasion dont j'étais capable :

> « 1° Aucun général, amiral ou maréchal de l'Air britannique responsable n'est disposé à recommander "Sledgehammer" en tant qu'opération exécutable en 1942. Les chefs d'état-major ont déclaré dans leur rapport : "Il est fort peu probable que se réalisent les conditions qui feraient de 'Sledgehammer' une entreprise raisonnable, ayant des chances de succès." Ils envoient leur rapport à vos chefs d'état-major.
>
> 2° Nous continuons à rassembler des navires marchands dans un dessein de camouflage, bien que cela inflige une perte pour nos importations de quelque 250 000 tonnes. Mais ce qui est beaucoup plus grave, c'est que, d'après Mountbatten, si nous interrompions l'entraînement des troupes, nous devrions, en plus de la perte de chalands de débarquement, etc., retarder d'au moins deux ou trois mois [notre opération principale d'invasion de la France], même si l'opération échouait et s'il nous fallait évacuer nos troupes à bref délai.
>
> 3° Si nous réussissions à établir une tête de pont et à nous y maintenir, il faudrait l'alimenter, ce qui nous conduirait à

réduire très sensiblement l'ampleur de nos bombardements sur l'Allemagne. La défense de cette tête de pont absorberait toutes nos énergies. La possibilité de monter une grande opération en 1943 serait compromise, voire ruinée. Toutes nos ressources seraient absorbées par bribes sur le front très étroit qui est seul praticable. On peut donc en conclure que toute action prématurée en 1942 aboutirait probablement à un désastre, tout en compromettant radicalement toute perspective d'opération de grande envergure bien organisée en 1943.

4° Je suis convaincu pour ma part que c'est l'Afrique du Nord française ["Gymnast"] qui nous offre de loin la meilleure chance de soulager le front russe en 1942. Ceci a toujours correspondu à vos vues, c'est même votre idée maîtresse. Voilà le véritable second front pour 1942 ! J'ai consulté le Cabinet et le Comité de défense, et nous sommes tous d'accord. C'est là que nous pouvons porter cet automne le coup le plus sûr et le plus fructueux.

5° Nous pouvons naturellement l'assister à bien des égards, en affectant à "Gymnast" des forces américaines ou britanniques prélevées sur le Royaume-Uni, et en fournissant des chalands de débarquement, des navires de transport, etc. Vous pouvez, si vous le désirez, lancer l'opération en partie depuis la Grande-Bretagne, et pour le reste directement en traversant l'Atlantique.

6° Il doit être bien entendu que nous ne pouvons compter sur aucune invitation ni aucune garantie de la part de Vichy. Mais en cas de résistance, celle-ci ne serait en rien comparable à celle que l'armée allemande opposerait dans le Pas de Calais ; en fait, elle pourrait se limiter à une résistance symbolique. Plus vous serez fort, moins il y aura de résistance et plus il sera facile de la vaincre. C'est une question plus politique que militaire. Il me semble que nous n'avons pas le droit de renoncer à la seule grande manœuvre stratégique qu'il nous soit possible d'exécuter sur le théâtre d'opérations occidental au cours de cette année capitale.

7° En plus de ce qui précède, nous étudions très assidûment la possibilité d'une action en Norvège du Nord, ou bien, si elle se révélait impraticable, dans une autre région de

Norvège. Les difficultés sont très grandes du fait de la menace que fait peser sur nos navires l'aviation basée à terre. Nous nous heurtons à d'effroyables obstacles pour nos convois russes ; il n'en est que plus nécessaire d'essayer de dégager leur route et de maintenir le contact avec la Russie. »

Mais avant que l'on puisse parvenir à une décision définitive, il y eut un délai. De fortes dissensions s'étaient élevées au sein du haut commandement américain ; le général Marshall était en désaccord avec l'amiral King sur l'importance relative de l'Europe et du Pacifique, et ni l'un ni l'autre n'était tenté par l'entreprise nord-africaine. Au milieu de cette impasse, le président, lui, y était de plus en plus favorable. Les qualités du maréchal Dill lui avaient permis de gagner la confiance des factions rivales, et son tact les maintenait dans de bonnes dispositions. Le président avait conscience de la valeur des arguments opposés à « Sledgehammer » ; s'il l'avait placé au premier rang dans les documents qu'il nous envoyait, c'était pour convaincre le général Marshall qu'on lui laisserait toutes ses chances. Mais si personne n'en voulait, que faire ? Toute une fraction de l'état-major américain répondait : « Si l'on ne peut rien faire cette année en Europe, concentrons nos efforts sur le Japon ; nous réaliserons ainsi l'unité de doctrine entre l'armée et la marine américaines, et nous réconcilierons le général Marshall et l'amiral King. »

Le président résista à cette conception fatale et finit par l'écarter ; il estimait que l'armée américaine devait affronter les Allemands dès 1942. Où pouvait-elle le faire, sinon en Afrique du Nord française ? « C'était, déclara M. Stimson, son projet de guerre secret. » La force de l'argument et l'évolution des réflexions du président aboutissaient irrésistiblement à cette conclusion[1].

---

1. Churchill omet de mentionner la visite à Washington au début de juillet du vice-amiral Mountbatten, qui a beaucoup fait pour persuader Roosevelt de l'impossibilité de « Sledgehammer » et des mérites de « Gymnast ».

Le général Marshall, l'amiral King et Harry Hopkins débarquèrent à Prestwick le samedi 18 juillet et gagnèrent Londres par le train. Ils entamèrent immédiatement leurs conférences avec les chefs des forces américaines, désormais installés dans la capitale : Eisenhower, Clark, Stark, et Spaatz. La discussion sur « Sledgehammer » reprit ; les dirigeants américains étaient toujours résolument favorables à l'exécution de cette opération, à l'exclusion de toute autre. Seul le président paraissait avoir été touché par mes arguments ; il avait rédigé à l'usage de la délégation le document le plus complet et le plus magistral sur la conduite de la guerre que j'aie jamais vu écrit de sa main.

« Mémorandum pour l'honorable Harry L. Hopkins, le général Marshall et l'amiral King.

OBJET : Instructions pour la conférence de Londres de juillet 1942.

16 juillet 1942.

1° Vous vous rendrez sans délai à Londres, en tant que représentants personnels du président des États-Unis, afin de vous entretenir de la conduite de la guerre avec les autorités britanniques compétentes.

2° La situation stratégique militaire et navale a subi de si profondes modifications depuis la visite de M. Churchill à Washington qu'un accord immédiat avec les Britanniques est devenu nécessaire sur nos projets communs d'opérations concernant :

a) Des plans précis pour le reste de 1942.

b) Des plans à prévoir pour 1943, qui pourraient naturellement subir certaines modifications à la lumière des événements de 1942, mais dont il faudrait jeter les bases maintenant en ce qui concerne toutes les opérations qu'il s'agit de préparer dès cette année.

3° – *a)* L'objectif commun des Nations unies doit être la défaite des puissances de l'Axe. Il ne peut y avoir aucun compromis sur ce point.

b) Nous devons concentrer nos efforts et éviter de disperser nos moyens.

c) Il est essentiel d'assurer une coordination parfaite dans l'utilisation des forces britanniques et américaines.

d) Toutes les forces dont disposent les deux pays doivent entrer en action dès qu'elles peuvent être utilisées avec profit.

e) Il est de la plus haute importance que les troupes terrestres des États-Unis soient engagées contre l'ennemi dès 1942[1].

4° – Les promesses de matériel britannique et américain faites à la Russie doivent être fidèlement tenues. Si les livraisons s'effectuent par la voie traversant la Perse, il faut donner la préférence au matériel militaire. Cette aide doit être poursuivie tant que les livraisons resteront possibles, et il faut encourager la Russie à poursuivre sa résistance. Seul un effondrement total, qui paraît inconcevable, pourrait modifier notre résolution à cet égard.

5° – En ce qui concerne 1942, vous examinerez très attentivement s'il est possible d'exécuter « Sledgehammer ». Une telle opération apporterait manifestement un soutien à la Russie dès cette année. Elle revêt une si grande importance que tout invite à la réaliser. Vous devrez insister vivement pour que tous les préparatifs soient poussés avec la plus extrême vigueur et pour qu'elle soit exécutée, qu'un effondrement de la Russie devienne ou non imminent. Dans le cas où cet effondrement paraîtrait probable, l'opération « Sledgehammer » serait non seulement opportune, mais indispensable. Son principal objectif est de détourner efficacement des forces aériennes allemandes du front russe.

6° – Informez-moi seulement si vous êtes absolument convaincus qu'il est impossible d'exécuter « Sledgehammer » avec des chances raisonnables d'atteindre le but qui lui est assigné.

7° – *Si « Sledgehammer » doit être irrévocablement écarté, vous examinerez la situation mondiale telle qu'elle se présente*

---

1. Cette importance est moins stratégique qu'électorale : il y a des élections au Congrès en novembre 1942...

actuellement, et vous désignerez un autre endroit où l'armée des États-Unis puisse combattre en 1942*.

L'idée que je me fais actuellement de la situation mondiale est la suivante :

a) si les Russes retiennent sur leur front d'importantes forces allemandes, « Round-up » deviendra possible en 1943 ; il faut donc en dresser les plans sans délai et passer aux préparatifs ;

b) si la Russie s'effondre, libérant ainsi les forces terrestres et aériennes de l'Allemagne, l'exécution de « Round-up » peut s'avérer impossible en 1943.

8° – Il faut tenir le Moyen-Orient le plus solidement possible, que la Russie s'effondre ou non. Je tiens à ce que vous preniez en considération les conséquences qu'entraînerait la perte du Moyen-Orient. Elles seraient successivement :

(1) La perte de l'Égypte et du canal de Suez.

(2) La perte de la Syrie.

(3) La perte des puits de pétrole de Mossoul.

(4) La perte du golfe Persique sous l'effet d'attaques venant du nord et de l'ouest, et celle de l'accès à toutes les sources de pétrole de cette région.

(5) La jonction entre l'Allemagne et le Japon et la perte probable de l'océan Indien.

(6) La probabilité (fort importante) d'une occupation allemande de la Tunisie, de l'Algérie, du Maroc, de Dakar, et la coupure de la route des transports par Freetown et le Liberia.

(7) Une très grave menace pour l'ensemble de la navigation dans l'Atlantique Sud, pour le Brésil et pour toute la côte orientale de l'Amérique du Sud. J'englobe dans les possibilités ci-dessus l'utilisation par les Allemands de l'Espagne, du Portugal et de toutes les possessions de ces pays.

(8) Vous déciderez quelles sont les meilleures méthodes pour tenir le Moyen-Orient. Elles comporteront sans aucun doute, séparément ou simultanément :

---

* Souligné par l'auteur.

a) l'envoi de forces terrestres et aériennes dans le golfe Persique, en Syrie et en Égypte ;

b) une nouvelle opération au Maroc et en Algérie, visant à prendre à revers les armées de Rommel. L'attitude des forces coloniales françaises est encore indéterminée*.

9° – Je suis opposé à ce que les Américains s'engagent à fond dans le Pacifique en vue d'abattre le Japon aussi rapidement que possible. Il importe au plus haut point de bien comprendre que la défaite du Japon n'entraînerait pas celle de l'Allemagne, et qu'une concentration américaine contre le Japon, cette année ou en 1943, augmenterait les possibilités pour les Allemands de dominer complètement l'Europe et l'Afrique. Par contre, il est évident que si l'Allemagne est vaincue ou contenue en 1942 ou en 1943, cela signifie qu'elle sera sans doute vaincue définitivement sur les théâtres européen et africain et dans le Proche-Orient. *La défaite de l'Allemagne entraînera celle du Japon, probablement sans tirer un coup de canon ni perdre une seule vie humaine**.*

10° – Veuillez vous rappeler ces trois principes fondamentaux : rapidité dans le choix des plans, unification des plans, combinaison de l'offensive et de la défensive, à l'exclusion de la défensive pure. Ils s'appliquent à notre objectif immédiat, qui est d'engager des forces terrestres américaines contre les Allemands dès 1942.

11° – Je compte sur un accord complet dans les huit jours qui suivront votre arrivée.

Franklin D. ROOSEVELT.
Commandant en chef. »

En dépit de cette dernière injonction, le général Marshall m'informa dans l'après-midi du 22 juillet que ses collègues et lui étaient parvenus à une impasse dans leurs conversations avec les chefs d'état-major britanniques, et

---

* Souligné par l'auteur.
** Idem.

qu'il leur faudrait donc demander des instructions au président.

Je répondis que je partageais entièrement le vif désir du président et de ses conseillers militaires « d'affronter l'ennemi avec le maximum de forces le plus tôt possible », mais que j'avais la conviction, étant donné les moyens limités dont nous disposions, que nous aurions tort d'entreprendre « Sledgehammer » en 1942. Je signalai toutes les redoutables éventualités qui nous menaçaient : la résistance pouvait s'effondrer en Russie, par exemple ; les Allemands pouvaient pénétrer dans le Caucase, ou battre le général Auchinleck et occuper le delta du Nil ainsi que le canal de Suez ; ou bien encore s'installer eux-mêmes en Afrique du Nord et en Afrique occidentale, ce qui imposerait à nos navires de transport des charges quasiment insupportables. Néanmoins, un désaccord entre la Grande-Bretagne et les États-Unis aurait des conséquences plus graves encore que toutes ces éventualités ; il fut donc entendu que les chefs d'état-major américains signaleraient au président que les Britanniques n'étaient pas disposés à se lancer dans l'opération « Sledgehammer », et lui demanderaient des instructions.

Le président Roosevelt répondit aussitôt qu'il n'était pas surpris du résultat décevant des conversations de Londres ; il convint qu'il était inutile d'insister pour que l'on exécutât « Sledgehammer » face à une opposition britannique, et prescrivit à sa délégation de décider en accord avec nous quelque autre opération permettant aux forces terrestres américaines d'entrer en action contre l'ennemi dès 1942. C'est ainsi que « Sledgehammer » fut abandonné et que « Gymnast » passa au premier plan ; Marshall et King, malgré leur déception très naturelle, s'inclinèrent devant la décision de leur commandant en chef, et la plus grande concorde régna de nouveau entre nous tous.

Je me hâtai alors de rebaptiser mon projet favori : « Gymnast » et toutes ses variantes disparurent de la liste de nos noms de code, et pour la première fois, dans une instruction que j'adressai le 24 juillet aux chefs d'état-major, « Torch » devint le maître mot. Le 25, le président câbla à Hopkins qu'il fallait établir immédiatement des plans pour effectuer des débarquements en Afrique du Nord « avant le 30 octobre au plus tard ». Nos amis repartirent pour Washington dans la soirée.

Tout fut donc convenu et réglé conformément aux idées que mes collègues, militaires et politiques, partageaient avec moi depuis fort longtemps. J'en éprouvai une très grande joie, d'autant que cela se produisait au moment qui paraissait le plus critique. Tous mes plans préférés avaient été adoptés, à l'exception d'un seul : je ne pus faire accepter « Jupiter » (l'opération de Norvège), bien que ses mérites ne fussent pas contestés[1]. Je n'y renonçai pas encore, mais en fin de compte, je ne parvins pas à l'imposer. Depuis des mois, mon mot d'ordre était : pas de « Sledgehammer », mais le débarquement en Afrique du Nord *et* « Jupiter » ; « Jupiter » fut abandonné en chemin, mais il me restait assez de raisons d'être satisfait.

> « Le président, câbla le maréchal Dill de Washington, est parti pour Hyde Park prendre quelque repos, mais avant son départ, il a donné des ordres pour que l'opération "Torch" soit lancée le plus tôt possible. Il a demandé au Comité des chefs d'état-major combinés de lui indiquer le 4 août la date la plus rapprochée à laquelle le débarquement pourrait avoir lieu. Le danger de voir éparpiller une partie des efforts dans le Pacifique existe toujours, mais sur ce point, la position du président est absolument inébranlable.
>
> Dans l'esprit des Américains, "Torch" exclut l'exécution de "Round-up" en 1943. Inutile d'en discuter. Ce qu'il nous faut à présent, c'est une concentration exclusive sur "Torch"... Puisse ce que vous allez entreprendre connaître tout le succès que méritent le courage et l'imagination. »

---

[1]. Les mérites n'étaient certes pas contestés, mais à la différence de ses chefs d'état-major, Churchill ne savait pas faire la différence entre le possible et le souhaitable...

Ce message me parvint à minuit le 1ᵉʳ août 1942 sur l'aérodrome de Lyneham, d'où j'allais partir pour un voyage dont le chapitre suivant donnera à la fois l'explication et le compte rendu.

Chapitre XX

MON VOYAGE AU CAIRE.
MUTATIONS DANS LE COMMANDEMENT

Les rapports que je recevais de maints côtés ne cessaient de confirmer mes doutes au sujet du haut commandement dans le Moyen-Orient. Dès lors, il devenait impératif que je m'y rende d'urgence pour régler sur place les questions essentielles. On convint d'abord que mon voyage s'effectuerait par Gibraltar et Takoradi, et que je traverserais l'Afrique centrale pour atteindre Le Caire, ce qui représentait cinq ou six jours de vol. Comme j'allais passer par des régions tropicales infestées de malaria, on me prescrivit toute une série de vaccinations préventives. Certaines ne produisaient leur effet qu'au bout de dix jours, délai pendant lequel je devais me trouver fort mal à l'aise, voire réduit à l'inaction. D'autre part, plusieurs membres du Cabinet de guerre prenant un vif et amical intérêt à ma santé, je dus compter avec leur opposition. C'est alors qu'un jeune pilote américain, le capitaine Vanderkloot, arriva en Angleterre ; il venait des États-Unis avec l'avion « Commando », appareil du type Liberator dont le râtelier à bombes avait été enlevé afin de permettre certains aménagements pour le transport des passagers[1]. Cet appareil était assurément capable de parcourir la longue route que l'on m'avait tracée, en disposant d'excellentes marges de

---

1. Tout ceci pourrait donner l'impression d'être dû au plus pur hasard. En fait, c'est le ministère de l'Air britannique qui a contacté Vanderkloot, un jeune pilote considéré par ses supérieurs comme expert en navigation et en vol aux instruments.

sécurité à toutes les étapes. Portal, le chef d'état-major de l'Air, reçut ce pilote et l'interrogea longuement sur son « Commando ». Vanderkloot, qui avait déjà parcouru environ un million et demi de kilomètres comme pilote, demanda pourquoi on jugeait nécessaire de faire ce grand tour par Takoradi, Kano, Fort-Lamy, El Obeid, etc. Il déclara pouvoir se rendre d'une seule traite de Gibraltar au Caire ; il suffisait pour cela de quitter Gibraltar dans l'après-midi, en direction de l'est, de couper ensuite vers le sud, en survolant au crépuscule les territoires de l'Espagne ou de Vichy, puis de remettre le cap à l'est pour atteindre le Nil à la hauteur d'Assiout, d'où un crochet vers le nord mènerait en une heure environ au terrain d'aviation du Caire, situé au nord-ouest des Pyramides. Voilà qui changeait tout ; je pouvais arriver en 48 heures au Caire sans avoir à me préoccuper des insectes de l'Afrique centrale et des vaccinations préventives. Portal fut convaincu.

Nous nous inquiétions tous de la réaction du gouvernement soviétique lorsqu'il apprendrait la nouvelle, déplaisante mais inéluctable, que nous ne franchirions pas la Manche en 1942. Il se trouva que le 28 juillet au soir, j'eus l'honneur d'avoir le roi à ma table avec les membres du Cabinet de guerre, dans la pièce renforcée[1] donnant sur le jardin du 10, Downing Street où nous avions l'habitude de dîner. J'obtins en privé l'autorisation de Sa Majesté et, aussitôt après son départ, je réunis dans la salle du Cabinet les ministres, qui étaient dans d'excellentes dispositions. L'affaire fut réglée sur-le-champ ; on convint que je me rendrais de toute façon au Caire, et que je proposerais à Staline de continuer mon voyage pour aller lui rendre visite. Je lui envoyai donc le télégramme suivant :

> « 1° Nous préparons un nouvel effort pour faire parvenir un grand convoi à Arkhangelsk dans la première semaine de septembre.

---

1. Elle avait dû être étayée après les bombardements de 1940.

2° Je suis disposé, si vous m'y invitez, à venir moi-même vous rendre visite à Astrakhan, au Caucase ou dans tout autre endroit qui vous conviendra. Nous pourrions alors étudier ensemble le cours de la guerre et prendre des décisions de concert. Je vous parlerais alors des plans que nous avons arrêtés avec le président Roosevelt pour monter une opération offensive en 1942. J'amènerais avec moi le chef de l'état-major impérial.

3° Je pars sans délai pour Le Caire, où m'appellent d'importantes affaires, comme vous pouvez l'imaginer. De là, je fixerai, si vous le désirez, une date commode pour notre rencontre, qui pourrait avoir lieu, en ce qui me concerne, entre le 10 et le 13 août, si tout se passe bien.

4° Le Cabinet de guerre a entériné mes propositions. »

La réponse nous parvint le lendemain :

« Au nom du gouvernement soviétique, je vous invite à venir en URSS, afin de rencontrer les membres de son gouvernement... Je pense que l'endroit le plus adapté à notre rencontre serait Moscou, car ni moi, ni les membres du gouvernement, ni les principaux officiers de l'état-major général ne pouvons quitter la capitale à ce stade de lutte si intense contre les Allemands. La présence du chef de l'état-major impérial serait hautement souhaitable.

Veuillez fixer vous-même la date de la rencontre, en fonction du temps qui vous est nécessaire pour régler vos affaires au Caire. Soyez d'avance assuré que n'importe laquelle me conviendra.

Permettez-moi de vous exprimer ma gratitude pour votre décision d'envoyer au début de septembre le prochain convoi apportant du matériel de guerre à l'URSS. Bien qu'il soit extrêmement difficile de prélever des avions sur le front, nous prendrons toutes mesures possibles pour renforcer la protection aérienne de ce convoi. »

Tout était donc arrangé, et nous partîmes de Lyneham le dimanche 2 août après minuit, à bord du bombardier « Commando ». Le voyage ne ressembla guère à ceux que nous avions faits dans les confortables hydravions Boeing ; le bombardier n'était pas chauffé à cette époque, et des courants d'air coupants comme des rasoirs pénétraient par de nombreux interstices ; il n'y avait pas de lits, mais deux couchettes installées dans la cabine arrière nous permirent, à lord Moran et à moi, de nous étendre. Il y avait des couvertures en abondance pour tout le monde. Nous volâmes à basse altitude au-dessus du sud de l'Angleterre afin d'être bien reconnus par nos batteries, qui avaient été prévenues mais étaient en état d'alerte. Quand nous arrivâmes au-dessus de la mer, je quittai le poste de pilotage pour aller me reposer, avec l'aide d'un bon somnifère.

Nous atteignîmes Gibraltar sans incident dans la matinée du 3 août, et ayant passé la journée à visiter la forteresse, nous repartîmes à 18 heures pour Le Caire – ce qui représentait un bond de plus de 3 000 kilomètres, car il fallait faire des détours considérables pour éviter les avions ennemis participant à la bataille du désert. Afin d'économiser du carburant, Vanderkloot ne resta pas au-dessus de la Méditerranée jusqu'à la tombée de la nuit, mais coupa droit au-dessus de la zone espagnole et des territoires quasi hostiles de Vichy. Comme nous étions escortés par quatre Beaufighter jusqu'au coucher du soleil, ce fut une violation ouverte de la neutralité de ces deux régions, mais personne ne nous inquiéta dans le ciel, et nous ne passâmes à portée de DCA d'aucune ville importante. Je n'en fus pas moins heureux de voir l'obscurité recouvrir la nature sauvage de son linceul, et de pouvoir mettre à profit les installations bien sommaires du « Commando » pour aller me coucher. Il aurait été extrêmement ennuyeux de faire un atterrissage forcé en territoire neutre, et même une descente en urgence dans le désert aurait posé quelques problèmes spécifiques ; mais les quatre moteurs du « Commando » ronronnaient allégrement, et je dormis profondément tandis que nous voguions dans la nuit étoilée[1].

---

1. Et au-dessus de la Cyrénaïque comme de la Tripolitaine, infestées

Au cours de ces voyages, j'avais l'habitude de m'asseoir à la place du co-pilote avant le lever du jour, et quand je m'y installai en cette aube du 4 août, je vis l'interminable ruban du Nil, argenté et sinueux, luire joyeusement dans les pâles rayons de l'aurore. J'avais déjà contemplé bien souvent le lever du jour au-dessus du Nil; je l'avais parcouru, en temps de paix comme en temps de guerre, sur presque toute sa longueur depuis le lac Victoria jusqu'à la mer, à l'exception de la «boucle de Dongola». Jamais je n'avais autant apprécié le reflet des premières lueurs du jour sur ses eaux.

Voilà que j'allais être sur les lieux pour une brève période. Au lieu d'attendre des nouvelles du front dans mon bureau de Londres, je les enverrais moi-même; c'était une perspective exaltante.

*
* *

Voici les questions que j'avais à résoudre au Caire: le général Auchinleck ou son état-major avait-il perdu la confiance de l'armée du désert? Dans l'affirmative, fallait-il le relever de ses fonctions, et qui pourrait le remplacer? De pareilles décisions sont pénibles à prendre lorsqu'il s'agit d'un chef dont le caractère et la valeur sont des plus élevés, dont les capacités et la détermination sont éprouvées. Afin d'affermir mon jugement, j'avais instamment prié le général Smuts de quitter l'Afrique du Sud pour me rejoindre au Caire, et il était déjà à l'ambassade lorsque j'y parvins. Nous passâmes la matinée ensemble et je lui parlai de toutes nos préoccupations, en lui indiquant les différentes possibilités qui s'offraient à nous. Dans l'après-midi, j'eus une longue conversation avec Auchinleck, qui m'exposa très clairement la situation militaire. Le général Wavell arriva de l'Inde après le déjeuner, et à 18 heures, je

---

de chasseurs allemands et italiens. Churchill ne semble pas s'en être inquiété cette nuit-là...

réunis une conférence sur le Moyen-Orient en présence de toutes les autorités : Smuts, Casey, le chef de l'état-major impérial, Wavell, Auchinleck, l'amiral Harwood, et Tedder pour l'aviation. Nous réglâmes bien des affaires dans une atmosphère de grande concorde, mais je ne cessais de retourner dans mon esprit la question primordiale du commandement.

Il est impossible d'envisager des changements de cette nature sans en considérer tous les aspects. Je fus conseillé à cet égard par le chef de l'état-major impérial, qui avait pour tâche d'évaluer au plus juste les qualités de nos généraux. Ce fut d'abord à lui que j'offris le commandement au Moyen-Orient ; évidemment, le général Brooke était très tenté par ce poste de haute responsabilité, et je savais que personne n'était plus capable que lui de l'occuper. Il réfléchit à la proposition, et en parla longuement avec le général Smuts le lendemain matin. Pour finir, il me dit qu'il était chef de l'état-major impérial depuis huit mois seulement, qu'il pensait avoir toute ma confiance, et que son état-major fonctionnait très bien ; un nouveau changement pourrait provoquer une désorganisation temporaire à un moment très critique. Il est également possible que, par délicatesse, Brooke n'ait pas voulu, après avoir recommandé le remplacement du général Auchinleck, prendre le poste lui-même ; sa réputation était trop bien établie pour donner prise à de telles imputations, mais dès lors, il me fallait trouver quelqu'un d'autre[1].

Alexander et Montgomery avaient participé tous deux avec Brooke à la bataille qui nous avait permis de nous

---

1. Sans que l'auteur le sache, la véritable motivation du chef de l'état-major impérial était toute différente : Alan Brooke se considérait à juste titre comme le seul officier capable de tempérer l'enthousiasme récurrent de Churchill pour des initiatives stratégiques hasardeuses, précipitées et potentiellement catastrophiques – d'où sa décision, prise la mort dans l'âme, de décliner un poste qui aurait pu lui apporter la gloire militaire suprême.

replier sur Dunkerque en mai 1940. Nous admirions beaucoup, Brooke et moi, la magnifique conduite d'Alexander lors de la mission désespérée qui lui avait été confiée en Birmanie[1]; quant à Montgomery, il jouissait d'une excellente réputation. Si nous décidions de remplacer Auchinleck, il n'y avait aucun doute dans notre esprit : c'était à Alexander qu'il fallait confier la fonction suprême au Moyen-Orient. Mais il importait aussi de tenir compte des sentiments de la 8ᵉ armée ; si l'on envoyait d'Angleterre deux hommes nouveaux pour évincer ceux qui avaient déjà l'expérience de la guerre du désert, cela ne serait-il pas ressenti comme un désaveu de l'armée et de ses chefs de tout rang ? C'est ici que le général Gott, l'un des commandants de corps d'armée, avait son rôle à jouer ; il paraissait parfaitement qualifié à tous égards, les troupes lui étaient fort attachées, et ce n'était pas pour rien qu'on l'avait surnommé le *Strafer* (le mitrailleur). Mais Brooke me signala que selon certains, Gott était très fatigué et avait besoin de repos. Il était encore trop tôt pour prendre des décisions. Si j'avais parcouru un aussi long chemin, c'était pour voir et entendre le plus possible de choses pendant le bref délai qui m'était imparti.

*

* *

Sir Miles Lampson nous offrit une hospitalité princière. Je dormis dans sa chambre climatisée et travaillai dans son bureau, qui l'était également ; la chaleur était intense, et c'étaient les deux seules pièces de la maison où la température fût supportable. Ce séjour agréable par ailleurs se prolongea pendant plus d'une semaine ; nous pûmes ainsi prendre le vent et écouter les opinions des uns et des autres, tout en visitant le front et les vastes

---

1. Après la chute de Rangoun en mars 1942, Alexander avait commandé de main de maître la retraite vers l'Assam des 30 000 hommes du *Burma Corps*.

camps situés dans la région de Kassassine, à l'est du Caire, où nos puissants renforts parvenaient maintenant à un rythme régulier.

Le 5 août, je visitai les positions d'El-Alamein. Je me rendis en voiture avec le général Auchinleck jusqu'à l'extrémité du flanc droit de la ligne, à l'ouest d'El Rouveisat, que tenait la 9ᵉ division australienne. Nous longeâmes ensuite le front jusqu'à son quartier général, installé derrière la crête de Rouveisat, où l'on nous offrit le petit déjeuner dans une sorte de cube en treillis métallique, rempli de mouches et d'importantes personnalités militaires. J'avais demandé que l'on fît venir divers officiers, mais surtout le général *Strafer* Gott. On me disait qu'il était épuisé par son rude service ; c'était précisément ce que je voulais vérifier personnellement. Ayant fait la connaissance des divers chefs de corps d'armée et de divisions présents, je demandai donc au général Gott de m'accompagner jusqu'à l'aérodrome où je devais alors me rendre. L'un des officiers de l'état-major d'Auchinleck objecta que ce détour lui prendrait une heure, mais j'insistai pour qu'il m'accompagnât. Ce fut mon premier et mon dernier entretien avec Gott ; pendant que la voiture avançait avec force cahots et gémissements sur les pistes accidentées, je le regardai, dans les yeux – ces yeux d'un bleu si clair –, et je l'interrogeai : se sentait-il fatigué, avait-il quelque avis à formuler ? Gott me répondit qu'il était certes fatigué, et que rien ne lui ferait plus plaisir que trois mois de permission en Angleterre, qu'il n'avait pas revue depuis plusieurs années, mais il se déclara tout à fait capable de fournir sur-le-champ de nouveaux efforts et d'accepter toutes les responsabilités qui lui seraient confiées. Nous nous séparâmes sur l'aérodrome ce 5 août à deux heures de l'après-midi ; deux jours plus tard, à la même heure, il devait être abattu par l'ennemi, presque exactement au-dessus des contrées que je survolais à présent.

À l'aérodrome, on me confia aux bons soins du vice-maréchal de l'Air Coningham ; il commandait, sous l'autorité de Tedder, toutes les forces aériennes qui avaient coopéré avec l'armée, et sans lesquelles l'immense retraite de 800 kilomètres aurait subi des désastres encore plus grands que ceux que nous avions connus. En un quart d'heure, nous fûmes à son poste de commandement, où nous devions déjeuner et où avaient été réunis tous les commandants d'unités aériennes à partir du grade de colonel. Dès mon arrivée, je remarquai une certaine nervosité chez mes hôtes ; c'est que le repas avait été commandé au Shepheard's Hotel, et une voiture particulière devait amener toutes ces bonnes choses du Caire, mais elle s'était égarée. On faisait des efforts frénétiques pour la retrouver ; elle finit par arriver...

Ce fut un moment bien agréable au milieu de tous nos soucis, une véritable oasis dans un immense désert. Il était aisé de constater que l'aviation avait de nombreuses critiques à formuler contre l'armée, et que toutes deux étaient surprises des revers qu'avaient subis nos forces pourtant supérieures. Dans la soirée, je rentrai par avion au Caire, d'où j'envoyai un télégramme à M. Attlee pour lui faire part de mes impressions sur l'ensemble de la situation.

Je consacrai toute la journée du lendemain 6 août à des conférences avec Brooke et Smuts, ainsi qu'à la rédaction des télégrammes nécessaires à l'information du Cabinet. Les questions qui restaient à régler mettaient en jeu non seulement de hautes personnalités, mais encore toute la structure du commandement dans ce vaste secteur. J'avais toujours pensé que le nom de Moyen-Orient était mal choisi pour désigner l'Égypte, le Levant, la Syrie et la Turquie, qui constituaient en fait le Proche-Orient ; la Perse et l'Irak formaient le Moyen-Orient proprement dit ; l'Inde, la Birmanie et la Malaisie, l'Orient ; la Chine et le Japon, l'Extrême-Orient. Mais bien plus importante que des changements de noms apparaissait la nécessité de fractionner le commandement du Moyen-Orient, qui était beaucoup trop étendu et divers. Le moment était venu d'effectuer ce changement d'organisation ; à 20 h 15, j'envoyai donc à M. Attlee le télégramme suivant :

« 1° J'en suis arrivé à la conclusion qu'un changement immédiat et draconien dans le haut commandement s'impose.

2° En conséquence, je propose de diviser en deux le commandement actuel du Moyen-Orient et de constituer :

a) un "commandement du Proche-Orient" englobant l'Égypte, la Palestine et la Syrie, avec Le Caire pour centre ;

b) un "commandement du Moyen-Orient" comprenant la Perse et l'Irak, avec Bagdad ou Bassora pour centre.

Les 8e et 9e armées relèveront du premier, la 10e du second.

3° Le poste de commandant en chef de ce nouveau théâtre du Moyen-Orient serait offert au général Auchinleck.

4° Le général Alexander deviendrait commandant en chef du Proche-Orient.

5° Le général Montgomery remplacerait Alexander pour l'opération "Torch". Je regrette qu'il soit nécessaire d'enlever Alexander à cette opération, mais Montgomery est qualifié à tous égards pour lui succéder [dans ce rôle].

6° Le général Gott prendrait le commandement de la 8e armée, sous l'autorité d'Alexander.

Voilà les principales mutations simultanées qu'exigent la gravité et l'urgence de la situation sur ce théâtre. Je serais reconnaissant à mes collègues du Cabinet de guerre de bien vouloir les approuver. Smuts et le chef d'état-major impérial me prient de vous dire qu'ils sont entièrement d'accord avec moi pour estimer que, parmi tant de difficultés et de possibilités diverses, cette solution est la meilleure. Le ministre d'État, lui aussi, est entièrement de cet avis. Ces changements, j'en suis convaincu, donneront une impulsion nouvelle et vigoureuse à l'armée, et restaureront une confiance dans le commandement qui, je regrette de le dire, fait défaut à l'heure actuelle. Je dois souligner ici qu'il est indispensable de prendre un nouveau départ et, par une action très énergique, de redonner une âme à cette organisation immense, mais désorientée et quelque peu déséquilibrée. Il n'échappera pas au Cabinet de guerre qu'une victoire remportée sur Rommel en août ou en septembre aurait des répercussions potentiellement décisives sur l'attitude des Français d'Afrique du Nord au moment du déclenchement de "Torch". »

Le Cabinet de guerre accepta mes vues au sujet de ces mutations draconiennes et immédiates au sein du haut commandement; il approuva chaleureusement le choix du général Alexander et m'annonça que celui-ci allait aussitôt quitter l'Angleterre. Par contre, l'idée de diviser en deux le commandement du Moyen-Orient ne lui plut guère ; il lui semblait que les raisons qui avaient motivé l'unification du commandement en décembre 1941 étaient plus valables encore à présent. Il accepta que Montgomery prît la place d'Alexander pour « Torch », et le convoqua sur-le-champ à Londres. Enfin, il s'en remit à moi pour procéder aux autres nominations.

Dès le lendemain matin, j'envoyai un second télégramme pour expliquer mes propositions plus en détail. Le Cabinet de guerre répondit que je n'avais pas entièrement dissipé ses doutes, mais que, puisque j'étais sur place et que Smuts et le chef de l'état-major impérial étaient tous deux d'accord avec mes propositions, il était disposé à les autoriser. Il insista toutefois sur le fait que, si le général Auchinleck prenait le commandement de la Perse et de l'Irak en conservant le titre de commandant en chef du Moyen-Orient, des confusions et des erreurs seraient inévitables. Je me rendis compte que mes collègues avaient raison et j'acceptai leurs conseils.

*
* *

Je consacrai toute la journée du 7 août à l'inspection de la 51ᵉ division écossaise qui venait de débarquer. Comme je gravissais l'escalier de l'ambassade après le dîner, je rencontrai le colonel Jacob, aujourd'hui sir Ian Jacob. « Ce pauvre Gott, quel dommage ! » me dit-il. – « Que lui est-il arrivé ? » demandai-je. – « Son avion a été abattu cet après-midi, alors qu'il rentrait au Caire[1]. » La perte de ce magnifique soldat, à qui j'avais décidé de confier le rôle le plus actif dans la bataille prochaine, me causa beaucoup de peine et de regrets; tous mes plans s'en trouvaient bouleversés. Le départ d'Auchinleck, remplacé au commandement suprême, devait être compensé par la nomination à la tête de la 8e armée de Gott, qui possédait l'expérience du désert et jouissait d'un grand prestige – le tout étant couronné par la prise de commandement d'Alexander sur le théâtre du Moyen-Orient. Mais à présent, qu'allait-il advenir? Il ne pouvait y avoir d'hésitation quant au choix de son successeur, et je câblai à M. Attlee : « Le chef de l'état-major impérial recommande très vivement la nomination de Montgomery à la tête de la 8e armée. Smuts et moi estimons que ce poste doit être pourvu sans délai. Veuillez le faire partir au plus tôt par avion spécial. Prévenez-moi de sa date d'arrivée. »

Il s'avéra que le Cabinet de guerre s'était déjà réuni le 7 août à 23 h 15 pour examiner mes télégrammes de la journée, qui venaient d'être déchiffrés; la discussion était encore en cours lorsqu'un secrétaire entra, apportant mes nouveaux messages dont l'un annonçait la mort de Gott et l'autre demandait de faire partir sans délai le général Montgomery. D'après ce que l'on m'a dit, l'émotion fut grande parmi nos amis rassemblés à Downing Street. Mais, ainsi que je l'ai déjà noté plusieurs fois, ils avaient déjà supporté bien des coups durs, et ils reçurent celui-là sans broncher. Ils siégèrent presque jusqu'à l'aube, approuvèrent l'essentiel de mes propositions et donnèrent les ordres nécessaires concernant Montgomery.

---

1. Le général Gott avait quitté son QG pour rentrer au Caire à bord d'un vieux Bristol Bombay très lent. Six Messerschmitt 109 en patrouille l'avaient abattu. Le pilote était parvenu malgré tout à faire un atterrissage forcé dans le désert, mais la porte étant bloquée, tous les passagers avaient brûlé à l'intérieur de l'appareil.

*
* *

Dans le télégramme que j'avais envoyé au Cabinet de guerre pour lui annoncer la mort de Gott, j'avais demandé que le général Eisenhower ne fût pas informé du fait que nous avions eu l'intention de lui donner Montgomery à la place d'Alexander. Mais il était trop tard, la communication avait déjà été faite. Cette nouvelle modification de nos plans entraînait un bouleversement fort regrettable dans la préparation de « Torch » : Alexander avait été choisi pour commander la 1re armée britannique au cours de cette grande opération ; il avait déjà commencé à travailler avec le général Eisenhower, et tous deux s'entendaient parfaitement, comme toujours. Or, voilà à présent qu'Alexander lui était retiré pour être affecté au Moyen-Orient. Ismay avait été dépêché auprès du général Eisenhower afin de lui annoncer cette nouvelle et de lui transmettre mes excuses pour cette rupture et cette perturbation dans les contacts auxquelles nous contraignaient les dures nécessités de la guerre. Ismay avait longuement insisté sur les brillantes qualités de Montgomery en tant que commandant sur le terrain ; celui-ci était arrivé presque aussitôt au quartier général d'Eisenhower, et l'on avait rempli toutes les formalités protocolaires habituelles lors d'une telle rencontre entre commandants d'armées de nationalités différentes affectées à la même opération. Dès le lendemain matin 8 août, il fallut informer Eisenhower que Montgomery partait le jour même en avion pour Le Caire, afin d'y prendre le commandement de la 8e armée ; cette mission échut encore à Ismay. Le général américain était large d'esprit, empirique, serviable, et il savait prendre les événements comme ils venaient, avec sang-froid et détachement. Pourtant, il fut naturellement déconcerté de voir changer deux fois en deux jours le titulaire de ce poste essentiel au sein de la vaste opération qui lui avait été confiée ; il allait à présent devoir accueillir un troisième commandant britannique. Comment s'étonner qu'il ait demandé à Ismay : « Est-ce que les Anglais prennent vraiment "Torch" au sérieux ? » Néanmoins, la mort de Gott était un fait de guerre devant lequel tout bon soldat devait s'incliner ; le général Anderson fut nommé au poste vacant, et Montgomery partit pour l'aérodrome avec Ismay, qui eut ainsi plus d'une heure pour lui expliquer les dessous de tous ces brusques changements.

On a raconté au sujet de cette conversation une histoire dont l'authenticité n'a malheureusement pas été établie : Montgomery parlait des épreuves et des risques inhérents à la carrière d'un soldat ; il donnait toute sa vie à son métier, consacrant de longues années à l'étude et s'imposant des sacrifices de toutes sortes. Puis, la fortune lui souriait, le succès l'auréolait de ses rayons, il gagnait des galons, l'occasion se présentait de recevoir un commandement important. Il remportait une victoire, devenait célèbre dans le monde entier, son nom était sur toutes les lèvres. Ensuite, la chance tournait ; l'œuvre de toute sa vie s'écroulait en un instant, sans peut-être qu'il y fût pour rien, et son nom venait s'ajouter à l'interminable liste des capitaines malheureux. « Voyons, intervint Ismay, il ne faut pas voir les choses sous un jour aussi sombre. C'est une très belle armée qui se rassemble au Moyen-Orient. Il est fort possible que vous ne couriez pas au désastre. » – « Comment ? s'écria Montgomery en se dressant brusquement sur son siège. Que voulez-vous dire ? C'est de Rommel que je parlais[1] ! »

*
* *

Il me restait à prévenir le général Auchinleck qu'il allait être relevé de son commandement et, l'expérience m'ayant

---

1. Hélas ! Le général Montgomery lui-même démentira cette histoire dans ses *Mémoires*, faisant observer en outre que le général Ismay ne l'avait *pas* accompagné à l'aéroport lors de son départ pour Le Caire. *Ma se non é vero, é ben trovato !*, disent les Anglais lorsqu'ils parlent italien...

appris qu'il valait mieux faire ce genre de commissions déplaisantes par écrit, j'envoyai le colonel Jacob en avion à son quartier général pour lui remettre la lettre suivante :

> « Le Caire, 8 août 1942.
>
> Cher général Auchinleck,
>
> 1° Dans le télégramme que vous avez adressé le 23 juin dernier au chef de l'état-major impérial, vous souleviez la question de votre remplacement et avanciez le nom du général Alexander en tant que successeur possible. L'armée traversant alors des jours critiques, le gouvernement de Sa Majesté n'avait pas voulu se prévaloir de cette offre généreuse. À la même époque, vous aviez pris personnellement en main la direction de la bataille, ainsi que je le désirais depuis longtemps et que je vous l'avais suggéré dans mon télégramme du 20 mai. Vous avez réussi à endiguer l'avance ennemie, et le front est actuellement stabilisé.
>
> 2° Le Cabinet de guerre vient de décider, pour les motifs que vous aviez invoqués vous-même, que le moment d'opérer un changement est venu. Nous nous proposons de détacher l'Irak et la Perse de l'actuel théâtre du Moyen-Orient. Alexander sera nommé au commandement du Moyen-Orient, Montgomery placé à la tête de la 8e armée, et je vous offre le commandement de l'Irak et de la Perse, 10e armée comprise, avec quartier général à Bassora ou à Bagdad. Il est vrai que ce secteur est moins important aujourd'hui que celui du Moyen-Orient, mais d'ici quelques mois, des opérations décisives pourraient s'y dérouler, et des renforts destinés à la 10e armée sont déjà en chemin. Sur ce théâtre, que vous connaissez particulièrement bien, vous pourrez maintenir vos relations avec l'Inde. J'espère donc que vous accéderez à mes désirs et à mes instructions avec le même esprit de désintéressement et de dévouement à la cause publique que celui dont vous avez fait preuve en maintes occasions. L'arrivée d'Alexander est imminente, et j'espère qu'au début de la semaine prochaine, la transmission des pouvoirs sur le front de Libye pourra s'effectuer sans heurts et avec un maximum d'efficacité, sous réserve bien entendu de mouvements ennemis.

3° Je serai très heureux de vous recevoir à tout moment qui vous conviendra, si vous le désirez.

Croyez-moi bien sincèrement vôtre,

Winston S. Churchill.

P.-S. J'ai également chargé le colonel Jacob, qui est porteur de cette lettre, d'exprimer mes bien vives condoléances pour la soudaine disparition du général Gott. »

Jacob revint dans la soirée. Auchinleck avait reçu le choc avec toute la dignité d'un soldat ; il n'était pas disposé à accepter le nouveau commandement qui lui était offert, et viendrait me voir le lendemain.

Jacob a noté dans son journal :

« Le Premier ministre dormait. Il s'est réveillé à 6 heures et j'ai dû lui rapporter de mon mieux ce qui s'était dit entre le général Auchinleck et moi. Le chef de l'état-major impérial nous a rejoints… Le Premier ministre n'a qu'une idée : battre Rommel et donner au général Alexander une autorité absolue sur les opérations du désert de Libye. Il ne comprend pas que l'on puisse rester au Caire, alors que des événements considérables se déroulent dans le désert et qu'on laisse à un autre le soin de les diriger. Il arpentait la pièce à grands pas en dissertant sur ce sujet, et il entend bien avoir le dernier mot. "Rommel, Rommel, Rommel, Rommel ! criait-il. Qu'y a-t-il de plus important que de le battre ?" »

Le général Auchinleck parvint au Caire aussitôt après midi, et nous eûmes une conversation d'une heure, à la fois lugubre et d'une courtoisie irréprochable.

Le général Alexander vint me voir dans la soirée, et les dernières dispositions relatives aux mutations dans le commandement furent arrêtées. J'en fis rapport à Londres, dans un télégramme dont voici les passages essentiels :

« J'ai remis au général Alexander les instructions suivantes, qu'il accepte sans restrictions et qui ont l'approbation du chef de l'état-major impérial :

I. – Votre mission principale consiste à capturer ou à détruire à la première occasion l'armée germano-italienne commandée par le maréchal Rommel, ainsi que tous ses approvisionnements et installations en Égypte comme en Libye.

II. – L'accomplissement, par vous ou par ceux que vous en chargerez, de toutes les autres tâches relevant de votre commandement est subordonné à la mission définie au paragraphe I, qui doit être considérée comme étant d'une importance capitale pour les intérêts de Sa Majesté.

Il sera sans doute possible, lors d'une phase ultérieure de la guerre, de modifier le caractère exclusif de ces instructions, mais je suis persuadé que, pour le moment, il est impératif d'assigner une mission simple et un objectif unique. »

La réponse d'Alexander, envoyée six mois plus tard, sera rapportée en son temps.

Chapitre XXI

MOSCOU. LA PREMIÈRE RÉUNION

Nous partîmes pour Moscou tard dans la nuit du 10 août, après un dîner qui réunit diverses notabilités à la sympathique ambassade du Caire. Notre délégation, qui occupait trois avions, comprenait à présent le chef de l'état-major impérial, le général Wavell qui parlait russe, le maréchal de l'Air Tedder et sir Alexander Cadogan. Averell Harriman, qui arrivait d'Amérique à ma demande expresse, était dans mon avion personnel. À l'aube, nous approchions des montagnes du Kurdistan ; le temps était très favorable, et Vanderkloot plein d'entrain. Quand nous fûmes tout près de ces hauteurs dentelées, je lui demandai à quelle altitude il comptait les franchir. Il me répondit que 2 800 m suffiraient. En examinant la carte, je constatai qu'il existait plusieurs pics de 3 300 et de 3 600 m, et même un de 5 500 m ou de 6 000 m, semblait-il, quoiqu'il fût très éloigné. On peut se glisser entre les montagnes sans danger tant qu'on ne se trouve pas soudainement pris dans les nuages ; je demandai néanmoins que l'on montât jusqu'à 3 600 m, et nous mîmes nos masques à oxygène. Alors que nous descendions vers 8 h 30 du matin pour atterrir sur l'aérodrome de Téhéran et que nous étions déjà près du sol, je remarquai que l'altimètre indiquait 1 350 m. Dans mon ignorance, je fis observer à Vanderkloot : « Il vous faudra régler cela avant que nous ne repartions » ; mais il me répondit : « Le terrain d'aviation de Téhéran est à plus de 1 200 m au-dessus du niveau de la mer. »

J'étais attendu par sir Reader Bullard, ministre de Sa Majesté à Téhéran ; c'était un solide Anglais, nanti d'une longue expérience de la Perse et d'un manque total d'illusions. Il était trop tard pour franchir avant la nuit la chaîne septentrionale de l'Elbrouz, et je fus aimablement invité à déjeuner par le chah dans un palais perché sur un abrupt montagneux, agrémenté d'une superbe piscine et entouré de grands arbres. Le sommet puissant que j'avais remarqué le matin étincelait au soleil en prenant des teintes rose et orange. Au cours de l'après-midi, j'eus une longue conversation dans le jardin de la légation britannique avec Averell Harriman et divers hauts personnages anglais et américains de l'administration des chemins de fer. Il fut décidé que les États-Unis prendraient en charge toute la ligne transpersane, depuis le Golfe jusqu'à la Caspienne. Cette voie ferrée, qui venait d'être achevée par une société britannique, constituait un remarquable exploit d'ingénierie ; elle ne comportait pas moins de 390 ponts principaux dans la partie qui franchissait les défilés montagneux. Harriman déclara que le président était disposé à assumer l'entière responsabilité de la porter à sa capacité maximum, et qu'il était en mesure de fournir beaucoup plus de locomotives, de wagons et de personnel du génie que nous n'aurions pu le faire. J'acceptai donc ce transfert, sous réserve de certaines stipulations donnant la priorité à nos besoins militaires essentiels. Du fait de la chaleur et du bruit qui régnaient à Téhéran, où chaque Persan semblait posséder une voiture et jouer sans arrêt du klaxon, j'allai passer la nuit à la résidence d'été de la légation, située à 300 m au-dessus de la capitale, à l'ombre des grands arbres.

À 6 h 30 du matin, le lendemain mercredi 12 août, nous décollâmes et prîmes de l'altitude tout en remontant la grande vallée conduisant à Tabriz, pour virer ensuite au nord en direction d'Enzeli, ville riveraine de la Caspienne. Nous franchîmes une seconde chaîne de montagnes à 3 300 m d'altitude environ, en évitant à la fois les nuages et les pics. Nous avions désormais à bord deux officiers russes, le gouvernement soviétique ayant pris la responsabilité de notre itinéraire et de notre arrivée. Le géant couronné de neige étincelait à l'est. Je m'aperçus qu'aucun appareil ne nous suivait, et un message radio nous expliqua que notre second avion, qui transportait le chef d'état-major impérial, Wavell, Cadogan et les autres, avait dû retourner à Téhéran en raison d'ennuis de moteur. Deux heures plus tard, nous vîmes briller devant nous les eaux de la Caspienne ; nous survolions Enzeli. Je n'avais jamais vu cette mer, mais je me souvins qu'un quart de siècle plus tôt, j'avais hérité, en tant que ministre de la Guerre, d'une flotte qui domina pendant près d'un an ses eaux glauques et tranquilles[1]. Nous descendîmes alors à une altitude qui rendait superflu l'emploi des masques à oxygène. Sur la rive occidentale, que l'on distinguait vaguement, se trouvaient Bakou et ses champs pétrolifères. Les armées allemandes étaient alors si proches de la Caspienne que nous mîmes le cap sur Kouibychev, en contournant largement Stalingrad et la zone des combats. Cela nous amena à proximité du delta de la Volga ; la Russie, brune et plate, étendait ses vastes espaces aussi loin que portait le regard, et c'était à peine si l'on apercevait de temps à autre une trace d'habitation humaine. Çà et là, des pièces de terre labourées aux contours rectilignes révélaient l'existence d'une ferme d'État. Sur un long parcours, la majestueuse Volga, sinueuse ou droite, étincelait entre les marges sombres de ses vastes marais. Parfois, une route tracée au cordeau semblait filer jusqu'à l'horizon. Ayant contemplé ce spectacle pendant une heure environ, je regagnai la cabine en me hissant le long de la soute à bombes, et je m'endormis.

Je songeai à la mission qui m'amenait dans ce sinistre et lugubre État bolchevique ; jadis, j'avais tenté de toutes mes forces de l'étrangler à la naissance, et jusqu'à l'apparition

---

1. En 1920, lors de l'intervention britannique contre les bolcheviks en Perse et au Caucase.

d'Hitler, je l'avais considéré comme l'ennemi mortel de la liberté et de la civilisation. Quel était mon devoir à présent ? Que devais-je dire à ses dirigeants ? Le général Wavell, qui avait des dispositions littéraires, résuma tout cela dans un poème ; il comprenait plusieurs strophes, se terminant toutes par ces mots : « Pas de second front en 1942[1]. » Je me faisais l'effet d'un homme qui aurait porté un gros bloc de glace au pôle Nord. Et pourtant, j'avais assurément le devoir d'exposer les faits en personne aux dirigeants de l'URSS, et de voir Staline en tête à tête, plutôt que de passer par des télégrammes et des intermédiaires. C'était au moins leur montrer que quelqu'un s'intéressait à leur sort, et comprenait l'importance de leur combat pour le cours de la guerre dans son ensemble. Nous avions toujours haï leur abominable régime, et de leur côté, avant que le fléau nazi ne s'abattît sur eux, ils auraient assisté à notre extermination avec indifférence, en partageant allégrement notre empire d'Orient avec Hitler.

Comme le temps était clair, le vent favorable, et qu'il me fallait arriver à Moscou au plus tôt, on décida de virer avant Kouibychev et de mettre le cap droit sur la capitale. Je crains bien d'avoir ainsi manqué un splendide banquet et une réception de bienvenue dans la grande tradition russe. Vers 17 heures, les flèches et les coupoles de Moscou étaient en vue ; nous contournâmes la ville suivant un itinéraire soigneusement fixé, le long duquel toutes les batteries avaient été prévenues, et nous atterrîmes sur un aérodrome que j'étais destiné à revoir au cours des hostilités.

Molotov m'y attendait, à la tête d'une grande délégation de généraux russes et de tout le corps diplomatique, qu'entourait l'habituel essaim de photographes et de journalistes. Je passai en revue une imposante garde d'honneur, impeccable dans sa tenue comme dans le respect du

---

1. Wavell composera ce poème au retour de Moscou plutôt qu'à l'aller.

protocole militaire ; elle défila devant nous après qu'une musique eut joué les hymnes nationaux des trois grandes puissances dont l'alliance devait sceller le destin d'Hitler. On me conduisit devant un microphone et je prononçai une courte allocution. Averell Harriman parla également au nom des États-Unis ; il allait loger à l'ambassade américaine. M. Molotov me conduisit dans sa voiture à la résidence qui m'était réservée, la « villa d'État n° 7 », située à environ 13 kilomètres de Moscou. En traversant les rues de la capitale, qui paraissaient fort désertes, je baissai la vitre pour avoir un peu plus d'air, et constatai avec étonnement, que le verre avait plus de cinq centimètres d'épaisseur. Cela dépassait tout ce que j'avais connu jusque-là. « Le ministre dit que que c'est plus prudent », me dit l'interprète Pavlov. Après un peu plus d'une demi-heure, nous atteignîmes la villa.

*
* *

Tout y avait été préparé avec la prodigalité caractéristique d'un régime totalitaire. On avait mis à ma disposition comme aide de camp un officier gigantesque, à l'allure magnifique (je crois qu'il appartenait à une famille princière sous le régime tsariste). Ce véritable modèle de courtoisie et de prévenance tenait également le rôle de maître de maison ; plusieurs serviteurs chevronnés en veste blanche, un large sourire aux lèvres, guettaient le moindre désir ou le plus petit geste des invités. Dans la salle à manger, une longue table et divers buffets étaient chargés de tous les mets et de toutes les boissons dont un pouvoir suprême peut disposer. On me fit traverser une vaste pièce de réception pour m'amener jusqu'à une chambre à coucher avec une salle de bains tout aussi spacieuse ; des lampes électriques à la clarté très vive, presque éblouissante, faisaient ressortir l'impeccable propreté de l'ensemble. L'eau chaude et froide coulait à flots. J'avais grande envie de prendre un bain chaud après ce voyage long et torride ; tout fut prêt en un clin d'œil. Je remarquai que les lavabos n'étaient pas alimentés par des robinets d'eau chaude et froide séparés, et qu'ils n'avaient pas de bouchons. L'eau arrivait directement à la température désirée par un robinet unique. De plus, on ne se lavait pas les mains dans la cuvette, mais directement sous le jet du robinet. C'est un système que j'ai adopté chez moi, à une échelle plus modeste ; quand l'eau est abondante, c'est de loin le meilleur.

Après toutes les immersions et ablutions nécessaires, on nous régala dans la salle à manger de quantités de boissons et de mets choisis, comprenant bien entendu de la vodka et du caviar, mais aussi beaucoup d'autres plats et vins de France et d'Allemagne. Nous n'avions ni l'envie ni la possibilité d'absorber tant de choses, et d'ailleurs, il nous fallait repartir pour Moscou sans tarder. J'avais dit à Molotov que je serais prêt à voir Staline le soir même, et il avait proposé de fixer la rencontre à 19 heures.

J'arrivai au Kremlin et me trouvai pour la première fois en présence du grand chef révolutionnaire, du stratège et de l'homme d'État inspiré avec lequel je devais entretenir au cours des trois années suivantes des relations étroites, difficiles, mais toujours passionnantes, et même cordiales à l'occasion. Notre conférence dura près de quatre heures ; le second avion amenant Brooke, Wavell et Cadogan n'étant pas encore arrivé, n'y assistèrent que Staline, Molotov, Vorochilov, moi-même, Harriman et notre ambassadeur, avec les interprètes. Le récit qui suit se base sur le procès-verbal de séance rédigé ultérieurement, sur mes souvenirs, ainsi que sur les télégrammes que j'avais envoyés au Cabinet à l'époque.

Les deux premières heures furent mornes et sombres. J'abordai d'emblée la question du deuxième front, en déclarant que je comptais parler franchement et que je désirais inviter Staline à faire de même, ajoutant que je ne serais pas venu à Moscou s'il n'avait été sûr de pouvoir discuter de faits concrets[1]. J'avais dit à M. Molotov lors de sa visite à Londres que nous nous efforcions d'établir des plans pour créer une diversion en France ; je lui avais également déclaré sans ambiguïté que je ne pouvais faire aucune promesse pour 1942, et lui avais remis un mémorandum à cet effet. Depuis lors, la question avait été étudiée à fond par les Anglais et les Américains. Les gouvernements des deux pays ne se sentaient pas capables d'entreprendre une opération majeure en septembre, dernier mois où l'on pouvait compter sur un temps favorable. Mais, comme M. Staline le savait, ils préparaient une action de très grande envergure pour 1943 ; dans ce dessein, il était prévu qu'une armée d'un million de soldats américains serait rassemblée au Royaume-Uni dès le printemps de 1943, constituant ainsi un corps expéditionnaire de 27 divisions, auxquelles le gouvernement britannique était prêt à ajouter 21 des siennes. Près de la moitié de ces unités seraient blindées. Il n'était encore arrivé que deux divisions américaines et demie, mais l'essentiel des transports s'effectuerait en octobre, novembre et décembre.

Je dis à Staline que je me rendais parfaitement compte du fait que ce plan n'apportait aucune aide à la Russie pour 1942, mais je pensais qu'il n'était nullement impossible qu'en 1943, lorsque notre grand projet serait au point, les Allemands auraient à l'Ouest une armée beaucoup plus forte que celle qui s'y trouvait actuellement. À ce stade, Staline se renfrogna considérablement, mais il me laissa parler sans m'interrompre. Je déclarai alors que j'avais de bons arguments à faire valoir contre une attaque de la côte française en 1942 ; nous possédions tout juste assez de péniches de débarquement pour tenter un assaut contre un rivage fortifié – c'est-à-dire pour jeter à terre six divisions et les alimenter. Si cet assaut réussissait, nous

---

1. Une des rarissimes phrases maladroites des *Mémoires* ; son sens n'est pas plus clair en anglais qu'en français. Churchill a peut-être voulu dire : « sans l'assurance de pouvoir discuter de faits concrets ».

pourrions envoyer de nouvelles divisions, mais nous serions toujours limités par le nombre insuffisant de chalands de débarquement, que l'on était en train de construire en très grandes quantités au Royaume-Uni, et surtout aux États-Unis. Pour une division que nous étions en mesure de transporter cette année, nous serions capables d'en transporter huit ou dix l'année suivante.

Staline, qui avait pris un air très sombre, ne parut pas très convaincu par mes arguments, et demanda s'il était impossible d'attaquer en quelque point de la côte française. Je lui montrai une carte faisant ressortir toutes les difficultés d'assurer une couverture aérienne satisfaisante, sauf à traverser carrément le pas de Calais. Il ne semblait pas comprendre, et il posa quelques questions au sujet du rayon d'action des chasseurs. Ne pouvaient-ils, par exemple, faire constamment la navette? Je lui expliquai qu'ils pouvaient en effet aller et venir, mais que sur cette distance, il ne leur resterait plus de temps pour combattre. J'ajoutai que pour qu'une couverture aérienne soit efficace, elle devait être ininterrompue. Sur ce, il affirma qu'il ne se trouvait pas en France une seule division allemande de valeur, ce que je contestai aussitôt ; il y avait en France 25 divisions allemandes, dont 5 de première ligne. Il hocha la tête. Je lui dis que je m'étais fait accompagner du chef de l'état-major et du général sir Archibald Wavell, afin que ces points puissent être examinés en détail avec l'état-major russe. Au-delà d'une certaine limite, les hommes d'État ne pouvaient discuter de telles questions.

Staline, de plus en plus maussade, dit alors que s'il comprenait bien, nous étions incapables d'ouvrir un deuxième front avec des forces suffisamment importantes, et que nous refusions même de débarquer six divisions. Je lui répondis que c'était exact ; nous pouvions débarquer six divisions, mais ce serait plus nuisible qu'utile, parce que cela compromettait le succès de la grande opération envisagée pour l'année suivante. La guerre était la guerre, mais non une folie ; or, ce serait folie de s'exposer à subir un désastre qui n'aurait d'utilité pour personne. Je craignais fort de n'être pas porteur de nouvelles bien agréables. Si, en jetant dans la bataille 150 000 à 200 000 hommes, nous avions pu lui être de quelque secours en obligeant les Allemands à retirer des forces importantes du front russe, la perspective des pertes à subir ne nous aurait pas arrêtés. Mais si une telle action ne provoquait le retrait d'aucune troupe et compromettait nos projets pour 1943, elle constituerait une grave erreur.

Staline, qui avait commencé à s'agiter, déclara qu'il avait une autre conception de la guerre. On ne pouvait la gagner si l'on n'était pas prêt à courir des risques. Pourquoi avions-nous si peur des Allemands ? Il n'arrivait pas à le comprendre ; l'expérience lui avait démontré que, tant que les troupes n'avaient pas subi le baptême du feu, on ne pouvait se faire aucune idée de leur valeur. Je le priai alors de me dire s'il ne s'était jamais demandé pourquoi Hitler n'avait pas envahi l'Angleterre en 1940, alors qu'il était à l'apogée de sa puissance et que nous n'avions que 20 000 soldats entraînés, 200 canons et 50 chars. Pourtant, il n'était pas venu ! La vérité, c'est que l'opération lui avait fait peur ; il n'était pas si facile de traverser la Manche. Staline répliqua qu'il n'y avait aucune comparaison possible ; s'il avait débarqué en Angleterre, Hitler se serait heurté à la résistance du peuple, alors que si les Britanniques débarquaient en France, ils auraient le peuple avec eux. Je lui fis remarquer qu'il était d'autant plus important de ne pas exposer le peuple français à la vengeance d'Hitler après un repli, et de ne pas gaspiller ainsi un soutien qui nous serait nécessaire pour la grande opération de 1943.

Un silence pesant s'ensuivit. Staline déclara enfin que si nous ne pouvions effectuer de débarquement en France dans l'année, il n'avait pas qualité pour l'exiger, mais qu'il était obligé de me dire qu'il n'était pas d'accord avec mes arguments.

Je dépliai alors une carte représentant l'Europe du Sud, la Méditerranée et l'Afrique du Nord. Qu'était-ce qu'un deuxième front? Était-ce uniquement un débarquement sur une côte fortifiée en face de l'Angleterre? Ne pouvait-il prendre la forme d'une autre grande opération susceptible d'être utile à la cause commune? Je pensais qu'il valait mieux amener Staline progressivement vers le sud. Si nous pouvions, par exemple, fixer l'ennemi dans le pas de Calais par nos concentrations en Grande-Bretagne, tout en attaquant ailleurs au même moment – sur la Loire, sur la Gironde, ou encore sur l'Escaut –, ce serait une manœuvre extrêmement prometteuse. C'était d'ailleurs l'aspect que revêtirait, dans ses grandes lignes, la vaste opération prévue pour l'année suivante. Staline émit la crainte que ce ne fût pas réalisable. Je lui dis qu'il serait effectivement difficile de débarquer un million d'hommes, mais qu'il nous faudrait essayer avec persévérance.

Nous passâmes ensuite au bombardement de l'Allemagne, qui donnait satisfaction à tout le monde. M. Staline souligna combien il était nécessaire d'atteindre le moral de la population allemande; il attachait la plus grande importance au bombardement, et savait que nos raids avaient un effet considérable.

Après cet intermède, qui détendit quelque peu l'atmosphère, Staline fit observer qu'il ressortait de notre longue conversation que nous ne voulions exécuter ni « Sledgehammer » ni « Round-up », et que nous nous contenterions de payer notre écot en bombardant l'Allemagne. Je décidai d'en finir tout de suite avec la plus grosse difficulté, et de créer une atmosphère favorable au projet que j'étais venu exposer. Je n'essayai donc pas de dissiper immédiatement la morosité ambiante; je demandai même expressément que l'on se parlât avec la franchise la plus brutale, ainsi qu'il convenait entre amis et camarades face au péril. Toutefois, la courtoisie et la dignité prévalurent.

*
* *

Le moment était venu de présenter « Torch ». Je déclarai vouloir revenir à la question du deuxième front en 1942, qui était la raison même de ma visite à Moscou. Je ne pensais pas que la France fût le seul pays susceptible de se prêter à une telle opération ; il y en avait d'autres, et nous avions arrêté avec les Américains un projet que le président des États-Unis m'avait autorisé à révéler confidentiellement à Staline. Au moment de le faire, je soulignai encore l'importance capitale du secret. À ces mots, Staline se redressa et répondit avec un sourire narquois qu'il espérait que la presse britannique n'en dirait rien[1].

J'entrepris alors de lui expliquer l'opération « Torch » dans le détail. Staline manifesta un intérêt intense en m'entendant développer l'ensemble du projet ; il demanda d'abord ce qui se passerait en Espagne et dans la France de Vichy, puis fit observer un peu plus tard que l'opération était justifiée du point de vue militaire, mais qu'il avait des doutes concernant ses répercussions politiques en France. Il s'enquit expressément de la date d'exécution, à quoi je répondis que l'opération aurait lieu avant le 30 octobre, mais que le président et nous tous essayions de l'avancer au 7. Les trois Russes en parurent grandement soulagés.

J'exposai alors les avantages militaires d'une libération complète de la Méditerranée, d'où l'on pourrait encore ouvrir un autre front ; il nous fallait vaincre en Égypte au mois de septembre et en Afrique du Nord au mois d'octobre, tout en fixant simultanément l'ennemi dans le nord de la France. Si nous étions en possession de l'Afrique

---

1. Allusion aux errements du printemps de 1940, lorsque la presse britannique évoquait les plans les plus secrets, en supputant gravement leurs chances de réussite.

du Nord à la fin de l'année, nous pourrions alors menacer le ventre de l'Europe d'Hitler, et l'opération serait à envisager en conjonction avec celle de 1943. C'était ce que les Américains et nous avions décidé de faire.

Pour bien illustrer mon argumentation, j'avais dessiné tout en parlant l'image d'un crocodile, et je m'en servis pour expliquer à Staline que nous nous proposions d'attaquer le ventre mou de l'animal en même temps que son museau dur. Et Staline, dont l'intérêt était maintenant à son comble, s'écria : « Que Dieu fasse réussir cette entreprise ! »

Je soulignai que nous désirions diminuer la pression exercée par les Allemands sur les Russes. En essayant d'y parvenir par une action dans le nord de la France, nous risquions d'essuyer un échec ; mais en Afrique du Nord, nous avions de bonnes chances de l'emporter, et nous pourrions ensuite apporter notre aide en Europe. Si nous nous emparions de l'Afrique du Nord, Hitler serait contraint de ramener ses forces aériennes vers le sud, faute de quoi nous écraserions ses alliés, y compris l'Italie, et nous procéderions à un débarquement. L'opération exercerait une grande influence sur la Turquie comme sur toute l'Europe méridionale, et ma seule crainte était que nous soyons devancés. En conquérant l'Afrique du Nord cette année même, nous pourrions lancer une attaque dévastatrice contre Hitler l'année suivante. Ce fut le tournant décisif de notre conversation.

Staline souleva alors diverses objections d'ordre politique : la France ne prendrait-elle pas en mauvaise part l'occupation anglo-américaine des régions visées par « Torch » ? Que comptions-nous faire au sujet de De Gaulle ? Je déclarai que nous ne désirions pas le voir intervenir dans l'opération à ce stade ; les Français de Vichy tireraient très probablement sur les gaullistes, mais sans doute pas sur les Américains. Harriman appuya vigoureusement cet argument en se référant à l'opinion de l'amiral

Leahy, ainsi qu'à des rapports d'agents américains sur place qui avaient toute la confiance du président.

*
* *

C'est alors que Staline parut soudainement comprendre tous les avantages stratégiques de « Torch ». Il énuméra quatre raisons de l'exécuter : premièrement, elle permettrait de prendre Rommel à revers ; deuxièmement, elle en imposerait à l'Espagne ; troisièmement, elle déclencherait en France une lutte entre les Allemands et les Français ; et quatrièmement, elle ferait porter tout le poids de la guerre sur l'Italie.

Je fus très impressionné par cette remarquable déclaration ; elle montrait avec quelle rapidité et quelle exhaustivité le dictateur russe était capable de dominer un problème entièrement nouveau pour lui. Très peu de gens au monde auraient pu comprendre en un temps si court les considérations dont nous avions tous débattu pendant des mois ; lui avait tout saisi en un éclair.

J'énonçai une cinquième raison : le raccourcissement de la route maritime consécutif à l'ouverture de la Méditerranée. Staline s'inquiéta de savoir si nous pouvions franchir le détroit de Gibraltar. Je l'assurai que cela ne poserait aucun problème ; je lui appris également les changements apportés au commandement en Égypte, et lui fis part de notre résolution d'y livrer une bataille décisive à la fin du mois d'août ou en septembre. Pour finir, il devint manifeste que « Torch » avait la faveur de tous, même si Molotov avait demandé si l'opération ne pourrait être lancée dès septembre.

J'ajoutai alors : « La France est très abattue et nous voulons lui redonner courage. » Elle avait compris le sens des campagnes de Madagascar et de Syrie ; l'arrivée des Américains déciderait la nation française à se ranger à nos côtés, et intimiderait Franco. Les Allemands pourraient très bien dire aussitôt aux Français : « Donnez-nous votre flotte et Toulon. » L'antagonisme entre Vichy et Hitler s'en trouverait ravivé.

Je laissai ensuite entrevoir la perspective d'affecter des forces aériennes anglo-américaines à l'aile méridionale des armées russes, afin de défendre la Caspienne et les monts du Caucase, et plus généralement, d'intervenir militairement dans cette région. Toutefois, je n'entrai pas dans les détails, parce qu'il nous fallait naturellement vaincre d'abord en Égypte, et parce que je ne connaissais pas les intentions du président au sujet d'une participation américaine. Si cette idée plaisait à Staline, nous en étudierions immédiatement les modalités d'exécution. Il déclara qu'il nous serait fort reconnaissant de cette aide, mais qu'il était nécessaire d'examiner avec soin les affectations spécifiques, etc. Je tenais beaucoup à ce projet, parce qu'il donnerait de nouvelles occasions à l'aviation anglo-américaine d'affronter les Allemands, ce qui faciliterait la conquête de la maîtrise de l'air dans des conditions plus favorables que s'il fallait rechercher le contact au-dessus du pas de Calais[1].

Nous nous rassemblâmes alors autour d'un grand globe terrestre, et j'expliquai à Staline les immenses avantages que nous obtiendrions en chassant l'ennemi de la Méditerranée ; j'ajoutai que je me tenais à sa disposition pour le cas où il désirerait me revoir. Il me répondit que, selon la coutume russe, c'était aux visiteurs d'exprimer leurs désirs, et qu'il pourrait me recevoir à tout moment. Il était à présent informé du pire, et pourtant, c'est dans une ambiance de cordialité que nous prîmes congé.

---

1. On voit mal en quoi l'aviation anglo-américaine aurait pu opérer au Caucase dans des conditions plus favorables qu'au-dessus de la Manche. Churchill n'a manifestement pas envisagé les problèmes techniques, matériels... et politiques posés par une telle entreprise. Staline, lui, a perçu d'emblée les dangers politiques d'une présence anglo-américaine au Caucase, et il refusera la proposition sous divers prétextes au cours des mois suivants. Churchill n'a jamais mesuré l'ampleur de la paranoïa du petit Père des Peuples, qui redoutait autant les complots intérieurs que la « contagion » de l'Occident.

La réunion avait duré près de quatre heures. Il me fallut un peu plus d'une demi-heure pour regagner la villa d'État n° 7. Malgré mon extrême lassitude, je dictai après minuit des télégrammes à l'intention du Cabinet de guerre et du président. J'allai ensuite me coucher avec le sentiment qu'à tout le moins, la glace avait été rompue et qu'un contact d'homme à homme s'était instauré. Dès lors, je dormis longtemps d'un profond sommeil.

Chapitre XXII

MOSCOU. DES RELATIONS PERSONNELLES
SONT NOUÉES

Au matin, je m'éveillai tard dans mon luxueux logis. C'était le jeudi 13 août, qui a toujours été pour moi le « jour de Blenheim ». J'avais décidé d'aller rendre visite à M. Molotov au Kremlin, afin de lui expliquer plus clairement et plus complètement la nature des diverses opérations auxquelles nous songions ; je soulignai combien il serait préjudiciable à la cause commune d'être obligés, en cas de récriminations portant sur l'abandon de « Sledgehammer », de fournir publiquement des arguments contre ce genre d'opération. Je lui expliquai également plus en détail l'arrière-plan politique de « Torch » ; il m'écouta avec affabilité, mais ne se prononça pas. Je lui proposai de rencontrer Staline le soir même à 22 heures ; plus tard dans la journée, on me fit savoir que 23 heures conviendraient mieux, et l'on me demanda si, du fait que la conversation porterait sur le même sujet que la veille, je désirais emmener Harriman avec moi. Je répondis par l'affirmative, en y ajoutant Cadogan, Brooke, Wavell et Tedder, qui étaient arrivés entre-temps de Téhéran sains et saufs à bord d'un avion soviétique ; ils auraient pu avoir un incendie très dangereux dans leur Liberator.

Au moment de quitter le bureau de ce diplomate compassé, je me retournai et lui dis : « Staline commettrait une grave erreur en nous rudoyant, alors que nous sommes venus de si loin pour le voir. » Ce fut la première fois que Molotov se détendit quelque peu. « Staline, me répondit-il, est un homme très avisé. Quoi qu'il dise, vous pouvez être sûr qu'il comprend tout. Je lui rapporterai vos propos. »

Je rentrai à temps pour déjeuner à la villa d'État n° 7. Dehors, il faisait un temps magnifique ; exactement le temps que nous adorons en Angleterre – quand nous avons la chance de l'avoir. Je me dis que c'était le moment de visiter notre domaine. La villa d'État n° 7 était une belle maison de campagne spacieuse et flambant neuve, entourée de grandes pelouses et de jardins[1], au milieu d'un bois de sapins d'environ huit hectares ; il y avait là d'agréables sentiers de promenade, et il faisait bon s'allonger sur l'herbe ou sur les aiguilles de sapin en ces splendides journées d'août. Il y avait aussi plusieurs fontaines et un grand aquarium de verre rempli de toutes sortes de poissons rouges, si apprivoisés qu'ils venaient vous manger dans la main ; je ne manquai jamais de les nourrir quotidiennement. Une palissade d'environ quatre mètres cinquante de haut entourait la propriété, gardée à l'intérieur comme à l'extérieur par un nombre considérable de policiers et de soldats. Un abri antiaérien se trouvait à une centaine de mètres de la maison ; on nous y conduisit à la première occasion. C'était un modèle des plus récents et des plus luxueux ; à chaque extrémité, des ascenseurs vous transportaient à 24 ou 28 mètres sous terre. Là, huit ou dix grandes pièces étaient aménagées dans un vaste bunker en béton aux parois d'une épaisseur considérable ; les pièces, isolées les unes des autres par de lourdes portes coulissantes, étaient brillamment éclairées et dotées d'un mobilier moderne, cossu et bariolé. Les poissons rouges m'attiraient davantage.

*
* *

---

1. Ce que Churchill ne savait pas – et n'a sans doute jamais su – c'est que la « villa d'État n° 7 » était en fait la Datcha personnelle de Staline, « Blijnaïa », à proximité de Kountsevo.

À 23 heures, nous nous rendîmes tous au Kremlin, où nous fûmes reçus par Staline et Molotov, seuls avec leur interprète. Une discussion fort déplaisante s'engagea alors. Staline me tendit un document ; après avoir entendu sa traduction, je déclarai que j'y répondrais par écrit, qu'il devait comprendre que notre ligne de conduite était bien arrêtée et que les reproches étaient inutiles. Nous discutâmes ensuite pendant deux heures, au cours desquelles il nous dit un grand nombre de choses désagréables, prétendant en particulier que nous avions trop peur d'affronter les Allemands et que, si nous essayions de nous battre comme les Russes, nous constaterions que ce n'était pas si terrible ; que nous n'avions pas tenu notre promesse au sujet de « Sledgehammer » ; que nous avions manqué à nos engagements concernant la livraison de matériel à la Russie et ne lui avions envoyé que les restes, après avoir gardé tout ce qu'il nous fallait. Ces reproches semblaient s'adresser autant aux États-Unis qu'à la Grande-Bretagne.

Je repoussai catégoriquement toutes ses allégations, mais sans aucune provocation. Je suppose que Staline n'avait pas l'habitude d'être aussi longuement contredit, mais il ne donna aucun signe de colère, ou même d'impatience. Il répéta que les Britanniques et les Américains pouvaient fort bien débarquer six ou huit divisions dans la presqu'île de Cherbourg, puisqu'ils possédaient la maîtrise du ciel ; il estimait que si l'armée anglaise s'était battue contre les Allemands autant que l'armée russe, elle n'en aurait pas aussi peur. Les Russes, de même que la RAF d'ailleurs, avaient démontré qu'il était possible de vaincre les Allemands ; l'infanterie anglaise pouvait en faire autant, à condition d'agir en même temps que les Russes.

Je l'interrompis pour dire que, par égard pour la bravoure de l'armée soviétique, j'excusais les remarques qu'il venait de faire. La proposition d'un débarquement à Cherbourg négligeait l'existence de la Manche. Staline finit par dire qu'il était inutile de discuter plus longtemps ; il était bien obligé d'accepter notre décision. Puis, sans transition, il nous invita à dîner pour le lendemain soir à 20 heures.

En acceptant cette invitation je déclarai que nous repartirions par avion le lendemain à l'aube, c'est-à-dire le 15 août. Joe parut assez contrarié et demanda si je ne pouvais pas rester plus longtemps. Je lui répondis que ce serait certainement possible, si cela devait servir à quelque chose, et que de toute façon, j'attendrais un jour de plus. J'ajoutai avec quelque animation que son attitude n'était pas celle d'un vrai compagnon d'armes ; j'avais accompli un très long voyage pour établir entre nous de bonnes relations de travail. Nous avions fait de notre mieux pour aider la Russie, et nous continuerions à le faire. Je lui rappelai que nous étions restés complètement seuls pendant un an, face à l'Allemagne et à l'Italie. Maintenant que les trois grandes puissances étaient devenues des alliées, la victoire était certaine, à condition que nous restions unis, et ainsi de suite. Je m'échauffai quelque peu en disant cela, et avant que mes paroles aient pu être traduites, Staline déclara que le ton de mes paroles lui plaisait[1]. La conversation reprit alors dans une atmosphère un peu moins tendue.

Staline se lança ensuite dans un long discours au sujet de deux mortiers de tranchée russes qui tiraient des fusées, et dont les effets étaient selon lui dévastateurs. Il proposa d'en organiser une démonstration pour nos experts, s'ils pouvaient attendre ; il nous donnerait tous les renseignements à leur sujet, mais ne pourrait-il obtenir quelque chose en échange ? Ne devrions-nous pas conclure un accord sur l'échange de toutes les informations relatives aux inventions ? Je lui répondis que nous étions prêts à tout leur donner sans marchander, à l'exception des dis-

---

1. En fait, Staline a dit en levant la main : « Je ne comprends pas vos paroles, mais par Dieu, j'aime l'esprit dans lequel elles sont prononcées ! » Au début de la conférence, l'interprétation laissait beaucoup à désirer. Elle s'améliorera notablement avec l'arrivée de Pavlov et du major Birse.

positifs transportés par des avions qui risquaient d'être abattus au-dessus des lignes ennemies, ce qui rendrait nos bombardements de l'Allemagne plus difficiles. Il en convint, et approuva également une réunion entre ses chefs militaires et nos généraux, qui fut fixée à 15 heures. Je lui signalai qu'il faudrait au moins quatre heures pour exposer à fond les diverses questions techniques relatives à « Sledgehammer », « Round-up » et « Torch ». Il fit observer à un moment que « Torch » était « correct au point de vue militaire », mais que l'aspect politique exigeait plus de doigté, c'est-à-dire davantage de prudence dans l'exécution. Il revint de temps à autre en grommelant sur « Sledgehammer ». Lorsqu'il dit que nous n'avions pas tenu notre promesse, je ripostai : « Je rejette cette affirmation. Toutes nos promesses ont été tenues », et je me référai à l'*aide-mémoire* remis à Molotov. Il présenta quelque chose comme une excuse, en alléguant qu'il exprimait là sa pensée avec honnêteté et sincérité, et qu'il n'y avait aucune méfiance entre nous, mais simplement des divergences d'opinions.

Pour finir, je soulevai la question du Caucase. Comptait-il défendre cette chaîne montagneuse, et si oui, avec combien de divisions ? Il envoya chercher une carte en relief, puis, avec une apparente franchise et une évidente compétence, il expliqua la force de cette barrière naturelle, en assurant qu'il disposait de 25 divisions pour la défendre ; il désigna les différents cols et déclara qu'ils seraient tenus. Je lui demandai s'ils étaient fortifiés, et il répondit : « Oui, bien sûr ». La ligne de résistance russe, que l'ennemi n'avait pas encore atteinte, passait au nord de la chaîne principale ; il suffirait de tenir pendant deux mois, après quoi la neige rendrait les montagnes infranchissables. Il se déclara convaincu que ses armées étaient à même de remplir cette mission, et il nous énuméra par le menu les effectifs de la flotte de mer Noire, concentrée à Batoum.

Toute cette partie de la conversation s'était déroulée dans une atmosphère plus détendue, mais quand Harriman s'enquit des plans prévus pour faire traverser la Sibérie à des avions américains, projet auquel les Russes n'avaient consenti que récemment et après une longue insistance de la part des États-Unis, Staline répondit sèchement : « On ne gagne pas les guerres avec des plans[1]. » Harriman me soutint du début jusqu'à la fin, et ni lui ni moi ne cédâmes un pouce de terrain, sans toutefois prononcer un seul mot amer.

En prenant congé, Staline nous salua et me tendit la main ; je la lui serrai.

*
* *

Le 14 août, je télégraphiai au Cabinet de guerre :

« Nous nous sommes demandés quelle était la raison de cette sortie, et pourquoi la bonne entente à laquelle nous étions parvenus la veille ne s'était pas maintenue. Le plus vraisemblable, selon moi, c'est que son Conseil de commissaires n'a pas pris aussi bien que lui les nouvelles que j'avais apportées. Ils ont peut-être plus de pouvoir que nous l'imaginons, et moins de compétence. Peut-être tenait-il à prendre cette position pour leur complaire et favoriser des desseins futurs ; peut-être aussi pour épancher sa bile. Cadogan dit qu'un raidissement identique s'était produit après le début de l'entretien avec Eden à Noël, et Harriman que cette même technique avait été employée au commencement de la mission Beaverbrook.

Tout bien réfléchi, je considère qu'au fond de son cœur, dans la mesure où il en a un, Staline se rend compte que nous avons raison et que six divisions engagées dans "Sledgehammer" ne lui procureraient aucun avantage cette année. Je suis en outre certain que la rapidité et la sûreté de son jugement sur les questions militaires en font un chaud

---

[1]. Il est clair que Staline ne tient pas davantage à voir les Occidentaux paraître en Sibérie qu'au Caucase – et pour les mêmes raisons (voir *supra*, p. 366).

partisan de "Torch". Je considère qu'il n'est pas impossible de le voir faire amende honorable. C'est dans cet espoir que je persévère. Je suis certain en tout cas qu'il n'y avait pas meilleure façon de vider le différend. À aucun moment la moindre indication n'a pu nous faire supposer qu'ils ne continueraient pas à se battre, et je pense pour ma part que Staline est fermement assuré de vaincre... »

Ce soir-là, nous prîmes part à un dîner officiel donné au Kremlin ; il y avait là une quarantaine d'invités, dont plusieurs grands chefs militaires, des membres du Politburo et plusieurs autres hautes personnalités. Staline et Molotov firent les honneurs d'une manière fort cordiale. Ces dîners étaient extrêmement longs, et il y était porté dès le début des toasts auxquels on répondait par de très brèves allocutions. Des histoires stupides ont été racontées au sujet de ces réceptions soviétiques, censées dégénérer en beuveries. Il n'y a pas un mot de vrai là-dedans ; après chaque toast, le maréchal et ses collègues ne buvaient qu'une seule gorgée dans un très petit verre. On m'avait bien informé.

Au cours de la soirée, Staline me parla d'une manière très animée, par l'intermédiaire de l'interprète Pavlov. « Nous avons eu il y a quelques années, dit-il, la visite de M. George Bernard Shaw et de lady Astor. » Cette dernière lui avait suggéré d'inviter M. Lloyd George à venir à Moscou, ce à quoi Staline avait répliqué : « Pourquoi l'inviterions-nous ? C'était lui qui était à la tête de l'intervention. » Et lady Astor s'était écriée : « Ce n'est pas vrai, c'est Churchill qui l'a induit en erreur. » « Quoi qu'il en soit, avait fait observer Staline, Lloyd George était le chef du gouvernement, il appartenait à la gauche, donc il était responsable et nous préférons un ennemi déclaré à un faux ami. » « Eh bien, Churchill est désormais un homme fini » avait répondu lady Astor. « Je n'en suis pas si sûr, avait repris Staline. En cas de crise grave, le peuple anglais pourrait bien se tourner à nouveau vers son vieux cheval de bataille. » Je l'interrompis alors : « Il y a beaucoup de vrai dans ce qu'elle disait. J'ai joué un rôle très actif dans l'intervention, et je ne voudrais pas que vous pensiez le contraire. » Il sourit avec bienveillance, de sorte que j'ajoutai : « M'avez-vous pardonné ? » « M. Staline, interpréta Pavlov, dit que tout cela est du passé, et que le passé appartient à Dieu. »

Lors d'une de mes conversations ultérieures avec Staline, je lui dis : « Lord Beaverbrook m'a rapporté que lorsqu'il était venu en mission à Moscou, en octobre 1941, vous lui aviez demandé : "Que voulait dire Churchill quand il a déclaré au Parlement qu'il m'avait prévenu de l'imminence de l'attaque allemande ?" Je faisais naturellement allusion au télégramme que je vous ai envoyé en avril 1941. » Sur quoi je lui montrai le télégramme que sir Stafford Cripps lui avait remis tardivement. Quand il lui eut été lu et traduit, Staline haussa les épaules. « Je m'en souviens en effet. Je n'avais besoin d'aucun avertissement. Je savais que la guerre allait éclater, mais j'espérais pouvoir gagner encore quelque six mois. » Par égard pour notre communauté d'intérêts, je me retins de lui demander ce qu'il serait advenu de nous tous, si nous avions définitivement succombé alors qu'il procurait à Hitler une aide, un matériel et un temps si précieux.

Dès que je le pus, j'envoyai à M. Attlee et au président un compte rendu plus officiel du banquet.

> « 1° Le dîner s'est déroulé dans une atmosphère très amicale, avec le cérémonial russe habituel. Wavell a prononcé une excellente allocution en russe. J'ai porté un toast à la santé de Staline, et Alexander Cadogan a souhaité mort et damnation aux Nazis. Bien que je fusse assis à la droite de Staline, je n'ai pas eu l'occasion de parler de choses sérieuses. Staline et moi avons été photographiés ensemble et avec Harriman. Au cours d'une allocution assez longue, Staline a proposé un toast à la santé de l'"Intelligence Service", et fait une allusion très curieuse à l'opération des Dardanelles de 1915, en disant que les Anglais étaient victorieux, que les Turcs et les Allemands avaient déjà commencé à battre en

retraite, mais que nous ne l'avions pas su parce que notre Service de renseignements était défectueux. Cette façon de présenter les choses, quoiqu'inexacte, était évidemment conçue comme un compliment à mon égard.

2° Je suis parti vers 1 h 30 du matin, craignant d'être obligé d'assister à un long film alors que j'étais fatigué. Au moment où j'ai pris congé de Staline, il m'a déclaré qu'il n'existait entre nous que des divergences de méthode. Je lui ai répondu que nous nous efforcerions de les dissiper aussi par nos actes. Après une cordiale poignée de main, je me suis éloigné et j'ai traversé une partie de la salle pleine de monde, mais il s'est précipité derrière moi et m'a accompagné sur une très longue distance, à travers des couloirs et des escaliers, jusqu'à la porte d'entrée où nous nous sommes encore une fois serré la main.

3° Peut-être ai-je été trop pessimiste dans mon compte rendu de la réunion de jeudi soir. Je suis persuadé qu'il faut tenir compte de la déception très profonde que ressentent les Russes en apprenant que nous ne pouvons rien faire de plus pour les aider dans leur lutte titanesque. Ils ont fini par avaler cette pilule amère. Pour nous, l'essentiel est désormais d'accélérer le déclenchement de "Torch" et de vaincre Rommel. »

Bien des remarques m'avaient froissé au cours de nos conférences, mais je tenais le plus grand compte de la tension dans laquelle vivaient les dirigeants soviétiques, dont le vaste front était à feu et à sang sur plus de 3 000 kilomètres, tandis que les Allemands ne se trouvaient qu'à 80 kilomètres de Moscou et marchaient sur la mer Caspienne. Les conversations purement militaires n'avaient rien donné ; nos généraux avaient posé toutes sortes de questions auxquelles leurs collègues soviétiques n'étaient pas autorisés à répondre. « Un deuxième front *immédiatement* », telle était la seule exigence des Russes. En fin de compte, Brooke n'avait pas mâché ses mots, et la conférence militaire s'était terminée assez abruptement.

Nous devions partir le 16 août à l'aube. La veille à 19 heures, j'allai prendre congé de Staline. Nous eûmes une conversation importante et utile. Je lui demandai tout spécialement s'il s'estimait capable de tenir les passes des montagnes du Caucase et d'empêcher les Allemands d'atteindre la Caspienne, de s'emparer des champs pétrolifères de Bakou avec toutes les conséquences qui en découleraient, et d'avancer ensuite vers le sud à travers la Turquie ou la Perse. Staline déplia la carte et me dit avec une confiance tranquille : « Nous les arrêterons. Ils ne franchiront pas les montagnes. » Il ajouta : « Des rumeurs circulent selon lesquelles les Turcs vont nous attaquer dans le Turkestan. S'ils le font, je serai en mesure de leur régler leur compte à eux aussi. » Je lui affirmai qu'il n'avait rien à craindre de ce côté ; les Turcs tenaient à rester neutres, et n'entreraient certainement pas en conflit avec l'Angleterre.

Notre conversation d'une heure prit fin, et je me levai pour prendre congé. Staline parut soudain embarrassé et me dit sur un ton plus cordial qu'auparavant : « Vous partez demain à l'aube. Si nous allions chez moi boire quelque chose ? » Je lui répondis que par principe, j'étais toujours en faveur d'une telle politique. Il me conduisit donc à travers des corridors et des pièces innombrables, jusqu'à ce que nous débouchions sur une chaussée tranquille à l'intérieur du Kremlin et, après avoir parcouru deux ou trois cents mètres, nous arrivâmes à l'appartement qu'il habitait. Il me montra ses pièces qui étaient de dimensions moyennes, fort simples, sobrement décorées et au nombre de quatre : salle à manger, bureau, chambre à coucher et une grande salle de bains. Au bout d'un moment, je vis arriver une domestique très âgée, puis une jolie jeune fille rousse qui embrassa respectueusement son père. Avec un éclair de malice dans les yeux, Staline me regarda comme pour dire, me sembla-t-il : « Vous voyez, même nous, les bolcheviks, nous avons une vie de famille. » La fille de Staline commença à mettre le couvert, et peu après, la domestique apporta quelques plats. Dans l'intervalle, Staline avait débouché diverses bouteilles, dont le nombre finissait par être imposant. Il me dit alors : « Si nous appelions Molotov ? Il est préoccupé par le communiqué. Nous pourrions régler cela ici. Ce qui est bien avec Molotov, c'est qu'il sait boire. » Je compris alors qu'un repas était prévu. J'avais projeté de dîner à la villa d'État n° 7, où m'attendait le général Anders, commandant de l'armée polonaise, mais je dis au major Birse, mon nouvel et excellent interprète, de téléphoner que je ne rentrerais pas avant minuit. Là-dessus, Molotov arriva. Nous étions cinq à table, les deux interprètes compris. Le major Birse habitait Moscou depuis vingt ans et s'entendait fort bien avec le maréchal Staline, avec qui il eut une conversation longue et ininterrompue, à laquelle je ne pus prendre part.

Nous restâmes à table de 20 h 30 à 2 h 30 du matin, ce qui, avec l'entretien préalable, faisait plus de sept heures. Le dîner avait manifestement été improvisé sur-le-champ, mais petit à petit, les plats s'accumulaient. Nous picorions, selon la coutume russe, dans une longue série de mets choisis, et dégustions toute une variété de vins excellents. Molotov avait pris son air le plus affable et Staline, pour créer l'ambiance, le taquinait impitoyablement.

Nous en vînmes à parler des convois de l'Arctique, ce qui amena Staline à faire une observation brutale et discourtoise sur la destruction à peu près totale du convoi de juin. « M. Staline demande, dit Pavlov avec quelque hésitation, si la marine britannique a vraiment le sens de l'honneur ? » Je répondis : « Tout ce qui a été fait était correct, vous pouvez m'en croire. Je sais vraiment beaucoup de choses au sujet de la marine et de la guerre navale, figurez-vous. » – « Ce qui veut dire, fit Staline, que je n'y connais rien. » – « La Russie est un animal terrestre, rétorquai-je, les Britanniques, des animaux marins. » Il se tut et retrouva sa bonne humeur. Je mis la conversation sur Molotov. « Le Maréchal sait-il que son ministre des Affaires étrangères, lors de son récent voyage à Washington, a déclaré qu'il comptait visiter New York tout seul, et que s'il est rentré en retard, ce n'était pas à cause d'une avarie de l'avion, mais bien parce qu'il avait mené la belle vie ? »

Bien qu'on puisse dire à peu près n'importe quelle plaisanterie au cours d'un dîner russe, Molotov parut se rembrunir en entendant cela, mais la gaîté éclairait le visage de Staline lorsqu'il répondit : « Ce n'est pas à New York qu'il est allé, mais à Chicago, où vivent les autres gangsters ! »

Les bonnes relations ayant été ainsi complètement rétablies, la conversation se poursuivit. J'abordai la question d'un débarquement britannique en Norvège avec l'appui des Russes, et j'expliquai que si nous pouvions nous emparer du cap Nord en hiver et y écraser les Allemands, la route des convois serait désormais libre. Cela avait toujours été, comme on a pu s'en rendre compte, un de mes projets favoris. Il parut beaucoup séduire Staline, et après avoir discuté des procédés et des moyens, nous décidâmes qu'il fallait le mettre à exécution si possible.

*
* *

Il était à présent plus de minuit, et Cadogan n'avait pas encore paru avec le projet de communiqué.

– Dites-moi, demandai-je, est-ce que les épreuves et la tension de cette guerre ont été pour vous aussi dures que lors de la mise en application de la politique des fermes collectives ?

À cette évocation, le maréchal s'anima aussitôt.

– Oh non ! dit-il, cette politique des fermes collectives a été une lutte effroyable.

– Je pensais bien que l'épreuve avait été dure pour vous, dis-je, parce que vous n'aviez pas affaire à quelques dizaines de milliers d'aristocrates ou de grands propriétaires terriens, mais à des millions de petites gens.

– Dix millions, répondit-il en levant les mains. Ce fut épouvantable. Et cela a duré quatre ans. Si nous voulions éviter les famines périodiques, il était absolument indispensable pour la Russie de labourer la terre avec des tracteurs. Notre agriculture devait être motorisée. Quand nous donnions des tracteurs aux paysans, ils étaient tous hors d'usage au bout de quelques mois. Seules des fermes collectives, disposant d'ateliers, pouvaient utiliser les tracteurs. Nous avions fait les plus gros efforts pour l'expliquer aux paysans. Mais il était inutile de discuter avec eux. Quand vous avez énuméré tous vos arguments à un paysan, il vous répond qu'il lui faut rentrer chez lui pour consulter sa femme et prendre l'avis de son bouvier. » C'était pour moi une nouvelle expression employée dans ce contexte.

« Après en avoir parlé avec eux, il revient toujours vous dire qu'il ne veut pas de la ferme collective et qu'il préfère se passer de tracteurs.

– C'étaient ceux que vous appeliez des koulaks ? »

Il me répondit : « Oui », mais ne répéta pas le mot. Il reprit au bout d'un moment : « Tout cela a été très mauvais et très difficile – mais nécessaire.

– Que s'est-il passé ?

– Oh ! beaucoup ont accepté de coopérer. À certains, on a donné des terres à cultiver en propre dans la province de Tomsk ou dans celle d'Irkoutsk, ou plus au nord, mais la grande masse était très impopulaire, et les travailleurs les ont exterminés. »

Il y eut un très long silence. Puis il reprit : « Non seulement nous avons considérablement accru l'approvisionnement en vivres, mais en plus, nous avons amélioré la qualité du grain au-delà de toute mesure. Auparavant, on semait n'importe quel grain. Personne n'a plus le droit de semer autre chose que le grain soviétique réglementaire d'un bout à l'autre du pays. Si quelqu'un en sème un autre, il est châtié sévèrement. Grâce à cela, nous obtenons une grande augmentation de la quantité de vivres. »

Je rapporte tels qu'ils me reviennent ces souvenirs et la forte impression que j'avais éprouvée à la pensée de ces millions d'hommes et de femmes exterminés ou exilés à jamais. Il viendra certainement une génération qui ignorera leurs misères; en revanche, elle sera assurée d'avoir davantage à manger et bénira le nom de Staline. Je ne répétai pas le mot de Burke : « Si je ne peux avoir de réformes sans injustice, je ne veux pas de réformes. » Avec la guerre mondiale qui faisait rage autour de nous, il paraissait bien vain de vouloir moraliser tout haut.

Cadogan arriva vers une heure du matin avec le projet de communiqué, et nous nous mîmes au travail pour lui donner sa forme définitive. Un cochon de lait monumental fut posé sur la table. Jusque-là, Staline n'avait fait que goûter aux plats, mais il était alors une heure et demie du matin, à peu près l'heure habituelle de son dîner; il invita Cadogan à se joindre à lui pour la curée, et, mon ami s'étant excusé, nôtre hôte s'attaqua tout seul au malheureux animal. Ceci fait, il passa brusquement dans la pièce voisine pour recevoir les rapports en provenance de tous les secteurs du front, qu'on lui apportait à partir de 2 heures; il y resta pendant une vingtaine de minutes, et quand il revint, nous nous étions mis d'accord sur les termes du communiqué. À 2 h 30, enfin, je déclarai que je devais partir. Il fallait une demi-heure de voiture pour revenir à la villa, et autant pour se rendre à l'aérodrome. J'avais un mal de tête épouvantable, ce qui m'arrivait très rarement, et il me restait à voir le général Anders. Je priai Molotov de ne pas venir me saluer à mon départ au petit jour, car il était visiblement exténué. Il me regarda avec un air de reproche, comme pour dire : « Croyez-vous vraiment que je pourrais manquer d'y être? »

Nous décollâmes à 5 h 30. Je fus très heureux de pouvoir dormir dans l'avion, et je ne me rappelle rien du paysage ni du voyage avant l'arrivée au-dessus des contreforts de la Caspienne, lorsque nous commençâmes à prendre de l'altitude pour survoler les monts d'Elbrouz. À Téhéran, je ne me rendis pas à la légation, mais gagnai directement les ombrages calmes et frais de la résidence d'été, très au-dessus de la ville. Une masse de télégrammes m'y attendait. J'avais prévu une conférence pour le lendemain à Bagdad avec la plupart des hautes personnalités britanniques en Perse et en Irak, mais je ne me sentis pas la force d'affronter l'épouvantable chaleur de Bagdad au milieu d'une journée d'août ; il fut très aisé de changer le lieu de la réunion, qui eut lieu au Caire. Cette nuit-là, je dînai avec le personnel de la légation dans l'agréable décor sylvestre, et je fus bien heureux d'oublier tous mes soucis jusqu'au lendemain matin.

Chapitre XXIII

TENSIONS ET SUSPENSE

Le 19 août, j'allai rendre une nouvelle visite au front du désert. Quittant Le Caire, je passai devant les Pyramides et parcourus environ 200 kilomètres de désert en voiture avec Alexander, pour gagner la mer à Abousir[1]. Je fus réconforté par tout ce qu'il me dit. Alors que les ombres s'allongeaient, nous arrivâmes à Bourg-el-Arab, quartier général de Montgomery; sa « caravane », qui devait devenir célèbre par la suite, était alignée dans les dunes, au bord des vagues étincelantes. Le général mit à ma disposition ses propres quartiers, qui comprenaient un bureau et une chambre à coucher. Nous prîmes tous un bain délicieux après notre longue randonnée. « L'armée entière se baigne en ce moment tout le long de la côte », déclara Montgomery quand nous eûmes enfilé nos peignoirs. Il agita le bras vers l'ouest : à 300 m environ, un millier de nos hommes s'ébattait sur la plage. Bien que je connusse d'avance la réponse, je demandai : « Pourquoi le *War Office* dépense-t-il de l'argent pour fournir des caleçons de bain blancs aux soldats? Il pourrait certainement en faire l'économie. » En fait, tout leur corps était tanné et bronzé à l'extrême, sauf à l'endroit couvert d'ordinaire par leur short.

Comme les modes changent! Lorsque je marchais sur Omdurman, quarante-quatre ans auparavant, la théorie

---

1. Très vraisemblablement Aboukir, car Abousir est très éloigné de la mer, à plus de 20 kilomètres au sud du Caire.

voulait que l'on protégeât à tout prix sa peau du soleil d'Afrique. Le règlement était fort strict. Nous portions tous un protège-dos spécial boutonné à nos uniformes kaki; se présenter sans casque colonial constituait une infraction au code militaire. On nous conseillait de porter des sous-vêtements épais, conformément à la coutume arabe basée sur une expérience millénaire. Et voici qu'en ce milieu du XXe siècle, beaucoup de soldats blancs vaquaient à leurs besognes quotidiennes sans couvre-chef et uniquement vêtus de l'équivalent d'un pagne; ils ne semblaient pas s'en porter plus mal. Bien que le passage du blanc au bronzé demandât plusieurs semaines et un traitement progressif, les insolations et les coups de chaleur étaient rares; je me demande comment les docteurs expliquent tout cela.

Après nous être habillés pour dîner – il me faut à peine une minute pour enfiler ma combinaison à fermeture-éclair –, nous nous rassemblâmes dans la salle des cartes de Montgomery. Il nous y fit un magistral exposé de la situation, qui prouvait qu'en l'espace de quelques jours, il avait bien saisi l'ensemble du problème; il prédit très justement la nouvelle attaque de Rommel, et nous expliqua ses plans pour y parer. Tout cela s'avéra exact et judicieux; il décrivit ensuite les plans qu'il avait mis au point pour prendre l'offensive à son tour. Mais il lui fallait six semaines pour mettre la 8e armée en ordre de marche, car il avait l'intention de reconstituer les divisions en unités tactiques intégrales[1]. Nous devions attendre que les nouvelles divisions prennent leur place au front et que les chars Sherman soient rodés. L'armée comprendrait alors trois corps, commandés chacun par un officier général expérimenté et bien connu de lui comme d'Alexander; mais surtout, l'artillerie serait employée comme elle n'avait encore jamais pu l'être dans le désert. Montgomery parlait de la fin de septembre; je fus

---

1. Son prédécesseur Auchinleck les avait fractionnées et quelque peu éparpillées dans le désert, ce qui lui avait été reproché par Brooke comme par Churchill.

déçu par cette date tardive, qui était encore tributaire de ce que ferait Rommel. Nos renseignements indiquaient qu'il allait attaquer d'un moment à l'autre ; j'en étais moi-même déjà parfaitement informé, et me satisfaisais de son intention de tenter un vaste mouvement débordant autour de notre aile du désert pour atteindre Le Caire, ce qui permettrait de livrer une bataille de manœuvre sur ses lignes de communications.

À cette époque, je pensais beaucoup à la défaite de Napoléon en 1814 ; lui aussi avait manœuvré pour frapper les communications, mais les Alliés avaient marché tout droit sur un Paris presque sans défenses. À mon avis, il était de la plus haute importance que Le Caire fût défendu par tout homme valide portant l'uniforme et non engagé dans la 8e armée. C'était la seule façon de donner à l'armée de campagne toute sa liberté d'action et de lui permettre de courir les risques auxquels elle allait s'exposer, en se laissant envelopper avant de frapper à son tour. Je constatai avec un très vif plaisir que nous étions tous d'accord. Bien que je fusse toujours impatient de nous voir passer à l'offensive le plus tôt possible, j'accueillis avec satisfaction l'idée de laisser Rommel se casser les dents sur nos défenses avant que nous ne lancions notre attaque principale. Mais aurions-nous le temps d'organiser la défense du Caire ? Bien des indices montraient que l'audacieux capitaine, qui nous faisait face à une vingtaine de kilomètres seulement, comptait lancer son attaque décisive avant la fin du mois d'août. En fait, d'après mes amis, il pouvait d'un jour à l'autre essayer d'imposer à nouveau sa maîtrise. Un répit de deux ou trois semaines ne pouvait que nous avantager.

*
* *

Le 20 août, nous partîmes de bonne heure pous inspecter le futur champ de bataille et les vaillantes troupes qui allaient le défendre. On me conduisit jusqu'à la position clé située au sud-est de la crête de Rouveisat ; là, au milieu des ondulations et des replis du désert, se trouvait la masse de nos blindés, camouflés, dissimulés, dispersés et pourtant tactiquement concentrés ; là, je rencontrai le jeune général de brigade Roberts, qui commandait l'ensemble de nos forces cuirassées dans cette position essentielle. Tous nos meilleurs chars étaient sous ses ordres, et son rôle serait capital si Rommel se présentait. Montgomery m'expliqua la façon dont il avait disposé notre artillerie de tous calibres : chaque crevasse du désert était bourrée de batteries camouflées ; trois ou quatre cents canons pilonneraient les chars allemands avant que nous ne lancions les nôtres.

Bien qu'il fût naturellement impossible de rassembler des troupes sous les reconnaissances aériennes continuelles de l'ennemi, je pus voir ce jour-là un grand nombre de soldats, qui m'accueillirent avec des sourires et des hourras. J'inspectai mon propre régiment, le 4e hussards, ou tout au moins ceux de ses hommes qu'on osa réunir – cinquante ou soixante peut-être – près du cimetière de campagne où un certain nombre de leurs camarades avaient été récemment enterrés. C'était émouvant, mais cela donnait en même temps le sentiment que l'armée retrouvait son ardeur. Tout le monde disait qu'un changement considérable s'était opéré depuis l'arrivée de Montgomery ; c'est ce que je constatai moi-même, avec une joie mêlée de soulagement.

Nous devions déjeuner avec Bernard Freyberg. Je me souvins d'une visite analogue que je lui avais rendue un quart de siècle plus tôt à son PC de la vallée de la Scarpe, dans les Flandres, où il commandait déjà une brigade. Il m'avait allégrement proposé de faire le tour de ses avant-postes ; mais connaissant bien l'homme et le secteur, j'avais refusé. Cette fois ce fut l'inverse. J'espérais voir au moins un des postes d'observation avancés de ces magnifiques Néo-Zélandais qui étaient au contact de l'ennemi à huit kilomètres de là. L'attitude d'Alexander indiquait clairement que, loin de s'opposer à cette excursion, il y aurait plutôt participé ; mais Bernard Freyberg refusa catégoriquement de prendre cette responsabilité, et c'est un cas où, même investi de la plus haute autorité, on ne se permet pas de donner des ordres.

Au lieu de cela, nous nous rendîmes à la tente du mess, où la chaleur était suffocante ; on nous y servit un déjeuner bien plus somptueux que celui que j'avais mangé jadis sur la Scarpe. Nous étions en plein midi, au mois d'août et dans le désert. La pièce de résistance était un potage bouillant fait avec des huîtres néo-zélandaises en conserve ; je pus tout juste y goûter par politesse. À ce moment arriva Montgomery, qui nous avait quittés quelque temps auparavant. Freyberg sortit pour le recevoir, lui disant qu'on lui avait réservé une place et qu'on l'attendait pour déjeuner. Mais il s'avéra que « Monty », comme on l'appelait déjà, s'était fait une règle de ne pas accepter d'invitation des généraux sous ses ordres ; il resta donc dehors, dans sa voiture, mangeant cérémonieusement un austère sandwich et buvant sa limonade. Napoléon aussi aurait su se montrer distant dans l'intérêt de la discipline : *Dur aux grands*[1] était un de ses principes ; mais il aurait certainement eu un excellent poulet rôti, servi par son propre *fourgon*[2]. Marlborough, lui, serait entré et aurait vidé à plein verre le bon vin avec ses officiers – Cromwell aussi, je crois. La technique varie, mais les résultats semblent avoir été également heureux dans tous ces cas.

Nous passâmes tout l'après-midi avec l'armée, et il était plus de 19 heures lorsque nous revînmes à la caravane et aux agréables vagues de la plage. J'étais si enthousiasmé par tout ce que j'avais vu que je ne sentais pas du tout la fatigue, et je restai à bavarder fort avant dans la nuit. Avant d'aller se coucher à 22 heures, comme à son habitude, Montgomery me demanda d'écrire quelque

---

1. En français dans le texte.
2. *Idem.*

chose dans son journal personnel. Je m'exécutai, comme en plusieurs autres occasions au cours de cette longue guerre, et voici ce que j'écrivis cette fois-là :

> « Puisse l'anniversaire de Blenheim, qui marque les débuts du nouveau commandement, apporter au commandant en chef de la 8ᵉ armée et à ses soldats la gloire et le succès qu'ils mériteront assurément ».

Le 22 août, je visitai les grottes de Toura, près du Caire, où l'on effectuait des travaux de réparation d'un intérêt capital[1]. C'est de ces grottes que furent extraites jadis les pierres des Pyramides ; elles nous rendaient à présent de grands services. Tout paraissait parfaitement en ordre et très bien organisé sur les lieux ; d'innombrables techniciens y exécutaient, de jour comme de nuit, un travail considérable. Pourtant, ayant en mains mes récapitulatifs de faits et de chiffres précis, je restais insatisfait : on travaillait là à une échelle bien trop réduite. La faute première en incombait aux pharaons, qui n'avaient pas construit des pyramides assez nombreuses et assez vastes ; les autres responsabilités étaient plus difficiles à établir. Nous passâmes le reste de la journée à voler d'un aérodrome à l'autre, en inspectant les installations et en haranguant le personnel au sol. À un endroit, deux ou trois mille aviateurs se trouvaient rassemblés. Je visitai aussi, brigade par brigade, la division des Highlanders qui venait de débarquer. Il était tard lorsque nous rentrâmes à l'ambassade.

Au cours de ces derniers jours de ma visite, toutes mes pensées se concentraient sur la bataille imminente. Rommel pouvait attaquer d'un moment à l'autre, avec une ruée dévastatrice de Panzers ; il pouvait arriver le long des Pyramides sans rencontrer d'autre obstacle qu'un unique canal, et atteindre le Nil qui coulait paisiblement au bas de la pelouse de la résidence. Le bébé de lady

---

1. Il s'agissait des ateliers de réparation de chars et d'avions, dont l'activité était effectivement essentielle.

Lampson souriait dans sa poussette, sous les palmiers. Je regardai les vastes étendues de terrain plat au-delà du fleuve ; tout était calme et paisible, mais je fis remarquer à la mère que la chaleur étouffante du Caire n'était sûrement pas très saine pour les enfants. « Pourquoi ne pas envoyer votre bébé se fortifier à la fraîcheur des brises du Liban ? » Mais elle n'écouta pas mon conseil, et personne ne peut dire qu'elle n'évaluait pas la situation militaire à sa juste mesure.

En complet accord avec le général Alexander et le chef de l'état-major impérial, je mis au point toute une série de mesures extraordinaires pour assurer la défense du Caire et de ses cours d'eau s'écoulant au nord vers la mer. On creusa des tranchées et l'on aménagea des postes de mitrailleuses ; les ponts furent minés et des réseaux de barbelés en couvrirent les abords ; des inondations furent déclenchées sur toute la largeur du front. L'ensemble du personnel des bureaux du Caire, comprenant des milliers d'officiers et d'employés en uniforme, reçut des fusils avec l'ordre d'occuper en cas de nécessité les positions fortifiées le long de la ligne d'eau. La 51e division de Highlanders n'était pas encore considérée comme « acclimatée au désert », mais ces magnifiques soldats furent dès lors chargés de garnir le nouveau front du Nil. Leurs positions étaient très fortes, car les chaussées qui traversaient les régions inondées ou inondables du delta étant peu nombreuses, il paraissait tout à fait possible d'arrêter une ruée de chars lancés sur elles. La défense du Caire incombait normalement au général anglais placé à la tête de l'armée égyptienne, dont toutes les unités étaient également sur le pied de guerre. J'estimai cependant qu'en cas de crise, il était préférable d'en confier la responsabilité au général Maitland Wilson – « Jumbo » –, qui avait été désigné pour prendre le commandement en Irak et en Perse, mais qui, au cours de ces semaines critiques, établissait son quartier général au Caire. Je lui donnai pour instructions de se mettre parfaitement au courant de l'ensemble du plan de défense, et de prendre le commandement dès que le général Alexander lui ferait savoir que Le Caire était menacé.

Il me fallait maintenant rentrer en Angleterre à la veille de la bataille, pour m'occuper d'affaires beaucoup plus vastes mais non moins essentielles[1]. J'avais obtenu l'approbation du Cabinet au sujet des instructions à donner au général Alexander, qui était lui désormais le chef suprême au Moyen-Orient ; Montgomery et la 8e armée étaient sous ses ordres ; il en serait de même, en cas de besoin, de Maitland-Wilson et de la défense du Caire. « Alex », comme je l'appelais depuis longtemps, s'était déjà établi avec son état-major personnel dans le désert, près des Pyramides. Calme et gai, comprenant tout, il inspirait partout une confiance profonde et sereine.

*
* *

Nous décollâmes de l'aérodrome du désert à 19 h 05 le 23 août, et je dormis du sommeil du juste bien longtemps après l'aube. Quand je me glissai le long de la soute à bombes pour gagner le poste de pilotage, nous approchions déjà de Gibraltar. Je dois dire que la situation paraissait assez dangereuse : le brouillard matinal noyait tout ; on ne voyait pas à plus de 100 mètres et nous ne volions guère qu'à 10 mètres au-dessus de l'eau. Je demandai à Vanderkloot si tout allait bien, ajoutant que j'espérais qu'il ne heurterait pas le rocher de Gibraltar. Ses réponses ne furent pas particulièrement rassurantes, mais il était assez sûr de sa route pour ne pas prendre de l'altitude et se tenir au large, ce que j'aurais personnellement préféré lui voir faire. Nous poursuivîmes ainsi pendant quatre ou cinq minutes, pour déboucher brusquement sur un ciel complètement dégagé, d'où nous vîmes se dresser les hauteurs de

---

[1]. Churchill passe sous silence les efforts considérables de son entourage pour le dissuader de rester au Caire jusqu'au début de l'offensive de Rommel.

Gibraltar, dominant l'isthme et l'étroite bande de terrain neutre qui les relie à l'Espagne, ainsi qu'à une montagne appelée la « chaise de la reine d'Espagne ». Ainsi, après avoir volé pendant trois ou quatre heures dans la brume, Vanderkloot n'avait aucunement dévié de sa route[1]. Nous passâmes à quelques centaines de mètres de la lugubre face du rocher sans avoir besoin de modifier notre route, et fîmes un atterrissage parfait. Je pense toujours qu'il aurait mieux valu prendre de l'altitude et tourner en rond pendant une heure ou deux ; nous avions suffisamment d'essence et n'étions pas pressés. Mais ce fut un bel exploit malgré tout. Nous passâmes la matinée avec le gouverneur et repartîmes pour Londres dans l'après-midi, en décrivant un grand arc de cercle au-dessus du golfe de Gascogne à la tombée de la nuit.

*
* *

Lorsque j'étais parti pour Le Caire et Moscou, le commandant de l'opération « Torch » n'avait pas encore été désigné. J'avais suggéré le 31 juillet que si l'on choisissait le général Marshall pour exercer le commandement suprême de l'opération trans-Manche en 1943, le général Eisenhower pourrait le précéder à Londres en qualité d'adjoint pour s'occuper de « Torch », dont il prendrait personnellement le commandement, avec le général Alexander pour second. C'est dans ce sens qu'évoluèrent les idées, et avant de quitter Le Caire pour Moscou, je reçus l'approbation du président.

Mais il restait beaucoup de décisions à prendre pour donner à nos plans leur forme définitive, et les généraux Eisenhower et Clark vinrent dîner le lendemain avec moi, pour discuter de l'avancement de l'opération.

---

1. Vanderkloot était certes fort compétent, mais la RAF avait également affecté à ce vol son meilleur spécialiste en navigation, le *squadron leader* Charles Kimber.

J'entretenais alors des relations très étroites et fort agréables avec ces officiers généraux américains. Depuis leur arrivée au mois de juin, j'avais organisé un déjeuner hebdomadaire chaque mardi au 10, Downing Street. Ces rencontres paraissaient fructueuses ; j'étais presque toujours seul avec eux, et nous parlions de nos affaires sous tous leurs aspects, en long et en large, comme si nous avions appartenu à la même nation. Nous eûmes également un certain nombre de conférences privées dans notre salle à manger du rez-de-chaussée ; elles commençaient vers 22 heures et pouvaient se prolonger fort avant dans la nuit. À plusieurs reprises, les généraux américains vinrent passer une soirée ou un week-end aux Chequers ; nous y parlions exclusivement boutique. Quoi qu'il en soit, je suis certain que ces relations personnelles étaient nécessaires à la bonne conduite de la guerre, et que, sans elles, je n'aurais pu saisir l'ensemble de la situation.

La décision définitive fut prise le 22 septembre au cours d'une réunion des chefs d'état-major que je présidais, et à laquelle assistait Eisenhower. La date du déclenchement de « Torch » fut fixée au 8 novembre.

*
* *

Au milieu de tout cela, Rommel lança une offensive résolue en direction du Caire, qui devait être sa dernière. Tant que les combats durèrent, ma pensée ne quitta pas le désert et l'épreuve de force qui s'y déroulait. J'avais toute confiance en nos nouveaux commandants, et j'étais certain que notre supériorité numérique en soldats, en blindés et en avions n'avait jamais été aussi nette ; mais après les désagréables surprises des deux années précédentes, il était impossible de bannir toute inquiétude. Je suivis intensément la bataille par la pensée, du fait que j'avais parcouru si peu de temps auparavant le terrain où elle se livrait, et que j'avais bien présent à l'esprit le tableau du désert rocheux, de ses ondulations et de ses ravins où étaient dissimulés nos batteries comme nos chars, et d'où notre armée s'apprêtait à contre-attaquer. Un nouveau revers, tout en étant désastreux par lui-même, aurait porté atteinte au prestige et à l'influence britanniques lors de nos discussions avec les alliés américains. Par contre, si Rommel était repoussé, une confiance croissante et le sentiment que la chance tournait enfin en notre faveur aideraient au règlement de toutes nos autres affaires.

Le général Alexander avait promis de m'envoyer le mot « Zip » (je l'avais choisi en pensant au vêtement que je portais si souvent), pour m'annoncer le début de l'attaque. « Pensez-vous actuellement, lui demandai-je le 28 août, que "Zip" puisse avoir lieu au cours de cette lunaison ? Les services de renseignements militaires ne le considèrent pas comme imminent. Tous mes bons vœux. » « À partir de maintenant, répondit-il, "Zip" peut se produire à n'importe quel moment. Mais les conditions lui deviendront de plus en plus défavorables jusqu'au 2 septembre, après quoi elle deviendra improbable. » Le 30 août, je reçus le message monosyllabique « Zip », et je télégraphiai à Roosevelt et à Staline : « Rommel vient de lancer l'attaque à laquelle nous nous sommes préparés. Une importante bataille peut maintenant être livrée. »

Le plan de Rommel, exactement prévu par Montgomery, était de faire franchir à ses blindés le champ de mines faiblement défendu situé au sud du front britannique, puis de leur faire exécuter une conversion vers le nord, afin de prendre nos positions de flanc et à revers ; l'endroit décisif pour le succès de cette manœuvre était la crête d'Alam Halfa, et Montgomery avait pris toutes dispositions pour l'empêcher de tomber aux mains de l'ennemi.

Au cours de la nuit du 30 août, les deux divisions blindées de l'*Afrika Korps* pénétrèrent dans la ceinture de mines, et le lendemain matin, elles avancèrent vers la dépression de Raguil. Notre 7e division blindée, se repliant progressivement devant elles, prit position sur le flanc est.

Au nord des forces allemandes, deux divisions blindées et une division motorisée italiennes tentèrent également de franchir le champ de mines, mais sans grand succès ; il était plus large que prévu, et elles se trouvèrent durement harcelées par un tir d'enfilade de l'artillerie néo-zélandaise. Cependant, la 90e division légère allemande réussit à passer, pour former la charnière de la conversion que les chars allemands devaient exécuter vers le nord. D'autres attaques, exécutées simultanément à l'autre extrémité de nos lignes pour fixer la 5e division indienne et la 9e division australienne, furent repoussées à l'issue de violents combats. À partir de la dépression de Raguil, les blindés germano-italiens pouvaient se diriger soit vers le nord, contre la crête d'Alam Halfa, soit vers le nord-est, en direction d'Hammam. Montgomery espérait qu'ils ne choisiraient pas cette dernière solution, car il préférait se battre sur le terrain qu'il avait choisi : la crête. On avait fait tomber aux mains de Rommel une carte indiquant des voies d'accès faciles pour les tanks dans cette direction, et d'autres voies très difficiles plus à l'est. Le général von Thoma, fait prisonnier deux mois plus tard, devait déclarer que ces fausses indications avaient produit l'effet escompté ; de fait, la bataille prit exactement la tournure escomptée par Montgomery.

Dans la soirée du 31 août, une attaque en direction du nord fut repoussée, et la masse des blindés ennemis forma le camp pour passer une nuit bien inconfortable, sous un tir d'artillerie incessant et un violent bombardement aérien. Le lendemain matin, les chars reprirent leur avance vers le centre de la ligne britannique, où la 10e division blindée s'était concentrée pour les recevoir. Le terrain était beaucoup plus meuble qu'ils ne l'avaient prévu, et la résistance bien plus forte qu'ils ne l'espéraient. L'attaque échoua, bien qu'elle fût renouvelée dans l'après-midi. Rommel se trouvait alors profondément engagé ; les Italiens s'étaient effondrés ; il n'avait aucun espoir de renforcer ses blindés de tête, et les difficultés du parcours avaient absorbé une bonne partie de ses maigres provisions en carburant. Il avait sans doute appris aussi que trois nouveaux pétroliers avaient été coulés en Méditerranée ; le 2 septembre, ses chars se mirent donc sur la défensive, en attendant que nous attaquions.

Montgomery n'en fit rien, et Rommel n'eut d'autre choix que de se replier. Le mouvement commença le 3 septembre, harcelé de flanc par la 7ᵉ division blindée, qui fit un carnage parmi les véhicules de transport non cuirassés. La contre-attaque britannique commença au cours de cette même nuit, non pas contre les blindés allemands, mais contre la 90ᵉ légère et la division motorisée Trieste ; si ces unités pouvaient être détruites, on fermerait les passages pratiqués dans les champs de mines avant que les chars allemands ne puissent les emprunter. La division néo-zélandaise lança de violentes attaques, mais elles se heurtèrent à une résistance farouche, et l'*Afrika Korps* put s'échapper. Montgomery arrêta la poursuite : il ne voulait prendre l'initiative qu'au moment le plus opportun, et pas avant ; il lui suffisait pour l'heure d'avoir repoussé l'ultime assaut de Rommel contre l'Égypte, en lui infligeant de lourdes pertes. La 8ᵉ armée et l'aviation du désert avaient, à relativement peu de frais, porté un coup très dur à l'ennemi et déclenché une nouvelle crise dans son ravitaillement. Nous savons, d'après des documents saisis ultérieurement, que Rommel se trouvait en fâcheuse posture et ne cessait de réclamer du secours[1] ; nous savons aussi qu'il était alors épuisé et malade. Les conséquences de ce que l'on devait nommer la bataille d'Alam Halfa devaient apparaître deux mois plus tard.

---

1. Les Britanniques ne l'ont pas su ultérieurement, mais immédiatement, les messages de l'ennemi ayant été interceptés et décodés grâce à *Ultra*. Mais la censure des services secrets veille toujours sur les Mémoires de Churchill en 1957...

Les grandes opérations aux deux extrémités de la Méditerranée étaient décidées et leurs préparatifs progressaient rapidement, mais une tension extrême, quoique refoulée, régnait pendant cette période d'attente. Le petit cercle des initiés attendait avec inquiétude de voir ce qui allait se passer ; le plus grand cercle des non-initiés s'inquiétait de voir qu'il ne se passait rien[1].

J'étais alors au pouvoir depuis vingt-huit mois, et nous avions subi durant cette période une succession presque ininterrompue de défaites militaires. Nous avions survécu à l'effondrement de la France et à l'attaque aérienne contre la Grande-Bretagne ; notre pays n'avait pas été envahi ; nous tenions toujours l'Égypte ; nous étions encore vivants, bien qu'aux abois, mais c'était tout. Par contre, quelle avalanche de désastres s'était abattue sur nous ! Le fiasco de Dakar, la perte de toutes nos conquêtes aux dépens des Italiens dans le désert, la tragédie grecque, la chute de la Crète, les revers ininterrompus de la guerre contre le Japon, la perte de Hong Kong, l'occupation des Indes néerlandaises, la catastrophe de Singapour, la conquête de la Birmanie, la défaite d'Auchinleck dans le désert, la capitulation de Tobrouk, ce que l'on considère comme l'échec de Dieppe, tels étaient les chaînons humiliants d'une série de malheurs et de déceptions sans équivalent dans notre histoire. Certes, nous n'étions plus isolés ; les deux nations les plus puissantes du monde luttaient désormais à nos côtés avec l'énergie du désespoir, et cela nous donnait l'assurance de la victoire finale. Mais précisément parce qu'elle faisait disparaître le sentiment

---

1. En fait, Churchill fait partie des deux catégories : il ne cesse d'envoyer des télégrammes à Montgomery pour l'inciter à attaquer sans délai, mais les chefs d'état-major en intercepteront un certain nombre, et Montgomery ignorera les autres.

du péril mortel, cette assurance permettait aux critiques de s'exprimer encore plus librement. Dès lors, quoi d'étonnant à ce que toutes les méthodes et tous les dispositifs de guerre dont j'étais responsable fussent contestés et attaqués ?

Il est même surprenant que, durant cette morne accalmie, je n'aie pas été chassé du pouvoir ou confronté à des exigences de changements dans mes pratiques, dont on savait que je ne les aurais jamais acceptés. J'aurais alors disparu de la scène, emportant sur mes épaules un fardeau de calamités, et quand la moisson aurait enfin mûri, on en aurait attribué le mérite à ma disparition tardive. C'est qu'en effet, le cours de la guerre était sur le point de s'inverser ; désormais, nous n'allions connaître que des succès croissants, à peine ternis par quelque anicroche. Bien que la lutte dût être longue et pénible, exigeant de tous les plus rudes efforts, nous étions parvenus au sommet du col, et notre route vers la victoire était non seulement sûre et certaine, mais encore jalonnée d'événements exaltants. Si je pus encore présider à cette nouvelle phase, ce fut grâce à la cohésion et à la solidité du Cabinet de guerre, à la confiance de mes collègues, politiques et militaires, à la fidélité inébranlable du Parlement et à la bonne volonté persistante de la nation. Voilà qui montre tout le rôle joué par la chance dans les destinées humaines, et combien nous ne devrions guère nous préoccuper d'autre chose que de faire pour le mieux.

Dans l'intervalle, je trouvai quelque dérivatif à étudier les propositions que notre *Foreign Office*, en liaison avec le département d'État de Washington, était en train d'élaborer au sujet de l'avenir d'un gouvernement mondial après la guerre. En octobre, le ministre des Affaires étrangères distribua au Cabinet de guerre un important document sur ce sujet, intitulé « Plan des quatre puissances », qui prévoyait une direction suprême exercée par un conseil composé de la Grande-Bretagne, des États-Unis, de la Russie et de la Chine. Je suis heureux d'avoir trouvé la force d'exprimer mes opinions personnelles dans la note suivante, datée du 21 octobre 1942 et adressée au ministre des Affaires étrangères :

« 1° En dépit de la pression des événements, je vais m'efforcer de rédiger une réponse. Il paraît extrêmement simple de choisir ces quatre grandes puissances. Mais nous ne pouvons prévoir à quelle sorte de Russie et à quel genre d'exigences russes nous serons confrontés. Ce sera peut-être possible dans quelque temps. Quant à la Chine, je ne peux me résoudre à considérer le gouvernement de Chungking comme le représentant d'une grande puissance mondiale ; il disposerait certainement d'une voix subordonnée aux États-Unis dans toute tentative visant à liquider l'empire britannique d'outre-mer.

2° Je dois avouer que c'est surtout à l'Europe que je pense, à la restauration de la splendeur d'une Europe mère des nations modernes et de la civilisation. Ce serait un désastre incommensurable si la barbarie russe submergeait la culture et l'indépendance des anciens États européens. Quoiqu'il soit bien difficile d'en juger actuellement, j'aime à croire que la famille européenne pourra se rassembler pour agir de concert sous l'autorité d'un Conseil de l'Europe. J'appelle de mes vœux des États-Unis d'Europe, dans lesquels les barrières entre nations seront considérablement réduites et où l'on pourra circuler sans restrictions. J'espère que l'on étudiera l'économie de l'Europe comme un tout ; j'espère que l'on instituera un conseil, comprenant peut-être dix membres — dont les anciennes grandes puissances et plusieurs confédérations : scandinave, danubienne, balkanique, etc. —, disposant d'une police internationale et chargé de veiller au désarmement permanent de la Prusse. Nous aurons naturellement à travailler avec les Américains de bien des façons et dans les domaines les plus vastes, mais l'Europe reste notre premier souci et nous ne voudrons certainement pas rester enfermés avec les Russes et les Chinois, alors que les Suédois, les Norvégiens, les Danois, les Hollandais, les Belges, les Français, les Espagnols, les Polonais, les Tchèques et les Turcs auront des questions brûlantes à régler, un besoin de notre aide et toutes facilités pour se faire entendre. Il serait aisé de s'étendre sur ce sujet, mais malheureusement, c'est la guerre qui réclame avant tout votre attention et la mienne[1]. »

C'est ainsi que nous approchions du point culminant des opérations militaires, dont allait dépendre tout notre sort.

---

1. De fait, Churchill, à la différence d'Attlee, Eden, Bevin ou Cadogan, refusera le plus souvent de regarder au-delà de la victoire contre l'Allemagne d'Hitler.

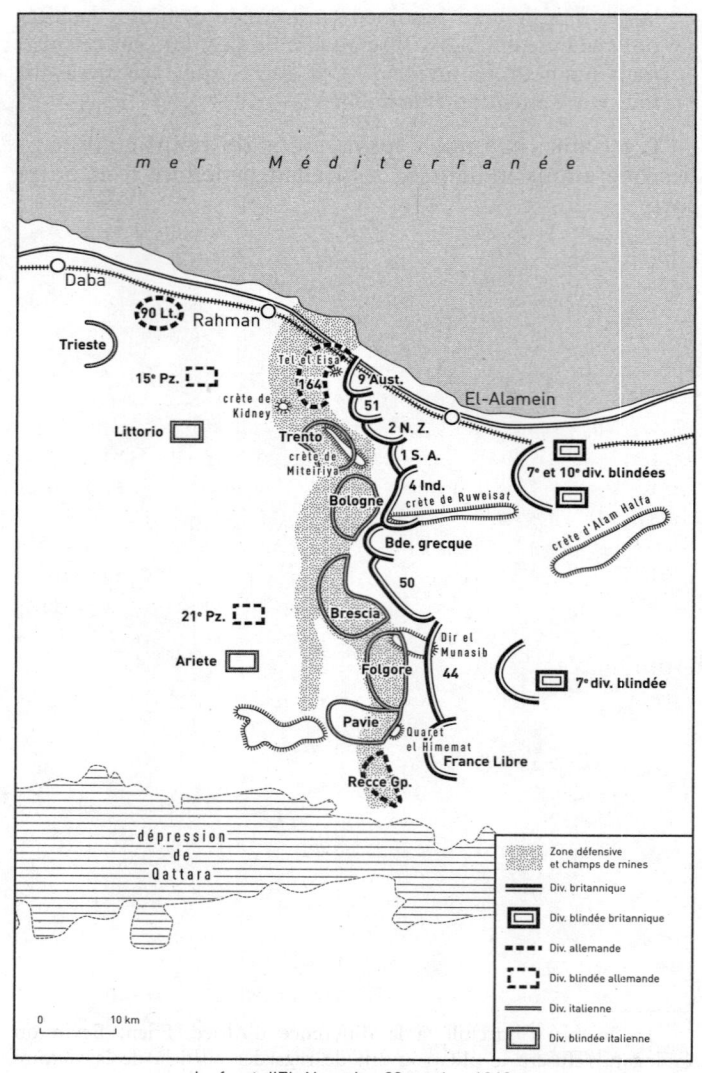

Le front d'El-Alamein : 23 octobre 1942

Chapitre XXIV

LA BATAILLE D'EL-ALAMEIN

Au cours des semaines qui suivirent les mutations dans le commandement, les préparatifs et l'entraînement se poursuivirent sans cesse, au Caire comme sur le front. La 8ᵉ armée fut renforcée comme elle n'avait jamais pu l'être auparavant; les 51ᵉ et 44ᵉ divisions, arrivées d'Angleterre, avaient été formées à la guerre du désert; notre effectif en blindés se montait à sept brigades, soit plus d'un millier de chars, dont près de la moitié étaient des Grant et des Sherman envoyés des États-Unis; nous disposions désormais d'une supériorité numérique de deux contre un, à qualité au moins égale. Enfin, pour la première fois dans le désert de Libye, une artillerie puissante et hautement entraînée se trouvait massée pour appuyer l'attaque imminente.

L'aviation du Moyen-Orient était subordonnée aux conceptions et aux réquisitions militaires du commandant en chef. Mais avec le maréchal Tedder, il n'y avait nul besoin de fixer d'ordre de préséance rigide, les rapports entre le commandement aérien et les nouveaux généraux étant en tous points satisfaisants. L'aviation du désert de Libye, aux ordres du maréchal de l'Air Coningham, avait à présent un effectif de combat de 550 appareils; outre les unités basées à Malte, il y avait deux autres divisions aériennes, comprenant 650 avions, dont la mission consistait à harceler les ports et les lignes de communications de l'ennemi, en Méditerranée comme dans le désert. En comptant une centaine de chasseurs et de bombardiers moyens américains, notre effectif total s'élevait à environ 1 200 avions opérationnels.

Dans plusieurs télégrammes, Alexander nous annonça que l'on avait choisi une date voisine du 24 octobre pour déclencher « Lightfoot », nom de code de l'opération. « Comme il n'y a pas de flanc dégagé, disait-il, la bataille doit être organisée de façon à ouvrir une brèche dans le front ennemi. » Le 9e corps, regroupant la masse des chars et constituant le fer de lance de l'attaque, s'engouffrerait de jour dans cette brèche, mais il ne devait pas recevoir tous ses blindés et son matériel avant le 1er octobre ; ensuite, il lui faudrait encore un mois d'entraînement pour pouvoir jouer son rôle. « À mon avis, il est essentiel que la percée initiale s'effectue durant la période de pleine lune. Ce sera une opération de grande envergure qui prendra un certain temps, et il s'agit de pratiquer une trouée convenable dans les lignes ennemies, afin que nos forces blindées disposent d'une journée entière pour rendre leur manœuvre décisive... »

Les semaines passèrent et l'heure fatidique approcha ; l'aviation avait déjà entamé le combat, en attaquant les troupes, les aérodromes et les lignes de communications de l'ennemi, dont les convois de ravitaillement firent l'objet d'une attention toute particulière. En septembre, 30 pour 100 du tonnage de l'Axe destiné au ravitaillement de l'Afrique du Nord fut coulé, principalement par l'aviation ; en octobre, ce chiffre atteignit 40 pour 100. Les pertes en essence furent de 66 pour 100. Au cours des quatre mois d'automne, plus de 220 000 tonnes de navires de l'Axe furent détruites ; c'était un coup extrêmement rude pour l'armée de Rommel. Enfin, le mot convenu me parvint, lorsque le général Alexander câbla : « Zip » !

Le 23 octobre, à la lueur de la pleine lune, près d'un millier de canons pilonnèrent les batteries ennemies pendant vingt minutes, après quoi ils s'en prirent aux positions d'infanterie. Le 30e corps (général Leese) et le 13e (général Horrocks) avancèrent sous la protection de cette concentration d'artillerie, renforcée par des bombardements aériens.

Le premier, attaquant sur un front de quatre divisions, tenta d'ouvrir deux couloirs à travers la zone fortifiée de l'ennemi ; les deux divisions blindées du 10ᵉ corps (général Lumsden) le suivaient pour exploiter le succès. On progressa notablement sous un feu très violent, et à l'aube, des pénétrations profondes avaient été effectuées. Les sapeurs avaient déminé le terrain derrière les unités de tête, mais les champs de mines n'étaient pas percés en profondeur, et nos blindés ne semblaient pas près d'y parvenir. Plus au sud, la 1ʳᵉ division sud-africaine avançait pour protéger le flanc sud du saillant, tandis que la 4ᵉ division indienne lançait des pointes à partir de la crête de Rouveisat, et que la 7ᵉ division blindée et la 44ᵉ division, appartenant au 13ᵉ corps, perçaient les positions ennemies qui leur faisaient face. La manœuvre atteignit son objectif, qui était d'inciter l'ennemi à maintenir ses deux divisions blindées pendant trois jours derrière cette partie du front, tandis que la bataille principale se déroulait plus au nord.

Jusque-là, cependant, aucune trouée significative n'avait été pratiquée dans le profond dispositif ennemi de champs de mines et d'ouvrages fortifiés. Aux petites heures du 25 octobre, Montgomery réunit ses principaux subordonnés et ordonna aux chars de lancer une nouvelle attaque avant l'aube, conformément à ses instructions initiales ; de fait, on gagna davantage de terrain pendant la journée, au prix de combats très durs, mais la crête connue sous le nom de Kidney Ridge devint le centre d'une lutte acharnée contre la 15ᵉ division de Panzers et la division blindée Ariete, qui lancèrent une série de violentes contre-attaques. L'offensive ne fut pas poussée davantage sur le front du 13ᵉ corps, afin de conserver la 7ᵉ division blindée pour la phase décisive de la bataille.

Le commandement ennemi avait subi de graves bouleversements ; Rommel, hospitalisé en Allemagne à la fin de septembre, avait été remplacé par le général Stumme, qui devait mourir d'une crise cardiaque vingt-quatre heures après le début de la bataille. Rommel quitta donc l'hôpital à la demande d'Hitler et reprit son commandement dans la soirée du 25 octobre.

De durs combats se poursuivirent le 26 octobre tout le long du profond saillant déjà ouvert dans les lignes ennemies, avec cette fois encore une particulière intensité à Kidney Ridge. L'aviation de l'Axe, qui s'était montrée peu active au cours des deux journées précédentes, essaya alors de nous arracher définitivement la maîtrise du ciel ; il y eut de nombreux engagements, qui tournèrent pour la plupart à notre avantage. Les efforts du 13e corps avaient retardé, sans pouvoir empêcher, le mouvement des chars allemands vers ce qu'ils savaient désormais être le secteur décisif du front ; mais notre aviation leur infligea des pertes sévères.

C'est à ce moment que la 9e division australienne, commandée par le général Morshead, mena une nouvelle et fructueuse attaque ; partant du saillant, elle poussa vers le nord en direction de la mer. Montgomery fut prompt à exploiter ce succès significatif ; il arrêta les Néo-Zélandais qui avançaient vers l'ouest et ordonna aux Australiens de poursuivre leur progression vers le nord. La retraite d'une partie de la division d'infanterie allemande de l'aile nord s'en trouva menacée. Au même moment, Montgomery sentit que son attaque principale commençait à s'enliser au milieu des champs de mines et face à des canons antichars solidement retranchés ; il regroupa donc ses forces et ses réserves pour reprendre l'assaut ultérieurement avec une vigueur renouvelée.

Pendant les deux journées du 27 et du 28 octobre, une bataille acharnée se livra pour la possession de Kidney Ridge, face aux attaques répétées des 15e et 21e divisions de Panzers arrivées du secteur sud. Le général Alexander en a fait le récit en ces termes[*] :

« Le 27 octobre, grande contre-offensive de blindés à l'ancienne. Ils ont attaqué à cinq reprises avec tous les chars

---

[*] Dans un télégramme daté du 9 novembre, qu'il m'envoya après la bataille.

allemands et italiens disponibles, mais sans parvenir à gagner du terrain; ils ont subi de lourdes pertes, rendues plus graves encore du fait qu'elles étaient sans proportion avec les nôtres, car nos tanks, restés sur la défensive, n'avaient que peu souffert. Le 28 octobre, [l'ennemi] est revenu à la charge, [après] des reconnaissances soigneuses et prolongées durant toute la matinée, destinées à découvrir nos points faibles et à repérer les positions de nos canons antichars; ceci a été suivi dans l'après-midi d'une fulgurante attaque concentrée, sur fond de soleil couchant. La reconnaissance a eu moins de succès que naguère, car nos chars et nos canons antichars pouvaient l'engager de beaucoup plus loin. Quand l'ennemi a tenté de se concentrer pour l'attaque finale, la RAF est intervenue à nouveau sur une grande échelle; en deux heures et demie, les bombardiers ont largué 80 tonnes de bombes sur une zone de regroupement d'environ cinq kilomètres sur trois. L'attaque de l'ennemi s'en est trouvée brisée avant même qu'il ait pu achever son déploiement. C'est la dernière fois qu'il a tenté de reprendre l'offensive. »

Au cours des 26 et 28 octobre, nos avions coulèrent trois pétroliers d'importance capitale, couronnant ainsi la longue série d'opérations aériennes qui faisaient partie intégrante de la bataille terrestre.

*
* *

Montgomery arrêta alors ses plans et prit ses dispositions en vue de la percée définitive (opération « Supercharge »). Il retira du front la 2e division néo-zélandaise et la 1re division blindée britannique, cette dernière ayant particulièrement besoin d'être réorganisée après la part importante qu'elle avait prise à la défense de Kidney Ridge contre les chars allemands; la 7e division blindée, la 51e division et une brigade de la 44e furent amalgamées pour constituer une nouvelle réserve. La percée devait être effectuée par la 2e division néo-zélandaise, les 151e et

152ᵉ brigades d'infanterie et la 9ᵉ brigade blindée britanniques.

La magnifique progression réalisée par les Australiens, au prix de combats acharnés et incessants, avait fait pencher tout le cours de la bataille en notre faveur. « Supercharge » commença le 2 novembre à 1 heure du matin ; couvertes par 300 pièces d'artillerie, les brigades britanniques rattachées à la division néo-zélandaise percèrent la zone fortifiée, et la 9ᵉ brigade blindée s'engouffra dans la brèche ; mais elle se trouva face à une nouvelle ligne de défense hérissée de canons antichars le long de la piste de Rahman. Au cours d'un long engagement, elle subit de graves pertes, mais maintint le couloir ouvert derrière elle, ce qui permit à la 1ʳᵉ division blindée britannique de s'y engager. C'est alors qu'intervint le dernier affrontement de blindés de cette bataille ; tous ceux que possédait encore l'ennemi attaquèrent notre saillant sur ses deux flancs, mais ils furent repoussés. C'est là que se décida le sort du combat ; le lendemain 3 novembre, cependant, lorsque notre aviation signala que la retraite de l'adversaire avait commencé, son arrière-garde sur la piste de Rahman tenait encore en échec le gros de nos unités blindées. Un ordre d'Hitler vint interdire tout repli, mais les Allemands n'étaient plus maîtres de la décision. Il ne restait qu'un seul trou à percer ; le 4 novembre de très bonne heure, à huit kilomètres au sud de Tel el Aqqaqir, la 5ᵉ brigade indienne lança une attaque rapidement montée qui obtint un succès complet. La bataille était gagnée, et nos blindés avaient désormais la voie libre pour talonner l'ennemi à travers les espaces libres du désert.

Rommel était alors en pleine retraite, mais il n'avait de moyens de transport et de carburant que pour une partie de ses effectifs, et les Allemands, bien que s'étant battus vaillamment, s'adjugèrent la priorité pour l'utilisation des véhicules ; des milliers d'hommes appartenant à six divisions italiennes furent donc abandonnés dans le désert, avec peu d'eau et de vivres, et sans autre perspective que d'aller grossir les effectifs des camps de prisonniers. Le champ de bataille était jonché de masses de chars, de canons et de véhicules démolis ou délaissés ; d'après leurs propres documents, les divisions blindées allemandes, qui avaient commencé la bataille avec 240 chars, n'en avaient plus que 38 le 5 novembre. L'aviation allemande avait renoncé à la tâche désespérée de contester la maîtrise de l'air à la nôtre, qui opérait dès lors pratiquement sans opposition, attaquant avec tous ses moyens les vastes colonnes d'hommes et de véhicules qui battaient en retraite vers l'ouest ; Rommel lui-même a rendu un insigne hommage au grand rôle joué par la Royal Air Force*. Son armée avait subi une défaite décisive, et le général von Thoma, son second, ainsi que neuf généraux italiens, étaient tombés entre nos mains.

Il semblait y avoir de bonnes chances de transformer en anéantissement la défaite de l'ennemi. La division néo-zélandaise fut dirigée sur Fouka, mais quand elle l'atteignit, le 5 novembre, l'adversaire l'avait déjà dépassé. Il restait encore une chance de lui couper la retraite à Mersa Matrouh, vers lequel avaient été lancées les 1re et 7e divisions blindées ; elles approchaient de leur objectif le 6 novembre à la tombée de la nuit, alors que l'ennemi essayait encore de sortir de la nasse qui allait se refermer. Mais il se mit à pleuvoir, et le carburant s'épuisait en première ligne ; la poursuite s'arrêta donc pendant toute la journée du 7, et ce répit de vingt-quatre heures empêcha de compléter l'encerclement. Néanmoins, quatre divisions allemandes et huit italiennes avaient cessé d'exister en tant qu'unités combattantes ; on fit 30 000 prisonniers, en capturant d'énormes quantités de matériel de toutes sortes. Rommel a consigné son évaluation du rôle joué par nos artilleurs dans sa défaite : « L'artillerie britannique démontra une fois encore son excellence bien connue. Sa grande mobilité et la rapidité avec laquelle elle répondait aux

---

* Desmond YOUNG, *Rommel*, p. 258.

demandes des troupes d'assaut étaient particulièrement remarquables*. »

*
* *

La bataille d'El-Alamein se distinguait de toutes celles qui la précédèrent dans le désert. Le front était restreint, puissamment fortifié et occupé en force ; il n'y avait pas de manœuvre d'enveloppement possible. Celui qui était le plus fort et désirait prendre l'offensive était obligé d'effectuer une percée. Nous nous trouvons ainsi reportés aux batailles de la Première Guerre mondiale sur le front occidental ; nous voyons se répéter en Égypte le même genre d'épreuve de force qu'à Cambrai à la fin de 1917 et lors de nombreuses batailles de 1918, à savoir des lignes de communications courtes et bonnes pour l'assaillant, utilisation de l'artillerie dans sa plus forte concentration, « barrage roulant », et enfin irruption des chars.

C'étaient là des choses que l'expérience, l'étude et la réflexion avaient rendues très familières au général Montgomery et à son chef Alexander. Montgomery était un grand artilleur ; il croyait, comme le disait Bernard Shaw de Napoléon, que les canons tuent les hommes. Nous le verrons constamment essayer de faire entrer en action trois ou quatre cents canons sous un commandement unique, en remplacement de ces escarmouches entre batteries qui accompagnaient invariablement les incursions de blindés dans les vastes espaces du désert. Bien entendu, tout était à une échelle beaucoup plus réduite qu'en France et dans les Flandres ; nous avions perdu plus de 13 500 hommes en douze jours à El-Alamein, mais près de 60 000 hommes dès le premier jour de la bataille de la Somme. D'un autre côté, la puissance de feu de la défensive s'était effroyablement accrue depuis la guerre précédente, où l'on considérait qu'il fallait une supériorité de

---

* Desmond YOUNG, *Rommel*, p. 279.

deux ou trois contre un, en artillerie et en hommes, pour percer et rompre une ligne soigneusement fortifiée ; nous étions loin de posséder une telle supériorité à El-Alamein. Le front ennemi était constitué non seulement de lignes successives de points d'appui et de nids de mitrailleuses, mais de toute une zone où ce système défensif s'étendait en profondeur ; et en avant de l'ensemble, il y avait le formidable écran des champs de mines, d'une qualité et d'une densité sans précédent. C'est pourquoi la bataille d'El-Alamein constituera à jamais une page glorieuse dans les annales militaires de la Grande-Bretagne.

Son nom se perpétuera encore pour une autre raison ; c'est qu'elle allait marquer le tournant de la guerre. On pourrait presque dire : « Avant El-Alamein, nous n'eûmes jamais de victoire. Après El-Alamein, nous n'eûmes jamais de défaite. »

Chapitre XXV

LA TORCHE EST ALLUMÉE

Les préventions du président à l'égard du général de Gaulle, les contacts qu'il entretenait avec Vichy par l'intermédiaire de l'amiral Leahy, ainsi que le souvenir des indiscrétions commises deux ans plus tôt lors de l'affaire de Dakar, conduisirent à décider qu'aucune information relative à l'opération « Torch » ne serait communiquée aux Français libres. Tout en ne m'y opposant pas, j'avais conscience des liens qui nous unissaient à de Gaulle, et de la gravité de l'affront que nous allions lui infliger en le tenant délibérément à l'écart de toute participation à l'entreprise. J'avais l'intention de l'informer juste avant que le coup ne fût porté. Afin d'atténuer quelque peu cette offense commise envers lui et son mouvement, je fis en sorte que lui soit confiée l'administration de Madagascar. Tous les faits qui nous étaient rapportés durant les mois de préparation et tout ce que nous avons appris depuis confirment l'impression que, si nous avions mêlé de Gaulle à l'affaire, cela aurait produit le plus fâcheux effet sur les réactions des Français d'Afrique du Nord.

Pourtant, il fallait manifestement trouver quelque haute personnalité française et, aux yeux des Britanniques comme des Américains, nul ne semblait plus qualifié que le général Giraud, officier combattant de haut grade, dont l'évasion audacieuse et dramatique d'une prison allemande avait défrayé la chronique. J'ai déjà relaté ma rencontre avec Giraud à Metz en 1937, alors que je visitais la ligne Maginot dont il commandait le secteur principal. Il

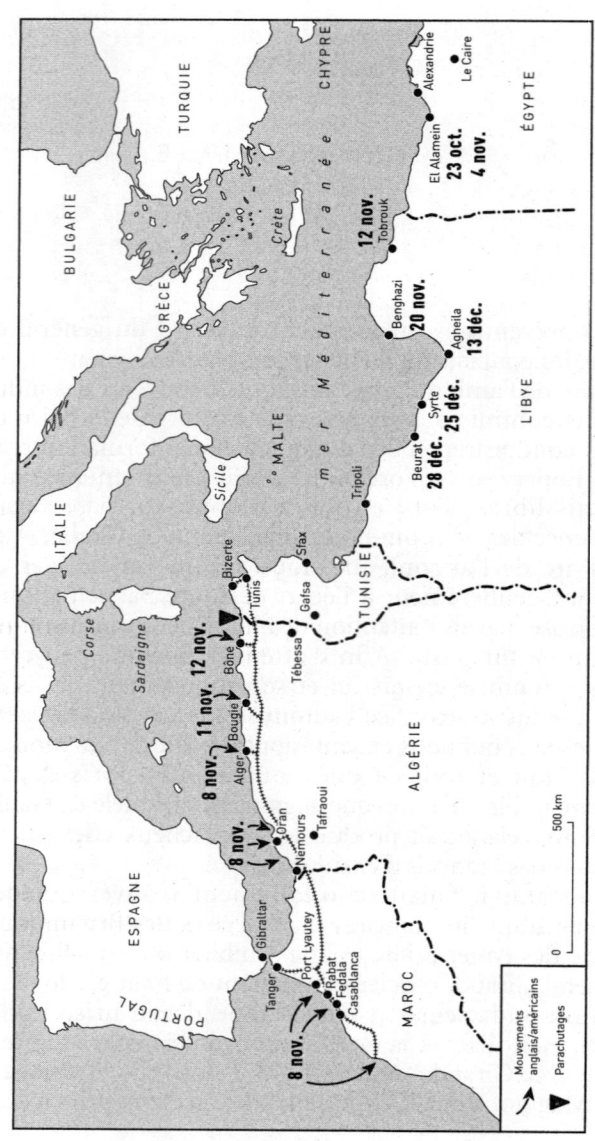

La côte d'Afrique du Nord

m'avait raconté ses aventures de prisonnier évadé derrière les lignes allemandes durant la Première Guerre mondiale ; nous avions donc en commun d'avoir été des prisonniers évadés. Mais devenu commandant d'armée, voilà que Giraud avait renouvelé les exploits de sa jeunesse, sous une forme plus sensationnelle encore.

Les Américains avaient entamé des pourparlers secrets avec le général, et des plans avaient été dressés pour l'amener de la Riviera à Gibraltar au moment décisif. Beaucoup d'espoirs se fondaient sur *King-pin*[1], ainsi que le désignait notre nom de code. Giraud et ses deux fils arrivèrent à bon port, après une traversée qui ne fut pas sans danger.

*
* *

Dans l'intervalle, nos immenses armadas approchaient du lieu de l'action. La plupart des convois qui partaient des ports britanniques devaient franchir le golfe de Gascogne, traversant ainsi toutes les routes suivies par les sous-marins allemands. Il fallait de puissantes escortes, et nous devions dissimuler non seulement la concentration des navires en cours depuis le début d'octobre dans la Clyde et les autres ports de l'Ouest, mais aussi la date d'appareillage des convois ; nous y réussîmes complètement, car les Allemands furent amenés par leurs propres services de renseignements à croire que nous visions de nouveau Dakar. À la fin du mois d'octobre, environ quarante sous-marins allemands et italiens étaient déployés au sud et à l'est des Açores. Ils avaient sérieusement malmené un grand convoi qui rentrait de Sierra Leone, en lui coulant treize bâtiments. En l'occurrence, c'était un accident supportable. Le premier des convois de l'opération « Torch » quitta la Clyde le 22 octobre ; dès le 26, tous les transports de troupes rapides étaient en route, et des forces américaines venant directement des États-Unis se

---

1. « Clef de voûte ».

dirigeaient vers Casablanca. Toute l'expédition, comprenant environ 650 navires, se trouvait dès lors engagée dans l'entreprise. Que ce soit dans le golfe de Gascogne ou dans l'Atlantique, elle ne fut repérée ni par les sous-marins ni par la Luftwaffe.

Toutes nos ressources étaient engagées à fond. Loin vers le nord, nos croiseurs surveillaient le détroit de Danemark et les sorties de la mer du Nord pour interdire toute intervention des navires de surface ennemis ; d'autres couvraient l'approche des Américains aux environs des Açores, tandis que des bombardiers anglo-américains attaquaient les bases de sous-marins le long des côtes françaises de l'Atlantique. Les premiers navires commencèrent à entrer en Méditerranée dans la nuit du 5 au 6 novembre, toujours sans avoir été détectés ; le convoi d'Alger ne fut signalé que le 7, alors qu'il se trouvait à moins de vingt-quatre heures de son point de destination, et même alors, un seul de ses navires fut attaqué.

Eisenhower parvint à Gibraltar le 5 novembre, après un vol périlleux. J'avais placé la forteresse sous ses ordres, afin qu'elle pût servir de quartier général provisoire au chef de cette première opération anglo-américaine de grande envergure. C'est là que s'opéra la grande concentration d'avions en vue de « Torch » ; l'isthme tout entier était encombré d'appareils, et quatorze escadrilles de chasseurs y attendaient l'heure H. Toute cette activité se déroulait inévitablement sous les yeux des observateurs allemands, et nous ne pouvions qu'espérer qu'ils prendraient cela pour une expédition destinée à renforcer Malte ; nous nous efforçâmes de le leur faire croire, et c'est apparemment ce qu'ils firent.

Le général Eisenhower a fait dans ses *Mémoires* un récit exaltant des moments d'angoisse qu'il connut dans la nuit du 7 au 8 novembre, et tout au long des quelques jours qui suivirent. Il a toujours parfaitement supporté de telles tensions, mais l'ampleur de la partie qui allait se jouer, les incertitudes de la météorologie qui pouvait tout compromettre, les nouvelles fragmentaires qui arrivaient, l'extraordinaire complexité de l'attitude des Français, le danger espagnol – pour ne rien dire des combats eux-mêmes –, tout cela dut constituer une bien rude épreuve pour ce chef qui endossait personnellement d'énormes responsabilités.

C'est au milieu de tout cela qu'arriva le général Giraud, qui s'attendait à être nommé commandant suprême en Afrique du Nord, avec sous ses ordres des armées britanniques et américaines dont il ignorait encore l'importance. Il insista énergiquement pour qu'un débarquement eût lieu en France à la place ou en complément de l'opération en Afrique, et parut croire un temps à la réalité de cette vision. Il fallut quarante-huit heures de palabres avec Eisenhower pour que ce brave Français fût ramené à un plus juste sens des proportions ; nous avions tous beaucoup trop compté sur *King-pin*, mais personne ne devait être plus détrompé que lui-même quant à l'influence qu'il exerçait sur les gouverneurs, sur les généraux, et en fait sur l'ensemble des officiers français d'Afrique du Nord.

*
* *

Nous nous trouvâmes à présent confrontés à une complication étrange, mais qui devait en définitive s'avérer des plus heureuses. L'amiral Darlan était rentré en France après avoir achevé une tournée d'inspection en Afrique du Nord, lorsque son fils, frappé de paralysie infantile, fut hospitalisé à Alger. Informé de son état inquiétant, l'amiral revint à Alger le 5 novembre, et c'est ainsi qu'il s'y trouva la veille même du débarquement anglo-américain. C'était une coïncidence curieuse et redoutable ; M. Murphy espérait le voir repartir avant l'arrivée des troupes d'assaut sur les plages, mais Darlan, complètement absorbé par la maladie de son fils, s'attarda un jour encore dans la villa d'un responsable français, l'amiral Fénard.

Au cours des semaines précédentes, nous avions fondé notre principal espoir sur le général Juin, commandant en chef des troupes françaises ; il avait été en rapports étroits avec M. Murphy, bien que la date exacte du débarquement ne lui eût pas été communiquée. Le 7 novembre peu avant minuit, Murphy vint le trouver pour lui annoncer que l'heure avait sonné ; une puissante armée anglo-américaine, appuyée par des forces navales et aériennes écrasantes, approchait des côtes et commencerait à débarquer en Afrique dans quelques heures. Le général Juin, bien que très engagé et parfaitement loyal vis-à-vis de l'entreprise, fut atterré. Il avait pensé qu'il aurait la situation bien en main à Alger, mais voilà que la présence de Darlan éclipsait complètement son autorité. Il avait à sa disposition quelques centaines de Français jeunes et ardents, mais il comprenait parfaitement que le contrôle du gouvernement politique et militaire était passé tout entier entre les mains du ministre-amiral. Juin était désormais certain qu'on ne lui obéirait plus. Pourquoi, demanda-t-il, ne l'avait-on pas prévenu plus tôt de l'heure H ? Les raisons en étaient évidentes, et du reste, cela n'aurait rien ajouté à son autorité ; Darlan était sur place, et il pouvait compter sur la fidélité de tous les vichystes. Murphy et Juin décidèrent de lui demander par téléphone de venir les rejoindre sur-le-champ ; tiré de son sommeil par le message urgent du général Juin, Darlan arriva un peu avant deux heures du matin. Quand on lui fit part de l'action imminente, sa figure s'empourpra et il s'écria : « Je savais depuis longtemps que les Anglais étaient idiots, mais j'avais toujours cru les Américains plus intelligents. Je commence à croire que vous faites autant de bêtises qu'eux[1]. »

Darlan, dont l'aversion pour la Grande-Bretagne était notoire, s'était depuis longtemps compromis avec l'Axe ; en mai 1941, il avait accepté d'accorder des facilités aux Allemands, à la fois à Dakar et pour le ravitaillement des armées de Rommel en Tunisie. À l'époque, cette trahison avait été empêchée par le général Weygand, qui comman-

---

1. En l'occurrence, l'énorme bêtise de Murphy avait été de laisser le général Juin alerter l'amiral Darlan...

dait en Afrique du Nord et avait persuadé Pétain de repousser les exigences allemandes. Hitler, entièrement absorbé à l'époque par les préparatifs de l'attaque imminente contre la Russie, n'avait pas insisté, malgré les conseils de son état-major naval. En novembre de la même année, Weygand, jugé peu fiable par les Allemands, fut relevé de son commandement. Nous n'entendîmes plus parler des projets de l'ennemi visant à utiliser Dakar contre nous, mais par la suite, les ports tunisiens furent ouverts à la navigation de l'Axe et contribuèrent à ravitailler les forces de Rommel au cours de l'été 1942. Les circonstances avaient changé, et avec elles l'attitude de Darlan, mais quelque désir qu'il ait pu avoir d'aider à l'occupation de l'Afrique du Nord par les Anglo-Américains, il était toujours lié à Pétain en principe comme en fait ; il savait qu'en passant du côté des Alliés, il deviendrait personnellement responsable de l'invasion par les Allemands de la France non occupée. Aussi, tout ce que l'on put obtenir de lui fut l'envoi d'un télégramme à Pétain lui demandant toute liberté d'action ; dans l'affreuse situation où l'avait placé l'impitoyable enchaînement des événements, il n'avait pas d'autre choix.

Le 8 novembre, peu après une heure du matin, les troupes américaines et britanniques débarquèrent en de nombreux points à l'est et à l'ouest d'Alger, sous le commandement du contre-amiral Burrough. On avait pris les précautions les plus minutieuses pour guider les chalands de débarquement jusqu'aux plages choisies ; à l'ouest, les unités de tête de la 11ᵉ brigade britannique remportèrent un succès complet, mais plus à l'est, les navires et les chalands transportant les Américains furent entraînés à quelques milles des positions prévues par un courant de marée inattendu, et dans l'obscurité, il en résulta quelque confusion ainsi qu'un certain retard. Heureusement, l'effet de surprise fut complet et nous ne rencontrâmes aucune opposition sérieuse le long de la côte, dont nous nous rendîmes bientôt entièrement maîtres. Un appareil de l'aéronavale, ayant remarqué qu'on lui faisait des signaux amicaux du sol, atterrit à l'aérodrome de Blida, et avec l'aide du commandant français de ce secteur, il le tint jusqu'à ce que les troupes alliées pussent arriver des plages.

L'engagement le plus sérieux se produisit dans le port d'Alger, où les destroyers britanniques *Broke* et *Malcolm* essayèrent de forcer l'entrée pour débarquer des Rangers américains sur la jetée, en vue de s'emparer du port, d'occuper les batteries et d'empêcher les navires de se saborder. Cette manœuvre amena les deux bâtiments à proximité immédiate des batteries de la défense, et s'acheva en désastre. Le *Malcolm* fut bientôt désemparé, mais le *Broke* entra dans le port à la quatrième tentative et débarqua ses troupes ; gravement endommagé au moment où il se retirait, il devait couler par la suite. Quant à la plupart des soldats mis à terre, ils furent cernés et durent se rendre.

À 17 heures, Darlan envoya un télégramme à son chef : « Des troupes américaines ayant pénétré dans la ville en dépit de nos efforts pour les retarder, j'ai autorisé le général Juin, commandant en chef, à négocier la reddition de la seule ville d'Alger. » Cette reddition prit effet à 19 heures. À partir de ce moment, l'amiral Darlan se trouva au pouvoir des Américains, et le général Juin reprit son commandement sous le contrôle des Alliés.

À Oran, l'opposition fut plus forte ; des unités françaises régulières qui avaient combattu les Britanniques en Syrie, ainsi que des marins animés par le souvenir amer de notre attaque de la flotte française en 1940, prirent à partie la « task-force » américaine. Un bataillon de parachutistes américains parti d'Angleterre devait saisir les aéroports, mais ses avions furent dispersés par la tempête au-dessus de l'Espagne ; les éléments de tête poursuivirent leur route, mais à la suite d'erreurs de navigation, les hommes furent largués à plusieurs kilomètres de leur objectif.

Deux petits navires de guerre britanniques tentèrent de débarquer des soldats américains directement dans le port d'Oran. Comme à Alger, leur but était d'empêcher les Français de le démolir ou de saborder les navires, et de le transformer au plus tôt en base alliée. Commandés par le capitaine de vaisseau F. T. Peters, le *Walney* et le *Hartland*, deux anciens cutters des gardes-côtes américains passés sous notre pavillon au titre du prêt-bail, tombèrent sous un feu meurtrier à bout portant, et furent tous deux coulés avec la plus grande partie des hommes qu'ils transportaient. Le commandant Peters, miraculeusement sauvé, devait perdre la vie quelques jours plus tard dans une catastrophe aérienne lors de son retour en Angleterre ; il reçut la *Victoria Cross* et la *Distinguished Service Cross* américaine à titre posthume. À l'aube, les destroyers et sous-marins français se montrèrent assez actifs dans la baie d'Oran, mais ils furent tous coulés ou dispersés. Les forces navales britanniques, y compris le *Rodney*, bombardèrent et canonnèrent les batteries côtières. Les combats se poursuivirent jusqu'à la matinée du 10, lorsque les troupes américaines lancèrent une ultime attaque contre la ville ; à midi, les Français capitulèrent.

La « task-force occidentale » atteignit les côtes marocaines le 8 novembre avant l'aube. Le principal assaut s'effectua à Fédala, près de Casablanca, deux attaques de flanc étant menées au nord et au sud. Le temps était beau mais brumeux, et la houle brisant sur les plages moins forte qu'on ne l'avait craint ; elle s'accentua par la suite, mais pas avant que l'on ait solidement pris pied dans tous les secteurs. De très vifs combats terrestres se déroulèrent pendant un certain temps, et une farouche bataille se livra sur mer. Il y avait à Casablanca le cuirassé moderne *Jean-Bart*, inachevé et incapable de se déplacer, mais dont les pièces de 380 mm étaient en état de tirer ; un duel d'artillerie ne tarda pas à s'engager entre lui et le cuirassé américain *Massachusetts*, tandis que la flottille française, appuyée par le croiseur *Primauguet*, appareillait pour s'opposer aux débarquements. Elle se heurta à la puissante concentration de la flotte américaine. À la fin de l'opération, sept navires et trois sous-marins français avaient été détruits, avec des pertes se montant à un millier d'hommes. Le *Jean-Bart*, ravagé par des incendies, s'était échoué. Noguès ne capitula que le 11 au matin, sur ordre de Darlan. « J'ai perdu, câbla-t-il, tous nos navires de guerre et tous nos avions après trois jours de violents combats. » Le capitaine de vaisseau Mercier, commandant du *Primauguet*, désirait ardemment la victoire des Alliés, mais il mourut sur sa passerelle en exécutant les ordres reçus. Rendons tous grâces au ciel de n'avoir pas été déchirés par d'aussi terribles problèmes et de pareils conflits intérieurs !

*
* *

Des nouvelles fragmentaires de tous ces événements commençaient à parvenir à Gibraltar, au quartier général d'Eisenhower, qui devait à présent faire face à une grave situation politique. Il s'était entendu avec Giraud pour le mettre à la tête des forces françaises qui pourraient rejoindre le camp allié mais brusquement, un homme était entré en scène par accident, et c'était à lui désormais de décider si la moindre fraction des troupes d'Afrique du Nord passerait en bon ordre aux Alliés. L'espoir de les voir rallier Giraud n'avait pas encore subi l'épreuve des faits, et les premières réactions n'étaient pas encourageantes. Au matin du 9 novembre, le général Giraud, suivi peu après du général Clark agissant en qualité de délégué personnel d'Eisenhower, se rendit en avion à Alger. Les hauts responsables militaires sur place lui réservèrent un accueil glacial ; l'organisation de résistance locale, parrainée par les Américains, s'était déjà effondrée. Les premiers pourparlers de Clark avec Darlan n'avaient débouché sur aucun accord ; il était manifeste qu'aucun personnage de quelque importance n'accepterait Giraud en tant que commandant suprême. Le matin suivant, le général Clark organisa une seconde réunion avec l'amiral, en ayant prévenu Eisenhower par radio qu'il n'y avait pas d'autre solution qu'un accord avec Darlan. Le temps manquait pour mener des discussions télégraphiques avec Londres et Washington ; Giraud était absent ; Darlan hésitait, alléguant le manque d'instruction de Vichy. Clark lui donna une demi-heure pour se décider. Pour finir, l'amiral accepta d'ordonner un « cessez-le-feu » général pour toute l'Afrique du Nord. « Au nom du Maréchal », il prit le pouvoir suprême dans tous les territoires d'Afrique du Nord française, et ordonna à tous les responsables de rester à leur poste.

*
* *

Le lendemain 11 novembre, il fut convenu que Darlan enverrait des ordres catégoriques à la flotte de Toulon pour lui faire prendre la mer. À Tunis, Darlan ordonna à l'amiral Esteva, résident général en Tunisie, de rejoindre le camp des Alliés. Esteva était un fidèle serviteur de Vichy, qui suivait l'avalanche des événements avec toujours plus de désarroi et d'inquiétude ; étant plus proche de l'ennemi stationné en Sicile et sur sa frontière orientale, il se trouvait dans une situation plus difficile que celle de Darlan ou de Noguès. Son indécision n'eut d'égale que celle de ses subordonnés immédiats. Dès le 9 novembre, des unités de la Luftwaffe occupèrent l'important aérodrome d'El Aouïna ; le même jour, des troupes allemandes et italiennes commencèrent à débarquer. Esteva, aussi déprimé qu'hésitant, s'en tint à la stricte fidélité envers Vichy, tandis que les forces de l'Axe arrivaient de Tripolitaine par l'est, et que les Alliés accouraient par l'ouest. Le général Barré, déconcerté tout d'abord par un genre de problème auquel, ami lecteur, vous n'avez jamais dû faire face, emmena finalement vers l'ouest le gros de la garnison française et se mit aux ordres du général Giraud. Mais à Bizerte, trois vedettes lance-torpilles et neuf sous-marins se rendirent aux forces de l'Axe.

Des pourparlers s'engagèrent à Alexandrie, où une escadre française se trouvait immobilisée depuis 1940, mais ils n'aboutirent pas. L'amiral Godefroy, commandant l'escadre, demeurait fidèle à Vichy et refusait de reconnaître l'autorité de l'amiral Darlan ; pour lui, tant que les Alliés n'auraient pas conquis la Tunisie, ils ne pourraient se prétendre capables de délivrer la France. C'est ainsi que ses navires restèrent immobilisés jusqu'à ce que nous finissions par entrer à Tunis. À Dakar, le gouverneur général Boisson, nommé par Vichy, obéit le 23 novembre à l'ordre donné par Darlan de cesser la résistance, mais les unités de la flotte française refusèrent de se joindre aux Alliés ; c'est seulement lorsque nous eûmes achevé la conquête de toute l'Afrique du Nord que le cuirassé *Richelieu* et ses trois croiseurs passèrent dans notre camp.

*
* *

Le débarquement anglo-américain en Afrique du Nord eut en France des répercussions immédiates. Dès le mois de décembre 1940, les Allemands avaient arrêté des plans d'occupation de la zone restée libre, qui furent à présent mis en œuvre ; l'objectif principal d'Hitler était de s'emparer des principales unités de la flotte française qui mouillaient à Toulon. Le général Eisenhower était aussi désireux que les Allemands de mettre la main sur ce précieux trophée, mais tandis qu'il négociait avec Darlan et que ce dernier envoyait des messages à Vichy, les Allemands marchaient en hâte vers la côte de la Méditerranée et occupaient l'ensemble de la France. Voilà qui simplifiait la position de l'amiral Darlan : il pouvait désormais faire valoir auprès des responsables et des commandants locaux que le maréchal Pétain n'était plus libre de ses mouvements. Et puis, l'initiative allemande frappait Darlan dans ce qu'il avait de plus sensible ; comme en 1940, c'était l'avenir de la flotte française qui était en jeu, et il était le seul homme à pouvoir la sauver. Dès lors, il agit promptement ; dans l'après-midi du 11 novembre, il télégraphia en métropole que la flotte de Toulon devait prendre la mer si elle se trouvait sur le point d'être capturée par les Allemands. L'amiral Auphan, ministre de la Marine, voulait appuyer Darlan, mais il était impuissant face à Laval et à l'attitude des commandants français à Toulon. L'amiral de Laborde, commandant la flotte française de Méditerranée, était fanatiquement antibritannique. À l'annonce des débarquements, il voulut appareiller pour attaquer les convois alliés ; il rejeta les appels de ralliement lancés par Darlan, et lorsque les Allemands arrivèrent aux abords de la base navale française, un accord fut conclu aux termes duquel une zone libre serait créée autour du port et tenue par une garnison française. On s'efforça donc de doter la base de défenses sérieuses, mais le 18 novembre, les Allemands exigèrent le retrait de toutes les troupes françaises de la zone et Auphan démissionna le lendemain.

Les Allemands projetèrent alors d'exécuter un coup de main contre la flotte, ce qui fut fait le 27 novembre. Le courage et l'esprit d'initiative de quelques officiers, dont Laborde qui finit par se rallier, permirent de saborder la totalité de la flotte ; parmi les 73 navires qui coulèrent dans le port, il y eut un cuirassé, 2 croiseurs de bataille, 7 croiseurs, 29 destroyers et torpilleurs et 16 sous-marins.

*
* *

Moins d'un mois après ces faits, l'amiral Darlan fut assassiné. Dans l'après-midi du 24 décembre, il quittait sa villa pour se rendre en voiture à son bureau du palais d'Été ; en arrivant à la porte de son bureau, il fut abattu à coups de revolver par un jeune homme de vingt ans, du nom de Bonnier de La Chapelle. L'amiral mourut moins d'une heure après sur la table d'opération d'un hôpital voisin. Le jeune assassin, après avoir été longuement endoctriné[1], s'était exalté au point de se croire le sau-

---

1. Le nom d'Henri d'Astier de La Vigerie, qui figurait dans l'édition originale, a disparu de la présente version.

veur de la France, appelé à la délivrer d'un chef inique. Sur ordre de Giraud, il fut traduit devant un conseil de guerre et, à son grand étonnement, fusillé le 26 décembre peu après l'aube.

Peu de gens ont payé plus cher que l'amiral Darlan leurs erreurs de jugement et leurs défauts de caractère. C'était un professionnel éminent et une forte personnalité ; sa vie avait été consacrée au relèvement de la marine française, et il lui avait redonné un lustre qu'elle n'avait pas connu depuis la royauté ; son autorité s'étendait non seulement aux officiers, mais à l'ensemble du corps de la marine. Conformément à ses promesses maintes fois répétées, il aurait dû en 1940 envoyer ses escadres en Grande-Bretagne, aux États-Unis ou dans des ports d'Afrique – n'importe où pour les mettre hors d'atteinte des Allemands. Aucun traité, aucun engagement ne l'obligeait à agir ainsi, excepté les assurances qu'il avait données de son plein gré ; il y était bien résolu, jusqu'à ce fatal 20 juin 1940 où il accepta des mains du maréchal Pétain le portefeuille de la Marine. À ce moment, peut-être mû par des considérations tenant à ses nouvelles fonctions, il se soumit au gouvernement du maréchal Pétain ; cessant d'être marin pour devenir politicien, il quitta un domaine dont il avait une profonde connaissance pour un autre dans lequel il se laissait surtout guider par ses préjugés antibritanniques, remontant à la bataille de Trafalgar, où son arrière-grand-père avait trouvé la mort.

Dans cette situation nouvelle, il agit comme un homme fort et résolu, mais qui ne comprenait pas entièrement la signification morale de beaucoup de ses actes. L'ambition favorisa ses erreurs ; en tant qu'amiral, son horizon ne s'était guère étendu au-delà de la marine, et en tant que ministre, au-delà de ses intérêts immédiats ou personnels. Pendant un an et demi, il avait exercé un grand pouvoir dans une France brisée ; à l'époque où nous débarquâmes en Afrique du Nord, il était incontestablement l'héritier du vieux maréchal. C'est alors qu'une avalanche d'événements étourdissants s'abattit brusquement sur lui.

Nous avons fait le récit des épreuves qu'il connut. L'Afrique du Nord et l'Afrique-Occidentale tout entières se tournèrent vers lui ; l'invasion de la France de Vichy par Hitler lui donna le pouvoir, et peut-être même le droit, de virer de bord ; il apporta aux alliés anglo-américains exactement ce qu'il leur fallait, c'est-à-dire une voix française à laquelle tous les officiers et fonctionnaires français de ce vaste secteur désormais plongé dans la guerre étaient disposés à obéir ; ses derniers actes, il les accomplit en notre faveur, et ceux qui ont tiré de son ralliement des avantages aussi considérables n'ont pas à salir sa mémoire. Un juge sévère et impartial dira peut-être qu'il aurait dû refuser toute négociation avec les Alliés auxquels il avait porté préjudice, et les mettre au défi d'en venir aux extrémités à son égard. Nous pouvons tous nous réjouir du fait qu'il ait décidé de faire l'inverse ; cela lui coûta la vie, mais la vie n'avait plus grand-chose à lui donner. Il parut évident à l'époque qu'il avait eu tort en juin 1940 de ne pas faire appareiller la flotte française vers des ports alliés ou neutres ; mais il avait eu raison de prendre sa seconde et terrible décision. La plus grande douleur qu'il éprouva fut probablement de n'avoir pu faire venir la flotte de Toulon. Mais il avait toujours déclaré qu'elle ne tomberait jamais aux mains des Allemands ; à cet égard, il n'avait pas failli devant l'histoire. Qu'il repose en paix, et remercions tous le Ciel de n'avoir pas eu à affronter les épreuves qui le firent succomber.

Chapitre XXVI

LA CONFÉRENCE DE CASABLANCA

Les militaires américains, même en dehors des milieux les plus élevés, étaient convaincus que la décision de lancer « Torch » excluait toute perspective de débarquement majeur en France occupée pour 1943. Quant à moi, je ne m'y étais pas encore résigné. J'espérais toujours que l'Afrique du Nord française, y compris le promontoire tunisien, tomberait entre nos mains après quelques mois de combats; dans ce cas, l'opération principale d'invasion de la France occupée à partir de l'Angleterre serait encore possible en juillet ou en août 1943. J'étais donc très désireux de voir se poursuivre, parallèlement à « Torch », la plus forte concentration de troupes américaines en Grande-Bretagne que permettrait le tonnage disponible. L'idée de pouvoir frapper du poing gauche comme du droit, et le fait que l'ennemi soit contraint de parer les coups des deux côtés, me paraissaient correspondre parfaitement à l'emploi le plus judicieux des forces. En fonction des événements, nous traverserions la Manche, nous poursuivrions sur notre lancée en Méditerranée, ou bien nous ferions les deux à la fois[1]. Il semblait impératif, dans l'intérêt de la guerre en général et de l'aide à la Russie en particulier, que les armées anglo-américaines puissent

---
1. Commentaire typique des conceptions churchilliennes en matière stratégique : à l'évidence, les ressources des Alliés en hommes, en matériel et en capacité de transport à l'époque n'auraient jamais permis de lancer les deux opérations à la fois.

prendre pied en Europe, par l'ouest ou par l'est, au cours de l'année à venir.

Toutefois, nous risquions de ne pouvoir faire ni l'un ni l'autre ; même si notre campagne en Algérie et en Tunisie progressait rapidement, nous allions peut-être devoir nous contenter de prendre la Sardaigne, la Sicile ou les deux, et de remettre à 1944 la traversée de la Manche. D'où pour les Alliés une année de perdue, avec des conséquences potentiellement fatales, non certes pour notre survie, mais bien pour une victoire décisive ; nous ne pouvions supporter indéfiniment de perdre 500 000 à 600 000 tonnes de navires par mois. Nous tenir en échec, tel était le dernier espoir de l'Allemagne.

Avant que nous sachions comment tourneraient la bataille d'El-Alamein et l'opération « Torch », et alors que l'issue de la terrible bataille du Caucase paraissait encore indécise, les chefs d'état-major pesaient toutes ces considérations ; les responsables de la planification qui leur étaient subordonnés travaillaient tout aussi activement. Leurs conclusions me semblaient indûment négatives, et de part et d'autre de l'Atlantique, nous en arrivions à une sorte d'impasse combinée. Les chefs d'état-major britanniques préféraient la Méditerranée et une attaque contre la Sardaigne et la Sicile, l'Italie constituant la cible ultime ; les experts militaires américains avaient abandonné tout espoir de traverser la Manche en 1943, mais ils étaient soucieux avant tout d'éviter de s'enliser en Méditerranée, de peur de compromettre leur grand dessein pour 1944. « On dirait, écrivais-je en novembre, qu'il faut multiplier la somme de toutes les craintes américaines par la somme de toutes les craintes britanniques, dont chaque service a soigneusement fourni sa quote-part. »

On ne manquera pas de dire que le cours des événements a démontré mon excès d'optimisme au sujet des perspectives de succès en Afrique du Nord, et que l'état-major américain avait raison de penser que la décision prise en juillet d'exécuter « Torch » excluait toute possibilité de franchir la Manche en 1943. C'est effectivement ce qui s'est produit, mais personne ne pouvait prévoir à l'époque qu'Hitler ferait un immense effort pour renforcer le promontoire tunisien en y envoyant par air et par mer près de cent mille de ses meilleurs soldats, malgré de lourdes pertes. Ce fut une grave erreur stratégique de sa part, mais elle retarda certainement de plusieurs mois notre victoire en Afrique. S'il avait conservé les forces qui y furent détruites ou capturées en mai, il aurait pu soit renforcer son front qui reculait face aux Russes, soit rassembler en Normandie des effectifs qui nous auraient dissuadés, même si nous l'avions résolu, de tenter d'y débarquer en 1943. À présent, on ne trouve plus guère de gens pour remettre en question la sagesse de la décision d'attendre jusqu'en 1944. Ma conscience me dit que je n'ai ni induit en erreur ni trompé Staline ; j'ai fait de mon mieux. D'un autre côté, pourvu que la campagne à venir nous permette d'envahir le continent européen et d'amener pleinement les armées anglo-américaines au contact de l'ennemi, je n'étais pas mécontent de la décision que le destin et les faits devaient nous imposer.

En Afrique du Nord survinrent à cette époque un coup d'arrêt et un échec très nets. Bien que nous eussions l'initiative et le bénéfice de la surprise, la concentration de nos forces ne pouvait se faire que lentement ; le tonnage nous imposait de strictes limites ; les déchargements furent gênés par les attaques aériennes à Alger et à Bône ; les moyens de transport routiers faisaient défaut ; la ligne de chemin de fer à voie unique qui longeait la côte sur 800 kilomètres était en mauvais état, et elle comportait des centaines de ponts et de ponceaux, dont n'importe lequel pouvait être saboté. Avec l'arrivée des importants effectifs allemands transportés par air en Tunisie débuta une résistance de grande classe, farouche et obstinée. Les troupes françaises qui avaient alors rallié notre camp comptaient plus de 100 000 hommes ; c'étaient en majorité des troupes indigènes de bonne qualité, mais encore mal armées et inorganisées. Le général

Eisenhower lança en avant tous les soldats américains dont il pouvait disposer, et nous engageâmes nous-mêmes tout ce que nous pûmes. Le 28 novembre, une brigade d'infanterie britannique, appuyée par une partie de la 1re division blindée américaine, faillit atteindre Djedeida, à une vingtaine de kilomètres seulement de Tunis. Ce fut le point culminant des combats de l'hiver.

Vint alors la saison des pluies, et l'eau se déversa en torrents ; nos terrains d'aviation improvisés se transformèrent en fondrières. Les avions allemands, bien qu'encore peu nombreux, opéraient à partir de bons aérodromes, utilisables par tous temps. L'ennemi contre-attaqua le 1er décembre, nous frustrant de la progression que nous escomptions, et quelques jours plus tard, la brigade britannique se trouvait repoussée jusqu'à Medjez el Bab. Les troupes avancées ne pouvaient être ravitaillées que par mer et sur une échelle réduite ; en fait, il était tout juste possible de les approvisionner, sans qu'il fût question de constituer des stocks. Il fallut attendre la nuit du 22 décembre pour lancer une nouvelle attaque. Elle obtint quelques succès initiaux, mais à l'aube, ce fut le début de trois jours de déluge ; nos terrains d'aviation devinrent inutilisables, et les véhicules ne purent circuler que sur de médiocres routes.

Lors d'une conférence réunie la veille de Noël, le général Eisenhower décida de renoncer au plan qui prévoyait la prise immédiate de Tunis, et de conserver ses terrains d'aviation avancés sur la ligne générale déjà atteinte, en attendant de pouvoir reprendre la campagne. En dépit des pertes importantes subies en mer, les Allemands ne cessèrent de renforcer leurs effectifs en Tunisie ; ils étaient près de 50 000 à la fin de décembre.

Dans l'intervalle, la 8e armée avait parcouru des distances considérables. Rommel parvint à ramener ses forces brisées d'El-Alamein ; ses arrière-gardes furent vigoureusement talonnées, mais une tentative de lui barrer la route au sud de Benghazi échoua. Il fit une halte à El-Agheila, tandis qu'après sa longue avance, Montgomery se heurtait aux mêmes difficultés de transport et de ravitaillement que celles qui avaient fait échouer ses prédécesseurs. Le 13 décembre, Rommel fut délogé de ses positions et presque isolé par un vaste mouvement tournant de la 2ᵉ division néo-zélandaise ; il subit des pertes sévères, et l'aviation du désert préleva un lourd tribut sur ses véhicules de transport le long de la route côtière. Montgomery ne put tout d'abord poursuivre qu'avec des forces légères ; la 8ᵉ armée avait parcouru 2 000 kilomètres depuis El-Alamein. Ayant occupé Syrte et ses terrains d'aviation le jour de Noël, nos troupes parvinrent à la fin de l'année au contact de la nouvelle position de Rommel, près de Bouerat.

*
* *

Le Comité des chefs d'état-major avait rédigé entre-temps pour le Cabinet de guerre deux notes résumant son évaluation raisonnée de la stratégie future. Il soulignait dans ses conclusions qu'il existait une sérieuse divergence de vues entre lui et les chefs d'état-major américains ; elle portait davantage sur les méthodes et les priorités, que sur les principes. Les chefs d'état-major britanniques estimaient que la meilleure stratégie était de poursuivre vigoureusement « Torch » en effectuant le plus grand nombre possible de préparatifs pour traverser la Manche en 1943, tandis que les chefs d'état-major américains voulaient faire porter l'effort principal en Europe sur la traversée de la Manche, tout en arrêtant la progression en Afrique du Nord. Ce problème essentiel ne pouvait être réglé que par le président et moi-même ; à l'issue de très longs débats, nous décidâmes donc de nous rencontrer à Casablanca.

Je m'y rendis par avion le 12 janvier 1943 ; mon voyage fut quelque peu mouvementé, car pour chauffer le « Commando », on avait installé un appareil à essence qui dégageait des vapeurs et portait divers éléments à très haute température. Alors que nous nous trouvions au-dessus de l'Atlantique, à 800 kilomètres de nulle part, je fus réveillé vers deux heures du matin par l'un de ces éléments qui me brûlait les pieds; il parut sur le point d'être porté au rouge et de mettre le feu aux couvertures. Je descendis donc de ma couchette et réveillai Peter Portal, endormi sur son siège dans le puits de la carlingue, pour attirer son attention sur cet élément rougeoyant. Nous fîmes le tour de la cabine et en découvrîmes deux autres qui semblaient également au bord de l'incandescence. Nous descendîmes alors dans la coursive des bombes (c'était un bombardier transformé) et trouvâmes deux hommes diligemment occupés à faire fonctionner ce chauffage à essence. Je pensai que c'était extrêmement dangereux à tous points de vue; les éléments incandescents pouvaient allumer un incendie et les vapeurs d'essence déclencher une explosion. Portal fut du même avis. Décidant qu'il valait mieux geler que rôtir, j'ordonnai d'éteindre tout chauffage. Nous retournâmes nous coucher en frissonnant, car la température d'hiver était glaciale et il nous fallait voler à 2 500 m d'altitude environ, afin de rester au-dessus des nuages. Je dois avouer que ces heures me parurent assez pénibles.

En arrivant à Casablanca, nous constatâmes que tout avait été somptueusement préparé. Un grand hôtel du faubourg d'Anfa avait amplement de quoi loger les délégations britanniques et américaines, tout en étant pourvu de vastes salles de conférence. Autour de cet hôtel se trouvaient un certain nombre de villas extrêmement confortables, l'une étant réservée au président, une autre à moi-même, une troisième au général Giraud, et enfin une quatrième au général de Gaulle, pour le cas où il viendrait; le tout était clôturé d'un réseau de barbelés étroitement surveillé par des soldats américains. Arrivé avec mon état-major deux jours avant le président, je fis quelques jolies promenades sur les rochers comme sur la plage, avec Pound et les autres chefs d'état-major. Des vagues magnifiques déferlaient en projetant d'énormes embruns, ce qui amenait à s'émerveiller du fait que nos hommes aient réussi à prendre pied lors du débarquement. Il n'y eut pas un seul jour d'accalmie. Des rouleaux de 4 m 50 de haut se brisaient en mugissant sur de redoutables rochers. Rien d'étonnant à ce que tant de péniches de débarquement et de chaloupes aient chaviré avec tout leur équipage. Mon fils Randolf était venu du front tunisien ; les sujets de réflexion ne nous manquaient pas, et les deux jours passèrent avec rapidité. Entre-temps, les chefs d'état-major tenaient chaque jour de longues conférences.

Le président arriva dans l'après-midi du 14 janvier. Notre rencontre fut extrêmement chaleureuse et amicale ; j'éprouvai un immense plaisir à voir mon grand ami sur ce sol conquis ou libéré, dont nous avions réussi tous deux à prendre possession malgré tous les avis contraires formulés par ses experts militaires. Le général Eisenhower atterrit le lendemain, après un voyage fort dangereux ; il désirait vivement connaître la stratégie qu'allaient recommander les membres du Comité des chefs d'état-major combinés, et rester en contact avec eux. Dans l'ensemble, ils étaient investis d'une autorité supérieure à la sienne. Alexander arriva un ou deux jours plus tard, et il rendit compte au président comme à moi de l'avance des unités de la 8e armée ; il fit une impression extrêmement favorable au président, qui fut aussi séduit par sa personne que par les nouvelles qu'il apportait, à savoir que la 8e armée n'allait pas tarder à s'emparer de Tripoli. Il nous expliqua comment Montgomery, qui possédait deux puissants corps d'armée, avait prélevé tous les véhicules de l'un pour permettre à l'autre de poursuivre son avance, et que ce dernier suffirait pour refouler Rommel depuis Tripoli jusqu'à la ligne Mareth, qui constituait un redoutable obstacle. Chacun se sentit réconforté par ces nouvelles, et la bonne grâce souriante d'Alexander lui gagna tous les cœurs ; sa confiance tranquille était contagieuse.

Après dix jours de délibérations, les chefs d'état-major parvinrent à s'entendre. Le président et moi-même étions tenus chaque jour au courant de leurs travaux, et nous en avalisions tous deux les résultats. L'accord se fit sur la nécessité de tout miser sur la prise de Tunis, en engageant à la fois l'armée du désert et toutes les unités qui pourraient être rassemblées parmi les forces britanniques et celles d'Eisenhower ; on décida également qu'Alexander serait l'adjoint d'Eisenhower, pratiquement chargé de toute la conduite des opérations. On se mit également d'accord sur l'autre question à trancher sans délai, celle de savoir s'il nous fallait attaquer la Sicile ou la Sardaigne. À cet égard, les divergences de vues s'étaient manifestées, non entre chefs d'état-major américains et britanniques, mais entre ces derniers et le service de planification conjoint. Pour ma part, j'étais certain que notre prochain objectif devait être la Sicile, et le Comité des chefs d'état-major combinés était du même avis. En revanche, les officiers du service de planification conjoint pensaient, avec lord Mountbatten, qu'il valait mieux attaquer la Sardaigne, parce qu'ils estimaient que cela pourrait se faire trois mois plus tôt. Mountbatten essaya de convaincre Hopkins et d'autres, mais je n'en démordis pas et, fermement appuyé par tous les chefs d'état-major, j'exigeai que l'on commençât par la Sicile. Les officiers du service de planification conjoint, respectueux mais obstinés, firent alors observer qu'une telle opération ne pourrait être déclenchée avant le 30 août. À ce stade des discussions, je revis personnellement tous les calculs avec eux, après quoi le président et moi donnâmes des ordres pour fixer le jour J à la période de lunaison favorable de juillet, ou même de juin si possible. En l'occurrence, les troupes aéroportées allaient intervenir dans la nuit du 9 juillet, et les débarquements débuter le 10 juillet à l'aube.

*
* *

Dans l'intervalle s'était posée la question du général de Gaulle. Le meurtre de Darlan, si criminel fût-il, avait soulagé les Alliés de l'embarras d'avoir à coopérer avec lui ; son autorité avait été transférée en douceur à l'institution créée en accord avec les Américains durant les mois de novembre et décembre 1942[1]. Giraud combla le vide. La voie était libre désormais pour que toutes les forces françaises qui avaient rejoint les Alliés en Afrique du Nord et en Afrique-Occidentale puissent s'unir au mouvement des Français libres du général de Gaulle, et que se rallient à eux les Français du monde entier qui se trouvaient hors d'atteinte des Allemands. Dès lors, j'étais très désireux de faire venir de Gaulle, et le président s'y montra favorable dans l'ensemble. Je lui demandai donc de télégraphier également au Général pour l'inviter. Mais de Gaulle le prit de très haut et refusa à plusieurs reprises ; je chargeai alors Eden d'exercer sur lui les plus fortes pressions, en allant jusqu'à le prévenir que, s'il maintenait son refus, nous insisterions pour le faire remplacer à la tête du Comité français de libération à Londres.

De Gaulle arriva enfin le 22 janvier et fut conduit à sa villa, qui était voisine de celle de Giraud. Il refusa d'aller rendre visite à ce dernier, et il fallut plusieurs heures d'efforts pour le décider à changer d'avis. J'eus un entretien glacial avec de Gaulle, et lui fis très clairement comprendre que nous n'hésiterions pas à rompre définitivement avec lui s'il persistait dans son opposition[2]. Il se montra fort guindé, puis sortit de la villa à grandes enjambées et traversa le petit jardin la tête haute[3]. On finit par le persuader

---

[1]. La discrétion – ou l'embarras – empêche Churchill de mentionner que « l'institution » en question n'est autre que le Conseil impérial de Boisson, Chatel, Noguès et Bergeret, tous vichystes purs et durs...

[2]. Ce qui, en français churchillien, a donné très exactement ceci : « Mong Général, si vous m'obstaclerez, je vous liquiderai ! »

[3]. Churchill s'est ensuite tourné vers lord Moran et lui a dit, en désignant le Général qui traversait le jardin : « Son pays a abandonné la lutte, lui-même n'est qu'un réfugié, et si nous lui retirons notre appui, c'est un homme fini. Eh bien, regardez-le ! Non mais regardez-le ! On croirait Staline, avec deux cents divisions derrière lui. »

d'aller rendre visite à Giraud ; l'entretien dura deux ou trois heures et dut être extrêmement agréable pour les deux parties[1]. Dans l'après-midi, de Gaulle alla voir le président ; contre toute attente et à mon grand soulagement, ils s'entendirent fort bien. Le président fut séduit par « une lueur de spiritualité dans ses yeux », mais il n'y avait pas grand-chose à faire pour les mettre d'accord.

Ces pages contiennent au sujet du général de Gaulle plusieurs jugements sévères, basés sur les événements du moment. Il est certain que j'eus avec lui bien des heurts violents et des difficultés incessantes. Toutefois, un élément domina nos rapports : je ne pouvais le considérer comme le représentant d'une France captive et prostrée, ni d'ailleurs d'une France qui avait le droit de décider librement de son avenir. Je savais qu'il n'était pas ami de l'Angleterre, mais j'ai toujours retrouvé en lui l'esprit et les conceptions que le mot « France » évoquera éternellement tout au long des pages de l'histoire. Je comprenais et j'admirais son comportement arrogant, même si j'en éprouvais du ressentiment. C'était un réfugié, un exilé condamné à mort par son pays, entièrement dépendant de la bonne volonté du gouvernement britannique, et aussi, à présent, de celle des États-Unis. Les Allemands avaient conquis sa patrie ; nulle part il n'était vraiment chez lui. Qu'importe ! Il bravait tout cela. Même lorsqu'il se conduisait le plus mal, il paraissait toujours exprimer la personnalité de la France – une grande nation, avec tout son orgueil, son autorité et son ambition. On disait pour s'en moquer qu'il se considérait comme l'incarnation vivante de Jeanne d'Arc, dont un de ses aïeux aurait été un fidèle compagnon. Je trouvais cela moins absurde qu'il y paraissait. Clemenceau, auquel on disait qu'il se comparait

---

[1]. Il y a là une confusion : de Gaulle s'est entretenu avec Giraud lors d'un déjeuner *avant* sa visite à Churchill. Quant au qualificatif d'« extrêmement agréable » pour désigner leur entretien, il est pour le moins exagéré...

également, était un homme d'État bien plus avisé et plus expérimenté; mais tous deux apparaissaient comme des Français indomptables.

*
* *

Il me resta à mentionner une dernière affaire. Dans mon rapport au Cabinet de guerre, je suggérai ce qui suit:

> « Nous nous proposons de rédiger un compte rendu des travaux de la conférence pour communication à la presse au moment opportun. Avant d'y inclure une déclaration aux termes de laquelle les États-Unis et l'empire britannique ont la ferme résolution de poursuivre la guerre sans relâche jusqu'à la "reddition sans condition" de l'Allemagne et du Japon, je serais heureux de savoir ce qu'en pense le Cabinet de guerre. L'Italie serait omise de façon à favoriser une scission de ce côté. Cette idée a plu au président, et il est certain qu'elle encouragerait nos amis dans le monde entier... »

Le lecteur voudra bien prendre note de ce télégramme, car les mots « reddition sans condition », employés par le président lors de la conférence de presse qui s'est ensuivie, ont fait naître des controverses qui reparaîtront dans ce récit et feront certainement l'objet de longs débats à l'avenir. Il y a une école de pensée en Angleterre, comme en Amérique, qui prétend que ces mots ont prolongé la guerre et fait le jeu des dictateurs, en poussant leurs peuples et leurs armées au désespoir. Quant à moi, je ne suis pas de cet avis, pour des raisons qui apparaîtront dans la suite de ce récit. Néanmoins, comme ma mémoire s'est avérée défaillante sur certains points, il est bon d'établir les faits tels que les révèlent mes archives. Celles du Cabinet de guerre indiquent que la question lui fut soumise lors de sa séance de l'après-midi du 20 janvier; la discussion paraît avoir porté sur l'exception faite en faveur de l'Italie plutôt que sur le principe de la « reddition sans conditions ». Aussi

MM. Attlee et Eden nous envoyèrent-ils le 21 janvier le message suivant :

> « Les membres du Cabinet se sont déclarés à l'unanimité d'avis que, tout compte fait, il serait désavantageux d'exclure l'Italie, en raison des inquiétudes que cela susciterait inévitablement en Turquie, dans les Balkans et ailleurs. Nous ne sommes pas non plus convaincus que cela aurait un effet salutaire sur les Italiens eux-mêmes. Le fait de savoir d'avance ce qui les attend a certainement davantage de chances de produire l'effet escompté sur leur moral. »

Il est donc indiscutable que les mots « reddition sans condition » inclus dans le projet de déclaration commune furent communiqués par moi au Cabinet de guerre, qui ne les désapprouva nullement. Bien au contraire, son seul désir était qu'on les appliquât également à l'Italie. Je n'ai aucun souvenir ni aucune trace de ce qui se dit entre le président et moi sur ce sujet après réception du message de mes collègues du Cabinet ; il est parfaitement possible que, pris dans le tourbillon des affaires, au milieu surtout des discussions au sujet des rapports entre Giraud et de Gaulle et des entretiens avec eux, nous n'ayons plus évoqué la question. Pendant ce temps, le communiqué officiel commun était préparé par nos conseillers et par les chefs d'état-major ; c'était un document rédigé avec le plus grand soin et dont tous les mots étaient pesés. Le président et moi l'examinâmes et l'approuvâmes tous deux. Comme l'idée d'appliquer la reddition sans condition à l'Italie ne me plaisait pas, il semble probable que je n'en aie pas reparlé au président, et il est hors de doute que nous avons accepté tous les deux le communiqué que nous avions élaboré avec nos conseillers, et qui ne faisait nulle mention de « reddition sans condition ». Il fut soumis au Cabinet de guerre, qui l'approuva sous cette forme.

C'est donc avec quelque surprise que j'entendis le président déclarer à la conférence de presse du 24 janvier que nous exigerions la « reddition sans condition » de tous nos ennemis ; il était naturel de supposer que le communiqué approuvé annulait tout ce qui avait été dit au cours de nos conversations. Le général Ismay, qui connaissait exactement l'évolution de ma pensée au jour le jour, et qui avait assisté à toutes les discussions entre les chefs d'état-major lors de la préparation du communiqué, fut également surpris. Dans mon allocution qui suivit celle du président, je l'appuyai naturellement et confirmai tous ses dires. La moindre divergence entre nous, même par omission, dans une telle circonstance et à un tel moment, aurait été nuisible, voire dangereuse pour notre effort de guerre. J'en prends volontiers ma part de responsabilité, au même titre que le Cabinet de guerre britannique.

L'explication donnée par le président à Hopkins semble toutefois concluante :

> « Nous avions eu tant de mal à rapprocher ces deux généraux français qu'il me vint à l'idée que cela avait été aussi difficile que d'organiser une rencontre entre Grant et Lee ; puis ce fut tout de suite la conférence de presse. Winston et moi n'avions pas eu le temps de nous y préparer. Je me suis souvenu tout à coup que l'on avait appelé Grant "le vieux père reddition sans condition", et brusquement, voilà que les mots me sont venus aux lèvres*. »

À mon avis, la franchise de cette explication n'est nullement amoindrie par le fait que la phrase se trouvait dans le texte des notes dont il s'aidait lors de cette conférence de presse.

Les souvenirs de guerre peuvent être vivaces et précis, mais il ne faut jamais s'y fier sans les vérifier, surtout lorsqu'il s'agit de l'enchaînement des faits. J'ai certes fait moi-même plusieurs déclarations erronées au sujet de l'incident de la « reddition sans condition », parce que je disais ce que je pensais et ce que je croyais sur le moment, sans consulter les archives. Ma mémoire ne fut pas seule à

---

* SHERWOOD, *Roosevelt and Hopkins*, p. 696.

être prise en défaut, car le 21 juillet 1949, M. Bevin a fait aux Communes un sombre exposé des difficultés auxquelles il s'était heurté pour reconstruire l'Allemagne après la fin des hostilités, du fait de la politique de « reddition sans condition », au sujet de laquelle, déclara-t-il, ni lui ni le Cabinet de guerre n'avaient été consultés à l'époque. Je répondis *ex abrupto*, avec une bonne foi et une inexactitude égales, que j'avais entendu ces mots pour la première fois au moment où ils sortaient des lèvres du président, à la conférence de presse de Casablanca. Ce fut seulement lorsque je consultai mes archives, une fois rentré chez moi, que je retrouvai les faits tels que je les ai relatés ci-dessus. Cela me rappelle l'histoire de ce vieux professeur proche de sa fin, auquel ses élèves dévoués demandaient un suprême conseil. « Vérifiez vos citations », leur répondit-il.

*
* *

Bien que très largement approuvé à l'époque, l'emploi des mots « reddition sans condition » a été critiqué depuis par diverses personnalités, qui y ont vu l'une des plus graves erreurs de la politique de guerre anglo-américaine. Il faut traiter ici de cette question : on a dit que la lutte en avait été prolongée et la reconstruction ultérieure rendue beaucoup plus difficile ; personnellement, je n'en crois rien. En fait, ma principale raison de m'opposer, ainsi que je l'ai toujours fait, à ce que des conditions de paix fussent formulées – ce que l'on me réclama si souvent – était que l'annonce des conditions exigées par les trois grandes puissances sous la pression de leur opinion publique aurait été jugée beaucoup plus inacceptable encore par tout mouvement allemand en faveur de la paix que l'expression générale « reddition sans condition ». Je me rappelle que l'on essaya plusieurs fois de rédiger un projet de conditions de paix susceptible de satisfaire la colère des vainqueurs à l'égard de l'Allemagne ; elles paraissaient si effroyables une fois couchées sur le papier, elles dépassaient de si loin ce qui allait se faire en réalité, que leur publication n'aurait fait que stimuler la résistance allemande. En vérité, il suffisait de les voir noir sur blanc pour y renoncer aussitôt.

Lors de plusieurs déclarations publiques, j'expliquai ce qu'avaient été les conceptions du président et les miennes :

> « Les mots "reddition sans condition" déclarai-je à la Chambre des communes le 22 février 1944, ne signifient pas que le peuple allemand sera réduit en esclavage ou anéanti. Mais ils signifient que les Alliés ne seront liés à lui au moment de la capitulation par aucun pacte, par aucune obligation... La "reddition sans condition" signifie que les vainqueurs auront les mains entièrement libres. Cela ne les autorisera pas à se conduire d'une manière barbare, et cela ne veut pas dire qu'ils désirent effacer l'Allemagne de la carte de l'Europe. Nous ne sommes liés que par les obligations de notre conscience envers la civilisation. Nous ne nous laisserons pas lier les mains par un marchandage conclu avec les Allemands. Voilà ce que signifient les mots "reddition sans condition". »

On ne peut prétendre qu'il y ait eu en Allemagne le moindre malentendu à cet égard durant les dernières années de guerre.

*
* *

Il nous fallait à présent achever de régler nos affaires. Notre dernière réunion plénière officielle avec les chefs d'état-major se tint le 23 janvier, lorsqu'ils nous présentèrent leur rapport définitif sur « la conduite de la guerre en 1943 ». Il peut être résumé ainsi :

> « La défaite des sous-marins doit rester la tâche primordiale à laquelle il convient d'affecter les moyens des Nations unies. Les forces soviétiques doivent être soutenues par toutes les livraisons de matériel qu'il sera possible de transporter en Russie.

Sur le théâtre européen, les opérations seront conduites dans le dessein de vaincre l'Allemagne en 1943, avec le maximum de forces que les Nations unies pourront engager contre elle.

L'offensive se développera selon les grandes lignes suivantes :

En Méditerranée.

a) Occupation de la Sicile, visant à :

1) rendre plus sûres les lignes de communications à travers la Méditerranée ;

2) obliger les Allemands à relâcher leur pression sur le front russe ;

3) intensifier la pression sur l'Italie.

b) Création d'un état de fait permettant à la Turquie d'entrer activement en ligne aux côtés des Alliés.

Les opérations se poursuivront dans le Pacifique et en Extrême-Orient, afin d'exercer une pression continue sur le Japon, et de monter contre lui une offensive générale aussitôt après la défaite de l'Allemagne. Ces opérations devront rester confinées dans des limites qui, d'après l'opinion des membres du Comité des chefs d'état-major combinés, n'empêcheront pas les Nations unies de saisir toute occasion favorable de vaincre définitivement l'Allemagne en 1943. »

Finalement, dans la matinée du 24, nous nous rendîmes à la conférence de presse au cours de laquelle on fit asseoir de Gaulle et Giraud dans des fauteuils placés de part et d'autre de celui du président et du mien ; après quoi nous les obligeâmes à se serrer la main en public, devant tous les journalistes et les photographes. Ils s'exécutèrent, et l'on ne peut regarder sans rire les images fixant l'événement, même en les replaçant dans le cadre de cette époque tragique. La présence du président à Casablanca, tout comme la mienne, avait été tenue parfaitement secrète ; les journalistes n'en crurent pas leurs yeux en nous voyant là tous les deux, ni leurs oreilles en apprenant que nous y étions depuis près de quinze jours.

Après le mariage forcé (« au canon du fusil », comme on dit aux États-Unis) qui nous avait donné tant de mal, le président prononça son allocution devant les journalistes, et je l'appuyai.

*
* *

Le président s'apprêtait à repartir, mais je lui dis : « Après avoir parcouru tout ce chemin pour venir en Afrique du Nord, vous ne pouvez repartir sans avoir vu Marrakech. Allons y passer deux jours. Je veux être à vos côtés quand vous verrez le soleil se coucher sur les neiges de l'Atlas. » Je m'employai également à convaincre Harry Hopkins. Il se trouva qu'il existait à Marrakech une villa tout à fait charmante dont je n'avais jamais entendu parler, et qu'une dame américaine, Mrs Taylor, avait prêtée au vice-consul des États-Unis, M. Kenneth Pendar. Cette villa pouvait nous recevoir, le président et moi, et il y avait assez de place aux environs pour toute notre suite ; il fut donc décidé que nous irions tous à Marrakech. Roosevelt et moi parcourûmes dans la même voiture les 230 kilomètres de désert – qui me parut déjà commencer à reverdir – et atteignîmes la fameuse oasis. J'avais dit de Marrakech que c'était le « Paris du Sahara », où toutes les caravanes de l'Afrique centrale convergeaient depuis des siècles, payant en cours de route de lourds péages aux tribus montagnardes, se faisant estamper dans les souks de la ville, mais jouissant en revanche, ce qu'elles appréciaient au plus haut point, de sa vie joyeuse, de ses diseuses de bonne aventure, de ses charmeurs de serpents, de son abondance de vivres et de boissons, et surtout du réseau le plus vaste et le plus élaboré de maisons closes du continent africain – autant d'institutions vénérables et réputées.

Il avait été convenu entre nous que je me chargerais du déjeuner. Le président et moi fîmes ensemble tout le trajet, qui dura cinq heures ; durant ce temps, nous parlâmes beaucoup de nos affaires, non sans effleurer également des sujets moins austères. Plusieurs milliers de soldats américains étaient postés tout le long de la route pour nous protéger, et nous étions constamment survolés par des avions. Nous arrivâmes dans la soirée à la villa, où nous fûmes reçus par M. Pendar avec la plus grande hospitalité. Je conduisis le président jusqu'au sommet de la tour de la villa ; on l'y transporta dans un fauteuil, et il admira un merveilleux coucher de soleil sur les neiges de l'Atlas. Le dîner fut très gai ; nous étions quinze ou seize, et nous chantâmes tous des chansons. J'y contribuai moi-même, et le président se joignit aux chœurs pour les refrains. À un certain moment, il était sur le point d'essayer un solo, mais quelqu'un l'interrompit, et je n'eus jamais le plaisir de l'entendre.

Mon illustre compagnon devait partir le 25 janvier juste après l'aube, pour le long voyage qui allait le ramener à Washington par Lagos, Dakar, et le Brésil. Nous avions pris congé la veille, mais il revint me dire au revoir le matin avant de gagner son avion. J'étais couché, mais il était hors de question que je le laisse se rendre seul à l'aérodrome ; je sautai donc du lit, endossai mon « bleu de travail », enfilai mes pantoufles, et dans cette tenue fort peu protocolaire, je l'accompagnai en voiture jusqu'au terrain d'aviation. Je montai à bord de l'avion et m'assurai qu'il était bien installé, tout en admirant beaucoup le courage dont il faisait preuve en dépit de ses infirmités, et en m'inquiétant vivement des dangers auxquels il allait être exposé. Ces voyages en avion devaient être considérés comme parfaitement normaux pendant la guerre ; pourtant, je les ai toujours considérés comme de dangereuses excursions. Mais tout alla bien. Je revins alors à la villa Taylor, où je passai encore deux jours à correspondre avec le Cabinet de guerre au sujet de mes déplacements futurs, et aussi à peindre du haut de la tour le seul tableau auquel je me sois essayé de toute la guerre.

Chapitre XXVII

LA TURQUIE, STALINGRAD ET TUNIS

L'occupation de l'Afrique du Nord par les Alliés avait transformé la situation stratégique en Méditerranée, et l'acquisition d'une base solide sur ses rives méridionales permettait de lancer une offensive contre l'ennemi. Depuis longtemps, le président et moi-même désirions ouvrir une nouvelle route vers la Russie et frapper l'Allemagne sur son flanc sud. La Turquie constituait le pivot de tous ces projets. Notre but depuis bien des mois avait été de la faire entrer en guerre à nos côtés ; cela devenait désormais plus urgent, et nous avions un nouvel espoir d'y parvenir.

Staline était entièrement d'accord avec M. Roosevelt comme avec moi-même, et je souhaitais à présent conclure l'affaire au moyen d'un tête à tête avec le président Inönü en terre turque. J'avais également beaucoup à faire au Caire, et j'espérais rendre visite à la 8ᵉ armée à Tripoli sur le chemin du retour, si ce port avait été pris dans l'intervalle. Je comptais également m'arrêter à Alger ; il y avait bien des choses que je pouvais régler sur place, et d'autres qu'il me fallait voir de mes propres yeux. Le 20 janvier, je télégraphiai donc de Casablanca au vice-Premier ministre et au ministre des Affaires étrangères que je me proposais de quitter Marrakech pour Le Caire et d'y rester deux ou trois jours, puis d'entrer directement en contact avec les Turcs.

Le Cabinet de guerre, estimant prématurée une démarche auprès des Turcs, me pressa de rentrer directement à Londres, afin de faire au Parlement un compte rendu de ma rencontre avec le président. Mais après quelques échanges de télégrammes, le Cabinet de guerre approuva mes projets. Dans l'après-midi du 26 janvier, nous décollâmes donc à bord du « Commando », et après avoir pris un excellent dîner préparé à la villa Taylor sur instruction de M. Pendar, je dormis profondément, après quoi je regagnai le siège du copilote et m'installai à côté du capitaine Vanderkloot. C'est ainsi que nous vîmes tous deux pour la seconde fois les feux du soleil levant étinceler sur les eaux du Nil. Cette fois, il fut inutile de faire un aussi long détour par le sud, car la victoire d'El-Alamein avait refoulé nos ennemis jusqu'à 2 500 kilomètres plus à l'ouest. Nous nous posâmes sur un aérodrome situé à 15 kilomètres des Pyramides ; l'ambassadeur lord Killearn et les chefs militaires du Caire nous y attendaient. Nous nous rendîmes ensuite à l'ambassade, où je fus rejoint par sir Alexander Cadogan, sous-secrétaire d'État permanent aux Affaires étrangères, que le Cabinet avait envoyé d'Angleterre à ma demande. C'est avec satisfaction et soulagement que nous pûmes comparer la situation à celle que nous avions trouvée en août 1942.

Je reçus alors des messages m'annonçant que le président turc, Ismet Inönü, accueillait avec enthousiasme la proposition de rencontre ; toutes dispositions furent donc prises pour qu'elle eût lieu le 30 janvier à Adana, sur la côte voisine de la frontière turco-syrienne. Le « Commando » m'emmena au rendez-vous avec les Turcs. Quatre heures suffisent pour traverser la Méditerranée, et l'on reste presque toujours en vue de la Palestine et de la Syrie ; un second avion amenait Cadogan, les généraux Brooke, Alexander, Wilson et quelques autres officiers. Nous nous posâmes avec quelque difficulté sur le petit aérodrome turc. Les salutations et cérémonies de l'arrivée étaient à peine terminées qu'un interminable train aux wagons laqués descendit lentement, tel une chenille, des défilés de la montagne ; il amenait le président, le gouvernement au grand complet et le maréchal Tchakmak[1]. Tous nous

---

1. Chef d'état-major de l'armée turque.

accueillirent avec beaucoup de chaleur et de cordialité. Faute d'autre possibilité d'hébergement dans le voisinage, plusieurs wagons-salons avaient été ajoutés au train pour nous loger ; nous y passâmes quarante-huit heures, ayant chaque jour de longs entretiens avec les Turcs et de très agréables conversations avec le président Inönü aux heures des repas.

La discussion porta essentiellement sur deux points : la structure du monde d'après guerre et les dispositions relatives à une organisation internationale, d'une part, et les relations futures entre la Turquie et la Russie, d'autre part. Je ne donnerai que quelques exemples, tirés du procès-verbal, des propos que je tins aux dirigeants turcs. Je leur dis qu'après m'être entretenu avec Molotov et Staline, j'en avais retiré l'impression qu'ils désiraient tous deux une association pacifique et amicale avec le Royaume-Uni et les États-Unis ; les deux puissances occidentales avaient beaucoup à donner à la Russie dans le domaine économique, et elles pouvaient l'aider à se reconstruire. Je ne pouvais prévoir ce qui se passerait au cours des vingt années à venir, mais nous n'en avions pas moins conclu un traité valable pour vingt ans. Je pensais que la Russie se consacrerait aux problèmes de son relèvement durant les dix prochaines années. Il y aurait probablement des changements : le communisme avait déjà évolué. J'estimais que nous devions vivre en bonne intelligence avec la Russie, et que la Grande-Bretagne et les États-Unis, agissant de concert et conservant une puissante aviation, seraient capables d'assurer une période de stabilité. La Russie pourrait même y gagner ; elle avait encore de vastes territoires non exploités, en Sibérie par exemple.

Le Premier ministre turc releva mes paroles selon lesquelles la Russie pouvait devenir impérialiste ; il en déduisait que la Turquie devait se montrer extrêmement prudente. Je lui répondis qu'il y aurait, pour assurer la paix et la sécurité, une organisation mondiale bien plus forte que la Société des Nations ; j'ajoutai que le communisme ne me faisait pas peur. Le Premier ministre fit observer qu'il pensait à quelque chose de plus tangible; l'Europe entière était pleine de Slaves et de communistes; en cas de défaite allemande, tous les pays vaincus se bolcheviseraient ou se slaviseraient. Je répliquai que les choses ne tournaient pas toujours aussi mal qu'on le prévoyait, mais que s'il devait en être ainsi, mieux valait que la Turquie restât forte et associée étroitement aux États-Unis comme à la Grande-Bretagne. Si la Russie l'attaquait sans raison, toute l'organisation internationale dont j'avais parlé s'emploierait en faveur de la Turquie, et les garanties seraient beaucoup plus solides après la présente guerre, non seulement pour ce pays, mais pour toute l'Europe. Je ne serais pas l'ami de la Russie au cas où elle imiterait l'Allemagne; dans une telle éventualité, nous rassemblerions contre elle la plus forte coalition possible, et je n'hésiterais pas à le dire à Staline.

Tandis que se déroulaient ces discussions de politique générale, le chef de l'état-major impérial et nos autres officiers supérieurs conféraient sur les questions militaires. Les deux questions principales à examiner concernaient la fourniture d'équipement à l'armée turque avant et après toute initiative politique que pourrait prendre la Turquie, et la préparation des plans pour renforcer cette armée avec des unités britanniques dans l'éventualité de son entrée en guerre. Ces entretiens débouchèrent sur un accord militaire.

Mes entretiens avec les Turcs avaient pour but d'ouvrir la voie à leur entrée en guerre à l'automne de 1943. Si cela ne se produisit pas après l'effondrement de l'Italie et les nouvelles avancées russes au nord de la mer Noire, ce fut à cause des malheureux événements qui se déroulèrent en mer Égée plus tard dans l'année[1], et qui seront relatés en bonne place.

---

1. Ce fut surtout parce que le gouvernement turc n'avait pas la moindre intention de se laisser entraîner dans la guerre, ce qui avait

*

* *

Je m'envolai ensuite d'Adana pour Le Caire, faisant escale en chemin à Chypre, puis à Tripoli, qui avait été pris ponctuellement par la 8ᵉ armée le 23 janvier. Le port avait subi de gros dégâts, son entrée étant complètement bloquée par des navires coulés et ses accès abondamment parsemés de mines. Mais tout cela avait été prévu, et le premier navire de ravitaillement entra dans le port dès le 2 février ; une semaine plus tard, on y faisait transiter 2 000 tonnes par jour. Il restait certes à la 8ᵉ armée de bien grandes distances à couvrir, mais son ravitaillement tout le long des 2 400 kilomètres parcourus depuis El-Alamein, couronné par la rapide réouverture de Tripoli, fut un magnifique exploit d'organisation dont le mérite revient au général Lindsell au Caire et au général Robertson, de la 8ᵉ armée. Celle-ci fut rejointe à la fin du mois par le général Leclerc, qui amenait une troupe mixte d'environ 2 500 Français libres depuis l'Afrique-Équatoriale française, en traversant 2 400 kilomètres de désert. Leclerc se plaça sans réserves sous le commandement de Montgomery ; ses soldats et lui allaient

---

quelque peu échappé à Churchill dès cette époque. En fait, après les compliments d'usage, il leur avait lu un long document « contenant une proposition de mariage platonique », mais les Turcs ne comprenant pas l'anglais et Churchill n'étant pas satisfait de l'interprète, il avait entrepris de traduire lui-même le document dans un mélange de français d'écolier et d'anglais francisé – suscitant ainsi une franche hilarité chez ses accompagnateurs britanniques et une perplexité certaine chez ses interlocuteurs turcs. Le fait que ceux-ci aient été tous trois passablement durs d'oreille n'avait pas non plus facilité les choses, d'autant que leur surdité semblait s'accentuer à chaque fois qu'il était question d'une entrée en guerre de la Turquie... Churchill avait quitté Adana persuadé d'avoir produit une forte impression sur ses interlocuteurs et de les avoir persuadés de l'opportunité de se joindre aux Alliés dans les meilleurs délais. Seule la première conviction était fondée.

jouer un rôle important dans le déroulement de la campagne de Tunisie.

La 8e armée franchit la frontière tunisienne le 4 février, achevant ainsi la conquête de l'empire italien par la Grande-Bretagne. Conformément à la décision prise à la conférence de Casablanca, cette armée passa dès lors sous l'autorité du général Eisenhower, auquel était adjoint le général Alexander en tant que commandant des opérations terrestres.

Le lecteur se souviendra sans doute de la directive que j'avais donnée au général Alexander en quittant Le Caire six mois plus tôt. Il m'adressa alors la réponse suivante :

> « Sir,
> Les ordres que vous m'avez donnés le 10 août 1942 ont été exécutés. Les ennemis de Sa Majesté, avec armes et bagages, ont été complètement éliminés d'Égypte, de Cyrénaïque, de Libye et de Tripolitaine. J'attends maintenant de nouvelles instructions[1]. »

Après ces deux journées longues et exaltantes, je quittai Tripoli avec ma suite pour Alger, où je devais rendre visite à Eisenhower et à tous les autres. L'atmosphère était très tendue à Alger, où l'assassinat de Darlan imposait toujours d'entourer toutes les personnalités de premier plan de nombreuses mesures de sûreté. Le Cabinet continuait à manifester de l'inquiétude pour ma propre sécurité, et désirait manifestement me voir rentrer à Londres le plus tôt possible. C'était pour le moins une flatteuse attention. Nous partîmes finalement dans la nuit du 7 février 1943, pour voler directement et sans incident jusqu'en Angleterre. Ce fut mon dernier voyage à bord du « Commando », qui fut perdu corps et biens par la suite, mais avec un pilote et un équipage différents.

*
* *

---

1. En reposant ce télégramme, Churchill aurait dit à son chef d'état-major : « Bon, il va falloir que nous trouvions autre chose ! »

Dès mon retour, je commençai par faire à la Chambre des communes un compte rendu complet de la conférence de Casablanca, de ma tournée en Méditerranée et de la situation générale. Mon discours du 11 février dura plus de deux heures, mais j'étais plus fatigué par mes voyages que je ne l'avais cru, et je dus attraper un refroidissement ; quelques jours plus tard, un rhume et un mal de gorge m'obligèrent à garder le lit. Dans la soirée du 16 février, alors que je me trouvais seul avec Madame Churchill, ma température monta brusquement. Lord Moran, qui suivait l'évolution de mon état, n'hésita pas à m'annoncer que j'avais une inflammation à la base d'un poumon ; ce diagnostic l'amena à me prescrire un remède baptisé « M. and B.[1] ». Des radios très complètes prises le lendemain confirmèrent le diagnostic, et le docteur Geoffrey Marshall, du Guy's Hospital, fut appelé en consultation. Jusque-là, on avait continué à m'envoyer heure par heure tous mes dossiers à l'Annexe, et bien que je fusse loin d'être en forme, j'avais travaillé à mon rythme habituel. Mais voilà qu'à présent, je remarquai une diminution notable du nombre de documents qui me parvenaient. Lorsque je protestai, les médecins, appuyés par ma femme, répondirent que je devrais cesser tout travail. Je ne pouvais y consentir. Qu'aurais-je fait toute la journée ? Ils m'annoncèrent alors que j'avais une pneumonie, ce à quoi je ripostai : « Voyons ! Vous pouvez certainement traiter cela ! N'avez-vous pas confiance en votre nouveau remède ? » Le docteur Marshall dit qu'il appelait la pneumonie « l'amie du vieil homme », et comme je lui demandais pourquoi, il me répondit : « Parce qu'elle l'emporte très doucement. » Je réagis de façon appropriée, mais nous

---

1. Le « May and Baker » était du sulfamide, un antibiotique à large spectre mis au point six ans plus tôt par le laboratoire britannique éponyme. Churchill lui devra la vie à plusieurs reprises au cours des années suivantes.

finîmes par conclure un accord sur les bases suivantes : on ne m'enverrait que les documents les plus importants et les plus intéressants, et moi, je lirais un roman. Je choisis *Moll Flanders*, dont j'avais entendu dire le plus grand bien, mais que je n'avais pas trouvé le temps de lire jusqu'alors. C'est ainsi que je passai la semaine suivante, fiévreux, mal à l'aise et me sentant parfois bien malade ; l'afflux de documents s'interrompit entre le 19 et le 25 février. Bientôt, le président Roosevelt, le général Smuts et d'autres amis, apprenant que j'étais souffrant, m'envoyèrent des télégrammes répétés pour m'inciter à suivre les prescriptions des médecins, et je respectai scrupuleusement l'accord que j'avais conclu. Quand j'eus fini *Moll Flanders*, je le donnai au docteur Marshall pour lui remonter le moral ; ce traitement lui fut salutaire.

*
* *

C'est à cette époque que Staline m'envoya un film sur la victoire de Stalingrad, représentant parfaitement les combats désespérés qui s'y étaient déroulés. Le moment est donc bien choisi pour narrer ici, quoique trop rapidement, l'histoire de la lutte épique et décisive menée par les armées russes.

L'offensive allemande en direction du Caucase avait connu son apogée et sa débâcle entre l'été et l'automne de 1942. Au début, tout s'était déroulé conformément au plan, mais pas aussi rapidement qu'on ne l'espérait. Le groupe d'armées Sud, ayant chassé les Russes de la boucle du Don inférieur, avait ensuite été divisé en groupe d'armées A, commandé par List, et en groupe d'armées B, aux ordres de Bock. La directive d'Hitler en date du 23 juillet leur assignait leurs tâches respectives : le groupe d'armées A devait s'emparer de toute la côte orientale de la mer Noire, avec tous les champs de pétrole limitrophes. Le groupe d'armées B, ayant établi un flanc défensif sur les rives du Don, devait avancer sur Stalingrad, y « écraser

Le front russe, avril 1942-mars 1943

les forces ennemies en cours de concentration et occuper la ville ». Sur le front de Moscou, les troupes se borneraient à contenir l'ennemi, et dans le Nord, Leningrad devait être pris au début de septembre.

La première armée blindée du général von Kleist, comprenant 15 divisions, constituait le fer de lance de la ruée vers le Caucase. Après avoir franchi le Don, elle put progresser très vite sans rencontrer d'opposition notable, et atteignit Maïkop le 9 août pour y trouver les installations pétrolières entièrement détruites. Une autre colonne s'empara de Mozdok le 25 août, mais fut arrêtée sur le Térek et ne put atteindre les champs pétroliers de Groznyi ; ceux de Bakou, les plus vastes de tous, étaient encore distants de 450 kilomètres, et l'ordre donné par Hitler de saisir toute la côte de la mer Noire ne put être exécuté. Partout, les Russes tinrent bon, avec le renfort de troupes fraîches dépêchées par chemin de fer le long des côtes occidentales de la Caspienne. Kleist, affaibli par les diversions destinées à soutenir les opérations contre Stalingrad, s'acharna jusqu'en novembre devant les contreforts du Caucase. Lorsque vint l'hiver, il était à bout de ressources.

Sur le front du groupe d'armées B, ce fut pire qu'un échec. Hitler était obnubilé par Stalingrad, dont le nom même sonnait comme un défi. La ville avait une grande importance en tant que centre industriel et place forte sur le flanc défensif qui protégeait sa poussée principale en direction du Caucase ; aussi devint-elle un aimant qui attira l'effort suprême de l'armée et de l'aviation allemandes. La résistance se raffermit de jour en jour. Ce fut seulement le 15 septembre, après de durs combats entre le Don et la Volga, que les abords de Stalingrad furent atteints. Les attaques en bélier du mois suivant permirent une certaine progression, au prix d'un terrible massacre ; mais rien ne put abattre les Russes, qui luttaient et se sacrifiaient avec acharnement au milieu des ruines de leur ville.

Les généraux allemands, depuis longtemps inquiets, avaient à présent de bonnes raisons d'être angoissés. Après trois mois de combats, les principaux objectifs de la campagne, le Caucase, Stalingrad et Leningrad, étaient toujours aux mains des Russes ; les pertes avaient été très lourdes et les remplacements insuffisants ; Hitler, au lieu d'envoyer des troupes fraîches pour combler les vides, les constituait en divisions nouvelles, dépourvues d'entraînement. De l'avis des militaires, il était grand temps de s'arrêter, mais le « mangeur de tapis » ne voulait rien entendre[1]. À la fin de septembre, Halder, le chef d'état-major d'Hitler, tint enfin tête à son maître et fut limogé ; c'est à coups de fléau qu'Hitler poussait ses armées en avant.

À la mi-octobre, la situation des Allemands s'était très sensiblement aggravée. Le front du groupe d'armées B s'étirait sur 1 100 kilomètres ; la 6ᵉ armée, commandée par le général Paulus, s'était épuisée dans ses efforts contre Stalingrad, et ses flancs n'étaient plus protégés que par des troupes alliées de qualité douteuse. L'hiver approchait, et avec lui la contre-offensive que les Russes ne manqueraient pas de lancer ; si le front du Don ne tenait pas, la sécurité des armées du Caucase serait compromise. Mais Hitler ne pouvait accepter l'idée du moindre repli. Le 19 novembre, les Russes déclenchèrent la manœuvre d'encerclement préparée de longue date, au prix d'efforts héroïques ; ils attaquèrent à la fois au nord et au sud de Stalingrad, sur les flancs allemands faiblement défendus. La tenaille soviétique se referma quatre jours plus tard, et la 6ᵉ armée allemande se trouva prise au piège entre le Don et la Volga. Paulus comptait effectuer une percée, mais Hitler lui ordonna de se maintenir sur place ; à mesure que les jours passèrent, son armée se trouva comprimée dans un espace de plus en plus réduit. Le 12 décembre, par un temps affreux, les Allemands

---

1. « *Der Teppichfresser* », surnom donné à Hitler par certains de ses généraux, une légende tenace voulant que lors de ses accès de rage, le Führer se roule par terre en mordant les tapis.

firent un effort désespéré pour rompre l'encerclement soviétique et secourir leurs camarades assiégés; ils échouèrent. Paulus et son armée parvinrent à tenir encore sept effroyables semaines, mais leur sort était scellé.

D'immenses efforts furent accomplis pour le ravitailler par voie aérienne, au prix de lourdes pertes en avions; le froid était intense, les vivres et les munitions rares, et une épidémie de typhus vint ajouter aux souffrances de ses hommes. Le 8 janvier, il rejeta un ultimatum qui le sommait de se rendre, et le lendemain s'ouvrit la dernière phase, avec de violentes attaques russes menées depuis l'ouest; les Allemands luttant avec acharnement, la progression ne fut que de huit kilomètres en cinq jours. Mais la résistance finit par céder, et le 17 janvier, les Russes n'étaient plus qu'à 16 kilomètres de la ville elle-même. Paulus lança dans la bataille tous les hommes encore valides, mais ce fut en vain; le 22 janvier, les Russes reprirent leur progression, jusqu'à ce que les Allemands fussent rejetés dans les faubourgs de la ville dont ils n'avaient pu s'emparer. C'est là que les débris de ce qui avait été une grande armée se trouvèrent bloqués dans une poche oblongue de six kilomètres sur huit; sous un feu d'artillerie et un bombardement aérien intenses, les survivants menèrent encore de violents combats de rue, mais leur situation était désespérée, et à mesure que les Russes avançaient, des unités entières commencèrent à se rendre. Paulus et son état-major furent capturés, et le 2 février, le maréchal Voronov put annoncer la fin de toute résistance, ainsi que la capture de 90 000 hommes; c'étaient là les seuls survivants de 21 divisions allemandes et d'une division roumaine. Ainsi s'acheva le prodigieux effort d'Hitler pour conquérir la Russie par la force des armes, et détruire le communisme au moyen d'une tyrannie totalitaire tout aussi odieuse.

Le printemps de 1943 marqua le tournant de la guerre sur le front de l'Est. Avant même la fin de la bataille de Stalingrad, la marée montante des armées russes avait fait reculer l'ennemi sur toute la longueur du front. L'armée allemande du Caucase opéra une habile retraite, mais les Russes refoulèrent leurs adversaires depuis le Don jusqu'au-delà du Donets, d'où était partie l'offensive d'Hitler de l'été précédent. Plus au nord, les Allemands perdirent encore du terrain, pour se retrouver à plus de 400 kilomètres de Moscou. Le siège de Leningrad fut rompu. Les Allemands et leurs satellites subirent d'énormes pertes en hommes et en matériel ; tout le terrain conquis l'année précédente, ils l'avaient reperdu. Sur terre, ils n'avaient plus la supériorité sur les Russes ; dans les airs, il leur fallait compter désormais avec la puissance toujours croissante des aviations britannique et américaine, opérant à partir de la Grande-Bretagne et de l'Afrique.

*
* *

Pourtant, la victoire n'avait pas rendu Staline plus affable. S'il avait pu venir à Casablanca, les trois alliés auraient été en mesure d'élaborer en tête à tête un plan d'action commun ; mais cela ne se fit pas, et les discussions durent se poursuivre par télégrammes. Nous l'avions informé de nos décisions militaires, et dès mon retour à Londres, en accord avec le président, je lui avais envoyé des précisions supplémentaires au sujet de nos plans, qui consistaient à libérer la Tunisie en avril, capturer la Sicile et hâter au maximum nos préparatifs en vue de traverser la Manche en août ou en septembre.

> « Il est évident, répondit-il promptement, que contrairement à vos prévisions antérieures, vous prévoyez que les opérations de Tunisie se termineront en avril plutôt qu'en février. Je n'ai pas besoin de vous dire tout ce qu'un tel retard a de décevant […]. Il ressort également de votre message que la création du second front, notamment en France, n'est envisagée que pour août-septembre. Il me semble que la situation actuelle exige toute la célérité possible dans l'exécution de l'opération envisagée, c'est-à-dire l'ouverture d'un

second front à l'Ouest à une date beaucoup plus rapprochée que celle qui est envisagée. Afin de ne laisser aucun répit à l'ennemi, il est extrêmement important de frapper à l'ouest au printemps ou au début de l'été, sans attendre la seconde moitié de l'année. »

Et un mois plus tard, le 15 mars :

« Tout en comprenant parfaitement l'importance de la Sicile, je dois signaler qu'elle ne saurait remplacer le second front en France [...]. Je crois de mon devoir de vous avertir de la façon la plus pressante du danger que représenterait, du point de vue de notre cause commune, un nouveau retard dans l'ouverture du second front en France. C'est pourquoi le caractère imprécis de vos déclarations concernant l'offensive anglo-américaine trans-Manche éveille en moi de graves inquiétudes, que je ne crois pas pouvoir taire. »

Il était évident que l'aide la plus efficace que nous puissions apporter aux Russes consistait à chasser les forces de l'Axe d'Afrique du Nord dans les meilleurs délais et à intensifier la guerre aérienne contre l'Allemagne, mais bien que la rapidité de notre avance depuis l'est de la Libye ait dépassé toute attente, la situation des Alliés était restée périlleuse depuis quelque temps. Il est vrai que Malte avait été réapprovisionnée et réarmée, de sorte qu'elle avait repris toute son activité ; depuis leurs nouvelles bases en Algérie et en Cyrénaïque, nos forces aériennes et navales pouvaient opérer sur de longues distances, pour protéger les convois alliés et prélever un lourd tribut sur les approvisionnements et les renforts allemands. Non contents de bloquer Tunis, où l'aviation allemande restait puissante, nous pouvions à présent atteindre des ports de la péninsule italienne : Palerme, Naples et La Spezia subirent tour à tour le poids des bombardements à mesure que nos forces montaient en puissance, tandis que les bombardiers de la RAF venus de métropole prenaient le relais pour attaquer le nord de l'Italie. La flotte italienne ne tenta pas de s'interposer, en raison de la présence des forces navales britanniques, mais aussi d'une grave pénurie de mazout. Certains jours, il ne restait pas même une tonne de carburant en Sicile pour tous les vaisseaux qui escortaient les convois d'approvisionnement à destination de Tunis.

Mais rien de tout cela ne pouvait masquer le fait qu'ayant échoué à conquérir la Tunisie en décembre, nous avions perdu notre impulsion initiale. Hitler, refusant de reconnaître qu'il ne pouvait même pas assurer la sécurité du bref trajet de Sicile en Tunisie par air ou par mer, ordonna la mise sur pied d'une armée nouvelle pour contrer les attaques alliées imminentes en provenance de l'est comme de l'ouest. Rommel, nommé à la tête de toutes les troupes de l'Axe, concentra deux divisions blindées allemandes à l'est de Faid pour repousser le corps d'armée US qui leur faisait face et l'empêcher de déboucher sur son flanc et ses arrières, alors qu'il subissait la forte pression de la 8e armée. L'attaque débuta le 14 février. Les Américains s'attendaient à voir porter le poids principal de l'attaque sur Fondouk plutôt que sur Faid ; la 1re division blindée US, aux ordres du général Anderson, se trouvait donc très dispersée. Le 17 février, Kasserine, Feriana et Sbeitla tombèrent aux mains des Allemands, après quoi Rommel se porta vers le nord ; un combat acharné s'ensuivit, mais vers midi le 22 février, Rommel ordonna une retraite générale en bon ordre, ce qui nous permit de rétablir notre ligne de défense sur ses positions d'origine. Mais nous n'étions pas venus à bout de Rommel pour autant ; quatre jours plus tard, il entama une série de puissantes attaques contre le front du 5e corps britannique. Au sud de Medjez, l'ennemi fut repoussé sans avoir pu progresser de façon significative ; au nord, il avança de plusieurs kilomètres, en laissant la ville elle-même dangereusement exposée ; près de la côte, nos troupes durent reculer de 30 kilomètres, mais ensuite, elles s'accrochèrent à leurs positions.

*

* *

Le général Alexander prit le commandement de l'ensemble du front dans la dernière semaine de février. Au même moment, conformément aux accords de Casablanca, le maréchal de l'Air Tedder prit la direction des forces aériennes alliées. La bataille de Tunisie atteignait alors son point culminant. Le 6 mars, Rommel lança quatre attaques majeures pour contrer l'avancée de la 8e armée, en utilisant ses trois divisions de Panzers ; elles furent toutes repoussées avec de lourdes pertes. Ce fut probablement l'échec le plus cuisant que Rommel eut à subir au cours de ses exploits en Afrique. De plus, ce devait être sa dernière opération sur ce continent ; peu de temps après, il fut rapatrié en Allemagne pour raisons de santé, et remplacé par von Arnim.

La 8e armée avança ensuite pour se porter au contact de la ligne Mareth, principale position ennemie. C'était un ouvrage défensif très structuré, long de 30 kilomètres, que les Français avaient construit avant la guerre pour empêcher les Italiens d'entrer en Tunisie. Et voilà que les Italiens l'occupaient pour arrêter les Britanniques ! Il fallut quinze jours de préparatifs pour monter un assaut résolu contre des défenses aussi solidement tenues ; l'attaque débuta au cours de la troisième semaine de mars, les flancs de l'ennemi furent tournés, et le 7 avril, après des combats aussi complexes qu'acharnés, une patrouille de la 4e division indienne en rencontra une autre du 2e corps US ; le salut américain, *Hello, Limey**, sans être compris, n'en fut pas moins accueilli avec la plus grande cordialité. Les deux armées, dont les positions de départ avaient été éloignées de

---

* Un surnom donné dans l'US Navy aux marins britanniques, qui trouvait son origine dans la consommation à bord des anciens vaisseaux anglais de jus de limette, un remède contre le scorbut.

3 000 kilomètres, venaient enfin de faire leur jonction. Le 18 avril, un grand convoi aérien ennemi d'une centaine d'avions fut attaqué au large du cap Bon par nos Spitfires et des Warhawks américains ; il se débanda et plus de cinquante appareils furent abattus. Le lendemain, les Kittyhawks sud-africains en détruisirent quinze sur dix-huit ; enfin, le 22 avril, trente autres, dont beaucoup étaient chargés d'essence, s'abîmèrent en flammes dans la mer. Cela mit pratiquement fin aux efforts obstinés d'Hitler, que l'Allemagne n'avait guère les moyens de soutenir. Aucun avion de transport n'osa plus voler de jour, et pourtant, ils avaient accompli des prouesses : en quatre mois, de décembre à mars, ils avaient acheminé vers l'Afrique plus de 40 000 hommes et plus de 14 000 tonnes de matériel en Afrique.

Le 6 mai, Alexander lança l'attaque décisive ; les forces aériennes alliées, dans un suprême effort, firent 2 500 sorties dans la journée. L'aviation de l'Axe, qui avait été progressivement laminée, ne put effectuer à ce stade de crise aiguë que 60 sorties pour les contrer. La fin était proche. Le blocus naval et aérien était à présent total ; la circulation maritime ennemie était paralysée et les mouvements aériens avaient cessé. Le 9e corps britannique perça largement le front ennemi ; les deux divisions blindées, dépassant l'infanterie, atteignirent Massicault, à mi-chemin de Tunis. Le lendemain 7 mai, elles poursuivirent leur avance, et la 7e division blindée entra dans Tunis. Après cela, elle fit mouvement vers le nord pour rejoindre les forces américaines. La résistance s'était effondrée simultanément sur le front principal de l'armée US, et sa 9e division d'infanterie parvint à Bizerte. Trois divisions allemandes se trouvaient ainsi prises dans l'étau des troupes alliées, et elles se rendirent le 9 mai.

La 6e division blindée, suivie par la 4e division britannique avec la 1re blindée à sa droite, avança vers l'est, traversa Tunis et poussa au-delà. Elle fut arrêtée par une résistance hâtivement organisée dans un défilé au bord de la mer, à quelques kilomètres à l'est de la ville, mais les blindés passèrent en longeant la plage, et le 10 mai à la tombée de la nuit, ils atteignirent Hammamet, sur la côte orientale ; derrière eux, la 4e division contourna la péninsule du cap Bon sans rencontrer d'opposition. Tout ce qui restait des forces ennemies se trouva pris dans la nasse plus au sud.

Le général Alexander câbla le 11 mai :

> « ... Je compte que toute résistance organisée cessera au cours des prochaines quarante-huit heures, et que les forces de l'Axe seront complètement liquidées dans deux ou trois jours. J'estime que le nombre des prisonniers faits à ce jour dépasse 100 000, mais ce chiffre n'est pas encore confirmé et ils continuent d'arriver. Hier, j'ai vu un cabriolet à cheval rempli d'Allemands qui se rendaient d'eux-mêmes au lieu de rassemblement des prisonniers. Nous n'avons pu nous empêcher de rire en les voyant passer, et ils ont ri aussi. On se serait plutôt cru le jour du Derby... »

L'amiral Cunningham avait pris toutes dispositions en vue de l'effondrement final, et le 7 mai, il ordonna à tous ses navires disponibles de patrouiller dans le détroit, afin d'empêcher l'ennemi de procéder à une évacuation comparable à celle de Dunkerque. Cette opération avait reçu le nom de code fort approprié de « Châtiment ». Le 8 mai, il envoya le signal : « Coulez, brûlez, détruisez. Ne laissez rien passer. » Mais seuls quelques chalands tentèrent de s'échapper, et ils furent presque tous capturés ou envoyés par le fond. Le 12 mai, l'encerclement était complet, et l'ennemi déposa les armes. Le lendemain à 14 h 15, Alexander m'envoya le télégramme suivant :

> « Sir,
> J'ai le devoir de vous annoncer que la campagne de Tunisie est terminée. L'ennemi a cessé toute résistance. Nous sommes maîtres des côtes de l'Afrique du Nord. »

L'ampleur de la victoire de Tunis ne faisait aucun doute ; elle était comparable à celle de Stalingrad. Près de

250 000 hommes furent capturés et un très grand nombre d'autres tués ; un tiers des navires de ravitaillement ennemis avait été coulé, l'Axe était entièrement éliminé d'Afrique, et un continent entier venait d'être libéré. À Londres, pour la première fois depuis le début de la guerre, on éprouva un véritable sentiment de délivrance ; le Parlement fit aux ministres un accueil aussi respectueux qu'enthousiaste, avant d'exprimer dans les termes les plus chaleureux sa gratitude aux chefs militaires. J'avais demandé que l'on sonnât les cloches de toutes les églises, mais je fus au regret de ne pouvoir entendre leur carillon, car une tâche plus importante m'attendait de l'autre côté de l'Atlantique.

Chapitre XXVIII

L'ITALIE EN LIGNE DE MIRE

J'avais de sérieuses raisons de me rendre en hâte à Washington, une fois assurée la victoire en Afrique. Qu'allions-nous faire de cette victoire ? Fallait-il se contenter d'en cueillir les fruits dans le promontoire tunisien, ou bien devions-nous obliger l'Italie à sortir de la guerre et y faire entrer la Turquie à nos côtés ? C'étaient là des questions décisives qui ne pouvaient être résolues que par une conférence en tête à tête avec le président ; les plans d'action sur le théâtre d'opérations indien venaient immédiatement après par ordre d'importance. Je me rendais compte qu'il existait de sérieuses divergences sous-jacentes qui, si elles n'étaient pas aplanies, susciteraient de graves difficultés et des initiatives timorées pendant le reste de l'année. J'étais décidé à avoir un entretien au plus haut niveau possible.

Les médecins ne voulant pas me laisser voler aux altitudes élevées nécessaires à un bombardier, il fut décidé que j'irais par mer. Nous quittâmes donc Londres dans la nuit du 4 mai et embarquâmes à bord du *Queen Mary* dans la Clyde le lendemain. Le paquebot avait été admirablement aménagé pour répondre à tous nos besoins. L'ensemble de la délégation fut logé sur le pont principal, que l'on isola du reste du navire ; des bureaux, des salles de conférence, et bien entendu la salle des cartes étaient prêts à servir immédiatement. À partir du moment où nous mîmes le pied à bord, notre travail se poursuivit sans relâche. La conférence, que j'avais baptisée « Trident », devait durer au moins une quinzaine de jours et passer en revue tous les aspects de la guerre. Cela nécessitait donc une délégation nombreuse. Les « réguliers » étaient en force : les chefs d'état-major avec un imposant effectif d'officiers ; lord Leathers, avec de hauts fonctionnaires du ministère des Transports de guerre ; Ismay, avec les membres de mon bureau de la Défense. Les commandants en chef sur le théâtre indien, le maréchal Wavell, l'amiral Somerville et le maréchal de l'Air Peirse nous accompagnaient aussi ; je les avais convoqués parce que j'étais sûr que nos amis américains désireraient nous voir faire tout ce qui était possible – et même impossible – pour lancer sans délai des opérations à partir de l'Inde. Il fallait donc que la conférence pût entendre de vive voix l'avis des hommes qui auraient à exécuter la tâche choisie, quelle qu'elle fût.

Nous devions nous mettre d'accord sur beaucoup de points avant d'arriver à Washington, et nous nous trouvions tous rassemblés sur le pont. Le Comité interarmes des plans et celui des renseignements siégeaient presque sans interruption ; les chefs d'état-major se réunissaient quotidiennement, et souvent deux fois par jour. Selon mon habitude, je leur faisais part chaque matin de mes vues sous forme de notes et de directives, et j'avais en général un entretien avec eux chaque après-midi ou chaque soir. Ce processus d'exploration, de tri et de débats se poursuivit durant tout le voyage, et c'est ainsi que de graves décisions furent progressivement adoptées.

*
* *

Il nous fallait penser à tous les théâtres d'opérations à la fois. Nous étions entièrement d'accord au sujet des offensives en Europe consécutives à la victoire d'Afrique ; il avait été décidé à Casablanca d'attaquer la Sicile, et à cet égard, les préparatifs étaient déjà fort avancés. Les chefs d'état-major britanniques étaient persuadés qu'un débarquement en Italie devait suivre ou même accompagner l'occupation de la Sicile ; ils proposaient d'établir une tête de pont au bout de la botte italienne, puis d'attaquer le talon, avant de marcher sur Bari et Naples. Une note exposant cette opinion et les raisons qui avaient amené à l'adopter fut rédigée en cours de traversée et remise aux chefs d'état-major américains, pour servir de base aux discussions dès notre arrivée à Washington.

Nous pensions qu'il serait plus difficile de nous entendre avec nos amis américains au sujet de l'autre grande sphère d'action militaire britannique, à savoir les opérations à partir de l'Inde. Bien des plans théoriques avaient été élaborés, mais nous n'avions guère de résultats concrets à mettre en avant. Le président et son entourage s'exagéraient toujours la puissance militaire que pourrait exercer la Chine si elle disposait de suffisamment d'armes et d'équipements ; ils craignaient aussi indûment l'imminence d'un effondrement de la Chine au cas où ces approvisionnements viendraient à lui manquer. Je voyais d'un très mauvais œil la perspective de reconquérir la Birmanie en empruntant les lamentables moyens de communications de l'Assam. Je détestais les jungles – qui reviennent de toute façon à la partie victorieuse –, et pensais plutôt en termes de puissance aérienne, de puissance navale, d'opérations amphibies et de secteurs clés. Pourtant, il était essentiel à l'avancement de toutes nos affaires que nos alliés ne nous soupçonnent pas de traîner des pieds, et qu'ils soient convaincus que nous faisions l'impossible pour les satisfaire. Nous verrons plus loin ce qui se produisit en Birmanie.

Nous arrivâmes le 11 mai en vue de Staten Island. Harry Hopkins était là pour nous accueillir, et nous prîmes immédiatement le train pour Washington. Le président m'attendait sur le quai, et il m'emmena à toute vitesse aux appartements que j'avais déjà occupés à la Maison-Blanche. Le lendemain 12 mai, à 14 h 30, nous

nous réunîmes dans le Bureau ovale pour arrêter le programme de la conférence.

M. Roosevelt me demanda d'ouvrir les débats. Selon le procès-verbal, j'exprimai pour l'essentiel les idées suivantes : « Nous ne devions jamais oublier qu'il y avait 185 divisions allemandes sur le front russe. Nous avions détruit l'armée allemande d'Afrique, mais bientôt nous aurions perdu tout contact avec l'ennemi. Les Russes accomplissaient un effort prodigieux et nous étions leurs obligés. La meilleure façon de soulager le front de l'Est en 1943 serait d'amener l'Italie à se retirer de la guerre par la persuasion ou par la force, ce qui contraindrait les Allemands à détourner des effectifs importants pour rester maîtres des Balkans. [...] Nous disposions en Grande-Bretagne d'une grande armée et de l'aviation de chasse métropolitaine. Nos troupes les meilleures et les plus aguerries se trouvaient en Méditerranée. À eux seuls, les Britanniques avaient treize divisions en Afrique du Nord-Ouest. Si la conquête de la Sicile était achevée à la fin du mois d'août, que feraient ces troupes entre ce moment et celui [en 1944], où l'opération trans-Manche pourrait être montée, soit sept à huit mois plus tard ? Il était impossible de les laisser dans l'inaction, car une aussi longue période d'oisiveté aurait de fâcheuses répercussions sur la Russie, qui supportait un fardeau disproportionné. »

Le président se déclara d'accord sur le fait qu'il était indispensable d'affronter les Allemands pour soulager les Russes ; mais il avait des doutes quant à l'opportunité d'occuper l'Italie, car cela libérerait des forces allemandes qui pourraient être employées ailleurs. Il estimait que la meilleure façon de combattre l'Allemagne serait de lancer l'opération trans-Manche.

Je répondis alors que, dans la mesure où nous nous accordions à présent pour dire que cette opération ne pouvait être lancée avant 1944, il semblait impératif d'employer nos vastes armées pour attaquer l'Italie. Je ne pensais pas qu'il serait nécessaire d'occuper toute la péninsule. Si l'Italie s'effondrait, les Nations unies pourraient se contenter d'occuper les ports et les aérodromes nécessaires à des opérations ultérieures dans les Balkans et l'Europe méridionale. Un gouvernement italien pourrait administrer le pays, sous le contrôle des Alliés. Tous ces graves problèmes devaient maintenant être débattus par nos chefs d'état-major et leurs assistants.

Au début, les divergences semblaient insurmontables et l'on parut s'acheminer vers une rupture. Durant cette période, des indiscrétions commises par des officiers supérieurs américains auprès de sénateurs démocrates et républicains provoquèrent un débat au Sénat. Mais à force de patience et de persévérance, nos difficultés finirent par s'aplanir[1]. Le fait que le président et moi vivions côte à côte en nous voyant à toute heure du jour, que l'on nous savait en parfait accord et que le président avait l'intention de décider lui-même en dernier ressort, s'ajoutant au travail inappréciable accompli par Hopkins, exerça une influence apaisante et dominante sur les conversations d'états-majors. Après un sérieux conflit d'opinions doublé de relations personnelles extrêmement cordiales entre les chefs militaires, on parvint à un accord à peu près total au sujet du débarquement en Sicile.

Mais bien que tant de choses se soient déroulées au mieux, j'étais très préoccupé par le fait que les chefs d'état-major combinés n'aient fait aucune recommandation précise concernant l'invasion de l'Italie après la conquête de la Sicile. Je savais que les chefs d'état-major américains songeaient à la Sardaigne; ils estimaient que cette île devait constituer jusqu'à la fin de 1943 le seul objectif encore fixé aux puissantes forces rassemblées dans

---

1. Tout cela est assez elliptique ; le problème est que les Américains ne veulent d'aucune opération – en Italie ou ailleurs – qui soit susceptible de retarder le déclenchement d'« Overlord ». Or, Churchill ne cesse d'évoquer des projets d'offensive sur divers théâtres, depuis les Balkans jusqu'à la Norvège...

le secteur méditerranéen. Je déplorais une telle perspective, pour des raisons militaires autant que politiques ; les Russes se battaient quotidiennement sur leur front immense, et leur sang coulait à flot. Allions-nous donc laisser dans l'inaction pendant près d'un an plus d'un million et demi de soldats d'élite, disposant d'une fantastique puissance aérienne et navale ?

Le président n'avait pas semblé très disposé à presser ses conseillers de donner un avis plus précis au sujet de l'invasion de l'Italie, mais comme c'était surtout dans ce but que j'avais traversé l'Atlantique, je ne pouvais laisser les choses en rester là. Hopkins me déclara en privé : « Si vous voulez aboutir, il vous faudra rester ici une semaine de plus, et même ainsi, il n'est pas sûr que vous y parveniez. » J'en fus profondément affligé et le 25 mai, je m'adressai directement au président pour lui demander de laisser le général Marshall venir à Alger avec moi. J'expliquai à notre auditoire que je me sentirais gêné pour discuter de ces questions avec le général Eisenhower en l'absence d'un représentant américain au plus haut niveau. Si des décisions étaient prises, on pourrait penser après coup que j'avais abusé de mon influence. Je fus donc fort satisfait d'apprendre que le général Marshall était prêt à m'accompagner, en ayant la certitude qu'un rapport pourrait être envoyé à Washington, puis être soumis à l'examen du Comité des chefs d'état-major combinés.

Le lendemain de bonne heure, mon hydravion s'envola du Potomac avec à son bord le général Marshall, le chef de l'état-major impérial, Ismay et le reste de ma suite. J'eus quelques conversations fort agréables avec le général Marshall au cours de ce long vol, et j'en profitai également pour examiner quelques-uns des dossiers qui s'étaient accumulés. En approchant de Gibraltar, nous scrutâmes le ciel pour découvrir notre escorte ; il n'y en avait pas. Notre attention fut attirée par un avion inconnu qui semblait de prime abord s'intéresser à nous ; comme il ne s'approchait pas, nous en conclûmes qu'il devait être espagnol. Mais tout le monde à bord parut inquiet jusqu'à ce qu'il eût disparu. Lorsque nous amerrîmes vers 17 heures, nous fûmes accueillis par le gouverneur. Comme il était trop tard pour repartir vers Alger le soir même, il nous emmena au Couvent qui lui servait de résidence, les nonnes en ayant été chassées deux siècles plus tôt.

Nous ne quittâmes Gibraltar pour Alger que le lendemain après-midi, ce qui nous donna l'occasion de montrer le Rocher au général Marshall. Durant quelques heures de pérégrinations, nous vîmes la nouvelle distillerie qui assurait le ravitaillement permanent de la forteresse en eau douce, divers canons de gros calibre, quelques hôpitaux et de nombreuses unités de l'armée. Je descendis finalement inspecter l'œuvre de prédilection du gouverneur, un nouveau tunnel creusé profondément dans le roc, qui abritait une batterie de huit pièces à tir rapide commandant l'isthme et l'espace neutre entre les territoires britannique et espagnol. On avait accompli là un travail prodigieux, et il nous semblait en parcourant ce tunnel que, quels que fussent les périls auxquels Gibraltar pût être exposé, il n'avait plus à craindre celui d'une attaque par le continent. La fierté du gouverneur devant cette réussite fut partagée par tous ses visiteurs britanniques. Ce ne fut qu'au moment de prendre congé devant l'hydravion que le général Marshall fit observer avec quelque hésitation : « J'ai admiré votre tunnel, mais nous en avions un semblable à Corregidor. Les Japonais ont bombardé le roc à plusieurs centaines de pieds au-dessus, et en deux ou trois jours, le tunnel était complètement obstrué par un énorme tas d'éboulis. » Je lui fus reconnaissant de son avertissement, mais le gouverneur parut frappé par la foudre ; son sourire s'évanouit comme par enchantement.

Nous partîmes au début de l'après-midi avec une douzaine de Beaufighter décrivant des cercles très au-dessus de nous, et atteignîmes au crépuscule l'aérodrome d'Alger ; les généraux Eisenhower et Bedell Smith, l'amiral

Cunningham, le général Alexander et d'autres amis nous y attendaient. Je me rendis tout droit à la villa de l'amiral Cunningham, qu'il avait mise à ma disposition ; elle était voisine de celle d'Eisenhower.

*
* *

Les huit jours suivants passés à Alger et à Tunis furent pour moi les plus agréables de la guerre. Je télégraphiai à Eden de venir me rejoindre, afin de m'assurer que nos vues concordaient sur la rencontre Giraud-de Gaulle organisée par nous[1], et sur toutes nos autres affaires.

Avant de quitter l'Afrique, j'étais résolu à obtenir la décision d'envahir l'Italie, une fois la Sicile conquise. Le général Brooke et moi fîmes connaître nos points de vue au général Alexander, à l'amiral Andrew Cunningham, au maréchal de l'Air Tedder, et ensuite au général Montgomery. Toutes ces figures de proue des récentes batailles pensaient qu'il fallait agir sur la plus grande échelle possible, et voyaient dans la conquête de l'Italie l'aboutissement de la série de victoires remportées depuis El-Alamein. Mais il fallait obtenir l'accord de nos grands alliés. Le général Eisenhower se montra fort réservé ; il écouta tous nos arguments, et je suis sûr qu'il en approuvait l'objet. Mais Marshall demeura silencieux ou énigmatique presque jusqu'au tout dernier moment.

Les conditions dans lesquelles nous nous rencontrions étaient favorables aux Britanniques. Nous possédions trois fois plus de troupes, quatre fois plus de navires de guerre et presque autant d'avions opérationnels que les Américains ;

---

1. C'est là une paternité nettement usurpée : la rencontre Giraud-de Gaulle et la constitution du CFLN qui en résulte le 3 juin ne doivent absolument rien à une intervention britannique ; le général de Gaulle ne l'aurait d'ailleurs pas toléré. Mais Churchill, qui invitera le 6 juin tous les membres du nouveau Comité, se plaît à s'en considérer comme le parrain...

depuis El-Alamein, sans parler des années précédentes, nous avions perdu en Méditerranée huit fois plus d'hommes et trois fois plus de navires que nos alliés. Mais ce qui nous garantissait que ces faits si importants recevraient la considération bienveillante et attentive des dirigeants américains, c'était qu'en dépit de notre immense supériorité numérique, nous avions continué d'accepter le général Eisenhower comme chef suprême, et de conserver à toute la campagne un caractère purement américain. Les dirigeants américains n'aiment pas s'en voir remontrer en matière de générosité ; aucun peuple ne réagit plus spontanément au fair-play. Si vous le traitez bien, il éprouvera toujours le désir de vous traiter mieux encore. Il me semble néanmoins que les arguments qui permirent de l'emporter étaient suffisamment convaincants par eux-mêmes.

Le 29 mai à 17 heures, nous tînmes notre première réunion dans la villa algéroise du général Eisenhower. Notre hôte présidait, secondé par Marshall et Bedell Smith. J'étais assis en face de lui avec Brooke, Alexander, Cunningham, Tedder, Ismay et quelques autres.

Le général Marshall déclara que les chefs d'état-major américains estimaient que rien ne pouvait être décidé avant que ne soient connus les résultats de l'attaque contre la Sicile et la situation en Russie. La méthode logique serait de concentrer deux forces, disposant chacune de son commandement, en deux endroits différents : l'une s'entraînerait pour une opération contre la Sardaigne et la Corse, l'autre pour une opération contre l'Italie. Lorsque la situation serait suffisamment éclaircie pour permettre d'opérer un choix, on ferait passer les forces aériennes, les navires de débarquement et tout le matériel nécessaire à la force chargée de l'exécution du plan choisi. Eisenhower déclara aussitôt que si l'on s'emparait facilement de la Sicile, il serait tout disposé à passer sans délai en Italie ; le général Alexander acquiesca.

Le chef de l'état-major impérial fit alors un exposé d'ordre général, en soulignant qu'une lutte sévère allait bientôt mettre aux prises les Russes et les Allemands, et qu'il fallait tout tenter pour aider les premiers et contraindre les seconds à disperser leurs forces ; elles étaient déjà étirées à l'extrême et ne pouvaient être réduites ni en Russie ni en France. C'est en Italie qu'elles pouvaient encore l'être le plus facilement. Si nous trouvions le sud de l'Italie très fortement défendu, rien ne nous empêchait d'essayer ailleurs. Si l'Italie était éliminée de la guerre, l'Allemagne serait contrainte de remplacer les 26 divisions italiennes dans les Balkans ; il lui faudrait également envoyer des renforts au col du Brenner, le long de la Riviera, ainsi qu'aux frontières espagnoles et italiennes. Une telle dispersion était exactement ce qu'il nous fallait pour pouvoir traverser la Manche, et nous devions tout faire pour l'accroître.

Eisenhower dit alors que la discussion semblait avoir simplifié son problème ; si l'opération de Sicile réussissait en une semaine, par exemple, il franchirait immédiatement le détroit de Messine pour établir une tête de pont. Je déclarai qu'à mon avis, nous serions maîtres de la Sicile avant le 15 août ; dans ce cas, et si nous n'avions pas fourni un effort trop épuisant, il faudrait immédiatement attaquer le bout de la « botte », à condition que les Allemands n'y aient pas envoyé trop de divisions. Les Balkans représentaient pour l'Allemagne un danger beaucoup plus grave que la perte de l'Italie, car les réactions de la Turquie pouvaient nous être favorables.

Brooke fit alors un exposé de toutes les forces dont nous disposions en Méditerranée : en déduisant les sept divisions qui allaient être renvoyées au Royaume-Uni pour l'opération trans-Manche et les deux qui devaient remplir les obligations contractées par la Grande-Bretagne envers la Turquie, 27 divisions alliées seraient disponibles dans le secteur méditerranéen ; avec de telles forces à notre disposition, il serait vraiment déplorable de rester dans l'inaction entre août ou septembre et le mois de mai suivant.

Bien des choses restaient en suspens, mais je n'en fus pas moins satisfait de ce premier entretien ; le désir qu'avaient tous les chefs de choisir les solutions les plus audacieuses était manifeste, et je sentais que sous la pression des événements, les réserves dues aux impondérables évolueraient dans le sens que je souhaitais.

Nous nous réunîmes à nouveau dans l'après-midi du 31 mai, et M. Eden arriva à temps pour se joindre à nous. J'essayai d'emporter la décision en déclarant que j'appelais de tous mes vœux une invasion de l'Italie du Sud, mais que le cours de la bataille pouvait nous obliger à agir autrement. En tout cas, entre l'Italie méridionale et la Sardaigne, il y avait exactement la différence qui sépare une campagne glorieuse d'une opération purement utilitaire. Le général Marshall n'était nullement hostile à ces idées, mais il jugeait préférable d'attendre avant de prendre une décision ferme que nous ayons lancé notre attaque contre la Sicile. Il estimait nécessaire de connaître quelque peu les réactions allemandes, afin de savoir si nous nous heurterions à une résistance sérieuse en Italie méridionale ; si les Allemands se replieraient jusqu'au Pô et, par exemple, s'ils sauraient organiser et traiter les Italiens avec assez de doigté ; quels genres de préparatifs avaient été faits en Sardaigne, en Corse ou dans les Balkans ; à quels réajustements ils procéderaient sur le front russe. L'Italie pouvait tomber de deux ou trois manières différentes ; bien des choses pouvaient se produire avant le mois de juillet. Le général Eisenhower, le Comité des chefs d'état-major combinés et lui-même connaissaient fort bien mes sentiments au sujet d'une invasion de l'Italie, mais leur unique désir était de choisir, après la Sicile, celui des plans qui donnerait les meilleurs résultats.

Je fis observer que je désirais passionnément voir l'Italie balayée et Rome tomber entre nos mains ; je ne pouvais tolérer qu'une grande armée demeurât dans l'inaction, alors qu'elle pouvait s'employer à éliminer l'Italie de la guerre. Le Parlement et le peuple britanniques s'irriteraient si l'armée n'agissait pas, et j'étais décidé à prendre des mesures presque désespérées pour prévenir une telle calamité.

*
* *

Il se produisit alors un incident qu'il me faut relater, car il touche à des questions qui ont suscité des malentendus et des controverses après la guerre. Sur ma demande, M. Eden exposa la situation de la Turquie et déclara qu'en éliminant l'Italie, on ferait un grand pas vers l'entrée en guerre des Turcs. Ceux-ci deviendraient beaucoup plus conciliants « quand nos troupes auraient atteint la région des Balkans ». Eden et moi étions en parfait accord sur la stratégie de la guerre, mais je craignais que cette tournure de phrase n'induisît en erreur nos amis américains. On lit donc dans le procès-verbal : « Le Premier ministre est intervenu pour souligner énergiquement qu'il ne préconisait pas l'envoi d'une armée dans les Balkans, que ce soit maintenant ou dans un proche avenir. M Eden confirma qu'il ne serait pas nécessaire d'y envoyer une armée, car les Turcs commenceraient à montrer des dispositions favorables dès que nous serions en mesure de faire peser une menace directe sur les Balkans. »

Avant que nous ne nous séparions, je demandai au général Alexander de nous faire connaître son opinion. Il le fit d'une manière extrêmement saisissante, en déclarant que l'établissement d'une tête de pont sur le continent italien devait être considéré comme faisant partie intégrante du plan ; il nous serait impossible de remporter une grande victoire si nous ne pouvions exploiter le succès initial au moyen d'une offensive ultérieure, en Italie de préférence. Tout cela deviendrait plus clair à mesure que se développerait l'opération de Sicile. Il n'était pas impossible, bien que cela parût improbable, que le bout de la botte italienne fût assez solidement occupé pour nous obliger à reconfigurer entièrement nos opérations, et nous devions nous tenir prêts à poursuivre notre avance sans discontinuer dès le déclenchement de l'attaque en Sicile. Les moyens modernes nous permettaient d'aller de l'avant très rapidement, grâce à la radio qui dirigeait les troupes à une grande distance et grâce à l'aviation qui étendait largement sa protection et son soutien. Notre progression pouvait devenir plus difficile à mesure que nous remonterions la péninsule italienne, mais ce n'était pas une raison pour renoncer à avancer le plus loin possible en exploitant l'élan pris en Sicile. À la guerre, c'était souvent l'invraisemblable qui se produisait ; il lui aurait été impossible quelques mois plus tôt d'imaginer ce qui devait arriver à Rommel et à son *Afrika Korps* ; quelques semaines plus tôt, il aurait eu peine à croire que 300 000 Allemands s'effondreraient en huit jours[1]. Les avions ennemis avaient été si complètement balayés du ciel que nous aurions tout le loisir de faire défiler toutes nos forces présentes en Afrique du Nord sur un seul terrain de Tunisie, sans avoir à redouter le moindre danger de la part de l'aviation allemande.

L'amiral Cunningham l'approuva aussitôt, en ajoutant que si tout allait bien en Sicile, nous devrions traverser directement le détroit. Le général Eisenhower mit fin à la réunion en remerciant M. Churchill et le général Marshall d'être venus à Alger pour lui faire part des réflexions du Comité des chefs d'état-major combinés. Il aurait donc le devoir, s'il comprenait bien, de recueillir tous les renseignements sur les phases initiales de l'attaque en Sicile et de les transmettre aux chefs d'état-major en temps utile, pour qu'ils puissent décider sans délai du plan suivant. Il

---

1. En Tunisie, à la fin du mois de mai.

enverrait non seulement ces renseignements, mais aussi des recommandations formelles, basées sur la situation du moment. Il espérait que ses trois commandants en chef (Alexander, Cunningham et Tedder) auraient l'occasion de présenter plus officiellement leurs opinions sur ces questions, quoiqu'il approuvât entièrement tout ce qu'ils avaient déclaré jusque-là.

* * *

Au cours des deux journées suivantes, nous allâmes en avion et en voiture visiter quelques sites splendides, rendus historiques par les batailles du mois précédent. Le général Marshall partit faire sa propre tournée d'inspection, après quoi il se joignit à moi et au général Alexander pour rencontrer tous les commandants et assister à d'émouvantes revues militaires. Il y avait dans l'air une ambiance de victoire ; l'ennemi avait été chassé de toute l'Afrique du Nord ; deux cent cinquante mille prisonniers étaient parqués derrière nos barbelés. Tous nos hommes se sentaient extrêmement fiers et heureux. À l'évidence, la victoire est très populaire. Je haranguai plusieurs milliers de soldats à Carthage, au milieu des ruines d'un immense amphithéâtre ; l'heure et le lieu se prêtaient certes à l'éloquence. Je n'ai plus la moindre idée de ce que je leur dis ce jour-là, mais tous les auditeurs applaudirent et poussèrent des vivats, comme avaient dû le faire leurs prédécesseurs, deux mille ans plus tôt, en assistant aux combats de gladiateurs.

* * *

Il m'apparaissait que nos discussions nous avaient permis d'avancer dans une large mesure, et que tout le monde désirait attaquer l'Italie. Dans mon résumé des débats lors de la séance finale du 3 juin, j'exposai donc les conclusions sous une forme très modérée, tout en rendant hommage au général Eisenhower.

Eden et moi rentrâmes à Londres en passant par Gibraltar. Comme la nouvelle de ma présence en Afrique du Nord avait été largement diffusée, les Allemands se montrèrent d'une exceptionnelle vigilance, et cela provoqua une tragédie qui m'affligea beaucoup. L'avion commercial régulier était sur le point de quitter l'aérodrome de Lisbonne, lorsqu'un homme trapu fumant un cigare s'en approcha et fut pris pour un passager ; les agents allemands signalèrent donc que j'étais à bord de l'appareil. Alors que ces avions neutres, ne transportant que des civils, avaient circulé pendant bien des mois entre le Portugal et l'Angleterre sans être jamais inquiétés, un avion de chasse allemand fut aussitôt dépêché et abattit impitoyablement l'appareil sans défense ; treize passagers y trouvèrent la mort, y compris le célèbre acteur britannique, Leslie Howard, dont le charme et le talent nous ont été conservés par les nombreux films ravissants dans lesquels il a joué. La cruauté des Allemands n'eut d'égale que la stupidité de leurs agents : comment pouvait-on s'imaginer que, disposant de toutes les ressources de la Grande-Bretagne, je serais allé prendre place dans un avion désarmé et sans escorte, pour faire en plein jour le voyage de Lisbonne jusqu'à Londres ? Bien entendu, nous quittâmes Gibraltar de nuit et fîmes un large détour au-dessus de l'océan, pour rentrer chez nous sans incident. Je fus atterré en apprenant le sort qu'avaient réservé à d'autres les rouages insondables du destin.

LIVRE IV

TRIOMPHE ET TRAGÉDIE

1943-1945

CHAPITRE PREMIER

LA CONQUÊTE DE LA SICILE
ET LA CHUTE DE MUSSOLINI

Nous voici parvenus à présent au tournant de la Seconde Guerre mondiale. L'entrée des États-Unis dans la lutte après l'assaut japonais de Pearl Harbor garantissait que la cause de la liberté ne périrait pas ; en Europe comme en Asie, les agresseurs avaient été acculés à la défensive. En février 1943, Stalingrad marqua le tournant de la guerre en Russie ; en mai, tous les soldats allemands et italiens se trouvant sur le continent africain avaient été tués ou faits prisonniers. Les victoires américaines de la mer de Corail et de l'île de Midway, remportées un an auparavant, avaient arrêté l'expansion japonaise dans l'océan Pacifique ; l'Australie et la Nouvelle-Zélande n'étaient plus menacées d'invasion, et les dirigeants japonais se rendaient déjà compte du fait que leur assaut avait passé son zénith. Hitler n'avait pas encore payé tout le prix de l'erreur fatale qu'il avait commise en envahissant la Russie ; il lui restait à gaspiller les immenses forces qui restaient à l'Allemagne sur de nombreux théâtres secondaires. Bientôt, la nation allemande serait seule en Europe, cernée par tout le courroux d'un monde en armes.

Mais il y a bien des étapes entre la survie et la victoire ; deux années de lutte intense et sanglante nous attendaient encore. Désormais, pourtant, nous n'avions plus à redouter l'anéantissement, mais seulement l'impasse. Il fallait attendre que les armées américaines s'aguerrissent, que leurs chantiers navals tournent à plein rendement, et que toute la puissance de la Grande République puisse être

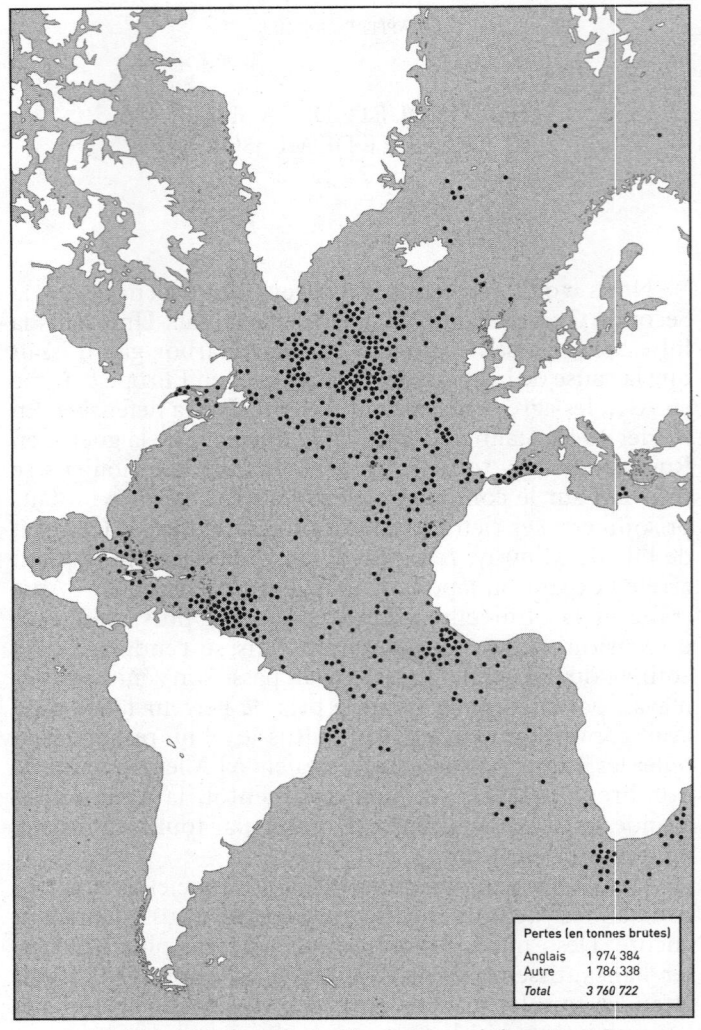

La bataille de l'Atlantique. Navires de commerce coulés par les U-Boat.
La crise. 1er août 1942-21 mai 1943

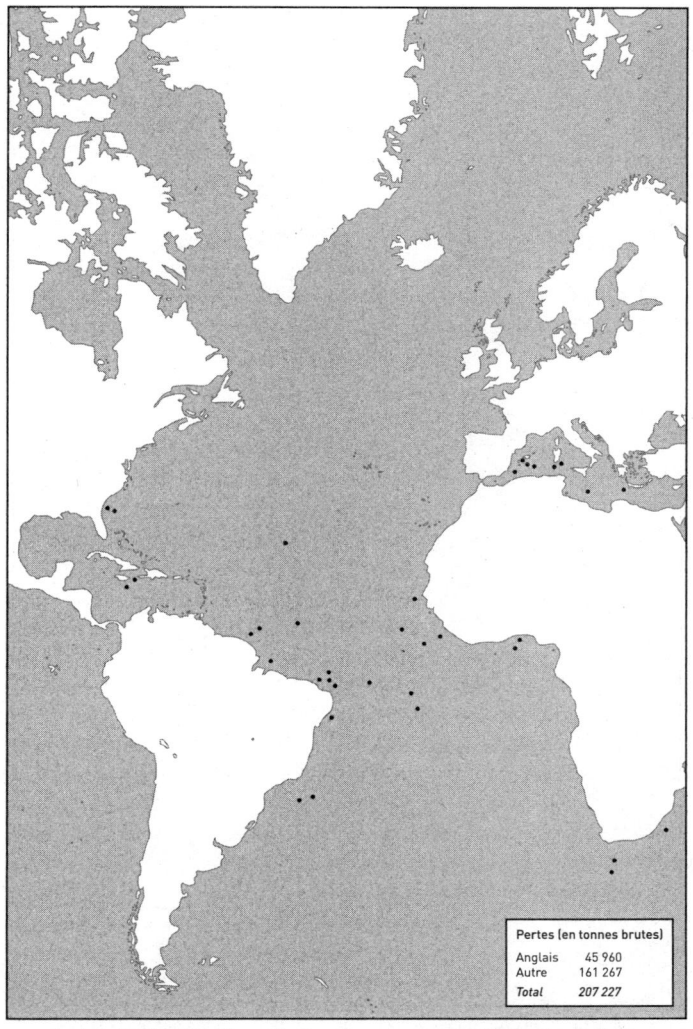

La bataille de l'Atlantique. Navires de commerce coulés par les U-Boat.
La grande offensive air-mer. 22 mai 1943-18 septembre 1943

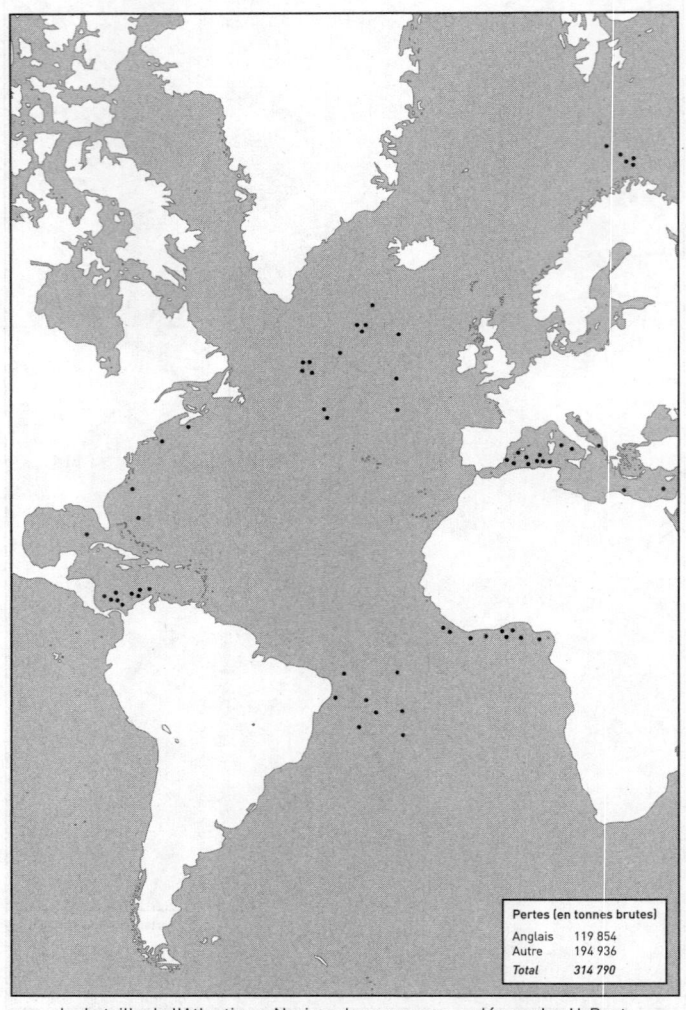

La bataille de l'Atlantique. Navires de commerce coulés par les U-Boat.
La troisième attaque contre les routes des convois. 19 septembre 1943-15 mai 1944

lancée dans la bataille. Mais les alliés occidentaux n'auraient jamais pu frapper au cœur de l'Europe hitlérienne et mener ainsi la guerre à son terme, si une autre évolution heureuse ne s'était produite : la « puissance maritime » anglo-américaine, un terme moderne exprimant la capacité des forces navales et aériennes combinées et convenablement amalgamées, acquit au cours de 1943 la suprématie à la surface comme dans les profondeurs des mers et des océans. Sans ce fait capital, aucune opération amphibie sur l'immense échelle nécessaire pour libérer l'Europe n'aurait été possible. La Russie soviétique aurait affronté seule toutes les forces dont disposait encore Hitler, tandis que la plus grande partie de l'Europe serait restée sous la botte nazie.

*

* *

Nous avons déjà décrit la lutte menée par les seuls Britanniques contre les sous-marins, les mines magnétiques et les corsaires de surface au cours des deux premières années et demie de la guerre. L'alliance américaine née de l'attaque japonaise contre Pearl Harbor, cet événement suprême si longtemps attendu, parut tout d'abord accroître notre vulnérabilité sur mer : en 1940 et 1941, nous perdions quatre millions de tonnes de navires marchands par an ; en 1942, après l'entrée en guerre des États-Unis, ce chiffre doubla presque, et les sous-marins coulèrent davantage de navires que les Alliés ne pouvaient en construire. En 1943, grâce à l'immense programme de constructions navales des États-Unis, les nouveaux navires issus des chantiers dépassèrent enfin en tonnage les pertes subies en mer, et au second trimestre, on vit pour la première fois les destructions de sous-marins excéder leur rythme de remplacement. Le moment allait venir où le nombre des sous-marins coulés dans l'Atlantique dépasserait celui des navires marchands détruits ; mais pour en arriver là, il restait à mener une lutte âpre et prolongée.

Tout au long de la guerre, la bataille de l'Atlantique fut le facteur dominant ; nous ne pouvions oublier un seul instant que tout ce qui se passait ailleurs, sur terre, sur mer ou dans les airs, dépendait en dernier ressort de son issue, et au milieu de tous nos autres soucis, nous en suivions jour par jour les fluctuations, pleins d'espoir ou de crainte. Le récit d'un labeur pénible et incessant, accompli bien souvent au prix de souffrances et de frustrations extrêmes, sous la menace permanente d'un danger invisible, est émaillé d'incidents et de coups de théâtre. Toutefois, pour le marin ou l'aviateur engagé dans la guerre sous-marine, l'exaltation du combat venait bien rarement rompre la monotonie d'une interminable succession de jours vides d'événements, mais chargés d'angoisse ; ils ne pouvaient jamais relâcher leur vigilance ; une crise aiguë pouvait éclater à tout moment, leur apportant de brillants succès ou de mortelles tragédies. Beaucoup d'actions héroïques et d'actes d'endurance incroyables ont été consignés, mais les exploits de ceux qui ont péri demeureront à jamais ignorés. Nos marins de la flotte marchande déployèrent leurs plus nobles qualités, et la fraternité de la mer ne se manifesta jamais de façon plus frappante que dans leur volonté inflexible de vaincre les sous-marins.

En avril 1943, nous vîmes le vent tourner ; les meutes de sous-marins étaient contraintes à rester en plongée et harcelées sans relâche, tandis que les escortes aériennes et navales des convois tenaient en respect les assaillants. Nous étions à présent suffisamment forts pour former des flotilles autonomes, capables d'opérer comme des divisions de cavalerie, sans mission d'escorte. C'est ce que j'attendais depuis longtemps. Il y avait 235 sous-marins en opération : jamais encore l'ennemi n'en avait engagé autant. Mais leurs équipages commençaient à faiblir ; ils ne se sentaient plus en sécurité nulle part. Même quand les circonstances leur étaient favorables, ils ne poussaient plus leurs attaques à fond, et au cours de ce mois, nos pertes dans l'Atlantique diminuèrent de près de 300 000 tonnes. Pendant le seul mois de mai, quarante sous-marins allemands allèrent par le fond. L'Amirauté allemande étudiait ses cartes avec une attention tendue, et à la fin du mois, l'amiral Dönitz rappela les survivants de sa flotte de l'Atlantique Nord pour les mettre au repos ou pour les envoyer dans des régions moins dangereuses. En juin 1943, les pertes en tonnage avaient atteint leur plus bas niveau depuis l'entrée en guerre des États-Unis ; les convois arrivaient indemnes, la ligne de ravitaillement était sûre, la bataille décisive avait été livrée et gagnée.

Désormais, nos armées allaient pouvoir franchir les mers pour s'attaquer au ventre mou de l'Europe d'Hitler. Les puissances de l'Axe étant expulsées d'Afrique du Nord, nos convois pouvaient à présent cingler directement vers l'Égypte, l'Inde, et l'Australie, protégés depuis Gibraltar jusqu'à Suez par des forces navales et aériennes opérant depuis des bases fraîchement conquises tout le long du trajet. La longue route du Cap, qui nous avait coûté si cher en temps, en labeur et en tonnage, allait pouvoir être délaissée ; chaque convoi qui gagnait en moyenne quarante-cinq jours sur la route du Moyen-Orient rehaussait magnifiquement l'efficacité de notre marine marchande.

La défaite des sous-marins ayant affecté tous les événements ultérieurs, il nous faut en poursuivre le récit. Pendant un certain temps, l'ennemi dispersa son activité dans les vastes espaces lointains de l'Atlantique Sud et de l'océan Indien, où notre défense était relativement faible, mais où nous offrions moins de cibles. L'intensité de notre offensive aérienne dans la zone du golfe de Gascogne continua de croître : 37 *U-Boat* furent coulés en juillet, majoritairement par des attaques aériennes, et près de la moitié d'entre eux fut perdue dans le golfe. Au cours des trois derniers mois de 1943, nous en détruisîmes 53, pour une perte de 47 navires marchands seulement.

Tout au long d'un automne où les tempêtes firent rage, ils luttèrent en vain pour retrouver leur suprématie dans l'Atlantique Nord. Bien que l'amiral Dönitz fût contraint de reculer face aux dures réalités de la guerre, il n'en maintint pas moins à la mer autant de sous-marins qu'auparavant. Mais leur élan offensif était émoussé, et ils essayaient rarement de forcer nos défenses. Pourtant, l'amiral ne désespérait pas; le 20 janvier 1944, il déclara : « L'ennemi a réussi à prendre l'avantage en défense. Le jour viendra où j'offrirai à Churchill une guerre sous-marine de premier ordre. L'arme sous-marine n'a pas été brisée par les revers de 1943; au contraire, elle est devenue plus puissante. En 1944, qui sera une année victorieuse mais dure, nous fracasserons la ligne de ravitaillement britannique avec une nouvelle arme sous-marine. »

Sa confiance n'était pas entièrement injustifiée, car un gigantesque effort s'accomplissait en Allemagne pour mettre au point un nouveau type de sous-marin pouvant se déplacer plus vite en plongée et disposant d'un bien plus grand rayon d'action. Simultanément, beaucoup des anciennes unités furent retirées du service pour être équipées avec le « schnorchel », grâce auquel ils pouvaient opérer dans les eaux britanniques; ce nouveau dispositif leur permettait de recharger leurs batteries en plongée, ne laissant qu'un petit tube émergé pour la prise d'air. Ainsi s'accroissaient leurs chances d'échapper à la détection aérienne, et il devint bientôt évident que les bâtiments munis du « schnorchel » étaient destinés à disputer le passage de la Manche à la flotte alliée dès le déclenchement de l'invasion. Tout ceci sera relaté en bonne place; mais il est grand temps à présent de revenir au théâtre méditerranéen et au mois de juillet 1943.

Le général Eisenhower estimait que nous ne devions attaquer la Sicile que si notre but était de dégager la route maritime à travers la Méditerranée. Si, au contraire, notre véritable but était d'envahir et de vaincre l'Italie, il pensait que les objectifs initiaux les plus indiqués étaient la Sardaigne et la Corse, « ... puisque ces îles sont situées sur le flanc de la longue botte italienne et contraindraient l'ennemi à une dispersion de forces en Italie infiniment plus considérable que ne le ferait la simple occupation de la Sicile, située au long de l'extrémité montagneuse de la péninsule* ». C'était là sans conteste une opinion militaire de poids, même si je ne pouvais la partager. Mais les forces politiques ont leur rôle à jouer, et la conquête de la Sicile, suivie de l'invasion directe de l'Italie, devait produire des résultats autrement plus rapides et d'une bien plus vaste portée.

« Husky », nom de code donné à l'invasion de la Sicile, constituait une entreprise de toute première ampleur ; bien qu'elle ait ensuite été éclipsée par les événements de Normandie, il ne faut en méconnaître ni l'importance ni les difficultés. L'opération de débarquement était basée sur l'expérience acquise en Afrique du Nord, et ceux qui eurent à dresser les plans d'« Overlord » devaient tirer beaucoup d'enseignements de « Husky ». Près de 3 000 navires et chalands de débarquement participèrent à l'assaut initial, transportant au total 160 000 hommes, 14 000 véhicules, 600 chars et 1 800 canons ; toutes ces forces durent être rassemblées, entraînées, équipées puis embarquées, avec les énormes quantités de matériel nécessaires à la guerre amphibie, dans des bases très éloignées les unes des autres en Méditerranée, en Grande-Bretagne et aux États-Unis. En dépit de bien des inquiétudes, tout se déroula sans anicroches, constituant un remarquable modèle de coopération entre états-majors. Pour des raisons d'ordre politique, nous avions jusqu'alors cédé aux États-Unis le commandement de la campagne d'Afrique du Nord. Mais nous étions entrés désormais dans une nouvelle phase : l'invasion de la Sicile, avec toutes les conséquences qui en découleraient. Il avait été entendu qu'une action contre l'Italie serait décidée en fonction du tour que prendraient les combats en Sicile ; comme les Américains prenaient un intérêt croissant à cette entreprise de plus grande envergure, plutôt que de se contenter de la Sardaigne pour le reste de l'année, et tandis que s'ouvraient les perspectives d'une nouvelle campagne en commun, j'estimai nécessaire que les Britanniques

---

* *Crusade in Europe*, chap. IX, p. 176.

fussent au moins à égalité avec leurs alliés. Le rapport entre armées disponibles au mois de juillet était le suivant : armée de terre : 8 divisions britanniques, 6 américaines ; armée de l'air : États-Unis, 55 %, Grande-Bretagne, 45 % ; marine : Grande-Bretagne, 80 %. En plus de tout cela, il y avait les effectifs britanniques considérables stationnés au Moyen-Orient et en Méditerranée orientale, Libye comprise, et placés sous le commandement autonome du général Maitland Wilson, qui avait son quartier général au Caire. Dans ces conditions, il ne paraissait pas exagéré de réclamer au moins une part égale du haut commandement. Nos loyaux frères d'armes nous l'accordèrent volontiers, ainsi que la conduite directe de la bataille : Alexander devait commander le 15e groupe d'armées, comprenant la 7e armée américaine du général Patton et la 8e armée britannique de Montgomery ; le maréchal de l'Air Tedder se voyait confier le commandement de l'ensemble de l'aviation alliée et l'amiral Cunningham celui de toutes les forces navales. L'ensemble était placé sous l'autorité suprême du général Eisenhower.

L'offensive aérienne se déclencha le 3 juillet, avec un bombardement intensif des aérodromes de Sicile et de Sardaigne, qui en rendit beaucoup inutilisables. Les chasseurs de l'ennemi se trouvèrent acculés à la défensive, et ses bombardiers à long rayon d'action furent contraints de se replier sur les bases de l'Italie continentale ; quatre des cinq ferry-boats traversant le détroit de Messine furent coulés. Lorsque nos convois approchèrent de l'île, nous avions solidement établi notre supériorité aérienne, aussi les navires de guerre et les avions de l'Axe ne firent-ils aucun effort sérieux pour gêner le débarquement. Grâce à nos opérations de désinformation, l'adversaire ignora jusqu'au dernier moment où le coup tomberait[1] ; les mouvements

---

1. La principale étant « Mincemeat », une opération d'intoxication consistant à larguer devant les côtes espagnoles un cadavre habillé en officier de marine et porteur d'une mallette contenant des documents

de nos forces navales et les préparatifs militaires effectués en Égypte laissaient prévoir que la Grèce était visée. Depuis la chute de Tunis, l'ennemi avait bien envoyé de nouveaux avions en Méditerranée, mais les escadrilles supplémentaires étaient basées en Méditerranée orientale, en Italie du Nord-Ouest et en Sardaigne plutôt qu'en Sicile.

La date du débarquement avait été fixée au 10 juillet. Dans la matinée du 9, les grandes armadas venant de l'est et de l'ouest convergèrent au sud de Malte ; le moment était venu pour elles de mettre le cap sur les plages de Sicile. En me rendant aux Chequers, où j'allais attendre les premiers résultats, je m'arrêtai pendant une heure dans la salle des opérations de l'Amirauté. La carte, qui recouvrait un mur entier, indiquait les énormes convois avec leurs escortes et leurs détachements de soutien qui faisaient route vers les plages de débarquement ; c'était la plus grande opération amphibie jamais entreprise à ce jour. Mais tout allait dépendre des conditions météorologiques.

*
* *

Le temps fut clément durant la matinée du 9 juillet, mais vers midi, une brise fraîche se mit à souffler du nord-ouest, ce qui était inhabituel pour la saison. Le vent se renforça au cours de l'après-midi, et dans la soirée, il y eut une forte houle qui risquait de rendre les débarquements hasardeux, surtout sur les plages de l'ouest, dans le secteur américain. Après leur départ de Malte et de divers ports africains compris entre Bizerte et Benghazi, les convois de navires d'assaut faisaient route au nord sur une mer démontée.

---

secrets. Ceux-ci indiquaient clairement que l'offensive viserait la Grèce et la Sardaigne, la Sicile n'étant qu'une diversion. De fait, les Espagnols repêcheront le cadavre, les Allemands auront accès aux documents, et ils renforceront leurs effectifs en Grèce au détriment de la défense de la Sicile.

On avait prévu un report de l'opération en cas de besoin, mais la décision devait en être prise à midi au plus tard. Le premier lord de la mer, qui suivait la situation avec inquiétude depuis l'Amirauté, s'enquit des conditions météorologiques. L'amiral Cunningham lui répondit à 20 heures : « Temps défavorable, mais opération se poursuit. » « Il était manifestement trop tard, déclarera-t-il, pour reporter le débarquement, mais nous éprouvions de très graves inquiétudes, surtout pour les convois de petits bâtiments qui devaient affronter la mer. » Ils furent en effet très retardés et dispersés ; plusieurs d'entre eux arrivèrent en retard, mais heureusement, ce fut sans grandes conséquences. « Par bonheur, ajoute Cunningham, le vent tomba au cours de la nuit, pour cesser complètement au matin du 10, ne laissant qu'une houle assez gênante et des rouleaux sur les plages de l'ouest. »

Le mauvais temps nous aida à bénéficier de l'effet de surprise. L'amiral Cunningham poursuit : « L'opération d'intoxication fort efficace et les déroutements de convois jouèrent leur rôle. En outre, l'ennemi relâcha sans nul doute sa vigilance du fait de la lunaison défavorable. Et finalement, il y eut ce vent, qui fut dangereusement près de compromettre certains des débarquements, sinon leur totalité. Tous ces facteurs apparemment contraires firent en pratique que les Italiens, fatigués d'être en alerte depuis bien des nuits, allèrent se coucher avec satisfaction en disant : "Cette nuit, en tout cas, ils ne pourront venir." *Et pourtant, ils vinrent.* »

Les forces aéroportées connurent bien des déboires. Plus d'un tiers des planeurs transportant notre 1re brigade de l'Air furent lâchés trop tôt par leurs remorqueurs américains, et beaucoup des hommes qu'ils transportaient se noyèrent ; les autres furent dispersés au-dessus du sud-est de la Sicile, et 12 planeurs seulement atteignirent le pont important qui constituait leur objectif. Sur les 8 officiers et les 65 hommes qui s'en emparèrent et le tinrent jusqu'à l'arrivée du secours douze heures plus tard, il n'en survécut que 19; ce fut un fait d'armes désespéré. Les débarquements aériens furent également trop dispersés dans le secteur américain, mais les nombreux petits détachements qui opérèrent des destructions et semèrent la confusion à l'intérieur des terres eurent pour effet d'inquiéter les divisions italiennes de défense côtière.

Les débarquements par mer, effectués sous la protection permanente des chasseurs, remportèrent partout un très grand succès; douze terrains d'aviation tombèrent bientôt entre nos mains, et le 18 juillet, il ne restait plus que 25 avions allemands opérationnels sur l'île; 1 100 appareils, dont plus de la moitié étaient allemands, avaient été abandonnés, détruits ou endommagés. Mais une fois remis de sa surprise initiale, l'ennemi s'était battu opiniâtrement. Les difficultés du terrain étaient considérables, avec des routes étroites rendant tout mouvement impossible, sauf pour des fantassins; sur le front de la 8e armée, la masse imposante de l'Etna faisait barrière, tout en permettant à l'ennemi de suivre nos déplacements; sur les basses terres de la plaine de Catane, la malaria décimait nos hommes. Mais une fois notre tête de pont solidement établie et nos forces aériennes installées sur les aérodromes capturés, l'issue des combats ne faisait plus de doute. Contrairement à nos espoirs initiaux, le gros des forces allemandes parvint à se retirer en traversant le détroit de Messine, mais après trente-huit jours de lutte, le général Alexander câbla : « À 10 heures ce matin du 17 août 1943, le dernier soldat allemand a été expulsé de Sicile, et toute l'île est entre nos mains. »

*
* *

Notre opération stratégique suivante restait en suspens. Devions-nous franchir le détroit de Messine pour nous emparer du bout de la botte italienne, devions-nous conquérir le talon à Tarente, ou débarquer plus au nord sur la côte occidentale, dans le golfe de Salerne, pour prendre Naples ? Ou bien encore fallait-il nous contenter d'occuper la Sardaigne ? Les progrès accomplis permettaient d'y voir plus clair. Le 19 juillet, une puissante escadre de bombardiers américains avait attaqué les centres de triage et l'aéroport de Rome, en semant la dévastation et en provoquant un choc sévère. L'effondrement rapide de l'Italie paraissait probable, mais les Américains étaient d'avis qu'une action plus vigoureuse en Méditerranée ne devait en aucun cas porter préjudice aux autres opérations, et particulièrement à « Overlord ». Cette réserve devait être à l'origine des vives inquiétudes lors du débarquement de Salerne. Mais tandis que se poursuivaient d'assez âpres dicussions à ce sujet, la chute de Mussolini vint transformer radicalement le tableau.

Le moment était arrivé pour Mussolini d'endosser toute la responsabilité des désastres militaires auxquels il avait conduit son pays, après l'avoir dirigé pendant tant d'années ; il avait exercé un pouvoir quasi absolu et ne pouvait donc faire porter le fardeau ni à la monarchie, ni aux institutions parlementaires, ni au parti fasciste, ni à l'état-major général. Tous se dressèrent contre lui ; la conviction que la guerre était perdue se répandant dans les milieux italiens bien informés, tous les reproches s'abattirent sur l'homme qui avait si impérieusement rangé le pays dans le mauvais camp : celui des perdants. Cette conviction était née et s'était largement propagée au cours des premiers mois de l'année 1943 ; le dictateur se trouvait isolé au faîte du pouvoir, tandis que les défaites et les massacres d'Italiens en Russie, à Tunis et en Sicile constituaient manifestement le prélude d'une invasion directe.

C'est en vain qu'il effectua des changements dans le personnel politique et militaire. En février, le général Ambrosio avait remplacé Cavallero en tant que chef d'état-major général ; tout comme le duc d'Acquarone, ministre de la Cour, Ambrosio était un des conseillers personnels du roi et avait la confiance de son entourage.

Depuis des mois, ces deux hommes nourrissaient l'espoir de renverser le Duce et de mettre fin au régime fasciste. Mais Mussolini se comportait encore sur la scène européenne comme s'il en était un des principaux acteurs ; il fut outré quand son nouveau chef d'état-major lui proposa de rappeler immédiatement les divisions italiennes des Balkans, car il les considérait comme un contrepoids à la prédominance des Allemands en Europe ; il ne comprenait pas que les défaites extérieures et la démoralisation intérieure l'avaient déjà dépouillé de son statut d'associé d'Hitler ; il continuait à se bercer de l'illusion du pouvoir et de sa propre importance, alors que tous deux s'étaient évanouis. Aussi résista-t-il à la redoutable requête d'Ambrosio. Pourtant, l'emprise de son autorité était si durable, et si forte la crainte de ses réactions s'il était poussé à bout, que toutes les factions de la société italienne hésitèrent longuement sur la façon de le renverser. Qui « attacherait le grelot » ? Le printemps passa ainsi, tandis qu'approchait inexorablement le moment où le pays serait envahi par un puissant adversaire, doté d'une large supériorité sur terre, sur mer et dans les airs.

La crise éclata en juillet. Depuis février, le roi constitutionnel, taciturne et prudent, avait été en contact avec le maréchal Badoglio, limogé en 1940 après les désastres de la campagne de Grèce. Il trouva enfin en lui un homme à qui il pouvait confier la direction de l'État. On dressa un plan précis, et il fut décidé que Mussolini serait arrêté le 26 juillet ; le général Ambrosio s'engagea à trouver les exécutants et à créer les circonstances favorables au coup de main. Il fut aidé involontairement par certains éléments de la vieille garde fasciste, qui souhaitaient une renaissance du parti dont ils seraient dans bien des cas les bénéficiaires. La convocation du Grand Conseil fasciste, l'organe suprême du parti qui n'avait pas été réuni depuis 1939, leur parut être l'occasion de présenter un ultimatum au Duce. Le 13 juillet, ils rendirent visite à Mussolini et le persuadèrent de réunir le Conseil le 24 juillet. Les deux mouvements semblent être restés séparés et autonomes, mais la coïncidence des dates est significative.

Le 19 juillet, le Duce, accompagné du général Ambrosio, prit l'avion pour aller rencontrer Hitler dans une villa de Feltre, près de Rimini. « Il y avait un magnifique parc frais et ombragé, écrit Mussolini dans ses *Mémoires*, et un grand bâtiment, véritable labyrinthe que certains trouvaient d'une étrangeté presque inquiétante. On eût dit qu'une grille de mots croisés avait servi de plan à la maison. » Tous les préparatifs avaient été faits pour recevoir le Führer pendant deux jours au moins, mais il repartit l'après-midi même. « La rencontre, dit encore Mussolini, a été cordiale, comme à l'ordinaire, mais l'attitude de l'entourage, des officiers supérieurs de l'aviation et des troupes était glaciale*. »

Le Führer s'étendit longuement sur la nécessité d'accomplir un suprême effort, et déclara que les nouvelles armes secrètes seraient prêtes à entrer en action contre l'Angleterre au début de l'hiver. Il fallait défendre l'Italie « de telle façon que la Sicile devienne pour l'ennemi ce que Stalingrad a été pour nous** ». C'était aux Italiens de fournir à la fois les hommes et l'organisation ; l'Allemagne ne pouvait leur envoyer les renforts et le matériel qu'ils réclamaient, du fait de la pression qu'elle subissait sur le front russe.

Ambrosio exhorta son chef à déclarer nettement à Hitler que l'Italie ne pouvait poursuivre la guerre. On ne voit pas très bien quel avantage il aurait pu en tirer, mais le fait que Mussolini parut presque frappé de stupeur convainquit définitivement Ambrosio et les autres généraux italiens présents qu'on ne pouvait plus compter sur lui en tant que chef.

Au beau milieu du discours d'Hitler sur la situation militaire, un fonctionnaire italien très agité entra dans la

---

* Mussolini, *Mémoires 1942-1943*, p. 50.
** Rizzoli, *Hitler e Mussolini, lettere e Documenti*, p. 173.

pièce pour annoncer: « En ce moment même, Rome est soumise à un violent bombardement ennemi. » En dehors d'une promesse de nouveaux renforts allemands en Sicile, Mussolini regagna la capitale sans avoir rien obtenu. En approchant de Rome, son avion s'enfonça dans un nuage d'épaisse fumée noire provenant des centaines de wagons qui brûlaient dans la gare de Littorio. Il fut reçu en audience par le roi, qu'il trouva « renfrogné et nerveux ». « La situation est tendue, dit le souverain. Nous ne pouvons tenir bien longtemps. La Sicile est maintenant perdue. Les Allemands vont nous jouer un mauvais tour. La discipline s'est effondrée parmi les troupes... » D'après les procès-verbaux, Mussolini répondit qu'il espérait faire sortir l'Italie de l'Axe le 15 septembre; cette date montre à quel point il avait perdu le sens des réalités.

Celui qui devait jouer le rôle principal dans le drame final entra alors en scène : Dino Grandi, vétéran fasciste, ancien ministre des Affaires étrangères et ambassadeur en Grande-Bretagne, un homme énergique et résolu, qui avait détesté la déclaration de guerre à l'Angleterre, mais avait dû jusque-là s'incliner devant la force des événements. Il arriva à Rome pour prendre la tête de l'offensive lors de la séance du Grand Conseil ; rendant visite à son ancien chef le 22 juillet, il lui déclara brutalement qu'il avait l'intention de proposer la constitution d'un gouvernement national et la restitution au roi du commandement suprême des forces armées.

*
* *

Le Grand Conseil se réunit le 24 juillet à 17 heures. Le chef de la police semblait avoir pris des précautions pour qu'il ne fût pas troublé par des violences ; les mousquetaires de Mussolini, qui constituaient sa garde personnelle, furent déchargés de leur mission de protéger le Palazzo Venezia, qu'on remplit de policiers armés. Le Duce fit son exposé, et les membres du Conseil, tous revêtus de leur uniforme noir, ouvrirent la discussion. Mussolini termina en déclarant : « La guerre est toujours une guerre de parti – celle du parti qui la désire ; elle est toujours la guerre d'un homme – de celui qui l'a déclarée. Si aujourd'hui, on l'appelle la guerre de Mussolini, en 1859 on aurait pu l'appeler la guerre de Cavour. C'est le moment de serrer les rangs et d'assumer les responsabilités nécessaires. Je n'aurai pas de difficulté à remplacer des hommes, à serrer la vis, à faire donner des forces non encore engagées, au nom de notre patrie dont l'intégrité territoriale est aujourd'hui violée. »

Grandi présenta alors une motion demandant à la Couronne d'assumer davantage de pouvoirs et au roi de sortir de sa retraite pour prendre ses responsabilités. Il prononça ce que Mussolini appelle « une violente philippique », « le discours d'un homme donnant enfin libre cours à une rancœur nourrie de longue date ». Les contacts entre les membres du Conseil et la Cour devinrent alors évidents ; Ciano, gendre de Mussolini, appuya Grandi ; tous les assistants se rendaient compte désormais qu'une convulsion politique était imminente. Le débat se poursuivit jusqu'à minuit, puis Scorza, le secrétaire du parti fasciste, proposa d'ajourner la séance jusqu'au lendemain. Mais Grandi bondit aussitôt en criant : « Non, je m'oppose à cette suggestion. Nous avons entamé cette affaire, il nous faut la terminer cette nuit même. » Il était plus de deux heures du matin lorsqu'on passa au vote. « La position prise par chacun des membres du Grand Conseil, écrit Mussolini, était discernable avant même la tenue du scrutin. Il y avait un groupe de traîtres qui avaient déjà négocié avec la Couronne, un groupe de complices, et un groupe d'ignorants qui ne comprenaient probablement pas toute la gravité du vote, mais qui n'en votèrent pas moins. » La motion de Grandi recueillit dix-neuf « oui » et sept « non » ; il y eut deux abstentions. Mussolini se leva : « Vous avez provoqué une crise de régime. Tant pis. La séance est levée. » Le secrétaire du parti s'apprêtait à faire le salut au Duce lorsque ce dernier l'arrêta d'un geste, en disant : « Non, je vous en dispense. » Tous se retirèrent en silence ; aucun d'entre eux ne coucha chez lui cette nuit-là.

Entre-temps, on avait pris discrètement toutes dispositions pour arrêter Mussolini. Le duc d'Acquarone, ministre de la Cour, envoya des instructions à Ambrosio dont les délégués et les hommes de confiance au sein de la police et des carabiniers agirent sur-le-champ ; les centraux téléphoniques clés, le quartier général de la police et les bureaux du ministère de l'Intérieur furent occupés en douceur ; un petit détachement de police militaire fut dissimulé près de la villa royale.

Mussolini passa la matinée du dimanche 25 juillet à son bureau, puis il inspecta quelques quartiers de Rome qui avaient souffert du bombardement. Il demanda à voir le roi, qui lui accorda une audience à 17 heures. « Je pensais que le roi me retirerait la délégation d'autorité donnée le 10 juin 1940 et portant sur le commandement des forces armées, que je songeais depuis quelque temps à abandonner. J'entrai donc dans la villa sans le moindre pressentiment ; on peut vraiment dire, en considérant les choses rétrospectivement, que je ne me doutais absolument de rien. » En atteignant la demeure royale, il remarqua qu'il y avait partout des renforts de carabiniers. Le souverain, en uniforme de maréchal, l'attendait sur le pas de la porte ; tous deux pénétrèrent dans le salon, et le roi déclara : « Mon cher Duce, rien ne va plus ! L'Italie s'est effondrée. Le moral de l'armée est au plus bas. Les soldats ne veulent plus se battre... Le vote du Grand Conseil est terrible. Dix-neuf voix pour l'ordre du jour de Grandi, et parmi celles-ci, quatre dignitaires de l'ordre de l'Annonciade !... À l'heure actuelle, vous êtes l'homme le plus détesté d'Italie. Vous ne pouvez plus compter que sur un seul ami, c'est moi. Voilà pourquoi je vous affirme que vous n'avez rien à craindre pour votre sécurité personnelle, dont je me porte garant.

J'ai pensé que l'homme de la situation était maintenant le maréchal Badoglio... »

Mussolini répondit : « Vous prenez là une décision extrêmement grave. Une crise ouverte en ce moment conduirait le peuple à penser que la paix est proche, puisque l'homme qui a déclaré la guerre a été remercié. Le coup porté au moral de l'armée serait sérieux. Cette crise serait considérée comme un triomphe pour la clique Churchill-Staline, surtout pour Staline. Je me rends bien compte que l'on me hait ; je n'ai pas eu de peine à le constater la nuit dernière, au sein du Grand Conseil. On ne peut gouverner aussi longtemps, ni imposer autant de sacrifices, sans provoquer des ressentiments. Quoi qu'il en soit, je souhaite bonne chance à l'homme qui prend la situation en main. » Le roi accompagna Mussolini jusqu'à la porte. « Il avait le visage livide, écrit encore Mussolini, et paraissait plus petit que jamais ; on eût presque dit un nain. Il me serra la main et rentra. Je descendis les quelques marches et me dirigeai vers ma voiture. Soudain, un capitaine de carabiniers m'arrêta en me disant : "Sa Majesté m'a chargé d'assurer votre protection." Je continuai à me diriger vers ma voiture quand le capitaine m'indiqua une ambulance, stationnée à proximité : "Non. Il faut que nous montions là." J'entrai dans l'ambulance avec mon secrétaire ; un lieutenant, trois carabiniers et deux agents de police en civil montèrent également avec le capitaine et se postèrent devant la porte, armés de mitraillettes. La porte une fois refermée, l'ambulance démarra à toute vitesse. Je pensais toujours que ces dispositions visaient à assurer ma sécurité personnelle, ainsi que me l'avait dit le roi. »

Plus tard dans l'après-midi, le roi chargea Badoglio de constituer un nouveau cabinet avec des chefs militaires et des fonctionnaires ; le maréchal annonça la nouvelle au monde par radio dans la soirée. Deux jours plus tard, sur ordre du maréchal Badoglio, le Duce partait pour être interné dans l'île de Ponza.

Ainsi prit fin la dictature que Mussolini avait exercée pendant vingt et un ans, durant laquelle il avait sauvé l'Italie du bolchevisme qui aurait pu l'engloutir en 1919, et lui avait conféré en Europe une position qu'elle n'avait jamais occupée auparavant. Il avait imprimé un nouvel élan à la vie nationale, édifié un empire en Afrique, fait réaliser d'importants travaux publics. En 1935, par la seule force de sa volonté, le Duce avait triomphé de la Société des Nations – « cinquante nations conduites par une seule » – et était parvenu à achever la conquête de l'Éthiopie. Son régime était bien trop coûteux pour les Italiens, mais à l'évidence il en séduisit un très grand nombre pendant sa période de succès. C'est ainsi que je l'avais appelé lors de la chute de la France « le législateur italien ». Sans son régime, il aurait fort bien pu y avoir une Italie communiste, qui aurait suscité des périls et des malheurs d'une autre nature pour son peuple comme pour l'Europe. Son erreur fatale fut de déclarer la guerre à la France et à la Grande-Bretagne après les victoires remportées par Hitler en juin 1940 ; s'il s'en était abstenu, il aurait parfaitement pu maintenir l'Italie dans une position d'équilibre, courtisé et récompensé par les deux camps, tirant une richesse et une prospérité extraordinaires du fait que les autres nations étaient engagées dans la lutte. Même lorsque l'issue du conflit ne fit plus de doute, Mussolini eût été favorablement accueilli par les Alliés ; il pouvait beaucoup pour en raccourcir la durée ; il aurait pu choisir avec soin et habileté le moment de déclarer la guerre à Hitler. Au lieu de cela, il s'engagea dans la mauvaise voie, sans jamais se rendre compte de la force de la Grande-Bretagne, ni de la capacité de résistance que lui conféraient sa qualité insulaire et sa puissance maritime ; c'est ainsi qu'il courut à la ruine. Les grandes routes qu'il a fait construire resteront comme un monument à son pouvoir personnel et à son règne prolongé.

*
* *

C'est à cette époque qu'Hitler commit une erreur stratégique capitale. La défection imminente de l'Italie, l'avance victorieuse des Russes, les préparatifs évidents d'une attaque trans-Manche par les États-Unis et la Grande-Bretagne auraient dû l'inciter à concentrer et à développer une réserve centrale, comprenant la plus puissante armée allemande possible. C'était pour lui la seule façon d'utiliser les grandes qualités du commandement et des combattants allemands, et d'exploiter au maximum la position qu'il occupait au centre de ses lignes intérieures et de son remarquable réseau de communications. Ainsi que le déclara le général von Thoma, que nous avions fait prisonnier : « Notre seule chance est de créer une situation qui nous permette d'utiliser l'armée. » En fait, comme je l'indiquait précédemment, Hitler avait tissé une toile d'araignée et oublié l'araignée. Il tenta de conserver tout ce qu'il avait gagné, et gaspilla dans les Balkans comme en Italie des forces considérables qui lui firent défaut lors des épreuves décisives. Une réserve centrale de 30 ou 40 divisions d'élite hautement mobiles lui aurait permis de frapper successivement chacun de ses assaillants et de livrer une grande bataille avec d'excellentes chances de victoire. Il aurait pu, par exemple, affronter les Britanniques et les Américains quarante ou cinquante jours après leur débarquement, avec des forces fraîches et très supérieures ; rien ne l'obligeait à épuiser ses forces en Italie et dans les Balkans, et l'on peut considérer qu'en le faisant, il laissa passer sa dernière chance.

Sachant qu'il avait le choix entre ces diverses possibilités, je désirais de mon côté être en mesure, soit de pousser du droit en Italie, soit de frapper du gauche à travers la Manche, soit encore de faire les deux à la fois. Le dispositif défectueux auquel il s'arrêta nous permit d'entreprendre l'assaut principal direct dans des conditions qui offraient des perspectives favorables, et nous permirent en définitive de l'emporter.

*
*   *

Hitler était revenu de l'entrevue de Feltre convaincu que la seule façon de maintenir l'Italie dans la guerre était d'épurer le parti et d'accroître la pression allemande sur les chefs fascistes. Le soixantième anniversaire de Mussolini tombait le 29 juillet, et Göring fut désigné pour lui rendre une visite officielle à cette occasion. Mais dans la journée du 25 juillet, des rapports alarmants commencèrent à parvenir au quartier général d'Hitler en provenance de Rome. Dans la soirée, il devint évident que Mussolini était démissionnaire ou avait été renversé, et que le roi avait chargé Badoglio de lui succéder. Les Allemands décidèrent finalement que toute opération d'envergure contre le nouveau gouvernement italien obligerait à retirer du front de l'Est un nombre de divisions trop élevé, eu égard à l'offensive russe dont on prévoyait l'imminence. Mais on élabora des plans pour secourir Mussolini, occuper Rome et soutenir le fascisme partout où ce serait possible ; en prévision du cas où Badoglio signerait un armistice avec les Alliés, on prépara d'autres plans pour s'emparer de la flotte italienne, occuper les positions clés du pays et tenir en respect les garnisons italiennes des Balkans comme de la mer Égée.

« Il nous faut agir, dit Hitler à ses conseillers le 26 juillet ; sinon, les Anglo-Saxons nous devanceront en occupant les aéroports. Pour le moment, le parti fasciste n'est qu'étourdi, et il se ressaisira derrière nos lignes. Lui seul est résolu à combattre à nos côtés, il nous faut donc le restaurer. Tous ceux qui préconisent d'attendre se trompent ; cela pourrait nous faire perdre l'Italie au bénéfice des Anglo-Saxons. Ce sont là des questions qu'un militaire ne peut comprendre ; seul un homme possédant un sens politique aigu peut voir clairement la voie à suivre. »

Chapitre II

PORTS ARTIFICIELS

Au mois de juillet, les perspectives de victoire en Sicile, la situation italienne et l'évolution de la guerre me firent ressentir la nécessité d'une nouvelle rencontre avec le président et d'une autre conférence anglo-américaine. Ce fut Roosevelt qui suggéra le site de Québec. M. Mackenzie King accueillit chaleureusement cette proposition, et rien ne pouvait nous être plus agréable; il eût été impossible, en ce moment crucial, de trouver pour la réunion de ceux qui dirigeaient la politique de guerre du monde occidental un cadre mieux approprié et plus splendide que cette vieille place forte de Québec, aux portes du Canada, dominant le majestueux Saint-Laurent. Le président, tout en acceptant volontiers l'hospitalité du Canada, ne crut pas possible de faire participer officiellement ce pays à la conférence, car il craignait de voir le Brésil et d'autres membres américains des Nations unies réclamer le même privilège. Nous devions penser, nous aussi, aux éventuelles prétentions de l'Australie et des autres Dominions. Cette question délicate fut réglée grâce à la largeur de vues du Premier ministre et du gouvernement canadiens. Quant à moi, j'étais résolu à ce que la conférence se limitât aux États-Unis et à nous-mêmes, du fait de la tâche essentielle que nous avions à accomplir en commun; une réunion des chefs des trois grandes puissances constituait bien l'un de nos principaux projets d'avenir, mais pour l'heure, la Grande-Bretagne et les États-Unis avaient besoin d'être seuls. Cette conférence fut baptisée « Quadrant ».

La *Queen Mary* nous attendait dans la Clyde. Je quittai Londres dans la soirée du 4 août, par un train qui emmenait également le très nombreux état-major dont nous avions besoin ; je crois que nous étions plus de deux cents, outre la cinquantaine de fusiliers marins servant d'ordonnances. La conférence devait porter non seulement sur la campagne de Méditerranée, qui atteignait alors son apogée, mais plus encore sur les préparatifs de l'opération trans-Manche prévue pour 1944, la conduite générale de la guerre sur le théâtre indien, et notre participation à la lutte contre le Japon. Pour l'opération trans-Manche, nous emmenions trois officiers délégués par le général de division F. E. Morgan, chef d'état-major du commandant suprême allié (ce dernier n'était pas encore désigné), qui avait élaboré notre plan commun avec son état-major anglo-américain. Comme toutes les questions relatives aux théâtres de l'Inde et de l'Extrême-Orient allaient être examinées, j'emmenais également le chef du bureau des opérations du général Wavell, venu spécialement de l'Inde en avion.

Je me fis aussi accompagner d'un jeune général de brigade nommé Wingate, qui s'était déjà fait remarquer en tant que chef de troupes irrégulières en Abyssinie, et hautement distingué ensuite lors des combats dans la jungle birmane. Ces nouveaux et brillants exploits lui avaient valu, dans certains milieux de l'armée où il servait, le titre de « Clive de la Birmanie ». J'en avais beaucoup entendu parler, et je savais aussi que les sionistes l'avaient approché pour qu'il prenne la tête de toute armée israélite susceptible d'être constituée à l'avenir. Je l'avais fait convoquer, afin de le rencontrer en Angleterre, avant mon départ pour Québec. J'étais sur le point de dîner seul à Downing Street dans la soirée du 4 août, lorsqu'on m'apprit qu'il venait d'arriver par avion et qu'il était dans la maison. Je le priai aussitôt de partager mon dîner. En moins d'une demi-heure de conversation, je compris que j'étais en présence d'un homme de la plus grande valeur. Il se lança immédiatement dans son sujet favori et m'expliqua comment on pouvait prendre l'ascendant sur les Japonais dans la guerre de jungle, en déposant par avion des groupes de pénétration profonde derrière leurs lignes. Cette idée m'intéressant vivement, j'éprouvai le désir d'en apprendre bien davantage et de faire entendre Wingate par les chefs d'état-major.

Je décidai immédiatement de l'emmener avec moi, et l'avertis que le train partait à 22 heures; il était alors près de 21 heures. Wingate arrivait directement du front après trois jours de vol, n'ayant que les vêtements qu'il portait sur lui. Il se déclara naturellement prêt à me suivre, exprimant seulement le regret de ne pouvoir aller en Écosse rendre visite à son épouse, qui n'était même pas prévenue de son arrivée. Mais mon cabinet particulier se montra à la hauteur de la situation : la police réveilla Mrs Wingate et la conduisit à Édimbourg, afin qu'elle pût prendre notre train au passage et nous accompagner à Québec. Elle n'eut pas la moindre idée de ce dont il s'agissait jusqu'aux premières heures de la matinée, lorsqu'elle rencontra son mari sur le quai de la gare de Waverley. Tous deux firent un voyage très heureux.

Sachant combien le président aimait à rencontrer de jeunes héros, j'avais également invité le lieutenant-colonel de la RAF Guy Gibson, commandant de l'attaque ayant permis de détruire les barrages de la Möhne et de l'Eder, qui approvisionnaient les industries de la Ruhr ainsi qu'un vaste réseau de champs, de rivières et de canaux; on avait inventé à cet effet un modèle de mine adapté qui devait être lancé de nuit, à une altitude de 18 mètres au maximum. Après des mois d'entraînement continu et intensif, seize Lancaster du 617ᵉ groupe de la Royal Air Force exécutèrent l'opération dans la nuit du 16 mai; la moitié d'entre eux furent abbatus, mais Gibson, lui, demeura jusqu'à la fin, tournant au-dessus de l'objectif sous un feu nourri pour diriger son groupe. Il portait à présent une remarquable brochette de décorations : *Victoria Cross*,

Distinguished Service Order avec barrette, *Distinguished Flying Cross* également avec barrette – et rien d'autre ; c'était unique.

Ma femme m'accompagna et ma fille Mary, qui servait comme sous-lieutenant dans une batterie de DCA, fit fonction d'aide de camp. Nous appareillâmes le 5 août, mettant cette fois le cap sur Halifax, en Nouvelle-Écosse, plutôt que sur New York.

*
* *

Tandis que le *Queen Mary* fendait les vagues, nous y vivions dans le plus grand confort, en dégustant des menus dignes de l'avant-guerre. Comme toujours au cours de ces voyages, nous travaillâmes sans répit ; notre nombreuse équipe de chiffreurs nous informait des événements heure par heure, et des croiseurs d'escorte se chargeaient de transmettre nos messages. J'étudiais chaque jour avec les chefs d'état-major les divers aspects des questions dont nous devions discuter avec nos amis américains – et dont la plus importante était naturellement « Overlord ».

Un matin au cours du voyage, le général de brigade K. G. McLean et deux autres officiers de l'état-major du général Morgan vinrent sur ma demande me rendre visite dans la spacieuse cabine où j'étais encore au lit ; ayant dressé une carte à grande échelle, ils se mirent à m'exposer de façon concise et convaincante le plan mis au point pour débarquer en France après la traversée de la Manche. Le lecteur est peut-être déjà informé de toutes les discussions qui eurent lieu en 1941 et 1942 sur tous les aspects de cette question brûlante, mais pour ma part c'était la première fois que j'entendais expliquer l'ensemble du plan, avec des détails précis sur les effectifs et les tonnages engagés, tel qu'il résultait des études prolongées d'officiers des deux nations.

Le choix ne portait plus qu'entre le Pas de Calais et la Normandie. Le premier permettait d'assurer la meilleure protection aérienne, mais avait le système de défense le plus redoutable ; et si la traversée pour y parvenir était plus courte, cet avantage n'était qu'apparent.

Si Folkestone et Douvres étaient plus proches de Calais et de Boulogne que l'île de Wight ne l'était de la Normandie, leurs ports étaient bien trop exigus pour servir de points de départ à une flotte d'invasion. La plupart de nos navires devraient appareiller de tous les ports de la côte sud de l'Angleterre et de l'embouchure de la Tamise, ce qui leur ferait de toute façon franchir un important bras de mer.

Le général Morgan et ses conseillers recommandèrent la côte normande, en faveur de laquelle Mountbatten s'était déclaré dès le début. Il ne fait plus de doute aujourd'hui que cette décision était la bonne. C'était la Normandie qui nous donnait les meilleures chances de succès ; ses défenses étaient beaucoup moins puissantes que celles du Pas de Calais ; les approches maritimes et les plages étaient acceptables dans l'ensemble, et la presqu'île du Cotentin apportait une protection relative contre les coups de vent soufflant de l'ouest. L'arrière-pays était propice au déploiement rapide de forces importantes, et suffisamment éloigné des principaux centres de concentration ennemis ; le port de Cherbourg pouvait être isolé et conquis au début de l'opération, et Brest contourné pour être pris ultérieurement.

Toute la côte entre Le Havre et Cherbourg était naturellement défendue par des fortins et des bunkers en béton, mais comme il n'existait pas de port permettant le débarquement d'une grande armée sur ce croissant de plages sablonneuses long de 80 kilomètres, on pouvait supposer que les Allemands n'assembleraient pas de forces importantes en soutien immédiat du front de mer. Leur haut commandement s'était sans doute dit : « Ce secteur se prête certes à l'exécution de raids par des effectifs de dix à vingt mille hommes, mais tant que Cherbourg n'aura pas été pris avec ses installations portuaires intactes, il sera impossible d'y débarquer et d'y approvisionner une armée d'invasion. C'est une côte pour les coups de main, mais impropre aux opérations de plus grande envergure. » Si seulement il y avait eu des ports permettant d'entretenir de grandes armées, c'eût été le front d'attaque rêvé.

Naturellement, comme le lecteur l'aura vu, j'étais très au courant des derniers progrès réalisés en matière de chalands de débarquement, pour l'infanterie comme pour les chars. J'étais aussi de longue date en faveur des jetées avec extrémités pouvant flotter au large ; depuis lors, on avait beaucoup travaillé cette question, à la suite d'une note que j'avais rédigée durant nos discussions du 30 mai 1942 à l'intention de lord Louis Mountbatten, chef des opérations combinées :

« Elles *doivent* monter et descendre avec la marée. Il faut résoudre le problème de leur ancrage. Les navires devront y disposer d'une plate-forme latérale rabattable et d'un pont basculant assez long pour déborder les amarres des jetées. Recherchez-moi la meilleure solution. Ne discutez pas le principe ; les difficultés se manifesteront d'elles-mêmes. »

Les réflexions s'orientèrent ensuite vers la délimitation d'un vaste port en eau profonde, abrité par un brise-lames formé de navires arrivant sur place par leurs propres moyens et coulés ensuite dans une position fixée à l'avance. Cette conception avait été à l'origine celle du capitaine de vaisseau J. Hugues-Hallett en août 1943, alors qu'il servait auprès du général Morgan en tant que chef d'état-major naval. On n'avait cessé d'inventer, de perfectionner, d'essayer, jusqu'à ce qu'en août 1943, on eût mis au point un plan complet de construction de deux grands ports provisoires, dont les éléments pouvaient être remorqués et mis en place quelques jours seulement après le débarquement initial. Ces ports artificiels furent baptisés « Mulberries » (mûres), nom de code qui ne révélait certes rien de leur nature ou de leur utilisation.

L'ensemble du projet était grandiose ; sur les plages elles-mêmes s'étireraient les longues jetées, avec leurs extrémités abritées flottant au large. Les caboteurs et les péniches de débarquement pourraient s'y décharger quel que soit le niveau de la marée. Pour les protéger contre les caprices des vents et des vagues, des brise-lames décriraient un grand arc de cercle plus large, afin d'enclore une vaste surface d'eau calme. Ainsi abrités, les navires à grand tirant d'eau pourraient y mouiller et procéder à leur déchargement, tandis que tous types de navires de débarquement pourraient librement faire la navette entre eux et les plages. Ces brise-lames seraient composés de blocs de béton[1] et de navires-épaves[2]. J'ai décrit ailleurs des constructions analogues qui m'avaient paru pouvoir être utilisées durant la Grande Guerre pour créer des ports artificiels dans la baie d'Héligoland[3]; et voilà à présent qu'elles allaient constituer une partie essentielle de notre vaste plan.

Les jours suivants, d'autres discussions permirent d'aller plus avant dans les détails techniques. Les marées de la Manche atteignent des différences de hauteur de plus de 6 mètres, et les plages découvrent en conséquence; le temps est toujours imprévisible, les coups de vent et les tempêtes pouvant lancer en quelques heures des forces irrésistibles contre les frêles constructions humaines. Les imbéciles ou les fripons qui avaient écrit à la craie sur nos murs « Un second front tout de suite » au cours des deux dernières années ne s'étaient pas préoccupés de tels problèmes; moi, j'y avais longuement réfléchi.

J'étais désormais convaincu des énormes avantages d'une attaque dans le secteur Le Havre-Cherbourg, à condition que ces ports inattendus pussent être mis en service dès le début, rendant ainsi possibles la mise à terre puis la progression ultérieure d'armées dont l'effectif

---

1. Nom de code « Phoenix ».
2. Nom de code « Gooseberries ».
3. Voir W. CHURCHILL, *Mémoires de Guerre 1919-1941*, vol. I, coll. « Texto », 2013, p. 500-504.

passerait d'un million à deux millions d'hommes, avec leurs masses d'armement et d'équipement modernes. Il fallait pour cela être en mesure de décharger au moins 12 000 tonnes par jour.

Les auteurs du plan et, avec eux les chefs d'état-major britanniques, étaient partis de trois hypothèses fondamentales avec lesquelles j'étais entièrement d'accord et qui, comme on le verra, furent approuvées par les Américains et acceptées par les Russes. À savoir :

> « 1° Que la puissance de l'aviation de chasse allemande dans le nord-ouest de l'Europe soit substantiellement réduite avant le déclenchement de l'assaut.
>
> 2° Qu'il n'y ait pas plus de douze divisions allemandes mobiles dans le nord de la France au moment où l'opération serait lancée, et que l'ennemi soit dans l'impossibilité de rassembler plus de quinze divisions au cours des deux mois suivants.
>
> 3° Que soit surmonté le problème de l'entretien des forces très importantes sur les plages à marée de la Manche pendant une période assez prolongée. Pour y parvenir, il est essentiel de construire au moins deux ports artificiels en état de fonctionner. »

J'étais fort satisfait à l'idée que tout cela allait être exposé au président avec mon soutien complet ; au moins les autorités américaines seraient-elles enfin convaincues que nous n'avions aucune arrière-pensée au sujet d'« Overlord », et que nous n'avions épargné ni notre temps, ni notre peine pour le préparer. Je pris des dispositions pour faire venir à Québec de Londres et de Washington les meilleurs spécialistes de la question ; ils pourraient ainsi confronter leurs idées et trouver les meilleures solutions aux nombreux problèmes techniques qui restaient à résoudre.

J'eus aussi de nombreuses discussions avec les chefs d'état-major au sujet des théâtres d'opérations de l'Inde et de l'Extrême-Orient. Nous ne pouvions faire état de résultats bien brillants à cet égard ; en Birmanie, une division avait progressé le long de la côte de l'Arakan à la fin de 1942, en vue de s'emparer du port d'Akyab. Bien qu'elle eût été renforcée pour atteindre finalement l'effectif d'un corps d'armée entier sous le commandement du général Irwin, elle avait subi un échec, et nos troupes avaient dû repasser la frontière indienne.

Les explications ne manquaient certes pas, mais je sentais qu'il fallait revoir toute la question du haut commandement britannique dans les opérations contre le Japon. Nous avions besoin d'hommes nouveaux et de méthodes neuves ; j'avais depuis longtemps le sentiment qu'il n'était pas indiqué que le commandement en chef des Indes dirige les opérations de Birmanie, en sus de toutes les autre vastes responsabilités qui lui incombaient. Pour mener énergiquement des opérations sur une grande échelle en Asie du Sud-Est, il fallait à mon sens créer un commandement suprême interallié entièrement distinct. Les chefs d'état-major étaient du même avis, et ils avaient préparé un mémorandum à cet effet, comme base de discussion avec leurs collègues américains à Québec. Restait à savoir qui commanderait sur ce nouveau théâtre, et pour nous, il ne faisait aucun doute que ce devait être un Britannique. Parmi les divers noms qui furent avancés, j'étais persuadé pour ma part que l'amiral Mountbatten était le plus qualifié pour exercer ce haut commandement[1], et je décidai de saisir la première occasion pour le proposer au président. Confier la direction des opérations alliées sur un des principaux théâtres de la guerre à un officier n'ayant que le grade effectif de capitaine de vaisseau dans la marine britannique[2] était une mesure exceptionnelle. Pourtant, ayant soigneusement préparé le terrain, je ne fus pas surpris de voir le président accepter chaleureusement ma proposition.

---

1. Lord Mountbatten était à l'époque vice-amiral, à titre temporaire.
2. Et âgé seulement de 43 ans...

Il est étonnant de constater à quel point un voyage peut passer vite, lorsqu'on a de quoi occuper chacune de ses minutes de veille. J'avais espéré pouvoir jouir d'un peu de repos et m'arracher un moment au fracas perpétuel de la guerre ; mais alors que nous approchions de notre destination, j'eus l'impression que mes vacances prenaient fin avant même d'avoir commencé.

Nous parvînmes à Halifax le 9 août ; le grand paquebot avança jusqu'au quai d'accostage, et nous passâmes directement dans notre train. Une foule considérable s'était rassemblée en dépit des précautions prises pour garder le secret sur notre arrivée. Lorsque ma femme et moi nous installâmes dans notre salon en queue du train, un grand nombre de gens se rassemblèrent pour nous acclamer. Avant le départ, je leur fis chanter *The Maple Leaf* et *Oh Canada !* À mon regret, ils ne connaissaient pas le *Rule, Britannia*, mais je suis sûr qu'ils auraient été heureux de l'entendre si nous avions eu un orchestre. Nous partîmes pour Québec après vingt minutes de poignées de main, de photographies et d'autographes.

Le président et Harry Hopkins arrivèrent le 17 août, tandis que l'avion amenait d'Angleterre Eden et Brendan Bracken. Alors que les délégations se rassemblaient, nous reçûmes des nouvelles propositions de paix en provenance d'Italie, et les pourparlers s'ouvrirent sous le signe d'une imminente reddition italienne.

La première séance plénière se tint le 19 août[1]. On assigna la plus haute priorité stratégique à l'offensive commune de bombardement de l'Allemagne, « comme condition préalable à "Overlord" ». Les longues discussions au sujet de cette dernière opération furent alors résumées à la lumière des plans conjoints établis à Londres

---

1. Mais les conversations d'état-major avaient débuté dès le 14 août ; or, c'est à ce niveau que se prennent les décisions fondamentales – non sans de rudes affrontements verbaux –, après quoi Churchill et Roosevelt vont entériner l'ensemble.

par le général Morgan au cours des mois précédents. Les chefs d'état-major présentèrent un rapport comportant les extraits suivants :

OPÉRATION « OVERLORD »

« a) Cette opération constituera l'effort terrestre et aérien primordial des États-Unis et de la Grande-Bretagne contre l'Axe, en Europe. (Date prévue : 1er mai 1944)...

b) Lorsque les ressources ne seront pas suffisantes pour satisfaire à la fois aux besoins d'"Overlord" et des opérations en Méditerranée, elles seront réparties et employées de façon à assurer en priorité le succès d'"Overlord". Les opérations sur le théâtre méditerranéen seront exécutées avec les forces qui lui ont été affectées par "Trident" [la conférence précédente, qui s'était tenue à Washington en mai], sauf au cas où elles viendraient à être modifiées par décision du Comité des chefs d'état-major combinés... »

Ces paragraphes suscitèrent quelques discussions lors de notre réunion[1]. Je fis remarquer que le succès d'« Overlord » dépendait de certaines conditions relatives au rapport des forces. Je soulignai que j'étais chaudement partisan d'« Overlord » en 1944, même si je m'étais opposé à une attaque de Brest ou de Cherbourg en 1942 ou 1943. Je n'avais désormais plus d'objections à formuler contre une opération trans-Manche. Je pensais qu'il fallait tout faire pour augmenter d'au moins 25 % les forces affectées à l'assaut initial ; cela entraînerait une augmentation correspondante des navires de débarquement nécessaires. Nous avions encore neuf mois devant nous, et nous pouvions accomplir un gros travail dans ce délai. Les plages choisies étaient bonnes, et il serait souhaitable de débarquer simultanément sur la côte

---

1. Encore un euphémisme ; en réalité, les désaccords entre chefs d'état-major anglais et américains sur le degré d'engagement à prévoir en Italie après la conquête de la Sicile ont été extrêmement violents, et on a frôlé la rupture à plusieurs reprises.

intérieure du Cotentin. « Avant tout, dis-je, la première vague doit être très puissante. »

Comme les Américains commandaient en Afrique, il avait été entendu entre le président et moi que le chef d'« Overlord » serait un Britannique. Avec l'accord de Roosevelt, je proposai pour ce poste le général Brooke, chef de l'état-major impérial qui, on s'en souvient, avait commandé un corps d'armée dans la bataille décisive sur la route de Dunkerque, avec Alexander et Montgomery sous ses ordres. J'avais informé le général Brooke de mon intention au début de 1943. Les Américains et les Britanniques devant engager initialement des forces équivalentes, et l'opération étant lancée depuis la Grande-Bretagne, un tel arrangement me paraissait équitable. Mais, à mesure que l'année avançait et que l'immense plan d'invasion prenait forme, je fus de plus en plus frappé par la grande supériorité d'effectifs que les Américains mettraient en ligne après la réussite du débarquement effectué à forces égales ; c'est pourquoi à Québec, je pris moi-même l'initiative de proposer au président la nomination d'un commandant américain pour l'expédition en France. Il me fut reconnaissant de cette suggestion, et je crois bien que ses idées avaient évolué dans le même sens. Nous fûmes donc d'accord pour donner le commandement d'« Overlord » à un chef américain et celui du théâtre méditerranéen à un chef britannique[1], la date du changement devant dépendre de l'évolution de la guerre. J'informai le général Brooke, qui avait mon entière confiance, de ce changement et des raisons qui l'avaient motivé. Il supporta cette grosse déception avec toute la dignité d'un soldat.

En fait, la principale querelle entre les chefs d'état-major britanniques et américains porta sur le fait que la

---

1. En l'occurrence, le général Henry « Jumbo » Wilson. Le commandant américain reste à désigner, mais personne ne doute à ce stade que ce sera le général Marshall.

Grande-Bretagne réclamait toute la place qui lui revenait de droit dans la lutte contre le Japon, à partir du moment où l'Allemagne serait vaincue. Elle demandait sa part des aérodromes, sa part de bases pour la Royal Navy, et des missions appropriées pour toutes les divisions qu'elle pourrait transporter en Extrême-Orient après la défaite d'Hitler. J'avais incité mes amis du Comité des chefs d'état-major à se battre sur ce point jusqu'à l'extrême limite, parce qu'à ce stade de la guerre, ma plus grande crainte était d'entendre les critiques américains dire : « L'Angleterre, après avoir tiré de nous le maximum pour l'aider à battre Hitler, se tient maintenant à l'écart de la lutte contre le Japon et va nous laisser en plan. » Toutefois, nous parvînmes à dissiper entièrement cette impression à la conférence de Québec.

*
* *

Aucune décision n'y fut prise au sujet des opérations à mettre en œuvre, quoiqu'il fût entendu que l'effort principal s'exercerait sous la forme d'actions offensives destinées à « établir des communications terrestres avec la Chine, ainsi qu'à améliorer et à rendre plus sûre la voie aérienne[1] ». Dans ce « concept stratégique global » de la guerre contre le Japon, il s'agissait d'élaborer des plans pour le vaincre dans les douze mois qui suivraient l'effondrement de l'Allemagne.

Enfin, il y avait le théâtre méditerranéen. Le 10 août, le général Eisenhower avait réuni ses commandants d'armées afin de choisir, parmi diverses propositions, les moyens de transposer la campagne à l'Italie. Il lui fallait tenir le plus grand compte de la répartition des forces ennemies à cette époque : sur les seize divisions allemandes présentes en

---

1. La « route de Birmanie » reliant Mandalay à Kunming, et « la bosse » (*The Hump*), un pont aérien reliant Ledo à Tchoungking en passant au-dessus de l'Himalaya.

Italie, huit se trouvaient dans le nord sous le commandement de Rommel, deux étaient stationnées près de Rome, et les six autres étaient concentrées plus au sud, sous les ordres de Kesselring. Ces effectifs pouvaient encore être renforcés par vingt divisions retirées du front russe et envoyées au repos en France. Pendant longtemps encore, nous n'aurions pas de forces comparables à leur opposer, mais nous possédions la maîtrise de la mer et de l'air, ainsi que l'initiative des opérations. L'assaut qui occupait alors toutes les pensées constituait une entreprise audacieuse : on espérait s'emparer de Naples et de Tarente, dont les installations portuaires réunies étaient à la mesure des armées qu'il nous fallait mettre en ligne. La capture rapide des aérodromes constituait un objectif primordial ; ceux des environs de Rome étaient encore hors de notre portée, mais il en existait d'importants à Foggia, qui pouvaient être rendus utilisables par des bombardiers lourds, tandis que notre aviation tactique en rechercherait d'autres dans le talon de la botte italienne et à Montecorvino, près de Salerne.

Le général Eisenhower décida de lancer l'assaut au début de septembre à travers le détroit de Messine, en le complétant par des attaques secondaires sur la côte de Calabre. Ce serait un prélude à la prise de Naples (opération « Avalanche ») par deux corps d'armée, un britannique et un américain, qui débarqueraient sur les bonnes plages du golfe de Salerne. C'était là l'extrême limite de la protection que pourrait fournir notre aviation de chasse, opérant depuis les aéroports siciliens capturés. Les forces alliées devaient pousser vers le nord aussi vite que possible après leur débarquement, afin de s'emparer de Naples.

Le Comité des chefs d'état-major combinés nous recommanda, au président et à moi, d'approuver ce plan et d'autoriser la prise de la Sardaigne et de la Corse en seconde urgence ; nous nous empressâmes de le faire. En fait, c'était exactement ce que j'avais espéré et ce pour quoi j'avais œuvré. Pour la suite, il était prévu qu'une division aéroportée occuperait les aérodromes situés au sud de Rome ; cette disposition fut également approuvée, mais elle devait être annulée par la suite, dans des circonstances qui seront relatées ci-dessous.

Chapitre III

L'INVASION DE L'ITALIE

La conférence de Québec se termina le 24 août, et nos éminents collègues repartirent en s'éparpillant dans toutes les directions comme des éclats d'obus. Après toutes ces journées de travail et de discussions, chacun éprouvait le besoin d'une détente de quelques jours[1]. Le colonel Clarke, l'un de mes amis canadiens qui avait été attaché à ma personne pour la durée de mon séjour par le gouvernement du Dominion, possédait un ranch à une centaine de kilomètres de là dans la montagne, au milieu des forêts de pins qui fournissent aux journalistes le papier servant à nous guider dans le voyage de la vie. On y trouve le lac des Neiges, énorme surface d'eau endiguée et réputée pour avoir les plus belles truites. Brooke et Portal étaient des pêcheurs enthousiastes et fort expérimentés, de sorte que, parmi tant d'autres plans élaborés durant la conférence, ils avaient formé celui d'aller y tenter leur chance. Je promis de les rejoindre si je le pouvais, mais je m'étais engagé à parler à la radio le 31 août, et cette obligation planait au-dessus de moi comme un vautour dans le ciel. Je demeurai pendant quelques jours encore dans la Citadelle, arpentant les remparts pendant une heure chaque après-midi, et rêvant devant le glorieux panorama du Saint-Laurent à tous les souvenirs de Wolfe et de Québec. J'avais promis de traverser la ville en automobile, et tous les habitants

---

1. Seule allusion au fait que les négociations ont été particulièrement ment âpres.

m'y firent un accueil chaleureux. J'assistai à une réunion des ministres canadiens et les mis au courant de ce qu'ils ignoraient encore au sujet de la conférence et de l'évolution de la guerre. J'eus l'honneur d'être nommé conseiller privé du cabinet du Dominion à la demande de M. Mackenzie King, un ami de quarante ans et un collègue en qui j'avais toute confiance.

Il y avait tant de choses à dire et à ne pas dire dans mon discours radiodiffusé que je n'arrivais pas à rassembler mes idées, aussi ma pensée s'évadait-elle constamment vers le lac des Neiges, d'où ceux qui s'y étaient rendus avaient déjà envoyé des rapports enthousiastes. J'en vins à penser que je pourrais peut-être pêcher de jour et préparer mon discours le soir; j'acceptai donc l'invitation du colonel Clarke et partis en voiture avec ma femme. Ayant remarqué que l'amiral Pound ne s'était pas rendu au lac avec les deux autres chefs d'état-major, je proposai de l'emmener avec nous. Son officier d'ordonnance me déclara qu'il avait une énorme besogne de mise à jour à accomplir après cette conférence; j'avais déjà été surpris par son rôle effacé durant les importantes discussions navales qui s'étaient tenues, mais lorsqu'il me dit qu'il ne pouvait pas venir pêcher, je me mis à craindre pour sa santé. Nous avions travaillé ensemble dans la plus étroite camaraderie depuis les premiers jours de la guerre, je connaissais sa valeur et son courage, et je n'ignorais pas non plus qu'à la première occasion, il se levait dès 4 ou 5 heures du matin pour aller pêcher un moment avant de regagner l'Amirauté. Toutefois, il demeura dans ses appartements et je ne le revis pas avant mon départ.

Nous remontâmes la vallée du fleuve pendant toute une journée de voyage magnifique, et après avoir passé la nuit dans une hôtellerie, mon épouse et moi atteignîmes le spacieux chalet construit au bord du lac. Brooke et Portal devaient partir le lendemain; c'était d'ailleurs préférable, car ils avaient pris chacun une centaine de poissons par jour, et en continuant à ce rythme, ils auraient fait baisser très sensiblement le niveau du lac. Mon épouse et moi nous lançâmes pendant plusieurs heures dans des embarcations séparées et, bien que nous ne fussions ni l'un ni l'autre de fins pêcheurs, nous ne manquâmes pas d'attraper nombre de beaux poissons. On nous donna à l'occasion des lignes à trois hameçons, et il m'arriva une fois de prendre trois poissons d'un seul coup ; j'ignore si c'était bien régulier. Nous fîmes d'excellents repas, dont les truites fraîches furent loin d'être absentes. Le président aurait bien voulu venir aussi, mais il était retenu par d'autres devoirs ; j'envoyai à Hyde Park la plus belle de mes captures. Mon discours progressait, mais pour tout dire, il est plus épuisant de composer que de discuter ou de pêcher.

*
* *

Nous repartîmes pour Québec dans la soirée du 29 août. J'assistai à une nouvelle réunion du cabinet canadien, et le 31, au moment prévu, je parlai au peuple du Canada et au monde allié[1]. Dès le lendemain, j'étais à la Maison-Blanche. Le président et moi nous entretenions

---

1. Ayant rendu un vibrant hommage aux multiples contributions du Canada à l'effort de guerre allié, Churchill fait un vaste tour d'horizon de la guerre sur tous les fronts, depuis la Russie jusqu'à l'Italie ; il annonce également la nomination de l'amiral Mountbatten au poste de commandement suprême pour l'Asie du Sud-Est, avec un fabuleux mélange d'éloquence et d'humour britannique : « Il n'est pas fréquent, dans le monde moderne et dans le cadre de la profession militaire, qu'un homme aussi jeune atteigne une position aussi élevée. Mais si un officier qui a consacré sa vie à l'art militaire ne sait pas encore mener la guerre à 43 ans, il y a peu de chances pour qu'il l'apprenne plus tard. En tant que chef des opérations combinées, lord Louis a fait preuve de rares capacités d'organisation et d'initiative. Il est ce que j'oserais appeler – tant pis pour les puristes – un "triphibien complet", c'est-à-dire qu'il est également à son aise dans les trois éléments : la terre, l'air et l'eau, et il a également l'habitude du feu... »

dans son bureau après le dîner lorsque l'amiral Pound vint nous voir au sujet d'un problème d'ordre naval; le président lui posa plusieurs questions sur les aspects généraux de la guerre, et je fus peiné de constater à quel point mon fidèle ami avait perdu la remarquable précision qui le caractérisait. Le président et moi eûmes la conviction qu'il était très malade. Pound vint me trouver le lendemain dans ma spacieuse chambre à coucher-salon, et il me dit à brûle-pourpoint : « M. le Premier ministre, je suis venu vous remettre ma démission. J'ai eu une attaque et tout mon côté droit est en grande partie paralysé. Je pensais que cela passerait, mais les choses empirent au contraire de jour en jour, et je ne suis plus apte au service. » J'acceptai sur-le-champ la démission du premier lord de la mer, en lui exprimant ma profonde sympathie face à cette détérioration de sa santé. Je l'assurai qu'il était dès ce moment relevé de toutes ses responsabilités, et le priai de se reposer pendant quelques jours avant d'embarquer avec moi sur le *Renown*. Il resta entièrement maître de lui, et toute son attitude fut empreinte de la plus parfaite dignité. Dès qu'il eut quitté ma chambre, je câblai à l'Amirauté pour le faire remplacer immédiatement par l'amiral Syfret, en attendant la désignation d'un nouveau premier lord de la mer.

Pendant nos conversations à Québec, les événements n'avaient cessé de progresser en Italie. Le président et moi-même avions orienté durant ces journées décisives le cours des négociations d'armistice secrètes avec le gouvernement Badoglio, tout en suivant avec quelque anxiété les préparatifs militaires du débarquement sur le sol italien. Je prolongeai délibérément mon séjour aux États-Unis pour rester en étroit contact avec nos amis américains durant ce tournant essentiel des affaires italiennes. C'est le jour de mon arrivée à Washington que nous reçûmes la première nouvelle précise et officielle de l'acceptation par Badoglio des clauses de capitulation imposées par les Alliés; le 3 septembre, dans une oliveraie près de Syracuse, le général

Castellano signa les clauses militaires de la reddition italienne. Avant l'aube du même jour, la 8e armée britannique avait traversé le détroit de Messine pour prendre pied sur la péninsule italienne.

Il restait maintenant à faire cadrer les conditions de la capitulation italienne avec notre stratégie militaire. Le général américain Taylor, commandant la 82e division aéroportée, fut envoyé à Rome le 7 septembre ; il était chargé d'organiser secrètement avec l'état-major général italien la capture des aérodromes autour de la capitale durant la nuit du 9 septembre. Mais la situation s'était radicalement transformée depuis que Castellano avait réclamé la protection des Alliés ; les Allemands disposaient de forces très puissantes et semblaient avoir pris possession des aérodromes ; l'armée italienne était démoralisée et manquait de munitions. Autour de Badoglio, c'était le désarroi ; Taylor exigea de le voir. Tout était en suspens ; les dirigeants italiens craignaient que la moindre annonce de capitulation, déjà signée, provoquât l'occupation immédiate de Rome par les Allemands et la fin du gouvernement de Badoglio. Le 8 septembre à 2 heures du matin, le général Taylor vit le maréchal Badoglio, qui demanda instamment que l'annonce de la capitulation à la radio fût retardée, puisque les aérodromes étaient perdus ; en fait, il avait déjà télégraphié à Alger qu'il ne pouvait garantir la sécurité des aérodromes romains. L'opération aéroportée fut donc annulée.

Eisenhower était contraint à présent de prendre une décision rapide, l'attaque contre Salerne devant être lancée dans moins de vingt-quatre heures. Il rejeta la requête de Badoglio et à 18 heures, il annonça à la radio l'armistice dont il donna le texte. Depuis Rome, le maréchal Badoglio lui-même l'annonça une heure plus tard ; la reddition de l'Italie était achevée.

Les troupes allemandes commencèrent à encercler Rome dans la nuit du 8 au 9 septembre. Badoglio et la famille royale se retranchèrent dans le ministère de la

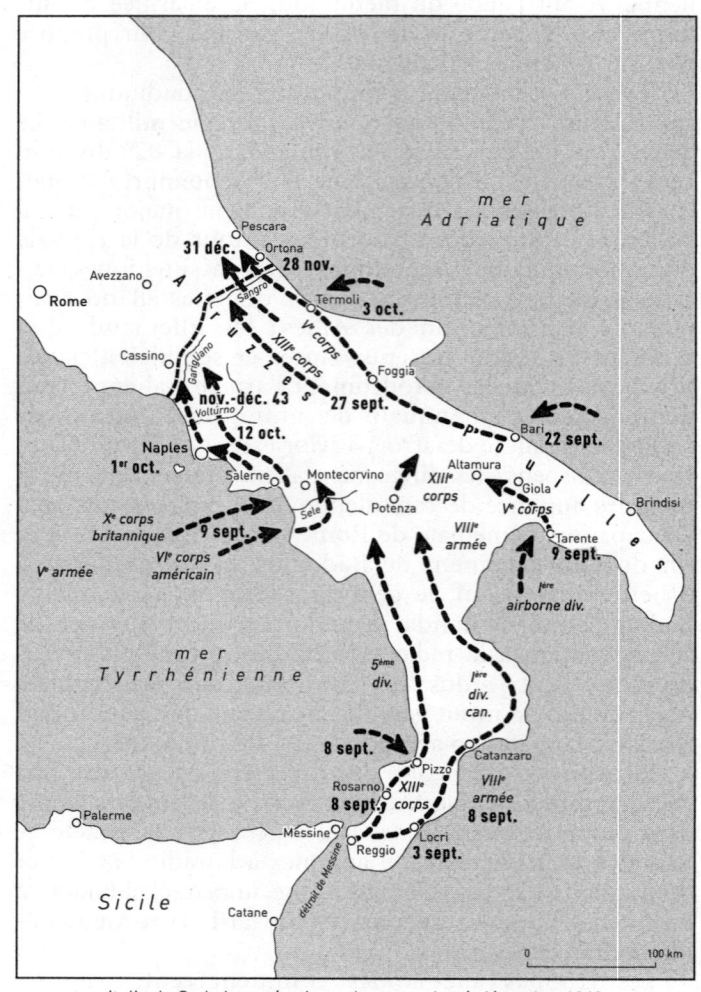

Italie du Sud : les opérations, de septembre à décembre 1943

Guerre; il y eut des discussions passionnées, dans une atmosphère de tension et de panique de plus en plus lourde. Finalement, aux petites heures de la matinée, un convoi de cinq voitures sortit de la capitale par la route de l'est conduisant au port de Pescara, sur l'Adriatique; là, deux corvettes embarquèrent leurs occupants, à savoir la famille royale, Badoglio, ses ministres et ses principaux fonctionnaires. Ils atteignirent Brindisi à l'aube du 10 septembre, et les services essentiels d'un gouvernement antifasciste furent rapidement mis sur pied en territoire occupé par les forces alliées.

Après le départ des fugitifs, le vieux maréchal Caviglia, vainqueur de Vittorio Veneto pendant la Grande Guerre, se rendit à Rome pour assumer la responsabilité des négociations avec les troupes allemandes qui convergeaient sur la ville. Des combats isolés avaient déjà éclaté aux portes de Rome; certaines unités irrégulières de l'armée italienne et des groupes armés de partisans romains attaquaient les Allemands dans les faubourgs. Toute opposition cessa le 11 septembre après la signature d'une trêve militaire, et les divisions nazies purent traverser librement la cité.

Pendant ce temps, conformément aux instructions des Alliés, la flotte italienne avait appareillé de Gênes et de La Spezia le 8 septembre à la tombée de la nuit, afin d'aller se constituer prisonnière à Malte; c'était une opération hasardeuse, car elle n'était protégée par aucun avion allié ou italien. Le lendemain matin, alors qu'elle descendait le long de la côte occidentale de la Sardaigne, elle fut attaquée par des appareils allemands venus de France. Le *Roma*, cuirassé-amiral, fut touché et explosa; il y eut de nombreux tués, dont l'amiral Bergamini, commandant en chef de la flotte. Le cuirassé *Italia* fut également endommagé; laissant quelques bâtiments légers pour recueillir les survivants, les autres navires poursuivirent leur pénible traversée. Dans la matinée du 10 septembre, ils furent rejoints en mer par les forces navales britanniques, comprenant le *Warspite* et le *Valiant*, qui les avaient si souvent recherchés dans des circonstances bien différentes, et qui les escortèrent à présent jusqu'à Malte. Une escadre venant de Tarente et comptant deux cuirassés avait également appareillé le 9 septembre, et au matin du 11, l'amiral Cunningham fit savoir à l'Amirauté que « la flotte italienne est maintenant à l'ancre sous les canons de la forteresse de Malte ».

Dans l'ensemble, donc, les choses s'étaient déroulées jusque-là sans anicroche pour les Alliés. Ayant franchi le détroit de Messine, la 8e armée ne rencontra pratiquement aucune opposition; Reggio tomba rapidement, et l'avance commença le long des routes étroites et encaissées de la Calabre. Le 6 septembre, le général Alexander câbla: « Les Allemands livrent un combat d'arrière-garde par des démolitions plutôt que par des tirs... Alors que j'étais à Reggio ce matin, il n'y avait pas une seule alerte ni un seul avion ennemi en vue. Au contraire, par cette magnifique journée d'été, toutes sortes de navires faisaient la navette entre la Sicile et le continent, acheminant les hommes, les provisions et les munitions. Cela ressemblait davantage à une régate du temps de paix qu'à une véritable opération de guerre. » Il y eut peu de combats, mais l'avance fut considérablement retardée par les accidents de terrain, les démolitions effectuées par l'ennemi et les escarmouches de ses arrière-gardes, peu nombreuses mais fort bien menées.

Dans la nuit du 8 septembre, Alexander m'envoya son message « Zip ». Il avait été prévu que tous ceux de notre groupe qui n'étaient pas déjà rentrés en Angleterre par avion embarqueraient avec moi sur le *Renown*, qui nous attendait à Halifax. J'interrompis mon voyage en train pour aller faire mes adieux au président, de sorte que j'étais chez lui à Hyde Park lorsque s'engagea la bataille de Salerne. Je repris le train dans la soirée du 12 septembre, pour arriver à Halifax dans la matinée du 14. Les diverses nouvelles qui me furent communiquées durant le voyage, de même que la lecture des journaux, me causèrent une vive inquiétude ; il s'agissait manifestement d'une lutte extrêmement critique et prolongée. Je m'inquiétais d'autant plus que je n'avais cessé d'insister pour l'exécution de ce débarquement, et que je m'en sentais tout spécialement responsable. La surprise, la violence et la rapidité sont les caractères essentiels de tous débarquements amphibies. Après les premières vingt-quatre heures, on peut fort bien perdre l'avantage que procure la puissance maritime en permettant de frapper à l'endroit que l'on a choisi ; là où l'on avait dix adversaires, ils ne tardent pas à être dix mille. Mes pensées se reportant vers le passé, je songeais au général Stopford, qui avait attendu près de trois jours sur la plage de la baie de Souvla en 1915, tandis que Moustapha Kemal dépêchait deux divisions turques prélevées sur le front de Boulaïr vers ce champ de bataille jusque-là sans défenses. J'avais connu une expérience analogue plus récemment encore, lorsque le général Auchinleck était resté à son quartier général du Caire pour surveiller de la manière la plus orthodoxe, depuis le sommet, la zone si vaste et si variée soumise à son autorité, alors que la bataille dont tout dépendait tournait à son désavantage dans le désert. J'avais la plus grande confiance en Alexander, mais je n'en passai pas moins une journée extrêmement pénible dans le train qui m'emportait à travers les aimables campagnes de la Nouvelle-Écosse. Pour finir, je rédigeai le télégramme suivant à l'intention d'Alexander, avec la conviction qu'il ne s'en froisserait pas ; ce message ne fut envoyé qu'après notre appareillage : « J'espère que vous surveillez par-dessus tout la bataille d'"Avalanche", qui domine tout le reste. Aucun des chefs qui s'y trouvent engagés n'a encore pris part à une bataille de grande envergure. Celle de la baie de Souvla fut perdue parce que son chef d'état-major avait persuadé Ian Hamilton de rester en un point central et éloigné, où tous les renseignements lui parviendraient. S'il avait été sur place, il aurait probablement sauvé l'affaire. Je n'ai pas la prétention de juger à cette distance et avec ces décalages horaires, mais je crois de mon devoir de vous rappeler cette expérience que j'ai connue jadis. Il ne faut *rien* épargner dans cette bataille décisive pour Naples. »

Sa réponse fut prompte et rassurante ; il était déjà à Salerne : « Grand merci pour votre aide. Tout est mis en œuvre pour faire réussir "Avalanche". Son sort sera réglé dans les quelques jours à venir[1]. »

Je fus également soulagé d'apprendre que l'amiral Cunningham n'avait pas hésité à aventurer ses cuirassés près de la côte pour appuyer l'armée ; dès le 14 septembre, il envoya le *Warspite* et le *Valiant*, récemment arrivés à Malte en escortant le gros de la flotte italienne qui venait se rendre. Le lendemain, ils étaient déjà en action, et le tir de leurs grosses pièces, réglé par avion, fit une forte impression aux amis comme aux ennemis, en contribuant grandement à la défaite de ces derniers. Malheureusement, dans l'après-midi du 16 septembre, le *Warspite* fut mis hors de combat par un nouveau type de bombe planante dont nous avions déjà entendu parler, et que nous devions bientôt apprendre à connaître mieux encore.

L'embarquement sur le *Renown* fut un soulagement pour moi. Le magnifique navire était à quai, et l'amiral Pound, venu directement de Washington, se trouvait déjà à bord, il se tenait plus droit que jamais, et personne, en le regardant, n'aurait pu deviner son état. Je l'invitai à ma table pendant la traversée, mais il me dit qu'il préférait prendre ses repas dans sa cabine, avec son officier d'ordonnance. Il mourut le 21 octobre, jour anniversaire de la bataille de Trafalgar ; j'avais eu en lui un fidèle camarade, à l'Amirauté comme au Comité des chefs d'état-major. L'amiral sir Andrew Cunningham lui succéda au poste de premier lord de la mer.

---

1. Éternel gentleman, le général Alexander avait commencé son télégramme par : « Vous serez heureux d'apprendre, j'en suis sûr, que j'avais devancé votre très sage conseil. »

Tandis que nous traversions l'océan en zigzaguant, une remarquable opération se déroulait à Tarente. En l'occurrence, le mérite d'avoir pris des risques avec un admirable esprit d'à-propos revient non seulement à Alexander, mais aussi à l'amiral Cunningham, qui en assuma la responsabilité principale. Ce port de première importance pouvait approvisionner toute une armée. La reddition italienne parut aux yeux d'Alexander justifier une certaine témérité ; comme il n'y avait ni avions de transport ni navires marchands pour transporter la 1re division aéroportée britannique, six mille de ces soldats d'élite furent embarqués sur des bâtiments de guerre britanniques qui pénétrèrent audacieusement dans le port de Tarente le 9 septembre, jour du débarquement à Salerne, et mirent les troupes à terre sans rencontrer d'opposition. Un de nos croiseurs sauta sur une mine et coula, mais ce fut notre seule perte navale*.

Pendant toute la bataille de Salerne, les télégrammes affluaient ; Alexander eut l'amabilité de me tenir informé de tout, et ses messages si vivants peuvent être lus en relation avec l'ensemble des événements. L'issue demeura incertaine pendant trois journées critiques, mais à l'issue de farouches combats qui nous virent parfois dans une situation extrêmement précaire, les Allemands échouèrent dans leurs tentatives de nous rejeter à la mer. Kesselring comprit qu'il n'avait plus aucune chance ; faisant pivoter son aile droite sur les hauteurs dominant Salerne, il commença à replier l'ensemble de sa ligne. La 8e armée, sous l'impulsion de Montgomery, fit sa jonction avec la 5e durement éprouvée ; le 10e corps britannique, avec le 6e corps américain à sa droite, refoula les arrière-gardes ennemies autour du Vésuve, dépassa les ruines de Pompéi et d'Herculanum, et entra dans Naples le 1er octobre. Nous avions gagné.

---

* J'ai chez moi un don du général Alexander : l'Union Jack qui fut hissé à Tarente et se trouva être le premier des drapeaux alliés à flotter en Europe depuis notre expulsion de France.

Chapitre IV

IMPASSE EN MÉDITERRANÉE

Quelques jours après mon retour de Halifax, j'envoyai au général Eisenhower un télégramme que l'on voudra bien garder à l'esprit en lisant mon récit des événements de l'automne et de l'hiver. J'essayais, dans son second paragraphe, d'établir une proportion entre les efforts nécessaires à nos diverses entreprises, surtout en cas de goulots d'étranglement. Ceux qui veulent comprendre les controverses rapportées dans ce chapitre ne doivent pas oublier ces proportions ; la guerre consiste à employer correctement les moyens dont on dispose, et ne peut être menée en fonction de la maxime : « Une seule chose à la fois [1]. »

« 25 septembre 1943. Premier ministre à général Eisenhower, Alger.

1° Comme j'ai insisté pour que l'on agisse dans plusieurs directions à la fois, je me crois tenu de vous indiquer les priorités que j'assigne personnellement aux divers objectifs souhaitables.

2° Les quatre cinquièmes de notre effort devraient porter sur l'accumulation de forces en Italie. Un dixième devrait être consacré à la prise de la Corse (ce qui sera bientôt chose faite), et à une action dans l'Adriatique. Le dernier dixième

---

1. C'était pourtant l'expression employée par Eisenhower dans un de ses télégrammes du printemps 1943, alors que l'infortuné général tentait de limiter quelque peu la débauche de plans d'opérations simultanés conçus par le bouillant Premier ministre de Sa Majesté.

devrait être concentré sur Rhodes. Bien sûr, ces proportions s'entendent seulement pour les facteurs limitatifs de notre action ; je présume qu'il s'agit principalement des chalands de débarquement et des navires d'assaut, ainsi que des bâtiments légers.

3° Je vous envoie ce reflet sommaire de l'état de mes réflexions, parce que je ne voudrais pas vous donner l'impression que je pousse à l'action partout à la fois, sans comprendre les restrictions draconiennes qui vous sont imposées. »

Eisenhower répondit le lendemain :

« Nous examinons soigneusement nos ressources en vue de donner au commandement du Moyen-Orient l'appui nécessaire à ce projet, en étant assuré de pouvoir satisfaire ses besoins minimum. Lorsque Montgomery pourra pousser le gros de ses forces pour appuyer la droite de la 5ᵉ armée, les choses commenceront à évoluer plus vite sur le front de Naples. Comme toujours après les premiers stades d'une opération combinée, nous nous sommes trouvés étirés à l'extrême du point de vue tactique et logistique. Nous travaillons assidûment pour améliorer la situation, et vous recevrez de bonnes nouvelles sous peu. »

Cette réponse d'Eisenhower ne prenait pas en compte autant que je l'aurais souhaité le passage de mon télégramme qui me paraissait essentiel, à savoir la faible proportion de troupes nécessaires aux opérations secondaires, qui étaient nombreuses.

La capitulation de l'Italie nous donnait une chance de remporter certains trophées importants en mer Égée, au prix d'efforts et d'engagements très minimes. Les garnisons italiennes obéissaient au roi et au maréchal Badoglio, et elles passeraient dans notre camp pour peu que nous parvenions à les joindre avant qu'elles ne fussent intimidées et désarmées par les Allemands présents dans ces îles. Ceux-ci étaient très inférieurs en nombre, mais, doutant probablement depuis quelque temps de la fidélité de leurs alliés, ils avaient dû dresser des plans en conséquence. Les îles forteresses de Rhodes, Léros et Kos avaient été pour nous depuis longtemps des objectifs fort importants du point de vue des opérations secondaires, et leur occupation avait été expressément sanctionnée par le Comité des chefs d'état-major combinés aux termes du sommaire final des décisions prises à Québec le 10 septembre. Rhodes constituait la clé de tout le groupe d'îles, parce qu'elle disposait de bons aérodromes, d'où notre aviation pourrait défendre les autres îles que nous serions amenés à occuper, tout en appuyant nos forces navales qui en contrôlaient les approches maritimes. De plus, les forces aériennes britanniques d'Égypte et de Cyrénaïque assureraient aussi bien, et même mieux, la défense de l'Égypte si certaines d'entre elles s'installaient à Rhodes. Il me semblait que c'était faire injure à la fortune que de ne pas cueillir ces fruits précieux. La maîtrise navale et aérienne de la mer Égée était à notre portée ; l'effet pouvait en être décisif sur la Turquie, alors fortement impressionnée par l'effondrement italien. La possibilité d'emprunter la mer Égée et les Dardanelles offrait un raccourci pour toutes liaisons avec la Russie ; voilà qui rendrait superflus les convois périlleux et coûteux empruntant la route de l'Adriatique, de même que la longue et fastidieuse ligne de ravitaillement passant par le golfe Persique.

Le général Wilson brûlait d'agir, et le quartier général du Moyen-Orient élaborait depuis plusieurs mois des plans et des préparatifs pour la conquête de Rhodes ; en août, la 8e division indienne s'était entraînée tout spécialement en vue de cette opération, et elle se tenait prête à embarquer le 1er septembre. Mais le 26 août, en application d'une décision secondaire prise au mois de mai précédent à la conférence de Washington, le Comité des chefs d'état-major combinés ordonna d'envoyer au Moyen-Orient, en vue d'une opération sur la côte birmane, les navires qui auraient pu transporter cette division à Rhodes. C'est ainsi que les plans bien conçus du général

Wilson prévoyant une action rapide dans le Dodécanèse furent brusquement bouleversés. Il s'était empressé d'envoyer par mer et par air de petits détachements dans un certain nombre d'îles, mais Rhodes n'ayant pu être prise, toutes nos conquêtes en mer Égée s'en trouvaient fragilisées. Seul un emploi puissant des forces aériennes aurait pu nous apporter l'appui nécessaire ; cela leur aurait pris très peu de temps, si nous étions tombés d'accord. Mais le général Eisenhower et son état-major ne semblaient pas se rendre compte de ce que nous avions à portée de main, bien que nous eussions mis nos immenses ressources à leur entière disposition.

Nous savons aujourd'hui combien les Allemands s'inquiétaient de la menace mortelle qu'ils s'attendaient à voir porter sur leur flanc sud-est. Lors d'une conférence au quartier général du Führer le 24 septembre, les représentants de l'armée et de la marine insistèrent fortement pour que la Crète et les îles de la mer Égée fussent évacuées pendant qu'il en était encore temps ; ils firent valoir que ces bases avancées avaient été conquises en prévision d'opérations offensives en Méditerranée orientale, mais qu'à présent, la situation avait entièrement changé ; ils insistèrent sur la nécessité d'éviter la perte de troupes et de matériel dont l'importance serait décisive pour la défense du continent européen. Hitler ne voulut rien entendre, et affirma qu'il ne pouvait ordonner l'évacuation, surtout celle de la Crète et du Dodécanèse, en raison des répercussions politiques que cela provoquerait : « L'attitude de nos alliés du sud-est et celle de la Turquie, déclara-t-il, est dictée uniquement par leur confiance en notre force. L'abandon de ces îles créerait une impression extrêmement défavorable. » Cette décision de lutter pour conserver les îles de la mer Égée fut justifiée par les événements : il s'assura de grands avantages sur un théâtre d'opérations secondaire, sans affecter substantiellement sa position stratégique principale. Dans les Balkans, il eut tort ; en mer Égée, il eut raison.

Pendant un temps, nos affaires prospérèrent dans les petites îles plus éloignées. À la fin de septembre, il y avait un bataillon à Kos, un autre à Léros, un troisième à Samos, et des détachements dans un certain nombre d'autres îles. Les garnisons italiennes, partout où l'on en rencontra, nous furent assez favorables, mais nous trouvâmes leurs défenses côtières et antiaériennes en bien piètre état, et les moyens de transport maritime dont nous disposions ne nous permettaient guère d'envoyer là-bas des armes lourdes et des véhicules.

Après Rhodes, c'était l'île de Kos qui avait la plus grande importance stratégique ; elle seule disposait d'un aérodrome utilisable par nos avions de chasse. On le mit rapidement en service, et 24 canons Bofors furent débarqués pour le défendre. Bien entendu, il fit l'objet de la première contre-attaque ennemie, et à l'aube du 3 octobre, des parachutistes allemands largués sur le terrain central mirent hors de combat l'unique compagnie qui s'y trouvait ; le reste du bataillon fut isolé dans le nord de l'île à la suite du débarquement d'unités ennemies que la Royal Navy n'avait pu intercepter par suite d'un malheureux concours de circonstances. L'île tomba.

Le 22 septembre, Wilson fit connaître le minimum de moyens – fort modestes au demeurant – qui lui était nécessaire pour attaquer Rhodes ; se proposant d'employer la 10ᵉ division indienne et une fraction de brigade blindée, il ne réclamait que des navires d'escorte et de bombardement, trois LST[1], quelques vaisseaux pour transporter des camions, un navire-hôpital et assez d'avions pour emmener un bataillon de parachutistes. Étant fort contrarié par notre incapacité à soutenir ces opérations, je télégraphiai au général Eisenhower pour solliciter son aide ; les moyens demandés à nos amis américains semblaient vraiment bien minimes. Les concessions qu'ils avaient faites sur mon

---

1. « Landing Ships, Tanks » : vaisseaux de débarquement pour chars.

instance au cours des trois derniers mois avaient été récompensées par des succès stupéfiants ; les navires nécessaires pour mettre à terre une division, quelques jours d'assistance de la part du gros des forces aériennes alliées, et Rhodes serait à nous. Mais les Allemands, reprenant la situation en main, avaient envoyé une grande partie de leurs avions dans le secteur de la mer Égée, précisément pour contrer l'initiative que je méditais. Le 7 octobre, j'exposai la question au président dans toute son ampleur, mais je fus très peiné de recevoir en réponse ce qui revenait pratiquement à un télégramme de refus, qui me laissait affronter seul l'assaut imminent, alors que je m'étais déjà engagé dans la région avec son approbation et celle du Comité des chefs d'état-major américains. Les influences négatives, jusque-là surmontées de justesse, avaient repris le dessus. Voici ce que disait M. Roosevelt :

« Je ne veux pas contraindre Eisenhower à s'engager dans des diversions qui diminueraient les chances de gagner rapidement une ligne au nord de Rome. Je suis opposé à toute diversion qui compromettrait, de l'avis d'Eisenhower, la sécurité de sa position actuelle en Italie, dont la consolidation est excessivement lente, eu égard au caractère bien connu de son adversaire qui dispose d'une supériorité marquée en troupes terrestres et en divisions blindées. À mon avis, l'exécution d'"Overlord" dans les conditions prévues ne doit être entravée par aucune dispersion de troupes ou de matériel. Les chefs d'état-major américains sont du même avis. J'envoie copie du présent message à Eisenhower. »

Je notai tout particulièrement la phrase : « À mon avis, l'exécution d'"Overlord" dans les conditions prévues ne doit être entravée par aucune dispersion de troupes ou de matériel. » Prétendre qu'un retard de six semaines dans l'arrivée de neuf navires de débarquement sur plus de cinq cents devant opérer six mois plus tard pourrait compromettre le succès de notre principale opération en mai 1944, c'était perdre entièrement le sens des proportions[1]. Le 8 octobre, j'adressai donc un nouvel et insistant appel au président ; me souvenant des résultats favorables de mon voyage à Alger en compagnie du général Marshall au mois de juin, avec toutes les heureuses conséquences qui en avaient découlé, je crus pouvoir solliciter une procédure analogue, et pris mes dispositions pour me rendre sans délai à Tunis, où les commandants en chef étaient sur le point de se réunir.

Pourtant, dans une réponse qui mit fin à mes derniers espoirs, M. Roosevelt se déclara d'avis que ma présence y serait inopportune ; j'annulai donc le voyage prévu[2]. Au beau milieu de cette conférence, on apprit qu'Hitler avait décidé de renforcer son armée d'Italie et de livrer la bataille principale au sud de Rome ; cela fit définitivement pencher la balance contre l'envoi des renforts minimes nécessaires à l'attaque de Rhodes.

Bien qu'il me fût possible de comprendre l'évolution de l'opinion des généraux engagés dans la campagne d'Italie, du fait des changements qui s'y étaient produits, je n'étais pas intimement convaincu – et je ne le suis toujours pas – qu'il eût été impossible de faire une place à la conquête de Rhodes. Je m'inclinai néanmoins, avec un des plus cruels serrements de cœur que j'aie éprouvés au cours de la guerre. S'il faut céder, mieux vaut le faire avec la meilleure grâce possible ; au moment où allaient se poser tant de graves questions, je ne pouvais risquer de compromettre mes relations personnelles avec le président. Je mis donc à profit les nouvelles en provenance d'Italie pour accepter ce que je pensais – et ce que je pense encore – avoir été une décision à courte vue[3].

---

1. En fait, Roosevelt et ses chefs d'état-major craignaient surtout qu'une intervention en mer Égée entraîne les Alliés dans d'interminables aventures balkaniques, susceptibles de compromettre toutes les autres opérations en cours ou prévues.

2. Churchill avoue par là qu'il reconnaissait au président Roosevelt un droit de veto sur ses déplacements.

3. Ce qu'il omet de dire, c'est que ses propres chefs d'état-major et ses

Tous ces excès de prudence ne nous furent d'aucun profit; huit mois allaient encore s'écouler avant que nous puissions entrer dans Rome. Une quantité de tonnage vingt fois supérieure à celle qui aurait suffi à enlever Rhodes en quinze jours fut employée pendant l'automne et l'hiver à transférer d'Afrique en Italie les bases des bombardiers lourds anglo-américains. Rhodes demeura comme une écharde dans notre flanc; la Turquie, constatant l'extraordinaire inertie des Alliés au voisinage de ses côtes, se montra beaucoup moins bien disposée, et nous refusa l'usage de ses champs d'aviation.

L'état-major américain ayant imposé ses vues, les Britanniques en firent les frais; malgré nos efforts pour essayer de nous maintenir à Léros, le sort du petit détachement qui s'y trouvait était virtuellement scellé. La garnison fut portée à l'effectif d'une brigade : trois bons bataillons d'infanterie

---

ministres étaient tout aussi opposés au projet… Le 6 octobre, le général Brooke avait noté dans son journal : « Notre réunion de chefs d'état-major a été consacrée à l'examen de la situation créée par l'attaque allemande de Kos […], à la volonté du Premier ministre de reprendre ce précieux trophée et à l'effet de sa perte sur les opérations visant à s'emparer de l'île de Rhodes. Il m'apparaît clairement qu'avec tous nos engagements en Italie, nous ne devrions lancer aucune opération d'envergure en mer Égée. » Et le 7 octobre : « Encore une journée consacrée aux folies de Rhodes. […] Bataille d'une heure et demie avec le Premier ministre. Toujours les mêmes arguments […]. Il est dans un état très préoccupant, nettement déséquilibré, et Dieu sait comment nous finirons cette guerre si cela continue. » Ce même jour, le sous-secrétaire d'État, sir Alexander Cadogan écrivait dans son propre journal : « Le Premier ministre s'est monté la tête au sujet de Kos, et il veut conduire lui-même une expédition pour prendre Rhodes ! Je crois que A. [Eden] et quelques autres l'en ont dissuadé. » Rien n'est moins sûr ; le lendemain 8 octobre, le général Brooke notait encore : « Je n'arrive plus à le contrôler. Il est obnubilé par l'attaque de Rhodes, dont il a tellement magnifié l'importance que plus rien d'autre ne compte à ses yeux, et il s'est mis en tête de la capturer coûte que coûte, dût-il compromettre ses relations avec le président […] et l'ensemble de la campagne d'Italie. » Comme toujours dans ses *Mémoires*, Churchill ne précise pas qu'il est souvent retenu par son propre entourage.

britannique qui, ayant supporté le siège et la famine à Malte, n'avaient pas encore retrouvé leur meilleure condition physique. L'amirauté fit de son mieux, et le général Eisenhower détacha temporairement au Moyen-Orient deux groupes de chasseurs à long rayon d'action. Leur poids ne tarda pas à se faire sentir : le 7 octobre, un convoi qui transportait des renforts ennemis à Kos fut détruit par une action aéronavale. Mais les chasseurs furent rappelés le 11 octobre ; dès lors, l'ennemi avait la maîtrise du ciel, et nos navires ne pouvaient plus opérer que pendant la nuit, afin de ne pas subir de trop lourdes pertes. Les Allemands débarquèrent à l'aube du 12 novembre, et dans l'après-midi, six cents parachutistes furent largués sur l'étranglement situé entre les baies d'Alinda et de Gourna, coupant ainsi les défenses en deux tronçons. Au cours des dernières phases de la lutte, la garnison de Samos, composée du 2ᵉ Royal West Kents, fut envoyée au secours de Léros, mais elle arriva trop tard et fut prise dans le tourbillon de la défaite. Peu soutenus par leur aviation et férocement attaqués par celle de l'ennemi, ces bataillons combattirent jusqu'au soir du 16 novembre, puis, à bout de forces, ils durent déposer les armes. C'est ainsi que cette valeureuse brigade tomba aux mains de l'ennemi.

La perte de Léros ruinait provisoirement tous nos espoirs en mer Égée. Nous tentâmes aussitôt d'évacuer les petites garnisons de Samos et des autres îles, ainsi que de secourir les survivants de Léros ; plus de mille soldats britanniques et grecs purent être ramenés, de même qu'un nombre à peu près égal de prisonniers allemands et d'Italiens qui nous étaient favorables. Mais cette fois encore, les pertes navales furent sévères : six destroyers et deux sous-marins coulés par des avions ou des mines, quatre croiseurs et quatre destroyers endommagés. Ces dures épreuves furent partagées par la marine grecque, qui ne cessa de jouer vaillamment son rôle.

J'ai raconté en détail les pénibles épisodes de Rhodes et de Léros ; ils constituent, à une échelle très réduite heureusement, le plus grave différend qui m'avait opposé au général Eisenhower. Pendant des mois, face à des résistances incessantes, j'avais ouvert la voie à sa victorieuse campagne d'Italie. Au lieu de ne prendre que la Sardaigne, nous avions concentré un puissant groupe d'armées dans la péninsule italienne ; la Corse était une prime entre nos mains ; nous avions contraint les Allemands à prélever une part importante de leurs réserves sur d'autres théâtres ; le peuple et le gouvernement italiens étaient passés dans notre camp ; l'Italie avait déclaré la guerre à l'Allemagne ; sa flotte s'était ajoutée à la nôtre ; Mussolini était devenu un fugitif ; la libération de Rome ne paraissait plus très éloignée ; dix-neuf divisions allemandes, abandonnées par leurs alliés italiens, se trouvaient dispersées dans les Balkans, où nous avions engagé moins d'un millier d'officiers et de soldats ; enfin, la date d'« Overlord » n'en avait pas été substantiellement affectée.

J'avais personnellement fait prélever, parmi les forces britanniques et impériales stationnées en Égypte, quatre divisions de première ligne pour ajouter à celles que l'on avait jugé possible de réunir. Non seulement nous avions aidé l'état-major anglo-américain du général Eisenhower à mener sa campagne victorieuse, mais nous lui avions fourni des ressources substantielles et inattendues, faute desquelles un désastre aurait fort bien pu se produire. J'étais chagriné de voir mes modestes requêtes, visant des objectifs stratégiques d'importance presque égale à ceux déjà atteints, si opiniâtrement contrées et rejetées. Il va de soi qu'en gagnant la guerre, on peut prétendre que presque tout ce qui s'est fait a été juste et sage ; pourtant, sans l'opposition bornée de quelques sous-ordres, il aurait été aisé d'ajouter la maîtrise de la mer Égée – et fort probablement l'adhésion de la Turquie[1] – à tous les fruits de la campagne d'Italie.

---

1. Churchill refuse toujours d'admettre que les Turcs, craignant autant les Allemands que les Soviétiques, n'ont jamais eu la moindre

Au même moment, Hitler, sur les conseils de Kesselring, modifia sa stratégie en Italie. Jusqu'alors, il avait eu l'intention de replier ses forces au nord de Rome et de se borner à tenir la partie septentrionale du pays ; il lui donna désormais l'ordre de combattre le plus au sud possible. La ligne choisie, appelée « Winterstellung », suivait le fleuve Sangro depuis les rives de l'Adriatique et traversait l'arête montagneuse de l'Italie, pour atteindre la côte occidentale à l'embouchure du Garigliano. La nature du terrain, ses reliefs escarpés et ses rivières aux rapides courants donnaient une puissance considérable à cette position, qui était profonde de plusieurs kilomètres. Après un an de retraites presque ininterrompues en Afrique, en Sicile et en Italie, les soldats allemands furent heureux de faire enfin volte-face pour combattre ; ils avaient à présent dix-neuf divisions en Italie, tandis que les Alliés n'en avaient que l'équivalent de treize. De puissants renforts et bien des regroupements s'imposaient pour que nous puissions conserver nos rapides et brillantes conquêtes. Tout cela faisait porter un lourd fardeau à notre navigation de transport. Les premières incursions destinées à tâter les défenses adverses ne donnèrent guère de résultats ; nos hommes avaient livré de durs combats depuis deux mois, le temps était exécrable, et il fallait donner aux unités le temps de se reposer et de se regrouper. Des têtes de pont furent certes conquises sur la rive opposée, mais la ligne de défense principale de l'ennemi se trouvait au-delà, sur les hauteurs. Le mauvais temps, la pluie, la boue et les crues des rivières retardèrent l'attaque de la 8e armée jusqu'au 28 novembre, mais après cela, sa progression fut rapide ; après une semaine de durs combats, nous étions parvenus à quinze kilomètres derrière le Sangro. Mais l'ennemi tenait bon, et il recevait des renforts en provenance du nord de l'Italie. La 8e armée gagna encore du terrain en décembre, sans toutefois atteindre d'objectifs

---

intention de s'engager aux côtés des Alliés en 1943 – ou en 1944, du reste.

essentiels, et le temps hivernal vint mettre fin à ses opérations offensives. La 5ᵉ armée américaine du général Clark (comprenant le 10ᵉ corps britannique) se fraya péniblement un chemin en direction de Cassino et attaqua les ouvrages avancés de la principale ligne de défense allemande ; l'ennemi occupait de puissantes positions fortifiées sur les montagnes dominant les deux côtés de la route. À l'ouest, le redoutable massif du mont Cassin fut attaqué le 2 décembre et finalement conquis au prix d'un rude combat ; mais il fallut attendre le début de la nouvelle année pour que la 5ᵉ armée puisse se déployer tout le long du Garigliano et de son affluent, le Rapido, face aux hauteurs de Cassino et à leur célèbre monastère.

Ainsi, la situation en Italie avait beaucoup évolué à notre détriment. Les Allemands s'étaient provisoirement renforcés et avaient reçu l'ordre de résister plutôt que de se replier ; les Alliés, au contraire, rapatriaient en Angleterre huit de leurs meilleures divisions d'Italie et du théâtre méditerranéen, en vue de l'attaque trans-Manche de 1944 ; les quatre divisions supplémentaires que je rassemblais ou que j'avais déjà envoyées ne compensaient pas ce départ. Une impasse s'ensuivit, qui se prolongea pendant huit mois de rudes combats.

Ces déconvenues ne changeaient rien au fait que la campagne d'Italie avait attiré vingt bonnes divisions allemandes ; c'est pourquoi je l'avais appelée le troisième front. En ajoutant les garnisons maintenues dans les Balkans pour parer à une attaque éventuelle, près de quarante divisions se trouvaient ainsi immobilisées en face des Alliés sur le théâtre méditerranéen. Notre deuxième front, celui de l'Europe du Nord-Ouest, n'était pas encore ouvert, mais il n'en existait pas moins ; il ne fixa jamais face à lui moins d'une trentaine de divisions, et ce chiffre se monta à soixante lorsque approcha la date de l'exécution. Notre bombardement stratégique à partir de la Grande-Bretagne obligeait l'ennemi à consacrer d'énormes effectifs et des masses de matériel à la défense de son propre territoire ; ce n'étaient pas là des contributions négligeables à la lutte menée par les Russes, sur ce qu'ils avaient tous les droits de nommer le premier front.

Il me faut terminer ce chapitre par une synthèse. Durant cette période de la guerre, tous les grands desseins stratégiques des puissances occidentales furent entravés et faussés par la pénurie de navires de débarquement capables de transporter, non pas tant des chars, mais des véhicules de toute sorte. Les lettres LST[1] restent gravées de façon indélébile dans l'esprit de tous ceux qui s'occupaient de questions militaires. Nous avions engagé en Italie des forces puissantes, mais qui risquaient d'être dissipées en pure perte faute du soutien nécessaire, offrant ainsi à Hitler son plus grand triomphe depuis la chute de la France. D'un autre côté, il ne pouvait être question de ne pas exécuter l'opération « Overlord » en 1944. Tout ce que je réclamais, c'était un assouplissement, un sursis à exécution de deux mois si nécessaire, pouvant aller de mai à juillet 1944 – ce qui aurait permis en outre de résoudre le problème des navires de débarquement. Au lieu de les faire rentrer en Angleterre à la fin de l'automne 1943, avant les tempêtes hivernales, on aurait pu attendre la fin du printemps 1944. Mais si, par esprit vétilleux, on insistait pour s'en tenir à l'échéance de mai, et si on l'interprétait de surcroît comme signifiant le 1er mai, alors le péril encouru par l'armée alliée en Italie semblait irrémédiable. Par contre, si quelques-uns des navires de débarquement affectés à « Overlord » étaient autorisés à passer l'hiver en Méditerranée, plus rien ne s'opposerait au succès de la campagne d'Italie[2]. Il y avait des quantités de troupes inutilisées sur le théâtre méditerranéen : trois ou quatre

---

1. « Landing Ships, Tanks ». Voir *supra* p. 541, note 1.

2. Une exagération manifeste : au vu des reliefs du terrain, des conditions météorologiques, de l'état des effectifs et de la solidité des défenses allemandes, rien ne permet d'affirmer que quelques LST supplémentaires auraient permis de l'emporter en Italie du Nord avant le début de 1945...

divisions françaises, deux ou trois divisions américaines, au moins quatre divisions britanniques ou sous contrôle britannique (y compris les Polonais). Si ces forces ne pouvaient opérer efficacement en Italie, c'était uniquement parce qu'elles manquaient de LST, et si elles en manquaient, c'était principalement parce que l'on insistait pour les faire rentrer en Grande-Bretagne au plus vite.

Le lecteur de ce récit ne doit pas se laisser abuser au point de croire : a) que je voulais abandonner l'opération « Overlord », b) que je voulais la priver de forces essentielles, c) que j'envisageais de lancer des armées pour faire campagne dans la péninsule des Balkans. Ce sont là des légendes ; je n'y avais même jamais songé. Que l'on m'accordât une marge de six semaines à deux mois pour fixer l'échéance d'« Overlord » à partir du 1er mai, et je pouvais utiliser les navires de débarquement pendant plusieurs mois en Méditerranée, afin de faire opérer en Italie des forces vraiment efficaces, et ainsi non seulement prendre Rome, mais encore obliger les Allemands à retirer des divisions du front russe ou du front de Normandie, ou encore des deux à la fois. Toutes ces questions avaient été discutées à Washington sans tenir compte du caractère limité de l'objet de mes requêtes.

Ainsi que nous le verrons, tout ce que je réclamais fut finalement accompli ; non seulement les navires de débarquement furent maintenus en Méditerranée, mais on leur accorda un nouveau délai pour leur permettre de participer à l'opération d'Anzio en janvier. Cela ne nous empêcha en rien de mener à bien « Overlord » le 6 juin, avec toutes les forces requises. Mais voici ce qui arriva : ces longues disputes pour essayer d'obtenir de faibles marges, pour prévenir l'abandon d'un vaste front en raison du maintien rigide de la date d'ouverture de l'autre, conduisirent à des opérations en Italie aussi prolongées qu'insatisfaisantes.

Chapitre V

LES CONVOIS DE L'ARCTIQUE

L'année 1942 s'était achevée dans les eaux arctiques sur l'héroïque combat livré par des destroyers britanniques qui escortaient un convoi vers le nord de la Russie ; il en était résulté une crise au sein du haut commandement naval allemand, et l'amiral Raeder avait été congédié. De janvier à mars 1943, au cours des derniers mois d'obscurité presque continuelle, deux autres convois comptant quarante-deux navires et six vaisseaux naviguant isolément entreprirent cette périlleuse traversée ; quarante parvinrent à bon port. Durant la même période, trente-six furent ramenés sains et saufs des ports russes et cinq furent coulés. L'allongement des jours rendit les attaques de l'ennemi plus faciles ; ce qui restait de la flotte allemande, *Tirpitz* compris, était maintenant concentré dans les eaux norvégiennes, constituant une menace redoutable et permanente le long d'une grande partie de l'itinéraire. Dans l'Atlantique, la lutte contre les sous-marins atteignait son point culminant, et la charge qui pesait sur nos destroyers dépassait la limite du supportable ; il fallut ajourner le départ du convoi de mars puis, en avril, l'Amirauté proposa avec mon accord de ne plus envoyer d'approvisionnements à la Russie par cette voie jusqu'au retour de l'obscurité automnale.

*
* *

C'est avec un vif regret que nous prîmes cette décision, eu égard aux immenses batailles qui marquèrent la campagne de 1943 sur le front russe. Après le dégel printanier, les deux camps se préparaient à une lutte titanesque. Les Russes ayant désormais conquis la supériorité sur terre et dans le ciel, les Allemands ne pouvaient plus guère se faire d'illusions quant à leurs perspectives de victoire ; ils n'avaient remporté aucun avantage en dépit de lourdes pertes, et les nouveaux chars « Tigre » sur lesquels ils avaient compté pour emporter la décision furent malmenés par l'artillerie soviétique.

L'armée allemande avait déjà été décimée par ses précédentes campagnes en Russie, et diluée en outre par l'adjonction d'éléments alliés de second ordre. Aussi, quand les Russes se mirent à frapper, fut-elle incapable de parer les coups ; en l'espace de deux mois, trois immenses batailles à Koursk, Orel et Kharkov sonnèrent le glas de l'armée allemande sur le front de l'Est. Partout, elle avait été surclassée et submergée. Le plan des Russes, en dépit de son ampleur, ne dépassa jamais leurs ressources, et ce ne fut pas seulement sur terre que se manifesta leur nouvelle supériorité ; les 2 500 avions allemands durent faire face à un nombre au moins double d'appareils russes, dont la qualité s'était beaucoup améliorée. C'est à cette époque que l'aviation allemande atteignit son apogée, avec un total d'environ 6 000 appareils ; le fait qu'elle ne pût même pas en distraire la moitié pour appuyer cette campagne cruciale démontre assez l'importance qu'eurent pour la Russie nos opérations en Méditerranée et l'intensification des bombardements alliés à partir de la Grande-Bretagne. C'est surtout en matière d'aviation de chasse que les Allemands se trouvèrent démunis ; bien qu'ils fussent déjà en état d'infériorité à cet égard sur le front de l'Est, ils durent s'affaiblir encore en septembre pour résister à l'Ouest où, lorsqu'arriva l'hiver, près des trois quarts de leurs chasseurs se trouvaient déployés. La rapidité des attaques russes qui se chevauchaient ne permit pas aux

Les opérations en Russie, juillet-décembre 1943

Allemands de tirer le meilleur parti de leurs forces aériennes ; les escadrilles étaient fréquemment déplacées d'un secteur de combat à un autre pour parer à de nouvelles crises, laissant un vide derrière elles ; mais quelle que soit leur affectation, elles se retrouvaient confrontées à une écrasante supériorité de l'aviation soviétique.

Au mois de septembre 1943, les Allemands étaient en pleine retraite sur toute l'étendue de leur front méridional, depuis les confins de Moscou jusqu'aux rives de la mer Noire. L'armée russe s'ébranlait pour les serrer de près ; le 25 septembre, à la charnière nord du front, une offensive lancée de Viazma lui permit de reprendre Smolensk. L'ennemi comptait manifestement établir sa nouvelle ligne de défense le long du Dniepr, mais les Russes le franchirent au début d'octobre au nord de Kiev, ainsi qu'à Pereïaslav et Krementchoug au sud. Plus au sud encore, Dniepropetrovsk fut enlevé le 25 octobre. Les Allemands ne se maintenaient plus sur la rive ouest du fleuve que près de son embouchure ; ils avaient perdu tout le reste. Même la retraite de la forte garnison allemande de Crimée fut coupée. Kiev, débordé sur ses deux flancs, tomba le 6 novembre aux mains de l'Armée rouge, qui fit de très nombreux prisonniers. En décembre, à l'issue d'une poursuite de trois mois, les armées allemandes de la Russie centrale et méridionale avaient été refoulées de plus de 300 kilomètres et, faute d'avoir pu se maintenir sur la ligne du Dniepr, elles se trouvaient dangereusement exposées à une campagne d'hiver. Or, d'amères expériences leur avaient enseigné que c'était là un domaine où leurs adversaires excellaient. Tels furent les hauts faits d'armes des Russes en 1943.

*
* *

Il était naturel que le gouvernement soviétique considérât d'un œil réprobateur la suspension des convois si nécessaires à leurs armées. Dans la soirée du 21 septembre,

M. Molotov convoqua notre ambassadeur à Moscou pour lui demander la reprise des appareillages ; il fit observer que la flotte italienne avait été éliminée, que les sous-marins s'étaient retirés de l'Atlantique Nord pour opérer plus au sud, et que la capacité de transport des chemins de fer persans était insuffisante. L'Union soviétique avait lancé depuis trois mois une offensive immense et épuisante, mais elle n'avait reçu en 1943 qu'un tiers des livraisons de l'année précédente ; le gouvernement russe « insistait » donc pour que les convois fussent rétablis sans délai, et s'attendait à voir le gouvernement de Sa Majesté prendre toutes mesures en ce sens au cours des jours suivants.

Lorsque nous nous réunîmes à Londres pour en débattre le 29 septembre au soir, nous fûmes informés d'un fait aussi nouveau qu'agréable : une attaque audacieuse et héroïque de nos mini-sous-marins avait gravement avarié le *Tirpitz*[1]. Sur les six unités engagées, deux étaient parvenues à franchir le réseau complexe des défenses. Leurs commandants, les lieutenants de vaisseau Cameron et Place, furent recueillis par les Allemands et faits prisonniers ; tous deux reçurent la *Victoria Cross*. Un peu plus tard, une reconnaissance aérienne montra que le cuirassé était fortement endommagé, et qu'il lui faudrait subir des réparations dans un chantier naval avant de pouvoir être engagé à nouveau ; le *Lützow*, lui, était déjà passé dans la Baltique. Ainsi donc, notre situation s'améliorait dans les eaux arctiques, pour quelques mois au moins.

Mais M. Eden ayant de graves motifs de se plaindre du traitement que les Russes faisaient subir à nos hommes, j'envoyai à Staline le télégramme suivant : « J'ai le très grand plaisir de vous annoncer notre intention de faire partir vers la Russie du Nord au cours des mois de novembre, décembre, janvier et février, une série de

---

1. C'était l'opération « Source », menée le 23 septembre 1943.

quatre convois comptant chacun environ 35 navires britanniques ou américains. »

J'insérai un paragraphe restrictif pour éviter que les Soviets nous accusent à nouveau d'avoir manqué à notre parole au cas où nos efforts n'aboutiraient pas :

> « Je tiens cependant à ce que l'on prenne acte du fait qu'il ne s'agit pas ici d'un contrat ou d'un marché, mais plutôt d'une affirmation sincère et solennelle de notre détermination. C'est sur cette base que j'ai ordonné que toutes dispositions soient prises pour vous faire parvenir ces quatre convois de trente-cinq navires. »

J'abordai ensuite la liste de nos griefs au sujet du traitement de nos hommes en Russie septentrionale :

> « Les effectifs du personnel de la marine sont déjà inférieurs aux besoins actuels, du fait qu'il nous a fallu rapatrier des hommes sans pouvoir les remplacer. Vos autorités civiles nous ont refusé tous les visas pour les hommes devant se rendre en Russie du Nord, même lorsqu'il s'agissait pour eux de relever ceux qui auraient dû rentrer depuis longtemps. M. Molotov a pressé le gouvernement de Sa Majesté d'accepter que l'effectif du personnel britannique en Russie du Nord ne soit pas supérieur à celui du personnel soviétique et de la délégation commerciale en service dans notre pays. Nous n'avons pu accepter cette proposition, car ils ont des missions très différentes dans les deux cas, et le nombre d'hommes nécessaire à des opérations de guerre ne peut être déterminé d'une façon aussi peu pratique […]

Je me vois donc obligé de vous demander votre accord pour l'octroi immédiat de visas au personnel supplémentaire dont nous avons actuellement besoin, et l'assurance que ces visas ne nous seront plus refusés à l'avenir, lorsque nous estimerons nécessaire de vous les réclamer dans le cadre de l'aide que nous vous apportons en Russie du Nord. Je souligne que, sur les quelque 170 membres du personnel de la marine qui se trouvent actuellement dans cette région, plus de 150 auraient dû être relevés depuis plusieurs mois, mais ne l'ont pas été en raison du refus de visas. L'état de santé de ces hommes, qui ne sont pas habitués au climat et aux autres conditions de vie du pays, rend absolument indispensable leur relève immédiate...

Il me faut aussi vous demander votre aide pour remédier aux conditions dans lesquelles vivent actuellement nos militaires et nos marins en Russie du Nord. Ils participent naturellement à des opérations contre l'ennemi dans notre intérêt commun, principalement en apportant du matériel allié à votre pays. Vous admettrez, j'en suis sûr, qu'ils se trouvent dans une tout autre situation que des personnes quelconques se rendant en territoire soviétique. Et pourtant, vos autorités les soumettent aux restrictions suivantes, qui me paraissent inappropriées lorsqu'elles s'appliquent à des hommes envoyés par un pays allié accomplir des missions d'un intérêt primordial pour l'Union soviétique :

a) Personne ne peut débarquer d'un navire de guerre ou de commerce britannique autrement qu'au moyen d'une embarcation soviétique et en présence d'un fonctionnaire soviétique, avec à chaque fois vérification des papiers d'identité.

b) Nulle personne embarquée dans un navire de guerre britannique ne peut se rendre à bord d'un navire marchand de même nationalité sans en avertir au préalable les autorités soviétiques. Cette disposition s'applique même à l'amiral britannique commandant les opérations.

c) Les officiers et marins britanniques sont contraints de se procurer une autorisation spéciale pour aller de leur bâtiment à la côte ou d'un poste à terre britannique à un autre. La délivrance de ces autorisations est souvent retardée, ce qui nuit à l'exécution du travail en cours.

d) Les approvisionnements, les bagages et le courrier destinés à notre groupe opérationnel ne peuvent être débarqués qu'en présence d'un fonctionnaire soviétique, et les rembarquements de provisions comme de courrier sont soumis à de très nombreuses formalités.

e) Le courrier privé est soumis à la censure, bien qu'à notre avis, cette censure devrait être exercée par les autorités britanniques s'agissant d'une force opérationnelle telle que celle-ci[1].

Ces restrictions produisent sur les officiers comme sur les hommes une impression nuisible aux bons rapports anglo-soviétiques, et elles seraient ressenties comme hautement offensantes si le Parlement venait à en être informé. L'accumulation de ces formalités gêne considérablement nos hommes dans l'accomplissement de leur service et a plus d'une fois entravé des opérations importantes et urgentes. Le personnel soviétique n'est soumis à aucune restriction de ce genre en Grande-Bretagne...

Je suis persuadé, M. Staline, que vous trouverez le moyen d'aplanir toutes ces difficultés dans un esprit amical, afin que nous puissions nous aider mutuellement et servir au mieux notre cause commune. »

C'étaient là de bien modestes demandes au regard des efforts que nous allions accomplir. Au terme de près de quinze jours de silence, je reçus la réponse suivante :

« Premier Staline à Premier Churchill.

J'ai reçu votre message du 1er octobre m'informant de votre intention d'envoyer quatre convois en Union soviétique par la route du nord en novembre, décembre, janvier et février. Cependant, cette communication perd sa valeur du fait que vous affirmez qu'il ne s'agit ni d'une obligation ni d'un engagement formel, mais seulement d'une déclaration à laquelle, si l'on comprend bien, il peut être renoncé à tout moment du côté britannique, quelles qu'en soient les conséquences pour les armées soviétiques sur le front. Je dois dire que je ne peux approuver cette façon de présenter la question. Les livraisons du gouvernement britannique à l'URSS en armes et autre matériel militaire ne peuvent être

---

1. Rien de tout cela n'est vraiment surprenant, si l'on considère que Staline redoute plus que jamais une « contamination » des Soviétiques au contact des Occidentaux. Mais Churchill continue à sous-estimer considérablement la paranoïa du dictateur rouge.

considérées que comme une obligation contractée, aux termes d'un accord spécial entre nos deux pays, par le gouvernement britannique envers l'URSS qui, pour la troisième année consécutive, supporte l'énorme fardeau de la lutte contre l'ennemi commun des Alliés : l'Allemagne hitlérienne.

[...] L'expérience a montré que les livraisons d'armements et de matériel militaire à l'URSS passant par les ports persans ne peuvent en aucune façon remplacer celles qui sont acheminées par la voie arctique [...] Il est impossible de considérer cette façon de présenter la question autrement que comme un refus du gouvernement britannique de remplir ses obligations, et comme une sorte de menace adressée à l'Union soviétique.

En ce qui concerne les questions prétendument litigieuses contenues dans les déclarations de M. Molotov, je tiens à dire que je ne trouve aucun fondement à une telle remarque [...] Je ne vois pas la nécessité d'accroître l'effectif des militaires britanniques dans le nord de l'URSS, car la grande majorité du personnel qui s'y trouve déjà est mal employée et réduite à l'oisiveté depuis plusieurs mois, ainsi qu'il a déjà été signalé à plusieurs reprises du côté soviétique... Il y a également des faits déplorables tels que la conduite inadmissible de militaires britanniques qui ont tenté dans plusieurs cas de corrompre certains citoyens soviétiques pour en faire des agents de renseignements. De tels faits, qui sont offensants pour les citoyens soviétiques, ont naturellement provoqué des incidents ayant entraîné des complications regrettables.

En ce qui concerne les formalités et certaines restrictions dans les ports du Nord que vous évoquez, il faut bien tenir compte du fait qu'elles sont inévitables dans les zones du front ou à proximité de celui-ci, et ne pas oublier dans quelle situation la guerre a plongé l'URSS. Nos autorités ont néanmoins accordé de nombreux privilèges à cet égard aux militaires et aux marins britanniques, ce dont votre ambassade a été informée dès le mois de mars. Vos observations au sujet de ces restrictions et formalités reposent donc sur des informations erronées.

En ce qui concerne la question de la censure et des

poursuites à exercer contre les militaires britanniques, je ne vois pas d'inconvénients à ce que le droit de censure du courrier privé du personnel stationné dans les ports du Nord soit exercé par vos autorités, sous réserve de réciprocité. »

« Je viens de recevoir un télégramme de l'oncle Joe, écrivis-je au président ; je pense que vous conviendrez que ce n'est pas précisément ce à quoi l'on pouvait s'attendre de la part d'un monsieur pour le compte duquel nous allons faire un effort extrême, malaisé et fort coûteux. Je pense, ou du moins j'espère, que ce télégramme émane de l'appareil plutôt que de Staline, puisqu'il a fallu douze jours pour le préparer[1]. Dans cette machinerie soviétique, on est absolument persuadé que tout peut s'obtenir par l'intimidation, et je suis certain qu'il importe de lui montrer que ce n'est pas forcément toujours vrai. »

Le 18 octobre, je demandai à l'ambassadeur soviétique de venir me voir. Comme c'était la première fois que je rencontrais M. Gousev, qui avait remplacé Maisky, il me présenta les compliments du maréchal Staline et de M. Molotov ; je lui parlai de l'excellente réputation qu'il s'était faite au Canada. Après ces politesses, nous eûmes une brève conversation au sujet du second front. Je lui exposai très sincèrement le vif désir que nous avions de collaborer avec la Russie en toute amitié, notre conviction qu'elle jouerait un grand rôle dans le monde d'après la guerre – ce dont nous serions fort satisfaits –, et enfin les efforts que nous étions disposés à consentir pour que s'établissent de bonnes relations entre elle et les États-Unis.

J'en vins ensuite au télégramme de Staline au sujet des convois ; je déclarai très brièvement qu'à mon avis, ce message n'arrangerait pas les choses, qu'il m'avait beau-

---

1. Nouvelle manifestation d'une illusion tenace, déjà notée en août 1942 : Staline, un homme naturellement accommodant, serait poussé à l'intransigeance par ses collègues du Kremlin...

coup peiné, que je craignais que toute réponse de ma part ne ferait qu'envenimer la situation, que le ministre des Affaires étrangères étant à Moscou, je l'avais chargé de régler l'affaire sur place, et que par conséquent, je ne désirais pas recevoir ce télégramme. Je tendis alors une enveloppe à l'ambassadeur ; il ouvrit pour voir ce qu'elle contenait et, reconnaissant le télégramme, me déclara qu'il avait reçu pour instructions de me le remettre. « Je ne suis pas disposé à l'accepter », répondis-je, et je me levai pour lui faire comprendre amicalement que notre entretien était terminé. Je me dirigeai vers la porte et l'ouvris ; nous échangeâmes encore quelques paroles sur le seuil au sujet d'une prochaine invitation à un déjeuner, à l'occasion duquel il pourrait discuter avec Mme Churchill de certaines questions en rapport avec son fonds de secours à la Russie, qui venait d'atteindre, lui dis-je, quatre millions de livres. Je ne laissai pas à M. Gousev l'occasion de revenir à la question des convois ou d'essayer de me rendre l'enveloppe, et m'inclinai pour prendre congé.

Le Cabinet de guerre approuva mon refus du télégramme de Staline ; c'était assurément un incident diplomatique inhabituel qui, je l'appris plus tard, impressionna le gouvernement soviétique. En fait, Molotov y fit plusieurs fois allusion au cours de nos conversations. Avant même qu'il eût pu être signalé à Moscou, une certaine inquiétude s'était manifestée dans les milieux soviétiques ; M. Eden me télégraphia le 19 octobre que Molotov était venu le voir à l'ambassade pour l'assurer que son gouvernement attachait beaucoup d'importance aux convois, et que ceux-ci lui avaient terriblement manqué. La route du nord constituait la voie la plus courte et la plus rapide pour faire parvenir du matériel au front, où les Russes traversaient une période difficile ; il leur fallait rompre la ligne défensive que les Allemands avaient constituée pour l'hiver. Molotov promit à Eden d'aborder l'ensemble des questions avec Staline, et de lui ménager un entretien avec le maréchal.

La conversation importante eut lieu le 21 octobre ; dans l'intervalle, afin de renforcer la position d'Eden et à sa suggestion, je suspendis l'appareillage des destroyers britanniques, qui devait constituer la première mesure du processus de reprise des convois. Pour finir, il fut entendu que ceux-ci reprendraient[1]. Le premier partit en novembre et un second suivit en décembre ; ils comptaient à eux deux soixante-douze navires, et tous arrivèrent à bon port, tandis que nous ramenions avec le même succès les bateaux vides.

Le convoi montant de décembre devait fournir l'occasion d'un brillant engagement naval. Après la mise hors de combat du *Tirpitz*, le *Scharnhorst* demeurait le seul grand navire allemand en Norvège du Nord ; il quitta l'Alten Fjord avec cinq destroyers dans la soirée de Noël 1943, afin d'attaquer le convoi à une cinquantaine de milles au sud de l'île aux Ours. L'escorte du convoi avait été renforcée et se composait de quatorze destroyers couverts par trois croiseurs ; l'amiral Fraser, commandant en chef, se tenait au sud-ouest avec le cuirassé *Duke of York*, sur lequel il avait hissé sa marque, ainsi que le croiseur *Jamaica* et quatre destroyers.

Le *Scharnhorst* tenta à deux reprises d'attaquer le convoi, mais il fut à chaque fois intercepté et pris à partie par les croiseurs et les destroyers d'escorte. Après un combat indécis au cours duquel le *Scharnhorst* et le croiseur britannique *Norfolk* furent touchés, les Allemands rompirent l'engagement et se retirèrent vers le sud, tandis que nos croiseurs gardaient le contact. On ne vit à aucun moment les destroyers allemands, qui n'intervinrent pas. Pendant ce temps, le commandant en chef approchait à toute vapeur par grosse mer. À 16 h 17, alors que la faible

---

1. Sans que Churchill ait obtenu la moindre concession de la part de Staline concernant le traitement réservé aux militaires et aux marins britanniques en URSS – ce que le dictateur a naturellement interprété comme un aveu de faiblesse.

lumière du crépuscule arctique s'était depuis longtemps éclipsée, le *Duke of York* détecta son adversaire au radar, à quelque 23 milles de distance. Le *Scharnhorst* ne se rendit compte de rien, jusqu'à ce qu'à 16 h 50, le *Duke of York* ouvrît le feu à 10 000 m, à l'aide d'obus éclairants. Simultanément, l'amiral Fraser détacha ses quatre destroyers, avec mission d'attaquer à la première occasion ; l'un d'eux, le *Stord,* était armé par la marine royale norvégienne. Le *Scharnhorst,* surpris, se déroba vers l'est ; il fut touché à plusieurs reprises au cours du combat qui suivit, mais grâce à sa vitesse supérieure, il prit progressivement de l'avance. À 18 h 20, pourtant, il parut commencer à ralentir, et nos destroyers purent approcher sur chacun de ses flancs. Vers 19 heures, ils attaquèrent simultanément en s'engageant à fond ; quatre torpilles firent mouche. Un seul de nos bâtiments fut touché.

Le *Scharnhorst* vira de bord pour repousser nos destroyers, permettant ainsi au *Duke of York* de se rapprocher rapidement jusqu'à environ 9 000 m, et de rouvrir le feu avec un effet dévastateur. Ce combat inégal entre un cuirassé et un croiseur de bataille déjà très atteint ne dura qu'une demi-heure ; le *Duke of York* laissa les croiseurs et les destroyers achever la besogne. Le *Scharnhorst* ne tarda pas à couler, et nous ne pûmes recueillir que 36 de ses 1 970 officiers et marins ; le contre-amiral Bey fut au nombre des morts.

Le *Tirpitz* blessé ne devait connaître le même sort que près d'un an plus tard, mais la destruction du *Scharnhorst* faisait disparaître la plus grave menace qui pesait sur nos convois arctiques, tout en ménageant à notre Home Fleet une liberté d'action toute nouvelle ; nous n'avions plus à nous tenir constamment en alerte pour intervenir contre les grands navires ennemis qui auraient pu à tout moment essayer de gagner l'Atlantique. C'était un soulagement important.

Lorsqu'en avril 1944, certains indices permirent d'établir que le *Tirpitz* avait été suffisamment réparé pour pouvoir gagner un port de la Baltique, des avions du *Victorious* et du *Furious* l'attaquèrent avec de grosses bombes, et il fut à nouveau immobilisé. La Royal Air Force reprit alors l'attaque à partir d'une base de Russie septentrionale ; elle parvint à lui causer de nouveaux dégâts, si bien que le cuirassé fut conduit dans le fjord de Tromsœ, qui se trouvait plus proche de 200 milles des îles Britanniques, à l'extrême limite du rayon d'action de nos bombardiers lourds. Les Allemands avaient alors renoncé à le faire rentrer en Allemagne pour le réparer, et l'avaient rayé des rôles en tant qu'unité navale combattante. Le 12 novembre, vingt-neuf Lancaster de la RAF spécialement équipés – dont ceux du 617e groupe qui s'était illustré dans la destruction du barrage de Möhne –, lui portèrent le coup de grâce avec des bombes de 12 000 livres. Ils eurent à parcourir plus de 3 000 kilomètres à partir de leur base écossaise, mais le temps était clair et trois bombes atteignirent leur but ; le *Tirpitz* chavira au mouillage, et plus de la moitié de ses 1 900 marins y trouva la mort. Il ne nous en coûta qu'un bombardier, dont l'équipage survécut.

Tous les grands navires britanniques pouvaient désormais être envoyés en Extrême-Orient.

Pendant toute la guerre, 91 bâtiments marchands furent perdus sur la route de l'Arctique, soit 7,8 % de ceux qui portaient des cargaisons à l'aller, et 3,8 % de ceux qui revenaient à vide ; 55 d'entre eux seulement naviguaient dans des convois escortés. Sur les quatre millions de tonnes envoyées d'Amérique et du Royaume-Uni, un huitième fut perdu. En accomplissant cette dure besogne, la marine marchande perdit 829 hommes, tandis que la Royal Navy payait un tribut plus lourd encore. Deux croiseurs et 17 autres bâtiments de guerre furent coulés, 1 840 officiers et marins périrent.

Les quarante convois envoyés en Russie transportèrent un matériel valant l'énorme somme de 428 millions de livres sterling, dont 5 000 chars et plus de 7 000 avions en provenance de la seule Grande-Bretagne. C'est ainsi que nous avions tenu nos promesses, en dépit des nombreux propos vexatoires des dirigeants soviétiques, et de leur rudesse à l'égard de nos marins qui leur apportaient le salut.

Chapitre VI

LA CONFÉRENCE DE TÉHÉRAN : L'OUVERTURE

J'étais à peine rentré de mes visites à la Citadelle, à la Maison-Blanche et à Hyde Park, dans le cadre de la conférence de Québec d'août et septembre 1943, que j'entrepris d'organiser une rencontre entre les trois chefs de gouvernement, pour faire suite logiquement aux entretiens anglo-américains. En principe, tout le monde jugeait une telle réunion aussi urgente qu'impérative, mais ceux qui ne l'ont pas vécue ne peuvent imaginer les tracas et les complications qui présidèrent à la détermination de la date, de l'endroit et des modalités de cette première conférence réunissant ceux que l'on appelait alors les Trois Grands[1].

Plusieurs aspects importants de cette rencontre imminente ne laissaient pas de me préoccuper. Il était urgent de choisir un commandant suprême pour « Overlord », notre entrée en Europe au prix d'une traversée de la Manche en

---

1. Il est tout de même possible de s'en faire une idée : Churchill avait proposé que la conférence se tienne à Scapa Flow, Londres ou Chypre ; Roosevelt pensait à Fairbanks, en Alaska, tandis que Staline, qui refusait de quitter l'URSS, n'acceptait que Moscou, Arkhangelsk ou Astrakhan, puis – par faveur exceptionnelle – Téhéran. Roosevelt avait commencé par refuser catégoriquement Téhéran, mais il finit par céder. Le lieu de la rencontre préliminaire entre Churchill et Roosevelt avait été presque aussi difficile à fixer : Le Caire, Bassora, Malte, Khartoum, et enfin à nouveau Le Caire, où s'ouvrira effectivement la conférence « Sextant » le 23 novembre, cinq jours avant « Eureka », le grand sommet des Trois à Téhéran.

1944 ; ce choix devait bien sûr affecter directement la conduite militaire de la guerre et soulevait nombre de questions personnelles importantes et délicates. À la conférence de Québec, je m'étais déclaré d'accord avec le président pour qu'« Overlord » fût commandé par un officier américain, et j'en avais informé le général Brooke, à qui j'avais précédemment offert ce poste. Le président me laissa entendre qu'il choisirait le général Marshall, ce qui nous donnait toute satisfaction ; mais entre la conférence de Québec et celle du Caire, je m'aperçus que le président n'avait pas définitivement arrêté son choix sur Marshall. Or, toutes les autres dispositions étaient naturellement tributaires de cette décision capitale. Entre-temps, la presse américaine avait fait état de bien des rumeurs, et il fallait s'attendre à des réactions aux Communes.

J'attachais la plus haute importance à ce que les états-majors britanniques et américains, avec au-dessus d'eux le président et moi-même, s'accordent d'une manière générale sur la politique à suivre concernant « Overlord » et ses empiétements sur le théâtre méditerranéen. Toute la puissance militaire des corps expéditionnaires de nos deux pays se trouvait impliquée, et les effectifs britanniques devaient être égaux à ceux des Américains au début d'« Overlord », deux fois plus nombreux en Italie et trois fois plus sur le reste du théâtre méditerranéen. À l'évidence, une concertation s'imposait avant d'inviter les représentants soviétiques, politiques ou militaires, à se joindre à nous. C'était la date plutôt que l'idée qui semblait déplaire au président. Dans les milieux gouvernementaux américains commençait à se faire jour un fort courant d'opinion qui semblait désirer gagner la confiance des Russes, même aux dépens d'une bonne coordination de l'effort de guerre anglo-américain. Quant à moi, j'attachais une importance extrême à ce que nous rencontrions les Russes avec des vues nettes et concordantes sur les problèmes posés par « Overlord » et sur la question des hauts commandements. Je désirais voir les entretiens se dérouler en trois phases : premièrement, un large accord anglo-américain au Caire ; deuxièmement, la conférence suprême entre les chefs de gouvernement des trois grandes puissances à Téhéran ; troisièmement, lors du retour au Caire, une discussion des opérations purement anglo-américaines sur le théâtre de l'Inde et de l'océan Indien, qui était manifestement urgente. Je ne voulais pas que le peu de temps dont nous disposions fût consacré à des questions qui ne présentaient en somme qu'un intérêt secondaire, alors que la décision dont dépendait toute l'évolution de la guerre demandait à être arrêtée, au moins provisoirement. Roosevelt consentait à se rendre d'abord au Caire, mais il voulait que Molotov vînt aussi, de même que les Chinois. Mais rien ne pouvait inciter Staline à compromettre ses relations avec les Japonais en participant à une conférence à quatre avec les trois puissances ennemies de ceux-ci ; il n'était donc pas question qu'il envoyât des représentants au Caire. Ce fut en soi un grand soulagement, mais obtenu au prix de graves perturbations et de fâcheuses conséquences ultérieures.

*
* *

Dans l'après-midi du 12 novembre, je quittai Plymouth à bord du *Renown* avec mon état-major particulier, pour entamer un périple qui devait me tenir éloigné de l'Angleterre pendant plus de deux mois. Ayant fait escale à Alger et à Malte, le *Renown* atteignit Alexandrie dans la matinée du 21 novembre, et je m'envolai aussitôt pour gagner l'aérodrome du désert, à proximité des Pyramides. M. Casey avait mis à ma disposition l'agréable villa qu'il habitait sur une vaste étendue de terrain au milieu des bois de Kasserine, qui sont parsemés de demeures et de jardins luxueux appartenant aux magnats cosmopolites du Caire. Le généralissime et Mme Tchang Kaï-chek avaient déjà été installés à moins d'un kilomètre de là, et le président devait occuper la spacieuse villa de l'ambassadeur américain Kirk, à environ cinq kilomètres sur la route du Caire. J'allai l'accueillir le lendemain matin à l'aérodrome du désert ; il débarqua de son avion, la *Vache sacrée*, et je le conduisis à sa villa.

Nos états-majors se rassemblèrent très vite ; le quartier général de la conférence et le rendez-vous de tous les chefs d'état-major anglais et américains était le Mena House Hotel, en face des Pyramides, dont je n'étais éloigné que de 800 mètres. Tout le secteur grouillait de soldats, était hérissé de canons de DCA, et ses abords étaient gardés de très près. Chacun se mit immédiatement à la tâche dans sa sphère pour attaquer l'immense quantité de questions à trancher ou à ajuster.

Les conséquences redoutées de la présence de Tchang Kaï-chek survinrent effectivement sur ces entrefaites ; les débats entre états-majors britanniques et américains furent malencontreusement détournés de leur objet par les affaires chinoises, qui étaient longues, complexes et secondaires. De plus, on verra que le président, qui accordait une importance exagérée au théâtre d'opérations sino-indien, s'isola bientôt pour mener d'interminables conciliabules avec le généralissime. Voilà qui réduisait à néant tout espoir de persuader Tchang et son épouse d'aller voir les Pyramides et de se distraire jusqu'à notre retour de Téhéran, si bien que la question chinoise occupa la première place au Caire plutôt que la dernière[1]. En dépit de mes objections, le président promit aux Chinois le lancement d'une opération amphibie de grande ampleur à travers le golfe du Bengale au cours des quelques mois suivants[2], ce qui aurait privé « Overlord » des navires de débarquement pour le person-

---

1. Churchill n'a pas imaginé que telle était précisément l'intention de Roosevelt, qui voulait absolument éviter de s'entretenir avec Churchill de stratégie méditerranéenne.

2. C'est l'opération amphibie « Buccaneer », visant à s'emparer des îles Andaman ; en conjonction avec « Tarzan », une sextuple offensive terrestre depuis l'Assam, elle aurait entièrement isolé le dispositif japo-

nel et les chars constituant à présent le goulot d'étranglement – bien davantage que tous mes projets personnels relatifs à la Turquie et à la mer Égée. Nos immenses opérations d'Italie en auraient aussi été dangereusement entravées ; j'écrivis aux chefs d'état-major le 29 novembre : « Le Premier ministre désire qu'il soit pris acte du fait qu'il a spécifiquement rejeté la demande du généralissime tendant à ce que nous entreprenions une opération amphibie en même temps que la campagne terrestre de Birmanie. » Ce fut seulement après notre retour de Téhéran que je parvins à faire revenir le président sur cette promesse. Malgré cela, bien des complications survinrent ; nous en reparlerons.

Je profitai naturellement de l'occasion pour aller rendre visite au généralissime dans la villa où il était confortablement installé avec sa femme. C'était la première fois que je rencontrais Tchang Kaï-chek ; je fus impressionné par sa personnalité calme, réservée et énergique[1]. Il se trouvait alors à l'apogée de sa puissance et de sa renommée ; les Américains le considéraient comme une des forces dominantes dans le monde, comme le champion de la « Nouvelle Asie ». C'était assurément un inébranlable défenseur de la Chine contre les envahisseurs japonais, ainsi qu'un anticommuniste farouche ; on était persuadé dans les milieux américains qu'il serait à la tête de la quatrième grande puissance du monde après la victoire. Toutes ces façons de voir et tous ces ordres de valeur ont été rejetés depuis par beaucoup de ceux qui les

---

nais en Birmanie – avec des effets hautement salutaires pour l'Inde comme pour la Chine.

1. Mais tous les militaires britanniques, à commencer par le général Brooke, ont remarqué l'étonnant degré d'incompétence du généralissime Tchang Kaï-chek en matière de stratégie. L'amiral Mountbatten lui-même, pourtant plus enclin à l'indulgence, notera dans son journal le 22 novembre : « Je me demande s'il connaît quelque chose aux questions militaires. »

soutenaient; quant à moi, qui ne partageais pas à l'époque ces opinions exagérées sur la puissance de Tchang Kaï-chek ou sur l'avenir de la Chine en tant que partenaire, je dois admettre que le généralissime continue à défendre les causes qui lui avaient valu à l'époque un si grand renom. Toutefois, il a été battu depuis lors par les communistes dans son propre pays, ce qui est toujours une bien fâcheuse situation.

J'eus une conversation très agréable avec Mme Tchang Kaï-chek, que je trouvai tout à fait remarquable et charmante. Le président nous fit photographier tous ensemble lors d'une réunion dans sa villa; bien que le généralissime et sa femme soient aujourd'hui considérés par beaucoup de leurs anciens admirateurs comme des réactionnaires endurcis et corrompus, je me plais à conserver cette photographie en souvenir.

Le 24 novembre, le président réunit les chefs de l'état-major combiné en l'absence de la délégation chinoise, afin d'examiner les opérations en Europe et en Méditerranée; nous nous efforçâmes de déterminer les rapports entre les deux théâtres d'opérations et de procéder à un échange de vues avant de nous rendre à Téhéran. Le président parla tout d'abord des répercussions que pouvait avoir sur «Overlord» tout ce que nous ferions dans l'intervalle en Méditerranée, sans oublier la question de l'entrée en guerre de la Turquie.

Lorsque je pris la parole, ce fut pour dire qu'«Overlord» demeurait l'opération capitale, mais qu'elle ne devait pas exercer un effet tyrannique au point d'interdire toute activité en Méditerranée; il fallait par exemple s'accorder un peu de souplesse dans l'emploi des navires de débarquement; le général Alexander avait demandé que leur départ pour le Royaume-Uni soit repoussé du 15 décembre à la mi-janvier. Quatre-vingts LST supplémentaires avaient été commandés aux chantiers navals britanniques et canadiens; nous devions essayer de faire encore mieux. On s'apercevrait probablement que les objets de litige entre états-majors américains et britanniques ne concernaient pas plus du dixième de nos ressources communes, le Pacifique mis à part ; on pouvait certainement introduire une mesure de souplesse. Je désirais néanmoins dissiper toute impression selon laquelle nous aurions faibli ou tiédi au sujet d'« Overlord » — voire que nous chercherions à y renoncer. Bien au contraire, nous y étions engagés jusqu'au cou. Pour résumer, je déclarai que le programme tel que je le préconisais était d'essayer de prendre Rome en janvier et Rhodes en février, de réapprovisionner les Yougoslaves, de régler la question du commandement, de dominer la mer Égée en fonction du résultat des ouvertures faites à la Turquie, et de pousser à fond les préparatifs d'« Overlord » dans le cadre de la politique méditerranéenne définie ci-dessus[1].

Sur ces entrefaites, nous fûmes rejoints par M. Eden, qui arrivait d'Angleterre après ses entretiens de Moscou. Sa venue fut pour moi d'un grand secours. Au retour de la conférence de Moscou, le général Ismay et lui avaient rencontré au Caire le ministre des Affaires étrangères de Turquie et d'autres personnalités turques. Durant leurs conversations, M. Eden avait souligné qu'il nous fallait disposer d'urgence de bases aériennes dans le sud-ouest de l'Anatolie, et il avait expliqué que notre situation à Léros et à Samos était précaire du fait de la supériorité aérienne allemande ; ces deux îles avaient été perdues depuis lors. Il s'était également étendu sur les avantages qu'entraînerait l'entrée en guerre de la Turquie. Tout d'abord, elle obligerait les Bulgares à concentrer leurs forces à la frontière, ce qui contraindrait les Allemands à les remplacer en Grèce et en Yougoslavie, et donc à engager une dizaine de divisions ; deuxièmement, il deviendrait possible d'attaquer le seul objectif susceptible de s'avérer décisif : les puits de pétrole

---

1. C'est précisément cette formulation qui distingue sa stratégie de celle des Américains, qui préconisent l'inverse : une « politique méditerranéenne » uniquement « dans le cadre d'"Overlord" ».

de Ploiesti; troisièmement, l'Allemagne serait privée du chrome turc. Il y avait enfin un avantage moral: l'entrée en guerre de la Turquie pouvait fort bien hâter le processus de désintégration intérieure de l'Allemagne et de ses satellites. Les membres de la délégation turque restèrent insensibles à tous ces arguments, déclarant en substance que la concession de bases en Anatolie équivaudrait à une intervention dans le conflit, et que dès lors, rien n'empêcherait l'Allemagne d'exercer des représailles sur Constantinople, Ankara et Smyrne; ils refusèrent de se laisser convaincre par l'assurance que nous leur fournirions assez d'avions de chasse pour faire face à toute attaque aérienne de la part des Allemands, et que ces derniers étaient déjà si dispersés partout ailleurs qu'ils n'avaient pas de divisions disponibles pour envahir la Turquie. Le seul résultat de ces entretiens fut une promesse de la part de la délégation turque de rendre compte à son gouvernement; étant donné ce qui s'était déroulé sous leurs yeux en mer Égée, on ne pouvait guère leur reprocher une telle prudence.

Il y avait enfin la question du haut commandement. Ni le président ni son entourage immédiat n'abordèrent la question d'une manière quelconque lors des occasions – officielles ou non, mais toujours amicales – où nous fûmes en contact; j'en déduisis donc que le général Marshall commanderait « Overlord », que le général Eisenhower lui succéderait à Washington, et qu'il m'incomberait, en tant que représentant du gouvernement de Sa Majesté, de choisir le commandant du théâtre méditerranéen. À l'époque, je ne doutais pas que ce serait Alexander, qui commandait déjà les opérations en Italie. La question en resta là jusqu'à notre retour au Caire.

On a présenté maintes versions fallacieuses des positions que j'ai prises lors de la conférence de Téhéran, en plein accord avec les chefs d'état-major britanniques[1].

---

1. Dans la version longue des *Mémoires*, Churchill décrit brièvement le voyage qui l'a amené à Téhéran le 27 novembre, ainsi que sa

Selon une légende qui s'est répandue en Amérique, je me serais efforcé d'empêcher l'opération trans-Manche baptisée « Overlord », et j'aurais vainement tenté d'entraîner les Alliés dans quelque invasion massive des Balkans, ou dans une campagne d'envergure en Méditerranée orientale, toutes choses qui auraient effectivement étouffé dans l'œuf l'opération « Overlord ». J'ai déjà démonté et réfuté nombre de ces sottises dans les précédents chapitres, mais il n'est peut-être pas inutile d'exposer ce que je souhaitais réellement et ce que j'obtins dans une très large mesure.

« Overlord », dont les plans étaient alors très avancés[1], devait être déclenché en mai ou en juin, et au plus tard dans les premiers jours de juillet 1944. Le plus haut degré de priorité restait affecté aux troupes chargées de l'exécuter et aux navires qui devaient les transporter. Deuxièmement, il fallait entretenir la grande armée anglo-américaine opérant en Italie, afin de prendre Rome et les aérodromes situés au nord de la capitale, d'où l'attaque aérienne sur l'Allemagne du Sud devenait possible. Une fois cela accompli, nous ne dépasserions pas la ligne Pise-Rimini, c'est-à-dire que nous n'étendrions pas notre front jusqu'à la partie où la péninsule italienne s'élargit. Si ces opérations se heurtaient à une résistance ennemie, elles fixeraient des forces allemandes très importantes, offriraient aux Italiens l'occasion de se racheter et attiseraient en permanence les flammes de la guerre sur cette ligne de front.

À cette époque, je n'étais pas opposé à un débarquement dans le sud de la France – sur la Riviera, avec Toulon et Marseille pour objectifs –, suivi d'une avance anglo-américaine vers le nord, le long de la vallée du Rhône, afin

---

surprise en constatant une fois arrivé que les mesures prises pour protéger les personnalités étaient pour le moins sommaires.

1. C'est beaucoup dire : à l'époque, « Overlord » n'avait pas de commandant, les plans n'étaient que des esquisses, et la première vague de débarquement prévue ne comprenait que trois divisions, à déployer sur un front beaucoup trop étroit de moins de cinquante kilomètres.

d'assister la principale opération d'invasion par la Manche. Mais ma préférence allait à un mouvement vers la droite à partir du nord de l'Italie, en direction de Vienne à travers la péninsule d'Istrie et la trouée de Ljubljana. Je fus ravi d'entendre le président suggérer cette dernière stratégie et j'essayai, comme on le verra, de la lui faire adopter. Pour nous résister, les Allemands seraient obligés de prélever de nombreuses divisions sur les fronts de Russie ou de la Manche ; s'ils ne résistaient pas, nous libérerions à peu de frais d'immenses régions d'une valeur incalculable ; en fait, j'étais certain qu'ils résisteraient, nous permettant ainsi d'apporter à « Overlord » une aide décisive.

Ma troisième requête était que l'on ne négligeât pas la Méditerranée occidentale, avec tous les avantages qu'elle présentait – à condition de n'y engager aucune ressource qui pût être affectée à l'opération trans-Manche. Je restais fidèle en tout cela aux proportions que j'avais mentionnées au général Eisenhower deux mois plus tôt, à savoir quatre cinquièmes pour l'Italie, un dixième pour la Corse et l'Adriatique et un dixième pour la Méditerranée orientale. Sur ce point, je n'ai jamais varié – pas même d'un seul pouce en un an.

Nous étions tous d'accord, Américains, Russes et Britanniques, au sujet des deux premières campagnes, qui absorbaient les neuf dixièmes de nos forces disponibles. Ce que j'avais à demander, c'était l'emploi effectif du dernier dixième en Méditerranée orientale. Les niais diront : « N'aurait-il pas mieux valu tout concentrer sur l'opération décisive et écarter toutes les autres possibilités comme étant de coûteuses diversions ? » C'est ignorer les faits essentiels de la situation : tous les navires de transport de l'hémisphère occidental étaient déjà engagés jusqu'à la dernière tonne pour la préparation d'« Overlord » et l'approvisionnement de notre front d'Italie. Même si l'on avait pu en trouver davantage, il aurait été impossible de les utiliser, parce que les programmes de débarquement mobilisaient au maximum la capacité des ports et des camps disponibles. Par contre, rien de ce qui aurait été nécessaire en Méditerranée orientale n'était utilisable ailleurs ; l'aviation massée pour la défense de l'Égypte pouvait aussi bien, et même mieux, remplir sa mission en opérant à partir d'une frontière plus avancée ; toutes les troupes nécessaires, deux ou trois divisions au maximum, se trouvaient déjà sur place, et il n'y avait pas de navires, hors ressources locales, pour les transporter vers des champs d'action plus vastes. En employant activement et vigoureusement ces forces, destinées autrement à rester simples spectatrices, nous pouvions infliger de graves pertes à l'ennemi[1]. Une fois Rhodes capturé, notre aviation pouvait dominer toute la mer Égée, et nous étions en mesure d'établir un contact maritime direct avec la Turquie. Si, par ailleurs, nous parvenions à persuader la Turquie d'entrer en guerre, ou tout au moins d'interpréter plus largement sa neutralité en nous prêtant les aérodromes que nous avions construits pour elle, nous pouvions également dominer la mer Égée, sans qu'il fût nécessaire de prendre Rhodes. Ce serait un succès dans les deux cas.

Bien entendu, le prix, c'était la Turquie ; si nous pouvions l'emporter, il devenait possible, sans détourner un seul soldat, un seul navire ou un seul avion des batailles décisives, de dominer la mer Noire avec des sous-marins et des forces navales légères, de tendre la main droite à la Russie, et de ravitailler ses armées par une route bien moins coûteuse, plus rapide et d'un rendement très supérieur à celles de l'Arctique et du golfe Persique[2].

---

1. Tout cela n'est attrayant qu'en apparence : des opérations en mer Égée, outre qu'elles auraient ralenti la campagne d'Italie, ne pouvaient manquer de retarder d'au moins un mois le lancement d'« Overlord » – qui devenait impossible à exécuter après juillet 1944. À la différence de ses chefs d'état-major, Churchill refuse obstinément de prendre en compte l'interdépendance des théâtres d'opérations.
2. On retrouve là l'obsession turque, le modèle de la Grande Guerre avec son front balkanique, et bien sûr les lointains échos de Gallipoli avec des « forces navales dominant la mer Noire » et une « main tendue à

Tel était le triple thème que j'exposais avec insistance au président et à Staline en toute occasion, sans hésiter à répéter inlassablement mes arguments. J'aurais pu convaincre Staline, mais le président, obnubilé par les idées préconçues de ses conseillers militaires, ne cessa d'osciller au cours des discussions, de sorte que toutes ces alternatives, secondaires mais séduisantes, furent abandonnées sans qu'on leur laissât une chance. Nos amis américains se trouvèrent confortés dans leur obstination par l'idée que : « de toute façon, nous avons empêché Churchill de nous engluer dans les Balkans. » Jamais pareille idée ne m'était venue à l'esprit. Je considère qu'en s'abstenant d'employer des forces, inutilisables par ailleurs, pour entraîner la Turquie dans le conflit et dominer la mer Égée, nous avons commis dans la conduite de la guerre une erreur qui ne saurait être excusée par le fait que la victoire a été remportée malgré tout.

La première séance plénière se tint à l'ambassade soviétique le dimanche 28 novembre à 16 h[1]. Nous étions assis à une grande table ronde dans une salle de conférences spacieuse et agréable ; j'avais avec moi Eden, Dill, les trois chefs d'état-major et Ismay, le président étant assisté de Harry Hopkins, de l'amiral Leahy, de l'amiral King et de deux autres officiers. Les généraux Marshall et Arnold étaient absents. « Ils avaient mal compris l'heure de la séance, rapporte le biographe de Hopkins, et étaient partis visiter les environs de Téhéran. » J'avais auprès de moi le commandant Birse, mon admirable interprète de l'année précé-

---

la Russie ». Churchill mène toujours la Seconde Guerre avec les souvenirs de la Première...

1. En fait, les Soviétiques, prétendant avoir eu vent d'un complot nazi pour éliminer le président Roosevelt, avaient obtenu que celui-ci loge à l'ambassade d'URSS – où se déroulera l'essentiel de la conférence. L'intérêt pour Staline était naturellement que l'ambassade était truffée de micros. Churchill, bien trop confiant à l'époque, n'avait pas compris la ruse ; il n'est même pas sûr qu'il l'ait comprise au moment de rédiger ce passage de ses *Mémoires*.

dente ; du côté soviétique, ce rôle capital fut à nouveau tenu par Pavlov, et pour les Américains par M. Bohlen, un nouveau venu. Seuls, Molotov et le maréchal Vorochilov accompagnaient Staline, qui était presque mon vis-à-vis.

Voici ce que dit le procès-verbal :

> « Le maréchal Staline a posé au Premier ministre les questions suivantes :
>
> *Question :* Ai-je raison de penser que l'invasion de la France sera entreprise avec trente-cinq divisions ?
>
> *Réponse :* Oui. Des divisions particulièrement puissantes [1].
>
> *Question :* Est-il prévu d'exécuter cette opération au moyen des forces actuellement en Italie ?
>
> *Réponse :* Non. Sept divisions ont déjà été retirées d'Italie et d'Afrique du Nord, ou sont en train de l'être, pour participer à "Overlord". Elles sont nécessaires pour compléter l'effectif de trente-cinq mentionné dans votre première question. Après leur départ, il en restera environ vingt-deux sur le théâtre méditerranéen pour opérer en Italie, ou contre d'autres objectifs. Certaines pourront être employées pour un débarquement dans le sud de la France, ou pour une avance vers le Danube à partir de l'Adriatique. Ces deux opérations seraient synchronisées avec "Overlord". Entretemps, il ne devrait pas être difficile de trouver deux ou trois divisions pour s'emparer des îles de la mer Égée. »

Les conférences officielles furent entrecoupées de conversations que l'on peut juger plus importantes encore, entre Staline, Roosevelt et moi, à l'occasion de déjeuners et de dîners. Tout ou presque pouvait s'y dire et être pris en bonne part. Cette nuit-là, le président fut notre hôte au dîner. Nous étions dix ou onze en comptant les interprètes ; la conversation devint vite générale et prit un tour sérieux.

Après le repas, alors que nous flânions dans la salle, je conduisis Staline à un canapé et lui proposai de parler un

---

1. Churchill s'abstient de mentionner les effectifs de la première vague – peut-être par peur de voir Staline sourire de pitié.

peu de ce qui se passerait après la victoire. Il accepta et nous nous assîmes. Eden vint nous rejoindre. « Voyons tout d'abord, dit le maréchal, le pire qui puisse arriver. » À son avis, l'Allemagne aurait la possibilité de se relever après cette guerre et d'en déclencher une autre dans un avenir relativement rapproché; il craignait une renaissance du nationalisme allemand; la paix avait paru garantie après Versailles, et pourtant, l'Allemagne s'était rétablie très rapidement. Il fallait donc créer une organisation puissante pour l'empêcher de provoquer un nouveau conflit. Il était convaincu qu'elle se relèverait. Quand je lui demandai : « En combien de temps ? » il me répondit : « En quinze ou vingt ans. » Je lui dis que la paix du monde devait être assurée pour au moins un demi-siècle; si elle ne durait que quinze ou vingt ans, nous aurions trahi nos soldats.

Staline pensait qu'il fallait envisager d'imposer des restrictions au potentiel industriel allemand; les Allemands étaient des gens capables, très travailleurs, très habiles, et ils se remettraient rapidement. Je lui répliquai que nous établirions certaines mesures de contrôle, que je serais partisan de leur interdire toute espèce d'aviation, tant civile que militaire, et de leur proscrire le système du grand état-major. « Interdirez-vous aussi, demanda Staline, les usines d'horlogerie et de meubles, qui peuvent très facilement être converties pour fabriquer des éléments d'obus ? Les fusils d'enfant que produisaient les Allemands ont appris à tirer à des centaines de milliers d'hommes.

– Rien n'est définitif, dis-je. La terre continue à tourner. Nous avons maintenant acquis de l'expérience. Notre devoir est d'assurer la paix du monde pour au moins cinquante ans, en désarmant les Allemands, en les empêchant de réarmer, en surveillant leur industrie, en leur interdisant toute aviation et en procédant à des modifications territoriales de grande envergure. Tout dépendra de la capacité de l'URSS, des États-Unis et de la Grande-Bretagne à préserver leur amitié et à surveiller l'Allemagne dans leur intérêt commun. Il ne faudra pas craindre de donner des ordres dès que nous percevrons le moindre danger.

– Un contrôle a existé après la dernière guerre, fit observer Staline, mais il a échoué.

– Nous manquions alors d'expérience, répliquai-je. La dernière guerre n'avait pas un caractère national aussi marqué et la Russie n'était pas présente à la conférence de paix. Il en sera autrement cette fois-ci. » J'avais le sentiment qu'il fallait isoler et réduire la Prusse, que la Bavière, l'Autriche et la Hongrie pourraient constituer une grande confédération pacifique. Je pensais que la Prusse devrait être traitée beaucoup plus durement que les autres parties du Reich, ce qui empêcherait peut-être celles-ci de lier leur sort au sien. Il faut se rappeler qu'il s'agissait là d'un état d'esprit du temps de guerre.

– Tout cela est très bien, mais insuffisant, commenta Staline.

– La Russie, poursuivis-je, aurait son armée, la Grande-Bretagne et les États-Unis, leur flotte et leur aviation. Les trois puissances conserveraient en outre toutes leurs autres ressources. Elles seraient puissamment armées et ne devraient aucunement s'engager à réduire leurs armements. Nous sommes les garants de la paix du monde. Si nous échouons, ce peut être le chaos pendant un siècle. En restant forts, nous serons en mesure d'accomplir notre tâche. Car il ne s'agit pas seulement de sauvegarder la paix du monde. Les trois puissances devraient orienter son avenir. Je ne tiens pas à imposer un quelconque régime à d'autres nations ; ce que je réclame, c'est la liberté et le droit pour tous les pays de se développer comme bon leur semble. Il faut que nous restions amis pour assurer partout le bonheur des foyers. »

De nouveau, Staline me demanda ce qu'il adviendrait de l'Allemagne.

Je lui répondis que je n'étais pas contre les travailleurs allemands, mais uniquement contre les chefs et les associations dangereuses. Il me dit qu'il y avait beaucoup de travailleurs dans les divisions allemandes et qu'ils se battaient sur ordre. Quand il demandait à des prisonniers allemands provenant des classes laborieuses – c'est le mot que donne le procès-verbal, mais il voulait probablement parler du parti communiste – pourquoi ils se battaient pour Hitler, ils répondaient qu'ils exécutaient les ordres. Ceux-là, il les faisait fusiller.

*
* *

Je lui proposai d'aborder la question polonaise; il accepta et me pria de commencer. Je lui dis que c'était à cause de la Pologne que nous avions déclaré la guerre, et qu'elle représentait donc quelque chose qui comptait beaucoup pour nous. Rien n'était plus important que d'assurer la sécurité de la frontière occidentale de la Russie, mais je n'avais pris aucun engagement au sujet des frontières. Je désirais en parler à cœur ouvert avec les Russes; nous pourrions en discuter et aboutir à quelque accord, dès lors que le maréchal voudrait bien nous dire ce qu'il en pensait et ce qu'il estimait nécessaire pour assurer la défense des frontières occidentales de la Russie. À la fin des hostilités, qui pouvait survenir en Europe dès 1944, l'Union soviétique posséderait une puissance écrasante, et toute décision qu'elle prendrait au sujet de la Pologne aurait d'énormes conséquences. Personnellement, j'étais d'avis que la Pologne pourrait s'étendre vers l'ouest, comme un soldat effectuant « une conversion à gauche ». Si, ce faisant, elle écrasait quelques orteils allemands, ce serait tant pis, mais il fallait une Pologne forte ; la Pologne était un instrument nécessaire dans le concert de l'Europe.

Staline déclara que les Polonais avaient leur culture et leur langue, qui devaient subsister ; il ne pouvait être question de les extirper.

« – Et si nous essayions de tracer des frontières ? demandai-je.

– Oui.

– Je n'ai aucun mandat du Parlement pour le faire, et le président non plus, je crois. Nous pourrions toutefois voir ici, à Téhéran, si les trois chefs de gouvernement, agissant de concert, sont capables d'élaborer quelque plan que nous pourrions proposer aux Polonais, en leur conseillant de l'accepter. »

Staline demanda si cela pouvait se faire sans la participation des Polonais. « Oui, répondis-je, nous pourrions les consulter plus tard, après nous être entendus au préalable. » M. Eden fit observer à ce moment qu'il avait été très frappé d'entendre Staline déclarer cet après-midi-là que les Polonais pourraient avancer jusqu'à l'Oder. Il avait vu là une solution d'avenir qui l'avait beaucoup réconforté. Staline demanda si nous pensions qu'il allait avaler la Pologne. Eden répondit qu'il ignorait quelles quantités la Russie s'apprêtait à dévorer; que laisserait-elle intact? Staline déclara alors que les Russes ne désiraient rien de ce qui appartenait à d'autres pays, si ce n'est peut-être un petit morceau de l'Allemagne. Eden dit que ce que la Pologne perdrait à l'est, elle pourrait le regagner à l'ouest. Staline répliqua que c'était possible, mais qu'il n'en savait rien. Sur ce, j'expliquai à l'aide de trois allumettes comment je concevais ce déplacement de la Pologne vers l'ouest. Cela plut à Staline, et nous nous séparâmes là-dessus.

*
* *

La matinée du 29 novembre fut occupée par la conférence des chefs d'état-major britanniques, soviétiques et américains. Comme je savais que Staline et Roosevelt avaient déjà eu une conversation privée et que, bien entendu, ils résidaient dans la même ambassade[1], je fis proposer au président de déjeuner avec moi avant la

---

1. Bien entendu...

seconde séance plénière de l'après-midi. Mais Roosevelt refusa et envoya Harriman pour m'expliquer qu'il ne voulait pas que Staline sache que nous avions des apartés ; j'en fus surpris, car j'estimais que nous devions nous témoigner tous trois la même confiance. Le président eut une nouvelle entrevue avec Staline et Molotov après le déjeuner ; de très importantes questions y furent abordées, en particulier le plan de Roosevelt pour l'administration du monde de l'après-guerre. Elle devrait être assurée par « les quatre agents de police », c'est-à-dire l'URSS, les États-Unis, la Grande-Bretagne et la Chine. La réaction de Staline ne fut pas favorable ; il dit que les « quatre agents de police » ne seraient pas bien accueillis par les petits pays d'Europe. À son avis, la Chine ne serait pas très puissante à la fin des hostilités, et même si elle l'était, les États européens n'accepteraient pas de la voir exercer sur eux une autorité contraignante. En cela, le dirigeant soviétique faisait certes preuve d'une plus grande clairvoyance et d'un sens plus juste des valeurs que le président. Staline ayant proposé de créer à la place un conseil pour l'Europe et un autre pour l'Extrême-Orient – le premier comprenant la Grande-Bretagne, la Russie, les États-Unis et peut-être une autre nation européenne –, Roosevelt répliqua que cela se rapprochait de mon idée de comités régionaux, un pour l'Europe, un autre pour l'Extrême-Orient et un troisième pour les Amériques. Il ne semble pas avoir expliqué que j'envisageais également un conseil suprême des Nations unies, dont les trois comités régionaux seraient les parties constituantes. N'ayant été informé que beaucoup plus tard de ce qui s'était passé, je ne pus corriger cette présentation erronée de mon idée.

Avant l'ouverture de notre deuxième séance plénière à 16 heures, je remis, par délégation du roi, l'épée d'honneur que Sa Majesté avait fait dessiner et forger spécialement pour commémorer la glorieuse défense de Stalingrad. Le vaste hall d'entrée était rempli d'officiers et de soldats russes. Lorsque, après quelques mots d'explication, je tendis l'arme magnifique à Staline, il la porta à ses lèvres en un geste impressionnant et embrassa le fourreau. Après quoi il la remit à Vorochilov, qui la laissa tomber. Elle fut ensuite emportée en grande cérémonie, escortée par une garde d'honneur russe. Tandis que s'éloignait le cortège, je remarquai que le président, assis dans l'angle de la pièce, était visiblement ému par la cérémonie. Nous passâmes alors dans la salle de conférence et reprîmes nos places autour de la table ronde, en compagnie cette fois de tous les chefs d'état-major, qui se mirent en devoir de nous rendre compte des résultats de leurs travaux du matin.

Lors des discussions qui s'ensuivirent, je rappelai à Staline les trois conditions dont dépendait le succès d'« Overlord » : tout d'abord, la puissance de l'aviation de chasse allemande stationnée en Europe du Nord-Ouest devait être suffisamment réduite d'ici le lancement de l'assaut ; deuxièmement, les réserves allemandes en France et aux Pays-Bas ne devaient pas dépasser à cette date l'équivalent de douze divisions mobiles de première ligne à effectifs complets ; troisièmement, il fallait que les Allemands soient hors d'état de prélever sur d'autres fronts plus de quinze divisions de première ligne au cours des soixante premiers jours de l'opération. Pour que ces conditions se trouvent réunies, il était nécessaire de fixer le plus possible d'ennemis en Italie et en Yougoslavie ; si la Turquie entrait en guerre, ce serait une aide supplémentaire, mais ce n'était pas là une condition essentielle. Les Allemands actuellement en Italie venaient pour la plupart de France ; si nous relâchions notre pression en Italie, ils retourneraient en France. Nous devions continuer à engager l'adversaire sur le seul front où nous pouvions le combattre pour le moment ; si nous l'attaquions aussi énergiquement que possible en Méditerranée pendant les mois d'hiver, ce serait la contribution la plus efficace que nous puissions apporter pour créer les conditions nécessaires au succès d'« Overlord ».

Staline demanda ce qui se produirait s'il y avait treize ou quatorze divisions mobiles allemandes en France, et plus de quinze autres prélevables sur d'autres fronts. Cela entraînerait-il l'annulation « Overlord » ?

« Non, certainement pas », répondis-je.

Avant que nous ne levions la séance, Staline me fixa de l'autre côté de la table et dit : « Je désire poser une question très directe au Premier ministre concernant "Overlord". Le Premier ministre et l'état-major britannique croient-ils vraiment à cette opération ? » Je répondis : « Si les conditions que j'ai énumérées sont réunies en temps voulu, notre devoir absolu sera de lancer à travers la Manche jusqu'à la dernière parcelle de nos forces contre les Allemands. »

Sur ce, nous nous séparâmes.

Chapitre VII

LA CONFÉRENCE DE TÉHÉRAN :
APOGÉE ET CONCLUSIONS

Le 30 novembre fut pour moi un jour aussi chargé que mémorable ; c'était mon soixante-neuvième anniversaire, et je le passai presque entièrement à traiter certaines des plus importantes affaires dont j'aie jamais eu à m'occuper. Le fait que le président se soit trouvé en contact privé avec Staline[1], qu'il ait demeuré à l'ambassade soviétique et ait évité de me voir en tête à tête depuis notre départ du Caire, en dépit des relations étroites que nous avions eues jusque-là et de l'interdépendance de nos affaires essentielles, me conduisit à rechercher un entretien personnel avec Staline. J'avais l'impression que le dirigeant russe ne se faisait pas une conception exacte de l'attitude britannique. Sa représentation biaisée pouvait se résumer ainsi : « Churchill et les chefs d'état-major anglais ont l'intention d'empêcher "Overlord" s'ils le peuvent, parce qu'ils veulent envahir les Balkans à la place. » J'avais le devoir de dissiper cette erreur.

---

1. Au cours de ces « contacts privés », Roosevelt s'est entretenu avec Staline de l'avenir du monde d'après-guerre, et même de celui des empires coloniaux, sans vraiment se soucier des intérêts britanniques. C'est ainsi que le président a exposé au dictateur ses visées décolonisatrices, en précisant au sujet de l'Inde qu'il voudrait « la voir réformer en partant de la base, un peu sur le modèle soviétique ». Mais Staline, tempérant quelque peu ses ardeurs, lui a fait remarquer que « la question indienne était compliquée » et qu'« une réforme en partant de la base aboutirait à une révolution » – un avertissement à prendre au sérieux, venant d'un expert en révolutions... Bien entendu, personne n'a jugé utile d'informer Churchill de ces intéressantes considérations.

La date d'exécution d'« Overlord » dépendait des mouvements d'un nombre relativement faible de navires de débarquement. Ceux-ci n'étaient pas nécessaires pour des opérations dans les Balkans. Nous nous étions engagés, par la volonté du président, à monter une opération contre les Japonais dans le golfe du Bengale; il suffisait de l'annuler pour avoir à notre disposition tous les vaisseaux de débarquement dont j'avais besoin, en nous donnant la possibilité de débarquer de vive force deux divisions à la fois sur les côtes d'Italie ou du sud de la France, tout en lançant « Overlord » en mai, comme prévu. J'étais convenu avec le président que c'était le mois à retenir, tandis que lui avait renoncé à la date précise du 1er mai. Cela me donnerait le temps qui m'était nécessaire. Si je pouvais persuader le président de se libérer de la promesse faite à Tchang Kaï-chek en abandonnant le plan d'opérations dans le golfe du Bengale, dont il n'avait jamais été question dans nos conférences de Téhéran, il y aurait assez de navires pour agir en Méditerranée et pour exécuter « Overlord » dans les temps. En l'occurrence, les grands débarquements commencèrent le 6 juin, mais cette date fut décidée bien plus tard, en fonction de la lunaison et de la météorologie plutôt que de mes exigences. Je réussis en effet, après notre retour au Caire, à convaincre le président d'abandonner l'entreprise du golfe du Bengale, comme on le verra par la suite. Je considère donc que j'obtins tout ce que je jugeais indispensable. Mais à Téhéran, en ce matin de Novembre, rien de tout cela n'était assuré; j'étais décidé à faire connaître à Staline les principales données du problème. Je ne me croyais pas en droit de lui dire que le président et moi étions tombés d'accord sur le mois de mai comme date d'« Overlord »; je savais que Roosevelt tenait à le lui annoncer en personne lors du déjeuner qui devait suivre ma conversation avec le maréchal.

Ce compte rendu de mon entretien privé avec Staline est basé sur le procès-verbal rédigé par le commandant Birse, mon fidèle interprète :

J'ai commencé par rappeler au maréchal que j'étais Américain par ma mère et que j'avais une très grande affection pour les Américains. Ce que j'allais dire ne devait pas être considéré comme une critique à leur égard ; je tenais au contraire à être parfaitement loyal envers eux, mais il y avait des choses qu'il valait mieux se dire franchement, d'homme à homme.

Nous avions des effectifs supérieurs à ceux des Américains sur le théâtre méditerranéen, dans une proportion de deux ou trois contre un. C'est pourquoi je voulais éviter dans la mesure du possible que les armées de Méditerranée se voient privées de moyens ; je voulais les utiliser sans interruption. Il y avait en Italie treize ou quatorze divisions, dont neuf ou dix étaient britanniques ; elles étaient réparties en deux armées, la 5e qui était anglo-américaine et la 8e, qui était entièrement britannique. La question avait été posée sous forme d'alternative : ou bien respecter la date prévue pour « Overlord », ou bien poursuivre les opérations en Méditerranée, mais ce tableau était incomplet. Les Américains voulaient me faire exécuter une opération amphibie dans le golfe du Bengale contre les Japonais au mois de mars ; cela ne m'enthousiasmait guère. Si nous gardions en Méditerranée les navires de débarquement nécessaires à l'opération amphibie dans le golfe du Bengale, nous disposerions de moyens suffisants pour accomplir tout ce que je désirais, en respectant la date rapprochée prévue pour « Overlord ». Il ne s'agissait pas de choisir entre la Méditerranée et la date d'« Overlord », mais entre le golfe du Bengale et la date d'« Overlord ». Cependant, les Américains nous imposant une date rigide pour « Overlord », les opérations de Méditerranée en avaient souffert au cours des deux derniers mois. Notre armée d'Italie avait été quelque peu découragée par le retrait de sept divisions ; nous en avions rapatrié trois et les Américains allaient faire partir quatre des leurs, le tout en vue d'« Overlord ». Voilà pourquoi nous n'avions pas pu exploiter à fond l'effondrement de l'Italie, mais cela prouvait aussi que nous nous préparions sérieusement pour « Overlord ».

Staline dit que cela était fort bien.

J'en suis venu à la question des navires de débarquement, et j'ai expliqué une fois de plus comment et pourquoi ils constituaient le goulot d'étranglement. Nous avions des quantités de troupes en Méditerranée, même après le retrait des sept divisions, et il y aurait au Royaume-Uni une armée anglo-américaine suffisante pour l'invasion. Tout dépendait des navires de débarquement. Lorsque Staline avait fait deux jours auparavant sa déclaration capitale selon laquelle la Russie entrerait en guerre contre le Japon après la capitulation d'Hitler, j'avais immédiatement suggéré aux Américains de trouver davantage de chalands de débarquement pour les opérations que l'on nous demandait d'exécuter dans l'océan Indien, ou bien d'en prélever dans le Pacifique pour assister la première vague d'« Overlord ». Ainsi, nous en aurions eu assez pour tout ; mais les Américains étaient très susceptibles dès qu'il s'agissait du Pacifique. Je leur avais fait observer que le Japon serait vaincu beaucoup plus rapidement si la Russie prenait part aux opérations, et qu'ils pouvaient donc se permettre de nous accorder une aide plus importante.

Au fond, les désaccords entre les Américains et moi portaient sur peu de choses. Je n'avais pas la moindre réserve à l'égard d'« Overlord ». Je voulais à la fois obtenir ce dont j'avais besoin en Méditerranée et respecter la date d'« Overlord ». C'était une question de détails à régler entre nos états-majors, et j'avais espéré que l'on y parviendrait au Caire. Malheureusement, Tchang Kaï-chek s'était trouvé là et presque tout notre temps avait été absorbé par les affaires chinoises. Mais j'étais bien sûr que l'on finirait par trouver assez de navires de débarquement pour agir partout.

Au sujet d'« Overlord » : à la date prévue, en mai ou en juin, les Britanniques disposeraient de près de seize divisions, avec leurs éléments de corps d'armée, les équipages des navires d'assaut, la DCA et les services, soit au total un peu plus d'un demi-million d'hommes, qui comprendrait certaines de nos meilleures troupes, dont des unités aguerries venues de Méditerranée. En outre, les Britanniques auraient toutes les forces navales nécessaires pour assurer le transport et appuyer le débarquement, tandis que les forces aériennes métropolitaines, comptant environ 4 000 avions de première ligne, seraient constamment en action. Par ailleurs, les troupes américaines commençaient à arriver ; les États-Unis avaient surtout envoyé jusque-là des unités aériennes et des approvisionnements pour l'armée, mais je comptais voir débarquer au moins 150 000 hommes par mois au cours des quatre ou cinq mois à venir, ce qui ferait en mai un effectif total de sept à huit cent mille hommes ; ce transport avait été rendu possible par la défaite des sous-marins dans l'Atlantique. J'étais partisan d'un débarquement dans le sud de la France à peu près en même temps qu'« Overlord », ou à tout autre moment jugé convenable ; nous fixerions des effectifs ennemis en Italie, et sur les vingt-deux ou vingt-trois divisions de Méditerranée, le plus grand nombre possible serait envoyé dans le sud de la France, le reste demeurant en Italie.

Une grande bataille n'allait pas tarder à s'y livrer. Le général Alexander avait environ 500 000 hommes sous ses ordres. Treize ou quatorze divisions alliées faisaient face à neuf ou dix divisions allemandes ; les conditions météorologiques s'étaient dégradées et des ponts avaient été emportés, mais nous comptions reprendre l'offensive en décembre, avec le général Montgomery à la tête de la 8e armée. Un débarquement amphibie s'effectuerait dans les parages du Tibre ; simultanément, la 5e armée attaquerait vigoureusement pour fixer l'ennemi, et cela pourrait donner un Stalingrad en miniature. Nous ne comptions pas nous engager dans la partie la plus large de l'Italie, mais seulement tenir la jambe étroite de la botte.

Staline tint à me prévenir que l'Armée rouge comptait sur le succès de notre débarquement dans le nord de la France ; s'il n'y avait pas d'opérations en mai 1944, elle en déduirait qu'il n'y en aurait pas de toute l'année. Le temps serait mauvais et il y aurait des difficultés de transport. Il ne voulait pas que l'Armée rouge soit déçue, la déception ne pouvant engendrer que de l'animosité. S'il ne se produisait en 1944 aucun changement important dans la guerre en Europe, les Russes auraient beaucoup de mal à poursuivre la lutte ; ils étaient las de combattre. Aussi craignait-il la naissance d'une impression d'isolement parmi ses soldats. C'est pourquoi il s'était efforcé de savoir si « Overlord » serait bien exécuté à la date promise. Sinon, il lui faudrait prendre des mesures pour empêcher le ressentiment de se répandre au sein de l'Armée rouge. C'était extrêmement important.

Je lui ai dit qu'« Overlord » aurait certainement lieu, pourvu que l'ennemi ne rassemble pas en France des effectifs supérieurs à ceux que les Britanniques et les Américains pouvaient y engager. Si les Allemands disposaient de trente à quarante divisions en France, je pensais que les forces que nous débarquerions sur l'autre rive de la Manche ne pourraient se maintenir ; ce n'était pas le débarquement lui-même que je redoutais, mais plutôt ce qui se passerait le trentième, le quarantième ou le cinquantième jour. Cependant, si l'Armée rouge attaquait l'ennemi tandis que nous le contenions en Italie, et si d'aventure les Turcs entraient en guerre, j'estimais que nous pouvions vaincre.

Staline déclara que dès ses premières phases, « Overlord » aurait un bon effet sur l'Armée rouge et que, s'il était sûr qu'elle aurait lieu en mai ou en juin, il pouvait déjà prévoir de porter de nouveaux coups contre l'Allemagne. Le printemps était la meilleure époque pour agir ; mars et avril étaient des mois de détente qui lui permettraient de concentrer des troupes et du matériel pour attaquer en mai ou en juin. Les Allemands n'auraient pas de divisions à envoyer en France ; ils ne cessaient d'en transporter vers l'Est. Ils craignaient en effet pour leur front de l'Est, car il n'y avait pas là de Manche à traverser ni de France à envahir. Ils redoutaient l'avance de l'Armée rouge ; or, celle-ci avancerait si elle voyait que ses alliés lui venaient en aide. Il a demandé la date du déclenchement d'« Overlord ».

Je lui ai répondu que je ne pouvais en divulguer la date sans l'accord du président, mais qu'il en serait informé au déjeuner, et qu'à mon avis, il aurait tout lieu d'être satisfait.

*
* *

Peu de temps après, le maréchal et moi nous rendîmes séparément aux appartements du président, où il avait invité à déjeuner uniquement « les Trois Grands » (avec leurs interprètes). Roosevelt déclara alors à Staline que nous étions tous deux d'accord pour déclencher « Overlord » au cours du mois de mai. Staline fut manifestement très content et soulagé de cet engagement solennel et direct que nous prenions l'un et l'autre. La conversation porta ensuite sur des sujets moins importants, et je n'ai de notes que concernant la question d'un débouché de la Russie sur la mer et les océans. J'avais toujours considéré comme une mauvaise chose, pouvant provoquer des conflits désastreux, qu'une puissante masse continentale telle que l'empire russe, avec près de deux cents millions d'habitants, se vît refuser tout accès aux eaux libres durant les mois d'hiver.

Après un bref intervalle, la troisième séance plénière s'ouvrit à 16 heures, cette fois encore à l'ambassade de Russie. Tout le monde étant présent, nous étions près d'une trentaine. Sir Alan Brooke annonça qu'à la suite de leur réunion, les chefs d'état-major américains et britanniques avaient recommandé de lancer « Overlord » en mai, « en liaison avec une opération de soutien effectuée dans le sud de la France à une échelle aussi grande que le permettrait le nombre des navires de débarquement disponibles à cette époque ».

Staline déclara qu'il comprenait l'importance de la décision prise par les chefs d'état-major et les difficultés que comportait son exécution. La période dangereuse d'« Overlord » se produirait au moment où les troupes se déploieraient après le débarquement ; les Allemands pouvaient à ce stade ramener des forces du front de l'Est pour susciter le maximum de difficultés à « Overlord ». Afin d'empêcher tout mouvement important d'effectifs allemands, il s'engagea à déclencher une offensive russe sur une grande échelle au mois de mai*. Je demandai s'il y aurait une difficulté quelconque à ce que les trois états-majors coordonnent leurs plans destinés à tromper l'ennemi. Staline expliqua que les Russes en avaient fait un grand usage, employant de faux chars, de faux avions, de faux aérodromes ; la désinformation par radio s'était également montrée très efficace. Il était donc tout à fait partisan d'une collaboration entre les états-majors pour préparer des projets communs de camouflage et d'intoxication. « En temps de guerre, dis-je, la vérité est si précieuse qu'il faut constamment l'entourer d'une escorte de mensonges. » Staline et ses camarades apprécièrent énormément cette phrase quand elle leur fut traduite, sur quoi notre conférence officielle prit fin dans la bonne humeur.

Jusqu'alors, nous nous étions réunis à l'ambassade d'Union soviétique pour nos conférences et nos repas. Mais j'avais revendiqué l'honneur d'offrir le troisième dîner à la légation britannique, ce qui ne pouvait guère m'être refusé. Tout d'abord, la Grande-Bretagne et moi-même venions en premier dans l'ordre alphabétique, et j'avais quatre ou cinq ans de plus que Roosevelt et Staline ; nous représentions le gouvernement le plus anciennement établi, et de plusieurs siècles ; j'aurais même pu ajouter que c'était celui qui était en guerre depuis le plus longtemps, mais je m'en abstins ; enfin, le 30 novembre était le jour de mon anniversaire. Ces arguments, surtout le dernier, emportèrent la décision et notre ministre s'occupa d'organiser un dîner pour une quarantaine de personnes – non seulement les dirigeants politiques et militaires, mais aussi certains de leurs principaux collaborateurs. Le NKVD, la

---

* L'attaque principale des Russes commencera le 23 juin.

police politique soviétique, insista pour fouiller la légation britannique de fond en comble, en regardant derrière chaque porte et sous tous les coussins avant l'arrivée de Staline, et une cinquantaine de policiers en armes, commandés par leur général, se postèrent à proximité de toutes les portes et fenêtres. Le service de sécurité américain était également très en évidence, mais tout se passa fort agréablement. Staline, arrivé avec une puissante escorte, était d'excellente humeur, et le président, assis sur son fauteuil roulant, nous souriait avec plaisir et bienveillance.

Ce fut un des moments mémorables de mon existence; j'avais à ma droite le président des États-Unis et à ma gauche le maître de la Russie; à nous trois, nous contrôlions la plus grande partie des forces navales du monde, les trois quarts de ses forces aériennes, et nous commandions des armées de près de vingt millions d'hommes, engagées dans la plus terrible des guerres jamais menées dans l'histoire de l'humanité. Je ne pouvais que me réjouir à la pensée du long trajet parcouru sur le chemin de la victoire depuis l'été de 1940, lorsque nous nous étions trouvés seuls et pratiquement désarmés, sauf sur mer et dans le ciel, face à la puissance intacte et triomphante de l'Allemagne et de l'Italie, qui disposaient alors de presque toutes les ressources de l'Europe. Pour mon anniversaire, M. Roosevelt me fit don d'un magnifique vase en porcelaine persan, qui fut réduit en miettes pendant le voyage de retour, mais a été admirablement reconstitué ensuite et compte encore parmi mes trésors.

Au cours du dîner, j'eus une conversation fort agréable avec mes deux illustres hôtes. Staline me posa la même question que lors de la conférence: «Qui commandera "Overlord"?» Je répondis que le président n'avait pas encore pris de décision définitive à cet égard, mais que ce serait presque certainement le général Marshall, assis en face de nous à peu de distance, car c'était ce qui avait été envisagé jusque-là. Staline en fut évidemment très satisfait. Il me parla alors du général Brooke et me dit qu'il ne semblait pas aimer les Russes, car il avait été très brusque et cassant à leur égard lors de notre première rencontre à Moscou en août 1942. Je le rassurai en lui faisant observer que les militaires étaient enclins à se montrer abrupts et carrés lorsqu'ils traitaient de questions militaires avec leurs homologues; Staline dit qu'il ne les en aimait que mieux, et il regarda fixement Brooke à travers la pièce.

Le moment venu, je portai un toast à la santé de nos illustres hôtes, et le président en porta un à la mienne, en me souhaitant un joyeux anniversaire. Staline prit le relais et s'exprima dans la même veine.

Beaucoup de toasts moins cérémonieux furent ensuite proposés, conformément à la coutume russe qui convient certes fort bien à des banquets de ce genre. Hopkins prononça un discours fort bien tourné, déclarant entre autres qu'il avait « étudié très longuement et très soigneusement la constitution britannique, qui n'est pas écrite, et le Cabinet de guerre, dont les pouvoirs et la composition ne sont pas nettement définis ». De cette étude, dit-il, « j'ai conclu que les dispositions de la constitution britannique et les pouvoirs du Cabinet de guerre sont exactement ceux qui conviennent à Winston Churchill au moment qui lui convient ». Ces paroles suscitèrent l'hilarité générale. Le lecteur de ces pages sait combien cette affirmation plaisante est peu fondée; il est vrai que je recevais de la part du Parlement et de mes collègues du Cabinet de guerre un appui loyal dans la conduite de la guerre à un point qui était peut-être sans précédent, et qu'il y avait fort peu de questions importantes sur lesquelles je ne pouvais imposer mes vues; mais c'est avec quelque fierté que je rappelai plus d'une fois à mes deux grands camarades que j'étais le seul de notre trinité à pouvoir être renversé à n'importe quel moment par le vote d'une Chambre des communes librement élue au suffrage universel, ou soumis à un contrôle quotidien de la part d'un Cabinet de guerre représentant tous les partis de l'État. La durée de mandat du président était fixée à l'avance, et ses pouvoirs de président comme de commandant en chef étaient presque absolus aux termes de la constitution américaine. Staline paraissait être, et était sans nul doute à ce moment, tout-puissant en Russie. L'un et l'autre pouvaient ordonner, alors qu'il me fallait convaincre et persuader. J'étais heureux qu'il en fût ainsi; le système était certes laborieux, mais je n'avais aucun motif de me plaindre de la façon dont il fonctionnait.

Pendant le dîner, il y eut maints discours, et la plupart des principaux personnages, Molotov et Marshall compris, y apportèrent leur contribution. Mais c'est celui du général Brooke qui m'a le plus marqué. Je cite le compte rendu qu'il a bien voulu m'en faire:

> « Vers le milieu du dîner, le président a porté très aimablement un toast à ma santé, en évoquant l'époque où mon père avait rendu visite au sien à Hyde Park. Alors qu'il concluait et que je pensais combien il me serait facile de répondre à de si bienveillantes paroles, Staline s'est levé et a déclaré qu'il allait achever le toast; après quoi il s'est mis à insinuer que je n'avais pas témoigné de véritables sentiments d'amitié à l'Armée rouge, que je ne savais pas apprécier ses belles qualités, et qu'il espérait bien qu'à l'avenir je pourrais manifester un esprit de camaraderie plus développé envers ses soldats!
>
> J'ai été extrêmement surpris par ces accusations, car je ne voyais pas sur quoi elles pouvaient reposer. Mais je connaissais déjà suffisamment Staline pour savoir que si je laissais passer ces insultes sans répondre, je perdrais toute sa considération, et qu'il reprendrait ces attaques par la suite.
>
> Je me suis donc levé pour remercier le président avec effusion de ses paroles si aimables, après quoi je me suis tourné vers Staline et lui ai dit à peu près ceci:
>
> Monsieur le maréchal, je voudrais maintenant répondre à votre toast. Je suis surpris que vous ayez jugé nécessaire de porter contre moi des accusations si dépourvues de fondement. Vous vous souviendrez sans doute des paroles prononcées ce matin par M. Churchill, alors que nous évoquions la question des plans de camouflage; il a dit:

"À la guerre, la vérité doit avoir une escorte de mensonges." Vous vous souviendrez également de nous avoir dit que, dans toutes vos grandes offensives, vous cachiez toujours soigneusement vos véritables intentions au monde extérieur. Vous nous avez dit que vos chars et vos avions factices étaient toujours massés sur les fronts présentant un intérêt immédiat[1], tandis que vos véritables projets exacts étaient dissimulés derrière l'écran du plus profond secret.

Eh bien! monsieur le maréchal, vous vous êtes laissé tromper par des chars et des avions factices, qui vous ont empêché de voir les sentiments de profonde amitié que j'ai pour l'Armée rouge, et ceux de véritable camaraderie que j'éprouve pour tous ses soldats. »

À mesure que Pavlov interprétait, phrase par phrase, je surveillais attentivement l'expression de Staline; il restait de marbre. Mais à la fin, il se tourna vers moi et me dit avec un plaisir évident : « Cet homme me plaît. Il sonne vrai. Il faudra que j'aie un entretien avec lui tout à l'heure. »

Nous passâmes enfin dans l'antichambre, et là, chacun se mêla à des groupes changeants. J'eus l'impression que la solidarité et la bonne camaraderie n'avaient encore jamais atteint un tel degré dans la Grande Alliance. Je n'avais pas invité Randolph et Sarah au dîner, mais ils entrèrent pendant que l'on portait des toasts à mon anniversaire. Staline les prit alors à part et les salua avec la plus grande chaleur. Quant au président, il les connaissait naturellement fort bien.

En circulant parmi les groupes, je vis Staline, au milieu d'un petit cercle, en face de « Brookie », comme je l'appelais. Le général poursuit ainsi son récit :

---

1. Certainement une erreur, qui apparaît déjà dans la version de 1951. À l'évidence, Brooke avait dû écrire au contraire : « les fronts *ne présentant pas* d'intérêt immédiat » – ce qui est confirmé par le journal du général Brooke lui-même, où l'on trouve cette version : « *sur les fronts qu'il n'allait pas attaquer* » (Lord Alan Brooke, *War Diaries 1939-1945*, Londres, Weidenfeld & Nicolson, Londres, 1981, p. 487).

« Comme nous sortions de la pièce, le Premier ministre me dit qu'il s'était demandé avec quelque inquiétude ce que j'allais dire après avoir parlé de "vérité" et de "mensonges". Mais il me réconforta en affirmant que ma réponse avait produit sur Staline l'effet désiré. Je décidai donc de retourner à la charge dans l'antichambre. J'allai trouver Staline et lui dis combien j'avais été surpris et peiné des accusations qu'il avait jugé bon de porter contre moi dans son toast. Il me fit aussitôt répondre par Pavlov : "Les meilleures amitiés sont celles qui se fondent sur des malentendus", puis il me serra chaleureusement la main. »

Il me sembla que tous les nuages s'étaient dissipés, et de fait, la confiance de Staline en mon ami s'établit dès lors sur une base de respect et de bonne volonté qui ne se démentirent jamais, aussi longtemps que nous travaillâmes tous ensemble.

Il devait être plus de deux heures du matin quand nous nous séparâmes. Le maréchal repartit en compagnie de son escorte, et le président fut reconduit jusqu'à ses appartements de l'ambassade soviétique. J'allai me coucher, fatigué mais content, sûr que tout s'était passé pour le mieux. En tout cas, ce fut pour moi un heureux anniversaire.

Le 1er décembre, nos longs et difficiles pourparlers de Téhéran arrivèrent à leur terme. Les accords militaires qui y furent conclus allaient déterminer dans l'ensemble le déroulement des opérations futures. Le franchissement de la Manche avait été fixé au mois de mai, sous réserve, naturellement, des conditions de lune et de marée ; il devait être assisté par une nouvelle offensive majeure de la part des Russes. De prime abord, j'étais favorable au projet de débarquer une partie des armées alliées d'Italie sur la côte méridionale de la France ; il n'avait pas encore été examiné en détail, mais du seul fait que les Russes et les Américains en étaient partisans, il devenait plus facile de se procurer les navires de débarquement nécessaires au succès de notre campagne d'Italie et à la prise de Rome, sans lesquels le projet eût échoué. J'étais naturellement plus séduit par la variante qu'avait proposée le président, consistant en une action sur la droite à partir de l'Italie, par l'Istrie et Trieste à travers la trouée de Ljubljana, avec Vienne pour ultime objectif. Tout cela était encore éloigné de cinq ou six mois; nous aurions grandement le temps de faire un choix définitif en fonction du développement général de la guerre, pourvu que l'on ne paralysât pas nos armées d'Italie en les privant du petit nombre de navires de débarquement qui leur était nécessaire. Maintes opérations amphibies ou semi-amphibies étaient du domaine des possibilités. J'escomptais que les opérations par mer dans le golfe du Bengale seraient abandonnées, et je ne me trompais pas, ainsi qu'on le verra dans le chapitre suivant. J'étais heureux de voir que plusieurs possibilités de choix importantes nous restaient ouvertes. Nous allions reprendre nos vigoureux efforts pour faire entrer la Turquie dans la guerre, avec tout ce qui pourrait s'ensuivre en mer Égée et en découler dans la mer Noire; à cet égard, nous devions être déçus. En observant l'ensemble de la situation militaire au moment où nous nous séparions dans une atmosphère d'amitié et d'unité quant aux objectifs immédiats, je m'estimais personnellement fort satisfait.

*
* *

Les perspectives politiques étaient à la fois plus lointaines et plus incertaines; elles dépendaient manifestement du résultat des grandes batailles à venir, et ensuite des dispositions de chacun des Alliés après la victoire. À Téhéran, il n'eût pas été convenable pour les démocraties occidentales de fonder leurs plans sur des soupçons à l'égard de l'attitude qu'adopterait la Russie à l'heure du triomphe, une fois disparus tous les dangers qui la menaçaient. La promesse faite par Staline de déclarer la guerre au Japon une fois Hitler renversé et ses armées vaincues était de la plus haute importance; le grand espoir pour l'avenir, c'était de terminer la guerre au plus vite et d'établir une organisation mondiale qui soit capable d'empêcher la naissance d'un nouveau conflit, en étant fondée sur la force combinée des trois grandes puissances dont les dirigeants venaient de s'unir en toute amitié autour du tapis vert.

Nous avions obtenu pour la Finlande un traitement adouci qui, dans l'ensemble, est encore en vigueur aujourd'hui[1]; les frontières de la Pologne avaient été esquissées à grands traits tant à l'est qu'à l'ouest : la « ligne Curzon » à l'est, selon des modalités qui restaient à interpréter, et celle de l'Oder à l'ouest, paraissaient offrir une patrie réelle et durable à la nation polonaise après toutes ses épreuves. À cette époque, la question du choix entre la Neisse orientale et la Neisse occidentale, qui se jettent l'une et l'autre dans l'Oder, ne s'était pas posée ; lorsqu'elle le fut à la conférence de Potsdam en juillet 1945, sous une forme violente et dans des conditions entièrement différentes, je déclarai aussitôt que la Grande-Bretagne n'accepterait que l'affluent oriental. Je n'ai pas varié depuis.

Lors de cette première étape, la question capitale du traitement de l'Allemagne par ses vainqueurs ne pouvait faire l'objet que de « l'étude préliminaire d'un vaste problème politique » et, ainsi que l'avait dit Staline, « certainement très préliminaire ». Il faut se souvenir du fait que nous nous trouvions alors engagés à fond dans une lutte sans merci contre la grande puissance nazie ; nous étions exposés à tous les aléas de la guerre, et toutes les passions soulevées par la camaraderie des Alliés comme par leur désir de se venger de l'ennemi commun dominaient nos esprits. Les projets esquissés par le président pour démembrer l'Allemagne en

---

1. De fait, Churchill s'est beaucoup engagé en faveur des Finlandais, allant jusqu'à dire qu'il « espérait voir la Finlande sortir de la guerre avant le printemps » et même que « le peuple britannique serait mécontent si les Finlandais étaient incorporés à l'Union soviétique contre leur gré ».

cinq États autonomes et deux territoires, d'une importance capitale au regard des Nations unies, étaient naturellement bien plus acceptables pour le maréchal Staline que ma proposition d'isoler la Prusse et de constituer une Confédération danubienne, ou bien une Allemagne du Sud parallèlement à cette Confédération. Ce n'était là qu'une opinion personnelle, mais je ne regrette nullement de l'avoir formulée dans les circonstances où nous nous trouvions à Téhéran.

Nous redoutions tous profondément la puissance d'une Allemagne unifiée. La Prusse avait à elle seule une grande histoire. Je pensais qu'il serait possible de conclure avec elle une paix sévère mais honorable, tout en recréant, sous une forme moderne, ce qui avait été autrefois l'empire austro-hongrois – dont on avait dit à juste titre que « s'il n'existait pas, il faudrait l'inventer[1] ». Ainsi se serait constituée une vaste région où aurait régné non seulement la paix, mais encore l'amitié, bien plus tôt qu'avec n'importe quel autre plan ; on aurait pu former ainsi une Europe unie, permettant aux vainqueurs comme aux vaincus d'assurer solidement la vie et la liberté de leurs peuples tourmentés.

Mes opinions n'ont pas varié sur ce vaste problème, mais la dure réalité des faits nous a imposé des changements immenses et désastreux. Les frontières polonaises n'existent que de nom, et la Pologne frémit sous le joug du communisme russe ; l'Allemagne a bien été partagée, mais seulement au prix d'un hideux découpage en zones d'occupation militaires. De cette tragédie, tout ce que l'on peut dire, c'est qu'ELLE NE SAURAIT DURER.

---

[1]. La phrase avait été prononcée en 1848 par l'historien et nationaliste tchèque Frantisek Palacky.

Chapitre VIII

CARTHAGE ET MARRAKECH

Je revins au Caire le 2 décembre et me réinstallai dans la villa près des Pyramides. Le président arriva le même soir et nous reprîmes nos entretiens en tête à tête sur l'ensemble de la guerre et sur les résultats de nos conversations avec Staline. Les membres du Comité des chefs d'état-major combinés, qui avaient agrémenté leur retour par une visite à Jérusalem, devaient continuer le lendemain la discussion de tous leurs grands problèmes. L'amiral Mountbatten avait regagné les Indes, d'où il avait envoyé sur demande un plan révisé pour l'attaque amphibie contre les îles Andaman (opération « Buccaneer »); elle absorberait les navires de débarquement si précieux que nous lui avions déjà envoyés de Méditerranée. Je voulus faire une ultime tentative pour gagner les Américains à l'entreprise concurrente: celle de Rhodes.

Je dînai à nouveau le lendemain soir avec le président; Eden m'accompagnait. Nous restâmes à table jusqu'après minuit, en poursuivant la discussion sur nos points de désaccord. Je partageai les vues de nos chefs d'état-major, qui s'inquiétaient beaucoup de la promesse faite par le président au généralissime Tchang Kaï-chek de lancer prochainement une attaque dans le golfe du Bengale. Elle aurait définitivement balayé tous mes espoirs de prendre Rhodes; or, j'estimais que l'entrée en guerre de la Turquie en dépendait dans une large mesure. Mais M. Roosevelt y était attaché de tout son cœur[1]. Lorsque nos chefs d'état-major soulevèrent la question devant leurs collègues américains, ceux-ci refusèrent purement et simplement d'en discuter, au motif que le président avait pris sa décision et qu'il ne leur restait plus qu'à obéir.

Dans l'après-midi du 4 décembre, nous tînmes notre première séance plénière depuis Téhéran, mais fîmes peu de progrès. Le président commença par déclarer qu'il lui fallait partir le 6 décembre, et que tous les documents soumis à l'agrément des deux parties devraient être prêts dans la soirée du dimanche 5 décembre. En dehors de la question de l'entrée en guerre de la Turquie, il semblait que le seul point encore en litige fût d'importance relativement minime, puisqu'il s'agissait de l'emploi d'une vingtaine de navires de débarquement et de leur matériel; il était inconcevable que l'on se laissât arrêter par un détail aussi insignifiant, et le président se crut tenu de dire qu'il *fallait* absolument régler ce détail.

Je déclarai que je ne voulais pas laisser à la conférence le moindre doute quant à l'inquiétude éprouvée par la délégation britannique au sujet de cette dispersion prématurée. Beaucoup de questions d'importance primordiale restaient à régler. Deux événements décisifs s'étaient produits au cours des quelques jours précédents : d'abord, le maréchal Staline avait spontanément annoncé que la Russie déclarerait la guerre au Japon sitôt la défaite de l'Allemagne consommée ; nous obtiendrions ainsi des bases bien meilleures que celles qui pourraient jamais être disponibles en Chine, et il devenait d'autant plus important de concentrer nos efforts sur « Overlord » pour en assurer le succès. Les chefs d'état-major auraient à examiner les répercussions de ce fait nouveau sur les opérations du Pacifique et de l'Asie du Sud-Est.

---

1. La formulation peut prêter à confusion : il faut bien sûr comprendre que le président était attaché à l'opération « Buccaneer » contre les îles Andaman.

L'autre événement de première importance était la décision de franchir la Manche en mai. Personnellement, j'aurais préféré le mois de juillet, mais je n'en étais pas moins décidé à faire tout mon possible pour que nous remportions en mai un succès complet. C'était là une tâche qui transcendait toutes les autres. Un million d'Américains allait finir par y participer, de même que cinq à six cent mille Britanniques ; il fallait s'attendre à des batailles colossales, sur une échelle bien plus vaste que tout ce que nous avions connu jusqu'alors. Pour donner à « Overlord » les plus grandes chances de succès, on avait estimé nécessaire de renforcer au maximum le débarquement sur la Riviera (opération « Anvil »). Il me semblait que le moment critique pour les armées d'invasion se présenterait vers le trentième jour, et il était essentiel de créer ailleurs des diversions, afin d'empêcher les Allemands de concentrer des forces supérieures face à nos têtes de pont. Dès que les troupes d'« Overlord » et d'« Anvil » parviendraient dans la même zone, elles passeraient sous une autorité commune.

Le président, résumant la discussion, demanda s'il avait raison de penser que l'accord était réalisé sur les points suivants :

a) Ne rien faire qui puisse gêner « Overlord ».

b) Ne rien faire qui puisse gêner « Anvil ».

c) Nous procurer par tous les moyens un nombre de chalands de débarquement suffisant pour opérer en Méditerranée orientale si la Turquie entrait en guerre.

d) Dire à l'amiral Mountbatten d'aller de l'avant et de faire de son mieux [dans la baie du Bengale] avec ce qui lui avait déjà été attribué.

Au sujet de ce dernier point, je suggérai qu'il pourrait être nécessaire de prélever sur les ressources de Mountbatten pour renforcer « Overlord » et « Anvil ». Le président déclara ne pouvoir donner son accord à cette proposition ; nous avions l'obligation morale de faire quelque chose pour la Chine, et il n'était pas disposé à renoncer à l'opération amphibie, sauf pour quelque raison évidente et péremptoire. Je répondis que cette « raison péremptoire » pouvait être constituée par notre entreprise suprême en France ; pour l'heure, l'assaut initial d'« Overlord » devait s'effectuer avec trois divisions seulement, alors que nous avions débarqué neuf divisions en Sicile dès le premier jour. L'opération principale disposait actuellement d'une marge vraiment très étroite.

Revenant à l'attaque sur la Riviera, j'exprimai l'opinion que l'on devrait se baser sur un assaut initial d'au moins deux divisions, ce qui nous laisserait assez de navires de débarquement pour exécuter des opérations de débordement en Italie, et aussi pour prendre Rhodes au cas où la Turquie entrerait en guerre[1]. Je soulignai alors que les opérations en Asie du Sud-Est devaient être jugées en fonction de leurs rapports avec « Overlord », l'entreprise capitale. J'avais été surpris des demandes formulées par l'amiral Mountbatten pour prendre les îles Andaman. Depuis que le maréchal Staline avait promis une intervention russe en Extrême-Orient, les opérations sur le théâtre du Sud-Est asiatique avaient perdu beaucoup de leur importance, alors qu'au contraire les estimations de leur coût avaient atteint un niveau prohibitif.

La discussion se poursuivit pour savoir s'il fallait ou non renoncer au projet des îles Andaman ; le président résista aux pressions britanniques en faveur de leur abandon. Aucune décision ne fut prise, excepté celle d'inviter les chefs d'état-major à examiner la question en détail.

Nous nous réunîmes à nouveau le 5 décembre ; le rapport des chefs d'état-major combinés au sujet du théâtre européen fut lu par le président et approuvé. Il ne restait plus en sus-

---

1. On remarquera que Churchill vient de changer son fusil d'épaule : jusque-là, il a toujours préconisé une opération contre Rhodes pour *décider* la Turquie à entrer en guerre. Ce revirement est manifestement dû aux pressions des Américains – et à celles de son propre état-major.

pens que l'opération d'Extrême-Orient. Rhodes étant désormais passé à l'arrière-plan, je m'efforçai de récupérer des navires de débarquement au profit d'« Anvil » et de la Méditerranée. Un nouveau facteur était intervenu : les demandes d'effectifs pour la conquête des îles Andaman, présentées par le commandement suprême en Asie du Sud-Est, s'étaient révélées renversantes. Le président jugeait que 14 000 hommes devraient suffire, mais le chiffre proposé de 50 000 mit un terme au projet d'expédition dès cette réunion. Il fut entendu que pour le moment, on demanderait à Mountbatten quelles opérations amphibies il pouvait entreprendre sur une échelle plus réduite, en partant du principe que la plus grande partie des navires de débarquement et d'assaut serait retirée d'Asie du Sud-Est au cours des prochaines semaines. Nous nous séparâmes là-dessus, en laissant M. Roosevelt fort marri.

Au Caire, pourtant, nous finîmes par sortir de l'impasse : dans l'après-midi, le président, après avoir pris l'avis de ses conseillers, décida d'abandonner le plan des îles Andaman. Il m'envoya un message personnel laconique : « "Buccaneer" est liquidé. » J'annonçai cette nouvelle à mots couverts au général Ismay par téléphone, en lui disant que le président avait changé d'avis et qu'il en informait Tchang Kaï-chek. Le général Ismay me rappelle que je prononçai alors cette phrase : « Celui qui maîtrise son propre esprit est plus grand que celui qui prend une ville*. » Le lendemain soir à 19 h 30, nous nous réunîmes tous pour examiner le rapport final de la conférence ; l'opération contre le sud de la France fut officiellement approuvée, et le président nous lut son message informant le généralissime Tchang Kaï-chek qu'il avait décidé d'abandonner le plan d'attaque des îles Andaman.

L'un des objectifs principaux de notre réunion du Caire avait été de reprendre les pourparlers avec les dirigeants turcs. Le 1er décembre, j'avais télégraphié de Téhéran au président Inönü pour lui proposer de rejoindre le

---

* Proverbes. XVI. 32.

président et moi-même au Caire ; il fut entendu que Vychinsky serait également présent. Ces conversations découlaient des échanges de vues que M. Eden avait eus avec le ministre des Affaires étrangères turc au début de novembre, à son retour de Moscou. Les Turcs arrivèrent donc au Caire le 4 décembre, et le lendemain soir, je reçus le président Inönü à dîner. Mon hôte fit preuve de la plus grande prudence, et au cours des réunions suivantes, il montra à quel point ses conseillers restaient impressionnés par la machine militaire allemande. J'insistai beaucoup[1] ; avec l'élimination de l'Italie, les avantages que la Turquie retirerait d'une entrée en guerre étaient manifestement accrus, et les risques diminués.

Les Turcs partirent bientôt pour rendre compte à leur parlement, et il fut entendu que dans l'intervalle, on réunirait des spécialistes britanniques pour organiser les premières phases de l'opération visant à installer une force alliée en Turquie[2]. Les choses en restèrent là pour le moment ; lorsque Noël arriva, je commençai à me résigner au fait de voir la Turquie rester neutre.

Au cours de nos nombreux entretiens du Caire, le président n'avait jamais fait allusion à la question capitale et urgente du commandement d'« Overlord » ; je pensais donc que nos dispositions premières restaient valables. Mais à la veille de son départ du Caire, il me fit connaître sa décision définitive : alors que nous nous rendions aux Pyramides dans son automobile, il me dit presque en passant qu'il ne pouvait se passer du général Marshall, dont la forte influence

---

1. Dans un français qui ne s'est guère amélioré depuis l'entrevue d'Adana... Devant la perplexité des Turcs, Eden, dont le français est impeccable, s'offre à servir d'interprète ; mais après quelques phrases seulement, Churchill l'interrompt par cette injonction péremptoire : « Arrête de traduire mon français en français ! »
2. « Opération Saturn ». Tous les détails de ce plan sans lendemain seront transmis à Berlin, après avoir été photographiés dans la résidence de l'ambassadeur de Grande-Bretagne à Ankara par le valet « Cicéron ».

à la tête des affaires militaires, sous l'autorité présidentielle, était inestimable et indispensable à la bonne conduite de la guerre ; il se proposait donc de donner le commandement d'« Overlord » à Eisenhower, et me demanda ce que j'en pensais. Je répondis que c'était à lui de décider, mais que nous avions également la plus haute considération pour le général Eisenhower, et que c'était de grand cœur que nous accepterions de lui confier nos destinées.

Jusque-là, j'avais cru qu'Eisenhower irait à Washington en tant que chef d'état-major général de l'armée, tandis que Marshall prendrait le commandement d'« Overlord » ; Eisenhower en avait également eu vent, et la perspective de quitter la Méditerranée pour rallier la capitale américaine le navrait. Tout était désormais réglé : Eisenhower pour « Overlord », Marshall à Washington et un commandant en chef britannique en Méditerranée.

Le biographe de M. Hopkins a fait le récit exhaustif des atermoiements et des longues hésitations du président, en précisant que Roosevelt avait pris sa décision le dimanche 5 décembre, « en faisant fi des conseils presque passionnés de Hopkins et de Stimson, des préférences avouées de Staline et de Churchill, et même de ses propres penchants tels qu'ils les avaient publiquement exprimés ». M. Sherwood cite ensuite ce passage d'une note que lui écrivit le général Marshall après la guerre : « Si j'ai bonne mémoire, le président déclara pour conclure notre entretien : "Je sens que je ne pourrais pas dormir la nuit si vous quittiez le pays*." » Il ne fait guère de doute que le président considérait que le seul commandement d'« Overlord » était insuffisant pour justifier le départ de Washington du général Marshall[1].

---

* Sherwood, *Roosevelt and Hopkins*, p. 802-803.

1. Allusion discrète au fait que le président Roosevelt avait proposé dès l'été de 1943 que le général Marshall soit nommé commandant suprême pour l'ensemble des théâtres européens – Manche et Méditerranée compris. Mais à Téhéran, les chefs d'état-major britanniques avaient persuadé leurs homologues américains d'y renoncer.

Nos travaux étant enfin terminés, je reçus à dîner dans la villa les membres du Comité des chefs d'état-major combinés, M. Eden, M. Casey et deux ou trois autres personnes. Je me souviens d'avoir été frappé par l'optimisme qui régnait dans les milieux du haut commandement ; quelqu'un avança l'idée qu'Hitler ne serait pas assez fort pour résister à la campagne de printemps, et qu'il pourrait s'effondrer avant même le déclenchement d'« Overlord ». Je fus si impressionné par ce courant d'opinion que je fis un tour de table pour demander à chacun de donner son avis. Toutes les autorités militaires avaient tendance à estimer que l'effondrement allemand était imminent, tandis que les trois hommes politiques présents étaient d'un avis contraire. Évidemment, dans ces affaires considérables dont dépendent tant de vies humaines, on en est bien souvent réduit aux conjectures. Tant de choses demeurent ignorées et incalculables ! Qui peut dire ce qu'est la faiblesse de l'ennemi derrière sa façade étincelante et son masque d'airain ? À quel moment sa résolution cédera-t-elle ? Quand sera-t-il abattu ?

*
* *

Le président n'avait pas eu le temps de faire du tourisme, mais je ne pouvais le laisser partir sans sans qu'il eût vu le Sphinx. Un jour, après le thé, je lui dis : « Il faut venir maintenant. » Nous partîmes aussitôt en voiture, et examinâmes sous tous les angles cette merveille du monde. Roosevelt et moi le contemplâmes en silence pendant quelques minutes, tandis que les ombres du soir commençaient à s'étendre. Le Sphinx demeura muet et garda son sourire énigmatique ; il était inutile d'attendre davantage. Le 7 décembre, j'allai dire adieu à mon grand ami qui s'envolait de l'aérodrome situé derrière les Pyramides.

Ma santé avait beaucoup laissé à désirer durant ce séjour et cette conférence ; lorsque celle-ci tira à sa fin, je me rendis compte que j'étais très fatigué. Je remarquai par exemple que je ne m'essuyais plus après mon bain, mais restais étendu sur mon lit, enveloppé d'un peignoir pour me laisser sécher naturellement.

Le 11 décembre, peu après minuit, je m'envolai pour Tunis avec ma suite. J'avais prévu de passer une nuit dans la villa du général Eisenhower, de me rendre le lendemain auprès d'Alexander, puis de gagner le quartier général de Montgomery en Italie, où l'on signalait un temps affreux et des avances aussi réduites qu'irrégulières.

L'aube nous trouva au-dessus des aérodromes de Tunis. Un signal nous avertit de ne pas atterrir à l'endroit prévu, et l'on nous dirigea sur un autre terrain, à une soixantaine de kilomètres de là. Nous descendîmes tous d'avion et l'on commença à décharger les bagages ; il était à prévoir que les voitures n'arriveraient pas avant une heure et que nous aurions ensuite un long trajet à parcourir. Assis sur mes valises de documents près des avions, je me sentais complètement épuisé. À ce moment parvint un message téléphonique du général Eisenhower, qui nous attendait au premier aérodrome ; il précisait que nous avions été déroutés par erreur et que l'atterrissage était parfaitement possible sur le premier aérodrome. Nous remontâmes donc dans notre appareil, et dix minutes plus tard, nous avions rejoint Eisenhower à deux pas de sa villa. Ike, qui était l'hospitalité faite homme, nous avait attendus pendant deux heures sans rien perdre de sa bonne humeur. Je montai dans sa voiture, et lui dis après que nous ayons roulé un temps : « Je crains bien d'être obligé de rester chez vous plus longtemps que prévu. Je suis complètement épuisé et ne pourrai repartir vers le front qu'après avoir repris quelques forces. »

Je dormis toute la journée, et le lendemain, j'avais de la fièvre et des symptômes à la base du poumon qui furent interprétés comme annonçant une pneumonie. Je me trouvai donc, à ce moment essentiel, cloué au lit parmi les ruines de l'antique Carthage.

*

* *

Lorsque la radiographie révéla une opacité sur un de mes poumons, je m'aperçus que lord Moran avait tout diagnostiqué et tout prévu ; le Dr Bedford, d'autres sommités médicales du théâtre méditerranéen et d'excellentes infirmières accoururent aussitôt de toutes parts, comme par magie. L'admirable M. and B.[1], qui ne me causa absolument aucun malaise, fut employé dès le début, et après une semaine de fièvre, les intrus furent refoulés. Lord Moran assure qu'il me jugea en danger à un certain moment, mais je n'étais pas de cet avis, car je ne m'étais pas senti aussi malade qu'au mois de février précédent[2]. Le M. and B., que j'appelais aussi Moran et Bedford, s'acquitta parfaitement de sa tâche ; il ne fait guère de doute que la pneumonie n'est plus ce qu'elle était avant la découverte de ce merveilleux médicament. Je n'abandonnai pas un seul instant mon rôle dans la direction des affaires, et il n'y eut pas le moindre retard dans les décisions que j'avais à prendre.

Il m'incombait dans l'immédiat, en tant que ministre de la Défense nationale responsable devant le Cabinet de guerre, de proposer le nom d'un commandant en chef britannique pour le théâtre d'opérations méditerranéen. Nous confiâmes ces fonctions au général Wilson, étant entendu que le général Alexander continuerait à diriger la campagne d'Italie, comme il l'avait fait sous l'autorité du général Eisenhower ; il fut également décidé que le général Devers, de l'armée américaine, serait nommé adjoint de Wilson pour la Méditerranée, le maréchal de l'Air Tedder adjoint d'Eisenhower dans l'opération « Overlord », et enfin que le

---

1. Voir *supra*, p. 453.
2. En tenant compte malgré tout du fait qu'il a confié cette fois à sa fille Sarah : « Ne t'inquiète pas. Si je meurs maintenant, c'est sans importance. Tous les plans ont été faits pour la victoire, et ce n'est plus qu'une question de temps. »

général Montgomery commanderait directement les forces d'invasion débarquant sur l'autre rive de la Manche, jusqu'à ce que le commandant suprême puisse transférer son quartier général en France et assumer lui-même la direction des opérations. Tout cela se fit sans le moindre heurt, en parfaite harmonie entre le président et moi, avec l'approbation de tout le cabinet, et fut mis en œuvre par les intéressés dans le plus parfait esprit de camaraderie et d'amitié.

Mais les jours passaient dans un malaise continuel ; la fièvre monta et baissa. Je vivais avec mes idées sur la guerre, en ayant l'impression d'être comme détaché de moi-même. Les docteurs essayèrent d'empêcher les documents d'arriver jusqu'à mon lit, mais je leur tins tête[1]. Ils ne cessaient de me répéter : « Ne travaillez pas, ne vous faites pas de souci » – à tel point que je décidai de lire un roman. J'avais lu longtemps auparavant *Sense and Sensibility*, de Jane Austen, et je choisis cette fois *Pride and Prejudice*. Sarah me le lut magnifiquement, assise au pied de mon lit. J'avais toujours pensé qu'il serait supérieur à son rival. Quelle vie calme menaient ces gens ! Ils ne se préoccupaient ni de la Révolution française ni de la gigantesque tourmente des guerres napoléoniennes, mais des convenances qui contenaient du mieux qu'elles pouvaient les passions, et des infortunes expliquées avec le raffinement d'esprits cultivés. Tout cela semblait s'accorder parfaitement avec le M. and B...

Un matin, Sarah n'étant pas à son poste au pied de mon lit, j'étais sur le point de réclamer mes liasses de télégrammes aux heures défendues, lorsqu'elle entra avec sa mère. J'étais loin de me douter que ma femme avait pris l'avion pour me rejoindre. Elle s'était rendue en hâte à l'aéroport pour prendre un bimoteur Dakota. Le temps était mauvais, mais lord Beaverbrook veillait ; il était arrivé

---

[1]. À ce stade, les médecins redoutent moins la pneumonie que les palpitations cardiaques de leur patient, avec risque de formation de caillots et d'embolie.

avant elle à l'aérodrome et l'avait empêchée de partir jusqu'à l'arrivée d'un quadrimoteur (j'ai toujours pensé qu'il vallait mieux disposer de quatre moteurs pour de longues traversées au-dessus de la mer). Elle venait donc d'arriver après un voyage très pénible dans un avion sans chauffage au beau milieu de l'hiver. Jack Colville l'avait accompagnée, et mon état-major particulier, qui avait tant de travail, accueillit ce renfort avec joie. « Mes amitiés à Clemmie », câbla le président. « Je suis soulagé de savoir que vous êtes maintenant sous les ordres d'une autorité supérieure. »

Pendant que je gisais ainsi sur mon lit, je sentais que nous avions atteint l'un des points culminants de la guerre. La préparation d'« Overlord » constituait le plus grand événement et la plus grande obligation du monde. Mais devions-nous saborder tout ce qui était à notre portée en Italie, où se trouvait engagée la majeure partie de nos forces combattant outre-mer ? Allions-nous l'abandonner comme un étang dont nous aurions retiré le dernier poisson ? Je considérais que cette campagne d'Italie, dans laquelle étaient engagés un million ou plus de soldats britanniques et alliés, était l'accompagnement fidèle et indispensable, l'homologue de la grande opération trans-Manche. Voilà un domaine où le système américain, précis, logique, à grande échelle et produisant en série, s'avérait redoutable. Dans la vie, il faut tout d'abord enseigner aux gens à « se concentrer sur l'essentiel ». C'est incontestablement le premier pas à faire pour sortir de la confusion et de l'aveuglement, mais ce n'est que le premier pas ; à la guerre, la seconde étape consiste à harmoniser les efforts en faisant concorder tous les éléments, en ne laissant inutilisée aucune parcelle de force à aucun instant. J'étais sûr qu'une vigoureuse campagne en Italie au cours des six premiers mois de 1944 apporterait le maximum d'aide à l'opération capitale du franchissement de la Manche, sur laquelle tous les esprits étaient concentrés et pour laquelle tous les engagements avaient été pris. Mais il fallait se battre pour le moindre élément qu'un officier d'état-major déclarait « essentiel » ou « vital » – autant de mots bien galvaudés –, comme si le succès ou l'échec de notre entreprise principale en dépendait ; on se disputait pour douze ou vingt transports de véhicules, comme s'ils devaient décider du sort de notre opération suprême.

L'affaire m'apparaissait dans sa brutale simplicité : les navires que nous possédions seraient tous employés à transporter en Angleterre l'ensemble de ce que les États-Unis pourraient fournir en hommes et en matériel. Mais dès lors, les forces considérables qu'il était impossible d'enlever par mer au théâtre italien ne devraient-elles pas jouer leur rôle ? Ou bien elles s'assureraient facilement du territoire italien et planteraient aussitôt leurs crocs dans le front intérieur allemand, ou bien elles détourneraient de nombreuses unités allemandes du front que nous allions attaquer sur l'autre rive de la Manche au cours des derniers jours de mai ou des premiers jours de juin, selon ce que commanderaient la lune et les marées.

*
* *

L'impasse dans laquelle avaient été entraînées nos armées d'Italie par la farouche résistance des Allemands sur un front de 130 kilomètres d'une mer à l'autre avait déjà conduit le général Eisenhower à envisager un débordement amphibie. Il avait projeté de faire débarquer au sud du Tibre une division qui foncerait sur Rome, en coordonnant son action avec une attaque des armées principales ; l'immobilisation de ces dernières et le fait que le débarquement devait s'effectuer à distance de celles-ci faisaient penser à tout le monde qu'il faudrait plus d'une division. Bien sûr, j'avais toujours été partisan d'un débordement par le flanc, d'un *end-run* comme disent les Américains, d'un *cat-claw* comme je préférais dire moi-même. Je n'avais jamais réussi à faire inclure cette manœuvre, rendue possible par la puissance maritime, dans nos offensives du désert. Mais en Sicile, le général Patton avait utilisé deux fois avec beaucoup de succès la maîtrise du flanc maritime pour déborder l'ennemi.

Je reçus un fort soutien de la part des militaires. Eisenhower s'était déjà engagé en principe, quoique sa récente nomination au commandement d'« Overlord » lui donnât maintenant un sens différent des valeurs et un nouvel horizon ; Alexander, commandant suprême adjoint et chef des armées d'Italie, jugeait l'opération opportune et nécessaire ; Bedell Smith se montrait ardent et coopératif à tous égards ; c'était également le cas de l'amiral John Cunningham, qui avait en main toutes les cartes navales, et du maréchal de l'Air Tedder. J'avais donc pour moi un puissant aréopage d'autorités militaires de Méditerranée. En outre, j'étais certain que le plan plairait aux chefs d'état-major britanniques et que, fort de leur appui, j'obtiendrais l'approbation du Cabinet de guerre. Quand on ne peut donner des ordres, il faut savoir accepter de longs et pénibles labeurs.

Je me lançais dans l'entreprise le 19 décembre, lorsque le chef d'état-major impérial vint me voir à Carthage en rentrant du quartier général italien de Montgomery ; nous avions espéré nous y rendre ensemble, mais ma maladie m'en avait empêché. Nous eûmes une discussion approfondie et je constatai que le général Brooke était arrivé par une voie différente à la même conclusion que moi. Nous nous mîmes d'accord sur la façon de procéder : tandis que je m'occuperais des commandants sur place, il ferait de son mieux pour aplanir les difficultés en Angleterre. Sur quoi il prit l'avion pour Londres.

Les chefs d'état-major avaient manifestement eu la même idée, car, après avoir entendu le rapport du général Brooke, ils me câblèrent le 22 décembre : « Nous sommes pleinement d'accord avec vous pour penser que la stagnation actuelle ne peut être tolérée plus longtemps. La solution, comme vous le dites, consiste évidemment à faire usage de notre puissance amphibie pour frapper en tournant le flanc de l'ennemi et ouvrir la voie à une marche rapide sur Rome. [...] Nous pensons qu'il faudrait chercher à obtenir les moyens de transporter deux divisions... » Ayant expliqué que ce nouveau plan obligerait à abandonner le projet de capture de Rhodes et celui d'une opération amphibie mineure sur la côte de l'Arakan en Birmanie[1], ils conclurent par ces mots : « Si vous approuvez les considérations énoncées ci-dessus, nous nous proposons de soulever la question lors de la réunion des chefs d'état-major combinés, afin que des mesures dans ce sens soient prises sans délai. »

Ceci nous conduisit à dresser un inventaire précis de nos ressources. Certains navires de débarquement qui devaient participer à l'opération contre les Andaman, désormais abandonnée, étaient déjà en route pour la Méditerranée en passant par l'océan Indien ; d'autres devaient regagner l'Angleterre en prévision d'« Overlord ». Tous étaient très demandés.

Je dirigeai une conférence à Carthage pendant toute la matinée de Noël, en présence d'Eisenhower, d'Alexander, de Bedell Smith, de Wilson, de Tedder, de l'amiral John Cunningham et d'autres officiers supérieurs ; il ne manquait que le général Mark Clark, commandant la 5e armée. Je déplorai cette omission, car c'est son armée qui se vit finalement confier l'opération, et il aurait dû en connaître toutes les coulisses. Nous fûmes d'accord à l'unanimité pour estimer qu'il ne faudrait pas moins de deux divisions ; à l'époque, j'envisageais un assaut donné par deux divisions britanniques prélevées sur la 8e armée, dont le général Leese allait prendre le commandement en succession de Montgomery. Je pensais que l'opération comportait des risques mortels pour les troupes débarquées, aussi préférais-je les courir avec des unités

---

1. C'est l'opération « Pigstick », destinée à isoler le port d'Akyab, sur le golfe du Bengale ; elle sera effectivement abandonnée après le retrait de ses deux derniers LST.

britanniques, parce que c'était devant la Grande-Bretagne que j'étais responsable. De plus, une telle force d'assaut aurait eu l'avantage d'être homogène.

Tout dépendait des chalands de débarquement, qui bridèrent très étroitement notre stratégie pendant plusieurs semaines; avec la date rigide fixée pour « Overlord » et la nécessité de faire arriver, de réparer et de caréner un peu moins d'une centaine de ces petits bâtiments, tous les plans se trouvaient comme pris dans une camisole de force. Nous sortîmes, non sans dommages, de cette situation périlleuse, mais je dois aussi avouer qu'absorbé comme je l'étais par la lutte sur le principe même, je ne réussis pas à obtenir, et n'osai même pas réclamer, tout le poids et l'ampleur qu'il aurait fallu accorder au débordement amphibie. En fait, il y avait assez de LST pour exécuter l'opération telle qu'elle était prévue, et à mon avis, si les exigences extravagantes de la machine militaire avaient été réduites, nous aurions pu jeter au sud du Tibre des effectifs encore supérieurs et pleinement mobiles, sans nuire à nos autres engagements. Mais toute la question se traita dans le cadre des exigences routinières de l'armée et des dates précises de départ des LST affectés à « Overlord » – en tenant pleinement compte, bien entendu, des aléas présentés par la traversée du golfe de Gascogne en hiver, ainsi que des marges de temps calculées au plus large pour leur remise en état. Si j'avais demandé des moyens de transport pour trois divisions, je n'aurais rien eu du tout. Comme il faut souvent se contenter dans la vie de ce qu'on peut obtenir! Pourtant, mieux vaudrait faire les choses comme elles doivent être faites.

À l'issue de notre conférence, j'envoyai un message au président, ainsi qu'un autre similaire à Londres. Je pris soin d'y exposer très carrément l'essentiel:

> « Après avoir gardé si longtemps ces cinquante-six LST en Méditerranée, il semblerait illogique de les en retirer juste au moment où ils peuvent rendre des services décisifs. En outre,

que pourrait-il y avoir de plus dangereux que de laisser la bataille d'Italie stagner et s'enliser pendant trois mois encore ? Nous ne pouvons nous permettre d'aller de l'avant en laissant inachevée derrière nous une aussi vaste besogne. Il a donc paru nécessaire aux hommes présents à la conférence de tout faire pour exécuter l'affaire d'Anzio sur la base de deux divisions vers le 20 janvier, et le général Alexander a reçu l'ordre d'effectuer des préparatifs en conséquence. Si nous ne saisissons pas cette occasion, nous devons nous attendre à l'effondrement de notre campagne méditerranéenne de 1944. J'espère donc très vivement que vous pourrez consentir aux trois semaines de retard dans le renvoi des cinquante-six chalands de débarquement, et que toutes les autorités intéressées recevront des instructions pour que ce retard n'affecte en rien l'exécution d'"Overlord" au mois de mai. »

Lord Moran estima que je pouvais quitter Carthage après Noël, mais il exigea que je prenne trois semaines de convalescence quelque part. Et quel meilleur endroit choisir que la ravissante villa de Marrakech, où le président et moi avions séjourné après la conférence de Casablanca un an plus tôt ? Tout avait été organisé durant les quelques jours précédents ; j'allais être l'hôte de l'armée américaine à Marrakech. On estimait aussi que j'avais séjourné assez longtemps à Carthage pour que l'ennemi pût m'y repérer. Des navires légers devaient patrouiller sans cesse dans la baie, face à la villa, pour le cas où quelque *U-Boat* aurait tenté une attaque-surprise ; un raid d'avions à long rayon d'action pouvait également se produire. Ma protection personnelle était assurée par un bataillon de Coldstream Guards. J'étais trop malade ou trop occupé pour que l'on me consultât sur toutes ces mesures, mais je voyais dans mon cher Marrakech le havre où je pourrais retrouver toutes mes forces.

À l'extérieur de la villa, un magnifique piquet d'honneur des Coldstream Guards s'était rassemblé. Je ne m'étais pas rendu compte à quel point la maladie m'avait affaibli ; il me fut très difficile de les passer en revue et de monter dans l'automobile. Le vol devait s'effectuer à 1 800 mètres, les services météorologiques ayant annoncé un ciel dégagé. Cependant, lorsque nous approchâmes des hauteurs de la Tunisie, j'aperçus bon nombre de gros nuages floconneux, virant au noir, qui se formaient autour de nous ; deux ou trois heures plus tard, nous volions plus souvent dans le brouillard que dans un ciel clair. Je n'ai jamais aimé ce que l'on appelle les « nuages farcis » – c'est-à-dire des nuages au milieu des montagnes – et d'autre part, il me paraissait injuste d'obliger mes compagnons à suivre un itinéraire compliqué parmi les diverses vallées pour rester en dessous de 2 000 mètres. Je fis donc venir le pilote et lui dis de voler à 600 mètres au moins au-dessus du sommet de la plus haute montagne située dans un rayon de 150 kilomètres de son parcours. Lord Moran donna son accord et de l'oxygène nous fut administré par un opérateur chevronné, qui avait été détaché spécialement pour ce voyage. Nous montâmes vers le ciel bleu ; je n'éprouvai pas le moindre malaise, et nous fîmes un atterrissage parfait sur l'aérodrome de Marrakech vers 16 heures. Le second appareil, qui suivait rigoureusement ses instructions, fit un vol très pénible et dangereux parmi les divers cols et défilés, dont beaucoup furent franchis avec une visibilité très occasionnelle sur les montagnes qui se dressaient alentour. À basse altitude, le temps était franchement mauvais ; l'avion arriva une heure après le nôtre, avec une de ses portes arrachée et presque tous ses passagers fort mal en point. Je fus navré qu'ils se fussent exposés à tant de risques et d'inconfort à cause de moi ; ils auraient pu voler dans des conditions parfaites à 3 600, ou même à 3 300 mètres.

Rien n'aurait pu dépasser en confort, et même en luxe, les aménagements de ma nouvelle demeure, et tout le monde se montra à mon égard d'une gentillesse sans égale. Mais dans mon esprit, une idée dominait toutes les autres : quelle serait la réponse du président à mon télégramme ? Je l'attendais avec une profonde anxiété, me rappelant l'opposition sourde, systématique, dédaignant toutes considérations de mesure et de coordination, qu'avait rencontrée l'ensemble de mes projets en Méditerranée. Je réclamais à présent une opération très risquée sur la côte d'Italie, pouvant entraîner un retard de trois semaines à dater du 1er mai – et même de quatre en fonction de la lunaison – dans le déclenchement de l'opération trans-Manche. J'avais obtenu l'accord des commandants sur le terrain ; les chefs d'état-major britanniques avaient toujours approuvé le principe de l'opération, et se déclaraient maintenant satisfaits des détails. Qu'allaient dire les Américains de ces quatre semaines de retard affectant « Overlord » ? Mais à celui qui est épuisé, la bénédiction du sommeil est rarement refusée.

*
* *

J'avoue que ce fut avec une joie mêlée de surprise que je reçus le 28 décembre un télégramme de M. Roosevelt, dans lequel il acceptait de reporter le départ des cinquante-six LST, « pourvu qu'"Overlord" demeure l'opération suprême et soit lancée à la date acceptée au Caire comme à Téhéran ». Je lui répondis : « Grâce soit rendue à Dieu pour cette décision avisée, qui nous engagera une fois encore à l'unisson dans une grande entreprise. »

Les chefs d'état-major en Angleterre, et tout particulièrement l'Amirauté, avaient effectivement fait de gros efforts pour permettre la réalisation du mouvement tournant, et je me hâtai de les féliciter. Le télégramme du président était une merveille ; j'étais convaincu que je le devais non seulement à sa bienveillance, mais à la pondération de Marshall, à la loyauté d'Eisenhower envers une mission dont il allait être déchargé, ainsi qu'à la diplomatie active, intelligente et bien informée de Bedell Smith [1].

Alexander nous envoya son plan le même jour. Après

---

1. Conviction parfaitement fondée dans les trois cas – et surtout dans le premier.

en avoir conféré avec les généraux Mark Clark et Brian Robertson[1], il avait décidé d'employer une division britannique et une division américaine ; les blindés, les parachutistes et les commandos seraient de même fournis à parts égales par les deux pays, et un chef de corps américain commanderait l'ensemble. L'opération serait lancée le 20 janvier ; dix jours auparavant, il déclencherait une grande offensive contre Cassino pour attirer les réserves allemandes. Les armées principales se lanceraient ensuite en avant. J'étais pleinement satisfait : jusque-là, tout allait bien.

Je décidai de rentrer à Londres avant le choc d'Anzio ; le 14 janvier, par un temps magnifique, nous nous envolâmes donc tous pour Gibraltar, où m'attendait le *King George V*. Il sortit de la baie d'Algésiras le 15 janvier, prit du large dans l'Atlantique et nous conduisit à Plymouth. Après un voyage reposant, nous fûmes accueillis par le Cabinet de guerre et les chefs d'état-major, qui paraissaient réellement heureux de me voir rentrer. J'étais resté loin de l'Angleterre pendant plus de deux mois, et ils s'étaient beaucoup inquiétés du fait de ma maladie comme de mes activités[2]. Ce fut vraiment un beau retour au pays, et j'en fus profondément reconnaissant à tous mes fidèles amis et collaborateurs.

---

1. Fils du maréchal William Robertson, chef de l'état-major impérial durant la Grande Guerre.
2. Surtout les plus récentes, comme son intervention directe dans la planification de l'opération d'Anzio depuis la villa mauresque de Mrs Taylor. « Winston essaye de gagner la guerre depuis Marrakech, notait dans son journal le chef de l'état-major impérial dès le 7 janvier... Seigneur, si seulement il rentrait en Angleterre, où nous pourrions le contenir. »

Chapitre IX

LE MARÉCHAL TITO ; LES TOURMENTS DE LA GRÈCE

Le lecteur doit maintenant revenir en arrière pour prendre connaissance d'une sombre et cruelle affaire qui a été dépassée par le récit des principaux événements. Depuis son invasion par les forces hitlériennes et sa défaite en avril 1941, la Yougoslavie avait été le théâtre de scènes effroyables. Le jeune roi courageux[1] s'était réfugié en Angleterre avec ceux des ministres du prince Paul et autres membres du gouvernement qui avaient défié l'assaut allemand. La farouche guérilla que les Serbes avaient menée des siècles durant contre les Turcs reprit donc dans les montagnes ; le général Mihaïlovitch en fut le premier et le plus éminent champion, ralliant autour de lui les survivants de *l'élite*[2] yougoslave. Sa lutte passa presque inaperçue dans le tourbillon des événements mondiaux ; elle fait partie de « la somme incommensurable des misères humaines ». Mihaïlovitch eut à souffrir, en tant que chef de guérilla, du fait que beaucoup de ses partisans étaient des hommes très connus, ayant des amis et des connaissances en Serbie, ainsi que des biens et des relations aisément repérables ailleurs. Les Allemands adoptèrent donc une politique de chantage meurtrière ; ils ripostèrent aux actes de la guérilla en fusillant des fournées de 400 à 500 personnes prises en otage à Belgrade. Sous cette pression, Mihaïlovitch se trouva graduellement acculé à une

---
1. Pierre II.
2. En français dans le texte.

position telle que certains de ses subordonnés transigèrent avec les troupes allemandes et italiennes pour qu'on les laissât tranquilles dans certaines régions montagneuses – en échange de quoi ils ne feraient rien, ou presque rien, contre l'ennemi[1]. Ceux qui ont victorieusement surmonté toutes ces épreuves peuvent flétrir son nom, mais l'histoire, plus clairvoyante, ne devrait pas l'effacer de la liste des patriotes serbes. À l'automne de 1941, la résistance serbe à la terreur allemande n'était plus qu'une ombre; la lutte nationale ne pouvait plus être soutenue que par la vaillance innée du peuple lui-même – et il n'en manquait certes pas.

Les partisans engagèrent contre les Allemands un combat farouche et acharné. Parmi eux, Tito ne tarda pas à se distinguer, puis à dominer. Tito, ainsi qu'il se faisait appeler, était un communiste formé par les Soviétiques qui, jusqu'au moment où la Russie fut envahie par Hitler et après l'attaque contre la Yougoslavie, fomenta des grèves politiques le long de la côte dalmate en application de la politique générale du Komintern[2]. Mais dès qu'il eut réalisé, dans son cœur et dans son esprit, l'union entre ses doctrines communistes et son ardent dévouement à la cause de sa patrie tourmentée, il devint un chef entouré de partisans qui n'avaient rien à perdre que leur vie, mais étaient résolus à la vendre chèrement. Voilà qui posait aux Allemands un problème impossible à résoudre par des exécutions massives de notables; ils se trouvaient face à des hommes animés de l'énergie du désespoir, qu'il fallait

---

1. Dans un premier brouillon, Churchill écrivait plus brutalement : « Mihaïlovitch avait obtenu pour ses forces une sorte de neutralité, en passant un accord avec l'ennemi. » Mais la contre-vérité avait paru trop flagrante à son « consortium » pour subsister dans une histoire raisonnablement objective de la Seconde Guerre mondiale.

2. Churchill oublie de mentionner qu'il ignorait tout à l'époque de l'ancien agent du Komintern « Walter » – ce qui explique d'ailleurs bien des erreurs de calcul subséquentes.

débusquer dans leurs repaires. Les partisans, sous le commandement de Tito, se procurèrent des armes en les prenant à l'ennemi, et leur nombre s'accrut rapidement. Les représailles contre les otages ou les villages, si sanglantes fussent-elles, ne pouvaient les arrêter; pour eux, c'était la liberté ou la mort. Ils ne tardèrent pas à causer de graves dommages aux Allemands, et se rendirent maîtres de vastes régions.

Il était inévitable que le mouvement des partisans entrât aussi violemment en conflit avec ses compatriotes qui ne résistaient qu'à demi, ou qui négociaient leur sécurité avec l'ennemi commun. Ils violèrent délibérément tous les accords conclus avec celui-ci par les tchetniks – nom donné à ceux qui suivaient le général Mihaïlovitch. Les Allemands fusillèrent alors les otages tchetniks qui, pour se venger, leur donnèrent des renseignements au sujet des partisans[1]. Tout cela se passait de manière sporadique et incontrôlable dans ces sauvages régions montagneuses; ce fut une tragédie à l'intérieur d'une tragédie.

*
* *

J'avais suivi ces événements autant qu'il m'était possible, au milieu de bien d'autres préoccupations. Nous ne pouvions guère apporter d'aide, en dehors de quelques maigres parachutages de matériel. Notre quartier général du Moyen-Orient était responsable de toutes les opérations menées sur ce théâtre, et il avait établi un réseau d'agents et d'officiers de liaison avec les hommes de Mihaïlovitch. Lorsque, pendant l'été de 1943, nous fîmes irruption en Sicile et en Italie, je ne cessai de penser aux Balkans, et surtout à la Yougoslavie; jusqu'alors, nos missions n'avaient été en contact qu'avec les bandes de

---

1. Une version churchillienne et fort peu crédible des événements de Yougoslavie durant cette période.

Mihaïlovitch, qui représentaient la résistance officielle aux Allemands et étaient reconnues par le gouvernement yougoslave du Caire. En mai 1943, nous changeâmes de politique ; il fut décidé d'envoyer de petits groupes d'officiers et de sous-officiers prendre contact avec les partisans yougoslaves, bien qu'un farouche conflit les opposât aux tchetniks et que Tito, en tant que communiste, fît la guerre non seulement aux envahisseurs allemands, mais encore à la monarchie serbe et à Mihaïlovitch. À la fin du mois de mai, le capitaine Deakin, un professeur d'Oxford qui m'avait aidé dans mes travaux littéraires pendant les cinq années précédant la guerre, fut parachuté pour établir une mission auprès de Tito. D'autres missions britanniques suivirent, et en juin, nous avions déjà réuni beaucoup d'informations. Les chefs d'état-major écrivirent le 6 juin : « Il est évident, d'après les informations dont dispose le *War Office*, que les tchetniks sont irrémédiablement compromis par leurs relations avec l'Axe en Herzégovine et au Monténégro. Au cours des récents combats dans cette dernière région, ce sont des partisans bien organisés plutôt que des tchetniks qui ont immobilisé les forces de l'Axe. »

Vers la fin du mois, j'en vins à examiner la façon d'exploiter au mieux la résistance locale en Yougoslavie. Après avoir réclamé toute la documentation, je présidai une conférence des chefs d'état-major à Downing Street le 23 juin ; au cours de la discussion, je soulignai la très grande importance qu'il y avait à soutenir le plus efficacement possible le mouvement yougoslave contre l'Axe, qui fixait environ 33 divisions ennemies dans ce pays. L'affaire était si importante que je donnai l'ordre de réunir le petit nombre d'avions supplémentaires qui permettraient d'accroître notre aide, même aux dépens de la campagne de bombardement contre l'Allemagne et de la lutte anti-sous-marine.

Avant de partir pour Québec, je décidai d'ouvrir la voie à une nouvelle extension des opérations dans les

Balkans, en nommant un officier supérieur à la tête d'une mission plus importante qui serait déléguée auprès des partisans, avec pleins pouvoirs pour me présenter directement des recommandations en vue de futures initiatives à leur égard; M. Fitzroy Maclean était député, intrépide de nature et issu du *Foreign Office*[1]. Cette mission fut parachutée en Yougoslavie au mois de septembre 1943, et y trouva une situation radicalement transformée: la nouvelle de la capitulation italienne n'était parvenue dans le pays que par les communiqués officiels; mais, bien que n'ayant reçu aucune information de notre part, Tito sut agir d'une manière rapide et fructueuse. En quelques semaines, les partisans avaient désarmé six divisions italiennes, tandis que deux autres se joignaient à eux pour lutter contre les Allemands. Grâce aux armes ainsi obtenues, les Yougoslaves purent équiper 80 000 hommes de plus, et occuper temporairement la plus grande partie de la côte adriatique. Nous avions désormais une bonne chance de renforcer notre position générale dans l'Adriatique en rapport avec le front italien; l'armée des partisans yougoslaves, forte alors de 200 000 hommes, était maintenant engagée dans de vastes opérations, principalement de guérilla, contre les Allemands qui poursuivaient leurs représailles avec une fureur croissante.

L'un des effets de cette activité accrue fut d'exacerber le conflit entre Tito et Mihaïlovitch; la puissance militaire grandissante de Tito posait de façon toujours plus aiguë la

---

[1]. Un Écossais aussi vaillant qu'excentrique, qui s'était distingué dans les commandos SAS pendant la guerre du désert, et était passé en moins de deux ans du grade de sous-lieutenant à celui de général de brigade, grâce à une magie toute churchillienne. Parachuté chez les partisans yougoslaves, il se révèlera un agent précieux, mais Tito mettra à profit son ignorance de la langue et son isolement forcé pour le tromper sur les activités réelles des partisans, leurs liens avec Moscou et leur détestation des Occidentaux. Les deux autres émissaires principaux, William Deakin et Randolph Churchill, seront soumis au même traitement, avec des résultats très comparables.

question du sort de la monarchie yougoslave et de son gouvernement en exil. Jusqu'à la fin des hostilités, des efforts sincères et prolongés furent faits, tant à Londres qu'en Yougoslavie même, pour essayer d'aboutir à un compromis entre les deux factions. J'avais espéré que les Russes s'entremettraient dans cette affaire, et la question yougoslave fut inscrite à l'ordre du jour de la conférence de Moscou, à laquelle se rendit M. Eden en octobre 1943. À la séance du 23 octobre, il exposa notre attitude franchement et équitablement, dans l'espoir de susciter l'adoption par les gouvernements alliés d'une politique commune envers la Yougoslavie, mais les Russes ne manifestèrent aucun désir d'échanger des informations ou de discuter d'un plan d'action commun à cet égard.

Même après de nombreuses semaines d'efforts, j'avais peu d'espoir de parvenir à un accord valable entre les factions qui s'opposaient en Yougoslavie. « La lutte, câblai-je au président Roosevelt, a pris un tour extrêmement cruel et sanglant, avec représailles impitoyables et exécutions d'otages par les Boches [...]. Nous espérons mettre bientôt fin aux querelles des Grecs, mais le fossé entre les partisans de Tito et les Serbes de Mihaïlovitch est très profond. »

Mes sombres prédictions se vérifièrent ; à la fin de novembre 1943, Tito convoqua un congrès politique de son mouvement à Jajce, en Bosnie, au cours duquel il constitua un gouvernement provisoire, « seul qualifié pour représenter la nation yougoslave », et déposséda officiellement le gouvernement du Caire de tous ses droits ; il fut défendu au roi de regagner son pays avant la libération. Les partisans s'étaient incontestablement imposés en tant qu'élément dominant de la résistance yougoslave, surtout depuis la capitulation italienne[1]. Mais il importait que

---

1. En 1950, Churchill ne peut toujours pas citer sa principale source d'informations sur les événements de Yougoslavie : les interceptions « Ultra ». Elles montrent que quelques officiers de Mihaïlovitch pactisent

l'on ne prît aucune décision politique irrévocable au sujet du régime futur de la Yougoslavie dans l'atmosphère de l'occupation, de la guerre civile et de la politique des *émigrés*[1]. Le personnage tragique de Mihaïlovitch était devenu le principal obstacle ; il nous fallait maintenir des rapports militaires étroits avec les partisans, et donc persuader le roi de démettre Mihaïlovitch de ses fonctions de ministre de la Guerre. Au début de décembre, nous retirâmes notre appui officiel à Mihaïlovitch et rappelâmes les missions britanniques opérant sur son territoire et accréditées auprès de lui.

C'est avec ces événements en toile de fond que les affaires yougoslaves furent examinées à la conférence de Téhéran. Bien que les trois puissances alliées eussent décidé à cette occasion d'apporter aux partisans un maximum de soutien, Staline déclara sans ambages que la Yougoslavie ne jouait qu'un rôle mineur dans la guerre, et les Russes contestèrent même nos chiffres concernant le

---

effectivement avec les Allemands pour pouvoir combattre les partisans de Tito, et que presque tous les tchetniks de Bosnie et de Croatie ont coopéré d'une façon ou d'une autre avec les Italiens. Mais elles indiquent aussi que les partisans de Tito s'entendent eux aussi avec l'Abwehr à l'occasion pour éliminer les tchetniks, et que Tito reçoit ses ordres directement de Moscou. Enfin et surtout, elles établissent clairement que les partisans se livrent à une guérilla permanente, tandis que les tchetniks ont tendance à limiter l'ampleur de leurs opérations, pour pouvoir déclencher une insurrection générale lors du débarquement allié sur la côte dalmate. Churchill, sachant depuis Québec que ce débarquement n'aura jamais lieu – mais ne pouvant pas le dire – préfère de beaucoup la stratégie de Tito, qui est plus rentable à court terme ; le long terme, en ce qui concerne la Yougoslavie, ne l'intéresse manifestement pas. Une politique identique en France aurait abouti à soutenir exclusivement les FTP aux dépens des mouvements gaullistes, qui avaient également ordre d'attendre le débarquement pour passer à l'action. Ce n'est pas un hasard si le général de Gaulle fait décorer Mihaïlovitch en février 1944, au moment même où il est entièrement abandonné par les Britanniques.

1. En français dans le texte.

nombre de divisions de l'Axe présentes dans les Balkans. Toutefois, à la suite de la démarche de M. Eden, le gouvernement soviétique accepta d'envoyer une mission auprès de Tito ; il désirait également garder le contact avec Mihaïlovitch.

À mon retour de Téhéran, je vis le roi Pierre au Caire, lui parlai de la puissance et de l'importance du mouvement des partisans, et lui déclarai qu'il aurait peut-être intérêt à exclure Mihaïlovitch de son gouvernement. Le seul espoir qu'avait le roi de rentrer dans son pays serait de conclure sans délai, grâce à notre médiation, quelque accord provisoire avec Tito, avant que le mouvement des partisans eût renforcé son emprise sur la nation. Les Russes se déclaraient également disposés à travailler en faveur de quelque compromis, et les avis que je reçus au sujet de la politique à adopter dans cette situation délicate furent à peu près unanimes. Les officiers ayant servi avec Tito et les chefs des missions auprès de Mihaïlovitch présentaient sensiblement le même tableau[1]. M. Stevenson, ambassadeur britannique auprès du gouvernement royal yougoslave, était tout aussi convaincu ; le 25 décembre, il télégraphia au *Foreign Office* : « Notre politique doit être fondée sur trois facteurs nouveaux : les partisans seront les maîtres de la Yougoslavie. Ils ont une telle valeur militaire pour nous qu'il faut les appuyer à fond, en subordonnant les considérations politiques aux considérations militaires. Il est extrêmement douteux que nous puissions encore considérer la monarchie comme un élément unificateur en Yougoslavie. »

Dès janvier 1944, j'avais été convaincu par les arguments d'hommes que je connaissais et en qui j'avais

---

1. L'accent est à mettre sur l'adverbe « sensiblement ». C'est ainsi que le général Armstrong, chef de la mission britannique auprès de Mihaïlovitch, n'avait cessé d'avertir ses supérieurs que Tito était en train d'établir par la terreur une dictature communiste en Yougoslavie, et que Mihaïlovitch restait le seul allié fiable des Occidentaux dans le pays.

confiance[1] que Mihaïlovitch était un boulet pour le roi, qui ne pourrait rien faire tant qu'il ne s'en serait pas débarrassé. Le ministre des Affaires étrangères s'étant déclaré d'accord, j'écrivis à Tito en conséquence. La querelle politique sur les affaires yougoslaves se poursuivit pendant deux mois encore dans les milieux émigrés de Londres ; chaque jour perdu ne faisait qu'amoindrir les chances de parvenir à un accord équitable. Il fallut presque attendre la fin du mois de mai pour que Mihaïlovitch fût démis de ses fonctions, et qu'un homme politique modéré, le docteur Soubachitch, fût chargé de former un nouveau gouvernement. Il ne fut pas davantage possible d'amener Tito et Soubachitch à s'entendre, jusqu'à ce que je les rencontre au mois d'août à Naples. C'est là, comme on le verra, que je fis de mon mieux pour apaiser les tourments qui affectaient la Yougoslavie, ainsi que sa voisine méridionale, la Grèce, dont il nous faut à présent aborder les affaires et les destinées.

Lorsque les forces alliées eurent évacué la Grèce en avril 1941, le pays fut occupé comme la Yougoslavie par les puissances de l'Axe. L'effondrement de l'armée, ainsi que l'exil du roi et de son gouvernement, ranimèrent les âpres querelles de la politique grecque. Aussi bien dans le pays que dans les milieux émigrés, on critiqua sévèrement la monarchie qui avait approuvé la dictature du général Metaxás, s'associant ainsi directement au régime vaincu. Au cours du premier hiver d'occupation, la Grèce souffrit cruellement de la famine, soulagée en partie par des envois de la Croix-Rouge. Le pays était épuisé par les combats et son armée était détruite, mais lors de la capitulation, des armes furent cachées dans les montagnes, où s'organisa une résistance sporadique et de faible envergure. Dans les villes de la Grèce centrale, la famine amena de nombreuses recrues. En avril 1942, l'organisation, qui s'était baptisée

---

1. Manifestement Maclean, Deakin et Randolph Churchill, qui relayaient en l'occurrence l'avis de Tito...

Front de libération nationale (connue par ses initiales grecques EAM), née à l'automne précédent, annonça la constitution d'une Armée de libération du peuple (ELAS). De petits groupes de combattants furent recrutés au cours de l'année suivante, plus particulièrement en Grèce centrale et septentrionale, tandis qu'en Épire et dans les montagnes du Nord-Ouest, les restes de l'armée grecque et les montagnards de la région se regroupaient autour du colonel Napoléon Zervas. L'organisation EAM-ELAS était dominée par un solide noyau de dirigeants communistes ; les partisans de Zervas, d'affinités républicaines à l'origine, devinrent au fil du temps exclusivement anticommunistes. C'est autour de ces deux pôles que se concentra la résistance aux Allemands ; aucun des deux mouvements n'avait de liaison directe avec le gouvernement royaliste grec de Londres, ni de sympathie à son égard.

À la veille d'El Alamein, nous décidâmes d'attaquer les lignes de ravitaillement allemandes qui traversaient la Grèce pour aboutir au Pirée, port d'Athènes et base importante sur la route de l'Afrique du Nord. Une première mission britannique, commandée par le lieutenant-colonel Myers, fut donc parachutée en Grèce et prit contact avec les guérillas. Avec leur aide, un viaduc essentiel sur la principale voie ferrée conduisant à Athènes put être détruit, et des agents grecs menèrent d'audacieuses et brillantes opérations de sabotage contre les navires de l'Axe dans le port du Pirée.

Durant l'été suivant, les missions britanniques furent renforcées, et nous nous efforçâmes tout particulièrement de convaincre l'ennemi qu'après notre victoire à Tunis, nous allions effectuer un débarquement de grande envergure sur le sol grec. Des groupes de saboteurs anglo-grecs firent sauter un nouveau pont sur la ligne de chemin de fer principale d'Athènes, et d'autres opérations du même genre furent si réussies qu'elles contraignirent les Allemands à envoyer en Grèce deux divisions qui auraient pu être employées en Sicile. Toutefois, ce fut la dernière contribution militaire directe des guérillas grecques à la guerre contre l'Allemagne.

Il y avait désormais trois éléments opposés : les forces de l'ELAS, comptant 20 000 hommes en majorité sous contrôle communiste ; les bandes de Zervas, désignées par les initiales EDES, avec 5 000 hommes ; enfin, les politiciens royalistes, regroupés au Caire ou à Londres autour du roi George II. Désormais, tous pensaient que les Alliés gagneraient probablement la guerre, et la lutte pour le pouvoir politique s'engagea entre eux, pour le plus grand profit de l'ennemi commun. La capitulation des Italiens en septembre 1943 permit à l'ELAS d'acquérir la plus grande partie de leur matériel, y compris les armes d'une division entière, et de s'assurer ainsi la suprématie militaire. En octobre, les forces de l'ELAS attaquèrent l'EDES (Zervas), et le quartier général britannique du Caire suspendit les envois d'armes à l'ELAS[1].

Nos missions sur les lieux firent de leur mieux pour limiter et arrêter la guerre civile, qui s'était maintenant étendue à l'ensemble de ce pays occupé et ruiné ; en février 1944, des officiers britanniques parvinrent à établir une trêve précaire entre l'ELAS et l'EDES, mais à cette époque, les armées soviétiques avaient atteint la frontière roumaine, et comme les chances de voir les Allemands évacuer les Balkans augmentaient, et avec elles la possibilité d'un retour du gouvernement royal appuyé par les Britanniques, les dirigeants de l'EAM décidèrent de lancer un coup d'État communiste[2].

---

1. Dès le 29 septembre, Churchill, à la demande d'Eden, avait prié les chefs d'état-major de préparer une force de 5 000 hommes pour devancer un coup d'État communiste, au cas où les Allemands évacueraient la Grèce.

2. Le lecteur pourra éprouver quelque difficulté à comprendre pourquoi Churchill s'alarme des risques d'une mainmise communiste sur la Grèce, alors qu'il travaille assidûment à promouvoir le mouvement communiste de Tito en Yougoslavie... La réponse la plus convaincante

Le 26 mars, un Comité politique de libération nationale se constitua dans les montagnes, ce qui fut annoncé par radio au monde entier. C'était là un défi direct à la future autorité du gouvernement royal, et il déclencha une vague de désordres au sein des forces armées grecques du Moyen-Orient, ainsi que dans les milieux gouvernementaux grecs en exil. Le 31 mars, une délégation d'officiers de l'armée, de la marine et de l'aviation vint trouver le Premier ministre Tsouderos au Caire pour exiger sa démission. La première brigade de l'armée grecque, que j'espérais voir prendre part à la campagne d'Italie, se mutina contre ses officiers ; cinq navires de la marine royale hellénique se déclarèrent en faveur d'une république, et le 8 avril, l'équipage d'un destroyer grec refusa de prendre la mer avant que soit formé un gouvernement comprenant des représentants de l'EAM.

Étant à ce moment responsable du *Foreign Office* en l'absence de M. Eden, j'avais en main tous les leviers de commande ; je pus donc apporter mon soutien et mon encouragement personnel au général Paget, commandant des forces britanniques en Égypte ; celui-ci se mit en devoir de cerner la brigade, qui comprenait 4 500 hommes et plus de 50 canons, retranchés face à nous. Dans la soirée du 23 avril, les navires furent pris à l'abordage par des marins grecs demeurés fidèles, et après avoir perdu une cinquantaine d'hommes morts ou blessés, les mutins furent rassemblés et débarqués. Le lendemain, la brigade elle-même déposa les armes et se rendit, après quoi elle fut dirigée sur un camp de prisonniers, où l'on arrêta les meneurs ; les Grecs n'avaient pas subi de pertes dans l'opération, mais un officier britannique y laissa la vie. Vingt-quatre heures plus tôt, les mutins des navires avaient capitulé sans conditions.

Dans l'intervalle, le roi était arrivé au Caire, et le

---

est qu'à la différence de la Yougoslavie, la Grèce est une chasse gardée britannique, du fait de sa situation stratégique en Méditerranée.

12 avril, il lança une proclamation annonçant la formation prochaine d'un gouvernement représentatif composé en grande partie de personnalités restées en Grèce ; des mesures furent prises en secret pour faire venir des représentants de la métropole, y compris M. Papandréou, le chef du parti social-démocrate grec, qui prit ses fonctions le 26 avril. En mai, une conférence de tous les partis, y compris les dirigeants issus des montagnes, se tint dans une station d'altitude au Liban ; il y fut décidé, à l'issue de trois jours de débats acharnés, d'établir au Caire un gouvernement regroupant toutes les factions sous la présidence de Papandréou, tandis que dans les montagnes de Grèce, une organisation militaire unifiée poursuivrait la lutte contre les Allemands. Les difficultés et les conflits qui nous attendaient tous dans ce centre nerveux de l'Europe et du monde seront rapportés en bonne place. Nous pouvons à présent quitter ce théâtre pour en gagner d'autres, plus vastes mais non moins agités.

Chapitre X

L'OPÉRATION D'ANZIO

Il nous faut maintenant revenir en arrière pour comprendre la situation italienne. Après la capitulation de septembre 1943, l'organisation de la résistance aux Allemands échut par défaut à un Comité de libération clandestin établi à Rome, qui était en liaison avec les bandes de partisans devenues actives dans tout le pays; les membres de ce comité étaient des hommes politiques chassés du pouvoir par Mussolini au début des années vingt, ou encore des représentants de groupes hostiles au régime fasciste. Sur tous planait la menace d'une résurgence du fascisme pur et dur à l'heure de la défaite; les Allemands firent certes de leur mieux pour la promouvoir.

Mussolini avait été interné sur l'île de Ponza, puis conduit à La Maddelena, au large de la côte de Sardaigne. Craignant un *coup de main* allemand, Badoglio fit ramener son ancien chef dans une petite station d'altitude des Abruzzes, en Italie centrale. Le départ de Rome fut si précipité que l'on oublia de donner des instructions précises aux policiers et aux carabiniers qui gardaient le dictateur déchu. Dans la matinée du dimanche 12 septembre, 90 parachutistes allemands atterrirent en planeurs à proximité de l'hôtel où il était incarcéré; il fut emmené sans effusion de sang[1] et conduit à bord d'un avion léger jusqu'à Munich, où il rencontra à nouveau Hitler.

---

1. Opération « Eiche ». La raison du manque d'effusion de sang est que les gardes italiens se sont rendus dès l'arrivée des parachutistes.

Au cours des jours qui suivirent, les deux hommes s'entretinrent des moyens de prolonger l'existence du fascisme dans les régions italiennes encore occupées par les troupes allemandes ; le 15 septembre, le Duce annonça qu'il avait repris la direction du régime fasciste et qu'un nouveau parti républicain-fasciste, exalté et purgé de ses traîtres, allait former un gouvernement loyaliste dans le Nord. Pour un temps, il sembla que l'ancien système, revêtu d'un nouvel habit pseudo-révolutionnaire, allait reprendre vie ; en fait, les résultats déçurent les Allemands eux-mêmes, mais il n'était plus possible de revenir en arrière. Mussolini commença donc ses « Cent-Jours » à contre-cœur ; à la fin de septembre, il installa son Q.G. au bord du lac de Garde. Cette pitoyable ombre de gouvernement est connue sous le nom de « république de Salo » ; c'est là que devait s'achever la sordide tragédie. Celui qui avait été le dictateur et le législateur de l'Italie pendant plus de vingt ans demeura aux côtés de sa maîtresse entre les mains des Allemands, entièrement dépendant de leur volonté et isolé du monde extérieur par des gardes et des docteurs allemands soigneusement sélectionnés.

La capitulation de l'Italie prit ses armées des Balkans complètement au dépourvu, et beaucoup d'unités se trouvèrent prises au piège dans des situations désespérées entre les guérillas locales et les Allemands assoiffés de vengeance. Il y eut de sanglantes représailles ; la garnison italienne de Corfou, forte de plus de 7 000 hommes, fut presque entièrement anéantie par ses anciens alliés ; celle de l'île de Céphalonie résista jusqu'au 22 septembre. Beaucoup des survivants furent fusillés, et le reste déporté. Certaines garnisons des îles de l'Égée réussirent à passer en Égypte par petits groupes. En Albanie, sur la côte dalmate et à l'intérieur de la Yougoslavie, un certain nombre d'unités rejoignirent les partisans ; mais le plus souvent, les soldats furent emmenés en Allemagne pour grossir les effectifs du travail forcé, tandis que leurs officiers étaient fusillés. Au Monténégro, Tito constitua avec la majeure partie de deux divisions italiennes les « divisions Garibaldi », qui subirent de lourdes pertes à la fin de la guerre. Au total, dans les Balkans et en mer Égée, les armées italiennes perdirent près de 40 000 hommes après l'armistice du 8 septembre, sans compter ceux qui moururent dans les camps de déportation.

L'Italie elle-même se trouva plongée dans les horreurs de la guerre civile. Des officiers et des soldats de l'armée italienne stationnés dans le nord du pays occupé par les Allemands commencèrent à former avec les patriotes des villes et des campagnes des groupes de partisans, qui prirent les armes contre les Allemands et contre leurs concitoyens demeurés fidèles au Duce. Des contacts se nouèrent avec les armées alliées opérant au sud de Rome, ainsi qu'avec le gouvernement Badoglio. Au cours de ces mois, le réseau de résistance italienne aux occupants allemands se créa dans une atmosphère cruelle de luttes civiles, d'assassinats et d'exécutions sommaires ; le mouvement insurrectionnel causa des bouleversements terribles dans toutes les classes sociales en Italie centrale et septentrionale, comme partout ailleurs dans l'Europe occupée.

Un de ses exploits les plus marquants fut de secourir et de soutenir nos prisonniers de guerre, que l'armistice avait surpris dans des camps en Italie du Nord ; ils étaient près de 80 000, portant des uniformes ostentatoires et connaissant assez mal pour la plupart la langue et la géographie du pays. Pourtant, 10 000 au moins, souvent habillés en civil par la population, furent conduits en lieu sûr, grâce aux risques courus par des membres de la résistance italienne et de simples habitants des campagnes.

L'amertume et la confusion redoublèrent après le Nouvel An. La république fantôme de Mussolini était soumise à une pression de plus en plus forte de la part des Allemands, tandis que dans le Sud, les milieux gouvernementaux autour de Badoglio étaient assaillis par les intrigues des Italiens et méprisés par l'opinion publique en Grande-Bretagne comme aux États-Unis. Mussolini fut le premier à réagir ; en arrivant à Munich après son évasion, il y avait trouvé sa fille Edda et le comte Ciano, son époux. Tous deux s'étaient enfuis de Rome au moment de la capitulation, et, bien que Ciano eût voté contre son beau-père à cette réunion fatidique du Grand Conseil, il espérait se réconcilier avec lui grâce à l'influence de sa femme. Il y parvint en effet durant le séjour de Munich, à la grande indignation d'Hitler qui avait consigné la famille Ciano à domicile dès son arrivée. La répugnance qu'éprouvait Mussolini à punir les traîtres au fascisme, et particulièrement son gendre, explique peut-être en grande partie la piètre opinion que se fit Hitler de son acolyte à ce moment critique[1].

C'est seulement devant le déclin accéléré de la « république de Salo » et l'impatience croissante de ses maîtres allemands que Mussolini accepta de déchaîner une vague de vengeances préméditées. Tous les dirigeants de l'ancien régime fasciste qui avaient voté contre lui en juillet et qui purent être capturés dans la partie de l'Italie occupée par les Allemands passèrent en jugement à la fin de 1943, dans la forteresse médiévale de Vérone ; Ciano était parmi eux. Tous sans exception furent condamnés à mort. En dépit des exhortations et des menaces d'Edda, le Duce ne put se laisser fléchir. En janvier 1944, ces hommes, parmi lesquels se trouvait Ciano, mais aussi le maréchal de Bono, un vieux compagnon de soixante-dix-huit ans qui avait participé à la marche sur Rome, furent extraits de leur prison pour subir le châtiment des traîtres : attachés sur une chaise, ils furent fusillés dans le dos ; tous moururent bravement.

La fin de Ciano présentait tous les éléments d'un drame de la Renaissance. La soumission de Mussolini aux exigences vindicatives d'Hitler ne fit que le couvrir de honte,

---

1. C'est peu vraisemblable ; les trois années précédentes avaient fourni bien d'autres raisons.

et la misérable république néo-fasciste végéta au bord du lac de Garde, tel un fragment de l'Axe brisé.

Dans l'intervalle, nous avions passé les premières semaines de janvier à préparer intensivement « Shingle », le nom de code donné à l'opération d'Anzio, ainsi qu'à lancer des offensives préliminaires de la 5ᵉ armée destinées à détourner l'attention et les réserves de l'ennemi des plages choisies pour le débarquement. Les combats furent acharnés, car les Allemands avaient manifestement l'intention de nous empêcher de percer la ligne Gustave, qui, avec Cassino au centre, constituait la position la plus reculée de leur profonde zone défensive. Ils avaient constitué à grand renfort de béton et d'acier un vaste système de fortifications dans ces régions escarpées ; depuis leurs postes d'observation sur les hauteurs, ils pouvaient diriger leur artillerie contre tout mouvement dans les vallées en contre-bas. Nos troupes ne ménagèrent pas leurs efforts, et si elles gagnèrent peu de terrain, elles eurent sur l'ennemi l'effet désiré, en détournant son attention de la menace imminente qui pesait sur son flanc maritime, et en l'obligeant à prélever trois bonnes divisions sur ses réserves pour rétablir la situation.

Dans l'après-midi du 21 janvier 1944, les convois à destination d'Anzio étaient déjà en haute mer, sous la protection de notre aviation ; le temps se prêtait parfaitement à une approche furtive, et nos violents raids aériens contre les aérodromes ennemis, notamment celui de Pérouse où étaient basés les avions de reconnaissance ennemis, eurent pour effet de clouer au sol beaucoup de leurs appareils.

J'attendis donc le résultat de cette entreprise capitale avec une agitation intense mais réprimée – du moins je l'espère. Sur ces entrefaites, j'appris que le 6ᵉ corps, comprenant la 3ᵉ division américaine et la 1ʳᵉ division britannique sous les ordres du général américain Lucas, avait pris pied sur les plages d'Anzio le 22 janvier à 2 heures du matin. L'opposition fut très faible et nos pertes presque nulles ; à minuit, 36 000 hommes et plus de 3 000 véhicules étaient débarqués. Alexander, qui était sur les lieux, me télégraphia : « Il semble que nous ayons bénéficié d'une surprise à peu près complète. J'ai souligné l'importance qu'il y avait à pousser hardiment en avant de puissantes patrouilles mobiles pour prendre contact avec l'ennemi, mais aucun rapport ne m'est encore parvenu sur leurs activités. » J'approuvais fort cette méthode et lui répondis : « Merci pour tous vos messages. Suis très heureux que vous alliez conquérir du terrain au lieu de vous retrancher sur les têtes de pont. »

C'est alors que se produisit le désastre qui ruina l'objectif essentiel de l'entreprise. Le général Lucas se borna à occuper sa tête de pont et à faire débarquer son matériel et ses véhicules. Le général Penney, commandant la 1re division britannique, était impatient de s'enfoncer à l'intérieur des terres, mais sa brigade de réserve fut retenue avec les unités du corps d'armée ; les journées des 22 et 23 janvier se passèrent en petites attaques exploratoires vers Cisterna et Campoleone, mais le commandant de l'opération ne fit aucune tentative de progression générale. Dans la soirée du 23, l'ensemble des deux divisions avec les unités rattachées, y compris les deux commandos britanniques, les rangers et les parachutistes américains, avaient été débarquées avec une masse de matériel ; les défense de la tête de pont se consolidaient, mais le but recherché au prix de tant d'efforts était désormais hors de portée.

Kesselring réagit très rapidement devant la situation critique dans laquelle il se trouvait. Le gros de ses réserves était déjà engagé contre nous sur le front de Cassino, mais il retira toutes les unités disponibles, et en quarante-huit heures, l'équivalent de deux divisions avait été rassemblé pour s'opposer à notre avance.

Le 27 janvier, des nouvelles graves nous parvinrent : la brigade de Gardes avait progressé, mais elle était encore à un peu plus de deux kilomètres de Campoleone, tandis que les Américains restaient au sud de Cisterna. Alexander déclara que ni lui ni le général Clark n'étaient satisfaits de la rapidité de l'avance, et que Clark partait immédiatement pour la tête de pont. Je répondis : « Suis heureux d'apprendre que Clark est en route pour la tête de pont. Il serait très déplaisant que vos troupes s'y trouvent bloquées et que l'armée principale ne puisse avancer à partir du sud. »

Et pourtant, c'est exactement ce qui allait se passer.

*
* *

Entre-temps, nos attaques contre les positions allemandes de Cassino se poursuivaient. La menace contre son flanc n'affaiblit pas la détermination de Kesselring à résister aux assauts frontaux ; cette résolution devint évidente lorsqu'on intercepta le 24 janvier un ordre d'Hitler libellé en ces termes :

« La ligne Gustave doit être tenue coûte que coûte, du fait des conséquences politiques qui découleraient d'un succès complet dans la défensive. Le Führer compte que chaque mètre de terrain sera défendu avec le plus grand acharnement. »

Il fut manifestement obéi. Au début, la progression s'avéra satisfaisante ; nous traversâmes la rivière Rapido au-dessus de la ville de Cassino et attaquâmes au sud la colline du Monastère ; mais les Allemands, ayant reçu des renforts, résistèrent opiniâtrement, et au début de février, nos forces étaient épuisées. Un corps néo-zélandais de trois divisions fut amené de l'Adriatique, et le 15 février, notre seconde grande attaque contre Cassino commença par un bombardement du monastère lui-même. La hauteur sur laquelle il s'élève, au confluent des rivières Rapido et Liri, constituait le pivot du système défensif allemand ; elle s'était déjà révélée comme un obstacle redoutable et puissament défendu ; ses pentes abruptes, balayées par les tirs d'artillerie, étaient couronnées par le célèbre édifice qui avait été plusieurs fois pillé, détruit et reconstruit au cours des guerres précédentes. Il y a encore des controverses sur la question de savoir s'il était vraiment nécessaire de le détruire une nouvelle fois ; il n'abritait pas de troupes allemandes, mais les fortifications ennemies étaient à peine distinctes du monastère lui-même. Il dominait tout le champ de bataille, et naturellement, le général Freyberg, chef du corps d'armée concerné, voulait le faire bombarder violemment par l'aviation avant de lancer son attaque d'infanterie. Le général Mark Clark, commandant d'armée, en fit la demande avec réticence, et il obtint la permission du général Alexander, qui en accepta la responsabilité. Le 15 février, donc, après que les moines eurent été dûment prévenus, plus de 450 tonnes de bombes furent larguées et causèrent de graves dommages. Les grandes murailles extérieures et la porte monumentale résistèrent ; le résultat n'était pas satisfaisant, car les Allemands avaient désormais toutes excuses pour mettre à profit le monceau de ruines, qui leur fournit des possibilités de défense encore meilleures que lorsque l'édifice était intact.

C'est à la 4e division indienne, qui venait de relever les Américains sur les crêtes situées au nord du monastère, qu'échut la mission d'attaquer. Pendant deux nuits de suite, elle tenta vainement de s'emparer d'un tertre situé entre sa position et la colline du Monastère. Une troisième tentative fut faite au cours de la nuit du 18 février ; un combat désespéré s'engagea, et tous ceux de nos hommes qui atteignirent le tertre furent tués. Plus tard au cours de cette même nuit, une brigade, contournant le tertre, marcha droit sur le monastère, mais elle se heurta à un ravin dissimulé, fortement miné et battu à courte distance par des mitrailleuses ; elle y subit des pertes énormes et fut immobilisée. Tandis que cette lutte acharnée faisait rage sur les hauteurs, la division néo-zélandaise réussit à franchir le Rapido, mais elle fut contre-attaquée par des chars avant que sa tête de pont ne pût être consolidée, et dut battre en retraite. L'attaque directe contre Cassino avait échoué.

Il nous faut maintenant revenir à la tête de pont ; le 30 janvier, la 1re division blindée américaine avait débarqué à Anzio et la 45ᵉ division d'infanterie américaine était en chemin. Tous ces mouvements devaient s'effectuer directement sur les plages ou par un port de pêche minuscule. « La situation actuelle, signala l'amiral John Cunningham, ressemble bien peu à l'opération éclair avec deux ou trois divisions telle qu'elle était envisagée à Marrakech. Mais vous pouvez être sûr que les forces navales n'épargneront aucun effort pour amener les effectifs nécessaires à la victoire. » Nous verrons que cette promesse fut amplement tenue.

Ce même jour, le 6ᵉ corps lança sa première attaque en force et gagna un peu de terrain, mais le 3 février, l'ennemi contre-attaqua et enfonça le saillant de la 1ʳᵉ division britannique, ce qui n'était manifestement que le prélude à des actions plus sérieuses. Selon les termes du rapport envoyé par le général Wilson, « nos forces se sont trouvées isolées dans le périmètre et hors d'état d'avancer ». Tout cela provoqua une grande déception en Angleterre et aux États-Unis. Bien entendu, je ne savais rien des ordres donnés au général Lucas[1], mais c'est un principe fondamental qu'il faut pousser de l'avant pour accrocher l'ennemi au plus vite, et il semble que ce général y ait été opposé dès le début. Comme je l'ai déclaré à l'époque, j'avais escompté que nous lancerions à terre un chat sauvage, mais nous n'avions fait qu'y échouer une baleine. Apparemment, nous demeurions supérieurs aux Allemands en puissance de feu, mais la facilité avec laquelle ils déplaçaient leurs pièces sur l'échiquier et la rapidité avec

---

[1]. Les ordres donnés au général Lucas étaient précisément de consolider la tête de pont. Churchill omet en outre de mentionner que les effectifs débarqués étaient bien trop faibles pour atteindre les environs de Rome – à 60 kilomètres de là –, tout en sauvegardant leurs lignes de communication depuis Anzio. Le général Lucas semble donc faire figure ici de bouc émissaire pour l'échec d'un plan trop hâtivement conçu, et exécuté avec des moyens de fortune. Pour être équitable, il faudrait ajouter que ce général n'a jamais été accusé d'excès de témérité.

laquelle ils avaient comblé les périlleuses brèches pratiquées dans leur front sud ne laissaient pas d'être extrêmement impressionnantes. Tout cela semblait être de très mauvais augure pour « Overlord ».

Nous attendions un effort d'envergure pour nous rejeter à la mer ; il commença le 16 février par une offensive ennemie en direction du sud depuis Campoleone, avec plus de quatre divisions appuyées par 450 canons. Un ordre du jour spécial d'Hitler fut lu aux troupes avant l'assaut ; il exigeait que l'« abcès » de notre tête de pont fût éliminé en trois jours. L'attaque se produisit à un moment très défavorable, car la 45e division américaine et la 56e division britannique, prélevées sur le front de Cassino, étaient justement en train de relever notre vaillante 1re division, qui se retrouva bientôt en pleine action. Un coin profond et dangereux fut enfoncé dans nos lignes, qui se trouvèrent refoulées dans ce secteur jusqu'au périmètre de la tête de pont initiale. Tout demeurait en suspens ; il était impossible de reculer davantage. Même une faible avance aurait donné à l'adversaire la possibilité de pilonner les appontements et les navires avec son artillerie à longue portée, mais aussi d'établir un puissant barrage de feu pour interdire les arrivées comme les départs. Je ne me faisais aucune illusion : c'était devenu une question de vie ou de mort.

Mais le sort, si capricieux jusque-là, récompensa enfin l'héroïsme désespéré des soldats britanniques et américains ; l'attaque allemande fut enrayée avant le délai de trois jours fixé par Hitler. C'est alors que le propre saillant de l'ennemi fut contre-attaqué de flanc et écrasé sous le feu de toute notre artillerie et sous les bombes de tous nos avions en état de voler. Au prix de combats acharnés et de lourdes pertes des deux côtés, la bataille cruciale fut gagnée.

Hitler – car c'était sa force de volonté qui était à l'œuvre – fit une ultime tentative à la fin de février ; trois divisions allemandes attaquèrent la 3e division américaine sur son aile est, mais elles étaient affaiblies matériellement et moralement par leur échec précédent. Les Américains résistèrent obstinément et l'attaque fut brisée en un seul jour, l'ennemi perdant plus de 2 500 hommes dans l'entreprise. Le 1er mars, Kesselring accepta sa défaite; il avait bloqué l'expédition d'Anzio, mais il n'avait pu l'anéantir.

Au début de mars, le mauvais temps mit un terme aux opérations; le cinquième élément de Napoléon, la boue, immobilisa les soldats des deux camps. Nous n'avions pu rompre le front principal à Cassino, mais les Allemands n'étaient pas davantage parvenus à nous rejeter à la mer dans le secteur d'Anzio. Les effectifs des combattants étaient sensiblement égaux : nous disposions alors de 20 divisions en Italie, mais les Américains comme les Français avaient subi de très lourdes pertes. L'ennemi avait 18 ou 19 divisions au sud de Rome et 5 autres dans le nord de l'Italie, mais elles aussi étaient usées et épuisées.

On ne pouvait plus espérer percer à partir de la tête de pont d'Anzio, ni prévoir une prochaine jonction entre nos deux groupes d'armées tant que le front de Cassino n'aurait pas été rompu. La première chose à faire était donc de consolider réellement la tête de pont, de relever et de renforcer les unités, et enfin de stocker des approvisionnements pour soutenir un siège et alimenter une sortie ultérieure. On manquait de temps, car beaucoup des navires de débarquement devaient bientôt appareiller pour participer à «Overlord»; leur départ avait été judicieusement reporté jusque-là, mais il ne pouvait être retardé davantage. Les forces navales n'épargnèrent aucun effort et obtinrent d'admirables résultats. Jusqu'alors, la moyenne du tonnage manipulé avait été de 3 000 tonnes par jour; elle fut plus que doublée durant les dix premiers jours de mars.

Bien que nous n'eussions plus d'inquiétudes au sujet d'Anzio, la campagne d'Italie dans son ensemble traînait en longueur; nous avions espéré voir à cette époque les Allemands repoussés au nord de Rome, et une partie importante de nos troupes libérée pour un débarquement en force sur la côte méditerranéenne de la France, afin d'appuyer l'attaque principale à travers la Manche. Le principe de cette opération, baptisée « Anvil », avait été décidé à Téhéran, mais elle ne devait pas tarder à devenir un sujet de dissension entre nos alliés américains et nous. Avant d'y arriver, il fallait évidemment que les opérations en Italie fussent beaucoup plus avancées, et le plus urgent était de sortir de l'impasse où nous nous trouvions sur le front de Cassino ; les préparatifs pour une troisième bataille avaient commencé peu après l'échec de février, mais le mauvais temps en retarda l'exécution jusqu'au 15 mars.

Cette fois, ce fut la ville de Cassino qui constitua l'objectif principal ; notre infanterie se lança à l'assaut après un bombardement intensif avec près de 1 000 tonnes de bombes et 1 200 tonnes de projectiles d'artillerie : « Il me paraissait inconcevable, dit Alexander, que des troupes puissent survivre à huit heures d'un matraquage aussi terrifiant. ». Ce fut pourtant le cas : la 1re division parachutiste allemande, sans doute la meilleure unité combattante de toute leur armée, se battit farouchement parmi les amas de décombres contre les Néo-Zélandais et les Indiens. À la tombée de la nuit, la plus grande partie de la ville était entre nos mains, tandis que la 4e division indienne, descendant du nord, progressait également et parcourait le lendemain les deux tiers de la distance qui la séparait des hauteurs de la colline du Monastère. Mais ensuite, le cours de la bataille s'infléchit à nouveau ; nos chars ne purent franchir les énormes cratères creusés par le bombardement pour suivre l'assaut d'infanterie. Il leur fallut près de deux jours avant de pouvoir apporter leur soutien, et dans l'intervalle, l'ennemi réussit à infiltrer des renforts ; des tornades de vent et de pluie se déchaînèrent. Jusqu'au 23 février, la lutte se poursuivit en attaques et contre-attaques au milieu des ruines de la ville de Cassino ; les Néo-Zélandais et les Indiens ne pouvaient faire davantage. Pourtant, nous avions établi une solide tête de pont sur l'autre rive du Rapido, qui, avec le profond saillant percé sur le cours inférieur du Garigliano en janvier, devait se révéler précieuse lorsqu'enfin se livra la bataille victorieuse ; là, comme sur la tête de pont d'Anzio, nous avions fixé en Italie centrale près de vingt bonnes divisions allemandes, dont beaucoup auraient pu être dirigées vers la France.

Telle est l'histoire de la bataille d'Anzio – un récit de belles occasions manquées et d'espoirs anéantis, d'heureux débuts pour nous, de rétablissements foudroyants par l'ennemi, et d'égal héroïsme dans les deux camps. Nous savons aujourd'hui qu'au début de janvier, le haut commandement allemand avait l'intention de transférer cinq de ses meilleures divisions d'Italie vers le nord-ouest de l'Europe ; Kesselring protesta, faisant valoir qu'en ce cas, il ne pourrait plus exécuter l'ordre de se battre au sud de Rome, et qu'il lui faudrait se replier. La discussion battait son plein lorsque se produisit le débarquement d'Anzio ; le haut commandement allemand renonça à son intention, et au lieu que les divisions d'Italie aillent renforcer celles du nord-ouest de l'Europe, ce fut l'inverse qui se produisit. Nous ne savions rien à l'époque de tous ces changements de plan, mais ils prouvent que l'action offensive de nos armées en Italie, et particulièrement le débarquement d'Anzio, contribuèrent pleinement au succès d'« Overlord ». Nous verrons plus tard le rôle qu'il joua dans la libération de Rome.

Chapitre XI

« OVERLORD »

Les réflexions que provoque l'expérience des faits peuvent être un frein ou un aiguillon ; le lecteur de ces lignes aura constaté que, si je fus toujours disposé à me joindre aux États-Unis pour attaquer directement à travers la Manche le front maritime allemand en France, je n'étais pas convaincu que ce fût l'unique façon de gagner la guerre, et je savais que ce serait une aventure très difficile et risquée. L'effroyable prix en vies humaines qu'avaient coûté les grandes offensives de la Première Guerre mondiale restait gravé dans ma mémoire ; il me semblait toujours, un quart de siècle plus tard, que des fortifications de béton et d'acier, dotées d'armes modernes et solidement tenues par des hommes décidés et bien entraînés, ne pouvaient être enlevées que par surprise dans le temps ou dans l'espace, à la faveur d'un débordement ou par quelque nouvel engin mécanique tel que le char. La supériorité du bombardement, si terrifiant qu'il pût être, ne constituait pas une solution définitive ; il était facile aux défenseurs de disposer de nouvelles lignes en arrière des premières, et le terrain entre les deux, que l'on pouvait conquérir par l'artillerie, deviendrait un champ de cratères infranchissable. Tel était le fruit de l'expérience si chèrement acquise par les Français et les Britanniques entre 1915 et 1917.

De nouveaux éléments avaient fait leur apparition dans l'intervalle, mais leur action était loin d'être concordante. La défense avait considérablement accru sa puissance de feu, et l'emploi des mines, sur terre comme sur mer, avait connu un développement prodigieux[1]. D'un autre côté, nous, les assaillants, possédions la maîtrise de l'air, nous pouvions larguer des effectifs considérables de troupes aéroportées sur les arrières de l'ennemi, et surtout bloquer et paralyser les lignes de communication par lesquelles il acheminerait des renforts pour contre-attaquer.

Pendant tout l'été de 1943, le général Morgan et son état-major interallié avaient travaillé assidûment à l'élaboration du plan. J'ai relaté dans un précédent chapitre la façon dont il me fut présenté, alors que je me rendais à Québec pour assister à la conférence « Quadrant » ; il y fut approuvé dans ses grandes lignes, mais Eisenhower et Montgomery exprimèrent leur désaccord sur un point important : ils voulaient un premier assaut mené par des effectifs plus importants et sur un front plus vaste, afin de conquérir rapidement une tête de pont de bonne taille où concentrer leurs forces pour la percée ; il importait aussi de s'assurer des docks de Cherbourg plus vite que prévu. Montgomery et Eisenhower réclamaient donc cinq divisions au lieu de trois pour l'assaut initial. Bien entendu, ils avaient parfaitement raison ; le général Morgan lui-même avait préconisé un renforcement du débarquement initial, mais on ne lui avait pas accordé suffisamment de ressources à cet effet. Pourtant, où se procurer les navires de débarquement supplémentaires ? On avait déjà dépouillé le théâtre de l'Asie du Sud-Est ; il y en avait assez en Méditerranée pour transporter deux divisions, mais ils étaient requis pour « Anvil », le débarquement sur les côtes du sud de la France qui devait s'effectuer en même temps qu'« Overlord » et détourner des forces allemandes du Nord. Diminuer l'ampleur d'« Anvil », c'était rendre cette

---

1. C'est pourquoi Churchill a proposé depuis le début de 1944 plusieurs plans de rechange à « Overlord », allant d'une attaque de Bordeaux à un débarquement en Norvège... Tous ces plans ont été promptement rejetés par ses propres chefs d'état-major avant de parvenir aux services d'Eisenhower.

opération trop faible pour être utile. La décision définitive ne fut prise qu'au mois de mars par le général Eisenhower, lors d'une conférence avec les chefs d'état-major britanniques. Leurs collègues américains l'avaient accepté comme porte-parole; arrivé depuis peu de Méditerranée, il était parfaitement renseigné sur l'opération « Anvil » et, devenu à présent le chef suprême de l'opération « Overlord », il pouvait mieux que quiconque juger des besoins de l'une comme de l'autre. Il fut décidé de prélever sur « Anvil » les navires nécessaires au transport d'une division, pour les affecter à « Overlord ». Ceux qui auraient à convoyer la seconde division pourraient être trouvés en reportant « Overlord » à la période lunaire favorable de juin; les constructions de navires de débarquement durant ce mois supplémentaire permettraient de combler le déficit.

Une fois déterminés les effectifs de l'expédition, il devint possible de procéder à leur entraînement intensif. La moindre de nos difficultés ne fut pas le manque d'espace; une ligne de démarcation sommaire fut tracée entre unités britanniques et américaines, les premières occupant la partie sud-est de l'Angleterre, les secondes la partie sud-ouest. Les habitants des régions côtières acceptèrent de bonne grâce les inconvénients qui en résultaient. Une division britannique et sa contrepartie navale exécutèrent la première phase de leur entraînement en Écosse, dans le Moray Firth, où les tempêtes d'hiver les préparaient à la mêlée confuse du jour J.

La théorie et la pratique des opérations amphibies avaient été mises au point de longue date par l'état-major de la Direction des opérations combinées, sous l'autorité de l'amiral Mountbatten, auquel avait succédé le général Laycock. Il fallait maintenant les enseigner à tous les intéressés, en plus de l'entraînement général approfondi qu'exigeait la guerre moderne. Bien entendu, cet entraînement se poursuivait déjà depuis longtemps en Grande-Bretagne comme en Amérique, au moyen d'exercices grands et petits, à balles réelles. Bien des officiers et des soldats voyaient le feu pour la première fois, mais tous se comportèrent comme des vétérans.

Les leçons fournies par les précédents exercices à grande échelle et par notre cruelle expérience de Dieppe furent mises en pratique dans les répétitions finales des trois armes, qui atteignirent leur point culminant en mai. Toute cette activité ne passa pas inaperçue de l'ennemi ; nous n'en étions pas fâchés, et nous prîmes même grand soin de les découvrir aux yeux des observateurs du Pas de Calais, là où nous souhaitions faire croire aux Allemands que nous allions débarquer. Des reconnaissances aériennes ininterrompues nous permettaient d'être tenus au courant de la situation outre-Manche, et bien sûr, nous avions d'autres moyens d'information[1] ; bien des expéditions furent conduites par des commandos à bord d'embarcations légères pour lever quelques doutes, reconnaître le terrain, examiner de nouveaux obstacles, évaluer les déclivités ou la topographie des plages. Tout cela devait se faire dans l'obscurité, avec des approches silencieuses, des reconnaissances furtives et des évacuations opportunes.

Il fut difficile de choisir le jour J et l'heure H, ce moment où les premiers navires d'assaut aborderaient au rivage ; c'est à partir de cela que de nombreux autres horaires devraient être fixés. Il fut convenu que l'approche s'effectuerait au clair de lune, ce qui faciliterait la tâche de nos navires comme de nos troupes aéroportées. Il fallait aussi une courte période de jour avant l'heure H, pour permettre au déploiement des petites embarcations de s'effectuer dans l'ordre et donner plus de précision au bombardement naval. Mais si l'intervalle entre l'aube et l'heure H était trop long, l'ennemi aurait davantage de temps pour se ressaisir et ouvrir le feu sur nos troupes au moment du débarquement.

---

1. Dont le principal était naturellement le dispositif d'interception des messages d'« Enigma » – qu'il reste impossible de mentionner.

Il y avait aussi la question des marées ; si nous débarquions à marée haute, notre approche serait gênée par les obstacles sous-marins ; mais à marée basse, les soldats auraient un long chemin à parcourir sur des plages exposées au feu de l'ennemi. Bien d'autres facteurs devaient être pris en compte, et l'on décida finalement de débarquer trois heures environ avant la marée haute. Ce n'était pas tout ; il y avait quarante minutes d'écart entre les heures de marée aux deux plages les plus extrêmes, et un récif immergé dans un des secteurs britanniques. Il fallut donc fixer l'heure H séparément pour chaque secteur, avec des écarts pouvant atteindre quatre-vingt-cinq minutes.

Dans chaque lunaison, trois jours seulement répondaient à toutes les conditions souhaitées. Les trois premiers après le 31 mai, date de principe fixée par Eisenhower, étaient les 5, 6 et 7 juin ; on choisit donc le 5. Si le temps n'était favorable durant aucun de ces trois jours, toute l'opération devrait être reportée d'au moins une quinzaine, voire d'un mois entier si l'on attendait la nouvelle lune.

Bien entendu, nous ne devions pas seulement dresser des plans pour ce que nous allions réellement faire. L'ennemi allait forcément savoir que nous préparions une grande invasion ; il fallait donc lui dissimuler le lieu et la date de l'attaque, lui faire croire que nous débarquerions ailleurs et à un autre moment. Cela seul exigeait une somme énorme de réflexions et de décisions ; les secteurs côtiers furent interdits aux visiteurs, la censure devint plus sévère, on arrêta la distribution des lettres après une certaine date, on interdit aux ambassades d'envoyer des télégrammes chiffrés, et même l'envoi de leur valise diplomatique fut retardé. Nous cherchions surtout à faire croire que nous allions attaquer par le pas de Calais. Il serait inopportun, même maintenant, de révéler tous les procédés employés pour tromper l'ennemi[1], mais on utilisa

---

1. Et notamment un élément qui reste lui aussi censuré en 1952 : le *XX* ou *Double Cross system*, une vaste entreprise d'intoxication et de

tous ceux qui semblent évidents : concentrations simulées de troupes dans le Kent et le Sussex, navires factices rassemblés dans les *Cinque Ports*[1], exercices de débarquement sur les plages voisines, intensification des communications radiotélégraphiques – tous furent utilisés ; nous effectuâmes davantage de reconnaissances au-dessus des endroits où nous ne devions *pas* aller qu'au-dessus de ceux que nous avions choisis. Les résultats furent admirables : le haut commandement allemand crut fermement toutes les informations qui furent mises obligeamment à sa disposition ; Rundstedt, commandant en chef sur le front occidental, ne doutait pas que notre objectif était le Pas de Calais.

*
* *

La concentration des forces d'assaut – 176 000 hommes, 20 000 véhicules et plusieurs milliers de tonnes d'approvisionnements, le tout à transporter dans les deux premiers jours – constituait en elle-même une tâche prodigieuse. De leurs cantonnements ordinaires, répartis dans toute la Grande-Bretagne, les troupes furent transférées aux comtés méridionaux. Les trois divisions aéroportées désignées pour atterrir en Normandie avant l'assaut maritime furent rassemblées autour des aérodromes d'où elles devaient décoller. De leurs zones de concentration à l'arrière, les troupes furent conduites, selon un ordre de priorité déterminé, aux camps de répartition près de la côte ; dans ces camps, elles furent regroupées en détachements correspondant aux capacités de chargement des divers navires sur lesquels elles devaient embarquer. Là, chaque homme reçut ses ordres, et dès lors, aucun d'eux ne fut plus autorisé à quitter son camp. Les camps eux-mêmes avaient été amé-

---

désinformation des services de renseignements ennemis à l'aide d'agents doubles du M.I.6 ou d'espions allemands « retournés » par le M.I.5.
1. Douvres, Hastings, Hythe, Romney et Sandwich.

nagés à proximité des zones d'embarquement, qui étaient des ports ou des « cales », c'est-à-dire des portions de plage bétonnées pour faciliter l'embarquement dans de petits vaisseaux, qui les amèneraient jusqu'aux bâtiments de guerre.

Tous ces mouvements sur terre et sur mer avaient bien peu de chances d'échapper aux observations de l'ennemi. Des objectifs bien tentants s'offraient à son aviation, aussi toutes les précautions furent-elles prises ; près de 7 000 canons et lance-fusées et plus d'un millier de ballons protégeaient les grands rassemblements de troupes et de véhicules. Mais la Luftwaffe ne donna pas signe de vie ; comme les choses avaient changé depuis quatre ans ! La Home Guard, qui avait si patiemment attendu pendant toutes ces années une mission à sa mesure, la trouva alors ; non seulement elle servait dans les unités de DCA et de défense côtière, mais encore elle se chargea de nombreuses missions de service ordinaire et de sécurité, libérant ainsi d'autres soldats pour le combat.

Toute l'Angleterre du Sud devint ainsi un immense camp militaire rempli de soldats bien entraînés, bien instruits, et ardemment désireux d'en venir aux mains avec l'adversaire de l'autre côté de la Manche[1].

Le lundi 15 mai, trois semaines avant le jour J, nous tînmes une ultime conférence à l'école Saint-Paul, quartier général londonien de Montgomery. Étaient présents : le roi, le maréchal Smuts, les chefs d'état-major britanniques, les chefs de l'expédition et beaucoup de leurs principaux subordonnés. Sur l'estrade, on avait disposé une carte des plages normandes et de l'arrière-pays, avec une inclinaison suffisante pour que l'assistance puisse la voir nettement, et conçue de telle sorte que les officiers soient

---

1. Churchill, qui l'était plus encore, avait prévu d'assister personnellement au débarquement, à bord du croiseur *Glasgow*... Il faudra deux lettres impératives du roi George VI pour soustraire le vieux lutteur à l'attrait du danger.

en mesure de s'y déplacer pour expliquer le plan d'opération et indiquer les endroits stratégiques. Le général Eisenhower ouvrit les débats, et la séance de la matinée s'acheva sur une allocution de Sa Majesté. Montgomery prononça un discours impressionnant, et plusieurs officiers supérieurs des trois armes parlèrent après lui, de même que l'intendant général, qui insista sur l'ampleur des préparatifs effectués pour administrer le corps expéditionnaire après son débarquement.

Les événements se mirent alors à évoluer rapidement et sans à-coup jusqu'au moment critique. Rien n'indiquait encore que l'ennemi avait percé à jour nos intentions ; nous observions quelques renforts d'unités navales légères à Cherbourg et au Havre, ainsi qu'une recrudescence de l'activité de minage dans la Manche, mais dans l'ensemble, l'adversaire restait dans l'expectative, faute d'indications précises quant à nos projets.

Le 28 mai, les commandants d'unités furent informés que le jour J serait le 5 juin. À partir de ce moment, tout le personnel devant participer à l'opération fut consigné à bord des navires ou dans les camps et lieux de rassemblement à terre ; tout le courrier fut retenu et tout message privé interdit, sauf cas de nécessité personnelle urgente.

Le temps se mit à causer des inquiétudes ; après avoir été très beau, il se gâta progressivement, et dès lors, les autorités militaires se réunirent deux fois par jour pour étudier les bulletins météorologiques. À leur première séance, les prévisions pour le jour J faisaient état de conditions défavorables, avec des nuages bas ; or, ce dernier point était d'une importance capitale pour l'aviation, qui allait être gênée tant pour le bombardement que pour le larguage des troupes aéroportées. Le 2 juin, les premiers navires de guerre appareillèrent de la Clyde, et deux sous-marins de poche quittèrent Portsmouth pour aller jalonner les secteurs d'attaque. La journée du 3 juin ne fut guère encourageante ; un vent d'ouest forcissait en soulevant une houle modérée, la nébulosité était forte et le plafond nuageux s'abaissait. Les prévisions pour le 5 juin étaient pessimistes.

Dans l'après-midi, je me rendis à Portsmouth avec M. Bevin et le maréchal Smuts, et j'y vis un grand nombre de soldats embarquer pour la Normandie. Nous rendîmes visite au navire où était installé l'état-major de la 50ᵉ division, puis parcourûmes le Solent dans une vedette, en montant à bord d'un bateau après l'autre.

Au retour, nous nous arrêtâmes au camp du général Eisenhower pour lui souhaiter bonne chance, puis nous revînmes au train pour un dîner très tardif. Pendant que nous étions à table, Ismay fut appelé au téléphone par Bedell Smith, qui lui annonça que le temps se gâtait encore et qu'il faudrait sans doute retarder l'opération de vingt-quatre heures. Le général Eisenhower attendrait jusqu'aux premières heures du 4 juin pour prendre sa décision ; jusque-là, les unités de la grande armada continueraient à prendre la mer conformément au programme.

Ismay revint et nous fit part de ces mauvaises nouvelles. Ceux qui avaient vu le déploiement de forces dans le Solent sentaient que le mouvement était désormais aussi impossible à arrêter qu'une avalanche. Nous étions obsédés par l'idée que, si le mauvais temps persistait et obligeait à remettre l'opération à une date postérieure au 7 juin, les conditions nécessaires de lune et de marée ne se représenteraient plus avant une quinzaine de jours au moins ; les troupes ayant toutes été informées de leur destination dans l'intervalle, il était clair que l'on ne pouvait les laisser indéfiniment cloîtrées à bord de ces navires minuscules. Comment éviter les fuites ?

Mais l'inquiétude que nous éprouvions tous ne se manifesta en rien autour de la table du wagon-restaurant. Le maréchal Smuts tenait des propos particulièrement divertissants, en racontant la reddition des Boers à Vereeniging en 1902 : il avait fait comprendre à ses camarades que la lutte était devenue inutile et qu'il fallait s'en remettre à la merci des Anglais ; ses propres amis l'avaient traité de lâche et de défaitiste, et il avait connu là les heures les plus pénibles de sa vie. Pour finir, l'ayant tout de même emporté, il était allé à Vereeniging, et la paix avait été conclue. Le maréchal nous parla ensuite de ce qui s'était produit au début de la Seconde Guerre mondiale, lorsqu'il lui avait fallu traverser la Chambre pour s'opposer à son Premier ministre, qui désirait voir le pays rester neutre.

Nous allâmes nous coucher vers une heure et demie. Ismay m'annonça qu'il allait attendre le résultat de la conférence du matin ; comme je n'y pouvais rien changer, je lui dis de ne pas me réveiller pour m'en informer. Eisenhower réunit ses subordonnés à 4 h 15 du matin pour entendre l'inquiétant rapport des météorologues : ciel couvert, plafond bas, fort vent de sud-ouest, pluie et houle modérée. Les prévisions pour le 5 juin étaient pires encore. Bien à contrecœur, il ordonna un ajournement de vingt-quatre heures, et tout le vaste dispositif se mit en marche arrière selon un plan soigneusement préparé ; les convois déjà en mer firent demi-tour, tandis que les petits bâtiments cherchaient abri dans des mouillages adaptés. Seul, un grand convoi comptant 138 navires légers ne reçut pas le contre-ordre, mais on parvint à le rattraper et à le ramener sans alerter l'ennemi. Ce fut une journée très dure pour les milliers d'hommes entassés dans les navires de débarquement tout le long de la côte ; les Américains, qui venaient des ports de l'ouest et avaient la plus grande distance à parcourir, furent ceux qui souffrirent le plus.

Vers 5 heures du matin, Bedell Smith téléphona de nouveau à Ismay pour lui confirmer l'ajournement, et Ismay alla se coucher. Je m'éveillai une demi-heure plus tard et le fis appeler ; il m'annonça la nouvelle. D'après ce qu'il rapporte, je ne fis aucun commentaire.

Les heures s'écoulèrent interminablement jusqu'au 4 juin à 21 h 15, lorsqu'une nouvelle réunion fatidique se tint au quartier général d'Eisenhower. Les conditions météorologiques étaient mauvaises, dignes d'un mois de décembre plutôt que d'un mois de juin, mais les experts laissèrent entrevoir la possibilité d'une amélioration temporaire dans la matinée du 6 juin ; pour la suite, ils annoncèrent le retour d'une période de mauvais temps de durée indéterminée. Placé devant la redoutable alternative d'accepter les risques immédiats ou de retarder l'opération d'une quinzaine de jours au moins, le général Eisenhower, prenant conseil de ses commandants d'armées, décida hardiment – et sagement, comme le démontra la suite – de lancer l'opération, sous réserve d'une ultime confirmation le lendemain matin de bonne heure. Le 5 juin à 4 heures du matin, le sort en était irrévocablement jeté : l'invasion commencerait le 6 juin.

Considérée après coup, cette décision commande à bon droit l'admiration ; elle fut amplement justifiée par les événements et nous assura dans une large mesure le précieux avantage de la surprise. Nous savons aujourd'hui que les météorologues allemands avaient informé leur haut commandement qu'une invasion serait impossible le 5 ou le 6 juin, en raison du mauvais temps qui pouvait se prolonger pendant plusieurs jours.

Pendant toute la journée du 5 juin, les convois transportant le premier échelon des forces d'assaut convergèrent sur les lieux du rendez-vous, au sud de l'île de Wight. À partir de là, en un flot intarissable, derrière les dragueurs de mines déployés sur un large front, protégée de tous les côtés par de puissantes forces navales et aériennes, la plus grande armada qui ait jamais quitté nos côtes mit le cap sur la France. Le mauvais état de la mer fut une rude épreuve pour des troupes à la veille de la bataille, surtout dans l'inconfort terrible des petits bâtiments ; pourtant, en dépit de tout, l'immense manœuvre s'exécuta presque avec la précision d'une parade, non sans quelques pertes et retards, surtout parmi les petits bâtiments en remorque, mais sans que cela eût une influence sensible sur le cours des événements.

Tout autour de notre littoral, le réseau de défense déploya l'activité la plus intense ; la Home Fleet se tint en alerte pour réagir à toute intervention de navires de surface allemands, tandis que les patrouilles aériennes exerçaient une surveillance permanente des côtes ennemies, depuis la Norvège jusqu'à la Manche ; plus au large, aux atterrages occidentaux et dans le golfe de Gascogne, des appareils du Coastal Command en grand nombre, appuyés par des flottilles de destroyers, guettaient les réactions ennemies. Nos renseignements indiquaient que plus de cinquante sous-marins avaient été concentrés dans les ports du golfe de Gascogne, prêts à intervenir le moment venu. Alors que j'étais assis dans la salle des cartes de l'Annexe, on m'apporta la nouvelle sensationnelle de la prise de Rome.

Chapitre XII

ROME ET LE JOUR J

L'impasse d'Anzio et de Cassino porta à l'avance alliée un coup d'arrêt qui se prolongea pendant près de deux mois. Nos troupes devaient se reposer et être regroupées ; il fallait ramener de la côte adriatique le gros de la 8ᵉ armée britannique, et concentrer les deux armées pour le prochain assaut. Dans l'intervalle, le général Wilson utilisa toutes ses ressources en aviation pour harceler l'ennemi qui comptait, comme nous, profiter de la trêve pour se réorganiser et se ravitailler afin de continuer le combat.

La puissante aviation alliée concentra ses efforts sur les lignes de communication terrestres de l'adversaire, dans l'espoir de les couper durablement et de provoquer ainsi un repli par manque d'approvisionnement. Cette opération, baptisée avec beaucoup d'optimisme « Strangle[1] », visait à bloquer les trois principales lignes de chemin de fer descendant de l'Italie du Nord, en attaquant principalement les ponts, les viaducs et autres goulots d'étranglement. On essaya de chasser les Allemands d'Italie centrale par la famine. L'effort se prolongea pendant plus de six semaines et provoqua de gros dégâts ; la circulation des trains fut uniformément interrompue bien au nord de Rome, sans que l'on obtienne tous les résultats désirés ; en utilisant à plein leurs navires côtiers, en transférant les chargements sur des camions et en mettant à profit les heures nocturnes, les Allemands parvinrent à se maintenir. Néanmoins, ils ne

---

1. « Étrangler ».

purent constituer des stocks suffisants pour alimenter une bataille dure et prolongée, et ils se trouvèrent très affaiblis lors des rudes combats terrestres de la fin du mois de mai. La jonction de nos armées et la prise de Rome s'effectuèrent plus rapidement que prévu. L'aviation allemande essuya de lourdes pertes, et au début du mois de mai, elle ne parvint à opposer que sept cents appareils aux quatre mille dont nous disposions.

À ce moment, le général Clark, commandant de la 5e armée, avait plus de sept divisions, dont quatre françaises, sur un front s'étendant de la mer jusqu'au Liri ; la 8e armée britannique, passée aux ordres du général Leese, le prolongeait vers les montagnes par Cassino, avec un effectif approchant les douze divisions ; six autres avaient été concentrées dans la tête de pont d'Anzio, prêtes à effectuer leur sortie au moment le plus propice. Les Alliés avaient donc déployé au total plus de vingt-huit divisions, dont trois seulement restaient dans le secteur de l'Adriatique.

Vingt-trois divisions allemandes leur faisaient face, mais les dispositions prises pour tromper l'adversaire avaient si bien déconcerté Kesselring qu'elles se trouvaient largement dispersées. Entre Cassino et la mer, où nous nous apprêtions à lancer les principaux assauts, il n'y en avait que quatre, dont les réserves se trouvaient dispersées et assez éloignées. Notre attaque prit les Allemands par surprise ; ils étaient en train d'effectuer des relèves sur le front face aux Britanniques, et l'un de leurs commandants d'armée s'apprêtait à partir en permission.

La grande offensive débuta le 11 mai à 23 heures par le déclenchement d'un violent bombardement des deux mille canons de nos deux armées, renforcés à l'aube par tout le poids de l'aviation tactique. Après maints combats acharnés, l'ennemi commença à faiblir ; au matin du 18 mai, la ville de Cassino fut finalement prise par la 4e division britannique, tandis que les Polonais hissaient leur drapeau rouge et blanc sur les ruines du monastère. Kesselring envoyait des renforts aussi rapidement qu'il pouvait les rassembler, mais ils arrivaient en ordre dispersé et étaient aussitôt jetés dans la bataille, pour tenter d'endiguer le flot de l'avance alliée. Le 25 mai, les Allemands étaient en pleine retraite et talonnés sur l'ensemble du front de la 8e armée.

Les six divisions concentrées dans la tête de pont d'Anzio sous les ordres du général américain Truscott se lancèrent en avant au même moment; après deux jours d'âpres combats, elles firent leur jonction avec le 2e corps américain. Nos forces étaient enfin réunies, et nous commencions à récolter ce que nous avions semé pendant l'hiver. Au sud, l'ennemi était en pleine retraite, tandis que l'aviation alliée faisait de son mieux pour gêner ses mouvements et matraquer ses concentrations. Pourtant, ses arrières gardes tenaces enrayaient souvent la progression de ses poursuivants, de sorte que sa retraite ne dégénéra pas en déroute; le terrain montagneux nous empêchait d'utiliser nos importantes forces blindées, dont nous aurions pu autrement faire le meilleur usage.

Mais dans la nuit du 2 juin, la résistance allemande s'effondra, et le lendemain, au milieu des collines albaines, le corps de Truscott, flanqué sur sa gauche des 1re et 5e divisions britanniques, força l'allure en direction de Rome; le 2e corps américain les devançait un peu. Ils trouvèrent la plupart des ponts intacts, et le 4 juin à 19 heures 15, les avant-gardes de la 88e division débouchaient sur la Piazza Venezia, au cœur de la capitale. De chaleureux messages de félicitations nous parvinrent de toutes parts; l'ours lui-même me fit une caresse.

À midi le 6 juin 1944, jour J, j'invitai la Chambre des communes à « prendre acte officiellement de la libération de Rome par les armées alliées du général Alexander », nouvelle qui avait été diffusée la veille au soir. Toute l'attention était alors concentrée sur le débarquement en France, dont chacun savait qu'il était en cours. Je n'en consacrai pas moins dix minutes à la campagne d'Italie, et rendis hommage aux armées alliées qui y opéraient. Après avoir ainsi tenu mes collègues en haleine pendant un moment, je leur fis un compte rendu des événements outre-Manche, pour autant que nous en étions informés à ce stade. Dans l'après-midi, je m'estimai en droit de télégraphier à Staline :

« Tout a bien commencé. L'obstacle constitué par les mines, les ouvrages et les batteries côtières a été surmonté dans une large mesure. Les atterrissages ont été très réussis, les débarquements d'infanterie s'effectuent rapidement, beaucoup de chars et des canons autopropulsés sont déjà à terre. Temps prévu : moyen à bon. »

Sa réponse fut prompte, et elle contenait d'heureuses nouvelles de la plus haute importance :

« J'ai reçu, écrivait-il, votre communication au sujet du succès obtenu par le début des opérations d'« Overlord ». Elle nous réjouit tous et fait naître l'espoir de nouveaux succès. L'offensive d'été des forces soviétiques, montée conformément à l'accord conclu lors de la conférence de Téhéran, commencera vers le milieu de juin sur l'un des secteurs importants du front [1]. Les opérations lancées à la fin de juin et au cours de juillet se transformeront en offensive générale des forces soviétiques. »

Au moment où me parvint ce télégramme, j'étais précisément en train d'envoyer à Staline un compte rendu plus détaillé de notre progression :

« Je suis très satisfait de la situation telle qu'elle se présente jusqu'à midi de ce jour [7 juin]. Des difficultés sérieuses n'ont été rencontrées que sur une seule plage américaine [2], et elles sont maintenant surmontées ; 20 000 hommes des unités aéroportées ont atterri sains et saufs sur l'arrière des lignes ennemies, et ils ont partout établi le contact avec les forces américaines et britanniques débarquées sur la côte. Nos pertes durant la traversée ont été réduites. Nous nous attendions à perdre environ 10 000 hommes. »

---

1. On admirera la précision du renseignement.
2. Omaha Beach.

Staline télégraphia de nouveau quelques jours plus tard :

> « Il est évident que le débarquement, conçu sur une échelle grandiose, a remporté un succès complet. Mes collègues et moi-même sommes obligés d'admettre que l'histoire militaire ne connaît pas d'entreprise comparable à celle-ci par l'importance des forces mises en jeu, l'ampleur de la conception et l'exécution magistrale. On sait qu'en son temps, Napoléon échoua lamentablement à forcer le passage de la Manche. L'hystérique Hitler, qui s'est vanté pendant deux ans de pouvoir accomplir cette opération, n'a même pas été capable de se décider à faire ne serait-ce qu'une tentative de donner à cette menace un commencement d'exécution. Seuls nos Alliés ont réussi avec honneur à réaliser leur plan grandiose de franchissement de la Manche. L'Histoire reconnaîtra dans cette entreprise un exploit de toute première ampleur. »

C'est le mot « grandiose » qui figurait dans la traduction que l'on me remit ; je crois que Staline voulait plutôt dire « majestueux ». Quoi qu'il en soit, l'accord était parfait.

Le 10 juin, le général Montgomery fit savoir qu'il se trouvait assez solidement établi à terre pour recevoir une visite. Je partis donc dans mon train spécial pour Portsmouth, avec Smuts, Brooke, le général Marshall et l'amiral King. Les trois chefs d'état-major américains étaient arrivés par avion au Royaume-Uni le 8 juin, pour le cas où il aurait fallu prendre sans délai quelque importante décision militaire. Deux destroyers nous attendaient, l'un britannique et l'autre américain ; Smuts, Brooke et moi embarquâmes sur le premier, le général Marshall, l'amiral King et leurs états-majors respectifs sur le second, et nous traversâmes la Manche sans incidents pour gagner nos fronts respectifs. Montgomery, souriant et confiant, m'attendait sur la plage[1] alors que nous descendions tant

---

1. Au matin du 12 juin.

bien que mal d'un véhicule amphibie[1]. Son armée s'était déjà enfoncée onze à treize kilomètres dans l'intérieur des terres. La canonnade et l'activité étaient assez réduites ; le temps était magnifique. Nous avancions à travers notre domaine normand, exigu mais fertile. La prospérité de la campagne faisait plaisir à voir ; les prés étaient pleins de superbes vaches rouges et blanches qui se prélassaient ou se promenaient au grand soleil[2]. Les habitants, qui paraissaient allègres et bien nourris, nous saluaient avec enthousiasme. Montgomery avait établi son quartier général dans un château entouré de pelouses et d'étangs, à 8 kilomètres environ de la côte. Nous déjeunâmes sous une tente dressée face à l'ennemi ; le général était d'excellente humeur, et je lui demandai à quelle distance se trouvait le front. « À cinq kilomètres environ », dit-il. – « Ce front est-il continu ? » – « Non. » – « Dans ce cas, qu'est-ce qui pourrait empêcher une percée de blindés allemands de venir troubler notre déjeuner ? » Il me répondit qu'à son avis, ils ne viendraient pas. Ses officiers me dirent que le château avait été violemment bombardé au cours de la nuit précédente, et de fait, il y avait bon nombre de cratères à l'entour. Je lui dis qu'il prendrait trop de risques s'il en faisait une habitude ; à la guerre, on peut tout faire une fois, ou pour peu de temps, mais dans la mesure du possible, il faut éviter l'accoutumance, la répétition et la prolongation. Montgomery quitta en effet ce château deux jours plus tard, non sans avoir été bombardé une nouvelle fois avec tout son état-major.

---

1. Il s'agit d'un « DUCKW », camion GMC à roues et à hélice pouvant se mouvoir aussi facilement sur terre que sur mer (calme). Le général de Gaulle débarquera à Courseulles depuis le même véhicule.

2. Ce que Churchill résumera ainsi devant son entourage : « Nous sommes environnés de bestiaux fort gras qui nous regardent passer les pattes croisées au milieu de pâturages luxuriants. » (A. DANCHEV et D. TODMAN, *Diaries of field Marshal Alanbrooke*, Weidenfeld, Londres, 2001, p. 557.)

Tout continuait à bien aller et, en dehors de quelques alertes aériennes et de tirs de DCA intermittents, il ne semblait pas y avoir de combats. Nous procédâmes à une inspection détaillée de notre étroite tête de pont. Les petits ports de Ouistreham, Courseulles et Port-en-Bessin m'intéressaient plus spécialement ; aucun des plans prévus pour la grande opération n'en avait tenu compte, et pourtant, leur possession se révéla précieuse, car on ne tarda pas à y décharger environ 2 000 tonnes d'approvisionnements par jour. Je m'attardai sur ces agréables réalités alors que je circulais en voiture ou à pied au milieu du terrain conquis, intéressant mais encore bien réduit.

Smuts, Brooke et moi rentrâmes en Angleterre à bord du destroyer *Kelvin*. L'amiral Vian, devenu commandant de toutes les flotilles et unités légères assurant la protection du port d'Arromanches, se trouvait à bord. Il nous proposa d'aller voir le bombardement des positions allemandes par les cuirassés et les croiseurs assurant la protection de l'aile gauche britannique ; nous passâmes donc entre les deux cuirassés qui tiraient à plus de dix-huit kilomètres, et à travers l'escadre de croiseurs dont les objectifs se trouvaient à près de treize kilomètres. Nous arrivâmes bientôt à moins de 6 ou 7 000 mètres d'une côte très boisée ; le bombardement s'effectuait posément et continûment, sans réaction de la part de l'ennemi. Alors que nous allions faire demi-tour, je dis à Vian : « Puisque nous sommes si près, pourquoi ne pas leur envoyer nous-mêmes quelques obus avant de rentrer ? » — « Certainement », répondit-il, et une ou deux minutes plus tard, tous nos canons ouvrirent le feu en direction de la côte silencieuse. Nous étions naturellement à bonne portée de l'artillerie ennemie, et dès que nous eûmes tiré, Vian fit virer de bord son destroyer, qui s'éloigna à toute vitesse. Nous sortîmes rapidement de la zone dangereuse et retraversâmes la ligne des cuirassés et des croiseurs ; c'est la seule fois où je me suis trouvé à bord d'un navire de Sa

Majesté tirant « à chaud », si je puis dire[1]. J'admirai l'esprit sportif de l'amiral, et Smuts fut également ravi. Je dormis parfaitement pendant les quatre heures de traversée jusqu'à Portsmouth ; dans l'ensemble, la journée avait été extrêmement intéressante et agréable.

Peu après, j'écrivis au président pour évoquer différentes affaires, dont la visite de De Gaulle en France, que j'avais organisée sans consulter Roosevelt au préalable[2]. J'ajoutai :

> « J'ai passé une joyeuse journée lundi sur les plages et à l'intérieur des terres. La concentration de navires s'étend sur plus de 80 kilomètres le long de la côte. Elle est de mieux en mieux protégée contre le mauvais temps, grâce aux ports artificiels dont il s'avère que presque chaque élément a été un succès, et qui consitueront bientôt un abri efficace. La supériorité de nos forces aériennes et anti-sous-marines semble lui assurer un très haut degré de sécurité. Après avoir rempli notre lourde charge, nous sommes allés tirer quelques salves contre les Boches avec notre destroyer, mais, bien que la portée n'ait été que de 5 500 mètres, ils n'ont pas daigné nous répondre.
>
> Marshall et King sont rentrés par mon train. Ce qu'ils ont vu dans le secteur américain les a grandement rassurés. Marshall a rédigé un charmant télégramme à l'intention de Mountbatten, pour lui dire de quelle efficacité avaient été tous ces nouveaux bâtiments, imaginés et mis au point par ses services[3]. Vous avez employé le mot « prodigieux » dans

---

1. Il faut sans doute comprendre par là : « autrement que lors d'un exercice ».
2. C'est là une façon de montrer son indépendance – toute relative – vis-à-vis de Roosevelt, mais Churchill préfère ne pas mentionner qu'il n'a autorisé la visite du général de Gaulle qu'à contre-cœur et sur l'insistance expresse de ses ministres. Les relations entre de Gaulle et Churchill sont glaciales à cette époque...
3. Ce télégramme, envoyé de France, est signé des généraux Marshall et Arnold, des maréchaux Brooke et Smuts, de l'amiral King et du Premier ministre Winston Churchill. Il est libellé en ces termes :

un de vos précédents télégrammes. Je dois avouer que ce mot est seul capable d'exprimer ce que j'ai vu, et je pense que vos officiers seront du même avis... Comme j'aimerais que vous soyez ici ! »

« Nous avons rendu visite ce jour aux armées britanniques et américaines établies sur la terre de France. Nous avons navigué entre de vastes armadas de navires et de péniches de débarquement de tous types qui mettaient à terre des hommes, des véhicules et des approvisionnements en nombre toujours croissant. [...] Nous tenons à vous dire à ce stade de votre dure campagne que nous sommes pleinement conscients du fait qu'une bonne partie de ces remarquables réalisations et du succès qu'elles ont rendu possible trouvent leur origine dans les techniques mises au point par vous et votre état-major à la direction des Opérations combinées. » Mountbatten le reçoit au moment où il est engagé dans la féroce bataille d'Imphal, en Birmanie, et il notera dans son journal ce soir-là : « Je me demande si quelqu'un d'autre a jamais eu la chance incroyable de recevoir un télégramme aussi flatteur, envoyé depuis le champ de bataille par les six plus grands chefs de guerre de son époque ! » Pour une fois modeste, l'amiral lord Louis Mountbatten ne semble pas s'être demandé si quelqu'un avait jamais fait autant pour le mériter... (Voir F. Kersaudy, *Lord Mountbatten, l'étoffe des Héros*, Payot, Paris, 2007, p. 181.)

Chapitre XIII

DE LA NORMANDIE À PARIS

Voyons le dispositif et les projets de l'ennemi, tels que nous les connaissons aujourd'hui. Le maréchal Rundstedt, disposant de 60 divisions, commandait tout le secteur du Mur de l'Atlantique, depuis les Pays-Bas jusqu'au golfe de Gascogne, et depuis Marseille le long de la côte méridionale de la France. Rommel avait sous ses ordres toute la côte de la Hollande jusqu'à la Loire ; sa 15e armée, forte de dix-neuf divisions, occupait les secteurs de Calais et de Boulogne, et la 7e disposait en Normandie de dix divisions (neuf d'infanterie et une blindée) ; les dix divisions blindées qui se trouvaient sur l'ensemble du front occidental étaient éparpillées depuis la Belgique jusqu'à Bordeaux. Il est curieux de constater que les Allemands, une fois sur la défensive, commirent la même erreur que les Français en 1940, en dispersant l'arme la plus puissante dont ils disposaient pour contre-attaquer !

Il est vraiment remarquable que ce gigantesque assaut, préparé de si longue date, ait pris l'ennemi aussi complètement par surprise, dans le temps comme dans l'espace. Rommel, ayant quitté son quartier général dans la matinée du 5 juin pour aller à Berchtesgaden rendre visite à Hitler, se trouvait en Allemagne lorsque le coup fut porté. Les discussions étaient allées bon train sur la question de savoir où les Alliés attaqueraient. Rundstedt n'avait cessé de croire que l'assaut principal viendrait du pas de Calais, car c'était le trajet maritime le plus court, et il donnait directement accès au cœur de l'Allemagne ; Rommel avait longtemps été du même avis. Pourtant, Hitler et son état-major semblaient avoir reçu des rapports désignant la Normandie comme champ de bataille principal*. L'incertitude se poursuivit même après notre débarquement ; Hitler perdit une journée entière au moment le plus critique avant de se décider à envoyer au front les deux divisions blindées les plus proches. Le service de renseignements allemand surestima énormément le nombre de divisions et la quantité de navires de transport disponibles en Grande-Bretagne ; à l'en croire, nos ressources permettaient amplement d'effectuer un autre débarquement aussi important que celui de Normandie, qui pouvait donc n'être qu'un prélude et une diversion. Aussi n'est-ce que dans la troisième semaine de juillet, soit six après le jour J, que les réserves de la 15ᵉ armée furent envoyées au sud du pas de Calais pour intervenir dans la bataille ; nos mesures de désinformation, tant avant qu'après le jour J, avaient précisément pour but de créer cette confusion[1]. Elles obtinrent un succès admirable et eurent des répercussions considérables sur le cours de la bataille.

Mais l'ennemi combattait avec acharnement, et sa résistance était difficile à surmonter. Dans le secteur américain, les marais situés autour de Carentan et à l'embouchure de la Vire gênaient nos mouvements ; partout, le terrain se prêtait bien à la défensive. Le *bocage*[2] qui s'étend sur la plus grande partie de la Normandie est formé par une multitude de petits champs séparés par des talus, des fossés et des haies très hautes. Le manque de bons points d'observation gênait l'artillerie pour soutenir les attaques, et l'emploi des chars se révélait extrêmement difficile. Ce fut donc jusqu'au bout une bataille d'infanterie, dans laquelle chaque petit champ pouvait constituer un centre de résistance ; les

---

* BLUMENTRITT, *Von Rundstedt*, pp. 218-219.
1. Voir *supra*, p. 656.
2. En français dans le texte.

progrès n'en furent pas moins satisfaisants, si ce n'est que l'on ne parvenait pas à prendre Caen.

Cette ville, petite mais célèbre, devait être pendant de nombreux jours le théâtre d'une lutte acharnée; elle avait pour nous une grande importance, parce que le terrain plus à l'est se prêtait fort bien à la construction de pistes d'envol, et aussi parce qu'elle constituait la charnière de toute notre manœuvre, ainsi que le pivot autour duquel Montgomery comptait faire exécuter aux forces américaines un grand mouvement tournant sur la gauche. La ville était tout aussi importante pour les Allemands : en cas de rupture de leurs lignes à cet endroit, l'ensemble de leur 7e armée serait contraint de se replier vers le sud-est en direction de la Loire, ouvrant ainsi une brèche entre elle et la 15e armée au nord. Dès lors, la route de Paris aurait été ouverte; aussi Caen devint-elle le théâtre d'assauts incessants et d'une résistance obstinée, qui attira vers elle une grande partie des divisions allemandes, et notamment de leurs divisions blindées – ce qui était à la fois une bonne et une mauvaise chose.

Bien que les divisions de réserve de leur 15e armée fussent maintenues intactes au nord de la Seine, les Allemands avaient naturellement fait venir des renforts d'autres secteurs, et au 12 juin, ils avaient en ligne douze divisions, dont quatre blindées. C'était inférieur à nos prévisions. Notre gigantesque offensive aérienne avait permis de détruire tous les ponts franchissant la Seine en aval de Paris, de même que les principaux ponts de la Loire; la plupart des unités de renfort durent utiliser les routes et les voies ferrées passant entre Paris et Orléans, et elles furent soumises de jour comme de nuit à des attaques continuelles et meurtrières de nos forces aériennes. C'est ainsi que le haut commandement allemand se trouva dans l'impossibilité de constituer en arrière du front une force de frappe en vue d'une contre-offensive puissante et bien planifiée.

Au 11 juin, les Alliés avaient formé un front continu, et nos chasseurs opéraient à partir d'une demi-douzaine de

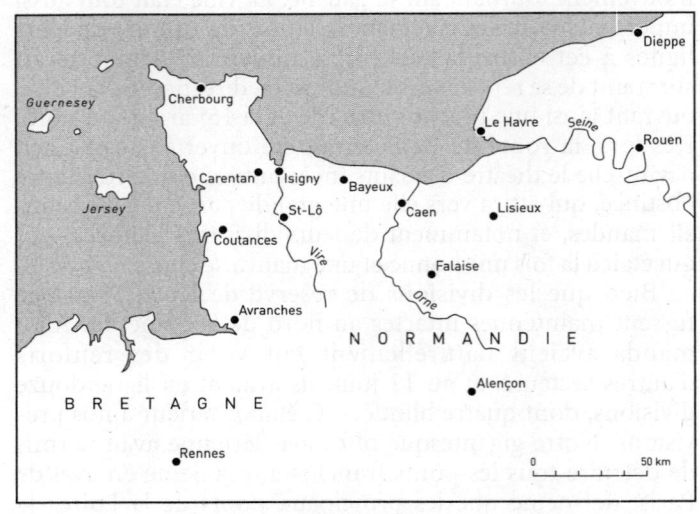

La Normandie

champs d'aviation avancés. Les Américains poussèrent vers l'ouest et le nord, et après de durs combats, ils atteignirent les défenses extérieures de Cherbourg le 22 juin. L'ennemi résista opiniâtrement jusqu'au 26 juin, afin de pouvoir procéder à des destructions ; il y parvint si complètement que les cargaisons lourdes ne purent être débarquées dans le port avant la fin du mois d'août.

En dehors du champ de bataille, d'autres événements allaient avoir des répercussions sur l'avenir. Les premières bombes volantes tombèrent sur Londres dans la nuit du 12 au 13 juin ; elles venaient de régions du nord de la France, qui étaient hors de portée de nos armées débarquées. Il fallait s'en emparer au plus vite pour secourir notre population civile, qui se trouvait à nouveau sous les bombes. Une partie de l'aviation stratégique reprit ses attaques sur ces emplacements, mais il ne pouvait être naturellement question de modifier le cours de la bataille terrestre pour autant ; comme je le déclarai aux Communes, notre peuple pouvait ainsi avoir le sentiment de partager les dangers que couraient ses soldats.

Le 17 juin, Hitler réunit Rundstedt et Rommel en conférence à Margival, près de Soissons. Les deux généraux firent valoir avec force que ce serait folie de laisser saigner à blanc l'armée allemande en Normandie ; ils recommandèrent de faire exécuter à la 7e armée, avant qu'elle ne fût détruite, une retraite en bon ordre vers la Seine, où elle serait en mesure, conjointement avec la 15e, de livrer une bataille défensive mais mobile, avec au moins quelque espoir de succès. Mais Hitler ne voulut rien entendre ; il exigea, comme en Russie et en Italie, que l'on ne cédât pas un pouce de terrain et que tous combattent sans esprit de recul. C'étaient naturellement les généraux qui avaient raison.

Pendant ce temps, nous ne cessions de nous renforcer. Au cours des six premiers jours, on débarqua 326 000 hommes, 54 000 véhicules et 104 000 tonnes de matériel divers.

Une immense organisation d'approvisionnement fut mise sur pied. À la date du 19 juin, la construction des deux ports « Mulberry », celui d'Arromanches et celui du secteur américain une quinzaine de kilomètres plus à l'ouest, progressait favorablement. Les pipe-lines sous-marins (Pluto[1]) devaient entrer en service plus tard, mais dans l'intervalle, on s'employait à faire de Port-en-Bessin notre principal port de ravitaillement en essence*. Mais c'est alors que se déclencha une tempête qui devait durer quatre jours, empêchant presque entièrement la mise à terre des hommes et du matériel, et causant de gros dégâts aux brise-lames récemment mis en place. Beaucoup des structures flottantes, qui n'avaient pas été conçues pour supporter de telles conditions, rompirent leurs amarres et allèrent s'écraser contre les autres brise-lames ou les navires au mouillage. Le port du secteur américain fut mis hors service, et ses éléments encore en bon état servirent à réparer celui d'Arromanches. Cette tempête, sans précédent au mois de juin depuis quarante ans, fut pour nous un grand malheur ; nos opérations de déchargement avaient déjà pris du retard, la percée s'en trouva repoussée d'autant, et le 23 juin, nous nous trouvions encore sur la ligne de front que nous avions prévu d'atteindre le 11 juin.

Au cours de la dernière semaine de juin, les Britanniques établirent une tête de pont au sud de Caen. Toutes les tentatives de l'étendre vers le sud et vers l'est échouèrent, et le secteur sud du front britannique fut attaqué à deux reprises par plusieurs divisions blindées. Lors de chocs très violents, les Allemands essuyèrent de graves défaites et subirent de lourdes pertes du fait de

---

1. Acronyme de *Pipe Line Under The Ocean*.

* Le projet « Pluto » comportait d'abord la pose, dans les secteurs d'assaut, de pipe-lines permettant aux navires pétroliers de décharger leur carburant directement sur les plages. Par la suite, des pipe-lines sous-marins furent posés à travers la Manche, de l'île de Wight à Cherbourg et de Dungeness à Boulogne.

notre aviation et de notre puissante artillerie*. C'était maintenant notre tour de frapper, et le 8 juillet, une forte attaque fut lancée sur Caen par le nord et par le nord-ouest; les bombardiers lourds de la Royal Air Force larguèrent plus de 2 000 tonnes de bombes sur les défenses allemandes, et à l'aube, l'infanterie britannique réalisa une bonne progression, bien que son avance fût inévitablement gênée par les cratères et les décombres résultant du bombardement aérien. Au 10 juillet, toute la partie de Caen située sur la rive gauche de la rivière était entre nos mains, et à la mi-juillet, trente divisions alliées étaient sur le terrain, dont quinze américaines et quinze britanniques ou canadiennes. Face à elles, les Allemands avaient rassemblé vingt-sept divisions, mais leurs pertes s'élevaient déjà à 160 000 hommes, et le général Eisenhower estimait que leur valeur combative ne dépassait pas celle de seize divisions à effectifs complets.

Un événement important survint alors: le 17 juillet, Rommel fut gravement blessé. Sa voiture avait été attaquée par nos chasseurs volant à basse altitude, et il semblait mourant lorsqu'on le transporta à l'hôpital. Mais il se rétablit, presque miraculeusement, pour mourir un peu plus tard, sur ordre d'Hitler. Vers le début de juillet, Rundstedt fut remplacé au commandement du front occidental par von Kluge, un général qui s'était distingué en Russie. Le 20 juillet, Hitler échappa à un nouvel attentat; à en croire le récit le plus digne de foi, le colonel von Stauffenberg avait placé un petit porte-documents contenant une bombe à retardement sous la table d'Hitler lors d'une conférence d'état-major. Le Führer fut protégé de l'explosion par le lourd dessus de table et le pied massif qui le soutenait, et aussi par le fait que la conférence ayant

---

* Ces attaques résultaient des instructions données par Hitler à la conférence de Soissons. Le 1er juillet, Keitel téléphona à Rundstedt pour lui demander: « Que faut-il faire ? » et Rundstedt lui répondit: « La paix, imbéciles! Que pouvez-vous faire d'autre ? »

lieu dans un baraquement léger, le souffle put se disperser instantanément à l'extérieur. Plusieurs des officiers présents furent tués, mais le Führer, bien que blessé et fortement commotionné, se releva en s'exclamant : « Qui peut prétendre que je ne jouis pas d'une protection divine ? » Ce complot eut pour effet d'exalter la violence de sa nature, et il exerça une effroyable vengeance sur tous ceux qui étaient soupçonnés d'y avoir participé.

On approchait maintenant du 18 juillet, date choisie par Montgomery pour déclencher son offensive générale ; l'armée britannique attaqua avec trois corps d'armée, après un intense bombardement aérien allié. L'aviation allemande fut mise dans l'impossibilité complète d'intervenir. La progression fut satisfaisante à l'est de Caen, jusqu'au moment où les nuages commencèrent à gêner l'action de nos avions, ce qui amena à retarder d'une semaine la tentative de percée depuis le secteur américain. J'estimai le moment propice pour visiter Cherbourg et passer quelques jours au port « Mulberry » ; le 20 juillet, je partis donc à bord d'un Dakota militaire américain et atterris directement sur l'aérodrome de la presqu'île de Cherbourg. Le commandant des forces américaines du secteur me fit faire tout le tour du port. Je vis pour la première fois une rampe de lancement pour bombes volantes ; c'était une installation fort complexe. Je fus frappé par les dégâts occasionnés à la ville par les Allemands et je partageai la déception de l'état-major devant les délais nécessaires à la remise en état du port. Les bassins avaient été abondamment parsemés de mines de contact ; quelques plongeurs britanniques très dévoués travaillaient jour et nuit pour éliminer cette menace mortelle, et leurs camarades américains leur rendirent un chaleureux hommage. Après une longue et dangereuse randonnée en automobile jusqu'à la plage de débarquement américaine « Utah », j'embarquai sur une vedette lance-torpilles britannique qui me conduisit à Arromanches par une mer démontée. En vieillissant, on devient moins sujet au mal de mer; je n'y succombai donc pas, et dormis bien tranquillement jusqu'à l'arrivée dans les eaux calmes de notre lagon artificiel. Je montai ensuite à bord du croiseur *Enterprise*, où je restai pendant trois jours pour bien comprendre le fonctionnement de ce port, dont dépendaient presque exclusivement toutes les armées à ce stade; en même temps, je m'occupai de mes affaires londoniennes[1].

Les nuits étaient fort bruyantes, du fait des nombreux raids d'avions isolés et des alertes aériennes plus nombreuses encore. Dans la journée, j'étudiais tout le processus de débarquement des approvisionnements et des troupes, tant aux jetées, auxquelles je m'étais intéressé pendant si longtemps, que sur les plages elles-mêmes. À un moment donné, six navires transporteurs de chars se présentèrent en ligne face aux rivages; quand leurs étraves s'échouèrent, les portes s'abattirent pour former passerelle, et les chars sortirent par groupes de trois ou quatre pour gagner la terre dans des gerbes d'écume. En moins de huit minutes à mon chronomètre, ils s'étaient formés en colonne de route en haut de la plage, prêts à partir pour le front; c'était une performance impressionnante, et caractéristique de la rapidité désormais atteinte dans la cadence des déchargements. Je fus fasciné par le spectacle des DUKW, les véhicules de charge amphibies américains, qui avançaient par leurs propres moyens dans les eaux du port, abordaient le rivage et escaladaient la colline à vive allure, pour gagner le grand parc où des camions attendaient pour transporter leurs approvisionnements jusqu'aux diverses unités. Tous nos espoirs d'action rapide et victorieuse reposaient sur la merveilleuse efficacité de cette organisation, dont les résultats dépassaient de très loin ce que nous avions imaginé.

Au cours de ma dernière journée à Arromanches, je

---

[1]. Il faut entendre par là les affaires de la guerre : Churchill s'intéressait aussi peu que possible aux questions économiques et sociales, dont la gestion était laissée à Clement Attlee, à John Anderson et à Ernest Bevin.

me rendis au quartier général de Montgomery, à quelques kilomètres dans l'intérieur des terres. Le commandant en chef était d'excellente humeur à la veille de sa plus grande opération, qu'il m'exposa dans tous ses détails. Il me fit visiter les ruines de Caen, puis traverser la rivière et inspecter d'autres parties du front britannique. Après quoi il mit à ma disposition son *Storch* – une prise de guerre –, et le commandant de l'aviation me pilota lui-même au-dessus des positions britanniques ; cet appareil était capable de se poser presque partout en cas de besoin, et pouvait voler à quelques centaines de pieds au-dessus du sol, ce qui permettait de mieux voir et de se faire une idée bien plus précise de la situation que tout autre procédé. J'inspectai aussi plusieurs de nos aérodromes et adressai quelques mots aux officiers et aux hommes rassemblés. Enfin, je me rendis à l'hôpital de campagne où, bien que la journée fût calme, des blessés en petit nombre continuaient d'arriver. Un pauvre homme qui allait subir une grave intervention attendait l'anesthésie sur la table d'opération. J'allais sortir discrètement, lorsqu'il me réclama ; il sourit faiblement et me baisa la main. J'en fus profondément ému, et je fus très heureux d'apprendre par la suite que l'opération avait parfaitement réussi.

*
* *

À présent, les ordres qui avaient maintenu la 15e armée allemande derrière la Seine ayant été rapportés, plusieurs divisions fraîches furent envoyées pour renforcer la 7e, qui était durement malmenée. Leur arrivée par le rail, la route ou les bacs remplaçant les ponts détruits sur le fleuve fut considérablement retardée par notre aviation, qui leur infligea de lourdes pertes. Leur intervention, si longtemps retenue, s'avéra trop tardive pour enrayer la marche du destin.

L'heure sonna enfin où les troupes du général Omar Bradley purent exécuter leur grande percée ; le 25 juillet, leur 7e corps attaqua au sud de Saint-Lô, et dès le lendemain, le 8ᵉ intervint à sa droite. Le bombardement effectué par l'aviation américaine avait été dévastateur, et l'assaut de l'infanterie progressa rapidement[1]. Les blindés furent alors lancés et dévalèrent sur la position clef de Coutances, coupant la retraite des Allemands le long de la côte normande, après quoi toutes les défenses ennemies à l'ouest de la Vire se trouvèrent menacées et bouleversées. Les troupes en retraite embouteillaient les routes, de sorte que les bombardiers et les chasseurs alliés prélevèrent un très lourd tribut en hommes et en véhicules. L'avance se poursuivit ; Avranches fut prise le 31 juillet, et peu après, les blindés atteignirent l'angle inférieur de la péninsule, ouvrant ainsi l'accès à la Bretagne. Au même moment, les Canadiens du général Crerar, partis de Caen, attaquèrent le long de la route de Falaise. Quatre divisions blindées ennemies leur barraient la route. Montgomery, dont le commandement s'étendait encore à l'ensemble du théâtre des opérations, transféra alors le centre de gravité de l'attaque britannique vers l'autre front et ordonna à la 2ᵉ armée britannique, commandée par le général Dempsey, de lancer un nouvel assaut depuis Caumont jusqu'à Vire. L'opération, précédée elle aussi d'un puissant bombardement aérien, se déclencha le 30 juillet, et Vire fut atteint quelques jours plus tard.

Le 7 août, un avion m'amena au quartier général de Montgomery, et lorsque celui-ci m'eut fait un exposé lumineux de la situation à l'aide de ses cartes, un colonel américain arriva pour me conduire auprès du général Bradley. L'itinéraire avait été soigneusement choisi pour me montrer les effroyables dégâts subis par les villes et les villages à travers lesquels les troupes américaines s'étaient frayé un passage : tous les bâtiments avaient été pulvérisés

---

[1]. En fait, Churchill, vivant toujours sur ses souvenirs de la guerre des tranchées, s'était inquiété à cette date de la trop grande rapidité du mouvement... (Sir Ian Jacob *in* J. WHEELER-BENNET Edit., *Action this Day*, Macmillan, Londres, 1968, p. 201-202.)

par les bombardements aériens. Vers 16 heures, nous arrivâmes au quartier général de Bradley, qui m'accueillit cordialement, mais je sentais toute la tension qui régnait, la bataille ayant atteint son point culminant et des messages se succédant à intervalles rapprochés. J'écourtai donc ma visite et retournai en automobile vers mon avion qui m'attendait. J'allais monter à bord, lorsqu'à ma grande surprise, j'aperçus Eisenhower; il arrivait en avion de Londres pour rejoindre son quartier général avancé et, ayant appris ma présence, il venait à ma rencontre. Bien qu'il n'ait pas encore pris des mains de Montgomery le commandement effectif des armées en campagne, rien n'échappait à son œil vigilant, et nul ne savait mieux que lui suivre de près le déroulement de quelque événement capital, sans affaiblir pour autant l'autorité qu'il avait déléguée à d'autres.

*
* *

La 3ᵉ armée américaine, désormais constituée sous les ordres du général Patton, était entrée en action; elle détacha deux divisions blindées et trois d'infanterie vers l'ouest et le sud pour nettoyer la péninsule bretonne. L'ennemi ainsi isolé battit aussitôt en retraite vers ses ports fortifiés. Le mouvement de Résistance français, qui comptait 30 000 hommes dans la région, joua un rôle important et la Bretagne fut rapidement dégagée. À la fin de la première semaine d'août, 45 000 soldats allemands, représentant les effectifs de garnisons et les débris de quatre divisions, avaient été refoulés dans les périmètres défensifs de Saint-Malo, Brest, Lorient et Saint-Nazaire; on pouvait les y cerner et les laisser dépérir, faisant ainsi l'économie des pertes inutiles qu'auraient coûtées des assauts immédiats.

Tandis que l'ennemi était ainsi chassé ou bloqué en Bretagne, le reste de l'armée Patton fonçait vers l'est, exécutant ce « long crochet » qui devait le conduire jusqu'à la brèche entre la Loire et Paris, puis le long de la Seine en direction de Rouen. Elle entra à Laval le 6 août et au Mans le 9, rencontrant peu d'Allemands dans toute cette vaste région. La principale difficulté consistait à ravitailler ces troupes sur une distance déjà considérable et qui ne cessait de s'allonger; en dehors d'un pont aérien d'ampleur modeste, il fallait encore faire venir tous les approvisionnements des plages où s'était effectué le débarquement, et les acheminer le long de la côte occidentale normande à travers Avranches pour atteindre le front. Avranches devint ainsi un goulot d'étranglement que les Allemands étaient tout naturellement tentés d'attaquer, en frappant vers l'est depuis les environs de Falaise; l'idée parut extrêmement séduisante à Hitler, qui donna l'ordre de concentrer le maximum de forces disponibles pour assaillir Mortain, s'ouvrir un chemin en combattant jusqu'à Avranches et couper ainsi les lignes de communication de Patton. Les chefs militaires allemands étaient unanimes pour condamner ce projet; comprenant que la bataille de Normandie était déjà perdue, ils voulaient utiliser les quatre divisions, détachées de la 15e armée, qui venaient d'arriver du nord, pour effectuer une retraite en bon ordre jusqu'à la Seine. Ils estimaient que lancer des troupes fraîches vers l'ouest revenait à « tendre le cou », avec la certitude qu'il serait coupé. Mais Hitler ayant insisté pour imposer sa volonté, cinq divisions blindées et deux d'infanterie lancèrent le 7 août une attaque impétueuse contre Mortain par l'est.

Le coup tomba sur une seule division américaine, mais elle résista, permettant à trois autres de lui venir en aide; après cinq jours de violents combats, accompagnés de bombardements aériens concentrés, les assaillants furent refoulés en désordre. Alors, comme les généraux allemands l'avaient prédit, tout le saillant entre Falaise et Mortain se trouva à la merci d'assauts convergents venus de trois côtés à la fois; les forces alliées attaquaient sans répit les Allemands entassés dans cette poche longue et étroite, tandis que l'artillerie y provoquait de terribles ravages. L'ennemi résista farouchement à Falaise et à Argentan pour maintenir la poche ouverte et essayer d'en faire sortir le plus d'effectifs possible, en commençant par les blindés. Mais le 17 août, le commandement perdit le contrôle des troupes, et la scène tourna au chaos. Le 20 août, les mâchoires se refermèrent, et bien qu'une partie considérable des forces allemandes ait réussi à s'enfuir vers l'est, huit divisions furent anéanties ; ce qui avait été la poche de Falaise devint leur tombeau. Von Kluge rendit compte à Hitler : « L'ennemi dispose d'une énorme supériorité aérienne et étouffe pratiquement tous nos mouvements. Par contre, tous les siens sont préparés et protégés par son aviation. Les pertes en hommes et en matériel sont extraordinaires. Le moral de nos troupes a énormément souffert sous le feu meurtrier et incessant de l'ennemi. »

*
* *

La 3ᵉ armée américaine, qui avait libéré la Bretagne et contribué à la victoire finale de Falaise en exécutant son « crochet court », avait également lancé trois de ses corps vers l'est et le nord-est depuis Le Mans ; ils atteignirent Orléans, Chartres et Dreux le 17 août, et se dirigèrent ensuite vers le nord-ouest pour faire leur jonction avec les Britanniques qui avançaient sur Rouen. Notre 2ᵉ armée avait été quelque peu retardée, ayant dû se réorganiser après la bataille de Falaise, tandis que l'ennemi avait trouvé le moyen d'improviser des positions d'arrière-garde. Mais la poursuite n'en fut pas moins menée rondement, et les Allemands restés au sud de la Seine cherchèrent bientôt désespérément à la franchir, sous des attaques aériennes dévastatrices. Aucun des ponts détruits auparavant par les bombardements aériens n'avait été reconstruit, mais il y avait quelques ponts de bateaux et un service de bacs assez efficace. Pourtant, très peu de véhicules purent être sauvés, et d'énormes quantités de moyens de transport durent être abandonnées au sud de Rouen ; les troupes qui réussirent à s'échapper n'étaient plus en état de résister sur l'autre rive de la Seine.

Eisenhower, ayant maintenant assuré le commandement en campagne, avait décidé de ne pas livrer bataille pour délivrer Paris. Stalingrad et Varsovie avaient démontré à quelles horreurs aboutissaient les assauts frontaux et les soulèvements patriotiques ; il comptait donc encercler la capitale et obliger sa garnison à se rendre ou à fuir. Le moment d'agir se présenta le 20 août : Patton avait franchi la Seine près de Mantes, et son aile droite venait d'atteindre Fontainebleau. À Paris, les Français du mouvement de résistance clandestin s'étaient révoltés, la police était en grève, et la préfecture de police aux mains des patriotes. Un officier de la Résistance parvint au quartier général de Patton avec des renseignements d'une importance capitale, qui furent remis à Eisenhower au Mans le 23 août.

Dans l'armée de Patton se trouvait la 2e division blindée française, commandée par le général Leclerc, qui avait débarqué en Normandie le 1er août et joué un rôle honorable durant la progression. De Gaulle arriva ce même jour, et le commandant suprême lui renouvela l'assurance – donnée depuis longtemps[1] – que les troupes de Leclerc seraient les premières à entrer dans Paris le moment venu. Ce même soir, la nouvelle que des combats de rues se livraient dans la capitale décida Eisenhower à agir, et Leclerc reçut l'ordre de se mettre en route. Le général Bradley remit à ce dernier des instructions dans ce sens à 19 h 15. La division française se trouvait alors dans la région d'Argentan. Les ordres d'opérations, datés du 23 août, commençaient par ces mots : « Mission : (I) S'emparer de Paris...[2] ».

Le 24 août, la poussée principale, dirigée par le colonel Billotte, fils du général commandant le 1er groupe

---

1. Depuis décembre 1943 – à titre personnel du moins.
2. En français dans le texte.

d'armées françaises tué en mai 1940, s'exerça à partir d'Orléans. Cette nuit-là, une avant-garde de chars atteignit la porte d'Orléans et déboucha sur la place de l'hôtel-de-Ville. Le lendemain matin, les colonnes blindées de Billotte tenaient les deux rives de la Seine, de part et d'autre de la Cité ; dans l'après-midi, le général von Choltitz, commandant allemand de la place, fut cerné dans son quartier général de l'Hôtel Meurice ; on le conduisit à Leclerc. Pour ce dernier, c'était l'aboutissement de la longue route qui, passant par Dunkerque et le Tchad, l'avait ramené chez lui. Il exprima son sentiment à voix basse : « Maintenant, ça y est[1] », après quoi il se présenta en allemand au vaincu. La capitulation de la garnison fut signée à l'issue d'une discussion brève et brutale, puis les points fortifiés qui subsistaient furent occupés un à un par la Résistance et les troupes régulières.

Paris devint alors le théâtre de folles manifestations de joie ; on cracha sur les prisonniers allemands, on traîna les collaborateurs dans les rues, on fêta les troupes libératrices. Sur les lieux de ce triomphe tant attendu parut le général de Gaulle ; à l'Hôtel de Ville deux heures plus tard, accompagné des principales figures de la Résistance ainsi que des généraux Leclerc et Juin, il se présentait pour la première fois en tant que chef de la France libre, devant une foule en liesse. Un enthousiasme délirant se déchaîna spontanément. Dans l'après-midi du lendemain 26 août, de Gaulle fit son entrée officielle en descendant à pied les Champs-Élysées jusqu'à la place de la Concorde, d'où il gagna Notre-Dame dans un cortège de voitures. Des collaborateurs, dissimulés à l'intérieur et à l'extérieur de la cathédrale, tirèrent quelques coups de fusils et la foule se dispersa ; mais après un court moment de panique, la célébration solennelle de la libération de Paris alla jusqu'à son terme.

---

1. *Idem.*

* * *

Le 30 août, nos troupes franchissaient la Seine en de nombreux points. L'ennemi avait subi d'énormes pertes : 400 000 hommes, dont la moitié faits prisonniers, 1 300 chars, 20 000 véhicules, 1 500 canons de campagne ; la 7e armée allemande et toutes les divisions envoyées en renfort avaient été taillées en pièces. La percée des Alliés à partir de la tête de pont avait certes été retardée par le mauvais temps et par le fatal entêtement d'Hitler, mais une fois cette bataille terminée, les événements se précipitèrent et la Seine fut atteinte six jours avant la date prévue. On a critiqué la prétendue lenteur des Britanniques sur leur front de Normandie, et la splendide avance des Américains au cours des dernières phases a semblé démontrer qu'ils avaient obtenu de plus grands succès que nous. Aussi faut-il souligner à nouveau que tout le plan de la campagne consistait à faire pivoter la ligne autour du front britannique et à y attirer les réserves ennemies, afin de faciliter le mouvement tournant des Américains[1]. C'est ce qui fut fait, au prix d'une grande détermination et de combats acharnés. Le général Eisenhower devait écrire dans son rapport officiel : « Sans les grands sacrifices consentis par les armées anglo-canadiennes dans les violentes et meurtrières batailles de Caen et de Falaise, les avances spectaculaires réalisées ailleurs par les forces alliées auraient été impossibles. »

---

1. En fait, ce n'était pas du tout le plan conçu à l'origine, qui prévoyait la prise de Caen presque immédiatement après le débarquement, mais cela n'en reste pas moins une remarquable exploitation par Montgomery d'une situation stratégique extrêmement difficile.

CHAPITRE XIV

L'ITALIE ET LE DÉBARQUEMENT DE PROVENCE

La libération de la Normandie, un événement capital de la campagne de 1944 en Europe, n'était pourtant qu'une des offensives convergentes lancées contre l'Allemagne nazie. À l'est, les Russes déferlaient sur la Pologne et les Balkans, tandis qu'en Italie, les armées d'Alexander avançaient vers le Pô. Il restait à décider de ce que serait notre prochaine action sur le théâtre méditerranéen, et je dois admettre, non sans regret, que ce fut là l'occasion de la première divergence de vues importante entre nos amis américains et nous-mêmes dans le domaine de la haute stratégie.

Le plan devant conduire à la victoire finale en Europe avait été esquissé dans ses grandes lignes en novembre 1943, à la conférence de Téhéran. Les décisions prises alors continuaient à régir notre stratégie, et il serait bon de les rappeler ici. Avant tout, nous avions promis d'exécuter « Overlord » ; telle était la tâche dominante, et nul ne contestait que c'était là notre devoir primordial. Mais nous disposions toujours de forces puissantes en Méditerranée, et la question subsistait : « Que devaient-elles faire ? » Nous avions décidé qu'elles s'empareraient de Rome, dont les aérodromes voisins nous étaient nécessaires pour bombarder l'Allemagne du Sud, après quoi elles remonteraient la péninsule jusqu'à la ligne Pise-Rimini pour y fixer le plus grand nombre possible de divisions ennemies. Mais ce n'était pas tout ; un débarquement amphibie dans le sud de la France avait également été décidé, et c'est sur ce projet que la controverse allait s'engager. À l'origine, l'opération avait été conçue comme une diversion ou une feinte, destinée à maintenir des troupes allemandes sur la Riviera pour les empêcher d'intervenir dans la bataille de Normandie. Mais les Américains avaient insisté pour la transformer en un véritable assaut, mené par dix divisions, et Staline les avait appuyés. J'avais accepté cette modification, surtout pour éviter des diversions indues vers la Birmanie, même si j'envisageais d'autres façons d'exploiter nos succès en Italie. Le plan avait reçu le nom de code d'« Anvil ».

Pourtant, il suscitait plusieurs objections. Beaucoup des forces nécessaires à l'opération devaient être prélevées sur nos armées d'Italie, qui avaient d'abord à remplir la mission importante et ardue de prendre Rome et les aérodromes voisins ; tant qu'elles n'y étaient pas parvenues, on ne pouvait guère prélever d'unités sur les forces d'Alexander. La ville de Rome devait tomber avant qu'« Anvil » pût être lancé, mais il devait l'être à peu près en même temps qu'« Overlord », car les forces d'« Anvil » auraient un très long chemin à parcourir pour faire leur jonction avec les armées d'Eisenhower, et à moins qu'elles ne débarquent à temps, elles arriveraient trop tard pour être d'une quelconque utilité, une fois terminée la bataille des plages ; tout dépendait donc de la prise de Rome. À Téhéran, nous avions prévu de l'atteindre au début du printemps, mais cela s'était avéré impossible. Le débarquement d'Anzio, destiné à précipiter sa chute, avait détourné huit ou dix divisions allemandes du théâtre d'opérations principal, soit plus qu'on en attendait de la diversion d'« Anvil ». En fait, il remplaçait cette dernière opération, en réalisant le but qu'elle s'était fixé. Pourtant, le projet de débarquement sur la Riviera fut maintenu comme s'il ne s'était rien passé.

En dehors de cette opération « Anvil » aux perspectives encore floues, certaines des plus belles divisions des armées d'Italie avaient été à juste titre affectées à l'attaque principale d'« Overlord » et transportées en Angleterre à la fin de 1943. Alexander s'en était trouvé affaibli et Kesselring renforcé. Les Allemands avaient envoyé des renforts en Italie, paré notre attaque brusquée d'Anzio, et nous avaient empêchés d'entrer dans Rome jusqu'à la veille du jour J. La violence des combats avait bien sûr absorbé d'importantes réserves ennemies, qui auraient pu autrement aller en France, et cela aida incontestablement « Overlord » dans sa phase critique initiale. Pourtant, notre avance sur le théâtre méditerranéen n'en fut pas moins gravement affectée. Les navires de débarquement constituaient un autre obstacle : beaucoup d'entre eux avaient été envoyés pour participer à « Overlord ». Or, « Anvil » ne pouvait être lancé avant leur retour, qui dépendait des événements de Normandie. Tout cela était prévu depuis longtemps, et dès le 21 mars, le général Maitland-Wilson, commandant suprême en Méditerranée, signalait qu'« Anvil » ne pourrait être déclenché avant la fin de juillet ; par la suite, il repoussa cette date à la mi-août, en déclarant que le meilleur moyen d'aider « Overlord » était encore d'abandonner toute attaque contre la Riviera, afin de concentrer les efforts sur l'Italie.

Alexander et lui estimaient que leur meilleure contribution à la cause commune serait d'avancer avec toutes leurs ressources dans la vallée du Pô, après quoi, avec l'aide d'une opération amphibie contre la péninsule de l'Italie au sud de Trieste, on pouvait espérer emprunter la trouée de Ljubljana pour déboucher en Autriche et en Hongrie, ce qui permettrait de frapper au cœur de l'Allemagne à partir d'une autre direction.

Lorsque Rome tomba le 4 juin, il devint nécessaire de revoir le problème. Fallait-il conserver « Anvil », ou concevoir un nouveau plan ? Le général Eisenhower désirait naturellement renforcer son attaque au nord-ouest de l'Europe avec tous les moyens disponibles ; les possibilités stratégiques qui s'ouvraient en Italie du Nord n'avaient pour lui aucun attrait, mais il consentait à renvoyer au plus tôt les navires de débarquement si le déclenchement d'« Anvil » pouvait s'en trouver accéléré. Les chefs d'état-major américains étaient du même avis, et ils s'en tenaient strictement au principe de la concentration maximum des forces au point décisif, qui ne pouvait être à leurs yeux que l'Europe du Nord-Ouest ; ils étaient soutenus par le président, qui tenait à respecter les accords conclus avec Staline à Téhéran plusieurs mois auparavant. Mais les retards subis en Italie avaient tout changé.

M. Roosevelt convenait qu'une avance par la trouée de Ljubljana pouvait fixer sur place des troupes allemandes, mais non y attirer une seule des divisions dont disposait l'ennemi en France. Le président insistait donc pour lancer « Anvil », aux dépens naturellement de nos armées d'Italie, étant donné, écrivait-il, qu'« à mon avis, les ressources de la Grande-Bretagne et des États-Unis ne nous permettront pas de maintenir deux grands théâtres d'opérations en Europe, chacun avec des missions décisives ».

Nos propres chefs d'état-major pensaient le contraire : ils préféraient envoyer des renforts à Eisenhower directement par mer, plutôt que de les débarquer sur la Riviera. Ils firent observer avec beaucoup de clairvoyance : « À notre avis, monter "Anvil" avec une ampleur susceptible d'assurer son succès reviendrait à priver de moyens les forces dont dispose encore le général Alexander, au point de limiter désormais leur activité à quelque chose de très modeste. »

Ce conflit d'opinions, honnêtement conçues et âprement défendues de part et d'autre, ne pouvait être tranché qu'entre le président et moi-même. De nombreux télégrammes furent donc échangés : « L'impasse dans laquelle se trouvent nos chefs d'état-major, écrivis-je le 28 juin, soulève les plus graves problèmes. Notre désir primordial est d'aider le général Eisenhower de la manière la plus rapide et la plus efficace. Mais nous ne pensons pas que cela implique nécessairement la ruine de toutes nos grandes opérations sur le théâtre méditerranéen, et il nous est pénible qu'on nous la réclame... Je vous prie instamment d'étudier personnellement cette question dans tous ses détails... Veuillez vous rappeler ce que vous m'avez dit à Téhéran au sujet de l'Istrie, et la façon dont j'ai présenté le sujet à la conférence plénière. J'en ai conservé un souvenir extrêmement vivace, bien que ce ne soit nullement la question la plus urgente que nous ayons à régler. »

La réponse du président fut prompte et défavorable ; il était résolu à poursuivre ce qu'il appelait « la grande stratégie » de Téhéran, c'est-à-dire : exploitation à fond d'« Overlord », avances victorieuses en Italie et prompt débarquement dans le sud de la France. Les objectifs politiques pouvaient être importants, mais les opérations militaires entreprises pour les atteindre devaient être subordonnées à la nécessité de frapper au cœur de l'Allemagne par une campagne en Europe. Staline lui-même s'était prononcé en faveur d'« Anvil », et considérait les autres opérations en Méditerranée comme moins importantes. M. Roosevelt déclarait ne pouvoir y renoncer sans le consulter ; il poursuivait :

> « Mon intérêt et mes espoirs se concentrent sur une défaite des Allemands face à Eisenhower et sur une pénétration en Allemagne, *plutôt que sur une limitation de cette action en vue de lancer une offensive majeure en Italie**. Je suis convaincu que nous conserverons dans ce pays, après le départ des unités affectées à "Anvil", des forces suffisantes pour refouler Kesselring au nord de la ligne Pise-Rimini, et pour exercer sur son armée une pression au moins assez forte pour fixer ses effectifs actuels. Je ne peux concevoir que les Allemands acceptent de payer le prix des dix divisions supplémentaires qu'estime nécessaires le général Wilson pour nous interdire l'accès de l'Italie du Nord.
>
> Nous pouvons – et Wilson le confirme – retirer immédiatement cinq divisions d'Italie au profit d'"Anvil" (trois américaines et deux françaises). *Les vingt et unes qui resteront, plus de nombreuses brigades isolées, assureront certainement à Alexander une supériorité numérique terrestre adéquate.* »

---

* Souligné par nous sur l'ensemble du passage – W.S.C.

Mais c'étaient les objections de M. Roosevelt à une descente dans la presqu'île d'Istrie et à une marche sur Vienne à travers la trouée de Ljubljana qui révélaient à la fois la rigidité des plans militaires américains et sa propre méfiance à l'égard de ce qu'il appelait une campagne « dans les Balkans ». Il prétendait qu'Alexander et Smuts, qui partageaient mes vues, avaient tendance, « pour diverses raisons naturelles et fort humaines », à négliger deux considérations d'importance vitale : premièrement, l'opération empiétait sur « la grande stratégie » ; deuxièmement, son exécution prendrait trop de temps, et il serait probablement impossible de déployer plus de six divisions. « Je ne puis consentir, écrivait-il, à l'emploi de troupes des États-Unis contre l'Istrie et *dans les Balkans*, pas plus que je ne puis imaginer que les Français acceptent un tel emploi de leurs forces... Pour des considérations purement politiques et d'ordre intérieur, je ne survivrais pas au plus léger revers d'"Overlord", *si l'on apprenait que des forces assez importantes ont été détournées vers les Balkans.* »

Aucun de ceux qui avaient participé aux discussions n'avait jamais pensé envoyer des armées dans les Balkans ; mais l'Istrie et Trieste constituaient des positions stratégiques et politiques qui, comme il le comprenait très nettement, pouvaient provoquer des réactions de grande ampleur, surtout après l'avance des Russes. Pour l'une, en tout cas, je me résignai, et le 22 juillet, le général Wilson reçut l'ordre d'attaquer dans le sud de la France à la date du 15 août. Les préparatifs commencèrent immédiatement, mais le lecteur remarquera que le nom d'« Anvil » avait été remplacé par celui de « Dragoon » – ceci pour le cas où l'ennemi aurait appris dans l'intervalle la signification du nom de code d'origine[1].

---

1. Le nom de code « Dragoon » a été fourni par Churchill lui-même, qui ne l'a sans doute pas choisi au hasard : le substantif signifie bien

*

* *

Toutefois, un changement marqué s'était produit au début d'août sur le champ de bataille de Normandie, et de grands événements s'annonçaient. Le 7 août, je rendis visite à Eisenhower dans son quartier général près de Portsmouth, et lui exposai mon ultime espoir d'arrêter l'opération « Dragoon ». Après un agréable déjeuner, nous eûmes une conversation longue et sérieuse. Bedell Smith et l'amiral Ramsay étaient aux côtés d'Eisenhower ; je m'étais fait accompagner du premier lord de la mer, puisque les transports constituaient le nœud du problème. En bref, je proposai de poursuivre l'embarquement des troupes de « Dragoon », mais une fois qu'elles seraient à bord des navires, de leur faire franchir le détroit de Gibraltar pour les débarquer à Bordeaux ; les chefs d'état-major britanniques avaient longuement étudié cette opération et la jugeaient possible. Montrant à Eisenhower le télégramme que j'avais envoyé au président et auquel je n'avais pas encore reçu de réponse, je fis de mon mieux pour le convaincre. Le premier lord de la mer m'appuya vigoureusement, mais l'amiral Ramsay se prononça contre toute modification des plans. Bedell Smith, au contraire, se déclara très partisan de cette déviation soudaine de l'attaque, qui bénéficierait ainsi de tout l'effet de surprise qu'offrait la puissance maritime. Eisenhower n'en voulut nullement à son chef d'état-major, car il encourageait chacun à exprimer librement son opinion au cours des réunions au plus haut niveau, étant naturellement entendu que la décision une fois prise serait loyalement exécutée par tous. Toutefois, il me fut absolument impossible de le convaincre, et le lendemain, je reçus la réponse du président : « Mon opinion mûrement réfléchie est que

---

« dragon », mais le verbe veut dire : « contraindre » ou « forcer » – une façon subtile d'indiquer qu'on lui a forcé la main...

"Dragoon" doit être déclenché sous la forme prévue et le plus tôt possible. Je suis absolument persuadé que cette opération sera victorieuse et d'un grand secours à Eisenhower pour chasser les Boches de France. »

Il n'y avait plus rien à faire. On notera que nous avions alors dépassé la date de juillet à partir de laquelle, pour la première fois de la guerre, l'entrée en ligne des grandes armées américaines en Europe et leur développement en Extrême-Orient rendaient leurs effectifs engagés supérieurs aux nôtres ; l'arrivée de puissants renforts exerce ordinairement une influence sur les opérations menées de concert par des alliés. On se rappellera également que, si le point de vue britannique sur ce problème stratégique avait été adopté, la préparation tactique aurait pu entraîner certains retards qui, à leur tour, auraient eu des répercussions sur la discussion générale.

Je décidai alors de me rendre en Italie, où bien des problèmes étaient plus faciles à régler sur place que par correspondance. D'autre part, je jugeai très profitable de voir personnellement les chefs et les troupes à qui l'on demandait tant, après leur avoir tant pris. Alexander, quoique gravement affaibli, préparait ses armées en vue d'une nouvelle offensive ; j'étais très désireux de rencontrer Tito, qui pouvait facilement venir en Italie depuis l'île de Vis, où nous assurions toujours sa protection[1] ; le premier ministre grec Papandréou viendrait du Caire avec certains de ses collègues, et nous pourrions élaborer des plans pour faciliter leur retour à Athènes après le départ des Allemands.

J'arrivai à Naples dans l'après-midi et m'installai à la villa Rivalta, édifice grandiose et quelque peu décrépit, d'où l'on avait une vue splendide sur le Vésuve et la baie.

---

1. Le 22 mai 1944, Tito avait échappé d'extrême justesse à un assaut des parachutistes allemands contre son Q.G. de Drvar. Sa position étant devenue intenable, les avions alliés l'avaient emmené avec son état-major dans l'île yougoslave de Vis, défendue par la Royal Navy et les commandos britanniques.

Le général Wilson vint m'y exposer les dispositions qu'il avait prises pour ma rencontre du lendemain avec Tito et Soubachitch, le nouveau premier ministre du gouvernement royal en exil à Londres; tous deux étaient déjà à Naples et devaient dîner avec nous le lendemain soir.

Le maréchal Tito vint à la villa dans la matinée du 12 août. Il portait un superbe uniforme bleu et or, très serré au col et fort peu adapté à la chaleur étouffante qui régnait alors; cet uniforme lui avait été donné par les Russes, et l'on m'informa par la suite que les galons d'or venaient des États-Unis. Je le rejoignis sur la terrasse, accompagné du général de brigade Maclean et d'un interprète. Je proposai au maréchal de voir d'abord le bureau des opérations du général Wilson, et nous entrâmes dans la maison. Tito, qui était escorté par deux gardes du corps à l'air féroce armés de pistolets automatiques, voulait les amener avec lui, de crainte d'une trahison de notre part; il en fut dissuadé avec quelque difficulté, et nous lui proposâmes de requérir plutôt leurs services au moment du dîner.

Je le conduisis dans une vaste pièce dont les murs étaient couverts de cartes des divers fronts, et nous eûmes une longue conversation. Je désignai l'Istrie sur la carte; il était tout à fait partisan de l'attaquer, et promit son aide. Au cours des jours suivants, nous fîmes de notre mieux pour renforcer et intensifier l'effort de guerre yougoslave, et pour réconcilier Tito avec le roi Pierre[1].

Dans l'après-midi du 14 août, le Dakota du général Wilson m'emmena en Corse pour suivre le débarquement

---

1. Un véritable marché de dupes : Tito assure Churchill qu'il « n'a pas la moindre intention d'introduire le système communiste en Yougoslavie », et Churchill prévient Tito qu'il « ne pourrait tolérer que le matériel de guerre britannique soit employé contre son rival Mihaïlovitch ». Tito fera quelques promesses sans avoir la moindre intention de les tenir, et Churchill écrira à son épouse avec une certaine candeur : « Cette rencontre a été fort utile, et semble avoir rendu Tito plus disposé à respecter nos souhaits. » (M. Soames, edit., *Speaking for Themselves*, Doubleday, Londres, 1998, p. 501.)

sur la Riviera que j'avais tant essayé d'empêcher, mais auquel je souhaitais tout le succès possible. Depuis le destroyer britannique *Kimberley*, nous vîmes les longues processions de vaisseaux remplis des troupes d'assaut américaines qui se dirigeaient sans arrêt vers la baie de Saint-Tropez. Autant que je pus le voir et l'entendre, pas un seul coup de feu ne fut tiré sur les flottilles à l'approche ou sur les plages de débarquement. Les cuirassés cessèrent le feu, car la côte paraissait déserte.

Je revins à Naples le 16 août et m'y reposai durant la nuit avant de partir rejoindre Alexander au front ; j'avais au moins fait acte de politesse envers « Anvil-Dragoon », et il m'avait paru bon d'être dans les parages, pour montrer l'intérêt que je prenais à l'opération. Nous relaterons ici brièvement ce qui se produisit :

La 7e armée avait été constituée pour effectuer l'attaque, sous le commandement du général Patch. Elle était formée de sept divisions françaises, trois américaines et une division aéroportée anglo-américaine, le tout soutenu par six cuirassés, 21 croiseurs et 100 destroyers. Notre supériorité aérienne était écrasante, et dans le sud de la France, au milieu des Allemands, plus de 25 000 résistants armés étaient prêts à se soulever. L'assaut fut lancé à l'aube du 15 août entre Cannes et Hyères. Nos pertes furent relativement légères, et les Américains progressèrent rapidement ; le 28 août, ils avaient dépassé Valence et Grenoble. L'ennemi ne fit aucune tentative sérieuse pour les arrêter, en dehors d'un vif combat livré à Montélimar par une division blindée. L'aviation tactique alliée malmenait sévèrement l'adversaire et détruisait ses moyens de transport. Eisenhower, qui atteignit la Seine à Fontainebleau le 20 août et dépassa Troyes cinq jours plus tard, menaçait de lui couper la retraite. Les éléments survivants de la 19e armée allemande, théoriquement forte de cinq divisions, étaient donc en pleine retraite, laissant 50 000 prisonniers entre nos mains. Lyon fut pris le 3 septembre,

Besançon le 8, et Dijon fut libéré par la Résistance le 11[1]. Ce même jour, « Dragoon » et « Overlord » effectuèrent leur jonction à Sombernon. Au sud-ouest de la France, dans le triangle délimité par ces poussées concentriques, il restait des éléments isolés de la 1re armée allemande, comprenant plus de 20 000 hommes, qui se rendirent de leur plein gré.

En résumé, ce qui avait été proposé à Téhéran en novembre 1943 n'était autre qu'un assaut dans le sud de la France, destiné à soulager le front d'« Overlord » et devant s'effectuer dans les sept jours précédant ou suivant le jour J. Tout cela fut transformé par les événements survenus dans l'intervalle : la menace latente en Méditerranée suffit à fixer dix divisions allemandes sur la Riviera ; Anzio à lui seul avait soustrait l'équivalent de quatre divisions ennemies aux autres fronts. Lorsque, avec l'aide du débarquement d'Anzio, notre armée progressa, prit Rome et menaça la Ligne gothique, les Allemands firent passer en toute hâte huit autres divisions en Italie. Le retard apporté à la prise de Rome et le prélèvement de navires de débarquement au profit d'« Overlord », nous amenèrent à reporter l'exécution d'« Anvil-Dragoon » à la mi-août, c'est-à-dire deux mois plus tard que prévu. Cette opération n'exerça donc aucune influence sur « Overlord », car au moment où elle fut si tardivement lancée, elle ne contraignit pas l'ennemi à prélever la moindre force sur le champ de bataille de Normandie. Ce qui fut fait n'eut donc aucun rapport avec ce que nous avions envisagé à Téhéran ; non seulement « Dragoon » ne détourna aucune des unités qui faisaient face au général Eisenhower, mais c'est lui au contraire qui aida « Dragoon » en menaçant la retraite des forces allemandes le long de la vallée du Rhône. Il est pourtant indéniable que l'opération, telle

---

1. Une vision plus romantique qu'historique : Dijon a été libéré par les éléments avancés de la 1re armée du général de Lattre, après avoir été évacué par les Allemands le 10 septembre.

qu'elle fut finalement exécutée, apporta en définitive une aide importante au général Eisenhower, en amenant une autre armée sur son flanc droit et en lui ouvrant une nouvelle ligne de communication dans cette direction, mais ce résultat fut payé bien cher. L'armée d'Italie fut privée de la possibilité d'assener un coup extrêmement redoutable aux Allemands et, très vraisemblablement, d'atteindre Vienne avant les Russes, avec toutes les conséquences que cela aurait pu entraîner. Mais une fois la décision finale arrêtée, je donnai bien entendu mon plein appui à l'opération « Anvil-Dragoon », quels qu'aient été mes efforts précédents pour la limiter ou la détourner.

Je partis en voiture dans la matinée du 17 août pour rencontrer le général Alexander, et fus ravi de le revoir pour la première fois depuis sa victoire et son entrée dans Rome. Il me conduisit tout le long de l'ancien front de Cassino, en m'expliquant le déroulement de la bataille et en m'indiquant les endroits où s'étaient livrés les plus durs combats. Alexander, qui avait convié ses principaux subordonnés au dîner, m'exposa en détail ses difficultés et ses plans ; le 15e groupe d'armées était réduit à un état squelettique, et il fallait abandonner tous les grands projets que nous avions caressés. Notre devoir consistait toujours à fixer le plus grand nombre possible d'Allemands sur notre front et, pour ce faire, une offensive s'imposait ; mais les armées ennemies, bien amalgamées, étaient presque aussi fortes que les nôtres, composées de tant de races et de contingents différents. Alexander se proposait d'attaquer sur l'ensemble du front au matin du 26 août. L'aile droite opérait le long de l'Adriatique, avec Rimini pour premier objectif. À l'ouest, la 5e armée américaine, placée sous le commandement d'Alexander, avait certes été saignée à blanc par les prélèvements en faveur d'« Anvil », mais elle n'en devait pas moins pousser de l'avant avec vigueur.

Le 19 août, je me mis en route pour aller rendre visite au général Mark Clark à Livourne. Il me reçut à son quartier général, où nous déjeunâmes en plein air, au bord de la mer. Au cours de nos conversations amicales et confiantes, je compris combien il avait été pénible à ces chefs de voir dépecer leur magnifique armée ; le général paraissait amer à l'idée que son armée avait été frustrée de ce qu'il estimait avoir été une occasion décisive – et je ne pouvais lui donner tort. Il comptait cependant avancer de son mieux à la gauche des Britanniques et embraser l'ensemble du front. Il était tard et j'étais extrêmement fatigué quand nous regagnâmes le château de Sienne, où Alexander vint à nouveau dîner.

Quand on aligne des arguments sur le papier pour trancher ou expliquer les vastes problèmes qui influencent l'action, on éprouve une certaine angoisse mentale ; mais l'impression est incomparablement plus profonde quand on voit et quand on sent les choses sur place. Cette magnifique armée, d'un effectif équivalent à vingt-cinq divisions dont le quart étaient américaines, se trouvait affaiblie à un point tel qu'il lui devenait impossible d'obtenir des résultats décisifs contre l'immense puissance de la défensive. Quelques unités supplémentaires, la moitié de ce qui nous avait été enlevé, auraient suffi à percer jusqu'à la vallée du Pô, en nous ouvrant les possibilités et les trophées étincelants qui s'offraient sur la route de Vienne. Mais en l'état, nos forces, comptant un million d'hommes environ, ne pouvaient jouer qu'un rôle secondaire dans toute conception stratégique d'envergure[1]. Elles étaient tout au plus en mesure de fixer l'ennemi sur leur front, au prix d'une offensive coûteuse et périlleuse ; elles pouvaient au moins faire leur devoir. Alexander gardait sa bonne humeur de soldat, mais je me mis au lit avec des pensées moroses ; dans ces grandes affaires, le fait de n'avoir pu imposer son point de vue ne vous affranchit pas de la responsabilité d'une initiative inadaptée.

L'offensive d'Alexander ne pouvant être lancée avant le 26 août, je partis en avion pour Rome au matin du 21. De

---

1. Où l'on voit que l'auteur ne craint pas d'insister lourdement... (En anglais : "*labour the point*".)

nouveaux problèmes et un impressionnant cortège de nouveaux personnages m'y attendaient. Il me fallait d'abord faire face à l'imminente crise grecque, qui constituait l'une des principales raisons de ma venue en Italie. Les rumeurs d'une évacuation prochaine de la Grèce par les Allemands avaient soulevé une intense émotion et de graves discordes parmi les membres du cabinet de M. Papandréou, en révélant la fragilité des bases sur lesquelles reposait leur action commune ; il était d'autant plus nécessaire pour moi de voir Papandréou et ceux en qui il avait confiance. Nous nous rencontrâmes le soir-même. Ni son gouvernement ni l'État grec lui-même ne disposaient d'armes ou de police. Il nous demandait notre aide pour faire l'union de la Résistance grecque contre les Allemands, car pour le moment, seuls les mauvais éléments étaient armés, et ils étaient une minorité. Je lui répondis que nous ne pouvions faire aucune promesse ni prendre l'engagement d'envoyer des forces britanniques en Grèce, ni même évoquer publiquement la possibilité d'une telle action, mais je lui conseillai de faire partir immédiatement son gouvernement du Caire, où l'atmosphère était lourde d'intrigues, pour l'installer quelque part en Italie, près du quartier général du commandant suprême des forces alliées. Il accepta. Concernant l'avenir, je lui dis que nous n'avions nullement l'intention d'entraver le droit souverain du peuple grec de choisir entre la monarchie et la république, mais que c'était à ce peuple tout entier, et non à une poignée de doctrinaires, de prendre une décision aussi grave. Bien que je fusse personnellement partisan de la monarchie constitutionnelle qui s'était établie en Grande-Bretagne, le gouvernement de Sa Majesté était tout à fait indifférent à la manière dont la question serait réglée par la Grèce, pourvu qu'un plébiscite pût se tenir dans des conditions régulières. Nous verrons en son temps ce qu'il en advint.

Pendant mon séjour à Rome, je logeai à l'ambassade, où sir Noël Charles et son épouse se dépensèrent sans compter pour faciliter ma tâche et assurer mon confort. Guidé par les conseils de l'ambassadeur, je rencontrai la plupart des personnages importants parmi les *débris*[1] du naufrage politique provoqué par vingt années de dictature, une guerre désastreuse, une révolution, une invasion, une occupation, un contrôle interallié et d'autres maux encore. J'eus entre autres des entretiens avec le signor Bonomi et le maréchal Badoglio, ainsi qu'avec le camarade Togliatti, rentré en Italie au début de l'année après un long séjour en Russie. Les chefs de tous les partis furent invités à venir me rencontrer ; aucun d'entre eux ne possédait de mandat électoral, et les noms de leurs partis, ressuscités du passé, avaient été choisis avec un évident souci de ménager l'avenir. « Quel est votre parti ? » demandai-je à un groupe. « Les communistes chrétiens », me répondit leur chef. Je ne pus m'empêcher de répondre : « Ce doit être un grand réconfort pour votre parti d'avoir les catacombes sous la main. » Ils ne parurent pas comprendre et, avec le recul, je crains qu'ils y aient vu une allusion aux exécutions de masse si barbares récemment perpétrées par les Allemands dans ces anciens sépulcres. Mais à Rome, il est bien excusable de faire référence à l'histoire. La Ville éternelle qui se dressait de toutes parts, majestueuse et apparemment invulnérable, avec ses monuments et ses palais, avec la splendeur de ruines qui ne devaient rien aux bombardements, semblait présenter un contraste frappant avec les minuscules et éphémères créatures qui passaient comme des ombres entre ses murs.

J'y rencontrai aussi pour la première fois le prince héritier Umberto qui, en qualité de lieutenant général du royaume, commandait les forces italiennes sur notre front. J'eus le plaisir de constater qu'il avait une personnalité à la fois puissante et séduisante, ainsi qu'une profonde connaissance de l'ensemble de la situation politique et militaire, et il m'inspira une confiance que je n'avais

---

1. En français dans le texte.

éprouvée lors d'aucun de mes entretiens avec les autres hommes politiques. J'espérais bien qu'il jouerait son rôle dans l'établissement d'une monarchie constitutionnelle à la tête d'une Italie libre, forte et unie, mais ce n'était pas de ma compétence.

Le 24 août, de bon matin, je retournai au quartier général d'Alexander à Sienne, et m'installai dans le château situé à quelques kilomètres de la ville. Dans l'après-midi, nous prîmes l'avion pour rallier la côte adriatique, où se trouvait le QG de campagne du général Leese, commandant de la 8e armée. Il y avait là des tentes dominant un magnifique panorama qui s'étendait vers le nord. L'Adriatique, bien que n'étant qu'à trente kilomètres, était dissimulée par la masse du Monte Maggiore. Le général Leese nous dit que le tir de barrage destiné à couvrir l'avance de ses troupes commencerait à minuit. Nous étions bien placés pour apercevoir la longue ligne des départs de coups ; le bruit sourd, rapide et incessant de la canonnade me rappelait la Grande Guerre. La concentration d'artillerie était manifestement considérable. Au bout d'une heure de ce spectacle, je fus heureux de gagner mon lit, car Alexander avait prévu un départ matinal et une longue journée au front ; il avait également promis de me conduire partout où je le désirerais.

*
* *

Alexander et moi partîmes ensemble vers 9 heures ; son aide de camp et Tommy suivaient dans une seconde voiture. Nous étions donc très peu nombreux, ce qui était commode. L'attaque était alors lancée depuis six heures, et d'après les rapports, elle progressait favorablement, mais on ne pouvait encore s'en faire une idée bien précise. Nous commençâmes par escalader en auto un pic rocheux très saillant, au sommet duquel étaient perchés une église et un village ; les habitants, hommes et femmes, sortirent pour nous saluer des caves où ils s'étaient abrités. Il était évident que l'endroit venait d'être bombardé, car des décombres et des épaves jonchaient l'unique rue. « Il y a combien de temps que le bombardement a cessé ? » demanda Alexander aux gens qui s'étaient rassemblés autour de nous et grimaçaient des sourires. « Environ un quart d'heure » répondirent-ils. On découvrait certes un panorama splendide du haut des vénérables remparts ; tout le front de la 8ᵉ armée devait être visible, mais en dehors de la fumée des obus qui explosaient en ordre dispersé à 7 ou 8 000 mètres devant nous, on ne pouvait rien discerner. Alexander déclara bientôt qu'il valait mieux ne pas s'attarder, car l'ennemi devait tout naturellement bombarder les points d'observation tels que celui où nous nous trouvions, et il pouvait rouvrir le feu d'un moment à l'autre. Nous nous déplaçâmes donc de quatre ou cinq kilomètres vers l'ouest et au flanc d'une colline, qui offrait une vue presque aussi belle que celle du pic, tout en ayant peu de chances d'attirer l'attention.

Nous apprîmes alors que nos troupes avaient dépassé la rivière Métauro de deux ou trois kilomètres ; c'est là que la défaite d'Hasdrubal avait scellé le sort de Carthage, aussi proposai-je de la traverser à notre tour. Nous remontâmes donc dans nos voitures, et une demi-heure plus tard, nous franchissions la rivière, à un endroit où la route s'engageait dans des oliveraies vallonnées et tachetées de soleil. Nous empruntâmes un officier à l'un des bataillons engagés pour nous servir de guide, et avançâmes à travers les clairières jusqu'au moment où le bruit des tirs de fusils et de mitrailleuses vint nous apprendre que nous approchions de la ligne de feu. Des mains ne tardèrent pas à se lever pour nous arrêter : apparemment, nous arrivions sur un champ de mines, et il fallait passer très exactement aux endroits où d'autres véhicules avaient déjà traversé sans dommages. Alexander et son aide de camp partirent alors en reconnaissance vers un bâtiment en pierre grise tenu par nos troupes, d'où l'on était censé avoir une vue très rapprochée. Il me paraissait évident que le combat n'était pas très intense. Au bout de quelques minutes, l'aide de camp revint pour me conduire à son chef, qui avait découvert un coin parfait dans le bâtiment de pierre, qui était en réalité un vieux château dominant une pente assez escarpée ; de là, on pouvait effectivement voir tout ce qui était visible. Les Allemands, postés derrière des fourrés épais de l'autre côté de la vallée à 500 m environ, tiraient au fusil et à la mitrailleuse ; la ligne de front passait juste à nos pieds. Le tir était irrégulier et intermittent, mais jamais encore durant la Seconde Guerre mondiale je ne m'étais trouvé aussi près de l'ennemi et n'avais entendu siffler autant de balles. Au bout d'une demi-heure, nous regagnâmes nos voitures et revînmes vers la rivière, en prenant bien garde de suivre exactement les traces laissées par nos roues ou par celles d'autres véhicules. Au bord de la rivière, nous rencontrâmes les colonnes de l'infanterie de soutien qui avançaient pour étoffer notre mince ligne de feu, et à 5 heures, nous étions de retour au quartier général de Leese, où l'on reportait soigneusement sur les cartes tous les renseignements qui parvenaient du front. Dans l'ensemble, la 8ᵉ armée avait progressé depuis l'aube de 7 000 mètres environ sur un front de seize à vingt kilomètres, avec des pertes légères. C'était un début encourageant.

*
* *

Le lendemain matin, il m'arriva beaucoup de travail, à la fois par télégrammes et par plis en sac. Le général Eisenhower semblait s'inquiéter de l'approche de certaines divisions allemandes retirées d'Italie. J'étais heureux que notre offensive, préparée dans un climat déprimant, ait commencé. Je rédigeai pour le président un message dans lequel j'exposai la situation telle que j'en avais pris connaissance sur place, personnellement et auprès des généraux ; je désirais lui faire sentir notre déception sans polémiquer, tout en l'entretenant de mes espoirs et de mes vues sur l'avenir. Si seulement je pouvais ranimer l'intérêt du président pour ce secteur, peut-être pourrions-nous raviver nos desseins d'avance sur Vienne au dernier stade des opérations. Après avoir expliqué le plan d'Alexander, je conclus en ces termes :

> « Je n'ai jamais oublié ce que vous m'avez dit à Téhéran au sujet de l'Istrie, et je suis convaincu que l'arrivée d'une puissante armée à Trieste et en Istrie d'ici quatre ou cinq semaines aurait des conséquences débordant largement du cadre militaire. Les hommes de Tito nous attendront en Istrie[1]. Je ne sais pas dans quel état se trouvera la Hongrie à ce moment-là, mais de toute façon, nous serons en mesure de profiter pleinement de toute évolution importante de la situation. »

Je n'envoyai ce message qu'après avoir atteint Naples, où je me rendis par avion le 28 août, et ne reçus la réponse que quelques jours après mon retour en Angleterre :

> « Je suis convaincu comme vous que les divisions alliées se trouvant actuellement en Italie sont suffisamment fortes pour accomplir leur mission, et que leur chef poursuivra le combat sans relâche en vue d'écraser les forces ennemies... Quant à la question de l'utilisation précise de nos unités en Italie à l'avenir, nous pourrons [bientôt] en discuter... Étant donné l'état chaotique dans lequel se trouvent les Allemands au sud de la France, j'espère que la jonction de nos forces du nord et du sud pourra s'effectuer à une date beaucoup plus rapprochée que nous ne l'avions prévu à l'origine. »

Nous verrons que ces deux espoirs se révélèrent vains : l'armée débarquée sur la Riviera au prix de si lourds sacrifices pour nos opérations en Italie arriva trop tard pour

---

1. C'est là une vue de l'esprit, qui doit beaucoup à l'autosuggestion. En fait, le communiste Tito redoute par-dessus tout un débarquement britannique en Istrie, qui pourrait remettre en question sa propre prise de pouvoir à Belgrade, et il est même prêt à s'opposer aux Alliés occidentaux par la force des armes – à tel point que Staline lui-même devra inciter son ancien agent à la modération !

aider Eisenhower lors de son premier choc important dans le Nord, tandis que l'offensive d'Alexander manqua de très peu le succès qu'elle méritait et dont nous avions tant besoin. L'Italie ne devait être entièrement libérée que huit mois plus tard; le crochet du droit vers Vienne nous fut refusé et, sauf en Grèce, nous avions perdu tout pouvoir militaire d'exercer une influence sur la libération de l'Europe du Sud-Est.

Le reste de l'histoire sera vite résumé. L'attaque de la 8e armée prospérait et s'annonçait prometteuse; elle surprit les Allemands, et au 1er septembre, elle avait enfoncé la Ligne gothique sur un front de trente kilomètres. Le 18 septembre, cette ligne avait été contournée à son extrémité est par la 8e armée, et percée en son centre par les Américains.

Au prix de lourdes pertes, nous avions remporté de grands succès, et l'avenir se présentait sous un jour favorable. Mais Kesselring reçut de nouveaux renforts, qui portèrent le nombre de ses divisions à vingt-huit au total; en transférant deux divisions des secteurs calmes, il lança de violentes contre-attaques qui, jointes à nos difficultés d'approvisionnement le long des cols de montagne, portèrent un coup d'arrêt à l'avance alliée. La défense était opiniâtre, le terrain très difficile et les pluies diluviennes; c'est près de Bologne, entre le 20 et le 24 octobre, que se joua le sort de la bataille, lorsque le général Clark faillit faire irruption derrière l'ennemi qui faisait face à la 8e armée. Puis, pour reprendre les mots d'Alexander : « aidées par des pluies torrentielles, des vents soufflant en tempête et l'épuisement de la 5e armée, les lignes allemandes ont tenu bon ». Le temps était détestable; de fortes pluies avaient gonflé les innombrables rivières et canaux d'irrigation, en ramenant les terres à l'état de marécages; il était souvent impossible de se mouvoir en dehors des routes, et les troupes ne pouvaient progresser qu'avec la plus grande difficulté. Bien que tout espoir de remporter une victoire décisive se fût évanoui, les armées d'Italie avaient toujours le devoir primordial de maintenir leur pression sur l'ennemi pour l'empêcher d'envoyer des renforts aux armées allemandes en difficulté sur le Rhin. C'est ainsi que nous poursuivîmes notre avance à chaque fois que la météorologie était raisonnablement favorable, mais à partir de la mi-novembre, toute offensive majeure devint imposssible. Nous fîmes de petites progressions lorsque l'occasion s'en présenta, mais il fallut attendre le printemps pour que nos armées remportent enfin la victoire qu'elles avaient tant méritée, et manquée de si peu à l'automne.

Chapitre XV

LES VICTOIRES RUSSES

Le lecteur doit à présent revenir au combat des Russes, dont l'ampleur dépassait de beaucoup celle des opérations qui ont fait jusqu'ici l'objet de mon récit, et qui a constitué le socle de l'avance des armées britanniques et américaines vers le point culminant de la guerre. Les Russes avaient laissé peu de temps à leur ennemi pour se remettre des graves revers qu'il avait subis au début de l'hiver 1943. À la mi-janvier 1944, leurs attaques sur un front de 190 kilomètres depuis le lac Ilmen jusqu'à Leningrad avaient percé les lignes de défense devant cette ville ; plus au sud, à la fin de février, les Allemands avaient été refoulés jusqu'aux rives du lac Peipous, Léningrad était définitivement délivré, et les Russes étaient parvenus à la frontière des États baltes ; d'autres offensives lancées à l'ouest de Kiev avaient rejeté l'ennemi vers l'ancienne frontière polonaise. Tout le front méridional était embrasé, et les lignes allemandes se trouvaient profondément enfoncées en plusieurs points. De nombreux soldats hitlériens étaient restés enfermés dans une vaste poche à Korsoun, et bien peu s'en échappèrent. Pendant le mois de mars, les Russes poussèrent leur avantage tout le long du front et dans les airs ; de Gomel à la mer Noire, les envahisseurs avaient entamé une retraite qui ne s'acheva que lorsqu'ils furent rejetés au-delà du Dniestr, et refoulés en Roumanie comme en Pologne. Le dégel printanier leur procura alors un bref répit, mais les opérations restaient possibles en

Crimée, et en avril, les Russes entreprirent de détruire la 17e armée allemande, avant de reprendre Sébastopol.

L'ampleur de ces victoires soulevait des problèmes d'une extrême importance. L'ombre de l'Armée rouge s'étendait désormais sur l'Europe centrale et orientale ; qu'allait-il advenir de la Pologne, de la Hongrie, de la Roumanie, de la Bulgarie, et avant tout de la Grèce, pour laquelle nous avions fait tant d'efforts et de sacrifices ? La Turquie se rangerait-elle à nos côtés ? La Yougoslavie serait-elle submergée par la vague russe ? Alors que l'Europe d'après-guerre semblait déjà se profiler, un accord politique avec les Soviétiques s'imposait d'urgence. Le 18 mai, l'ambassadeur soviétique à Londres vint au *Foreign Office* pour discuter d'une proposition d'ordre général présentée par M. Eden, aux termes de laquelle l'URSS considérerait à titre provisoire que les affaires de Roumanie la concernaient plus particulièrement pour la durée de la guerre, tout en nous laissant les mains libres en Grèce. Les Russes étaient disposés à accepter, mais ils désiraient savoir si nous avions consulté les États-Unis. Dans l'affirmative, ils donneraient leur accord. J'envoyai donc un message personnel à M. Roosevelt : « J'espère que vous pourrez donner votre bénédiction à cette proposition. Bien entendu, nous n'avons pas l'intention de découper les Balkans en sphères d'influence ; en acceptant cet accord, nous soulignerions bien qu'il s'applique uniquement aux conditions du temps de guerre et ne préjuge en rien des droits et responsabilités que chacune des trois puissances aura à exercer lors du règlement de paix, et ensuite à l'égard de l'ensemble de l'Europe. Il n'entraînerait naturellement aucune modification dans la collaboration actuelle entre vous et nous en ce qui concerne l'exécution de la politique alliée à l'égard de ces pays. Nous estimons cependant que l'accord proposé serait un bon moyen de prévenir toute opposition entre notre politique et la leur dans les Balkans. »

La première réaction du Département d'État fut assez froide ; M. Hull s'effarouchait de la moindre suggestion qui puisse présenter l'apparence d'une création de zones d'influence, ou de la simple acceptation de cette conception, et M. Roosevelt télégraphia le 11 juin :

> « En bref, nous reconnaissons que le gouvernement militairement responsable dans un territoire donné prendra nécessairement les décisions imposées par l'évolution de la situation militaire, mais nous sommes convaincus que la tendance naturelle à l'extension de ces décisions aux autres domaines serait renforcée par un accord tel que celui qui est proposé. À notre avis, il en résultera une persistance des désaccords entre vous et les Soviétiques, ainsi qu'un partage des Balkans en zones d'influence, bien que l'intention déclarée soit de limiter l'accord aux questions militaires.
>
> Nous pensons qu'il vaudrait mieux s'efforcer d'organiser un système de consultations pour régler les différends et restreindre la tendance à constituer des zones d'influence exclusives. »

Ce message m'inquiéta sérieusement, et je répondis le même jour :

> « [...] Il deviendra impossible d'agir si tout le monde doit consulter tout le monde sur tous les sujets avant qu'une décision ne soit prise. Les événements dépasseront toujours l'évolution de la situation dans ces régions balkaniques. Il faut que quelqu'un ait le pouvoir de décider et d'agir. Un comité consultatif ne constituerait qu'une source d'obstruction, toujours surmontée en cas d'urgence par des communications directes entre vous et moi, ou bien entre nous et Staline. Voyez ce qui s'est produit à Pâques : si nous sommes venus à bout de la mutinerie des forces grecques conformément à vos vues, c'est parce que j'ai pu en permanence donner des ordres aux chefs militaires, qui préconisaient au début de rechercher la conciliation, et surtout d'éviter de recourir à la force ou même à la menace d'emploi de la force. Les pertes en vies humaines ont été très réduites. La situation grecque s'en est trouvée considérablement améliorée et, si nous restons fermes, ce pays sera sauvé du chaos et du désastre. Les Russes

sont disposés à nous laisser mener le jeu dans ces affaires grecques, ce qui signifie que l'EAM*, avec ses intentions criminelles, pourra être tenue en respect par les forces nationales grecques... Si, au milieu de ces difficultés, il nous avait fallu consulter d'autres puissances et recourir à un échange de télégrammes triangulaire ou quadrangulaire, nous n'aurions abouti qu'au chaos ou à l'impuissance.

Étant donné que les Russes sont sur le point de pénétrer en Roumanie avec des forces importantes et d'aider ce pays à reconquérir une partie de la Transylvanie sur les Hongrois, à condition que les Roumains entrent dans leur jeu, ce qu'ils pourraient bien faire, nous aurions intérêt à suivre les Soviétiques, puisque ni vous ni nous n'avons de troupes dans cette région, et que de toute façon, ils n'en feront probablement qu'à leur tête... En résumé, je propose de soumettre à un essai de trois mois les accords que j'ai exposés dans mon message du 31 mai, après quoi ils devront être révisés par les trois puissances. »

Le président accepta cette proposition le 13 juin, en ajoutant toutefois : « Nous devons prendre grand soin de faire ressortir que nous ne mettons en place aucune zone d'influence pour l'après-guerre. » Je partageais cet avis, et je lui répondis le lendemain :

« Je vous suis extrêmement reconnaissant de votre télégramme. J'ai demandé au ministre des Affaires étrangères de transmettre l'information à Molotov, en soulignant bien que ce délai de trois mois était motivé par notre souci de ne pas préjuger de la question d'une constitution de sphères d'influence après la guerre. »

Je rendis compte au Cabinet de guerre cet après-midi-là, et il fut décidé que le ministre des Affaires étrangères informerait le gouvernement soviétique que nous acceptions ce partage général des responsabilités pour une

---

* « Front de libération nationale » grec (essentiellement sous contrôle communiste).

période de trois mois. Ce fut chose faite le 19 juin. Pourtant, le président n'était pas satisfait de la façon dont nous avions agi, et je reçus un télégramme peiné comportant ce passage : « Nous avons été troublés de constater que vous ne nous avez parlé de cette affaire qu'après avoir mis les Russes au courant. » Le 23 juin, en réponse à ce reproche, j'exposai au président la situation telle que je la voyais de Londres : « La Russie est la seule puissance qui soit en mesure de faire quelque chose en Roumanie [...]. D'un autre côté, nous supportons presque entièrement le fardeau grec, comme nous n'avons cessé de le faire depuis que nous avons perdu 40 000 hommes lors d'une vaine tentative de secourir ce pays en 1941. De même, vous nous avez laissés mener le jeu en Turquie, mais nous vous avons toujours consultés sur la politique à suivre, et je crois que nous avons été d'accord à ce sujet. Il me serait très facile, d'après le principe général du glissement vers la gauche si populaire en matière de politique étrangère, de laisser les choses aller leur train jusqu'à ce que le roi de Grèce soit forcé d'abdiquer, tandis que l'EAM ferait régner la terreur dans le pays, et contraindrait les paysans ainsi que bien d'autres classes sociales à constituer des bataillons de sécurité sous l'égide des Allemands, pour éviter l'anarchie complète. Je n'ai qu'un moyen d'empêcher cela, c'est d'arriver à persuader les Russes de cesser d'aider l'EAM, qu'ils poussent en avant de toutes leurs forces. C'est pourquoi je leur ai proposé un *modus vivendi* provisoire, destiné à assurer une meilleure conduite de la guerre. Ce n'était qu'une proposition, qui devait être soumise à votre agrément.

J'ai également pris des mesures pour essayer de réaliser l'union entre les forces de Tito et celles de Serbie, toutes devant soutenir le gouvernement royal yougoslave que nous avons reconnu l'un et l'autre. Vous avez été tenu au courant à chaque étape de la façon dont nous portons ce lourd fardeau, qui repose essentiellement sur nos épaules à l'heure actuelle. Ici encore, rien ne serait plus facile que de jeter aux chiens le roi et le gouvernement, et de laisser la guerre civile éclater en Yougoslavie, pour la plus grande joie des Allemands. Dans ces deux cas, je lutte pour faire émerger l'ordre du chaos et pour conjuguer tous les efforts contre l'ennemi commun. Je vous tiens constamment informé et j'espère avoir votre confiance comme votre appui dans les zones d'action où nous avons l'initiative. »

La réponse du président régla ce différend entre amis. « Il semble, câblait-il, que nous ayons tous deux agi unilatéralement par inadvertance, dans un sens que nous sommes maintenant d'accord pour considérer comme opportun pour le moment. Il est essentiel que nous demeurions toujours d'accord sur les questions concernant notre effort de guerre commun. »

« Vous pouvez être sûr, répondis-je, que je rechercherai toujours et en toute chose un accord entre nous, avant, pendant et après la décision. »

Les difficultés n'en subsistèrent pas moins à l'échelon des gouvernements, car Staline, s'étant rendu compte que les Américains avaient des doutes, s'obstinait à les consulter directement. Nous nous trouvâmes donc dans l'impossibilité d'aboutir à un accord définitif sur le partage des responsabilités dans la péninsule balkanique. Au début d'août, grâce à un subterfuge, les Russes envoyèrent d'Italie une mission à l'ELAS*, en Grèce septentrionale. Devant la réticence des milieux officiels américains et cette preuve de mauvaise foi de la part des Soviétiques, nous renonçâmes à nos efforts pour aboutir à un accord d'ensemble jusqu'à ma rencontre avec Staline à Moscou deux mois plus tard. Mais dans l'intervalle, il s'était produit beaucoup de choses sur le front de l'Est.

En Finlande, les troupes russes, très différentes par la qualité et l'armement de celles qui y avaient combattu en 1940, percèrent la ligne Mannerheim et rouvrirent la ligne

---

* « Armée populaire de libération nationale » grecque (sous contrôle communiste).

Opérations sur le front russe, juin 1944-janvier 1945

de chemin de fer entre Leningrad et Mourmansk, où aboutissaient nos convois arctiques ; à la fin du mois d'août, ils avaient contraint les Finlandais à demander l'armistice. Sur le front allemand, l'offensive principale débuta le 23 juin. De nombreuses localités avaient été transformées en places fortes, avec des défenses en « hérisson » ; elles n'en furent pas moins enveloppées et réduites une par une, tandis que les armées russes déferlaient par les brèches. À la fin de juillet, elles avaient atteint le Niémen à Kovno et à Grodno, où il leur fallut marquer un temps d'arrêt pour se réorganiser, après avoir progressé de 400 kilomètres en cinq semaines. L'ennemi avait subi des pertes écrasantes : vingt-cinq de ses divisions avaient cessé d'exister, et vingt-cinq autres se trouvaient isolées en Courlande*. Pour la seule journée du 17 juillet, 57 000 prisonniers allemands traversèrent Moscou à pied – en route pour une destination inconnue !

La Roumanie se trouvait au sud de ces théâtres de victoires. Jusqu'à la seconde moitié d'août, le front allemand, qui s'étendait de Czernowitz à la mer Noire, barrait l'accès aux champs pétrolifères de Ploiesti et aux Balkans, mais il avait été affaibli par des prélèvements de troupes destinés à renforcer les défenses chancelantes plus au nord, et il se désagrégea rapidement sous le coup des violentes attaques lancées à partir du 22 août. Les Russes, aidés par des débarquements sur la côte, ne firent qu'une bouchée de l'ennemi, et seize divisions allemandes furent détruites. Le 23 août, un coup d'État, organisé à Bucarest par le jeune roi Michel et ses proches conseillers, entraîna un renversement complet de la situation militaire ; les armées roumaines suivirent leur souverain comme un seul homme, et dans les trois jours précédant l'arrivée des forces soviétiques, les troupes allemandes avaient été désarmées ou s'étaient repliées au-delà des frontières septentrionales. Le 1er septembre, elles avaient évacué Bucarest ; les armées rou-

---

* GUDERIAN, *Panzer Leader*, p. 352.

maines se désagrégèrent à leur tour, le pays fut submergé et le gouvernement capitula. La Bulgarie, après une tentative de dernière minute pour déclarer la guerre à l'Allemagne, fut écrasée elle aussi. Les armées russes, pivotant vers l'ouest, remontèrent la vallée du Danube et franchirent les Alpes de Transylvanie pour atteindre la frontière hongroise, tandis que leur aile gauche, au sud du Danube, bordait la frontière yougoslave. C'est là qu'elles préparèrent cette grande poussée vers l'ouest qui, le moment venu, allait les conduire jusqu'à Vienne.

La Pologne fut le théâtre d'une tragédie qui mérite d'être narrée plus en détail.

L'offensive d'été des armées russes les avait amenées sur la Vistule à la fin de juillet, et tout indiquait que la Pologne allait tomber entre leurs mains dans un avenir très proche. Les chefs de l'armée secrète polonaise, fidèles au gouvernement de Londres, devaient dès lors fixer la date d'une insurrection générale contre les Allemands, afin de hâter la libération de leur pays et d'empêcher l'ennemi de livrer une succession de combats d'arrière-garde acharnés en territoire polonais, et plus particulièrement à Varsovie même. Le général Bór-Komorowski, commandant en chef, ainsi que son conseiller civil, furent autorisés par le gouvernement polonais de Londres à ordonner cette insurrection générale dès qu'ils le jugeraient bon. Or, le moment paraissait favorable, puisque l'on apprenait l'attentat du 20 juillet contre Hitler, bientôt suivi par la percée des armées alliées sur le front de Normandie ; vers le 22 juillet, les Polonais interceptèrent des radiotélégrammes de la 4e armée blindée allemande qui ordonnaient un repli général vers l'ouest de la Vistule. Les Russes franchirent le fleuve ce même jour, et leurs patrouilles avancèrent en direction de Varsovie. Il paraissait hautement probable que la résistance ennemie allait s'écrouler sur toute la ligne.

Le général Bór décida donc d'organiser un important soulèvement pour libérer la capitale ; il disposait de 40 000 hommes environ, et de réserves en vivres et en munitions pour sept à dix jours de combats. On pouvait déjà entendre le bruit de la canonnade russe sur l'autre rive de la Vistule ; l'aviation soviétique commençait à bombarder les Allemands de Varsovie à partir d'aérodromes capturés aux environs de la capitale, le plus rapproché n'étant qu'à vingt minutes de vol. À cette même époque, un Comité de libération nationale, composé de communistes, avait été constitué en Pologne orientale, et les Russes annoncèrent que tous les territoires libérés seraient placés sous son autorité. Les stations de radiodiffusion soviétiques exhortaient depuis longtemps la population polonaise à abandonner toute prudence et à déclencher une révolte générale contre les Allemands ; le 29 juillet, trois jours avant le début de l'insurrection, l'émetteur de Moscou diffusa un appel adressé par les communistes polonais aux habitants de Varsovie, déclarant que les canons de la libération étaient déjà audibles et les invitant à participer, comme en 1939, à la lutte contre les Allemands, mais cette fois en vue de l'action décisive. « Pour Varsovie qui n'a jamais abdiqué ni cessé le combat, l'heure d'agir a sonné. » Après avoir souligné que l'organisation de positions défensives par l'ennemi entraînerait la destruction progressive de la ville, le message se terminait en rappelant aux habitants que « rien d'autre ne compte que l'action », et qu'en « luttant directement et activement dans les rues de Varsovie, dans ses maisons, etc., on hâtera l'heure de la libération et on sauvera la vie de nos frères ».

Dans la soirée du 31 juillet, l'état-major de l'armée secrète à Varsovie apprit que des chars soviétiques avaient percé les défenses allemandes à l'est de la ville ; la radio militaire ennemie annonça : « Aujourd'hui, les Russes ont lancé un assaut général contre Varsovie à partir du sud-est. » Des unités russes se trouvaient alors à moins de 15 kilomètres. Dans la capitale, le commandement de l'armée secrète ordonna de déclencher l'insurrection générale le lendemain à 17 heures ; le général Bór lui-même a raconté ce qui s'ensuivit :

« À 17 heures précises, des milliers de fenêtres s'ouvrirent en étincelant au soleil. Une pluie de balles s'abattit de toutes parts sur les Allemands, criblant leurs bâtiments et leurs formations en marche. En un tournemain, les civils encore présents disparurent des rues. Nos hommes sortirent en masse des maisons pour courir à l'attaque. En l'espace d'un quart d'heure, toute une ville d'un million d'habitants se trouva plongée dans la bataille. Tout trafic s'arrêta. Varsovie cessa d'être, sur les poches arrières du front allemand, un grand centre de communications où convergeaient des routes venant du nord, du sud, de l'est et de l'ouest. Le combat pour la possession de la ville avait commencé. »

La nouvelle parvint à Londres le lendemain, et nous attendîmes anxieusement celles qui allaient suivre. La radio soviétique se taisait, et l'aviation russe avait cessé toute activité. Le 4 août, les Allemands commencèrent à attaquer à partir de positions fortifiées qu'ils tenaient dans la ville et dans les faubourgs. Le gouvernement polonais de Londres nous fit savoir qu'il était d'une importance suprême de faire parvenir du ravitaillement par voie aérienne. À ce stade, les insurgés avaient en face d'eux cinq divisions hâtivement rassemblées ; la division Hermann Göring avait été rappelée d'Italie et deux divisions SS supplémentaires devaient arriver peu après.

Je télégraphiai donc à Staline :

« À la demande pressante de l'armée secrète polonaise, nous parachuterons, si le temps le permet, environ soixante tonnes de matériel et de munitions dans le quartier sud-ouest de Varsovie, où l'on dit que les Polonais révoltés se battent farouchement contre les Allemands. Ils nous disent également qu'ils font appel à l'assistance russe, qui semble être à portée immédiate. Ils sont attaqués par une division et demie, ce qui peut faciliter votre opération. »

La réponse fut rapide et sinistre :

« J'ai bien reçu votre message au sujet de Varsovie. Il me semble que les informations qui vous ont été communiquées par les Polonais sont très exagérées et qu'elles n'inspirent pas confiance. Le seul fait que les émigrants polonais aient déjà fait savoir qu'ils avaient pratiquement pris Vilna à eux tout seuls, avec des unités éparses de leur armée intérieure, et l'aient même annoncé à la radio, suffirait à s'en convaincre, car, bien entendu, cela est sans rapport avec la réalité. L'armée intérieure des Polonais se compose de quelques détachements qu'ils appellent faussement des divisions. Ils n'ont ni artillerie, ni aviation, ni chars. Je ne vois pas comment de tels détachements pourraient s'emparer de Varsovie, pour la défense de laquelle les Allemands ont engagé quatre divisions blindées, dont la *Hermann Göring*. »

Pendant ce temps, la bataille se poursuivait de rue en rue contre les chars « Tigre », et le 9 août, les Allemands parvinrent à enfoncer un coin à travers la ville jusqu'à la Vistule, isolant ainsi les divers quartiers occupés par les insurgés. Les vaillantes tentatives d'appareils de la RAF, avec des équipages polonais, britanniques et issus des Dominions, de secourir Varsovie à partir d'aérodromes italiens s'avérèrent à la fois désespérées et insuffisantes : deux avions atteignirent la ville dans la nuit du 4 au 5 août, et trois autres la nuit suivante.

*
* *

Le premier ministre polonais Mikolajczyk se trouvait à Moscou depuis le 30 juillet 1944 pour essayer de trouver les termes d'un accord avec le gouvernement soviétique, qui avait reconnu le Comité communiste de libération nationale, dénommé « Comité de Lublin », comme futur gouvernement du pays. Ces négociations se déroulaient pendant les premiers jours du soulèvement de Varsovie ; Mikolajczyk recevait chaque jour des messages du général Bór, demandant instamment des munitions, des armes antichars et l'aide de l'Armée rouge. Pendant ce temps, les Russes insistaient pour obtenir un accord sur les frontières futures de la Pologne et la formation d'un gouvernement mixte. Le 9 août, un dernier entretien eut lieu avec Staline, mais il ne déboucha sur rien.

Dans la nuit du 16 août, Vychinsky convoqua l'ambassadeur des États-Unis à Moscou et, après lui avoir expliqué qu'il désirait éviter toute possibilité de malentendu, il lui lut l'étonnante déclaration que voici :

« Le gouvernement soviétique ne peut évidemment s'opposer à ce que des avions anglais ou américains parachutent des armes dans la région de Varsovie, car cela ne regarde que les Américains et les Britanniques. Mais il s'oppose catégoriquement à ce que des avions anglais ou américains se posent en territoire soviétique après avoir effectué de tels parachutages, car le gouvernement soviétique ne désire s'associer, ni directement, ni indirectement, à l'aventure de Varsovie. »

Le même jour, je reçus de Staline le message suivant, rédigé en termes plus modérés [1] :

« Après ma conversation avec M. Mikolajczyk, j'ai donné des ordres au commandement de l'Armée rouge pour qu'il effectue des parachutages d'armes intensifs dans le secteur de Varsovie. Un officier de liaison a également été parachuté mais, d'après le rapport de l'état-major, il n'a pu arriver à destination, ayant été tué par les Allemands. D'autre part, ayant personnellement examiné de plus près cette affaire de Varsovie, j'ai acquis la conviction qu'il s'agit là d'une aventure affreuse et téméraire, qui coûte d'énormes sacrifices à la population. Cela ne se serait pas produit si le commandement soviétique avait été averti avant le début de l'insurrection et si les Polonais avaient gardé le contact avec lui. Dans

---

1. Tout ce chapitre a été conçu en 1950, au moment de la guerre de Corée, alors que Churchill était très remonté contre l'URSS. Mais comme partout ailleurs dans ses *Mémoires*, on perçoit un souci permanent de ménager Staline lui-même – en qui Churchill voit toujours un éventuel interlocuteur à l'avenir.

la situation qui s'est créée, le commandement soviétique en est arrivé à la conclusion qu'il lui faut se dissocier de l'aventure de Varsovie, pour laquelle il ne peut prendre la moindre responsabilité, qu'elle soit directe ou indirecte. »

Selon le récit publié par Mikolajczyk, il n'y a absolument rien de vrai dans le premier paragraphe de ce message. Deux officiers parvinrent sains et saufs à Varsovie et furent reçus par le commandement polonais ; un colonel soviétique s'y trouvait même déjà depuis plusieurs jours et il avait envoyé à Moscou, *via* Londres, des messages réclamant un soutien aux insurgés.

Quatre jours plus tard, Roosevelt et moi envoyâmes à Staline un appel commun, qui avait été rédigé par le président :

« Nous pensons aux répercussions sur l'opinion mondiale d'un abandon de fait des éléments antinazis de Varsovie. Nous devrions tous trois faire l'impossible pour sauver autant de patriotes que possible. Nous espérons que vous ferez parachuter immédiatement des approvisionnements et des munitions à ces patriotes polonais de Varsovie, ou que vous accepterez d'aider nos avions à le faire très vite. Nous espérons votre approbation. Le facteur temps est d'une extrême importance. »

Voici la réponse que nous reçûmes :

« J'ai bien reçu le message envoyé par vous et par M. Roosevelt au sujet de Varsovie. Je voudrais vous exposer mon opinion. Chacun connaîtra tôt ou tard la vérité au sujet du groupe de criminels qui se sont lancés dans cette aventure de Varsovie pour s'emparer du pouvoir. Ces gens ont exploité la bonne foi des habitants de la capitale et jeté beaucoup d'hommes pratiquement désarmés contre les canons, les chars et les avions allemands. Une situation s'est créée où chaque nouvelle journée sert les intérêts, non pas des Polonais désireux de libérer Varsovie, mais des hitlériens qui massacrent impitoyablement les habitants. Du point de vue militaire, cette situation, en fixant de plus en plus l'attention des Allemands sur Varsovie, est aussi préjudiciable à l'Armée rouge qu'aux Polonais. Entre-temps, les troupes soviétiques, qui se sont heurtées récemment à des efforts nouveaux et puissants de la part des hitlériens pour contre-attaquer, font tout leur possible pour les écraser et pour déclencher elles-mêmes une nouvelle offensive sur une grande échelle dans la région de Varsovie. Il ne peut faire aucun doute que l'Armée rouge ne ménage aucun effort pour briser la résistance des Allemands autour de Varsovie, et pour libérer cette ville en faveur des Polonais. Cela constituera l'aide la meilleure et la plus efficace pour tous les Polonais qui sont antinazis. »

Entre-temps, l'agonie de Varsovie atteignait son point culminant :

« Au cours de la nuit dernière [11 août], télégraphia un témoin, les chars allemands ont fait des efforts résolus pour dégager certaines de leurs positions fortifiées à l'intérieur de la ville. Mais ils n'ont pas eu la tâche facile, car il y avait à chaque coin de rue d'énormes barricades formées en grande partie de dalles de ciment arrachées à la chaussée tout exprès. Ils ont échoué dans la plupart des cas, aussi les équipages des chars ont-ils manifesté leur déception en incendiant plusieurs maisons et en en canonnant d'autres à distance. Souvent aussi, ils ont brûlé les morts jonchant les rues en maints endroits...

Amenant du ravitaillement par chars à un de leurs avant-postes, ils ont poussé devant eux 500 femmes et enfants pour empêcher les Polonais d'ouvrir le feu. Beaucoup de ces malheureux ont été tués ou blessés. Des actes semblables ont été signalés en beaucoup d'autres points de la ville.

On enterre les morts dans les cours et sur les places. En ce qui concerne les vivres, la situation ne cesse de se détériorer, mais il n'y a pas encore de famine. Aujourd'hui [15 août], il n'y a plus du tout d'eau dans les canalisations. On s'en procure dans les puits, assez rares, et dans les réserves des maisons. Tous les quartiers de la ville sont bombardés et de nombreux incendies ont éclaté. Le parachutage d'approvisionnements a remonté le moral. Chacun veut se battre et se battra, mais l'impossibilité de prévoir une fin rapide est déprimante. »

La bataille faisait également rage sous terre. Les égouts offraient le seul moyen de communiquer entre les divers secteurs tenus par les Polonais; les Allemands jetaient des grenades et des bombes à gaz par les bouches; des combats se livraient dans l'obscurité complète entre des hommes plongés jusqu'à la ceinture dans une eau pleine d'excréments, et qui se battaient parfois au couteau ou noyaient leurs adversaires dans la boue. En surface, l'artillerie et l'aviation allemandes incendiaient de vastes secteurs de la ville.

*
* *

J'avais espéré que les Américains nous appuieraient dans une initiative radicale, mais Roosevelt s'y opposait. Le 1er septembre, je reçus Mikolajczyk à son retour de Moscou; je n'avais guère de réconfort à lui offrir. Il me dit qu'il était disposé à proposer un accord politique avec le Comité de Lublin, en lui offrant quatorze portefeuilles dans un gouvernement mixte. Cette proposition avait été discutée sous le feu par les représentants de l'armée secrète polonaise à Varsovie même, et acceptée à l'unanimité. La plupart de ceux qui avaient participé à cette conférence furent traduits un an plus tard devant un tribunal soviétique à Moscou et accusés de « trahison ».

Lorsque le Cabinet se réunit dans la soirée du 4 septembre, je jugeai la question si importante que, bien qu'un peu fiévreux, je quittai mon lit pour descendre dans notre local souterrain. Nous nous y étions déjà réunis pour traiter bien des affaires désagréables, mais je ne me rappelle pas une seule occasion où tous mes collègues, conservateurs, travaillistes et libéraux, aient manifesté une aussi violente colère. J'aurais aimé pouvoir dire: « Nous envoyons nos avions atterrir sur votre territoire après avoir livré des approvisionnements à Varsovie. Si vous ne les traitez pas convenablement, nous interromprons immédiatement tous nos convois. » Mais ceux qui lisent ces pages bien des années après les événements doivent comprendre qu'il faut toujours garder à l'esprit le sort de millions d'hommes engagés dans une lutte à l'échelle mondiale, et consentir parfois des compromis terribles, et même humiliants, dans l'intérêt de l'objectif général. Je ne proposai donc pas de recourir à cette mesure draconienne. Elle aurait pu être efficace, parce que nous avions affaire à des hommes au Kremlin qui étaient mus par le calcul et non par le sentiment[1]. Ils ne voulaient pas permettre à l'esprit de la Pologne de renaître à Varsovie ; tous leurs projets reposaient sur le Comité de Lublin, c'était la seule Pologne qui les intéressait. L'arrêt des convois en cette phase critique de leur grande offensive aurait peut-être pesé autant dans leur esprit que les considérations d'honneur, d'humanité, de bonne foi et d'honnêteté qui comptent généralement pour le commun des mortels. L'ensemble du Cabinet de guerre décida d'envoyer à Staline le télégramme suivant, qui exprimait ce que nous jugions le plus sage de faire :

> « Le Cabinet de guerre désire porter à la connaissance du gouvernement soviétique que l'opinion publique de notre pays est profondément émue par les événements de Varsovie et par les terribles souffrances qu'y endurent les Polonais. Quels que soient les mérites du déclenchement de ce soulèvement, les habitants de la capitale polonaise ne peuvent être tenus responsables de la décision qui a été prise. Le public ne comprend pas pourquoi aucun secours matériel n'a été apporté de l'extérieur aux Polonais de Varsovie. Il commence à savoir que cette aide n'a pu être apportée parce que votre gouvernement a refusé d'autoriser les avions américains à se

---

1. La fin de la phrase est exacte, le début ne l'est plus en août 1944 : à cette époque, Staline considère la mainmise sur la Pologne comme bien plus importante que la poursuite des livraisons de matériel anglo-américain.

poser sur les aérodromes actuellement aux mains des Russes. Si en outre les Polonais de Varsovie devaient être écrasés par les Allemands, comme on nous dit qu'ils le seront d'ici deux ou trois jours, le choc produit sur l'opinion publique prendrait des proportions incalculables...

Par déférence pour le maréchal Staline et les peuples de l'Union soviétique, avec qui nous avons le plus sincère désir d'œuvrer au cours des années futures, le Cabinet de guerre m'a demandé d'adresser ce nouvel appel au gouvernement soviétique pour qu'il fournisse toute l'aide en son pouvoir, et surtout pour qu'il accorde aux avions américains la possibilité d'atterrir sur vos aérodromes pour ce faire. »

Le 10 septembre, alors que le martyre polonais durait depuis six semaines, le Kremlin parut changer de tactique. Cet après-midi-là, les obus de l'artillerie soviétique commencèrent à tomber sur les faubourgs orientaux de Varsovie, tandis que les avions soviétiques refaisaient leur apparition au-dessus de la ville ; des unités de communistes polonais, sous les ordres des Soviétiques, se frayèrent un chemin jusqu'aux abords de la capitale. À partir du 14 septembre, l'aviation soviétique largua des approvisionnements, mais peu des parachutes s'ouvrirent, de sorte que beaucoup de conteneurs furent écrasés et leur contenu rendu inutilisable. Le lendemain, les Russes occupèrent le faubourg de Praga, mais ils s'arrêtèrent là ; ils souhaitaient voir massacrer les Polonais non communistes jusqu'au dernier, mais aussi entretenir l'idée qu'ils se portaient à leur secours. Entre-temps, maison par maison, les Allemands poursuivaient l'élimination des centres de résistance polonais dans toute la ville. Le sort des habitants fut épouvantable ; beaucoup d'entre eux furent déportés. Les appels adressés par le général Bór au maréchal Rokossovski, commandant soviétique, demeuraient sans réponse ; la famine sévissait.

Mes efforts pour obtenir l'aide des Américains aboutirent à une opération qui resta isolée, mais fut exécutée sur une grande échelle; le 18 septembre, 104 bombardiers lourds survolèrent la capitale et y parachutèrent des approvisionnements. Il était trop tard : dans la soirée du 2 octobre, Mikolajczyk vint m'annoncer que les forces polonaises de Varsovie allaient se rendre aux Allemands; on capta à Londres l'une des dernières émissions en provenance de la ville héroïque :

> « Voici la dure vérité. Nous avons été traités plus mal que les satellites d'Hitler, plus mal que l'Italie, la Roumanie, la Finlande. Puisse Dieu, qui est juste, se prononcer sur la terrible iniquité subie par la nation polonaise, et puisse-t-il châtier en conséquence tous ceux qui en portent la responsabilité.
>
> Vos héros sont les soldats qui ont affronté les chars, les avions et les canons avec leurs revolvers et leurs bouteilles d'essence. Vos héros sont les femmes qui ont soigné les blessés et porté des messages sous le feu, qui ont fait la cuisine dans des caves bombardées et en ruine pour nourrir les enfants et les adultes, qui ont apaisé et réconforté les mourants. Vos héros sont les enfants qui ont continué à jouer tranquillement parmi les décombres fumants. Tels sont les habitants de Varsovie.
>
> Une nation qui peut faire preuve d'un héroïsme aussi universel est immortelle, car ceux qui sont morts ont vaincu, et ceux qui ont survécu lutteront encore et vaincront, en portant à nouveau témoignage que la Pologne reste vivante tant que vivent les Polonais. »

Ce sont là des mots ineffaçables. La lutte s'était poursuivie dans Varsovie pendant plus de soixante jours. Sur les 40 000 hommes et femmes que comptait l'armée secrète polonaise, 15 000 environ tombèrent; sur une population d'un million de personnes, près de 200 000 furent frappées. La répression du soulèvement coûta à l'armée allemande 10 000 tués, 7 000 disparus, et 9 000 blessés. Ces chiffres montrent bien l'aspect de corps à corps qu'avait pris le combat.

Quand les Russes entrèrent dans la ville trois mois plus tard, ils ne trouvèrent que des rues écroulées et des cadavres sans sépulture. C'est ainsi qu'ils libérèrent la Pologne, dont ils sont les maîtres aujourd'hui; mais l'histoire ne peut s'arrêter là.

Chapitre XVI

LA BIRMANIE

Le rideau va maintenant se lever sur une scène bien différente en Asie du Sud-Est. Depuis plus de dix-huit mois, les Japonais étaient établis en maîtres sur un vaste arc défensif couvrant leurs conquêtes initiales. Partant des montagnes couvertes de jungles de la Birmanie septentrionale et occidentale, où nos troupes britanniques et indiennes étaient aux prises avec l'ennemi, cet arc traversait la mer, passait par les îles Andaman et les grandes dépendances néerlandaises de Sumatra et de Java, puis s'incurvait à l'est le long d'une chaîne de petites îles pour aboutir en Nouvelle-Guinée.

Les Américains avaient installé en Chine des formations de bombardement qui opéraient efficacement contre les communications maritimes nippones entre le continent et les Philippines ; ils désiraient étendre ces opérations en basant sur le territoire chinois des bombardiers à long rayon d'action pour attaquer le Japon lui-même. La route de Birmanie étant coupée, ils transportaient tout le matériel destiné à leurs propres unités et aux armées chinoises en franchissant par voie aérienne les grands éperons montagneux du sud de l'Himalaya, qu'ils appelaient la « bosse ». C'était une tâche prodigieuse. La volonté américaine d'aider les Chinois, non seulement en accroissant toujours davantage le volume des transports aériens, mais encore en ouvrant une voie terrestre, imposait de lourdes charges à la Grande-Bretagne et à l'empire des Indes ; les Américains réclamaient en priorité absolue la construction d'une route carrossable partant de leur grande jonction de Ledo et traversant huit cents kilomètres de jungle et de montagnes pour aboutir en territoire chinois. Une unique ligne de chemin de fer à voie étroite traversait l'Assam pour atteindre Ledo ; elle était déjà affectée en permanence à diverses autres tâches, y compris le ravitaillement des troupes tenant la frontière. Mais pour pouvoir construire la route vers la Chine, les Américains désiraient nous voir d'abord reconquérir au plus vite le nord de la Birmanie.

Nous étions certes partisans de maintenir la Chine en état de combattre et de baser des unités aériennes sur son territoire, mais il nous paraissait nécessaire de garder le sens des proportions et d'étudier des solutions de rechange. La perspective d'engager une campagne de grande envergure en Birmanie du Nord me déplaisait souverainement ; on ne pouvait choisir pire endroit pour combattre les Japonais. La construction d'une route entre Ledo et la Chine représentait une entreprise immense et laborieuse, qui serait sans doute devenue inutile avant son achèvement. Même si l'on parvenait à l'ouvrir assez tôt pour ravitailler les armées chinoises pendant qu'elles se battaient encore, leur puissance offensive ne s'en trouverait pas sensiblement améliorée. L'utilité de renforcer les bases aériennes américaines en Chine nous paraissait également devoir décroître à mesure que les avances réalisées par les Alliés dans le Pacifique et à partir de l'Australie nous procureraient des aérodromes plus rapprochés du Japon. Pour ces deux raisons, nous soutenions donc que les énormes dépenses en main-d'œuvre et en matériel entraînées par la construction de la route ne se justifieraient pas. Mais nous ne parvînmes jamais à en persuader les Américains ; leur psychologie nationale est telle que plus l'idée est grande, plus ils s'acharnent à la mener à bonne fin, en y mettant tout leur cœur et toutes leurs forces. C'est un trait de caractère admirable, à condition que l'idée soit bonne.

Naturellement, nous désirions aussi reprendre la Birmanie, mais nous ne voulions pas être contraints à le

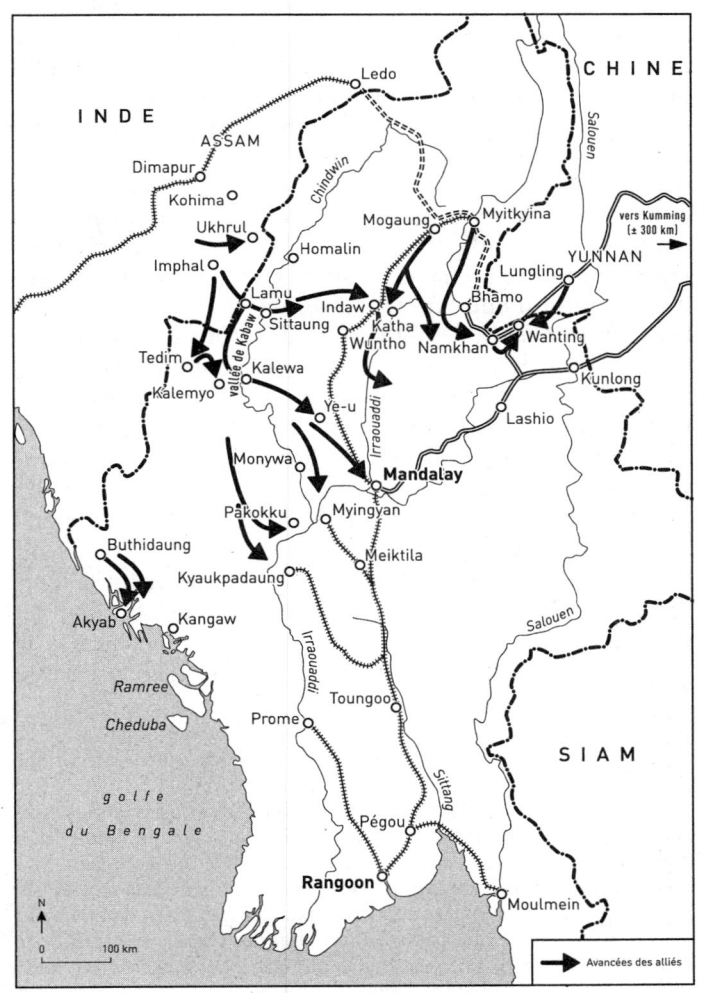

Birmanie, juillet 1944-janvier 1945

faire au moyen d'une offensive terrestre à partir de lignes de communications très précaires et à travers l'une des contrées les plus hostiles que l'on puisse imaginer. Le sud de la Birmanie, avec le port de Rangoun, était un objectif bien plus valable que le nord, mais le pays tout entier était fort éloigné du Japon. Je voulais au contraire contenir les Japonais en Birmanie, forcer la grande ceinture d'îles constituant la bordure extérieure des Indes néerlandaises et pousser ainsi le front anglo-indien à travers le golfe du Bengale, pour affronter l'ennemi en utilisant notre puissance amphibie à chaque étape[1]. Ces divergences d'opinions, quoiqu'elles fussent honnêtement soutenues et franchement discutées, et que les décisions une fois prises fussent loyalement exécutées, n'en persistèrent pas moins. C'est donc en gardant constamment à l'esprit les conditions géographiques, les moyens limités et les divergences stratégiques[2] qu'il convient de lire le récit de cette campagne.

Elle avait démarré en décembre 1943, quand le général Stilwell, avec deux divisions chinoises qu'il avait mises sur pied et entraînées en Inde, partit de Ledo, franchit la ligne de partage des eaux et s'engagea dans la jungle bordant les principaux massifs montagneux. Il se trouva face à la redoutable 18e division japonaise, mais il n'en progressa

---

1. C'est le fameux plan « Culverin » contre Sumatra, que Churchill tente de ressusciter à cette époque, en dépit de l'opposition catégorique de ses propres chefs d'état-major.
2. Ces divergences stratégiques se doublent de considérations politiques que Churchill préfère passer sous silence. C'est que Roosevelt a chargé le général Wedemeyer de veiller à ce que le *South East Asia Command* de Mountbatten, loin de se faire l'instrument de la recolonisation britannique, se consacre exclusivement aux opérations dans le Nord visant à ravitailler la Chine par la voie aérienne de l'Himalaya et la route de Birmanie. Churchill, lui, insiste au contraire pour que Mountbatten entreprenne la reconquête de l'empire britannique par le sud, au moyen d'opérations amphibies tout le long du golfe du Bengale, depuis Akyab jusqu'à Singapour...

pas moins régulièrement; au début de janvier 1944, il avait réalisé une pénétration de soixante kilomètres, tandis que les constructeurs de route peinaient derrière lui. Au sud, un corps d'armée britannique, commandé par le général Christison, commença son avance le long de la côte de l'Arakan, tandis qu'avec l'aide de Spitfire récemment arrivés, nous acquîmes une supériorité aérienne qui allait bientôt se révéler précieuse.

Notre avance fut brusquement stoppée en février. Les Japonais avaient leur propre plan; depuis le mois de novembre, ils avaient porté leurs effectifs en Birmanie de cinq à huit divisions, dans l'intention d'envahir l'est de l'Inde et d'y brandir l'étendard de la révolte contre les Britanniques. Ils commencèrent par contre-attaquer dans l'Arakan, pour reprendre le port de Chittagong et attirer notre attention comme nos réserves vers ce secteur. Tout en contenant frontalement notre 5e division sur la côte, ils firent passer la plus grande partie d'une des leurs à travers la jungle, et contournèrent la 7e division établie plus à l'intérieur. En l'espace de quelques jours, cette unité se trouvait encerclée, tandis que l'ennemi menaçait de couper sur l'arrière de la 5e division. Il s'attendait à ce que les deux divisions battent en retraite, mais il avait compté sans un nouveau facteur: le ravitaillement aérien. La 7e division se regroupa sur des positions défensives, ne céda pas un pouce de terrain et se battit avec acharnement. Pendant quinze jours, les vivres, l'eau et les munitions lui vinrent du ciel, comme une manne céleste. Les Japonais ne disposaient pas de telles commodités, ils n'avaient emporté que dix jours d'approvisionnements, et du fait de la résistance obstinée de la 7e division, ils ne pouvaient en recevoir de nouveaux. Incapables d'écraser nos troupes avancées, pressés au nord par notre 72e division accourue à la rescousse, ils se dispersèrent en petits détachements pour faire retraite à travers la jungle, en abandonnant 5 000 cadavres sur le terrain. Voilà qui mettait fin à la légende de l'invincibilité des Japonais dans la jungle.

Mais de nouveaux événements se préparaient. Ce même mois de février 1944, tout indiquait que l'adversaire s'apprêtait à porter également une attaque au centre du front, contre Imphal. Nous étions nous-mêmes sur le point d'avancer en direction du fleuve Chindwin, et les Chindits[1], désormais célèbres, allaient lancer un coup de main hardi contre les lignes d'approvisionnement et de communication de l'ennemi, notamment celles des divisions japonaises avec lesquelles Stilwell était aux prises. Bien qu'il fût évident que les Japonais parviendraient à frapper les premiers, on décida que les brigades de Wingate poursuivraient leur mission. L'une d'elles était déjà partie le 5 février ; elle franchit 700 kilomètres de montagnes et de jungles en étant uniquement ravitaillée par voie aérienne. Le 5 mars commença le mouvement de deux autres brigades aéroportées composées de soldats britanniques et de gourkhas, et appuyées par un « commando aérien » américain de 250 appareils ; après avoir rejoint leurs points de regroupement, elles entreprirent l'exécution de leur mission et coupèrent le chemin de fer au nord d'Indaw. Wingate ne vécut pas assez longtemps pour apprécier cette première réussite et en recueillir les fruits ; le 24 mars, à ma grande douleur, il fut tué en avion. Une flamme ardente s'éteignait avec lui.

Ainsi que nous l'avions prévu, l'assaut principal de l'ennemi porta sur le centre de notre front ; le 8 mars, trois divisions japonaises passèrent à l'attaque. Le général Scoones replia sur son plateau d'Imphal son 4e corps, également composé de trois divisions, afin de pouvoir

---

1. Force irrégulière créée par le général Wingate et baptisée par lui du nom d'un animal de la mythologie birmane. Très admirée de Churchill, cette force a réalisé d'impressionnantes pénétrations profondes en territoire ennemi, mais n'a obtenu que des résultats stratégiques dérisoires, au prix de très lourdes pertes.

concentrer toutes ses forces sur le terrain qu'il avait choisi. Les Japonais reprirent la tactique qui leur avait si mal réussi dans l'Arakan ; ils comptaient s'emparer de nos approvisionnements d'Imphal pour s'alimenter, et couper à la fois la route et la ligne de chemin de fer menant à Dimapour, afin de bloquer les lignes d'approvisionnement dont dépendait l'armée de Stilwell et les transports aériens américains à destination de la Chine. L'enjeu était donc considérable.

L'aviation de transport constituait à nouveau la clef du problème. Les ressources dont disposait Mountbatten, quoique considérables, étaient loin d'être suffisantes ; il essaya de conserver vingt appareils américains déjà empruntés au service de la « bosse », et il en demanda soixante-dix autres. C'était une requête aussi difficile à formuler qu'à satisfaire. Je l'appuyai à fond durant les semaines lourdes d'inquiétudes qui suivirent. Nous interrompîmes nos opérations sur la côte de l'Arakan et en retirâmes les divisions indiennes victorieuses, pour les dépêcher en avion au secours de Mountbatten. La 5ᵉ division fut engagée à Imphal, où l'ennemi accentuait sa pression aux trois extrémités de la plaine ; la 7ᵉ division fut transportée de la même façon à Dimapour, où arrivèrent également par le rail le quartier général du 32ᵉ corps commandé par le général Stopford, une division britannique et deux autres brigades. La route à travers les montagnes était désormais coupée, et ces nouvelles forces entreprirent de se frayer un chemin vers le haut des collines.

Entre ces unités et Imphal se trouvait la bourgade de Kohima, située en bord de route, et qui commandait l'accès à la vallée de l'Assam. C'est là que le 4 avril, les Japonais lancèrent un furieux assaut avec une division entière. La garnison de Kohima était constituée d'un bataillon du Royal West Kent, d'un autre de gourkhas et d'un troisième du régiment d'Assam, rassemblant tous les hommes en état de porter un fusil, même les convalescents sortis de l'hôpital. Ils furent lentement refoulés vers une zone de plus en plus réduite, et finalement cernés sur une seule colline ; ils n'avaient d'autre ravitaillement que ce qui leur était parachuté. Attaqués de tous les côtés, ils résistèrent avec acharnement, appuyés par les bombes et les canons de l'aviation, jusqu'à l'arrivée des forces du général Stopford le 20 avril. Quatre mille Japonais y trouvèrent la mort. Cette vaillante défense de Kohima contre des forces infiniment supérieures en nombre constitua un beau fait d'armes.

*
* *

Le point culminant de la crise fut atteint au mois de mai 1944 ; soixante mille soldats britanniques et indiens, avec tout leur équipement moderne, se trouvaient encerclés dans la plaine d'Imphal. En dépit de toutes mes autres préoccupations, je sentais la gravité de l'heure. Tout dépendait des avions de transport. Partant du principe que « rien d'autre n'importe que la bataille », j'usai de mon autorité ; le 4 mai, je câblai à l'amiral Mountbatten : « Ne laissez détourner du combat aucun élément nécessaire à la victoire. Je ne permettrai à personne d'entraver votre action, et vous appuierai à fond. » Pour finir, il eut largement ce qu'il lui fallait, mais pendant plus d'un mois encore, la situation demeura extrêmement tendue autour d'Imphal. Notre aviation dominait, mais la mousson gênait les transports aériens dont dépendait notre succès. Les quatre divisions du 4e corps desserraient lentement l'encerclement ; le long de la route de Kohima, la force de secours et l'armée assiégée se frayaient un chemin l'une vers l'autre ; c'était une course contre la montre, dont nous suivions la progression avec anxiété. Le 22 juin, je télégraphiai à Mountbatten :

> « Les chefs d'état-major ont exprimé leur inquiétude au sujet de la situation à Imphal, surtout en ce qui concerne les réserves de vivres et de munitions. Vous avez le droit absolu

de réclamer tous les avions qui vous sont nécessaires, qu'ils viennent de la « bosse » ou de toute autre source. Le service de la "bosse" doit être considéré comme une réserve permanente dans laquelle vous pouvez puiser en cas de besoin. [...] Si vous ne formulez pas vos demandes à temps, en faisant appel à mon aide si nécessaire, il sera inutile de vous plaindre après coup en cas d'échec. Suivez de très près l'affaire, qui me paraît à la fois grave et vitale. Mes meilleurs souhaits. »

Le dénouement survint alors que ce message était en cours de transmission. Je cite le rapport de l'amiral Mountbatten :

« Dans la troisième semaine de juin, la situation était critique, et après tous les efforts accomplis au cours des deux mois précédents, le 4e corps risquait de se trouver à bout de réserves au début du mois de juillet. Mais le 22 juin, alors qu'il ne restait plus qu'une semaine et demie d'approvisionnements, la 2e division britannique et la 5e division indienne ont fait leur jonction à 46 kilomètres d'Imphal, ouvrant ainsi la route vers la plaine. Les convois ont commencé à passer le jour même. »

Ainsi prit fin la tentative des Japonais d'envahir l'Inde. Ils avaient subi des pertes désastreuses ; selon leurs propres estimations, ils laissèrent 30 000 morts sur les champs de bataille et perdirent 65 000 hommes au total, en comptant ceux qui moururent de leurs blessures, de maladie ou de faim.

La mousson, qui avait déjà interrompu les opérations au cours des années précédentes, se trouvait alors au point culminant, et les Japonais comptaient sans doute sur une pause pour leur permettre de désengager et de reconstituer leur 15e armée très éprouvée, mais ils ne devaient connaître aucun répit. La 14e armée anglo-indienne, commandée par l'habile et énergique général Slim, prit l'offensive[1]. Tout au long des pistes de montagne, elle découvrit

---

1. Opération « Capital ».

les traces du désastre : des quantités de canons, de véhicules et de matériel abandonnés, des milliers de cadavres et de mourants. La progression quotidienne, mesurée en kilomètres, était très lente, nos hommes se battaient sous les averses tropicales, trempés jusqu'aux os le jour comme la nuit, et ce que l'on appelait des routes n'étaient généralement que des pistes en terre, transformées à présent en fondrières, dans lesquelles il fallait bien souvent traîner à bras le corps les canons et les véhicules. Ce qui devrait surprendre, ce n'est pas la lenteur de la progression, mais bien qu'une avance quelconque ait été possible dans de telles conditions.

Dans l'intervalle, les Chindits avaient reçu des renforts, et cinq de leurs brigades parties d'Indaw se frayaient un chemin vers le nord le long de la voie ferrée, en bloquant l'arrivée de renforts et en détruisant sur leur passage les dépôts de munitions japonais. Malgré les dégâts ainsi causés, les Japonais ne retirèrent aucune unité du front d'Imphal, et un seul bataillon de celui de Stilwell ; ils firent venir du Siam leur 53e division et, au prix de 5 400 tués, ils tentèrent vainement de venir à bout de l'adversaire. Les forces du général Stilwell poursuivirent régulièrement leur progression et s'emparèrent le 3 août de Myitkyina, mettant ainsi à la disposition des Américains un relais pour leurs transports aériens vers la Chine. Le trafic de la « bosse » ne fut plus obligé d'emprunter la voie directe et souvent dangereuse depuis l'Assam septentrional jusqu'à Kunming, par-dessus les hautes montagnes. Les travaux se poursuivaient sur la longue route partant du nord de l'Assam, qui devait plus tard rejoindre l'ancienne route unissant la Birmanie à la Chine, tandis que la charge imposée aux lignes de communication sur les arrières se trouvait allégée par l'entrée en service d'un nouveau pipeline parcourant 1 200 kilomètres depuis Calcutta, soit une longueur supérieure à celle du célèbre pipeline du désert unissant l'Irak à Haïfa.

À ce stade, j'étais en conférence avec le président à Québec, et en dépit de ces succès, je continuais à prétendre qu'il était essentiel d'éviter de laisser se poursuivre indéfiniment les combats dans la jungle. Je souhaitais voir lancer une opération amphibie sur Rangoun à travers la baie du Bengale ; si la 14ᵉ armée déferlait ensuite depuis la Birmanie centrale, nous pourrions ouvrir la voie à un assaut contre Sumatra[1]. Mais tous ces projets nécessitaient autant d'effectifs que de matériel, et nous en manquions en Asie du Sud-Est. Ils ne pouvaient provenir que d'Europe ; il faudrait retirer des navires de débarquement à la Méditerranée ou à « Overlord », amener des troupes d'Italie ou d'ailleurs, et le faire vite. Nous étions déjà en septembre. Rangoun se trouve à soixante kilomètres de l'embouchure d'un estuaire aux nombreux méandres, avec des bras d'eau stagnante et des hauts-fonds boueux. Compte tenu de la mousson qui se déclarait au début de mai, il nous fallait attaquer en avril 1945 au plus tard. Mais était-il sage de commencer à relâcher notre effort en Europe ? Nous réussîmes à persuader les Américains d'accepter le plan de Rangoun, mais bientôt, les espoirs – que je ne partageais pas – de voir l'Allemagne s'effondrer avant la fin de l'année s'estompèrent ; il devenait évident que la résistance allemande se poursuivrait pendant tout l'hiver et au-delà[2], de sorte que Mountbatten reçut une fois encore pour instructions de faire au mieux avec les moyens dont il disposait.

C'est ainsi que nous poursuivîmes résolument et laborieusement notre route, dans une confrontation terrestre

---

1. Poursuite de l'obsession churchillienne ; ni les Américains ni ses propres chefs d'état-major ne voulaient entendre parler d'opérations contre Sumatra à cette époque – ou à n'importe quelle autre.
2. Notamment à la suite du coûteux échec de l'opération « Market Garden » de septembre sur Arnhem, visant à capturer intacts les ponts sur le Rhin.

avec le Japon d'une ampleur inégalée jusqu'alors. Grâce aux bonnes mesures d'hygiène désormais observées par toutes nos unités, à l'emploi d'un nouveau médicament, la Mépacrine, et à l'usage constant de l'insecticide DDT, le nombre des malades demeura toujours admirablement réduit[1]; les Japonais, ignorant toutes ces précautions, moururent par centaines. La 14ᵉ armée fit sa jonction avec les forces sino-américaines venues du nord, qui comprenaient à présent une division britannique, et au début de décembre, avec deux têtes de pont à travers le Chindwin, ces forces s'apprêtaient à entamer leur avance principale dans la plaine centrale de Birmanie.

Au risque de bouleverser la chronologie, nous allons poursuivre l'histoire jusqu'à son terme victorieux. De redoutables problèmes d'organisation se posèrent sur ces entrefaites. Très loin dans la Chine du Sud-Est, les Japonais avaient entamé une avance en direction de Tchoungking, capitale du généralissime, et Kunming, point d'arrivée du pont aérien des Américains. Ceux-ci considéraient la situation avec inquiétude; leurs bases aériennes avancées en Chine étaient déjà touchées. Les troupes chinoises de Tchang-Kaï-Chek ne s'illustraient guère, mais elles réclamaient deux des divisions chinoises opérant en Birmanie du Nord, ainsi que davantage d'escadrilles américaines – en particulier trois groupes de transport. C'étaient de sombres nouvelles, mais nous ne pouvions qu'accepter. La perte de deux bonnes divisions chinoises importait moins que la privation des escadrilles d'avions de transport; la 14ᵉ armée se trouvait à 650 kilomètres en avant de son terminus ferroviaire, et le général Slim dépendait du ravitaillement aérien pour compléter le faible apport de la route; il fallut pourtant

---

1. Une initiative personnelle du « Supremo » Mountbatten, qui avait fait venir à Delhi quatre sommités médicales, spécialistes des maladies tropicales. En 1943, pour un blessé de guerre, il y avait 120 victimes de la malaria, de la typhoïde, du typhus et du choléra; en 1944, il n'y en avait que 20; en 1945, il n'y en aura plus que 10.

laisser repartir les escadrilles, et bien qu'elles eussent été remplacées ensuite, principalement par des unités britanniques, leur absence causa de graves retards à la campagne. Pourtant, en dépit de tout, la 14ᵉ armée parvint à déboucher dans la plaine au nord-ouest de Mandalay, et à la fin de janvier 1945, les unités du général Sultan, qui avait succédé à Stilwell, rouvrirent la route terrestre vers la Chine.

L'amiral Mountbatten se trouva confronté à des problèmes stratégiques ardus lorsque s'engagea le mois suivant la bataille décisive pour le franchissement de l'Irrawaddy. Sa mission consistait à libérer la Birmanie, sans pouvoir compter sur d'autres ressources que celles dont il disposait déjà, puis à s'occuper de la Malaisie et à ouvrir le détroit de Malacca. Les conditions météorologiques dictaient leur loi. Le premier objectif était d'occuper la plaine centrale de Birmanie et de s'emparer de Rangoun avant la mousson, qui était attendue pour le début de mai ; l'amiral pouvait soit concentrer la 14ᵉ armée pour livrer une bataille décisive dans la plaine de Mandalay et avancer rapidement vers le sud, soit détacher une partie de ses forces pour exécuter une opération amphibie contre Rangoun. Dans les deux cas, bien des choses dépendaient de l'approvisionnement aérien, dans lequel les avions américains jouaient un grand rôle. Pour les Américains, l'aide à la Chine demeurait prioritaire, et s'ils retiraient davantage d'avions, tous les plans en seraient ruinés. Face à ces menaces, qui ne devaient pas tarder à s'aggraver, Mountbatten décida de lancer une opération unique, massivement soutenue, contre le gros de l'armée ennemie concentré à l'ouest de Mandalay ; après cela, il avancerait sur Rangoun qui, selon ses informations, pouvait être atteint au 15 avril.

Dès lors, les événements se précipitèrent ; l'une de ses divisions avait déjà établi des têtes de pont sur l'Irrawaddy, à une soixantaine de kilomètres au nord de Mandalay, et pendant tout le mois de février, elle repoussa une série de violentes contre-attaques. Le 12 février, la 20ᵉ division franchit le fleuve en aval à l'ouest de Mandalay; elle dut livrer de durs combats pendant deux semaines pour conserver ses gains, mais elle fut ensuite rejointe par la 2ᵉ division britannique. Le haut commandement nippon en conclut qu'une bataille décisive était imminente, et il envoya aussitôt des renforts considérables; ne croyant pas qu'une attaque de flanc importante puisse être déclenchée simultanément, il détacha même vers le Siam une division dont il aurait eu grand besoin. Or, c'était justement cette manœuvre que le général Slim avait anticipée; le 13 février, la 7ᵉ division traversa l'Irrawaddy au sud de Pakokku et établit une tête de pont. L'ennemi crut y voir une simple diversion, mais il ne devait pas tarder à être détrompé. Le 21 février, deux brigades motorisées de la 17ᵉ division et une brigade de chars quittèrent la tête de pont et atteignirent Meiktila le 28; là se trouvait le siège du principal centre administratif des Japonais, un nœud de communications vital et le centre d'un réseau d'aérodromes. Ils le défendirent énergiquement et dépêchèrent deux divisions au secours de la garnison, mais elles furent tenues en échec jusqu'à l'arrivée de nos renforts. Après une semaine de combats acharnés, la ville tomba entre nos mains, et toutes les tentatives faites pour la reprendre furent repoussées. Les Japonais devaient avouer la perte de cinq mille tués et d'autant de blessés au cours de cette bataille, que leur commandant en chef a qualifiée depuis de « coup de maître de la stratégie alliée ».

Le général Sultan faisait également mouvement très loin au nord-est, et à la mi-mars, il avait atteint la route reliant Lashio à Mandalay. C'est alors que Chang-Kaï-Chek imposa un arrêt aux opérations; il ne permettait pas à ses divisions chinoises de poursuivre et insistait pour les rappeler, en proposant que le général Slim mette un terme à son avance après la prise de Mandalay. C'était précisément ce qu'avait redouté Mountbatten en dressant ses plans un mois plus tôt. Les Japonais purent donc retirer deux de leurs trois divisions de ce front, pour les diriger contre notre 14ᵉ armée.

Les deux batailles connexes de Mandalay et de Meiktila firent rage pendant tout le mois de mars. Mandalay tomba le 9[1], et la colline de Mandalay, dominant de ses 234 mètres le terrain environnant, fut prise en deux jours ; mais les Japonais s'accrochèrent au terrain, et les murailles massives du fort Dufferin restèrent invulnérables aux projectiles ordinaires. Pour finir, on y pratiqua une brèche avec des bombes de 2 000 livres, et le 20 mars, l'ennemi prit la fuite. Pendant ce temps, le reste du 33ᵉ corps se frayait en combattant un chemin vers Meiktila ; il se heurtait à une forte opposition, car les deux armées étaient sensiblement de même force, et le commandant en chef nippon ne manifestait encore aucune intention de battre en retraite, malgré l'intervention de la 17ᵉ division sur ses arrières. À la fin du mois pourtant, l'ennemi abandonna la lutte et commença à se replier le long de la route principale menant à Toungou et Rangoun, ainsi que vers l'est, à travers les montagnes.

Pourtant, les batailles avaient duré beaucoup plus longtemps que nous ne l'avions prévu. Le général Sultan était contenu sur la route de Lashio, et la 14ᵉ armée ne pouvait plus espérer atteindre Rangoun à la mi-avril ; en fait, il était même fort douteux qu'elle pût y parvenir avant la mousson. Mountbatten décida donc d'en revenir au projet d'assaut amphibie contre la ville[2]. Il devait être beaucoup plus réduit que nous ne l'avions espéré, et même ainsi, il ne pourrait être lancé avant la première semaine de mai ; à ce moment, il serait peut-être trop tard.

Le général Slim n'en était pas moins décidé non seulement à atteindre Rangoun, mais aussi à tendre aux

---

1. Un triomphe que Churchill saluera en ces termes à la Chambre des communes : « Dieu soit loué ! Nous avons enfin pris une ville dont le nom peut se prononcer ! »
2. Opération « Dracula ».

ennemis un double piège en Birmanie du Sud. Le 38ᵉ corps, parti de Meiktila, avança donc le long du fleuve en lançant des poussées imbriquées, et il atteignit Prome le 2 mai. Le 4ᵉ corps, celui qui avait vaincu à Imphal et Mandalay, avança plus rapidement le long de la route et de la voie ferrée qui menaient vers l'est. Une colonne blindée et les brigades motorisées des 5ᵉ et 17ᵉ divisions, se dépassant tour à tour par bonds successifs, parvinrent à Toungou le 22 avril. Le bond suivant devait porter nos troupes jusqu'à Pégou, dont la prise couperait la route la plus méridionale par laquelle l'ennemi pouvait encore fuir la basse Birmanie. Nos avant-gardes y entrèrent le 29 avril. Cet après-midi-là, des pluies torrentielles s'abattirent, annonçant une mousson prématurée ; les terrains d'aviation avancés devinrent inutilisables, et les chars comme les camions ne purent circuler en dehors des routes. Les Japonais regroupèrent jusqu'à leurs derniers hommes pour défendre la ville et les ponts sur le fleuve. La 17ᵉ division perça finalement le 2 mai et, comptant bien entrer la première dans Rangoun, se prépara à franchir les derniers kilomètres qui la séparaient de la capitale.

Mais ce 2 mai était également le jour J fixé pour l'assaut amphibie. Depuis deux jours, les bombardiers lourds de l'aviation alliée attaquaient les positions barrant l'entrée de la rivière de Rangoun. Le 1ᵉʳ mai, un bataillon de parachutistes fut largué sur leurs défenseurs, et les dragueurs de mines purent se mettre à l'œuvre ; le lendemain, des navires de la 26ᵉ division, appuyés par le 224ᵉ groupe de chasse de la RAF, atteignirent l'embouchure. Un Mosquito survola Rangoun et n'y vit pas trace de l'ennemi ; son équipage se posa sur un terrain voisin et entra dans la ville, où il fut acclamé par nombre de nos prisonniers de guerre. Pensant qu'une attaque amphibie n'était plus à craindre, la garnison japonaise s'était mise en route quelques jours plus tôt pour défendre Pégou. Ce même après-midi, la mousson se déchaîna ; la prise de Rangoun n'avait tenu qu'à quelques heures.

La force amphibie ne tarda pas à atteindre Pégou et Prome ; plusieurs milliers de Japonais se trouvèrent ainsi pris au piège, et beaucoup périrent en essayant de s'échapper vers l'est durant les trois mois qui suivirent. Ainsi s'acheva la longue lutte de Birmanie, qui avait vu la 14e armée se battre vaillamment, surmonter tous les obstacles et s'acquitter d'une mission apparemment impossible.

CHAPITRE XVII

LA BATAILLE DU GOLFE DE LEYTE

La guerre sur mer contre le Japon avait également atteint son point culminant. Depuis la baie du Bengale jusqu'au centre du Pacifique, la puissance maritime des Alliés ne cessait de s'affirmer.

Le programme d'organisation et de production des États-Unis était en plein développement et avait pris des proportions surprenantes ; un exemple suffira pour illustrer l'ampleur et la réussite de ces efforts : à l'automne de 1942, il n'y avait à flot que trois porte-avions américains ; un an plus tard, il y en avait cinquante, et à la fin de la guerre, plus de cent. Cet exploit avait été égalé par un accroissement des fabrications aéronautiques qui n'était pas moins remarquable ; une stratégie agressive et une tactique très étudiée, nouvelle et efficace, présidaient à la progression de ces forces gigantesques. Elles devaient du reste relever un défi redoutable.

Une chaîne d'archipels s'étend vers le Pacifique Sud sur près de 2 000 milles, depuis le Japon jusqu'aux Mariannes et aux Carolines. Beaucoup de ces îles avaient été fortifiées par l'ennemi et dotées de bons aérodromes ; la base navale japonaise de Truk était située à l'extrémité méridionale de cette chaîne. Formose, les Philippines et la Chine se trouvaient derrière l'écran d'archipels, à l'abri duquel les lignes de ravitaillement s'étendaient jusqu'aux positions les plus avancées de l'ennemi. Il était donc impossible d'envahir ou de bombarder le Japon sans avoir rompu cette barrière. Comme il eût été trop long de conquérir et de pacifier chaque île fortifiée, les Américains avaient progressé comme à saute-mouton ; ils ne s'emparaient que des îles les plus importantes et négligeaient les autres, mais leur puissance navale était désormais si grande et s'accroissait si rapidement qu'ils étaient en mesure d'établir leurs propres lignes de communication et de couper celles de l'ennemi, laissant ainsi isolés et impuissants les défenseurs des îles contournées. La tactique d'assaut des Américains obtint le même succès ; venaient tout d'abord des attaques d'affaiblissement par les appareils des porte-avions, puis des bombardements navals intenses et parfois prolongés, et enfin un débarquement amphibie suivi des combats à terre. Dès qu'une île avait été conquise et occupée, des avions venaient s'y baser pour repousser les contre-attaques et soutenir un nouveau bond en avant. Les flottes opéraient par échelons : pendant qu'un groupe livrait bataille, un autre se préparait à l'opération suivante. Cette tactique exigeait des ressources considérables, non seulement pour alimenter la bataille, mais aussi pour construire des bases le long de la ligne d'avancée. Les Américains surmontèrent sans faiblir toutes ces difficultés.

*
* *

En juin 1944, l'attaque en tenaille à travers le Pacifique était déjà fort avancée ; au sud-ouest, le général MacArthur avait presque achevé la conquête de la Nouvelle-Guinée, tandis qu'au centre, l'amiral Nimitz s'enfonçait profondément dans la barrière des îles fortifiées. Les deux poussées convergeaient vers les Philippines, et la lutte pour cet archipel allait bientôt entraîner la destruction de la flotte japonaise. Celle-ci se trouvait déjà très affaiblie et à court de porte-avions, mais le seul espoir de survie du Japon résidait dans une victoire sur mer. Aussi, afin de conserver ses forces pour cet engagement périlleux mais capital, l'ennemi avait-il retiré sa flotte principale de Truk pour la partager entre les Indes orientales et les eaux métropolitaines; mais les événements l'obligèrent bientôt à livrer bataille. L'amiral Spruance attaqua les Mariannes au début de juin avec ses porte-avions, et le 15, il débarqua sur l'île fortifiée de Saïpan. Prendre cette île et celles, voisines, de Tinian et de Guam, c'était rompre le périmètre défensif de l'ennemi; la menace était redoutable et la flotte japonaise décida d'intervenir. Ce jour-là, cinq de ses cuirassés et neuf porte-avions furent repérés près des Philippines, cap à l'est. Spruance eut amplement le temps de prendre ses dispositions. Son objectif principal était de protéger le débarquement à Saïpan, ce qu'il fit; puis il rassembla ses navires, dont quinze étaient des porte-avions, et attendit l'arrivée de l'adversaire à l'ouest de l'île. Le 19 juin, des avions japonais embarqués venant de toutes les directions attaquèrent les porte-avions américains, et les combats aériens se prolongèrent pendant toute la journée. Les Américains ne subirent que de faibles dégâts, et ils malmenèrent les escadrilles des Japonais à tel point que leurs porte-avions durent se replier[1].

Ce soir-là, Spruance chercha vainement l'ennemi disparu; le 20 juin en fin d'après-midi, il le découvrit à 250 milles de là environ. Ses avions, attaquant juste avant le coucher du soleil, coulèrent un porte-avions et en avarièrent quatre autres, ainsi qu'un cuirassé et un croiseur lourd; la veille, des sous-marins américains avaient détruit deux autres grands porte-avions. Il fallut interrompre l'attaque et les débris de la flotte ennemie parvinrent à s'échapper, mais leur repli scella le sort de Saïpan. Malgré l'opposition farouche de la garnison, les débarquements se poursuivirent, les concentrations de troupes à terre s'intensifièrent, et le 9 juillet, toute résistance organisée prit fin. Les îles voisines de Guam et de Tinian furent également conquises, et dès les premiers jours d'août, les

---

1. Au cours de cet engagement, devenu célèbre sous le nom familier de « tir au pigeon des Mariannes », les Japonais devaient perdre 395 avions, les Américains 20 seulement.

Américains tenaient solidement l'ensemble des Mariannes.

La perte de Saïpan fut un coup très rude pour le haut commandement japonais, et elle provoqua indirectement la chute du gouvernement du général Tojo. L'inquiétude de l'ennemi était parfaitement justifiée, car la forteresse de Saïpan ne se trouvait guère à plus de 1 300 milles de Tokyo. Considérée comme imprenable, elle avait pourtant succombé, les régions défensives du Sud se trouvaient désormais isolées et les bombardiers lourds américains venaient d'acquérir une base de premier ordre pour attaquer la patrie japonaise elle-même. Depuis longtemps déjà, des sous-marins américains coulaient les navires marchands nippons le long des côtes chinoises, et désormais, la voie était ouverte à d'autres bâtiments de guerre qui viendraient participer à l'attaque. Toute nouvelle avancée américaine couperait le Japon de ses sources de pétrole et de matières premières ; la flotte japonaise restait puissante, mais elle était déséquilibrée, et si faible en destroyers, porte-avions et personnel de l'aéronavale qu'elle ne pouvait plus combattre efficacement sans avions basés à terre. La pénurie de carburant empêchait non seulement l'entraînement, mais aussi la concentration des navires en un point unique, si bien qu'à la fin de l'été, la plupart des grands navires et des croiseurs étaient au mouillage près de Singapour et des approvisionnements en pétrole des Indes néerlandaises, tandis que les quelques porte-avions rescapés restaient dans les eaux de la métropole, où leurs nouvelles escadrilles achevaient de s'entraîner.

La situation de l'armée japonaise n'était guère plus brillante ; toujours puissante numériquement, elle s'étirait de la Chine à l'Asie du Sud-Est, ou s'étiolait dans des îles lointaines, hors de portée de ses soutiens navals et aériens. Ceux des chefs ennemis qui avaient la tête la plus froide commençaient à chercher quelque moyen de mettre fin à la guerre, mais ils étaient dépassés par leur appareil militaire. Le haut commandement fit venir des renforts de

Mandchourie et ordonna de combattre jusqu'à la dernière extrémité à Formose et aux Philippines ; dans ces îles, comme dans la mère patrie, les troupes devaient se faire tuer plutôt que de reculer. L'Amirauté japonaise n'était pas moins déterminée : car si elle perdait la bataille imminente pour la possession des îles, elle serait privée du pétrole des Indes néerlandaises. À quoi bon, demandait-elle, conserver des navires sans combustible ? Prête à tous les sacrifices, mais confiante dans la victoire, elle décida en août de lancer toute sa flotte dans la bataille.

Le 15 septembre, les Américains réalisèrent une nouvelle progression ; le général MacArthur conquit l'île de Morotaï, à mi-chemin entre l'extrémité occidentale de la Nouvelle-Guinée et les Philippines, tandis que l'amiral Halsey, devenu chef des forces navales des États-Unis, s'emparait d'une base avancée pour sa flotte dans l'archipel des Palao. Ces mouvements simultanés revêtaient une très grande importance. À la même époque, Halsey ne cessait de sonder les défenses ennemies avec toutes ses forces, espérant ainsi provoquer un engagement général sur mer qui lui permettrait de détruire la flotte japonaise, et surtout ses derniers porte-avions. Le bond suivant devait conduire aux Philippines elles-mêmes, et c'est alors que le plan américain subit une modification spectaculaire. Jusqu'alors, l'intention de nos alliés était de débarquer dans l'île de Mindanao, la plus méridionale de l'archipel philippin, et les appareils des porte-avions de Halsey avaient déjà commencé à attaquer ses aérodromes, ainsi que ceux de la grande île de Luçon au nord ; ils détruisirent un grand nombre d'avions ennemis, et constatèrent en pleine mêlée que la garnison de Leyte était étonnamment faible[1]. Cette petite île désormais célèbre, qui

---

1. Les appareils américains n'avaient aucun moyen de constater – « en pleine mêlée » de surcroît – que la garnison terrestre de l'île de Leyte était étonnamment faible. Ce qui s'est produit en réalité, c'est que l'un des pilotes de l'US Navy abattu au-dessus de Leyte, secouru par des résistants philippins et ramené à son escadre par sous-marin, avait

se trouve entre les masses plus imposantes mais stratégiquement moins importantes de Mindanao et de Luçon[1], devint l'objectif tout indiqué pour un débarquement américain. Le 13 septembre, alors que les Alliés étaient toujours en conférence à Québec, l'amiral Nimitz, sur la suggestion de Halsey, en recommanda l'invasion immédiate; MacArthur donna son accord, et dans les deux jours qui suivirent, les chefs d'état-major américains décidèrent de lancer l'attaque le 20 octobre, deux mois plus tôt que prévu. Telle fut la genèse de la bataille du golfe de Leyte.

*
* *

La campagne s'ouvrit le 10 octobre par des raids contre les aérodromes situés entre le Japon et les Philippines. Les attaques dévastatrices et répétées sur Formose provoquèrent une réaction extrêmement violente et, du 12 au 16 octobre, il s'ensuivit une bataille acharnée et continue entre l'aviation embarquée et celle basée à terre. Les Américains infligèrent des pertes sévères à leurs adversaires, tant au sol que dans les airs, en subissant peu de pertes, et leur flotte de porte-avions tint tête à de puissantes attaques d'avions ennemis. Le résultat fut décisif; les forces aériennes japonaises furent brisées avant même le début de la bataille de Leyte. Beaucoup d'appareils de l'aéronavale japonaise, imprudemment envoyés en renfort à Formose, y furent détruits; ainsi, dans la bataille navale suprême qui allait s'engager, les porte-avions ennemis avaient à peine plus d'une centaine de pilotes partiellement entraînés.

---

rapporté que le centre de l'archipel était très faiblement défendu. L'amiral Halsey avait tiré de ce renseignement les conclusions qui s'imposaient.

1. L'île de Luçon, avec Manille et Corregidor, stratégiquement moins importante que Leyte! De quoi donner des vapeurs à tous les généraux et amiraux américains du Pacifique...

Pour comprendre les engagements qui suivirent, il est nécessaire d'examiner les cartes jointes. Les deux plus grandes îles des Philippines, Luçon au nord et Mindanao au sud, sont séparées par un groupe d'autres îles plus petites, dont Leyte est à la fois la clef et le centre. Ce groupe central est traversé par deux détroits navigables, l'un et l'autre destinés à jouer un rôle capital dans la célèbre bataille. Le plus septentrional est celui de San Bernardino, et le second, à 200 milles environ plus au sud, est le détroit de Surigao, qui mène directement à Leyte. Les Américains, comme nous l'avons vu, avaient l'intention de s'emparer de Leyte, tandis que les Japonais étaient résolus à les arrêter et à détruire leur flotte ; ils avaient conçu à cet effet un plan simple et désespéré : sachant ou devinant que quatre divisions, commandées par le général MacArthur, allaient débarquer à Leyte sous la protection des canons et des avions de la flotte américaine, ils allaient dans un premier temps attirer cette flotte vers le nord et la fixer par une bataille secondaire. Mais ce ne serait là qu'un préliminaire : aussitôt la flotte principale ainsi détournée, deux puissantes colonnes de navires de guerre s'engageraient dans les détroits, une dans celui de San Bernardino, l'autre dans celui de Surigao, et convergeraient vers les plages de débarquement ; tous les regards seraient alors fixés sur les rivages de Leyte et tous les canons pointés sur ses plages, tandis que très au nord, les grands bâtiments et porte-avions américains, seuls capables d'endiguer cet assaut, chasseraient les unités chargées de les appâter. Ce plan fut très près de réussir.

Le 17 octobre, le commandant en chef japonais ordonna à sa flotte d'appareiller. La force d'appât, aux ordres de l'amiral Osawa, commandant suprême, partit directement du Japon et mit le cap sur Luçon ; de composition mixte, elle comprenait des porte-avions, des cuirassés, des croiseurs et des destroyers. La mission d'Osawa était de paraître au large de la côte orientale de Luçon, d'engager la flotte américaine et de l'attirer loin des lieux de débarquement de

Leyte. Les porte-avions manquaient à la fois d'avions et de pilotes, mais c'était sans importance : ils ne constituaient qu'un appât, et un appât est fait pour être dévoré. Entre-temps, les forces d'attaque principales faisaient route vers les détroits. La plus importante, que l'on pourrait appeler force centrale, arrivait de Singapour et comptait cinq cuirassés, douze croiseurs et quinze destroyers aux ordres de l'amiral Kurita ; elle se dirigea sur San Bernardino pour gagner Leyte en doublant l'île de Samar. La deuxième, ou force du sud, formée en deux groupes autonomes, comprenait en tout deux cuirassés, quatre croiseurs et huit destroyers ; elle voguait vers Surigao.

Le 20 octobre, les Américains débarquèrent à Leyte. Au début tout alla bien ; la résistance sur les plages était très faible, une tête de pont fut rapidement constituée, et les troupes du général MacArthur commencèrent à avancer vers l'intérieur. Elles étaient appuyées par la 7e flotte, commandée par l'amiral Kinkaid et relevant de l'autorité de MacArthur ; ses cuirassés anciens et ses petits porte-avions convenaient tout particulièrement aux opérations amphibies. La flotte principale, aux ordres de l'amiral Halsey, se tenait plus au nord, protégeant le débarquement du côté du large.

Mais la crise était encore à venir. Le 23 octobre, des sous-marins américains aperçurent la force centrale (amiral Kurita) au large de Bornéo et coulèrent deux de ses croiseurs lourds, dont l'un portait le pavillon de l'amiral Kurita, tandis qu'ils en endommageaient un troisième. Le lendemain, 24 octobre, les appareils des porte-avions de l'amiral Halsey se joignirent à l'attaque ; le cuirassé géant *Musashi*, armé de 9 pièces de 406 millimètres, fut coulé, d'autres navires furent avariés, et Kurita fit demi-tour. Les aviateurs américains rapportèrent des renseignements optimistes et peut-être trompeurs. Halsey en conclut, non sans raison, que la bataille était gagnée, tout au moins dans sa première phase. Il savait qu'une seconde force ennemie approchait du détroit de Surigao, mais il estimait à juste titre que la 7ᵉ flotte de Kinkaid était en mesure de la repousser.

Une chose toutefois le troublait : pendant la journée, il avait été attaqué par des avions de l'aéronavale japonaise. Beaucoup furent abattus, mais le porte-avions *Princeton* fut si endommagé qu'il fallut l'évacuer par la suite. Ces appareils, raisonna l'amiral, venaient probablement de porte-avions, il était bien peu vraisemblable que l'ennemi eût pris la mer sans eux, et pourtant, il n'en avait trouvé aucun. La flotte principale, commandée par Kurita, avait bien été repérée et battait apparemment en retraite, mais elle n'avait pas plus de porte-avions que la force du sud ; il existait forcément une escadre de porte-avions, et il fallait absolument la découvrir. Kinkaid ordonna donc d'effectuer une recherche vers le nord, et à la fin de l'après-midi du 24 octobre, ses pilotes rencontrèrent assez loin au nord-est de Luçon les unités-appâts de l'amiral Osawa, qui se dirigeaient vers le sud. Quatre porte-avions, deux cuirassés équipés de ponts d'envol, trois croiseurs et dix destroyers ! Il en conclut que c'était là le véritable danger comme le véritable objectif, et estima comme son chef d'état-major, l'amiral Carney, que s'il pouvait détruire ces porte-avions, la flotte japonaise perdrait irrémédiablement toute possibilité d'intervenir dans les opérations futures. Cet élément du problème était dominant à ses yeux, et il devait s'avérer particulièrement précieux pour le général MacArthur au moment de l'attaque de Luçon. Halsey ne pouvait savoir à quel point ces porte-avions étaient vulnérables en réalité, ni que la plupart des attaques qu'il avait subies provenaient des aérodromes de Luçon et non des porte-avions. La force centrale de Kurita se repliait, Kinkaid pouvait affronter la force du sud et protéger les débarquements de Leyte ; la voie était donc libre pour porter le coup définitif, et Halsey donna l'ordre à toute sa flotte de faire route au nord, afin de détruire les bâtiments de l'amiral Osawa le lendemain. Ce faisant, il tomba dans le piège ; l'après-midi du 24 octobre, Kurita vira de bord, mit le cap à l'est et se dirigea à nouveau vers le détroit de San Bernardino : cette fois, il n'y avait plus rien pour l'arrêter.

*
* *

Entre-temps, la force japonaise du sud approchait du détroit de Surigao, où elle entra ce soir-là, en deux groupes. Il s'ensuivit une bataille féroce, au cours de laquelle des navires de tous types, depuis le cuirassé jusqu'aux vedettes côtières, s'affrontèrent au plus près*. Le premier groupe fut anéanti par la flotte de Kinkaid, concentrée à la sortie nord du détroit, le second tenta de passer à la faveur de l'obscurité et de la confusion, mais il fut repoussé. Tout semblait aller pour le mieux, mais les Américains devaient encore compter avec l'amiral Kurita. Alors que Kinkaid combattait dans le détroit de Surigao et que Halsey s'était lancé à la poursuite de la force-appât très loin au nord, Kurita franchit sans obstacle le détroit de San Bernardino au cours de la nuit, et à l'aube du 25 octobre, il s'abattit sur un groupe de porte-avions d'escorte qui appuyaient les débarquements du général MacArthur. Pris par surprise et trop lents pour s'échapper, ces bâtiments ne purent réarmer sur-le-champ leurs appareils pour repousser l'attaque venue de la mer. Pendant deux heures et demie environ, ces petites unités américaines combattirent vaillamment, tout en se dérobant derrière des écrans de fumée. Deux porte-avions d'escorte, trois destroyers et plus d'une centaine d'avions furent détruits, mais ils réussirent à couler trois croiseurs ennemis et à en endommager d'autres**. Les secours étaient

---

* Il y avait deux navires australiens parmi eux, le croiseur *Shropshire* et le destroyer *Arunta*.

** Les avions-suicide se manifestèrent pour la première fois au cours de ces opérations de Leyte. Le croiseur australien *Australia*, qui opérait avec la flotte de Kinkaid, avait été attaqué par l'un d'eux quelques jours auparavant ; il avait subi des pertes en hommes, mais peu de dégâts matériels.

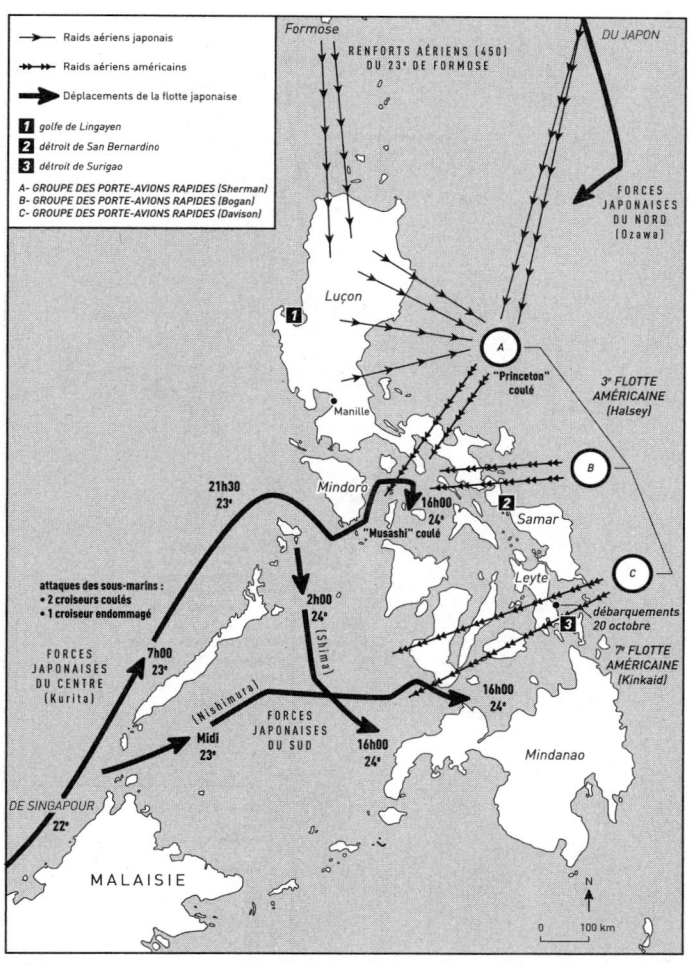

Bataille du golfe de Leyte, Philippines : approche et contact, 22-24 octobre 1944

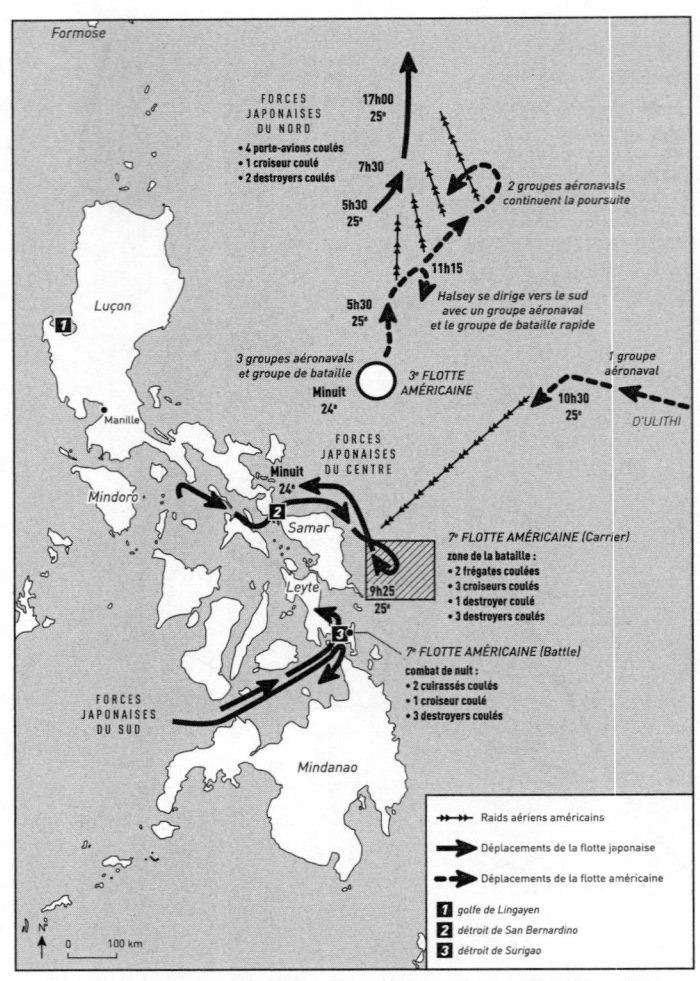

Bataille du golfe de Leyte, Philippines : la phase décisive, 25 octobre 1944

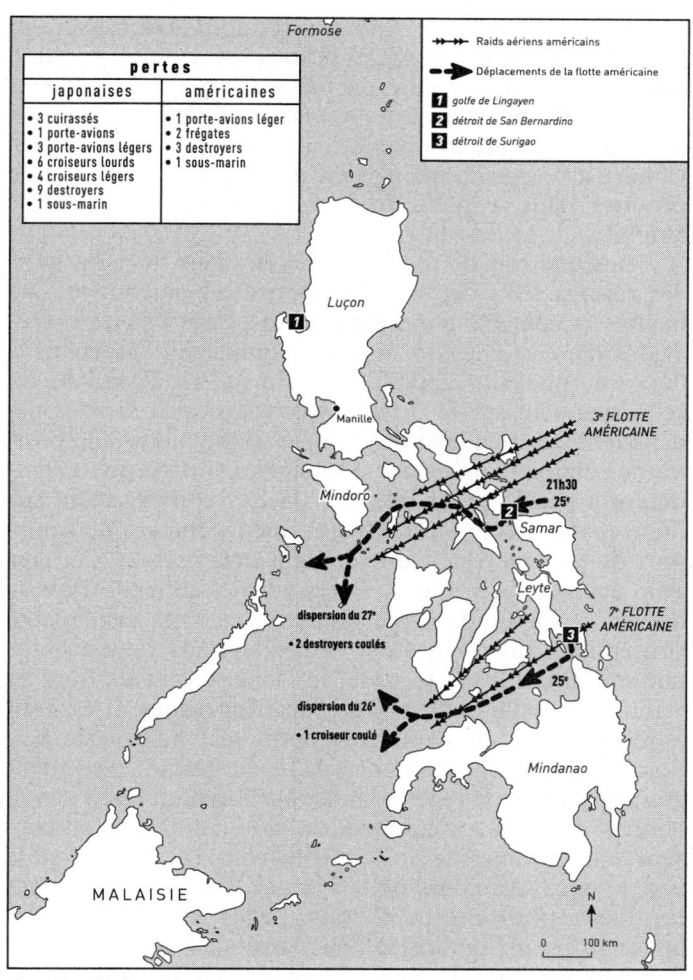

Bataille du golfe de Leyte, Philippines : la poursuite, 26-27 octobre 1944

hors de portée : les grands navires de Kinkaid se trouvaient très au sud de Leyte après avoir mis en déroute la force du sud, et ils n'avaient plus assez de munitions et de carburant. Halsey, avec dix porte-avions et tous ses cuirassés rapides, était encore plus éloigné, et bien qu'un de ses groupes de porte-avions détaché pour mazouter ait été rappelé, il ne pouvait arriver avant plusieurs heures. Kurita avait la victoire à portée de main ; rien ne pouvait l'empêcher de pénétrer dans le golfe de Leyte pour détruire la flotte amphibie de MacArthur.

Mais une fois de plus, l'amiral japonais fit demi-tour. Ses raisons sont demeurées obscures ; beaucoup de ses navires avaient été bombardés et dispersés par les porte-avions d'escorte de Kinkaid, et il connaissait désormais le désastre qui avait frappé la force du sud ; il n'avait aucun renseignement sur ce qu'il était advenu de la force-appât dans le nord, et il était dans l'incertitude quant à la position de la flotte américaine. Des signaux interceptés l'amenèrent à penser que Kinkaid et Halsey convergeaient sur lui avec des forces écrasantes, et que les navires de transport du général MacArthur avaient déjà réussi à s'échapper. Seul et sans appui, il renonça à cette entreprise désespérée, pour laquelle tant de sacrifices avaient été consentis et qui avait été à deux doigts de réussir ; sans tenter d'entrer dans le golfe de Leyte, il vira de bord et remit le cap sur le détroit de San Bernardino. Il espérait livrer en cours de route une dernière bataille face à la flotte de Halsey, mais même cela lui fut refusé : répondant aux appels à l'aide répétés lancés par Kinkaid, Halsey avait enfin ordonné à ses cuirassés de faire demi-tour, en laissant deux groupes de porte-avions continuer la poursuite vers le nord. Au cours de la journée, ceux-ci détruisirent les quatre porte-avions d'Osawa, mais Halsey lui-même arriva trop tard devant San Bernardino. Les flottes ne se rencontrèrent pas, et Kurita s'échappa. Le lendemain, les avions de MacArthur et d'Halsey se lancèrent à la poursuite de l'amiral japonais et coulèrent un autre croiseur, ainsi que deux destroyers. Ce fut la fin de la bataille. Il est fort possible que Kurita ait eu l'esprit troublé par la pression des événements ; soumis depuis trois jours à des attaques continuelles, il avait subi de lourdes pertes, et son navire amiral avait été coulé peu de temps après avoir quitté Bornéo. Seuls ceux qui ont déjà supporté pareille épreuve pourront le juger.

*
* *

La bataille du golfe de Leyte fut décisive ; les Américains avaient vaincu la flotte japonaise, ne perdant eux-mêmes que trois porte-avions, trois destroyers et un sous-marin. La lutte avait duré du 22 au 27 octobre ; trois cuirassés, quatre porte-avions et vingt autres navires de guerre ennemis avaient été coulés, et dès lors, les Japonais ne possédaient plus qu'une seule arme navale efficace : l'avion-suicide. En tant qu'instrument de dernier recours, il restait mortel, mais ne permettait plus d'espérer l'emporter.

Cette victoire devait demeurer longtemps une des pages les plus glorieuses de l'histoire américaine ; en plus de la vaillance, de la valeur et de l'audace qui s'y déployèrent, elle jetait sur l'avenir une clarté plus vive et plus pénétrante que tout ce que nous avions vu jusqu'alors. Ce fut une bataille livrée moins par l'artillerie des navires que par la supériorité aérienne. J'ai tenu à en faire le récit exhaustif parce qu'à l'époque, elle demeura presque complètement ignorée du monde européen harassé. La conclusion la plus importante à tirer de l'étude de ces événements est peut-être le besoin impérieux d'un commandement unique dans des opérations combinées de ce genre, au lieu du contrôle par coopération qui existait à l'époque entre MacArthur et Halsey, la leçon ne fut pas perdue pour les Américains, et ils décidèrent qu'au cours des opérations finales qu'ils préparaient contre le territoire japonais proprement dit, le commandement suprême serait exercé par l'amiral Nimitz ou par le général MacArthur, selon les nécessités du moment.

*
* *

Au cours des semaines qui suivirent, la lutte pour les Philippines s'étendit et s'intensifia. À la fin de novembre, près de 250 000 Américains avaient débarqué à Leyte, et à la mi-décembre, la résistance japonaise était brisée. MacArthur poursuivant sans relâche son avancée principale, débarqua bientôt sans opposition dans l'île de Mindoro, à moins de 180 kilomètres de Manille. Le 9 janvier 1945, une nouvelle phase s'ouvrit avec le débarquement de quatre divisions dans le golfe de Lingayen, au nord de Manille, par où s'était effectuée l'invasion japonaise trois ans plus tôt ; des mesures de désinformation très poussées laissèrent jusqu'au dernier moment l'ennemi dans l'incertitude quant à l'endroit où le coup allait s'abattre, de sorte que l'effet de surprise put jouer à fond, et l'assaut ne se heurta qu'à une faible opposition. La résistance se durcit à mesure que les Américains approchaient de Manille, mais ils effectuèrent deux autres débarquements sur la côte occidentale et encerclèrent la ville. Les Japonais y combattirent avec l'énergie du désespoir jusqu'au début de mars, lorsque les derniers survivants furent tués ; on compta 16 000 cadavres nippons dans les ruines. À ce stade, les attaques par avions-suicide causaient des pertes considérables, avec seize navires touchés en un seul jour. Le croiseur *Australia*, encore malchanceux, fut atteint cinq fois en quatre jours, mais resta en action. Cet expédient désespéré n'arrêta pas les flottes ; à la mi-janvier, les porte-avions de l'amiral Halsey pénétrèrent sans opposition dans la mer de Chine méridionale, croisant tout le long des côtes, et attaquant les aérodromes et la navigation jusqu'à Saïgon ; le 16 janvier, des dommages considérables furent infligés à Hong Kong, tandis que de grands incendies de pétrole étaient allumés à Canton.

Bien que la lutte se poursuivît encore dans les îles pendant plusieurs mois, le vainqueur avait déjà acquis la maîtrise de la mer de Chine méridionale, et par là le contrôle des régions qui fournissaient au Japon le pétrole et autres matières premières nécessaires à son effort de guerre.

Chapitre XVIII

LA LIBÉRATION DE L'EUROPE OCCIDENTALE

Conformément aux accords antérieurs, le général Eisenhower prit le commandement direct des forces terrestres du nord de la France le 1er septembre. Ces forces comprenaient le 21e groupe d'armées britannique aux ordres du maréchal Montgomery, et le 12e groupe d'armées américain, commandé par le général Bradley, dont les opérations avaient été menées jusque-là par Montgomery. Eisenhower dirigeait désormais plus de trente-sept divisions, soit un demi-million de combattants, qui refoulaient devant eux les débris des armées allemandes de l'Ouest, harcelées jour et nuit par notre aviation qui dominait le ciel. L'ennemi disposait encore de dix-sept divisions environ, mais tant qu'elles n'auraient pas été regroupées et renforcées, la plupart d'entre elles n'avaient plus guère de valeur combative. Le général Speidel, ancien chef d'état-major de Rommel, a décrit ainsi leur calvaire :

« Toute retraite en bon ordre était devenue impossible. Les armées alliées motorisées cernaient par petits groupes les divisions d'infanterie allemandes épuisées, et les écrasaient séparément... Aucune force terrestre allemande de quelque importance ne pouvait être jetée dans la bataille, et il n'y avait pratiquement aucun secours à attendre de l'air*[1]. »

---

* H. SPEIDEL, *We defended Normandy*, p. 151-153.
1. D'où cette plaisanterie amère qui circulait au sein de la Wehrmacht en Normandie : « Si tu vois un avion blanc, c'est un américain ; un noir, c'est un anglais ; si tu ne vois rien, c'est la Luftwaffe ! »

Eisenhower comptait pousser vers le nord-est avec le maximum d'effectifs, jusqu'à la limite extrême permise par leur ravitaillement. Le 21ᵉ groupe d'armées britannique devait exécuter l'effort principal, en remontant le long des côtes de la Manche, non seulement pour éliminer les rampes de lancement des bombes volantes, mais aussi pour s'emparer d'Anvers ; sans ce grand port, il était en effet impossible de franchir le cours inférieur du Rhin pour pénétrer dans les plaines de l'Allemagne du Nord. Le 12ᵉ groupe d'armées américain devait également poursuivre l'ennemi, sa 1ʳᵉ armée se maintenant à la hauteur des Britanniques, tandis que les autres, qui se dirigeaient à l'est vers Verdun et le cours supérieur de la Meuse, prépareraient l'attaque de la Sarre.

Montgomery présenta deux contre-propositions : à la fin d'août, il suggéra d'abord que son groupe d'armées et le 21ᵉ groupe d'armées américain frappent conjointement au nord avec une masse compacte de près de quarante divisions, après quoi il proposa le 4 septembre qu'une seule poussée fût effectuée, vers la Ruhr ou vers la Sarre ; dans l'un ou l'autre cas, les forces devaient recevoir tout le matériel et la maintenance nécessaires. Il insistait pour que le reste du front ne reçût que des moyens limités pour favoriser au maximum la poussée principale, dirigée par un chef unique, lui ou Bradley selon le cas. Il pensait qu'elle atteindrait probablement Berlin, et il estimait que la Ruhr constituait un meilleur objectif que la Sarre.

Mais Eisenhower s'en tint à son plan initial ; l'Allemagne avait encore des réserves sur son territoire, et il croyait qu'en lançant des unités relativement faibles au-delà du Rhin, il ferait le jeu de l'ennemi. Il jugeait donc préférable que le 21ᵉ groupe d'armées fît de son mieux pour conquérir une tête de pont sur le Rhin, tandis que le 12ᵉ avancerait aussi loin que possible en direction de la ligne Siegfried[1].

---

[1]. Pour des raisons politiques impératives au moment où il écrit ces lignes, Churchill présente de manière très modérée ce qu'il considérait

Ces questions feront sans doute l'objet de longs débats entre stratèges.

La discussion ne ralentit pas la poursuite, mais le nombre des divisions que nous pouvions ravitailler, comme la rapidité et l'importance de leur progression, dépendaient entièrement de la capacité des ports, des moyens de transport et des possibilités d'approvisionnement. On dépensait relativement peu de munitions, mais les vivres, et avant tout l'essence, commandaient tous les mouvements. Nous ne disposions que de Cherbourg et du port « Mulberry » d'Arromanches, que nous laissions chaque jour un peu plus loin derrière nous ; le front restait alimenté par la Normandie, et il fallait transporter quotidiennement environ 20 000 tonnes de provisions sur des distances toujours croissantes, ainsi que les matériaux nécessaires pour réparer les routes et les ponts, et pour construire des aérodromes. Les ports de Bretagne, une fois occupés, seraient encore plus éloignés, mais ceux de la Manche, au nord du Havre, et surtout Anvers, si nous pouvions nous en emparer avant qu'il ne soit trop gravement endommagé, constituaient des trophées d'importance vitale.

Anvers fut donc l'objectif immédiat assigné au groupe d'armées de Montgomery, qui eut ainsi une première chance de démontrer sa mobilité ; le 31 août, à Amiens, la 11e division blindée surprit le commandant de la 7e armée allemande au petit déjeuner et le fit prisonnier. Les villes-frontières, si familières au corps expéditionnaire britannique de 1940 et, au moins par le nom, à celui qui l'avait précédé vingt-cinq ans plus tôt – Arras, Douai, Lille et bien d'autres – furent rapidement atteintes. La division blindée de la Garde entra le 3 septembre à Bruxelles, hâtivement évacué par les Allemands ; comme partout ailleurs en Belgique, nos troupes y reçurent un accueil magnifique et

---

en 1944 (et après) comme une erreur stratégique majeure. (voir *infra*, p. 798)

furent très aidées par un mouvement de résistance bien organisé. La Garde obliqua alors à l'est, vers Louvain, et la 11ᵉ division blindée fit son entrée le 4 septembre à Anvers, où une heureuse surprise l'attendait : le port était presque intact. L'avance avait été si rapide – plus de 320 kilomètres en moins de quatre jours – que l'ennemi, pris de court, n'avait pas eu le temps de procéder à ses habituelles démolitions massives.

Pourtant, nos navires ne pouvaient atteindre Anvers qu'en remontant l'estuaire sinueux et difficile de l'Escaut, dont les Allemands tenaient les deux rives. Il fallut des opérations pénibles et coûteuses pour les en déloger, et cette tâche incomba principalement à la première armée canadienne du général Crerar ; bien des choses dépendaient de son succès. Au 9 septembre, elle avait dégagé tout le Pas-de-Calais, qui abritait les rampes de lancement des bombes volantes ; les ports de la Manche, Dieppe, Boulogne, Calais et Dunkerque furent pris ou investis ; Le Havre, avec une garnison de 11 000 hommes, résista farouchement, et en dépit d'un bombardement naval au canon de 40 cm et de 10 000 tonnes de bombes larguées par l'aviation, la place ne devait pas capituler avant le 12 septembre. La division blindée polonaise prit Gand, à 65 kilomètres seulement d'Anvers. Bien sûr, un tel rythme dans les opérations ne pouvait durer ; le bond en avant s'acheva, et à partir de là, il devint évident que nous étions tenus en échec.

Il restait tout de même une possibilité de franchir le cours inférieur du Rhin, et Eisenhower accordait tant d'importance à cette opération qu'il lui donna la priorité sur le nettoyage des rives de l'Escaut et sur l'ouverture du port d'Anvers. Pour relancer l'effort de Montgomery, il lui fournit des moyens de transport routiers et aériens américains supplémentaires. La 1ʳᵉ armée aéroportée, aux ordres du général américal Brereton, se tenait prête à frapper depuis l'Angleterre, et Montgomery décida de saisir une tête de pont à Arnhem ; la 82ᵉ division américaine devait capturer les ponts de Nimègue et de Grave, tandis que la 101e division américaine s'assurerait de la route entre Grave et Eindhoven ; quant au 3e corps, avec la division blindée de la Garde en tête, il se frayerait un passage jusqu'à Eindhoven, puis jusqu'à Arnhem, en suivant le « tapis » de troupes aéroportées, avec l'espoir qu'elles tiendraient solidement les ponts sur les trois grandes barrières d'eau au moment où il les atteindrait.

Les préparatifs de cette manœuvre audacieuse, de loin la plus grande de ce genre jamais tentée, furent compliqués et durent s'effectuer dans l'urgence, car l'ennemi se renforçait de jour en jour. Il est remarquable que les préparatifs aient été achevés pour l'échéance du 17 septembre. Comme il n'y avait pas assez d'avions pour transporter simultanément toutes les unités aéroportées, il fallut étaler l'opération sur trois jours ; mais, le 17 septembre, les premiers éléments des trois divisions furent bel et bien conduits à destination, grâce à un bel exploit de l'aviation alliée. La 101e division américaine accomplit la plus grande partie de sa mission, mais l'ennemi fit sauter un pont du canal sur la route d'Eindhoven, et cette localité ne tomba que le 18 septembre. La 82e division américaine se comporta également fort bien, mais elle ne put s'emparer du pont principal de Nimègue.

Les nouvelles arrivant d'Arnhem étaient rares, mais il semblait que des éléments de notre régiment de parachutistes se soient établis à l'extrémité nord du pont. Dans l'après-midi, la division blindée de la Garde commença à avancer sur la route d'Eindhoven, précédée par un barrage d'artillerie et par des avions tirant des roquettes. Le 8e corps à droite et le 12e à gauche protégeaient les flancs du 30e. La route fut défendue avec opiniâtreté et la Garde ne fit sa jonction avec les Américains que dans l'après-midi du 18 septembre. Les Allemands lancèrent dès le lendemain des assauts de plus en plus violents contre l'étroit saillant, et la 101e division eut beaucoup de mal à maintenir la route ouverte ; à certains moments, il fallut y arrêter la circulation jusqu'à ce que l'ennemi fût repoussé. Les nouvelles qui arrivaient à présent d'Arnhem étaient mauvaises ; l'ennemi restait dans la ville, et si nos parachutistes tenaient toujours l'extrémité nord du pont, le reste de la 1re division aéroportée, descendu plus à l'ouest, n'était pas parvenu à percer pour les renforcer.

Un pont fut jeté sur le canal dès le 18 septembre, et le lendemain à l'aube, la Garde fonça jusqu'à Grave, où elle rejoignit la 82e division américaine. À la tombée de la nuit, elle se trouvait à proximité du pont de Nimègue qui était solidement défendu, et le 20 septembre, une bataille titanesque se livra pour sa possession. Les Américains franchirent le fleuve à l'ouest de la ville, obliquèrent à droite et se saisirent de l'extrémité du pont ferroviaire, tandis que la Garde chargeait le long du pont routier ; ils anéantirent les défenseurs et prirent les deux ponts intacts.

Il restait à parcourir la dernière étape jusqu'à Arnhem, où le mauvais temps avait gêné l'arrivée par air des renforts, des vivres et des munitions, et où la situation de la 1re division aéroportée était critique. Incapable d'atteindre le pont, le reste de cette division se trouvait confiné dans un étroit périmètre de la rive nord et subissait de violents assauts. On fit l'impossible pour la secourir depuis la rive sud, mais l'ennemi était trop puissant. La Garde, la 43e division, la brigade de parachutistes polonais débarquée près de la route, toutes échouèrent dans leurs vaillantes tentatives de dégagement. La lutte se poursuivit encore pendant quatre jours, mais en vain, et le 25 septembre, Montgomery ordonna aux survivants de l'héroïque 1re aéroportée de se replier. Il leur fallut traverser le fleuve rapide de nuit, dans de petites embarcations et sous le feu rapproché de l'ennemi. À l'aube, environ 2 400 hommes, sur un effectif initial de 10 000, étaient en sécurité sur notre rive.

De gros risques furent pris à Arnhem, mais ils étaient justifiés par l'étincelant trophée que nous avions pratiquement à portée de main ; si le temps nous avait été plus favorable, au lieu de se retourner contre nous aux moments critiques et de restreindre notre domination aérienne, il est probable que nous aurions réussi. Aucun risque n'effarouchait les vaillants hommes, y compris les résistants néerlandais, qui combattirent pour Arnhem. C'est seulement à mon retour du Canada, où les glorieux rapports avaient afflué, que je pus comprendre tout ce qui s'était produit. Le général Smuts était très chagriné par ce qui lui apparaissait comme un échec, et je lui télégraphiai :

> « En ce qui concerne Arnhem, j'ai l'impression que vous vous en faites une idée quelque peu inexacte. La bataille a été une nette victoire, mais la division de tête, qui réclamait beaucoup et à juste titre, n'a reçu qu'une bouchée. Pour ma part, je n'ai pas été déçu par cette affaire, et je suis heureux que nos chefs militaires soient capables de courir de tels risques. »

*
* *

Le nettoyage de l'estuaire de l'Escaut et l'ouverture du port d'Anvers devinrent dès lors prioritaires. Un certain nombre d'actions préliminaires avaient ouvert la voie durant la seconde quinzaine de septembre ; l'île de Breskens, défendue par une division allemande bien entraînée, s'avéra être un morceau très coriace, et il fallut des combats extrêmement durs pour franchir le canal Léopold ; la rude tâche de capturer l'isthme de Zuid Beveland fut entreprise par la 2e division canadienne, qui s'ouvrit un chemin vers l'ouest à travers de vastes régions inondées, où ses hommes avaient souvent de l'eau jusqu'à la ceinture. Elle fut aidée par la majeure partie de la 52e division, que des bacs transportèrent à travers l'Escaut et qui débarqua sur la rive sud. À la fin du mois, au prix d'immenses efforts, tout l'isthme était occupé ; en quatre semaines de violents combats, pendant lesquels elles reçurent un concours efficace de la 2e *Tactical Air force*, commandée par le maréchal de l'Air Coningham, ces deux divisions firent 12 500 prisonniers allemands, qui n'avaient pas la moindre intention de se rendre. Ainsi, tout était en place pour l'assaut de Walcheren.

*
* *

L'île de Walcheren a la forme d'une soucoupe dont les bords sont formés par des dunes de sable qui empêchent la mer d'inonder la plaine centrale. À son extrémité occidentale, près de Westkapelle, il y a une brèche dans les dunes, où la mer est contenue par une grande digue haute de 9 mètres et large d'une centaine de mètres à la base. La garnison, comptant près de 10 000 hommes, était retranchée dans de puissantes défenses artificielles et appuyée par une trentaine de batteries d'artillerie. L'ensemble était parsemé d'obstacles antichars, de mines et de réseaux de barbelés, car l'ennemi avait eu quatre années pour fortifier cette porte d'Anvers.

La Royal Air Force frappa le premier coup au début d'octobre. Lors d'une série de brillantes attaques, elle ouvrit une grande brèche de près de 400 mètres dans la digue de Westkapelle ; la mer s'y précipita, en inondant tout le centre de la soucoupe, et en noyant les défenses et les batteries qui s'y trouvaient. Mais les ouvrages et les obstacles les plus redoutables se dressaient sur les bords de la soucoupe. L'attaque fut concentrique, et l'assaut principal lancé à l'ouest par trois commandos de Royal Marines. L'escadre de bombardement ouvrit le feu pendant qu'ils approchaient ; elle comprenait le *Warspite*, les deux monitors *Erebus* et *Roberts* armés de pièces de quinze pouces, et une flottille de navires de débarquement armés ; ces derniers vinrent au plus près de la côte et, en dépit de lourdes pertes, ils continuèrent à tirer jusqu'à ce que les deux premiers commandos eussent débarqué. Toute l'artillerie du 2e corps canadien, tirant à partir des rives de Breskens, se concentra sur les puissants canons sous casemates, tandis que des avions en attaquaient les embrasures à la roquette. Dans la nuit tombante, le commando n° 48 tua ou fit prisonniers tous leurs servants. Le lendemain matin, il reprit son avance, et à midi, le commando n° 47 le releva ; face à une opposition qui faiblissait, il atteignit les abords de Flessingue. Le 3 novembre, il opéra sa jonction avec le commando n° 4 qui avait livré dans la ville un très dur combat, maison par maison. En quelques jours, toute l'île était entre nos mains, ainsi que 8 000 prisonniers.

Les commandos accomplirent bien d'autres exploits au cours de la guerre, et si d'autres unités ou d'autres armes jouèrent pleinement leur rôle durant cette remarquable opération, c'est l'extrême vaillance des Royal Marines qui s'impose à l'esprit ; une fois de plus, la conception du commando triomphait[1]. Le dragage des mines commença dès que Flessingue fut solidement occupé et, au cours des trois semaines suivantes, cent bâtiments furent employés pour dégager les 110 kilomètres de chenal ; le premier convoi arriva le 28 novembre et Anvers s'ouvrit aux armées britanniques et américaines. Des bombes volantes et des fusées s'abattirent pendant quelque temps sur la ville, où elles firent de nombreuses victimes, mais sans gêner davantage qu'à Londres la poursuite de la guerre.

Sur notre aile droite, l'avance du 12ᵉ groupe d'armées américain au-delà de Paris avait été menée avec toute la fougue de Bradley et de ses ardents officiers. Charleroi, Mons et Liège étaient tombés entre leurs mains ; en quinze jours, ils avaient libéré l'ensemble du Luxembourg et du sud de la Belgique, et le 12 septembre, ils atteignaient la frontière allemande sur un front de 95 kilomètres et perçaient la ligne Siegfried près d'Aix-la-Chapelle.

Le 16 septembre, des têtes de pont sur l'autre rive de la Moselle étaient constituées à Nancy et au sud de Metz. Le 6ᵉ groupe d'armées du général Devers, remonté le long du Rhône après avoir débarqué dans le sud de la France, avait

---

1. Ce qui permet au créateur des Royal Marines comme des commandos de triompher par la même occasion…

rencontré des patrouilles de l'armée de Patton à l'ouest de Dijon cinq jours plus tôt, puis, obliquant vers l'est, il s'était joint à l'avance générale. Mais là aussi, la grande poursuite prit fin ; partout, la résistance allemande se durcissait, et nos lignes d'approvisionnement étaient étirées à l'extrême. Aix-la-Chapelle, attaqué de trois côtés, se rendit le 21 octobre ; sur son flanc, la 3e armée se trouvait à 30 kilomètres à l'est de la Moselle. La 7e armée et la 1re armée française s'étaient alignées et envoyaient des éclaireurs en direction des hautes Vosges et de la trouée de Belfort. Les Américains ayant pratiquement dépassé leurs lignes d'approvisionnement au cours de leurs avances-éclairs, il était essentiel de marquer un temps d'arrêt pour reconstituer les stocks et préparer pour novembre des opérations sur une grande échelle.

Les forces aériennes stratégiques jouèrent un grand rôle dans cette avance des Alliés vers les frontières de la France et de la Belgique ; à l'automne, elles revinrent à leur mission initiale, le bombardement de l'Allemagne, avec les installations pétrolières et les réseaux de transport pour objectifs spécifiques. L'écran des installations de radar et d'alerte avancée de l'ennemi avait été ramené derrière sa frontière, tandis que nos propres systèmes de navigation et de repérage des cibles avançaient d'autant ; dès lors, nos pertes diminuaient, tandis que le poids et la précision de nos attaques augmentaient. L'assaut incessant avait obligé les Allemands à disperser très largement leurs usines, ce qui leur coûtait à présent très cher, du fait qu'ils dépendaient d'autant plus du bon fonctionnement de leurs lignes de communication. Le charbon si nécessaire s'entassait sur le carreau des mines, faute de wagons pour l'enlever ; chaque jour, un millier ou plus de trains de marchandises étaient arrêtés par manque de combustible ; l'industrie, les centrales électriques et les usines à gaz commençaient à cesser leur activité. La production et les réserves de pétrole baissaient vertigineusement, ce qui affectait non seulement la mobilité de leurs troupes, mais aussi l'activité et même l'entraînement de leurs forces aériennes.

En août, Speer avait prévenu Hitler que toute l'industrie chimique était paralysée par le manque de sous-produits en provenance des usines de pétrole synthétique, et la situation ne fit qu'empirer avec le temps ; en novembre, Speer signala que si le déclin du trafic ferroviaire se poursuivait, il en résulterait « une catastrophe d'ampleur décisive affectant la production », et en décembre, il rendit hommage à notre « planification adroite et clairvoyante* ». Notre grande offensive de bombardement portait enfin ses fruits.

---

* Tedder, *Air-Power in War*, pp. 118-119.

Chapitre XIX

OCTOBRE À MOSCOU

Les dispositions que j'avais prises avec le président durant l'été au sujet du partage des responsabilités dans les divers pays affectés par le mouvement des armées aplanirent les difficultés pendant les trois mois de leur validité. Mais à l'approche de l'automne, toutes les questions relatives à l'Europe orientale revêtirent une nouvelle intensité. Je ressentais donc la nécessité d'une nouvelle rencontre personnelle avec Staline, que je n'avais pas revu depuis Téhéran et avec qui, malgré la tragédie de Varsovie, je me sentais de nouveaux liens depuis les débuts victorieux d'« Overlord ». Les armées russes exerçaient désormais une puissante pression sur le théâtre balkanique, où la Roumanie et la Bulgarie se trouvaient à leur merci ; Belgrade allait bientôt tomber, et Hitler combattait avec l'énergie du désespoir pour garder son emprise sur la Hongrie. La victoire de la Grande Alliance n'étant plus qu'une question de temps, les ambitions russes allaient naturellement croissant. Le communisme dressait la tête derrière un front russe grondant du tonnerre des batailles ; la Russie devenait la Rédemptrice, et le communisme était son évangile.

Je n'avais jamais eu l'impression que nos relations passées avec la Roumanie et la Bulgarie eussent justifié des sacrifices particuliers de notre part, mais le sort de la Pologne et celui de la Grèce nous touchaient au plus haut point. Pour la première, nous avions déclaré la guerre ; pour la seconde, nous avions fourni de douloureux efforts.

Les deux gouvernements s'étaient réfugiés à Londres, et nous nous considérions comme responsables de leur restauration, si les peuples la désiraient vraiment. Dans l'ensemble, les États-Unis partageaient ces sentiments, mais ils furent très lents à prendre conscience de la montée en puissance de l'influence communiste, qui précédait ou suivait le déferlement des puissantes armées dirigées depuis le Kremlin. J'espérais profiter des meilleures relations établies avec les Soviétiques pour trouver des solutions satisfaisantes à ces nouveaux problèmes qui commençaient à diviser l'Est et l'Ouest.

Outre ces graves questions affectant l'ensemble de l'Europe centrale, celle d'une organisation mondiale s'imposait également à tous les esprits. Une longue conférence s'était tenue à Dumbarton Oaks, près de Washington, entre août et octobre 1944 ; les États-Unis, la Grande-Bretagne, l'URSS et la Chine y avaient présenté un plan aujourd'hui familier, visant au maintien de la paix dans le monde. Les discussions avaient révélé bien des divergences entre les trois grands Alliés, qui apparaîtront au cours du présent récit. Le Kremlin n'avait nulle intention de se joindre à un organisme international où il serait mis en minorité par une coalition de petites puissances qui, si elles ne pouvaient exercer aucune influence sur le déroulement de la guerre, n'en exigeraient pas moins un statut d'égalité à l'heure de la victoire. J'étais persuadé que nous ne pourrions parvenir à des décisions salutaires avec la Russie qu'aussi longtemps que la lutte contre l'ennemi commun scellerait notre camaraderie. Hitler et l'hitlérisme étaient condamnés, mais qu'y aurait-il après Hitler ?

Dans l'après-midi du 9 octobre, nous atterrîmes sur l'aérodrome de Moscou, où nous fûmes accueillis très cordialement et avec tout le cérémonial par Molotov et beaucoup de hautes personnalités russes. Cette fois, on nous logea à Moscou même, avec tous les soins et le confort possibles. Je disposais d'une petite maison parfaitement aménagée, et Anthony d'une seconde à proximité. Nous fûmes heureux de dîner seuls et de nous reposer. Notre première réunion importante se tint au Kremlin à 22 heures le même soir; seuls y assistèrent Staline, Molotov, Eden, et moi, avec pour interprètes le commandant Birse et Pavlov. On convint d'inviter immédiatement à Moscou le premier ministre polonais, M. Romer, le ministre des Affaires étrangères, et M. Grabski, un académicien âgé à la barbe grise, doté de beaucoup de charme et de valeur. J'envoyai donc un télégramme à M. Mikolajczyk pour lui dire que nous l'attendions, lui et ses amis, afin qu'ils puissent participer à des entretiens avec le gouvernement soviétique et nous-mêmes, ainsi qu'avec le Comité de Lublin. Je lui fis bien comprendre que son éventuel refus de prendre part à de telles conversations constituerait un rejet définitif de nos conseils et nous déchargerait de toutes nos obligations ultérieures envers le gouvernement polonais de Londres.

Le moment étant venu de parler affaires, je déclarai donc[1] : « Réglons nos affaires des Balkans. Vos armées se trouvent en Roumanie et en Bulgarie. Nous avons des intérêts, des missions et des agents dans ces pays. Évitons de nous heurter pour des questions secondaires. En ce qui concerne la Grande-Bretagne et la Russie, que diriez-vous d'une prédominance de 90 % en Roumanie pour vous, d'une influence de 90 % en Grèce pour nous, et de l'égalité, 50/50, en Yougoslavie ? » Pendant le temps de l'interprétation, j'écrivis sur une demi-feuille de papier :

Roumanie :
Russie 90 %
Les autres 10 %
Grèce :
Grande-Bretagne (en accord avec les États-Unis) 90 %
Russie 10 %

---

1. Les coupes effectuées ici par les collaborateurs de Churchill ont été un peu trop radicales. Il faut comprendre que Churchill est toujours au Kremlin, et qu'il s'adresse ici à Staline.

Yougoslavie 50-50 %
Hongrie 50-50 %
Bulgarie :
Russie 75 %
Les autres 25 %

Je poussai le papier vers Staline, qui venait d'entendre l'interprétation. Il y eut un léger temps d'arrêt, puis il prit son crayon bleu, cocha le papier d'un grand trait en signe d'approbation et nous le rendit ; tout fut réglé en moins de temps qu'il ne faut pour l'écrire.

Bien entendu, nous avions longuement et attentivement étudié la question, et il ne s'agissait que d'accords concernant le temps de guerre ; tous les problèmes plus vastes étaient réservés, de part et d'autre, pour ce que nous espérions alors être une conférence de paix après la victoire.

Il y eut ensuite un long silence ; le papier marqué au crayon restait au centre de la table. Je finis par dire : « Ne pourrait-on trouver plutôt cynique que nous paraissions avoir réglé ces problèmes si vitaux pour des millions de gens d'une façon aussi cavalière ? Brûlons ce papier. » « Non, gardez-le », dit Staline.

> « Il est absolument nécessaire, écrivis-je dans un compte rendu personnel au président, que nous tentions de parvenir à une unité de vues au sujet des Balkans, afin d'empêcher la guerre civile d'éclater dans plusieurs de ces pays, où nous aurions, vous et moi, des sympathies pour l'un des camps et U. J.[1] pour l'autre. Je vous tiendrai informé de tout cela, et rien, en dehors d'accords préliminaires entre la Grande-Bretagne et la Russie, ne sera réglé sans discussions ultérieures et accord avec vous. Sur cette base, je suis sûr que vous ne verrez pas d'inconvénients à ce que nous essayions d'aboutir à un complet accord entre notre point de vue et celui des Russes. »

---

1. « Uncle Joe », le surnom familier donné à Staline par Churchill et Roosevelt.

Après cette première réunion, je réfléchis à nos rapports avec la Russie dans toute l'Europe de l'Est et, pour bien clarifier mes idées, je rédigeai un projet de lettre à Staline sur cette question, en y joignant une note qui précisait l'interprétation des pourcentages que nous avions acceptés si rapidement, en nous passant une feuille de papier au-dessus de la table. Pour finir, je n'envoyai pas cette lettre, estimant que le mieux est souvent l'ennemi du bien. Je la reproduis ici uniquement parce qu'elle constitue un fidèle reflet de ma pensée du moment :

« Moscou.
11 octobre 1944.
J'estime de la plus haute importance que la Grande-Bretagne et la Russie adoptent dans les Balkans une politique commune, qui soit également acceptable pour les États-Unis. Le fait que la Grande-Bretagne et la Russie aient conclu une alliance de vingt ans rend particulièrement nécessaire une large unité de vues et une collaboration sans heurts, confiante et prolongée. Je me rends bien compte que nous ne pouvons rien faire d'autre ici que de jeter des jalons pour préparer les décisions définitives que nous aurons à prendre lorsque nous serons réunis tous les trois autour de la table de la victoire. J'espère néanmoins que nous pourrons parvenir à des ententes, et dans certains cas à des accords, qui nous aideront à surmonter les difficultés immédiates, et constitueront une base solide pour une paix durable dans le monde.

Ces pourcentages que j'ai notés ne sont qu'une méthode pratique pour nous permettre de voir dans quelle mesure nos points de vue concordent, avant de décider des mesures nécessaires pour arriver à un accord complet. Comme je l'ai dit, ils paraîtraient brutaux, et même cyniques, s'ils étaient exposés au regard des ministères des Affaires étrangères et des diplomates du monde entier. Ils ne peuvent donc constituer la base d'aucun document officiel, en tout cas certainement pas pour le moment. Par contre, ils pourraient être un bon guide pour la conduite de nos affaires. Si nous nous y prenons bien, nous pourrons peut-être prévenir plusieurs guerres civiles et éviter beaucoup d'effusions de sang et de luttes dans les petits pays en question. Notre principe général devrait être de laisser à chaque nation le droit d'avoir le régime souhaité par son peuple. Nous ne voulons certes pas imposer des institutions monarchiques ou républicaines à quelque État balkanique que ce soit, mais nous avons forgé certaines relations de loyauté envers les rois de Grèce et de Yougoslavie. Ils nous ont demandé asile et protection contre l'ennemi nazi, et nous pensons que les peuples de ces pays devront avoir la possibilité de choisir leurs institutions en toute liberté et équité, lorsqu'un ordre normal aura été rétabli après l'expulsion des occupants. Il se peut même que des commissaires des trois grandes puissances soient détachés dans ces pays au moment des élections pour veiller à ce que le peuple ait une véritable liberté de choix. Il y a de bons précédents à cela.

Cependant, à côté de la question institutionnelle, il existe dans tous ces pays une opposition idéologique entre les formes totalitaires de gouvernement et celles que nous appelons la libre entreprise contrôlée par le suffrage universel. Nous sommes très heureux que vous vous soyez déclarés opposés à l'idée de changer, par la force ou par la propagande communiste, les régimes établis dans les divers États balkaniques. Qu'on les laisse maîtres de leur propre destinée au cours des années à venir ! Il y a pourtant une chose que nous ne pouvons tolérer : le fascisme ou le nazisme, sous quelque forme que ce soit, parce qu'ils n'apportent aux masses laborieuses ni les garanties offertes par votre système, ni celles prévues par le nôtre, mais conduisent au contraire à la montée de tyrannies à l'intérieur et à l'agression à l'extérieur. J'estime qu'en principe, la Grande-Bretagne et la Russie devraient avoir l'esprit tranquille au sujet des gouvernements intérieurs de ces pays et ne pas s'en préoccuper ni s'immiscer dans leurs affaires, une fois que le calme aura été rétabli, après ce terrible bain de sang que nous avons tous traversé.

C'est en partant de ces considérations que j'ai cherché à esquisser le degré d'intérêt que chacun de nous prend à ces pays, avec le plein assentiment de l'autre et sous réserve de l'approbation des États-Unis – un pays qui peut se retirer très loin pendant longtemps, pour revenir ensuite à l'improviste avec une force titanesque.

Du fait de votre expérience et votre sagesse, je n'ai pas besoin de faire valoir une quantité d'arguments en vous écrivant. Hitler a tenté d'exploiter la peur d'un communisme agressif et prosélyte qui règne dans toute l'Europe occidentale, et le voilà sur le point d'être définitivement écrasé. Mais, comme vous le savez, cette peur existe parmi toutes les nations parce que, quels que soient les mérites de nos régimes respectifs, aucun pays ne souhaite connaître la révolution sanglante qui serait certainement nécessaire dans presque tous les cas, pour que se produise un changement aussi draconien de la vie, des habitudes et des conceptions de leur société. Je voudrais ici, M. Staline, vous assurer des souhaits ardents du peuple britannique de voir s'instaurer une amitié et une collaboration stables et durables entre nos deux pays, et aussi une capacité à maintenir la machine du monde sur ses rails, avec l'aide des États-Unis. »

À mes collègues du gouvernement, je télégraphiai ce qui suit :

« 12 octobre 1944.

1° Le système des pourcentages ne vise pas à fixer le nombre des membres siégeant dans les commissions pour les divers États balkaniques, mais plutôt à exprimer l'intérêt et les sentiments avec lesquels les gouvernements britannique et soviétique abordent les problèmes de ces pays, afin qu'ils puissent se communiquer leurs points de vue d'une façon qui les rende intelligibles. Il n'est pas censé être davantage qu'un guide et, naturellement, il n'engage en rien les États-Unis, pas plus qu'il ne tente d'instaurer un système rigide de zones d'influence[1]. Il peut toutefois aider les États-Unis à comprendre les positions de leurs deux principaux alliés au sujet de ces régions, lorsque le tableau est présenté comme un tout.

---

1. Churchill connaît bien les préventions de Roosevelt à l'égard de tout ce qui pourrait ressembler à la constitution de sphères d'influence après la guerre, et il tient essentiellement à éviter de le contrarier.

2° On voit ainsi tout naturellement que la Russie soviétique possède des intérêts vitaux dans les pays riverains de la mer Noire dont l'un, la Roumanie, l'a attaquée délibérément avec vingt-six divisions, et dont l'autre, la Bulgarie, a des liens très anciens avec elle. La Grande-Bretagne estime équitable de témoigner un respect particulier aux vues de la Russie concernant ces deux pays, et à son désir d'avoir la préséance en pratique lorsqu'il s'agira de les guider au nom de la cause commune.

3° De même, la Grande-Bretagne a une longue tradition d'amitié avec la Grèce, et en tant que puissance méditerranéenne, elle prend un intérêt direct à son avenir... On admet ici que la Grande-Bretagne prendra la direction du point de vue militaire et essaiera d'aider le gouvernement royal grec existant à s'établir à Athènes sur une base aussi large et aussi unifiée que possible. La Russie soviétique serait prête à accorder cette position et ce rôle à la Grande-Bretagne, de même que celle-ci reconnaîtrait les rapports étroits qui unissent la Russie à la Roumanie. On empêcherait ainsi le développement en Grèce de factions hostiles qui se livreraient une guerre civile, et entraîneraient les gouvernements britannique et russe dans des discussions et des conflits politiques irritants.

4° En ce qui concerne la Yougoslavie, le symbole numérique 50-50 a pour but de fournir la base d'une action commune et d'une politique concertée entre les deux grandes puissances actuellement impliquées pour favoriser la création d'une Yougoslavie unifiée, après que toutes ses parties composantes se seront étroitement unies pour chasser les envahisseurs nazis. Notre intention est de prévenir, par exemple, un conflit armé entre les Croates et les Slovènes d'une part, et des éléments nombreux et puissants en Serbie d'autre part ; c'est aussi d'aboutir à une politique commune et amicale envers le maréchal Tito, tout en s'assurant que les armes qui lui seront fournies seront utilisées contre l'ennemi commun plutôt qu'à des fins intérieures. Une telle politique, poursuivie en commun par la Grande-Bretagne et la Russie soviétique sans la moindre idée de se procurer des avantages particuliers, serait véritablement bénéfique.

5° Puisque ce sont les armées soviétiques qui sont en train de prendre le contrôle de la Hongrie, il serait naturel qu'une influence prépondérante leur soit accordée, sous réserve, naturellement, d'un accord avec la Grande-Bretagne et probablement avec les États-Unis, qui, bien que n'opérant pas effectivement dans ce pays, doivent le considérer comme un État d'Europe centrale et non comme un État balkanique.

6° Il faut souligner que cette révélation des positions soviétiques et britanniques concernant les pays mentionnés ci-dessous n'est qu'une sorte de guide provisoire pour l'avenir immédiat en temps de guerre, et qu'elle sera revue par les grandes puissances lorsque celles-ci s'assiéront à la table de l'armistice ou de la paix pour procéder à un règlement d'ensemble des questions européennes. »

*
* *

Les Polonais de Londres étaient maintenant arrivés, et le 13 octobre à 17 heures, nous nous réunîmes à la Maison des hôtes du gouvernement soviétique, connue sous le nom de Spiridonovka, pour entendre Mikolajczyk et ses collègues plaider leur cause. Il s'agissait de conversations préliminaires à une autre réunion au cours de laquelle les délégations britannique et américaine rencontreraient les Polonais de Lublin. Je pressai très vivement Mikolajczyk d'envisager deux choses : d'abord une acceptation *de facto* de la ligne Curzon avec échange des populations, et ensuite une discussion amicale avec le Comité polonais de Lublin pour permettre la création d'une Pologne unie. Je lui dis qu'il y aurait certes des changements, mais qu'il valait mieux que l'union fût réalisée tout de suite, au moment où cette guerre touchait à sa fin[1], et je demandai

---

1. Les propos tenus par Churchill devant Mikolajczyk ce jour-là ont été bien plus violents que l'auteur ne veut bien l'admettre : « Si vous pensez pouvoir conquérir la Russie, eh bien, vous êtes tombé sur la tête, vous devriez être enfermé. Vous nous entraîneriez dans une guerre qui

aux Polonais d'étudier soigneusement la question cette nuit-là. M. Eden et moi-même nous tiendrions à leur disposition ; il était essentiel pour eux de prendre contact avec le Comité de Lublin et d'accepter la ligne Curzon à titre provisoire, la question devant être ensuite débattue lors de la conférence de paix.

Le même soir à 22 heures, nous rencontrâmes le soi-disant Comité national polonais. Il devint vite évident que ses membres étaient de simples pions aux mains des Russes ; ils avaient appris et répété leur rôle avec tant de soin que leurs maîtres eux-mêmes trouvaient manifestement qu'ils en faisaient trop. C'est ainsi que leur chef, M. Bierut, s'exprima en ces termes : « Nous sommes ici pour exiger, au nom de la Pologne, que Lwów appartienne à la Russie. Telle est la volonté du peuple polonais. » Lorsque ces phrases eurent été traduites du polonais en anglais et en russe, je regardai Staline et vis dans ses yeux expressifs un pétillement espiègle qui semblait signifier : « Que dites-vous de notre enseignement soviétique ? » La longue intervention d'un autre dirigeant de Lublin, Osóbka-Moravski, fut tout aussi lamentable ; les trois Polonais de ce Comité firent à M. Eden une impression des plus défavorable.

La conférence dura plus de six heures, mais les résultats en furent bien minces, et les jours passèrent sans apporter d'amélioration notable à la pomme de discorde des affaires russo-polonaises. Les Polonais de Londres étaient disposés à accepter la ligne Curzon comme « ligne de démarcation entre la Russie et la Pologne », mais les Russes insistaient sur la formulation : « comme base de la frontière entre la Russie et la Pologne ». Aucune des deux

---

pourrait faire 25 millions de morts. Vous seriez liquidé. Vous détestez les Russes ; je sais que vous les détestez. Nous, nous avons avec eux des relations amicales – bien plus amicales qu'elles ne l'ont jamais été... et j'entends que cela continue. »

parties ne voulait céder; Mikolajczyk déclara qu'il serait désavoué par son propre peuple, et Staline, en conclusion d'un entretien de deux heures un quart que nous eûmes en tête à tête, fit remarquer que de tous ses collaborateurs, il était le seul avec Molotov à préconiser « la manière douce » avec Mikolajczyk. J'étais sûr que de fortes pressions s'exerçaient en coulisse, de la part des militaires comme des membres du parti[1].

Staline refusait de poursuivre la tentative de constituer un gouvernement polonais unifié en l'absence d'accord sur la question frontalière; si celle-ci avait été réglée, il aurait tout à fait accepté que Mikolajczyk prenne la tête du nouveau gouvernement. Je pensais pour ma part que des difficultés non moins intraitables se présenteraient lors des discussions pour fusionner les Polonais de Londres avec ceux de Lublin, dont les représentants continuaient à produire sur nous l'impression la plus déplorable et qui, comme je le dis à Staline, n'étaient qu'« une expression de la volonté soviétique ». Ils avaient aussi sans nul doute l'ambition de gouverner la Pologne, ce qui en faisait des sortes de quislings[2]. En tout état de cause, la meilleure solution était que les deux délégations polonaises rentrent chez elles. Je mesurais pleinement la responsabilité qui m'incombait, ainsi qu'à mon ministre des Affaires étrangères, lorsque nous tentions d'avancer des propositions de règlement russo-polonais; même le fait d'imposer la ligne Curzon à la Pologne ne manquerait pas de susciter des critiques.

Des avantages considérables avaient également été obtenus dans d'autres secteurs; la résolution du

---

1. Où l'on voit que Staline encourage Churchill dans sa conviction naïve que le dictateur doit rendre des comptes à ses collègues du Kremlin.

2. Ancien ministre de la Défense norvégien, qui avait trahi son pays lors de l'invasion allemande le 9 avril 1940. Ce nom propre était devenu presque aussitôt un nom commun – et synonyme de traître.

gouvernement soviétique d'attaquer le Japon dès la chute d'Hitler était évidente, ce qui revêtait une importance suprême pour abréger l'ensemble des hostilités.

J'avais la conviction que les dispositions arrêtées au sujet des Balkans étaient les meilleures possibles. Associées à une action militaire réussie, elles devaient permettre d'assurer le salut de la Grèce, et je ne doutais pas que notre accord pour mener une politique commune 50-50 en Yougoslavie fût la meilleure solution à nos difficultés[1], eu égard au comportement de Tito – ayant vécu trois ou quatre mois sous notre protection, il s'était rendu secrètement à Moscou pour s'entretenir avec les autorités soviétiques sans nous dire où il était allé – et à l'arrivée de forces russo-bulgares sous commandement russe pour l'assister sur son flanc oriental.

Il n'est pas douteux que dans notre petit cercle, nous pouvions nous entretenir avec une aisance, une liberté et une cordialité jamais encore atteintes entre nos deux pays; Staline me porta à plusieurs reprises des témoignages de considération personnelle dont je suis certain qu'ils étaient sincères[2]. Mais j'étais de plus en plus convaincu qu'il était loin d'être seul; ainsi que je le dis à mes collègues de Londres: « Le noir souci chevauche en croupe du cavalier. »

Nous tînmes notre dernière réunion dans la soirée du 17 octobre. On venait d'apprendre que les Allemands avaient arrêté l'amiral Horthy par mesure de précaution, alors que tout le front ennemi en Hongrie se désagrégeait.

---

1. Une solution toute théorique: les Britanniques n'ont aucune force en Yougoslavie, et pas la moindre influence sur Tito...

2. Il n'y a pratiquement que Churchill (et Roosevelt) pour être persuadés de la sincérité de Staline. Les informateurs fiables ne manquent pourtant pas – à commencer par l'ancien ambassadeur des États-Unis à Moscou, William Bullitt, qui avait prévenu Roosevelt dès le milieu de 1942 qu'il « n'avait pas affaire au duc de Norfolk, mais à un bandit caucasien ».

Je déclarai alors que j'espérais que la trouée de Ljubljana pourrait être atteinte dès que possible, en ajoutant que je ne pensais pas que la guerre s'achèverait avant le printemps.

Chapitre XX

PARIS ET LES ARDENNES

On jugea convenable que ma première visite à Paris eût lieu le 11 novembre, jour de l'armistice[1], ce qui fit l'objet d'une annonce officielle. De nombreux rapports signalaient que des collaborateurs essaieraient d'attenter à ma vie, et des précautions extrêmement poussées furent prises. Dans l'après-midi du 10 novembre, je débarquai à l'aérodrome d'Orly, où de Gaulle me reçut avec une garde d'honneur, et nous traversâmes en voiture la périphérie et la ville elle-même jusqu'au Quai d'Orsay, où ma femme, ma fille Mary et moi-même fûmes logés en grand apparat. L'édifice avait été longtemps occupé par les Allemands, et on m'assura que j'allais coucher dans le même lit et utiliser la même salle de bains que Göring. L'organisation et le service étaient somptueux, et l'on avait peine à croire que la dernière rencontre que j'y avais eue avec le gouvernement Reynaud et le général Gamelin en mai 1940 était autre chose qu'un mauvais rêve. Le 11 novembre, à 11 heures du matin, de Gaulle me fit traverser la Seine et la place de la Concorde en voiture découverte, accompagné d'une splendide escorte de gardes républicains en grand uniforme, avec toutes leurs cuirasses ; il y en avait

---

1. La phrase est pesée au plus juste : à l'automne de 1944, les relations entre de Gaulle et Churchill restant exécrables, il avait fallu l'intervention pressante d'Eden, Duff Cooper, Morton, Macmillan, Dejean, Massigli et Bidault pour décider le Général à lancer l'invitation – et Churchill à l'accepter...

plusieurs centaines et ils étaient magnifiques à voir, tout étincelants au grand soleil. La fameuse avenue des Champs-Élysées était envahie par une foule compacte et bordée de troupes sur toute sa longueur; Chaque fenêtre était pleine de spectateurs et décorée de drapeaux. Nous avancions tous deux au milieu des foules qui nous acclamaient frénétiquement, et parvînmes jusqu'à l'Arc de triomphe, pour y déposer des couronnes sur la tombe du soldat inconnu. Après cette cérémonie, le général et moi, suivis par un groupe nombreux constitué des principaux personnages de la vie publique française, descendîmes à pied sur environ 800 mètres cette avenue que je connaissais si bien. Nous prîmes ensuite place sous un dais pour assister à un superbe défilé de troupes françaises et britanniques; notre détachement de la Garde était magnifique. Quand ce fut fini, j'allai déposer une couronne au pied de la statue de Clemenceau, qui occupait souvent mes pensées en ces heures émouvantes.

De Gaulle me reçut à un grand déjeuner au ministère de la Guerre, et prononça des paroles extrêmement flatteuses au sujet de mon rôle durant le conflit. Dans la soirée du 12 novembre, après un dîner à l'ambassade, je partis pour Besançon avec de Gaulle. Le général tenait à me montrer l'attaque de grande envergure que l'armée française devait exécuter sous le commandement du général de Lattre de Tassigny. Les dispositions les plus méticuleuses avaient été prises pour ce voyage, qui s'effectua dans un luxueux train spécial, et nous arrivâmes largement à temps pour assister à la bataille. Nous devions gagner un observatoire situé dans la montagne, mais l'épaisse couche de neige et le froid très vif rendaient les routes impraticables, et toute l'opération dut être retardée. Je passai la journée en voiture avec de Gaulle, et les sujets de conversation ne nous manquèrent pas au cours d'une excursion longue et pénible, entrecoupée d'inspections de troupes. Le programme se poursuivit bien après la tombée de la nuit. Le moral des soldats français paraissait au plus haut; ils défilèrent devant nous d'un pas impeccable, en chantant des chansons célèbres avec un enthousiasme émouvant. Mes compagnons – ma fille Mary et mon aide de camp naval Tommy – craignaient fort de me voir contracter une nouvelle pneumonie, car nous restâmes dehors au moins dix heures par un temps affreux. Mais tout se passa bien, et dans le train, le dîner fut aussi agréable qu'intéressant. Je fus frappé par le respect, voire la crainte, qu'une demi-douzaine de généraux de haut grade témoignaient à de Gaulle, bien qu'il n'eût qu'une étoile sur son uniforme[1], alors qu'ils en avaient des quantités.

Notre train se divisa pendant la nuit ; de Gaulle retourna à Paris, tandis que nous nous dirigions sur Reims, où nous arrivâmes le lendemain matin. Je me rendis aussitôt au quartier général d'Ike, après quoi je repris l'avion pour Northolt dans l'après-midi.

*
* *

À ce stade, la situation sur le front occidental était loin d'être aussi plaisante. Beaucoup de préparatifs avaient été effectués en vue de la marche sur le Rhin, mais les pluies de novembre, les pires que l'on eût vues depuis de nombreuses années, gonflaient les rivières et les ruisseaux, formant des fondrières que l'infanterie dut franchir de haute lutte. Dans le secteur britannique, la 2e armée de Dempsey rejeta l'ennemi au-delà de la Meuse ; plus au sud, nous fîmes la jonction avec la 9e armée US et traversâmes tant bien que mal une contrée détrempée pour atteindre la Roer. Il eût été téméraire de la franchir dès ce moment, parce que son cours était régularisé par des barrages massifs restés aux mains de l'ennemi, et, en ouvrant les écluses, celui-ci pouvait isoler nos troupes sur la rive opposée ; des bombardiers lourds essayèrent de crever ces digues pour faire s'écouler l'eau, mais en dépit de

---

1. La seconde étoile semble être passée inaperçue...

plusieurs coups au but, ils ne parvinrent pas à pratiquer de brèche, et le 13 décembre, la 1re armée américaine dut reprendre son avance pour s'en emparer.

Au sud des Ardennes, la 3e armée de Patton avait franchi la Moselle et foncé vers l'est en direction de la frontière allemande, pour se retrouver face à la partie la plus puissante de la ligne Siegfried. Son armée dut s'arrêter devant ces fortifications aussi redoutables que farouchement défendues. À droite du front, le 6e groupe d'armées du général Devers s'ouvrit un chemin à travers les Vosges et la trouée de Belfort. La 1re armée française, après sept jours d'une bataille dont j'avais espéré voir le commencement, prit Belfort le 22 novembre et atteignit le Rhin au nord de Bâle ; de là, elle obliqua pour remonter le fleuve et tourna le front allemand des Vosges, contraignant l'ennemi à se replier. Strasbourg fut pris le 23 novembre, et au cours des quelques semaines suivantes, la 7e armée américaine nettoya tout le nord de l'Alsace, pivota sur la droite de la 3e armée, traversa la frontière allemande sur un large front et perça la ligne Siegfried près de Wissembourg.

Pourtant, ces succès considérables ne pouvaient dissimuler le fait que les Alliés occidentaux avaient subi un revers stratégique. Avant que ce grand mouvement ne fût lancé, nous avions fait officiellement savoir que nous considérions comme erronée la stratégie consistant à attaquer sur l'ensemble du front, et qu'il aurait fallu effectuer une bien plus grande concentration sur le secteur où une pénétration était envisagée[1]. Voilà qui confirmait pleinement les commentaires et les prédictions de Montgomery ; je câblai à Smuts :

« Rappelez-vous toutefois que nos armées ne représentent plus que la moitié environ de celles des Américains et

---

1. Nouvelle allusion à la stratégie d'attaques dispersées adoptée par Eisenhower et très décriée par les Britanniques. Il est vrai qu'elle allait rendre possible la contre-offensive allemande dans les Ardennes.

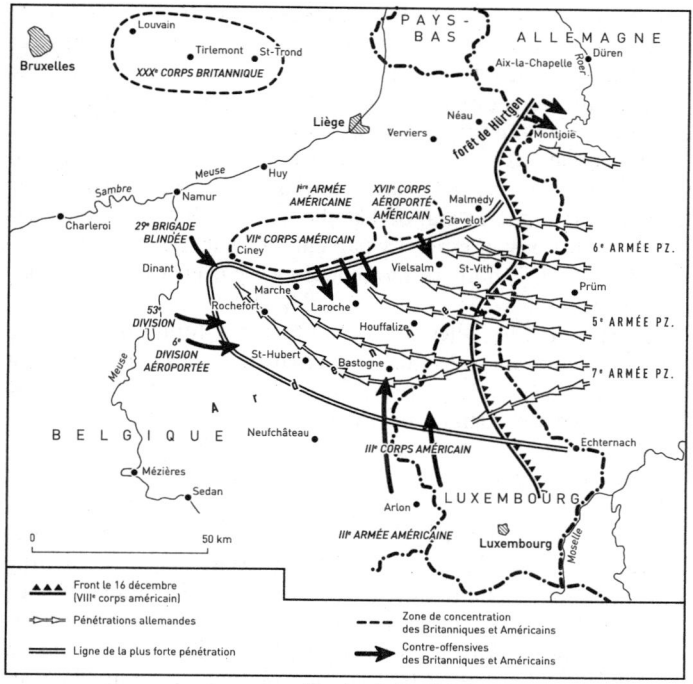

La contre-offensive de Rundstedt

qu'elles tomberont bientôt à un peu moins du tiers. Tout se passe de façon amicale et loyale dans le domaine militaire en dépit de la déception éprouvée. [...] Mais il ne m'est plus aussi facile d'imposer ma volonté... »

Je fis également part de mes inquiétudes au président :

« Le moment est venu pour moi, lui écrivis-je le 6 décembre, de vous exposer la situation grave et décevante à laquelle nous sommes confrontés en cette fin d'année. Si de nombreuses et belles victoires tactiques ont été remportées, [...] le fait demeure que nous avons manifestement manqué le but stratégique que nous avions fixé à nos armées il y a cinq semaines. Nous n'avons pas encore atteint la partie nord du Rhin, qui constitue le secteur le plus important du front, et il nous faudra poursuivre la grande bataille pendant bien des semaines avant de pouvoir espérer y parvenir et y jeter des têtes de pont. Après cela, il nous restera encore à avancer à travers l'Allemagne.

En Italie, les Allemands maintiennent toujours sur notre front vingt-six divisions, soit environ seize ou davantage à plein effectif... Si le 15e groupe d'armées a été hors d'état d'infliger une défaite décisive à Kesselring, c'est parce que, du fait des retards causés par l'affaiblissement de nos effectifs au bénéfice de "Dragoon", nous n'avons pu traverser les Apennins avant que la vallée du Pô ne soit détrempée par les eaux. C'est pourquoi nous n'avons pu exploiter notre supériorité en blindés ni dans les montagnes ni dans les plaines.

Par suite de la résistance obstinée des Allemands sur tous les fronts, nous n'avons pas retiré d'Europe les cinq divisions britanniques ou anglo-indiennes qui auraient permis à Mountbatten d'attaquer Rangoun en mars, et, pour d'autres raisons encore, cette opération est devenue inexécutable. Mountbatten a donc commencé son avance générale en Birmanie en descendant le long des fleuves du nord et de l'ouest, comme il avait été convenu à Québec, et il a effectué une progression satisfaisante. Maintenant, du fait de l'avance des Japonais en Chine, qui fait peser une menace mortelle sur Kun-ming et peut-être sur Tchoung-king, ainsi que sur le généralissime et son régime, deux divisions chinoises, voire davantage, doivent être retirées pour assurer la défense du pays. Je ne doute pas que cette mesure soit juste et inévitable, mais elle a de graves répercussions... Tous mes plans de coup vraiment puissant porté à travers l'Adriatique ou le golfe du Bengale ont été compromis.

Lorsque nous comparons ces réalités aux attentes optimistes de nos peuples, en dépit de nos efforts communs pour les tempérer, une question se pose à coup sûr : "Qu'allons-nous y faire ?" Mon inquiétude s'accroît du fait qu'il faut abandonner tout espoir d'une réunion prochaine entre nous trois et ajourner indéfiniment une nouvelle rencontre entre nous deux, avec nos états-majors. Les plans britanniques dépendent des vôtres, nos problèmes anglo-américains au moins doivent être envisagés dans leur ensemble, et le télégraphe comme le téléphone ne font généralement que compliquer les choses. Par conséquent, au cas où il vous serait impossible de venir avant février, je me dois de vous demander si vous ne pourriez envoyer ici vos chefs d'état-major dès que possible ; ils y seraient plus près de vos armées principales comme du général Eisenhower, et bien placés pour étudier calmement et patiemment l'ensemble de cette scène tumultueuse, en vue de concerter notre action aussi étroitement que lors de nos campagnes de 1944. »

Si compréhensif fût-il, M. Roosevelt ne parut pas partager mes inquiétudes : « J'ai toujours pensé, répondit-il, que l'occupation de l'Allemagne jusqu'à la rive gauche du Rhin serait une tâche très ardue. Ayant parcouru jadis à bicyclette la plus grande partie de ces régions rhénanes, je n'ai jamais été aussi optimiste que beaucoup de chefs militaires au sujet de la facilité avec laquelle nos armées communes pourraient franchir le Rhin[1].

---

1. Il n'est pas certain que les excursions à bicyclette de l'adolescent Franklin en 1894 aient permis au président Roosevelt de porter un jugement valable quant aux possibilités de mouvement des chars et véhicules amphibies dans la région un demi-siècle plus tard... En

Cependant, la stratégie d'ensemble sur laquelle nous nous sommes mis d'accord se développe conformément aux plans. Vous et moi nous trouvons maintenant dans la situation de commandants en chef qui ont préparé leurs projets d'opérations, donné leurs ordres, et engagé leurs moyens dans la bataille en fonction de ces projets et de ces ordres. Pour l'heure, même s'il y a un peu de retard sur les prévisions, il me semble que la poursuite et l'issue des combats sont du ressort de nos commandants en chef sur le terrain, en qui j'ai toute confiance... »

*
* *

Un coup très rude s'annonçait à présent. Six jours après l'envoi de ce télégramme, une grave crise éclatait, provoquée par la décision interalliée d'attaquer vigoureusement à la fois dans le nord à partir d'Aix-la-Chapelle et au sud à travers l'Alsace, ce qui avait très affaibli notre centre. Dans le secteur des Ardennes, un seul corps américain, le 8e, comprenant quatre divisions, tenait un front de 120 kilomètres ; le risque avait été prévu et délibérément accepté, mais ses conséquences en furent graves et auraient pu l'être bien davantage. Au prix d'un exploit remarquable, l'ennemi rassembla soixante-dix divisions environ sur son front occidental, dont quinze blindées. Beaucoup de ces formations étaient en sous-effectifs et avaient besoin de se reposer et d'être rééquipées, mais on savait que l'une d'entre elles, la 6e armée blindée, était forte et en bon état ; ce fer de lance en puissance avait été surveillé de près alors qu'il se trouvait en réserve à l'est d'Aix-la-Chapelle. Lorsque les combats s'éteignirent sur ce front, au début de décembre, nos services de renseignement le perdirent un moment de vue, et le mauvais temps contraria les efforts de l'aviation pour le retrouver. Eisenhower soupçonnait bien qu'il se préparait quelque

---

matière de stratégie, Roosevelt s'en remettait généralement au chef d'état-major George C. Marshall – sans doute une sage précaution.

chose, mais la surprise vint de l'ampleur et de la violence du choc.

Les Allemands avaient effectivement conçu un plan d'envergure. Rundstedt rassembla deux armées blindées, les 5ᵉ et 6ᵉ, ainsi que la 7ᵉ armée, représentant au total dix divisions blindées et quatorze divisions d'infanterie ; ces forces puissantes, chars en tête, devaient pousser jusqu'à la Meuse en traversant les Ardennes, pivoter vers le nord et le nord-ouest, couper en deux le front allié, s'emparer du port d'Anvers, et interrompre les lignes de communication vitales de nos armées du nord. Ce plan était l'œuvre d'Hitler, qui refusait d'admettre les modifications proposées par ses généraux sceptiques. Les restes de l'aviation allemande furent rassemblés pour un ultime effort, tandis que des parachutistes, des saboteurs et des agents revêtus d'uniformes alliés avaient également des missions à remplir.

L'attaque commença le 16 décembre, précédée d'un violent tir de barrage. À l'aile nord, la 6ᵉ armée blindée se heurta à la droite de la 1ʳᵉ armée américaine, qui progressait en direction des barrages de la Roer ; à l'issue d'une bataille aux péripéties fluctuantes, l'ennemi fut contenu. Plus au sud, les Allemands percèrent sur un front étroit, mais ils furent retenus pendant plusieurs journées cruciales. La 6ᵉ armée blindée lança une nouvelle offensive de pointe pour frapper vers l'ouest, puis vers le nord, sur la Meuse au-dessus de Liège. Pendant ce temps, la 5ᵉ armée blindée enfonçait le centre du 8ᵉ corps américain, débordait Saint-Vith et Bastogne, et pénétrait profondément en direction de la Meuse.

Si le haut commandement interallié fut surpris par le moment et le poids de l'attaque, il n'en reconnut pas moins très vite son importance et son objectif ; il résolut de renforcer les épaulements de la brèche, de tenir les passages sur la Meuse à la fois à l'est et au sud de Namur, et de masser des unités mobiles pour écraser le saillant par le nord et par le sud. Eisenhower réagit rapidement ; il arrêta toutes les offensives alliées en cours et fit monter en ligne quatre divisions américaines de réserve, ainsi que six autres venant du sud. Deux divisions aéroportées, dont la 6e britannique, arrivèrent d'Angleterre. Au nord du saillant, quatre divisions du 30e corps britannique qui venait de quitter le front de la Roer furent concentrées entre Liège et Louvain, en arrière des 1re et 9e armées américaines ; ces dernières engagèrent toutes leurs réserves pour étendre un front défensif vers l'ouest, à partir de Malmédy.

En rompant le front du 12e groupe d'armées du général Bradley, les Allemands avaient mis ce dernier dans l'impossibilité de commander efficacement les deux armées demeurées au nord du saillant depuis son QG du Luxembourg. Le général Eisenhower prit donc la très sage décision de placer provisoirement Montgomery à la tête de toutes les forces alliées du nord, tandis que Bradley conservait la 3e armée américaine et avait pour mission de contenir et de contre-attaquer l'ennemi à partir du sud. Des dispositions analogues furent prises pour les aviations tactiques.

Trois de nos divisions de renfort bordèrent la Meuse au sud de Namur ; Bradley concentra un corps à Arlon et envoya la 101e division aéroportée américaine occuper l'important carrefour routier de Bastogne. Les blindés allemands obliquèrent au nord de cette ville pour tenter de s'ouvrir un chemin vers le nord-ouest, en laissant à l'infanterie le soin de la prendre. La 101e se trouva isolée avec quelques unités blindées, et repoussa toutes les attaques pendant une semaine.

La conversion des 5e et 6e armées blindées allemandes provoqua autour de Marche de très violents combats qui se prolongèrent jusqu'au 26 décembre. À ce stade, les Allemands étaient épuisés, même s'ils étaient parvenus pour un temps à 6 kilomètres seulement de la Meuse et avaient effectué une pénétration de plus de 90 kilomètres. Le mauvais temps et les brouillards bas avaient empêché nos forces aériennes d'intervenir durant la première semaine de la bataille, mais les conditions atmosphériques s'étant améliorées le 23 décembre, l'aviation intervint avec des effets dévastateurs ; les bombardiers lourds attaquèrent les chemins de fer et les centres de trafic en arrière des lignes ennemies, tandis que l'aviation tactique provoquait le chaos dans la zone de l'avant, empêchant l'arrivée de renforts, de carburant, de vivres et de munitions. Des raids stratégiques sur les raffineries allemandes contribuèrent à les priver d'essence et à ralentir leur avance.

Frustrés de leur objectif essentiel, la Meuse, les blindés se retournèrent sauvagement contre Bastogne. La 101e division, bien que renforcée, était numériquement très inférieure, mais pendant une semaine encore, elle s'accrocha farouchement à la ville. À la fin du mois de décembre, le haut commandement allemand dut se rendre compte, bon gré mal gré, qu'il avait perdu la bataille ; c'est qu'une contre-offensive lancée d'Arlon par Patton progressait lentement mais sûrement à travers la campagne enneigée. L'ennemi fit un ultime effort, dans le ciel cette fois : le 1er janvier 1945, il lança une violente attaque surprise à basse altitude sur tous nos aérodromes avancés. Nos pertes furent élevées, mais rapidement remplacées, tandis que la Luftwaffe en subit de plus lourdes lors de cette dernière attaque en masse de la Seconde Guerre mondiale, et elle fut hors d'état de les combler[1].

*
* *

Trois jours plus tard, Montgomery lança une contre-offensive à partir du nord, pour faire sa jonction avec l'avance de Patton depuis le sud. Deux corps américains, avec les Britanniques opérant vers leur aile occidentale,

---

1. C'est exact : la RAF et l'US Air Force n'avaient subi que des dégâts matériels insignifiants au regard de leurs capacités productives, tandis que la Luftwaffe avait perdu trois cents de ses meilleurs pilotes, et elle ne devait pas s'en remettre.

convergèrent sur l'ennemi ; combattant au milieu des tempêtes de neige, les deux ailes de l'attaque alliée se rapprochèrent lentement et opérèrent finalement leur jonction à Houffalize le 16 janvier. Les Allemands furent constamment refoulés vers l'est et harcelés sans arrêt par l'aviation, de sorte qu'à la fin du mois, ils étaient contraints de repasser leur frontière, sans avoir rien obtenu de leur ultime effort que des pertes ruineuses en matériel et le sacrifice de cent vingt mille hommes.

Ce fut la dernière offensive allemande de la guerre ; elle nous causa une grande inquiétude et retarda notre propre progression, mais en fin de compte, elle nous fut profitable. L'ennemi ne put combler ses pertes, et nos batailles ultérieures sur le Rhin, quoique très dures, en furent incontestablement facilitées. Le haut commandement allemand, et même Hitler, durent en éprouver une rude désillusion. Eisenhower et ses officiers supérieurs, pris par surprise, réagirent promptement, mais ils s'accorderont à reconnaître que le mérite principal revint à d'autres qu'eux. Ainsi que l'écrira Montgomery : « La bataille des Ardennes fut gagnée avant tout par la grande valeur combative du soldat américain*. » De fait, les armées des États-Unis avaient livré l'essentiel des combats, et elles avaient subi presque toutes les pertes.

---

* Maréchal MONTGOMERY, *De la Normandie à la Baltique*.

Chapitre XXI

NOËL À ATHÈNES

Les Grecs sont, avec les Juifs, la race du monde la plus férue de politique. Si désespérée que soit leur situation, si grave que soit le péril menaçant leur pays, ils restent divisés en maints partis, avec de nombreux chefs qui se combattent avec acharnement. On a dit très justement que partout où il y a trois Juifs, on trouve deux premiers ministres et un chef de l'opposition ; il en est de même pour cette autre race ancienne et célèbre, dont la lutte pour la vie, tumultueuse et sans fin, remonte aux origines de la pensée humaine. Il ne s'est pas trouvé deux autres races pour marquer le monde d'une empreinte si profonde. Elles ont montré toutes deux une capacité de survie, malgré les périls incessants et les souffrances infligées par des oppresseurs étrangers, qui n'avait d'égale que leur pouvoir de fomenter éternellement des vengeances, des discordes et des convulsions intestines. Le passage des millénaires n'a en rien modifié leur caractère ni diminué leurs épreuves ou leur vitalité ; elles ont survécu en dépit de toute l'hostilité du monde à leur égard, de tout le mal qu'elles ont pu s'infliger, et l'une comme l'autre, sous des aspects si différents, nous a légué l'héritage de son génie et de sa sagesse. Il n'y a pas deux autres cités qui aient compté autant pour l'humanité qu'Athènes et Jérusalem ; leurs messages religieux, philosophiques et artistiques ont été les phares dominants de la foi et de la culture modernes. Malgré des siècles de domination étrangère et d'une oppression aussi indescriptible qu'inimaginable, elles restent dans le monde moderne des collectivités et des forces vivantes, actives, se disputant entre elles avec une insatiable ardeur. Pour ma part, j'ai toujours pris le parti de l'une comme de l'autre, et je crois à leur invincible pouvoir de survivre à toutes les querelles internes et à toutes les tourmentes du monde qui menacent de les anéantir.

Avant de quitter l'Italie à la fin du mois d'août, j'avais demandé au chef d'état-major impérial de préparer les éléments d'une expédition britannique en Grèce, pour le cas où l'occupation allemande s'effondrerait dans ce pays*. Nous lui avions donné le nom de code « Manna »[1], et en septembre, nos préparatifs étaient déjà bien avancés. M. Papandréou et ses collègues furent amenés en Italie et installés dans une villa près de Caserte, où ils commencèrent à travailler avec les représentants de l'EAM et leurs rivaux nationalistes de l'EDES ; aidés par M. Macmillan, le ministre résident en Méditerranée, et M. Leeper, notre ambassadeur auprès du gouvernement grec, ils signèrent le 26 septembre un accord global. Celui-ci prévoyait que toutes les forces de la guérilla dans le pays se mettraient aux ordres du gouvernement grec qui, à son tour, les placerait sous l'autorité du général Scobie, commandant britannique. Les chefs de cette guérilla déclarèrent qu'aucun de leurs hommes ne ferait justice lui-même ; toute action entreprise à Athènes ne le serait qu'en exécution des ordres directs du général Scobie. Ce document, connu sous le nom d'accord de Caserte, devait guider nos initiatives futures.

La libération de la Grèce commença en octobre. Des commandos furent envoyés dans le sud du pays et nos troupes occupèrent Patras aux premières heures du 4 octobre : c'était la première fois que nous reprenions pied en Grèce depuis la tragique évacuation de 1941.

---

* Voir chapitre XIV.

1. En réalité, Churchill avait déjà fait préparer ce plan un an plus tôt.

Le 12 octobre, le général Wilson apprit que les Allemands quittaient Athènes, et des parachutistes britanniques atterrirent dès le lendemain sur l'aérodrome de Mégare, à environ douze kilomètres à l'ouest de la capitale. Le reste des unités aéroportées débarqua le 14 octobre et occupa la ville sur les talons des Allemands en retraite ; nos forces navales entrèrent au Pirée, amenant le général Scobie et le gros de ses effectifs, tandis que deux jours plus tard, le gouvernement grec arrivait sur place, accompagné de notre ambassadeur.

*
* *

Le temps était maintenant venu de mettre nos accords à l'épreuve. À la conférence de Moscou, j'avais obtenu l'abstention de la Russie en la payant au prix fort. Nous nous étions engagés à soutenir le gouvernement provisoire de Papandréou, dans lequel l'EAM était pleinement représenté. Tous les partis étaient liés par l'accord de Caserte, et nous voulions transmettre le pouvoir à un gouvernement stable sans perdre de temps. Mais la Grèce était en ruines ; les Allemands détruisaient les routes et les chemins de fer dans leur retraite vers le nord, et si notre aviation les harcelait, nous ne pouvions guère intervenir sur terre. Des bandes armées de l'ELAS occupaient le terrain évacué par les envahisseurs, et leur commandement central ne se souciait guère de faire respecter les engagements solennels qu'il avait pris. Partout, ce n'était que misère et discorde, les finances étaient en désordre et les vivres épuisés, tandis que nos propres ressources militaires étaient taxées à l'extrême.

À la fin du mois, M. Eden, revenu de Moscou, s'arrêta à Athènes, où il reçut un accueil enthousiaste du fait de son action en faveur de la Grèce en 1941. Lord Moyne, ministre résident au Caire, et M. Macmillan l'accompagnaient. On discuta de la question du ravitaillement dans son ensemble, et tout ce qui était humainement possible fut accompli ; nos soldats acceptèrent d'être mis à demi-ration pour augmenter les ressources en vivres de la population, et les sapeurs britanniques commencèrent à établir des réseaux de communication de première urgence. Le 1ᵉʳ novembre, Salonique et Flórina furent évacuées par les Allemands, dont les dernières unités franchirent la frontière nord dix jours plus tard. À l'exception de quelques garnisons isolées dans les îles, la Grèce était libérée.

Mais le gouvernement d'Athènes n'avait pas assez de troupes pour étendre son contrôle à tout le pays et contraindre l'ELAS à respecter l'accord de Caserte. Le désordre grandit et gagna de proche en proche[1]. Une révolte de l'EAM était imminente, et le 15 novembre, le général Scobie reçut l'ordre de prendre des contre-mesures; Athènes devait être déclarée zone militaire, et il recevait tous pouvoirs pour ordonner à l'ensemble des troupes de l'ELAS de quitter la ville. La 4ᵉ division indienne fut amenée d'Italie, de même que la brigade grecque, qui fit l'objet d'une controverse entre Papandréou et ses collègues de l'EAM. À l'évidence, il n'y avait qu'une chance d'éviter la guerre civile : c'était de désarmer les guérilleros et les autres forces militaires par un accord mutuel, et de créer une armée et une police nationales nouvelles sous l'autorité directe du gouvernement d'Athènes.

Un projet de décret prescrivant la démobilisation des guérilleros, rédigé à la demande de M. Papandréou par les ministres de l'EAM eux-mêmes, fut présenté au cabinet affolé. La brigade de montagne régulière et l'« escadron sacré » de l'aviation[2] devaient seuls subsister. L'ELAS pourrait conserver une brigade et l'EDES recevrait quelques

---

[1]. En d'autres termes, l'ELAS contrôlait déjà la presque-totalité du pays, à l'exception d'un étroit secteur en Attique, dans les régions d'Athènes et de Salonique.

[2]. La brigade de montagne, qui était restée fidèle aux autorités grecques en exil lors de la rébellion d'Alexandrie en avril 1944, était considérée comme particulièrement sûre. L'« escadron sacré » était constitué d'officiers aviateurs loyalistes.

effectifs. Mais au dernier moment, les ministres de l'EAM revinrent sur leurs propres propositions, après avoir perdu une précieuse semaine à les discuter, et exigèrent que la brigade de montagne fût également dissoute. La tactique communiste se montrait dès lors en pleine lumière ; le 1ᵉʳ décembre, les six ministres liés à l'EAM démissionnèrent et la grève générale fut proclamée à Athènes pour le lendemain. Le reste du cabinet promulgua un décret de dissolution des troupes de guérillas, et le quartier général du parti communiste quitta la capitale. Le général Scobie lança un message au peuple de Grèce pour lui annoncer qu'il soutenait fermement le gouvernement constitutionnel existant « jusqu'à ce que l'État grec soit en mesure de s'établir avec des forces armées légales, et que des élections libres puissent se tenir ». Depuis Londres, je fis publier une déclaration personnelle analogue.

Le dimanche 3 septembre, des partisans communistes qui se livraient à une manifestation interdite se heurtèrent à la police, et ce fut le début de la guerre civile ; le lendemain même, le général Scobie ordonna à l'ELAS d'évacuer Athènes et Le Pirée sans délai, mais au lieu de cela, les troupes communistes et des civils armés tentèrent de s'emparer de la capitale par la force.

À ce moment, je pris les choses en mains plus directement ; apprenant que les communistes avaient déjà occupé presque tous les postes de police d'Athènes en massacrant la plus grande partie de leurs occupants qui ne les avaient pas rejoints, et qu'ils étaient parvenus à moins de 800 mètres du siège du gouvernement, j'ordonnai au général Scobie et à ses 5 000 soldats britanniques, que la population avait reçus dix jours auparavant en libérateurs avec des transports d'enthousiasme, d'intervenir et d'ouvrir le feu sur les perfides agresseurs. Dans de tels cas, rien ne sert de faire les choses à moitié ; aux violences de la populace par lesquelles les communistes essayaient de s'emparer de la ville pour se présenter au monde comme le gouvernement réclamé par le peuple grec, on ne pouvait répondre que par la force des armes. Le temps manquait pour convoquer le Cabinet.

Restés ensemble jusqu'à environ 2 heures du matin, Anthony et moi étions entièrement d'accord sur la nécessité d'ouvrir le feu. Voyant à quel point il était fatigué, je lui dis : « Si vous voulez aller vous coucher, je m'en charge. » C'est ce qu'il fit, et vers 3 heures du matin, je rédigeai le télégramme suivant à l'adresse du général Scobie :

> « [...] Vous êtes responsables du maintien de l'ordre à Athènes, et vous devez neutraliser ou détruire les bandes EAM-ELAS qui approcheront de la ville. Prenez toutes mesures que vous jugerez utiles pour assurer le contrôle des rues et pour arrêter les perturbateurs, quel que soit leur nombre. L'ELAS essayera bien entendu de pousser des femmes et des enfants en avant partout où il pourrait y avoir des fusillades. Il vous faudra en tenir compte et éviter les erreurs, mais n'hésitez pas à tirer sur tout homme armé qui s'en prendra à l'autorité britannique d'Athènes, ou à l'autorité hellénique pour le compte de laquelle nous agissons. Le mieux serait naturellement que votre commandement soit secondé par l'autorité de quelque gouvernement grec, et Leeper est en train de demander à Papandréou de rester sur place pour vous aider. *N'hésitez cependant pas à agir comme si vous vous trouviez dans une ville conquise, où une révolte locale serait en cours**.
>
> En ce qui concerne les bandes de l'ELAS approchant depuis l'extérieur, vous devez être en mesure, avec vos blindés, de donner à certaines d'entre elles une leçon qui découragera les autres. Vous pouvez compter sur mon appui pour toutes mesures judicieuses et raisonnables prises sur cette base. *Il nous faut tenir et dominer Athènes. Ce serait pour vous une grande chose que d'y parvenir sans effusion de sang si possible, mais aussi avec effusion de sang si nécessaire.* »

Ce télégramme fut envoyé le 5 décembre à 4 h 50 du matin, et je dois admettre que le ton en était quelque peu

---

* C'est moi qui souligne. WSC.

strident. Je jugeai tellement nécessaire de donner une orientation dépourvue d'ambiguïté au chef militaire que je rédigeai intentionnellement le message dans les termes les plus énergiques ; le fait d'avoir un tel ordre en main devait non seulement l'encourager à prendre des mesures décisives, mais aussi lui donner l'entière assurance que je le soutiendrais dans toute action bien conçue qu'il pourrait exécuter, quelles qu'en soient les conséquences. Toute cette affaire me causait les plus graves inquiétudes, mais j'étais sûr qu'il n'y avait de place ni pour les tergiversations ni pour les échappatoires. J'avais présent à l'esprit le célèbre télégramme d'Arthur Balfour aux autorités britanniques en Irlande dans les années quatre-vingt : « N'hésitez pas à tirer. » Envoyé en clair par les bureaux du télégraphe, il avait déclenché une violente tempête à la Chambre des communes de l'époque, mais il empêcha certainement toute effusion de sang ; ce fut une des principales étapes qui permirent à Balfour d'accéder au pouvoir. La scène et le décor étaient à présent entièrement différents, mais ce « N'hésitez pas à tirer » de jadis m'était revenu à l'esprit pour m'inspirer.

Aujourd'hui, alors que le monde libre dispose sur le mouvement communiste en Grèce et ailleurs de bien plus de renseignements qu'il n'en avait à l'époque, beaucoup de lecteurs s'étonneront de la virulence des attaques dirigées contre le gouvernement de Sa Majesté, et surtout contre moi-même, qui étais son chef. La grande majorité des journaux américains dénonça violemment notre action, qu'elle déclara contraire à la cause pour laquelle leur pays était entré en guerre ; le Département d'État, dirigé par M. Stettinius, fit paraître une déclaration nettement défavorable, qu'il allait regretter, ou du moins renier, quelques années plus tard. Il y eut beaucoup d'agitation en Angleterre ; le *Times* et le *Manchester Guardian* condamnèrent ce qu'ils considéraient comme une politique réactionnaire ; Staline, par contre, s'en tint strictement et fidèlement à notre accord d'octobre, et ni la

Pravda ni les *Isvestia* ne formulèrent le moindre reproche durant les longues semaines de combats de rue contre les communistes dans les rues d'Athènes.

L'agitation fut grande à la Chambre des communes; il y avait dans le pays un fort courant d'opinion mal informé, et même surexcité, qui aurait fort bien pu ébranler un gouvernement reposant sur des fondations moins solides que la coalition nationale. Mais le Cabinet de guerre tint bon, comme un roc contre lequel les vagues et les vents viendraient se briser. En se rappelant ce qu'il est advenu de la Pologne, de la Hongrie et de la Tchécoslovaquie au cours de ces dernières années, on peut être reconnaissant au destin de nous avoir accordé, durant cette phase critique, le bienfait de la force tranquille et unie des chefs résolus de tous les partis[1]. Je me bornerai ici à reproduire quelques extraits du discours que je prononçai le 8 décembre:

> « Ce qui nous est reproché [...] c'est d'utiliser les forces armées de Sa Majesté pour désarmer les amis de la démocratie en Grèce et dans d'autres parties de l'Europe, et pour étouffer ces mouvements populaires qui ont si vaillamment contribué à la défaite de l'ennemi. [...] Mais la question qui se pose, et sur laquelle on me permettra de m'arrêter un moment, est celle-ci: quels sont les amis de la démocratie, et comment faut-il interpréter le mot de "démocratie" lui-même? L'idée que je m'en fais, c'est celle de l'homme tout

---

1. Une version légèrement romancée; ainsi, la gauche du parti travailliste dénonce avec véhémence la politique du gouvernement de Sa Majesté en Grèce, et beaucoup de députés travaillistes s'abstiendront lors du vote de confiance à la Chambre. Quant aux membres du Cabinet de guerre, ils sont certes unis sur la politique à suivre, mais ils reprochent tous à Churchill de s'absorber dans les affaires grecques au détriment de tous les autres dossiers en cours, qu'il s'agisse des négociations sur le sort de la Pologne, de l'offensive des Ardennes, du conflit entre Tito et le roi de Yougoslavie, du bombardement de Londres par les V1 et les V2, de la reconstruction intérieure, etc. Même le timide Attlee finira par protester...

simple, humble, ordinaire, l'homme de la rue qui fait vivre sa femme et sa famille, qui va se battre pour son pays quand il est en danger, qui se rend aux urnes au moment voulu, qui trace une croix sur le bulletin de vote pour indiquer les candidats qu'il désire voir élire au Parlement – voilà le fondement de la démocratie. Et il est essentiel à celle-ci que cet homme ou cette femme puisse faire tout cela sans crainte, sans être exposé à une quelconque forme d'intimidation ou d'oppression. Il remplit son bulletin de vote dans le secret le plus absolu, après quoi les représentants élus se réunissent pour décider quel gouvernement, ou même, en période de crise, quelle forme de gouvernement ils souhaitent pour leur pays. Si c'est bien cela la démocratie, je la salue ; je lui donne mon adhésion pleine et entière ; je veux travailler pour elle... Je détiens mes pouvoirs d'élections libres, fondées sur le suffrage universel, et c'est ce que nous considérons comme la base même de la démocratie. Mais je considère tout autrement cette escroquerie à la démocratie, cette démocratie qui se donne un tel nom uniquement parce qu'elle est de gauche. Il faut de tout pour faire une démocratie, et pas uniquement des éléments de gauche, ou même des communistes. Je ne permets pas à un parti ou à un organisme de se qualifier de démocrate parce qu'il tend vers les formes les plus extrêmes de la révolution. Je n'admets pas qu'un parti doive nécessairement représenter la démocratie du fait qu'il devient plus violent à mesure que ses effectifs décroissent[1].

Il faut respecter la démocratie et ne pas employer le mot à la légère ; ce qui ressemble le moins à la démocratie, c'est la loi de la populace, celle de bandes de gangsters munis d'armes mortelles, qui pénètrent de force dans de grandes villes, s'emparent des postes de police et des principales administrations, pour tenter d'établir un régime totalitaire à poigne de fer et vociférer, comme ils le peuvent aujourd'hui s'ils ont le pouvoir... *[Interruption]*

---

1. Une description fort perspicace du système de subversion communiste, encore très mal compris de l'opinion à l'époque.

La démocratie ne se fonde pas sur la violence ou sur le terrorisme, mais sur la raison, l'équité, la liberté, le respect des droits d'autrui. La liberté n'est pas une fille qui peut être ramassée dans la rue par un homme armé d'une mitraillette. Je fais confiance au peuple, à la masse du peuple dans presque tous les pays, mais j'aime à m'assurer qu'il s'agit bien du peuple, et non pas d'une bande de brigands qui s'imaginent que, par la violence, ils peuvent renverser des autorités constituées, voire des parlements, des gouvernements et des États... »

Trente députés seulement manifestèrent leur opposition lors du vote; près de 300 votèrent la confiance. Cette fois encore, la Chambre des communes démontra la pérennité de sa force et de son autorité.

Il n'est pas douteux que les réactions émotives de l'opinion américaine, de même que les convictions qui prévalaient alors au Département d'État, exercèrent une influence sur le président Roosevelt et sur son entourage immédiat. Les sentiments que j'avais alors exprimés devant la Chambre des communes sont devenus aujourd'hui des lieux communs de la doctrine et de la politique américaines, et ils recueillent l'assentiment des Nations unies[1]. Mais à cette époque, ils avaient un air de nouveauté déroutant pour ceux qui se laissaient guider par les impressions du passé et ne discernaient pas encore l'avènement de ce nouveau courant qui menaçait de déferler sur l'humanité.

Pendant ce temps, les troupes britanniques, encerclées et inférieures en nombre, luttaient pied à pied au centre d'Athènes; nous étions engagés dans un combat de rue maison par maison, contre des adversaires dont les quatre cinquièmes au moins étaient en civil. Contrairement à

---

1. C'est parfaitement exact en ce qui concerne la politique américaine depuis la doctrine Truman de 1947, mais beaucoup moins sûr dans le cas des Nations unies, qui comptaient nombre de pays communistes.

beaucoup de correspondants de presse alliés à Athènes, nos soldats n'avaient aucune peine à comprendre pourquoi ils se battaient[1]. Papandréou et les ministres qui lui restaient avaient perdu toute autorité. Le roi avait rejeté les propositions précédentes visant à constituer une régence sous la présidence de l'archevêque Damaskinos, mais l'idée fut reprise par M. Leeper le 10 décembre. Pourtant, le roi Georges y demeurait hostile, et à cette époque, nous n'étions guère enclins à lui forcer la main[2].

C'est au milieu de ces remous que le maréchal Alexander et M. Macmillan arrivèrent à Athènes. Le 12 décembre, le Cabinet de guerre donna toute liberté d'action à Alexander dans le domaine militaire; la 4ᵉ division britannique, en cours de transport d'Italie en Égypte, fut déroutée, et son arrivée au cours de la seconde quinzaine du mois finit par faire pencher la balance en notre faveur. Mais pour l'heure, les combats de rue se poursuivaient avec des fortunes diverses, et ils prenaient une ampleur croissante; le 15 décembre, Alexander m'avertit qu'il était extrêmement important d'aboutir rapidement à un règlement, et que la médiation de l'archevêque offrait la meilleure chance d'y parvenir. « Autrement, télégraphiait-il, si les rebelles continuent à résister avec la même intensité qu'à présent, je devrai envoyer de nouveaux renforts d'Italie pour pouvoir

---

1. De fait, les soldats britanniques, écœurés par les actes de barbarie perpétrés par l'ELAS, n'avaient aucun état d'âme et combattaient avec acharnement – y compris les formations parachutistes, comprenant pourtant nombre de soldats communistes originaires de Glasgow!

2. Certes... D'autant qu'à cette époque, Churchill considère Damaskinos comme un quisling et un communiste – deux qualités pour le moins contradictoires. Il est vrai que ce prélat était devenu métropolite d'Athènes sous l'occupation allemande, mais cela n'en faisait pas un collaborateur – et encore moins un communiste! Comme c'est souvent le cas, Churchill a tendance à juger quelque peu hâtivement... En l'occurrence, il est bien trop prompt à croire sur parole le roi Georges II, qui est lui-même très mal informé.

nettoyer à coup sûr l'ensemble de l'agglomération Athènes-Le Pirée, soit 13 000 hectares de maisons. »

Quelques jours plus tard, je résolus d'aller sur place me rendre compte par moi-même.

C'était le 24 décembre, et nous avions organisé une fête de famille avec les enfants; il y avait un arbre de Noël – envoyé par le président –, et nous nous préparions tous à passer une agréable soirée, rendue plus brillante peut-être par les sombres nuages qui s'accumulaient à l'entour. Mais une fois achevée la lecture de mes télégrammes, ma conviction était faite : je devais m'envoler pour Athènes, afin de voir la situation sur le terrain, et surtout de faire la connaissance de l'archevêque, dont dépendaient tant de choses. Je mis donc le téléphone en action et m'assurai qu'un avion serait prêt à Northolt la nuit même; je gâchai aussi le Noël de M. Eden en lui proposant de m'accompagner, ce qu'il accepta aussitôt[1]. Après avoir subi les reproches de ma famille pour cet acte de désertion, je partis en voiture retrouver Eden à Northolt, où m'attendait le Skymaster que le général Arnold m'avait récemment envoyé, toujours prêt et sûr[2]. Nous dormîmes profondément jusque vers 8 heures[3], lorsque l'avion atterrit à Naples pour refaire le plein d'essence. Nous y trouvâmes plusieurs généraux avec lesquels nous prîmes notre petit déjeuner, à la même table ou à des tables voisines; l'heure du petit déjeuner n'est pas la meilleure pour moi, et les nouvelles que nous reçûmes du front italien comme d'Athènes étaient peu encoura-

---

1. Non sans rechigner... À la fois parce que l'expédition allait lui gâcher ses fêtes, et parce qu'il redoutait les dégâts que l'impétueux Churchill pouvait provoquer à Athènes. En fait, le premier réflexe d'Eden avait été de proposer d'y aller seul...

2. Sur l'odyssée du nouveau Skymaster C-54 de Churchill depuis 1943, voir *infra*, p. 828.

3. En plus d'Eden et de Churchill, il y a dans cette expédition huit autres personnes, dont les deux dactylos préférées de Churchill. Oubliée dans l'excitation du départ, la règle impérative selon laquelle on ne peut emmener de femmes dans les zones de combat...

geantes. Une heure plus tard, nous étions repartis, et par un temps magnifique, nous survolions le Péloponnèse et le détroit de Corinthe ; Athènes et Le Pirée se déroulaient au-dessous de nous comme une carte à très grande échelle, que nous scrutions en nous demandant quelles parties nous en tenions[1].

Nous atterrîmes vers midi sur l'aérodrome de Kalamaki, gardé par quelque deux mille aviateurs britanniques, tous bien armés et sur le qui-vive. Le maréchal Alexander, M. Leeper et M. Macmillan nous y attendaient. Ils montèrent à bord de l'avion et nous passâmes près de trois heures à débattre avec animation de l'ensemble de la situation, militaire et politique. Je crois qu'en fin de compte, nous fûmes entièrement d'accord sur les mesures immédiates qui s'imposaient[2].

Ma suite et moi devions passer la nuit à bord de l'*Ajax*, le croiseur léger rendu célèbre par la bataille du Río de la Plata, qui semblait désormais s'être produite il y a bien longtemps. On signala que la route était dégagée et nous franchîmes les quelques kilomètres sans incident, escortés par plusieurs véhiculés blindés. Nous montâmes à bord de l'*Ajax* avant la tombée de la nuit, et c'est alors que je me rendis compte pour la première fois que c'était le jour de Noël ; l'équipage s'était préparé à passer une joyeuse soirée, et nous fîmes en sorte de l'importuner le moins possible.

Les marins avaient conçu tout un plan : une douzaine d'entre eux devaient revêtir les costumes les plus divers

---

1. À peine plus d'un cinquième en l'occurrence.
2. Pour exprimer les choses plus exactement, Macmillan, Leeper et le maréchal Alexander ont réussi au bout de plus de deux heures de palabres à persuader Churchill de la nécessité d'une conférence sous sa présidence entre toutes les factions grecques concernées, afin d'aboutir à l'instauration d'une régence de l'archevêque Damaskinos... Tout cela s'est fait devant un Churchill obstiné, par un froid intense (il n'y avait pas de chauffage lorsque les moteurs du C-54 étaient coupés), au milieu de rafales de vent qui faisaient tanguer l'avion, et dans le fracas des combats qui se déroulaient à proximité.

– Chinois, nègres, Peaux-Rouges, clowns et titis londoniens – afin de donner l'aubade aux officiers et aux officiers-mariniers, et d'inaugurer dignement les festivités de circonstance. L'archevêque arriva avec sa suite – silhouette immense encore magnifiée par la robe et la haute coiffure d'un dignitaire de l'Église orthodoxe grecque. Les deux groupes se rencontrèrent ; les marins, pensant qu'il s'agissait d'un numéro de leur spectacle dont ils n'avaient pas été avertis, se mirent à danser autour de lui avec enthousiasme ; l'archevêque considéra cette bacchanale comme une insulte préméditée, et il serait probablement redescendu à terre si le commandant n'était arrivé à temps pour lui apporter, non sans quelque embarras, les éclaircissements de rigueur[1]. Pendant ce temps, j'attendais en me demandant ce qui avait bien pu se produire ; mais tout se termina heureusement.

L'archevêque évoqua avec beaucoup d'amertume les atrocités commises par l'ELAS et la main sombre et sinistre qui guidait l'EAM. À l'écouter, il était impossible de douter qu'il craignait beaucoup l'intervention dans les affaires grecques des communistes, ou des trotskystes, comme il les appelait. Il nous dit qu'il venait d'émettre le jour même une encyclique condamnant les bandes de l'ELAS, qui avaient pris huit mille otages parmi les classes moyennes, dont beaucoup d'Égyptiens, et en fusillaient quelques-uns tous les jours ; il ajouta qu'il avait annoncé son intention de dénoncer tout cela devant la presse mondiale si les femmes n'étaient pas relâchées. Dans l'ensemble, il m'inspira une grande confiance[2] ; il avait une magnifique prestance, et il accepta

---

1. Sans doute pour obtenir un meilleur effet littéraire, Churchill charge quelque peu la barque : l'intervention du commandant n'a pas été nécessaire, car entre autres qualités, le métropolite Damaskinos était doté d'un solide sens de l'humour.

2. Ce brusque revirement de la part de Churchill étant dû autant à la prestance du métropolite qu'à l'expression de ses solides convictions anticommunistes...

immédiatement de présider la conférence qui devait se tenir le lendemain, et à laquelle l'ELAS avait été invitée à envoyer ses représentants.

Dans la matinée du 26 décembre, *Boxing Day*, je partis pour l'ambassade. Je me souviens que trois ou quatre obus, provenant des combats qui se déroulaient à moins de deux kilomètres sur notre gauche, soulevèrent des gerbes d'eau à proximité de l'*Ajax* au moment où nous allions débarquer. Un véhicule blindé et une escorte militaire nous attendaient sur le quai, et nous parcourûmes sans incident tout le trajet jusqu'à l'ambassade[1]. J'y rencontrai à nouveau l'archevêque, sur qui nous allions miser tant de choses. Il accepta toutes nos propositions, et nous dressâmes le programme de la conférence qui devait se tenir dans l'après-midi. J'étais déjà convaincu qu'il était le personnage le plus éminent dans cette tourmente grecque[2] ; j'avais appris, entre autres choses, qu'il avait été champion de lutte avant d'entrer dans l'Église orthodoxe.

Vers six heures, ce même soir, la conférence s'ouvrit au ministère des Affaires étrangères grec. Nous prîmes place dans une grande salle lugubre après la tombée de la nuit ; l'hiver est froid à Athènes, il n'y avait pas de chauffage et quelques lampes à pétrole éclairaient faiblement la scène. Je m'assis avec M. Eden à la droite de l'archevêque, le maréchal Alexander étant à sa gauche. M. MacVeagh, ambassadeur américain, M. Baelen, ministre de France, et le représentant militaire soviétique avaient tous accepté notre invitation[3]. Les trois dirigeants communistes

---

1. À ce stade, l'ambassade de Grande-Bretagne, située au beau milieu de la zone des combats, est privée d'eau, de chauffage et d'électricité – et copieusement mitraillée par les insurgés. On ne peut y entrer et en sortir qu'à bord de véhicules blindés et escortés.
2. Depuis moins de quarante-huit heures, il est vrai...
3. Un petit exploit dû aux talents de persuasion de l'ambassadeur Leeper et de M. Macmillan. La présence des trois diplomates alliés exercera une influence non négligeable sur le succès des pourparlers.

arrivèrent en retard ; ce n'était pas leur faute, car il y avait eu des palabres prolongés aux avant-postes. Au bout d'une demi-heure, nous nous étions mis au travail, et j'avais déjà pris la parole lorsqu'ils entrèrent, fort présentables dans des uniformes britanniques[1].

« Le mieux, leur dis-je, est de ne ménager aucun effort pour refaire de la Grèce un des facteurs de la victoire, et de commencer sans délai. Nous n'avons pas l'intention de gêner vos délibérations. Nous, Britanniques, ainsi que les représentants des autres grandes puissances alliées et victorieuses, vous laisserons discuter entre vous sous la direction de votre très éminent et très vénérable concitoyen, et ne vous importunerons pas, à moins que vous fassiez encore appel à nous... J'ai toutefois l'espoir que la conférence ouverte ici cet après-midi à Athènes redonnera à la Grèce tout son renom et toute sa puissance parmi les Alliés et les peuples pacifiques du monde, garantira ses frontières contre tout danger venant du nord, et permettra à chaque Grec de se présenter à son avantage, ainsi que son pays, devant le monde entier[2]. »

Le maréchal Alexander ajouta sèchement que les troupes grecques devraient se battre en Italie, plutôt qu'en Grèce contre des soldats britanniques[3].

Dès que nous eûmes brisé la glace et amené les Grecs, qui s'étaient porté des coups si terribles, à se parler autour

---

[1]. Gracieusement fournis, ainsi que les armes, par le SOE, qui espérait un peu naïvement les voir s'en servir pour combattre les Allemands.

[2]. Churchill ne cite pas l'argument le plus efficace qu'il a utilisé face aux représentants de l'ELAS : il a obtenu l'accord de Staline dans cette affaire... Du reste, la présence de Churchill à cette réunion semble avoir impressionné les trois délégués communistes au moins autant que celle du colonel soviétique Grigori Popov, en grand uniforme à épaulettes dorées.

[3]. Ses paroles exactes : « Au lieu d'être obligé d'engager mes brigades anglaises en Grèce, j'aimerais voir des brigades grecques venir à mon aide en Italie pour combattre notre ennemi commun. »

de la table sous la présidence de l'archevêque, nous, les membres britanniques de la conférence, nous retirâmes une fois prononcés les discours officiels[1].

Toute la journée suivante se passa en discussions âpres et animées entre les partis grecs[2]. À 17 h 30, j'eus un dernier entretien avec l'archevêque ; à la suite de ses conversations avec les représentants de l'ELAS, il fut convenu que je demanderais au roi de le nommer régent ; il entreprendrait de former un gouvernement sans participation communiste. Nous décidâmes de poursuivre résolument le combat jusqu'à ce que l'ELAS acceptât une trêve, ou que la région d'Athènes en fût libérée. Je lui dis que nous ne pouvions entreprendre aucune opération militaire au-delà d'Athènes et de l'Attique, mais que nous nous efforcerions de maintenir des forces britanniques dans le pays jusqu'à la formation d'une armée nationale grecque.

Le lendemain matin, 28 décembre, M. Eden et moi prîmes l'avion pour rentrer[3]. Je n'eus pas l'occasion de prendre congé de M. Papandréou avant mon départ ; il s'apprêtait à démissionner, étant l'un des grands perdants dans toute cette affaire. Je demandai à notre ambassadeur de rester en contact amical avec lui. Le 29 décembre, nous

---

1. Tous ces discours devaient être interprétés au fur et à mesure par le major Mathews, au milieu du fracas des combats – les avions britanniques attaquant au même moment les positions de l'ELAS à la roquette dans le quartier voisin...

2. En définitive, il y aura des délégués de seize factions différentes, qui se querelleront sans merci mais s'accorderont sur la solution d'une régence – en grande partie grâce à l'habileté politique de l'archevêque Damaskinos.

3. Churchill omet de mentionner deux autres incidents significatifs : le 27 décembre, devant l'ambassade, une rafale de mitraillette était passée à quelques mètres de sa tête ; peu avant son départ, les représentants de l'ELAS avaient demandé à s'entretenir avec lui en privé, mais il avait dû refuser à la demande instante de Damaskinos, relayée par l'ensemble de son entourage.

étions rentrés à Londres. M. Eden et moi nous entretînmes avec le roi de Grèce jusqu'à 4 h 30 du matin, à l'issue de quoi Sa Majesté accepta de ne pas retourner en Grèce sans y avoir été invitée par la libre expression de la volonté nationale, et de nommer l'archevêque régent de Grèce pour toute la période de l'état d'urgence; j'envoyai sans tarder la proclamation royale à M. Leeper, et l'archevêque répondit au roi qu'il acceptait le mandat de régent. Voilà donc qu'était formé en Grèce un gouvernement nouveau et viable. Le 3 janvier 1945, le général Plastiras, véhément républicain qui avait dirigé la révolte de l'armée contre le roi Constantin en 1922, devint Premier ministre[1].

Les combats qui se poursuivirent à Athènes durant tout le mois de décembre permirent enfin de chasser les insurgés de la capitale, et à la mi-janvier, les troupes britanniques tenaient toute l'Attique; les communistes ne pouvaient affronter nos hommes en rase campagne, et une trêve fut signée le 11 janvier[2].

Ainsi prit fin une bataille de six semaines pour le contrôle d'Athènes et, comme le démontra la suite des événements, pour la libération de la Grèce du joug communiste. À une époque où trois millions d'hommes combattaient de part et d'autre du front occidental, et

---

1. Ayant brièvement imposé la dictature en 1933, Nikolaos Plastiras avait ensuite organisé des élections, puis s'était exilé en France pendant onze ans. C'est à l'instigation de l'archevêque Damaskinos qu'il devient à présent Premier ministre. À la consternation des Britanniques et des rares grecs anglophones présents, Churchill s'obstine à prononcer le nom du digne général « *Plaster arse* » (cul de plâtre)...

2. Ce qui sera considéré – à juste titre – comme un triomphe personnel pour Winston Churchill. Des deux côtés de l'Atlantique, la presse, qui l'avait férocement attaqué sur sa politique grecque en décembre 1944, doit opérer un revirement complet en janvier 1945. Quant aux communistes britanniques, ils sont manifestement déstabilisés par le silence de la propagande soviétique dans cette affaire – dont ils ne peuvent naturellement comprendre la raison.

où d'énormes forces américaines se déployaient contre le Japon dans le Pacifique, ces convulsions grecques pouvaient paraître dérisoires, mais elles ne s'en déroulaient pas moins au cœur de la puissance, du cadre légal et de la liberté du monde occidental. Aujourd'hui, avec le passage des années, il est étrange de voir à quel point la politique pour laquelle mes collègues et moi-même avons lutté avec tant d'obstination s'est trouvée justifiée par les événements ; quant à moi, je n'en avais jamais douté, car je voyais clairement que le communisme confronterait la civilisation à un péril mortel après la défaite du nazisme et du fascisme. Ce n'est pas à nous qu'il incombe d'achever la tâche en Grèce. Mais à la fin de 1944, j'étais loin de me douter qu'il ne faudrait guère plus de deux ans pour que le Département d'État, soutenu par l'écrasante majorité de l'opinion publique américaine, adopte et poursuive la politique que nous avions entamée, et déploie de surcroît des efforts aussi véhéments que coûteux pour la faire aboutir – y compris dans le domaine militaire[1]. Si la Grèce a pu échapper au sort de la Tchécoslovaquie et compte aujourd'hui parmi les nations libres, elle le doit non seulement à l'initiative britannique de 1944, mais aussi aux inlassables efforts de ce qui allait bientôt devenir la force unifiée des pays de langue anglaise.

---

1. Allusion à la doctrine Truman, au plan Marshall et à l'Organisation du traité de l'Atlantique Nord – trois solides soutiens de la Grèce, qui vaincra définitivement l'insurrection communiste à la fin de 1949.

Chapitre XXII

MALTE ET YALTA : PLAN POUR LA PAIX MONDIALE

À la fin de janvier 1945, les armées d'Hitler se trouvaient pratiquement confinées à leur propre territoire, si l'on excepte la Hongrie et l'Italie du Nord, où elles conservaient une emprise précaire. Pourtant, la situation politique, en Europe de l'Est du moins, était loin d'être aussi satisfaisante. Un calme précaire avait bien été ramené en Grèce, et un gouvernement démocratique et libre, fondé sur le suffrage universel et le vote secret, semblait pouvoir s'y établir dans un délai raisonnable; mais la Roumanie et la Bulgarie étaient passées sous le joug de l'occupation militaire soviétique, la Hongrie et la Yougoslavie voyaient s'étendre sur elles l'ombre de la bataille, et la Pologne, quoique libérée des Allemands, n'avait fait que changer d'envahisseurs. L'accord officieux et provisoire que j'avais conclu avec Staline lors de ma visite à Moscou au mois d'octobre ne pouvait pas et, à mon sens du moins, ne devait pas déterminer ou influencer l'avenir de ces vastes régions après la défaite de l'Allemagne.

L'urgente nécessité d'une révision complète de la forme et de la structure de l'Europe d'après-guerre sautait aux yeux. Comment traiter l'Allemagne, une fois les nazis vaincus? Quelle aide attendre de l'Union soviétique pour venir à bout du Japon? Et une fois les objectifs militaires atteints, quelles mesures et quelle organisation les trois grands Alliés pouvaient-ils adopter pour assurer la paix et la bonne gouvernance du monde à l'avenir? Les pourparlers de Dumbarton Oaks s'étaient achevés sur un désaccord partiel; il en avait été de même dans un domaine plus réduit mais non moins crucial, celui des négociations engagées entre les « Polonais de Lublin » patronnés par les Russes et leurs compatriotes de Londres, que M. Eden et moi avions eu tant de peine à promouvoir lors de notre visite au Kremlin en octobre 1944. Une correspondance stérile entre Staline et le président, dont ce dernier m'avait tenu informé, s'était doublée d'une rupture entre M. Mikolajczyk et ses collègues de Londres, tandis que le 5 janvier 1945, contrairement aux souhaits des États-Unis comme de la Grande-Bretagne, les Soviétiques reconnaissaient le Comité de Lublin en tant que gouvernement provisoire de la Pologne.

Le président était fermement convaincu de la nécessité d'une nouvelle réunion des « Trois », et après quelques exhortations de ma part, il accepta également le principe d'une conférence préliminaire à deux dans l'île de Malte. Le lecteur de ces lignes se souviendra des inquiétudes que j'avais exprimées au sujet de nos opérations au nord-ouest de l'Europe dans mon télégramme du 6 décembre au président; elles continuaient à me hanter. Les chefs d'état-major américains et britanniques ayant grand besoin de s'entretenir avant notre rencontre avec les Soviétiques, je m'envolai de Northolt le 29 janvier 1945 à bord du Skymaster que m'avait donné le général Arnold[1]. J'étais

---

1. Le quadrimoteur Skymaster C-54 à long rayon d'action était le dernier modèle d'avion de transport de la firme Douglas, une merveille de la technique qui avait fait l'admiration – et l'envie – des militaires britanniques lors de la conférence de Casablanca en janvier 1943. Churchill et ses chefs d'état-major, condamnés à voyager dans des York et des bombardiers Liberator très inconfortables, avaient fait le siège du général américain « Hap » Arnold pour qu'il leur procure un Skymaster, et leurs efforts avaient finalement abouti en juin 1944. Mais Churchill ayant demandé de multiples aménagements intérieurs et le ministère de la construction aéronautique trainant des pieds, l'appareil n'avait été disponible qu'en décembre – juste à temps pour amener Churchill et sa suite en Grèce lors de leur fameuse équipée de Noël...

accompagné de ma fille Sarah, de ma suite officielle, de MM. Martin et Rowan, mes secrétaires particuliers, et du capitaine de frégate Thompson ; le reste de mon personnel et quelques fonctionnaires ministériels voyageaient dans deux autres appareils. Arrivé à Malte le 30 janvier peu avant l'aube, j'appris qu'un de ces deux avions s'était écrasé près de Pantelleria[1] ; seuls trois membres d'équipage et deux passagers survécurent.

Au matin du 2 février, le *Quincy*, avec à son bord le président et sa suite, entra dans le port de La Valette. Il faisait chaud ce jour-là, et sous un ciel sans nuage, j'observai le spectacle depuis le pont de l'*Orion* ; alors que le croiseur américain passait lentement devant nous pour gagner son quai d'accostage, j'aperçus la silhouette du président assis sur la passerelle, et nous échangeâmes des signes de la main. L'escorte de Spitfires, les saluts d'artillerie et les musiques des navires au port jouant le *Star Spangled Banner* composaient une scène splendide. Je déjeunai à bord du *Quincy*, et nous tînmes notre première réunion officielle à 18 heures dans la cabine du président ; nous y prîmes connaissance du rapport rédigé par les chefs d'état-major et de leurs conversations militaires à Malte durant les trois jours précédents. Ils avaient accompli un travail remarquable. Leurs entretiens avaient surtout porté sur les plans d'Eisenhower pour amener ses forces jusqu'au Rhin et au-delà ; il y avait à ce sujet quelques divergences d'opinion, qui seront évoquées dans un chapitre ultérieur*. Nous profitâmes naturellement de l'occasion pour passer en revue l'ensemble de la situation militaire, y compris la lutte contre les sous-marins, les futures campagnes en Asie du Sud-Est et dans le Pacifique, ainsi que les opérations en Méditerranée. Nous acceptâmes à regret de retirer deux divisions de Grèce dès qu'elles pourraient se

---

1. En fait, le *York*, à court d'essence, avait amerri à proximité de l'île dans d'assez bonnes conditions, mais ayant heurté une épave immergée, il avait coulé presque aussitôt.

* Chapitre XXIV, « Le passage du Rhin ».

libérer, mais je tins à préciser que nous ne devrions pas être contraints de le faire avant que le gouvernement grec n'eût mis sur pied ses propres forces armées; trois divisions devaient également quitter l'Italie pour venir renforcer le front au nord-ouest de l'Europe, mais je soulignai qu'il serait imprudent d'effectuer le moindre retrait important de forces amphibies; il importait essentiellement d'être prêts à agir aussitôt après une éventuelle capitulation allemande en Italie, et je déclarai au président que nous devrions occuper la plus grande partie possible du territoire autrichien, car il n'était « *pas souhaitable de voir les Russes occuper davantage de l'Europe occidentale qu'il n'était nécessaire** ». On parvint à un accord assez complet sur toutes ces questions militaires, et les conversations servirent à bien faire connaître leurs points de vue respectifs aux membres du Comité des chefs d'état-major combinés, avant l'ouverture des pourparlers avec leurs homologues russes[1].

L'exode commença la nuit même; les avions de transport décollèrent à intervalles de dix minutes pour transporter les quelque sept cents membres des deux délégations sur plus de 2 200 kilomètres jusqu'à l'aérodrome de Saki, en Crimée. J'embarquai dans mon avion après dîner et me couchai aussitôt. Après une longue et froide traversée, nous nous posâmes sur un aérodrome recouvert d'une épaisse couche de neige; mon avion précédait celui du président et nous l'attendîmes pendant un moment. Quand on le descendit de la *Vache sacrée*, il paraissait bien frêle et malade[2]. Nous inspectâmes

---

* Souligné par moi – W.S.C.

1. Tout ceci tend à déguiser le fait que *pas un mot* n'a été échangé entre Churchill et Roosevelt sur ce qui devrait être discuté avec Staline, de sorte que les Anglais et les Américains arriveront à Yalta sans la moindre position commune face à leur interlocuteur soviétique – à la grande indignation d'Eden. Mais telle était bien la volonté du président Roosevelt.

2. Le médecin lord Moran, également présent, notera que le président « présentait tous les symptômes d'une artériosclérose à un stade avancé ».

ensemble la garde d'honneur, lui dans une voiture découverte et moi marchant à ses côtés.

Nous partîmes ensuite en voiture pour parcourir la longue distance séparant Saki de Yalta ; Lord Moran et M. Martin étaient dans mon automobile. Le trajet prit près de huit heures ; en maints endroits, la route était bordée de soldats russes, dont certains étaient des femmes, se tenant au coude à coude dans les rues des villages, sur les principaux ponts et cols de montagne, et groupés en détachements à d'autres endroits. Une fois les montagnes franchies, nous trouvâmes soudain en descendant vers la mer Noire un climat des plus agréables, avec un soleil aussi chaud qu'éclatant.

À Yalta, le quartier général soviétique était installé au palais Youssoupov ; c'est de là que Staline, Molotov et leurs généraux gouvernaient la Russie et commandaient un front immense, désormais embrasé sur toute sa longueur. Le président Roosevelt s'était vu attribuer le palais de la Livadia, tout proche et plus magnifique encore, où devaient se tenir nos réunions plénières, afin de lui éviter toute fatigue physique. Les édifices restés intacts à Yalta se trouvaient ainsi tous occupés ; je fus donc installé, avec les principaux membres de la délégation britannique[1], à quelque huit kilomètres de là, dans une très grande villa qui avait été construite au début du XIXe siècle par un architecte anglais pour un prince Vorontzov, ancien ambassadeur du tsar à la cour de Saint-James ; le reste de notre délégation fut logé à vingt minutes de là, dans deux maisons de repos où cinq à six personnes, dont des officiers supérieurs, durent coucher dans la même chambre, sans que quiconque parût s'en formaliser. Les Allemands avaient évacué la région dix mois plus tôt seulement, et tous les édifices environnants étaient gravement endommagés. On nous prévint que le secteur n'avait pas été

---

1. En particulier Eden, Cadogan, Brooke, Portal, Cunningham, Alexander, Ismay, lord Moran et Sarah Churchill.

entièrement déminé, à l'exception des entours de la villa où patrouillaient, comme toujours, des gardes russes en nombre imposant[1]. Plus de mille hommes avaient travaillé sur place avant notre arrivée ; les portes et les fenêtres avaient été réparées, et des meubles ainsi que toutes sortes de commodités amenés de Moscou[2].

Le cadre de notre résidence était grandiose. Derrière la villa, de style moitié gothique et moitié mauresque, s'élevaient des montagnes couronnées de neige, parmi lesquelles culminait le plus haut sommet de Crimée ; devant nous s'étendait la mer Noire, rude mais toujours agréable et chaude, même à cette époque de l'année. Des lions de pierre blanche gardaient l'entrée de la maison, et au-delà de la cour, il y avait un très beau parc avec des plantes subtropicales et des cyprès. Dans la salle à manger, je reconnus les deux tableaux accrochés de chaque côté de la cheminée, c'étaient des copies de portraits de famille des Herbert de Wilton ; apparemment, le prince Vorontzov, ayant épousé une jeune fille de cette famille, avait rapporté ces tableaux d'Angleterre. Nos hôtes firent l'impossible pour assurer notre confort, et la moindre remarque de notre part était notée avec une aimable prévenance. Portal, ayant admiré un grand aquarium en verre où poussaient des plantes, avait fait observer qu'il ne contenait pas de poissons ; deux jours plus tard, les poissons rouges avaient

---

1. C'est presque une litote : 620 gardes du corps pour Staline seul, quatre régiments du NKVD avec des centaines de chiens policiers déployés en trois cercles concentriques autour du site de la conférence, de la DCA à profusion et 160 chasseurs à proximité immédiate. Sur 20 kilomètres à la ronde, cinq districts ont été « purgés » et 835 hommes arrêtés...

2. En fait, la villa Vorontzov avait été épargnée par les Allemands parce qu'elle avait servi de résidence au général von Manstein – qui comptait en faire sa propriété estivale après la guerre... Mais tout à son admiration pour le décor, l'auteur passe sous silence les inconvénients du séjour : la plomberie est plus que déficiente, tous les lits sont infestés de punaises, et les trajets entre les villas sont interminables.

fait leur apparition. Une autre fois, quelqu'un dit négligemment qu'il n'y avait pas de zeste de citron dans les cocktails; le lendemain, un citronnier chargé de fruits poussait dans le vestibule. Tout cela avait dû venir de très loin par avion[1].

La première réunion plénière de la conférence s'ouvrit le 5 février à 16 h 15. La discussion porta en premier lieu sur l'avenir de l'Allemagne; y ayant naturellement réfléchi au préalable, j'avais rédigé une note sur la question à l'intention de M. Eden un mois plus tôt:

« Traitement de l'Allemagne après la guerre. Il est beaucoup trop tôt pour que nous puissions prendre des décisions sur ces énormes problèmes. Quand toute résistance organisée aura cessé, il est évident que le premier stade sera celui d'un strict contrôle militaire, qui pourrait bien durer plusieurs mois, peut-être même un an ou deux si le mouvement clandestin allemand se montrait actif...

Chaque fois que j'ai sondé l'opinion, j'ai été frappé de constater la violence des réactions que ferait naître une politique visant à "remettre la pauvre Allemagne sur pied". Je connais bien aussi les arguments selon lesquels il faut "éviter de créer une collectivité pestiférée au cœur de l'Europe", mais il me semble qu'avec tout le travail que nous avons actuellement sur les bras, nous ne devrions pas anticiper sur ces discussions très pénibles, qui pourraient fort bien provoquer des ruptures. Il nous faut aussi tenir compte du fait que nous aurons un nouveau Parlement, dont il est impossible de prédire les orientations.

Pour ma part, je préfère concentrer mon attention sur les questions pratiques qui se poseront durant les deux ou

---

[1]. Churchill ne semble pas en avoir tiré l'autre conclusion inéluctable, à savoir que toutes leurs conversations étaient écoutées et enregistrées; des micros omnidirectionnels avaient même été installés dans les jardins – sous la responsabilité du jeune Sergo Beria. Le 8 février, son père sera présenté à Roosevelt par Staline en ces termes: « c'est notre Himmler! »

trois années à venir, plutôt que de discuter des rapports à long terme entre l'Allemagne et l'Europe... Rien ne sert d'essayer de réduire en formules ce que seront les émotions intenses d'un monde outragé et frémissant au lendemain de la lutte, ou lorsque les frissons succéderont inévitablement à l'accès de fièvre. Ces mouvements d'humeur impressionnants obnubilent l'esprit de la plupart des gens, et les personnalités indépendantes ont tendance à se trouver non seulement isolées, mais impuissantes. Dans les affaires d'ici-bas, on ne peut progresser sûrement que pas à pas, ou tout au plus avec une ou deux longueurs d'avance. Il est donc sage de réserver ses décisions le plus longtemps possible, jusqu'au moment où se révèlent toutes les forces et tous les faits dominants du moment. »

Ainsi, lorsque Staline demanda comment l'Allemagne devrait être démembrée, je lui dis que la question était bien trop compliquée pour être réglée en cinq ou six jours. Il faudrait procéder à une étude très poussée des éléments historiques, ethnographiques et économiques et les soumettre à l'examen prolongé d'un comité spécial, qui reprendrait les diverses propositions et formulerait son avis sur chacune d'elles ; il y avait tant de choses à considérer : que faire de la Prusse ? Quels territoires attribuer à la Pologne et à l'URSS ? Qui contrôlerait la vallée du Rhin, les grandes régions industrielles de la Ruhr et de la Sarre ? Il fallait constituer sans tarder un organisme pour examiner ces questions et attendre d'avoir son rapport pour prendre une décision définitive. M. Roosevelt proposa de charger nos ministres des Affaires étrangères d'établir un plan pour étudier la question dans les vingt-quatre heures et rédiger un plan définitif de démembrement dans le mois. Pour l'heure, l'affaire en resta là.

Nous convînmes alors de nous rencontrer le lendemain et d'aborder les deux sujets qui devaient dominer les discussions suivantes, à savoir le plan de Dumbarton Oaks sur la sécurité mondiale et la Pologne.

Ainsi qu'il a été mentionné précédemment, la conférence de Dumbarton Oaks s'était achevée sans que l'on soit parvenu à un accord total sur la question essentielle des droits de vote au sein du Conseil de sécurité, et nous ne pouvons ici qu'exposer les aspects saillants de nos entretiens. Staline déclara que, si les trois grandes puissances étaient alliées aujourd'hui et si aucune d'elles ne risquait de commettre d'agression, la disparition des trois dirigeants dans les dix ans, ou peut-être avant, ferait place à une nouvelle génération qui n'aurait pas l'expérience de la guerre et aurait oublié les épreuves subies en commun. « Nous voulons tous, dit-il, assurer la paix pour au moins cinquante ans. Le plus grave danger est un conflit qui pourrait surgir entre nous, car si nous demeurons unis, la menace allemande n'est pas bien redoutable; il nous faut donc envisager les moyens de préserver notre union à l'avenir et de garantir que les trois grandes puissances (avec peut-être la Chine et la France) maintiendront un front uni. Il faut mettre sur pied quelque système pour prévenir tout conflit entre les principales grandes puissances. » On accusait les Russes de trop insister sur cette question du vote, et ils la jugeaient effectivement très importante, parce que tout se déciderait par le vote et que les résultats les concerneraient grandement. À supposer, par exemple, que la Chine, membre permanent du Conseil de sécurité, exigeât la restitution de Hong Kong, ou l'Égypte celle du canal de Suez, il présumait qu'elles ne resteraient pas isolées, mais trouveraient des amis et peut-être des protecteurs à l'Assemblée ou au Conseil, et il craignait que de telles querelles n'aboutissent à rompre l'unité entre les trois grandes puissances. « Mes collègues de Moscou, reprit-il, ne peuvent oublier ce qui s'est produit en décembre 1939, au cours de la guerre russo-finlandaise, lorsque les Britanniques et les Français ont utilisé la Société des Nations contre nous, et réussi à nous isoler et faire expulser l'Union soviétique de la SDN, après quoi ils ont mobilisé contre nous et parlé de lancer une croisade contre la Russie. Ne pouvons-nous avoir des garanties qu'une telle chose ne se reproduira pas ? »

Après bien des efforts et des explications, nous parvînmes à le persuader d'accepter un plan américain visant à rendre le Conseil de sécurité pratiquement impuissant sans l'accord unanime des « quatre grands » ; si les États-Unis, l'URSS, la Grande-Bretagne ou la Chine étaient en désaccord sur une question d'importance majeure, n'importe lequel de ces pays pouvait opposer un refus qui paralyserait le Conseil ; c'était là le droit de veto. La postérité jugera des résultats[1].

Quant à moi, j'ai toujours estimé que le fondement d'une organisation mondiale devrait reposer sur une base régionale ; la plupart des principales régions s'imposent d'elles-mêmes : les États-Unis, l'Europe unie, le Commonwealth et l'empire britannique, l'Union soviétique et l'Amérique du Sud. D'autres sont plus difficiles à définir, comme le ou les groupes asiatiques, ou bien le groupe africain, mais pourraient se dégager à l'issue d'une étude.

---

1. L'impression d'omniscience et d'habileté diplomatique donnée par ces lignes doit être quelque peu tempérée par le témoignage des membres du *Foreign Office* et des militaires présents à cette conférence. Ainsi, celui du sous-secrétaire d'État Cadogan, un grand admirateur de Churchill, qui note dès le 7 février : « Nous avons entamé la discussion au sujet de Dumbarton Oaks. J'étais terrifié à l'idée de ce que le Premier ministre allait en dire, car il n'y connaissait *absolument rien* – il a toujours refusé de s'y intéresser –, et voilà qu'il se lançait dans le débat ! » Et le 8 février : « Nous avons un peu progressé hier, et Uncle Joe a donné l'impression de se montrer conciliant sur Dumbarton Oaks comme sur la Pologne. Le Premier ministre a plutôt déraillé. Quel vieux nigaud ! Sans en souffler mot à Anthony ou à moi, il s'est lancé dans une longue harangue au sujet de l'organisation mondiale, sans rien y connaître et en mélangeant tout. Le pire est que ses propos allaient directement à l'encontre de la position que nous avions adoptée avec les Américains ! Toutefois, je me suis débrouillé pour leur expliquer qu'il ne fallait pas prendre les choses au tragique, qu'en fait tout cela ne voulait rien dire, et que nous réparerions les dégâts par la suite. » (*Cadogan Diaries, op. cit.,* p. 705-706)

L'intérêt serait de faire débattre un grand nombre de sujets de querelles locales dans le cadre du Conseil régional, lequel enverrait ensuite à l'organisme suprême trois ou quatre délégués choisis parmi les plus éminents ; ceci permettrait de constituer un groupe suprême composé de trente ou quarante hommes d'État de stature mondiale, dont chacun aurait non seulement la responsabilité de représenter sa propre région, mais encore celle de traiter des affaires du monde, et notamment de la prévention des conflits. Notre institution actuelle est hors d'état de s'acquitter d'une si haute mission. Le rassemblement de toutes les nations, grandes et petites, puissantes ou impuissantes, sur un pied d'égalité au sein de l'organisme central peut être comparé à la constitution d'une armée sans distinction entre le haut commandement et les commandants des divisions et des brigades ; tous sont conviés au quartier général. Jusqu'à présent, il en a résulté une tour de Babel, tempérée par un habile *lobbying*. Mais il nous faut persévérer.

Chapitre XXIII

RUSSIE ET POLOGNE : LA PROMESSE SOVIÉTIQUE

Sur les huit séances plénières à la conférence de Yalta, on n'en consacra pas moins de sept à la Pologne, et les procès-verbaux britanniques font état de quelque 18 000 mots échangés à ce sujet entre Staline, Roosevelt et moi-même. Avec l'aide de nos ministres des Affaires étrangères et de leurs collaborateurs, qui eurent eux-mêmes entre eux des débats très animés et très poussés, nous rédigeâmes finalement une déclaration qui constituait à la fois une promesse pour le monde et un accord entre nous sur nos initiatives futures*. Cette douloureuse histoire reste inachevée, et les faits exacts sont encore imparfaitement connus, mais ce que l'on va lire contribuera peut-être à faire mieux comprendre les efforts que nous avons déployés lors de cette avant-dernière conférence de la guerre. Les difficultés et les problèmes étaient anciens, multiples et impérieux. Le gouvernement polonais de Lublin, patronné par les Soviétiques – ou « gouvernement de Varsovie » comme les Russes préféraient l'appeler – considérait celui de Londres avec une farouche animosité. Les rapports entre eux, loin de s'améliorer, n'avaient cessé de s'envenimer depuis notre rencontre de Moscou en octobre ; tandis que les troupes soviétiques déferlaient à travers la Pologne, l'armée secrète polonaise était ouvertement accusée d'assassiner des soldats russes, et de

---

* Le texte intégral de cette déclaration, ainsi qu'un compte rendu complet des pourparlers de Yalta, peuvent être consultés dans l'ouvrage de sir Winston intitulé *Triumph and Tragedy*, chapitre XXII.

perpétrer des sabotages ou des attaques sur leurs arrières et leurs lignes de communication. Les puissances occidentales se voyaient refuser tout accès au pays et toute information sur ce qui s'y passait. Plus de 150 000 Polonais se battaient vaillamment en Italie et sur le front de l'Ouest pour la destruction finale des armées nazies; comme beaucoup d'autres dans le reste de l'Europe, ils attendaient impatiemment la libération de leur pays et le retour dans leur patrie, après un exil volontaire et honorable. La nombreuse communauté polonaise vivant aux États-Unis souhaitait ardemment un accord entre les trois grandes puissances.

Les questions qui furent en discussion peuvent se résumer ainsi :

Comment former un gouvernement provisoire unique en Pologne.

Comment et quand organiser des élections libres.

Comment fixer les frontières polonaises, tant à l'est qu'à l'ouest.

Comment assurer la sécurité des arrières et des lignes de communication des armées soviétiques au cours de leur avance.

*
* *

De fait, la Pologne avait été la raison la plus urgente de convoquer la conférence de Yalta, et elle allait devenir la première des grandes causes de rupture de la Grande Alliance. Pour ma part, j'étais persuadé qu'une Pologne forte, libre et indépendante importait bien davantage que la délimitation de ses frontières ; je voulais que les Polonais puissent mener leur vie librement et comme ils l'entendaient. Après tout, c'est pour cela que nous étions entrés en guerre contre l'Allemagne en 1939, et c'était ce qui avait failli nous coûter la vie, comme empire et comme nation. Lorsque nous nous réunîmes le 6 février 1945, je posai la question en ces termes : « Ne serait-il pas possible de constituer, en attendant des élections générales et libres, un gouvernement ou un organisme gouvernemental polonais qui puisse être reconnu par tous ? Il pourrait préparer une libre consultation du peuple polonais au sujet de sa composition et de son administration à l'avenir. Si nous y parvenions, nous aurions fait un grand pas en direction de la paix et de la prospérité futures en l'Europe centrale. »

Lors des débats qui suivirent, Staline déclara comprendre notre position. Pour les Britanniques, dit-il, la Pologne était une question d'honneur, mais pour les Russes, c'était une question d'honneur et de sécurité : d'honneur, parce que les Russes avaient eu de nombreux conflits avec les Polonais et qu'ils souhaitaient en éliminer les causes ; de sécurité, parce que la Pologne se trouvait aux frontières de la Russie, et qu'à travers toute l'Histoire, elle avait servi de voie d'accès aux ennemis qui attaquaient la Russie. Au cours des trente dernières années, les Allemands l'avaient empruntée deux fois et ils avaient pu le faire parce que la Pologne était faible. La Russie voulait donc la voir forte et puissante, afin qu'elle soit en mesure de barrer ce passage par ses propres moyens ; la Russie ne pouvait le fermer de l'extérieur ; il ne pouvait l'être que de l'intérieur, et par la Pologne elle-même. Pour l'État soviétique, c'était là une question de vie ou de mort.

S'agissant de ses frontières, Staline ajouta que le président avait suggéré d'apporter quelques modifications à la ligne Curzon, en donnant Lwów et peut-être certains autres districts à la Pologne, et j'avais dit que ce serait là un geste magnanime. Mais, fit-il remarquer, la ligne Curzon n'avait pas été inventée par les Russes ; elle avait été tracée par Curzon, Clemenceau et des représentants des États-Unis à la conférence de 1918, à laquelle la Russie n'avait pas été invitée, puis acceptée, sur la base de données ethnographiques, contre la volonté de la Russie. Lénine ne l'avait pas approuvée. Les Russes avaient donc déjà cédé du terrain par rapport à la position adoptée par Lénine, et certains voulaient maintenant les voir prendre moins que ce que leur avaient concédé Curzon et Clemenceau ; ce serait honteux. Lorsqu'ils viendraient à Moscou, les Ukrainiens diraient que Staline et Molotov étaient de moins bons défenseurs de la Russie que Curzon et Clemenceau. Mieux valait poursuivre la guerre pendant quelque temps encore, quoi qu'il dût en coûter à la Russie, pour pouvoir accorder des compensations à la Pologne aux dépens de l'Allemagne. Quand Mikolajczyk était venu en Russie au mois d'octobre, il avait demandé quelle frontière la Russie serait disposée à reconnaître à la Pologne du côté de l'ouest, et il avait été ravi d'apprendre que Moscou voulait l'étendre jusqu'à la Neisse. Staline dit qu'il existait deux rivières de ce nom, l'une près de Breslau et l'autre plus à l'ouest ; c'est à la Neisse occidentale qu'il pensait et il demandait à la conférence d'appuyer sa proposition.

Lorsque nous nous réunîmes de nouveau le 7 février, je rappelai à mes auditeurs que j'avais toujours nuancé mon approbation au déplacement de la frontière polonaise vers l'ouest, en disant que les Polonais devraient pouvoir prendre des territoires de ce côté, mais pas plus qu'ils n'en désiraient ou ne pourraient en administrer convenablement ; il serait fort dommage de gaver l'oie polonaise de nourriture allemande au point de la faire mourir d'indigestion. Une grande partie de l'opinion publique britannique était choquée par l'idée d'un déplacement forcé de millions de personnes. À la fin de la guerre précédente, le désenchevêtrement des populations turques et grecques avait été une très grande réussite, et les deux pays avaient entretenu les meilleures relations depuis lors ; mais dans ce cas-là, les déplacements avaient porté sur moins de deux millions de personnes. Si la Pologne prenait la Prusse-Orientale et la Silésie jusqu'à l'Oder, cela seul entraînerait l'exode vers l'Allemagne de six millions d'Allemands ; la chose était possible – sous réserve de la question morale, qu'il me faudrait régler avec mes compatriotes.

Staline fit observer qu'il n'y avait plus d'Allemands dans ces régions, car ils avaient tous fui.

Je lui répondis qu'il s'agissait de savoir s'il y aurait place pour eux dans ce qui restait de l'Allemagne. Six ou sept millions d'Allemands avaient été tués, et un autre million (Staline disait deux) le serait probablement encore avant la fin des hostilités. Il y aurait donc de la place pour ces émigrants jusqu'à un certain point ; on aurait besoin d'eux pour combler les vides, et le problème de leur transfert ne m'effrayait pas, tant qu'il restait dans les limites de ce que la Pologne pouvait administrer et l'Allemagne absorber. Mais le problème exigeait une étude sérieuse, non pas en tant que question de principe, mais du point de vue du nombre des personnes à déplacer.

Aucune carte ne fut utilisée au cours de ces discussions générales, et la distinction entre la Neisse orientale et la Neisse occidentale ne ressortit pas aussi distinctement qu'elle aurait dû le faire. Pourtant, elle ne devait pas tarder à apparaître très clairement.

Le 8 février, M. Roosevelt accepta que la frontière orientale de la Pologne fût fixée à la ligne Curzon, avec des modifications de cinq à huit kilomètres en faveur de la Pologne dans certaines régions. Mais il se montra ferme et précis quant à la frontière de l'ouest : la Pologne devrait certes recevoir des compensations aux dépens de l'Allemagne, « mais, poursuivit-il, *son extension jusqu'à la Neisse occidentale paraîtrait peu justifiée** ». Cela avait toujours été mon avis, et je devais beaucoup insister sur ce point lorsque nous nous réunîmes à nouveau cinq mois plus tard.

C'est ainsi qu'à Yalta, nous nous accordâmes tous en principe sur la fixation de la frontière occidentale, la seule question restant son tracé exact et ce qu'il fallait en dire. Les Polonais devaient recevoir une partie de la Prusse-Orientale, avec autorisation de pousser jusqu'à la ligne de l'Oder s'ils le désiraient, mais nous étions très réservés à l'idée d'aller plus loin ou d'en dire davantage à ce stade ; trois jours plus tard, je déclarai à la conférence que nous

---

* Souligné par l'auteur. WSC.

avions reçu un télégramme du Cabinet de guerre qui déconseillait formellement toute mention d'une frontière tracée aussi à l'ouest que la Neisse occidentale, parce que le transfert d'une population aussi nombreuse constituerait un problème ingérable.

Nous décidâmes donc d'insérer dans notre déclaration le passage suivant :

> « Les trois chefs de gouvernement considèrent que la frontière oriental de la Pologne devrait suivre la ligne Curzon, avec en certains points des modifications de cinq à huit kilomètres en faveur de la Pologne. Ils reconnaissent que la Pologne doit recevoir un substantiel appoint de territoires au nord et à l'ouest. Ils estiment que l'opinion du nouveau gouvernement provisoire d'union nationale polonais devrait être demandée en temps utile sur l'étendue de cet appoint, et que la délimitation définitive de la frontière occidentale de la Pologne devrait ensuite attendre la conférence de la paix. »

Restait la question de la formation d'un gouvernement polonais que nous puissions tous reconnaître, et que la nation polonaise soit en mesure d'accepter. Staline commença par souligner qu'il était impossible de créer un gouvernement sans le consentement des Polonais[1]. Mikolajczyk et Grabski étaient venus à Moscou au cours de ma visite dans cette ville ; ils avaient rencontré le gouvernement de Lublin, l'accord s'était fait dans une certaine mesure et Mikolajczyk était reparti pour Londres, étant entendu qu'il reviendrait ; au lieu de cela, il avait été renversé par ses collègues, uniquement parce qu'il était favorable à une entente

---

1. Prenant ainsi ses interlocuteurs occidentaux à contre-pied, au moyen d'une argumentation fort habile : « Nombreux sont ceux qui me qualifient de dictateur ; ils me considèrent comme antidémocrate. Cependant, j'ai le sens de la démocratie suffisamment développé pour ne pas essayer de constituer le gouvernement polonais sans les Polonais. » (Valention Beriejkov, *J'étais l'interprète de Staline*, Éditions du Sorbier, Paris, 1985, p. 333)

avec le gouvernement de Lublin. Le gouvernement de Londres était hostile à la conception même de celui de Lublin, qu'il présentait comme un ramassis de bandits et de criminels ; le gouvernement de Lublin lui avait rendu la monnaie de sa pièce, et il était devenu extrêmement difficile d'arranger les choses. « Parlez aux membres du gouvernement de Lublin si vous voulez », dit-il en substance. « Je vous les ferai rencontrer ici ou à Moscou, mais il sont tout aussi démocrates que de Gaulle, ils peuvent maintenir la paix en Pologne, et arrêter la guerre civile et les attaques contre l'armée rouge. » Le gouvernement de Londres était incapable d'en faire autant ; ses agents avaient tué 212 soldats russes et avaient conduit des raids contre des dépôts pour se procurer des armes ; leurs stations de radio opéraient sans autorisation et sans immatriculation. Les agents du gouvernement de Lublin nous avaient apporté leur aide, ceux du gouvernement de Londres avaient fait beaucoup de mal. Il était vital pour l'Armée rouge d'avoir sur ses arrières des zones parfaitement sûres et, en tant que militaire[1], il n'appuierait qu'un gouvernement capable de les lui garantir.

La soirée était déjà avancée, et le président proposa d'ajourner la séance au lendemain, mais il me parut opportun de déclarer que d'après nos informations, le gouvernement de Lublin ne serait pas soutenu par plus d'un tiers de la population, si elle était libre d'exprimer son opinion. J'assurai Staline que nous avions vivement redouté un affrontement entre l'armée secrète polonaise et le gouvernement de Lublin, qui aurait pu provoquer des rancunes, des effusions de sang, des arrestations et des déportations ; c'est pourquoi nous nous étions montrés si désireux d'aboutir à un accord. Les attaques contre l'Armée rouge devaient naturellement être réprimées, mais les renseignements dont je disposais ne me permettaient pas de croire que le gouvernement de Lublin était fondé à dire qu'il représentait la nation polonaise.

---

1. On se souvient que Staline s'est nommé maréchal.

Le président était à présent très désireux de mettre fin à la discussion[1]. « La Pologne, fit-il observer, n'a cessé de créer des ennuis depuis plus de cinq siècles. » « Il est d'autant plus important, répliquai-je, de faire tout notre possible pour mettre fin à ces ennuis. » Sur quoi la séance fut levée.

Cette nuit-là, le président écrivit une lettre à Staline[2], après nous avoir consultés et intégré nos amendements ; il demandait que deux membres du gouvernement de Lublin et deux représentants venus de Londres ou de Pologne soient invités à la conférence pour essayer de s'entendre, en notre présence, sur la formation d'un gouvernement provisoire que nous pourrions tous reconnaître, et qui aurait pour mission d'organiser des élections libres dès que possible. Mais c'était apparemment impossible. Molotov fit ressortir les vertus du gouvernement de Lublin-Varsovie, tout en déplorant les faiblesses des hommes de Londres et en ajoutant que si nous tentions de créer un nouveau gouvernement, nous risquions de nous trouver en désaccord avec les Polonais eux-mêmes, de sorte qu'il valait mieux essayer d'« élargir » celui qui existait déjà ; ce ne serait qu'institution temporaire, puisque nous avions comme unique objectif de tenir des élections libres dès que possible. Quant aux moyens de l'élargir, le mieux était que les ambassadeurs britannique, américain et lui-même en discutent à Moscou. Il dit qu'il désirait très vivement un accord, et qu'il accepterait la proposition du président d'inviter des Polonais n'appartenant pas au gouvernement de

---

1. Lors de ces réunions, Roosevelt tentait de s'ériger en arbitre entre Churchill et Staline, il avait de longs passages à vide, et, selon les paroles de Churchill à son médecin, il « ne paraissait plus s'intéresser réellement au déroulement de la guerre ». La raison en apparaîtra clairement deux mois plus tard.
2. Sur l'insistance de son conseiller officieux Harry Hopkins, lui-même dûment chapitré par Anthony Eden. Hopkins lui-même est très malade, et il passera une bonne partie de la conférence alité.

Lublin ; il était toujours possible que ce dernier refuse de s'entretenir avec certains d'entre eux, comme Mikolajdzyk, mais s'ils envoyaient trois délégués et s'il en venait deux de ceux proposés par M. Roosevelt, les conversations pourraient commencer sans délai.

« Il s'agit là du point crucial de la conférence, dis-je. Le monde entier attend un règlement, et si nous nous quittons en reconnaissant toujours des gouvernements polonais différents, il constatera que des divergences fondamentales subsistent entre nous ; les conséquences en seront des plus déplorables, et elles marqueront notre rencontre du sceau de l'échec. Si nous écartons l'actuel gouvernement de Londres pour donner tout notre appui à celui de Lublin, cela soulèvera un tollé dans le monde entier [1] ; les Polonais de l'étranger élèveront une protestation pratiquement unanime. Nous avons sous nos ordres une armée polonaise de 150 000 hommes, recrutés parmi tous ceux qui ont pu se rassembler hors de leur pays. Cette armée a combattu – et combat toujours – avec une grande bravoure ; je ne crois pas qu'elle accepte jamais le gouvernement de Lublin, et si la Grande-Bretagne reconnaissait un autre gouvernement que celui qu'elle a reconnu depuis le début de la guerre, cette armée y verrait une trahison. »

« Comme le maréchal Staline et M. Molotov le savent, continuai-je, je ne suis pas d'accord moi-même avec le gouvernement de Londres, qui s'est constamment montré déraisonnable. Mais l'acte officiel qui transférerait notre reconnaissance de ceux que nous avons toujours reconnus à ce nouveau gouvernement provoquerait les plus vives critiques ; on dirait que le gouvernement de Sa Majesté a cédé sur toute la ligne au sujet de la frontière orientale (ce qui est effectivement le cas), tout en acceptant et en soutenant les vues soviétiques ; on dirait aussi que nous avons complètement rompu avec le gouvernement polonais légal reconnu par nous pendant ces cinq années de guerre, et que nous ne savons rien de ce qui se

---

1. Churchill imagine que Staline accorde autant d'importance que lui à l'opinion mondiale…

passe réellement en Pologne. Nous ne pouvons y entrer ; nous ne pouvons ni constater ni entendre l'état de l'opinion. On dirait que nous en sommes réduits à accepter ce que proclame le gouvernement de Lublin au sujet de l'opinion du peuple polonais, et le gouvernement de Sa Majesté serait accusé au Parlement d'avoir abandonné la cause de la Pologne. Les débats qui s'ensuivraient seraient fort pénibles et embarrassants pour l'unité des Alliés, même en supposant que nous soyons en mesure d'accepter les propositions de mon ami M. Molotov. »

« Je ne pense pas, repris-je, que ces propositions aillent assez loin. Si nous abandonnions le gouvernement polonais de Londres, un nouveau départ devrait être pris des deux côtés, sur la base d'une quasi-égalité. Avant que le gouvernement de Sa Majesté ne cesse de reconnaître le gouvernement de Londres et transfère sa reconnaissance à un autre, il lui faudrait avoir la certitude que ce nouveau gouvernement représente réellement la nation polonaise ; j'admets que ce n'est là qu'un point de vue isolé, puisque nous avons une connaissance imparfaite de la situation, et toutes nos divergences disparaîtront naturellement si des élections générales libres et sans entraves se tiennent en Pologne, au scrutin secret et au suffrage universel, avec liberté des candidatures. Cela fait, le gouvernement de Sa Majesté saluera le gouvernement qui en sortira, sans prendre en considération celui de Londres. C'est la période de transition avant ces élections qui nous cause tant d'inquiétude. »

Molotov déclara que les conversations de Moscou auraient peut-être quelques résultats utiles, mais que les Polonais devraient avoir leur mot à dire, et qu'il était très difficile de traiter de ces questions en leur absence. Je me déclarai d'accord, mais ajoutai qu'il était si important que la conférence s'achevât dans une atmosphère d'accord que nous devions tous lutter patiemment pour y parvenir.

Staline en revint alors à mes récriminations au sujet du fait que je manquais de renseignements et de moyens de m'en procurer.

« J'en ai tout de même quelques-uns », répliquai-je.

« Ils ne concordent pas avec les miens », répondit-il, après quoi il se lança dans un long discours pour nous assurer que le gouvernement de Lublin était vraiment très populaire, surtout Bierut et les autres. Ils n'avaient pas quitté le pays pendant l'occupation allemande, ils étaient restés constamment à Varsovie et venaient du mouvement clandestin. Il ne les considérait pas comme des génies; le gouvernement de Londres comptait sans doute des gens plus intelligents, mais ils n'étaient pas aimés en Pologne, parce qu'on ne les y avait pas vus quand toute la population souffrait sous la botte hitlérienne. Elle croisait dans les rues les membres du gouvernement provisoire, mais demandait où étaient les Polonais de Londres; leur prestige s'en trouvait atteint, et c'était pour cela que le gouvernement provisoire, sans être composé d'hommes éminents, jouissait d'une grande popularité.

Il était impossible, dit-il, de négliger ces faits si nous voulions comprendre les sentiments du peuple polonais. Je craignais que la conférence ne prît fin avant que l'on ne parvînt à un accord. Que fallait-il donc faire? Les divers gouvernements avaient des renseignements différents, et ils en tiraient des conclusions différentes. La première chose à faire était peut-être de convoquer les Polonais des deux camps et d'écouter ce qu'ils avaient à dire. Le jour approchait où la tenue d'élections serait possible. En attendant, nous devions traiter avec le gouvernement provisoire, comme nous l'avions fait, par exemple, avec celui du gouvernement de Gaulle, qui n'avait pas été élu non plus; il ne savait lequel, de Bierut ou du général de Gaulle, jouissait d'une plus grande autorité, mais s'il avait été possible de conclure un traité avec de Gaulle, pourquoi ne pourrait-on en faire autant avec un gouvernement polonais élargi, qui ne serait pas moins démocratique? Si nous abordions la question sans préjugés, nous devrions pouvoir trouver un terrain d'entente. La situation n'était pas aussi tragique que je l'imaginais, et la question pouvait être réglée, si l'on n'attachait pas trop d'importance à des points secondaires et si l'on se concentrait sur l'essentiel.

> « Dans combien de temps, demanda le président, des élections pourront-elles se tenir ? »
> « D'ici un mois, répondit Staline, à moins qu'il ne se produise quelque catastrophe sur le front, ce qui est improbable. »

Je convins que cela nous tranquilliserait, naturellement, et que nous pourrions soutenir sans réserve un gouvernement librement élu, qui remplacerait tous les autres organismes, mais que nous ne devions rien réclamer qui pût gêner d'une quelconque manière les opérations militaires ; elles constituaient le but suprême. Cependant, si le peuple polonais pouvait exprimer sa volonté dans un délai aussi court, ou même dans les deux mois, la situation s'en trouverait radicalement transformée, et personne ne pourrait faire obstacle à cette volonté.

Lorsque nous nous réunîmes à nouveau le 9 février à 16 heures, Molotov présenta une nouvelle proposition, à savoir que le gouvernement de Lublin serait « réorganisé sur une base démocratique plus large, avec inclusion de dirigeants démocratiques pris en Pologne même, et aussi parmi ceux qui vivaient à l'étranger ». Il conférerait à Moscou avec les deux ambassadeurs sur la façon d'y procéder. Le gouvernement de Lublin, une fois « réorganisé », serait tenu de procéder le plus rapidement possible à la tenue d'élections libres, et nous reconnaîtrions alors tout gouvernement qui en sortirait[1].

C'était là un progrès considérable, et je l'admis, mais je crus de mon devoir de lancer un avertissement d'ordre général. Cette réunion devait être l'avant-dernière* ; l'atmosphère était à l'entente, mais on sentait aussi

---

1. C'était pour l'essentiel une reprise de la proposition faite la veille par les Américains.

* Lors de notre réunion du 11 février, nous avions simplement approuvé le compte rendu de la conférence. Les véritables discussions avaient pris fin le 10 février.

une envie de plier bagages et de rentrer chez soi. Je déclarai que nous ne pouvions nous permettre de bâcler le règlement de ces questions importantes, en perdant tous les fruits de la conférence faute d'y avoir consacré vingt-quatre heures de plus. Une grande réussite était à portée de main, et les décisions devaient être soigneusement pesées. Ces journées pourraient bien compter parmi les plus importantes de notre existence.

M. Roosevelt déclara que les divergences entre nous et les Russes n'étaient plus dans l'ensemble qu'une question de mots, mais que nous étions l'un et l'autre vraiment très désireux de voir se tenir des élections réellement libres et équitables. Je dis à Staline que nous nous trouvions très désavantagés, parce que nous ignorions à peu près tout de ce qui se passait en Pologne, alors qu'il nous fallait prendre à son égard des décisions lourdes de conséquences. Je savais par exemple que les Polonais étaient très amers, et que le gouvernement de Lublin avait ouvertement déclaré qu'il ferait passer en jugement comme traîtres tous les membres de l'armée intérieure et du mouvement clandestin polonais. Je donnais naturellement la priorité à la sécurité de l'Armée rouge, mais je priais Staline de tenir compte de nos difficultés ; le gouvernement britannique n'apprenait ce qui se passait en Pologne qu'en y parachutant des hommes courageux et en en faisant sortir des membres du mouvement clandestin. Nous n'avions aucun autre moyen d'information, et ces méthodes ne nous plaisaient guère. Était-il possible d'y remédier sans gêner les mouvements des troupes soviétiques ? Des facilités ne pouvaient-elles être accordées aux Britanniques (et sans aucun doute aussi aux Américains) pour voir comment se réglaient ces querelles polonaises ? Tito avait déclaré que lorsque les élections se tiendraient en Yougoslavie, il ne s'opposerait pas à l'envoi d'observateurs russes, britanniques et américains, qui feraient savoir au monde en toute impartialité qu'elles s'étaient déroulées équitablement. Quant à la Grèce, le gouvernement de Sa

Majesté accueillerait avec grand plaisir des observateurs russes, américains et britanniques, qui s'assureraient que les élections se déroulaient conformément au désir du peuple. Il en allait de même pour l'Italie : des observateurs russes, américains et britanniques devraient y assister pour certifier au monde que tout s'effectuait dans les règles. On ne pouvait surestimer l'importance d'un processus électoral conduit équitablement. Mikolajczyk, par exemple, serait-il autorisé à rentrer dans son pays pour organiser son parti en vue des élections ?

« La question devra être examinée par les ambassadeurs et par M. Molotov quand ils rencontreront les Polonais, dit Staline.

Il me faut être en mesure, répliquai-je, d'affirmer à la Chambre des communes que les élections seront libres, et que nous aurons la garantie effective qu'elles se tiennent librement et équitablement[1]. »

Staline fit valoir que Mikolajczyk appartenait au parti paysan qui, n'étant pas fasciste, pourrait participer aux élections et présenter des candidats. Je répondis que la chose serait encore plus sûre si le parti paysan était déjà représenté au sein du gouvernement polonais, et Staline admit qu'un de ses représentants devrait en faire partie. J'ajoutai que j'espérais n'avoir tenu aucun propos offensant, car rien n'était plus éloigné de mes intentions.

« Il nous faudra entendre ce que les Polonais ont à dire », reprit Staline.

J'expliquai que je souhaitais faire approuver la question de la frontière orientale par le Parlement, et que je pensais être en mesure d'y parvenir s'il avait l'assurance que les Polonais avaient pu librement exprimer leur choix.

« – Il y a d'excellentes gens parmi eux, répondit Staline. Ce sont de bons combattants et ils ont produit quelques

---

1. Un appel quelque peu pathétique à la compréhension de Staline, lequel avait pour la Chambre des communes le même mépris que pour le Soviet Suprême...

bons savants et musiciens, mais ils ont un tempérament très querelleur. »

« – Tout ce que je désire, dis-je, c'est que les opinions des uns et des autres puissent se faire librement entendre. »

« – Les élections, intervint le président, doivent être au-dessus de tout soupçon, comme la femme de César[1]. Je désire pouvoir donner au monde quelque assurance à ce sujet ; je ne veux pas que quiconque puisse mettre en doute leur honnêteté. C'est une question de bonne politique plus que de principe. »

M. Stettinius suggéra la signature d'un engagement écrit, selon lequel les trois ambassadeurs à Varsovie auraient à observer les élections et à faire rapport sur leur déroulement véritablement libre et sans contrainte.

« – Je crains, dit Molotov, que si nous faisons cela, les Polonais aient l'impression que l'on se méfie d'eux. Mieux valait en discuter avec eux. »

Cette solution ne me satisfaisait pas, et je résolus de reprendre la question plus tard avec Staline. L'occasion s'en présenta dès le lendemain, lorsque M. Eden et moi eûmes un entretien particulier avec Staline et Molotov à la villa Youssoupov. J'expliquai une nouvelle fois combien il nous était pénible de n'avoir en Pologne aucun représentant pour nous renseigner sur ce qui s'y passait. Il nous aurait fallu un ambassadeur avec le personnel nécessaire, ou bien des correspondants de presse ; ces derniers étaient moins souhaitables, mais je soulignai que le Parlement allait m'interroger sur le gouvernement de Lublin et les élections ; il me fallait donc être en mesure de lui dire que j'étais au courant des événements.

« Une fois le nouveau gouvernement polonais reconnu, répondit Staline, vous seriez libre d'envoyer un ambassadeur à Varsovie. »

---

1. Sur quoi on entendra l'historien Staline grommeler à mi-voix : « On a dit ça d'elle, mais elle avait aussi ses vices ! »

« Serait-il libre de circuler dans tout le pays ? »

« Aucune restriction ne sera apportée à ses mouvements du fait de l'Armée rouge, et je vous promets de donner les instructions nécessaires, mais vous devrez vous entendre directement avec le gouvernement polonais. »

Nous convînmes alors d'ajouter le paragraphe suivant à notre déclaration :

« En conséquence de ce qui précède, la reconnaissance entraînerait un échange d'ambassadeurs, qui tiendraient leurs gouvernements respectifs informés de la situation en Pologne. »

Je ne pus obtenir davantage.

Le lendemain, dimanche 11 février, fut le dernier jour de notre visite en Crimée. Comme toujours lors de ces conférences, beaucoup de graves problèmes demeuraient sans solution[1]. Le communiqué sur la Pologne exposait en termes généraux une politique qui, si elle avait été suivie avec loyauté et bonne foi, aurait bien pu atteindre son but, dans l'attente du traité de paix générale. Le président avait hâte de rentrer chez lui et de s'arrêter en Égypte lors du voyage de retour, pour s'y entretenir des affaires du Moyen-Orient avec divers potentats. Staline et moi déjeûnâmes avec lui dans l'ancienne salle de billard du tsar au

---

1. Les coupes ayant été cette fois trop radicales par rapport à l'édition de 1954, on ne trouve plus trace ici de bien d'autres phases de la négociation, supprimées ou renvoyées à d'autres parties de l'ouvrage. C'est le cas notamment de la participation de la France à l'occupation de l'Allemagne, avec attribution d'un siège à la Commission de contrôle, qui ne sera mentionnée qu'au chapitre 26. On ne trouve pas davantage ici les négociations séparées de Roosevelt avec Staline au sujet d'une éventuelle entrée en guerre de l'URSS contre le Japon, même si dans ce cas, Churchill, mortifié d'en avoir été exclu, s'était borné à écrire en 1952 : « L'accord au sujet de l'Extrême-Orient, conclu par le président et ses conseillers avec les Russes pour inciter ces derniers à entrer en guerre contre le Japon, n'était pas de ceux qui nous concernaient directement. » Le fait que Churchill ait malgré tout signé cet accord n'était plus vraiment un titre de gloire à l'époque de la guerre de Corée.

palais de Livadia ; au cours du repas, nous signâmes les documents définitifs et les communiqués officiels. Tout allait dépendre désormais de l'esprit dans lequel ils seraient appliqués[1].

*
* *

Je comptais avoir le plaisir d'effectuer le voyage par mer jusqu'à Malte par les Dardanelles, mais je me sentis obligé de faire un passage éclair par Athènes, pour voir où en étaient les affaires grecques depuis les récentes perturbations. Au début de la matinée du 14 février, nous partîmes donc en voiture pour Saki, où notre avion nous attendait. Nous gagnâmes Athènes sans incident, après avoir fait un détour par l'île de Skyros pour survoler la tombe de Rupert Brooke[2]. M. Leeper, l'ambassadeur britannique, et le général Scobie nous attendaient à l'aéroport. Sept semaines auparavant seulement, j'avais quitté une capitale grecque déchirée par de féroces combats de rue ; nous y entrâmes cette fois dans une voiture découverte, alors que seul un mince cordon de soldats grecs en fustanelle blanche contenait une foule immense, hurlant d'enthousiasme, dans ces mêmes rues où des centaines de gens avaient été tués lors de mon dernier passage au moment de Noël. Ce soir-là, une énorme foule évaluée à quelque 50 000 personnes se rassembla sur la place de la Constitution ; la lumière du soir éclairait merveilleusement cette scène classique. Je n'avais pas eu le temps de

---

1. C'était effectivement le cœur du problème : l'application des accords dépendait entièrement de la bonne volonté de Staline...

2. Jeune poète talentueux, lieutenant dans la *Royal Naval Division* de Churchill au début de la Grande Guerre, intime du secrétaire de Churchill Eddie Marsh et de sa grande amie Violet Asquith, Rupert Brooke était mort de septicémie alors qu'il voguait vers les Dardanelles avec sa division, et avait été enterré dans l'île grecque de Skyros en avril 1915. Sa notice nécrologique dans le *Times* avait été rédigée par Churchill lui-même.

préparer un discours, nos services de sécurité ayant jugé essentiel que nous arrivions pratiquement à l'improviste ; je me bornai donc à prononcer une courte harangue. Le soir même, je dînai dans notre ambassade criblée de projectiles, et nous nous envolâmes pour l'Égypte aux premières heures du 15 février.

En fin de matinée, le croiseur américain *Quincy* entra dans le port d'Alexandrie, et peu avant midi, je me rendis à son bord pour avoir avec le président ce qui devait être notre dernière conversation. Nous nous réunîmes ensuite dans sa cabine pour déjeuner sans cérémonie, en famille. Sarah et Randolph m'accompagnaient, et Mme Boettiger, fille du président, Harry Hopkins et M. Winant se joignirent également à nous. Le président semblait frêle et serein ; j'eus l'impression qu'il ne gardait qu'un contact ténu avec la vie ; je ne devais plus le revoir. Nous nous sommes séparés avec bien des témoignages d'affection, et ce même après-midi, tout le groupe présidentiel repartit pour l'Amérique. Quant à moi, je repris l'avion pour l'Angleterre le 19 février. En raison du brouillard sur Northolt, nous fûmes détournés sur Lyneham, et je rentrai en voiture à Londres, m'arrêtant à Reading pour rejoindre mon épouse, qui était venue à ma rencontre.

Le 27 février à midi, je demandai à la Chambre des communes d'approuver les résultats de la conférence de Crimée ; la réaction générale de la Chambre fut une approbation sans réserve des positions que nous y avions prises. On entendit cependant s'exprimer d'ardents sentiments au sujet de nos obligations envers les Polonais, qui avaient eu tant à souffrir des Allemands et pour lesquels, en dernier ressort, nous étions entrés en guerre ; un groupe d'une trentaine de députés prenait cette question tellement à cœur que certains de ses membres se prononcèrent contre la motion que je venais de présenter. On sentait chez certains une impression d'angoisse à la pensée qu'un jour, nous verrions peut-être une nation héroïque tomber en esclavage. M. Eden m'appuya. Lors du vote le second jour, nous obtînmes une écrasante majorité, mais vingt-six députés, pour la plupart conservateurs, votèrent contre le gouvernement, et onze membres du gouvernement s'abstinrent.

Il n'est pas permis à ceux qui sont chargés de faire face aux événements, en temps de guerre ou de crise, de se borner à proclamer des principes généraux sur lesquels tous les braves gens peuvent s'accorder ; il leur faut prendre des décisions fermes au jour le jour, et adopter des positions qui doivent être solidement maintenues, sinon, comment pourraient-ils réunir et préserver les conditions nécessaires à l'action ? Il est aisé, une fois les Allemands vaincus, de condamner ceux qui firent de leur mieux pour encourager l'effort militaire des Russes et garder des contacts harmonieux avec notre grande alliée qui avait si effroyablement souffert. Que se serait-il produit si nous nous étions querellés avec la Russie, alors que les Allemands alignaient encore 200 ou 300 divisions sur le front ? Nos confiantes suppositions allaient bientôt être démenties par les faits ; mais il n'y avait pas d'alternative à l'époque[1].

---

1. C'est un fait : l'Armée rouge étant déjà présente en Europe centrale, Staline détenait toutes les cartes maîtresses – et les Alliés occidentaux n'avaient plus sur lui le moindre moyen de pression à ce stade de la guerre.

Chapitre XXIV

LE PASSAGE DU RHIN

En dépit de leur défaite dans les Ardennes*, les Allemands décidèrent de livrer bataille à l'ouest du Rhin, au lieu de se retirer derrière le fleuve pour reprendre des forces. Pendant tout le mois de février et la plus grande partie de mars 1945, le maréchal Montgomery avait dû livrer au nord un combat ardu et prolongé; les défenses étaient fortes et solidement tenues, le terrain détrempé, et le Rhin comme la Meuse étaient sortis de leur lit; les Allemands avaient crevé les vannes des grands barrages de la Roer et la rivière était devenue infranchissable jusqu'à la fin de février, mais le 10 mars, dix-huit divisions allemandes en retraite avaient repassé le Rhin. Plus au sud, le général Bradley menait une campagne éclair pour dégager un front de 130 kilomètres allant de Düsseldorf à Coblence. Le 7 mars, un heureux hasard fut hardiment exploité : la 9ᵉ division blindée de la 1ʳᵉ armée américaine trouva le pont ferroviaire de Remagen en partie détruit, mais encore utilisable; elle y jeta promptement son avant-garde, d'autres unités suivirent sans délai, et bientôt, quatre divisions étaient établies sur la rive opposée, où elles occupaient une tête de pont longue de plusieurs kilomètres. Cette action ne faisait pas partie des plans d'Eisenhower, mais elle devait s'en révéler un précieux complément, et les Allemands durent détourner du nord des effectifs considérables pour contenir les Américains.

---

* Voir chapitre XX.

Patton isola et écrasa le dernier saillant ennemi autour de Trèves ; les défenseurs de la célèbre et redoutable ligne Siegfried se trouvèrent ainsi cernés, et toute résistance organisée prit fin en quelques jours. Conséquence inattendue de la victoire, la 5ᵉ division américaine opéra un franchissement impromptu du Rhin à 24 kilomètres au sud de Mayence, qui s'élargit bientôt pour former une profonde tête de pont orientée vers Francfort.

Ainsi prit fin la dernière résistance importante des Allemands à l'Ouest ; en six semaines de batailles ininterrompues, sur un front de plus de 400 kilomètres, ils avaient été refoulés au-delà du Rhin, après avoir subi des pertes irremplaçables en hommes et en matériel. Les aviations alliées jouèrent dans les opérations un rôle suprêmement important ; les attaques incessantes des forces aériennes tactiques aggravèrent la défaite et la désorganisation de l'ennemi, tout en nous débarrassant de la Luftwaffe déclinante ; les fréquentes patrouilles menées au-dessus des aérodromes où se trouvaient stationnés les nouveaux chasseurs à réaction permirent de réduire cette menace qui nous avait causé une certaine inquiétude[1] ; les raids continuels de nos bombardiers lourds avaient réduit la production allemande de pétrole à un niveau critique, mis hors service beaucoup de leurs terrains d'aviation, et si gravement endommagé leurs usines et leurs réseaux de transport qu'ils s'en trouvaient presque paralysés.

Je voulais être avec nos armées lors de la traversée du fleuve, et Montgomery était tout disposé à m'accueillir[2].

---

1. Inquiétude entièrement justifiée : le Me 262 *Schwalbe* volait beaucoup plus vite que n'importe quel chasseur allié de l'époque. Toutefois, il souffrait dès son introduction du manque d'autonomie, de carburant, de turbines fiables, de pistes d'envol adaptées et de pilotes expérimentés ; en outre, il était très vulnérable en phase de décollage et d'atterrissage. En partie la faute d'Hitler, qui voulait en faire un bombardier, il arrivait un an trop tard sur le champ de bataille, avant même d'avoir véritablement achevé sa période de rodage.

2. Ses chefs d'état-major, eux, étaient beaucoup moins disposés à le

Emmenant seulement Jock Colville, mon secrétaire, et Tommy, mon aide de camp naval, je partis dans l'après-midi du 23 mars à bord d'un Dakota, qui me transporta de Northolt au quartier général britannique, près de Venlo. Le commandant en chef me conduisit à la caravane qui lui servait de logement comme de véhicule ; je fus installé dans la roulotte confortable que j'avais déjà utilisée précédemment. Nous dînâmes à 19 heures, et une heure plus tard, avec la plus stricte ponctualité, nous nous rendîmes à la voiture des cartes de Montgomery ; un groupe d'officiers soigneusement sélectionnés y tenait toutes les cartes à jour heure par heure, ce qui permettait de saisir aisément l'ensemble de notre dispositif d'attaque. Nous devions forcer le passage du fleuve en dix endroits, sur un front de trente kilomètres s'étendant de Rheinberg à Rees. Tous nos moyens devaient être mis en œuvre : 80 000 hommes, constituant l'avant-garde d'armées qui en comptaient un million, seraient lancés en avant ; des masses d'embarcations et de pontons avaient été préparées. En face se tenaient les Allemands, retranchés et organisés avec toute la puissance que donnent les armes à feu modernes.

Tout ce que j'ai vu ou étudié en matière de guerre me faisait douter qu'un fleuve pût constituer une barrière défensive efficace contre des forces supérieures ; dans ses *Operations of War*, ouvrage sur lequel je n'avais cessé de méditer depuis Sandhurst, Hamley soutient avec raison qu'un cours d'eau est beaucoup plus dangereux quand il est parallèle à l'axe d'avance que lorsqu'il lui est perpendiculaire, et il illustre sa théorie en citant l'admirable campagne napoléonienne de 1814. J'étais donc assez optimiste quant à l'issue de la bataille, avant même que le maréchal m'eût exposé son plan ; en outre, nous jouissions de

---

laisser partir, à en juger par cette note dans le journal du maréchal Brooke en date du 22 mars : « Ce voyage ne me réjouit pas ; il sera difficile à gérer, et il n'a *rien* à faire là-bas. Il ne fera que mettre inutilement sa vie en danger, gêner et empoisonner tous les gens. Mais rien au monde ne pourra l'arrêter ! » *Alanbrooke Diaries, op. cit.*, p. 673.

l'incommensurable avantage que procurait la maîtrise du ciel. Le commandant en chef désirait tout particulièrement me montrer le lendemain un parachutage derrière les lignes ennemies de deux divisions aéroportées, comprenant 14 000 hommes avec de l'artillerie et autre matériel offensif. Nous allâmes donc tous nous coucher avant 22 heures.

L'honneur d'ouvrir l'attaque échut aux 51e et 15e divisions britanniques, ainsi qu'aux 30e et 79e divisions américaines. Quatre bataillons de la 51e furent les premiers à s'engager, et ils atteignirent la rive opposée quelques minutes plus tard. Les divisions d'assaut se déversèrent pendant toute la nuit et ne rencontrèrent au début que peu de résistance, la rive elle-même étant faiblement défendue; à l'aube, elles tenaient solidement des têtes de pont encore peu profondes, et les commandos se trouvaient déjà engagés à Wesel.

Au matin, Montgomery avait pris ses dispositions pour me faire assister à la grande opération de parachutage du haut d'une colline dominant les basses terres ondulant autour de nous. Il faisait déjà grand jour lorsque nous perçûmes le vrombissement assourdi mais intense d'une nuée d'avions; après cela, en une demi-heure, plus de deux mille appareils passèrent en formation au-dessus de notre tête. Mon point d'observation avait été bien choisi, et le temps était assez clair pour permettre de distinguer l'endroit où s'effectuerait l'assaut contre l'ennemi. Les avions disparurent de notre champ de vision et revinrent presque aussitôt à une autre altitude; les parachutistes étaient invisibles, même à l'aide des jumelles les plus puissantes, mais on entendait désormais le vrombissement des avions qui amenaient les renforts et celui des appareils qui rentraient après avoir lancé leurs attaques. On ne tarda pas à voir le spectacle tragique d'avions revenant par deux ou par trois, volant de guingois, enfumés ou même en flammes; au même moment, de minuscules points noirs descendaient vers la terre en flottant. L'imagination, nourrie par une bonne dose d'expérience, évoquait une cruelle et douloureuse histoire ; il semblait pourtant que dix-neuf appareils sur vingt étaient revenus en bon état après avoir accompli leur mission, et cette impression fut confirmée par ce que nous apprîmes une heure plus tard, en regagnant le quartier général.

L'attaque était alors lancée sur l'ensemble du front, et je fis une longue tournée en voiture, allant d'un point à un autre pour inspecter les postes de commandement des divers corps. Tout alla bien ce jour-là : les quatre divisions d'assaut, ayant franchi le fleuve sans encombre, établirent des têtes de pont profondes de cinq kilomètres. Les divisions aéroportées progressaient rapidement, et nos opérations aériennes remportaient de grands succès. Les frappes de l'aviation alliée ne le cédaient en ampleur qu'à celles du Jour J en Normandie ; elles mobilisaient non seulement les forces tactiques de Grande-Bretagne, mais aussi les bombardiers lourds partant d'Italie, qui effectuaient des pénétrations profondes en territoire allemand.

Nous nous réunîmes une nouvelle fois à 20 heures dans la voiture des cartes, et j'eus alors une excellente occasion d'observer la façon dont Montgomery dirigeait une bataille à cette gigantesque échelle. De jeunes officiers, en moyenne du grade de commandant, se présentèrent successivement pendant près de deux heures, venant chacun d'un secteur différent du front. En tant que représentants personnels du commandant en chef, ils étaient habilités à se rendre partout, à tout voir et à interroger tout responsable ; comme à leur tour ils rendaient compte et étaient minutieusement interrogés par leur chef, il était possible d'avoir un tableau complet de la bataille. C'est ainsi que Monty obtenait un compte rendu très complet de ce qui s'était passé, présenté par des hommes hautement compétents, qu'il connaissait bien et en qui il avait toute confiance ; cela lui donnait une possibilité inappréciable de recouper tous les rapports en provenance des divers quartiers généraux et commandements, qui avaient déjà été passés au crible et soupesés par le général de Guingand, son chef d'état-major. Grâce à ce processus, il était en mesure de se faire une idée plus vivante, plus directe et parfois plus exacte des événements. Ces officiers couraient de grands risques, et sur les sept ou huit que j'entendis cette nuit-là et les nuits suivantes, deux furent tués dans les quelques semaines qui suivirent. Je jugeai le système admirable, le seul en fait qui permît à un commandant en chef moderne de voir et de lire ce qui se passait dans tous les secteurs du front. Ces comptes rendus terminés, Montgomery donna à de Guingand une série de directives, qui furent immédiatement traduites en ordres opérationnels par les rouages de l'état-major. Après quoi nous gagnâmes nos lits.

*
* *

Le lendemain 25 mars, nous allâmes à la rencontre d'Eisenhower. En chemin, j'exposai à Montgomery combien son système ressemblait à celui de Marlborough et à la conduite des batailles du XVIIIe siècle, où le commandant en chef agissait par l'intermédiaire de ses lieutenants généraux ; à l'époque, ce commandant en chef était à cheval et dirigeait au moyen d'ordres verbaux une bataille qui se livrait sur un front de huit ou neuf kilomètres, se terminait dans la journée et réglait le sort de grandes nations, parfois pour plusieurs années ou pour plusieurs générations. Pour imposer sa volonté, il disposait de quatre ou cinq lieutenants généraux, postés à divers points du front, qui connaissaient parfaitement ses intentions et veillaient à la bonne exécution de son plan ; ces officiers ne commandaient aucune troupe, ils étaient conçus comme les rejetons et l'émanation du commandant suprême. À l'époque moderne, le général doit rester dans son bureau pour diriger une bataille qui s'étend sur un front dix fois plus long et dure souvent une semaine ou dix jours ; dans ces conditions toutes différentes, la méthode de Montgomery, cet emploi de témoins oculaires personnels, traités naturellement avec la plus grande déférence au front par les chefs de tout grade, constituait un renouveau intéressant, quoique partiel, des anciennes pratiques.

Nous rencontrâmes Eisenhower avant midi ; un certain nombre de généraux américains étaient réunis autour de lui. Après quelques échanges de vues, Eisenhower me dit au cours d'un bref déjeuner qu'il y avait sur notre rive du Rhin, à une quinzaine de kilomètres, une maison que les Américains avaient protégée avec des sacs de sable et d'où l'on avait une belle vue sur le fleuve et la rive opposée ; il nous proposa de nous y rendre et nous y conduisit lui-même. Le Rhin – large de 400 m environ à cet endroit – coulait à nos pieds. Du côté de l'ennemi s'étendaient des prairies lisses et plates. Les officiers nous dirent qu'à leur connaissance, cette rive était inoccupée, et nous la regardâmes, bouche bée, pendant un certain temps. Nous fûmes alors conduits dans la maison avec toutes les précautions requises, après quoi le commandant suprême dut partir, appelé à d'autres tâches. Montgomery et moi allions suivre son exemple, lorsque j'aperçus une petite embarcation qui approchait pour s'amarrer. Je dis au maréchal : « Pourquoi ne traverserions-nous pas pour jeter un coup d'œil de l'autre côté ? » À ma surprise, il répondit : « Pourquoi pas ? » Il prit quelques renseignements, puis nous franchîmes le fleuve, accompagnés de trois ou quatre généraux américains et d'une demi-douzaine d'hommes armés, pour débarquer sur la rive allemande ; le soleil était étincelant, la paix parfaite, et nous nous promenâmes pendant près d'une demi-heure sans aucun incident.

En revenant, Montgomery dit au capitaine de l'embarcation : « Ne pourrions-nous descendre le fleuve vers Wesel, où il se passe quelque chose ? » Le patron répondit qu'une chaîne était tendue en travers du fleuve, à 800 m environ en aval, pour empêcher les mines flottantes de gêner nos opérations, et que plusieurs d'entre elles pouvaient y être restées accrochées. Montgomery insista, mais finit par se convaincre que le risque était trop grand. En débarquant, il me dit : « Allons jusqu'au pont de chemin de fer de Wesel, d'où nous pourrons voir sur place ce qui se passe. » Nous montâmes donc dans sa voiture et, accompagnés par les Américains ravis de l'aubaine, nous gagnâmes le grand pont à longerons de fer, effondré en son milieu, mais dont les armatures tordues faisaient de bons promontoires. Les Allemands ripostaient à notre tir, et leurs salves de quatre obus tombaient à un kilomètre et demi environ ; elles se rapprochèrent bientôt, puis l'une d'elles passa au-dessus de nos têtes et s'abattit dans l'eau, de notre côté du pont. Les projectiles, qui semblaient exploser en touchant le fond, soulevaient de grands geysers d'écume à une centaine de mètres ; plusieurs autres tombèrent parmi les voitures dissimulées derrière nous à faible distance, et l'on décida qu'il était temps de partir. Je descendis de mon poste d'observation[1] et rejoignis mon hôte aventureux pour parcourir un trajet de deux heures qui nous ramena à son quartier général.

Au cours des quelques jours suivants, nous continuâmes à gagner du terrain, et à la fin du mois, nous avions à l'est du fleuve un tremplin pour lancer des opérations de grande ampleur jusqu'au cœur de l'Allemagne du Nord. Au sud, les armées américaines, qui se heurtaient certes à une résistance moins forte, avaient réalisé des progrès étonnants. Les deux têtes de pont, récompense de leur audace, étaient quotidiennement renforcées et élargies, tandis que d'autres passages s'effectuaient au sud de Coblence et à Worms. Le 29 mars, la 3e armée atteignait Francfort ; la Ruhr était encerclée avec ses 325 000 défenseurs et le front allemand de l'Ouest s'était effondré.

La question qui se posait donc était : quelle serait notre prochaine étape ? Toutes sortes de rumeurs circulaient au

---

1. Très involontairement, en fait. Il faudra toute la fermeté et la force de persuasion du général américain Simpson pour le soustraire à l'attrait du danger.

sujet des futurs projets d'Hitler; après la perte de Berlin et de l'Allemagne du Nord, il pouvait se réfugier dans les régions montagneuses et boisées de l'Allemagne du Sud, d'où il tenterait de prolonger les hostilités[1]. L'étrange résistance qu'il avait opposée à Budapest, de même que le maintien prolongé de l'armée de Kesselring en Italie, semblaient aller dans ce sens. Bien qu'on ne pût être sûr de rien, nos chefs d'état-major conclurent dans l'ensemble qu'il était improbable que les Allemands mènent une campagne prolongée, voire une guérilla de quelque ampleur dans les montagnes[2]. Nous écartâmes donc cette éventualité, et les événements nous donnèrent raison. Partant de là, je m'enquis des prévisions stratégiques du quartier général allié au sujet de l'avance des armées anglo-américaines, et je reçus la réponse suivante du général Eisenhower :

« Je me propose de pousser vers l'est pour opérer une jonction avec les Russes, ou pour atteindre la ligne générale de l'Elbe. Sous réserve des intentions soviétiques, le meilleur axe pour cette offensive passe par Cassel et Leipzig, parce qu'il assurera l'occupation de cette importante région industrielle où l'on croit savoir que les ministères allemands sont en train de s'installer. Ce plan nous permettra de couper à peu près en deux les forces ennemies, sans nous obliger à franchir l'Elbe; il vise à diviser et détruire la majeure partie

---

1. C'était le projet de l'*Alpenfestung*, le réduit alpin en Autriche, un instant caressé par les dignitaires nazis. Mais l'endroit n'étant pas fortifié, stratégiquement indéfendable et occupé par des forces insignifiantes, le plan était resté tout théorique – et Hitler lui-même ne l'avait jamais pris au sérieux.

2. C'est exact; ayant un instant redouté cette éventualité, les chefs d'état-major s'étaient retournés vers d'autres obstacles à une victoire rapide, notamment les cinquante divisions allemandes restées en Tchécoslovaquie et les 600 000 soldats de la Wehrmacht occupant encore la Norvège. En fait, la véritable préoccupation du côté britannique était de gagner au plus tôt la côte nord de l'Allemagne, afin de barrer à l'Armée rouge tout accès au Danemark.

des troupes ennemies demeurées à l'ouest. Ce sera mon assaut principal, et tant qu'il n'aura pas été nettement démontré qu'il est inutile d'y concentrer tous nos efforts, je suis prêt à utiliser la totalité de mes forces pour en assurer le succès. Une fois la réussite de cette opération assurée, je me propose d'agir pour dégager les ports du nord, ce qui, dans le cas de Kiel, nécessitera la traversée de l'Elbe. Montgomery sera chargé de ces missions, et j'ai l'intention de renforcer ses effectifs en cas de nécessité. »

Vers la même époque, nous apprîmes qu'Eisenhower avait indiqué son plan directement au maréchal Staline ; dans un télégramme en date du 28 mars, il indiquait qu'après avoir isolé la Ruhr, il comptait exercer sa poussée principale le long de l'axe Erfurt-Leipzig-Dresde, ce qui lui permettrait d'opérer sa jonction avec les Russes et de couper en deux le reste des forces allemandes. Une avance secondaire par Ratisbonne jusqu'à Linz, où il s'attendait aussi à rencontrer les Russes, empêcherait « la consolidation de la résistance ennemie dans le réduit de l'Allemagne du Sud ». Staline fut prompt à acquiescer ; il déclara que la proposition « coïncidait exactement avec les plans du haut commandement soviétique ». « Berlin, ajoutait-il, a perdu son ancienne importance stratégique. Le haut commandement soviétique a donc l'intention de n'envoyer que des forces secondaires dans la direction de Berlin. » Cette déclaration devait être infirmée par les événements ultérieurs.

Ceci me parut si important que j'envoyai le 11 avril un télégramme personnel au président :

« [...] Il est évident que les armées alliées du nord et du centre doivent à présent marcher vers l'Elbe le plus rapidement possible, en se libérant de toute entrave et en évitant toute diversion. Jusqu'ici, la progression d'ensemble s'est faite en direction de Berlin. Le général Eisenhower, prenant pour base son évaluation de la résistance ennemie, à laquelle j'attache la plus grande importance, désire maintenant déplacer quelque peu l'axe de l'offensive vers le sud, et frapper par Leipzig, ou peut-être même par Dresde, encore plus au sud. [...] Je dois dire très franchement que Berlin conserve une grande importance stratégique. Rien n'aura un effet psychologique aussi accablant sur toutes les forces allemandes qui résistent encore que la chute de leur capitale. Pour le peuple allemand, ce sera la marque suprême de la défaite. Au contraire, si la ville est en mesure de soutenir seule le siège des Russes parmi ses ruines, et tant que le drapeau du Reich continuera d'y flotter, la résistance de tous les Allemands en armes s'en trouvera stimulée. Il y a en outre un autre aspect qu'il convient que nous examinions tous deux. Les armées russes vont sans nul doute envahir toute l'Autriche et entrer à Vienne. Si elles s'emparent également de Berlin, l'impression qu'elles ont pris une part écrasante à notre victoire commune ne se gravera-t-elle pas trop fortement dans leur esprit, et cela ne les mettra-t-il pas dans des dispositions qui nous créeront de graves et redoutables difficultés à l'avenir ? *J'estime donc que, du point de vue politique, nous devrions pénétrer le plus loin possible vers l'est de l'Allemagne* et que, si Berlin est à notre portée, nous devrions l'occuper sans hésiter. Cette conception paraît également saine du point de vue militaire. »

En fait, même si je ne m'en rendais pas compte, la santé du président était alors si fragile que ce fut le général Marshall qui eut à traiter de ces graves questions, et les chefs d'état-major américains me répondirent en substance que le plan d'Eisenhower paraissait conforme à la stratégie arrêtée comme à ses directives ; il déployait dans le nord, au-delà du Rhin, le maximum de forces employables. L'effort secondaire en direction du sud obtenait de brillants résultats, qui étaient exploités autant que le permettaient les possibilités d'approvisionnement. Ils ne doutaient pas que l'action du commandant suprême permettrait de s'assurer des ports et de tous les autres objectifs mentionnés par les Britanniques plus rapidement et de façon plus décisive que le plan proposé par ces derniers. « La bataille d'Allemagne, ajoutèrent-ils, en était arrivée au stade où il appartenait au commandant sur le terrain de juger des mesures à prendre. Renoncer délibérément à exploiter les faiblesses de l'ennemi ne semblait pas constituer une stratégie avisée. L'unique objectif devait être une victoire rapide et complète. Tout en reconnaissant que certains facteurs n'étaient pas de la compétence directe du commandant suprême, les chefs d'état-major considéraient son concept stratégique de base comme étant justifié. »

Eisenhower lui-même m'assura qu'il n'avait jamais perdu de vue la grande importance de la poussée jusqu'à la côte la plus septentrionale, « bien que votre télégramme eût effectivement introduit une nouvelle idée concernant l'intérêt politique d'atteindre au plus vite certains objectifs particuliers. Je comprends parfaitement votre point de vue sur cette question. Entre vos suggestions et mon plan, il n'y a qu'une différence de dates... Pour assurer le succès de chacun de mes efforts délibérés, je concentre d'abord mes forces au centre pour atteindre la position qui m'est nécessaire. Selon moi, le mouvement suivant devrait consister à faire traverser l'Elbe par Montgomery, renforcé au besoin par des unités américaines, afin d'atteindre au moins une ligne englobant Lübeck sur la côte. Si, à partir de maintenant, la résistance allemande devait se désagréger progressivement et s'écrouler manifestement, vous conviendrez que gagner la position centrale ou franchir l'Elbe reviendrait sensiblement au même du point de vue chronologique. Par contre, si la résistance avait quelque tendance à se durcir, je conçois qu'il me serait absolument nécessaire de concentrer mes forces sur chaque effort séparément, sans me laisser aller à les disperser en essayant de réaliser tous ces projets en même temps[1]. Bien entendu, si un effondrement soudain se produisait à un

---

1. Eisenhower pense manifestement à son erreur de décembre 1944, mais en mars-avril 1945, le danger n'est plus le même, car il ne reste aux Allemands aucune capacité de contre-offensive organisée.

moment quelconque sur toute la longueur du front, nous foncerions aussitôt en avant, et Lübeck comme Berlin seraient alors inclus parmi nos objectifs importants ».

Je lui répondis :

« Encore merci pour votre très aimable télégramme... Cependant, l'importance d'une entrée à Berlin, qui pourrait fort bien être à notre portée, s'impose encore plus fortement à mon esprit du fait de la réponse que Moscou vous a envoyée, et qui indique dans son paragraphe 3 : "Berlin a perdu son ancienne importance stratégique." Ces mots doivent être lus à la lumière de ce que je vous ai dit au sujet des aspects politiques. J'attache la plus grande importance à ce que nous serrions la main aux Russes le plus à l'est possible... Il peut se passer beaucoup de choses à l'ouest avant la date prévue pour l'offensive principale de Staline. »

Je crus de mon devoir de mettre fin à ces discussions entre amis, et comme je l'indiquai au président à l'époque, les modifications apportées au plan principal furent bien moindres que nous ne l'avions pensé initialement. Je n'en dois pas moins faire état de ma conviction qu'à Washington particulièrement, on aurait dû voir plus grand et plus loin ; lorsqu'une guerre menée par une coalition approche de sa fin, les aspects politiques prennent une importance croissante. Il est vrai que la pensée américaine se désintéresse pour le moins de tout ce qui semble s'apparenter à des acquisitions territoriales, mais quand les loups rôdent, le berger doit protéger son troupeau, même si lui-même n'aime pas le mouton. À ce stade, les questions en litige ne parurent pas d'une importance capitale aux chefs d'état-major américains ; le public, bien entendu, ne les remarqua pas, les ignora même, et elles furent bientôt toutes balayées et provisoirement effacées par le flot montant de la victoire. Néanmoins, ainsi que personne ne le contestera aujourd'hui, elles étaient destinées à jouer un rôle prépondérant dans le destin de l'Europe, et pourraient bien nous avoir privés de cette paix durable pour laquelle nous avions si longtemps et si durement combattu. Avec le recul, nous distinguons pleinement le mortel abîme qui sépara le moment où les forces du président Roosevelt déclinèrent de celui où le président Truman commença à saisir l'immensité des problèmes mondiaux; dans ce triste vide, l'un ne pouvait agir et l'autre ne pouvait savoir. Ni les chefs militaires ni le Département d'État ne reçurent les directives qui leur étaient nécessaires; les premiers se cantonnèrent à leur domaine professionnel, le second ne comprit pas ce qui était en jeu. La direction politique indispensable fit défaut au moment où elle était le plus requise; les États-Unis se dressaient sur le théâtre de la victoire, maîtres des destinées du monde, mais dépourvus de plan véritable et cohérent; la Grande-Bretagne, bien qu'encore puissante, ne pouvait agir seule de façon décisive. À ce stade, je ne pouvais qu'avertir et exhorter; aussi cette apothéose d'un succès apparemment sans limites fut-elle pour moi une époque des plus pénibles[1]. Je me déplaçais au milieu de foules en liesse, je m'asseyais à une table comblé des félicitations et des bénédictions venues de tous les pays de la Grande Alliance, avec le cœur douloureux et l'esprit agité de sombres pressentiments.

La destruction de la puissance militaire allemande avait provoqué une transformation radicale des rapports entre la Russie communiste et les démocraties occidentales; elles avaient perdu l'ennemi commun, qui représentait quasiment leur seul trait d'union. À partir de ce moment, l'impérialisme russe et la foi communiste ne virent et n'assignèrent plus de limites à leur progression comme à leur hégémonie ultime; plus de deux ans allaient s'écouler avant qu'elles ne se retrouvent confrontées à une volonté

---

1. Il faut naturellement prendre en compte l'épuisement physique qui affecte à l'époque cet homme de 70 ans – ainsi que ses ministres et chefs d'état-major, pourtant beaucoup plus jeunes...

aussi puissante que la leur. Je ne parlerais pas ainsi de ces choses aujourd'hui, alors qu'elles s'étalent en pleine lumière, si je ne les avais déjà comprises et pressenties lorsque tout était encore flou, et que l'ampleur du triomphe ne faisait que renforcer les ténèbres inhérentes aux destinées humaines. De tout cela, le lecteur sera juge.

CHAPITRE XXV

LE RIDEAU DE FER

À mesure que s'écoulaient les semaines après Yalta, il devenait de plus en plus évident que le gouvernement soviétique ne faisait rien pour appliquer nos accords au sujet d'un élargissement du gouvernement polonais, qui prévoyaient l'inclusion de représentants de tous les partis et des deux camps; Molotov refusait obstinément de donner une opinion sur les Polonais que nous avions présentés, et pas un seul d'entre eux ne fut autorisé à participer, fût-ce à une table ronde préliminaire. Molotov avait proposé de nous permettre d'envoyer des observateurs en Pologne, mais ayant été déconcerté par l'empressement et la rapidité avec lesquels nous avions accepté, il prétendit entre autres choses que le prestige du gouvernement provisoire de Lublin risquait d'en souffrir. On ne fit pas le moindre progrès lors des conversations de Moscou; le temps travaillait pour les Russes et pour leurs partisans polonais, qui assuraient leur emprise sur le pays par toutes sortes de mesures draconiennes qu'ils n'avaient aucune envie d'exposer aux regards d'observateurs étrangers. Chaque jour de retard représentait un gain pour ces forces brutales.

C'est le soir même où j'exposais à la Chambre des communes les résultats de nos travaux de Yalta que se produisit en Roumanie la première violation par les Russes de l'esprit comme de la lettre de nos accords. Nous étions tous liés par la déclaration sur l'Europe libérée, si récemment signée, en étant tenus de veiller à ce que des élections libres puissent se tenir et à ce que des gouvernements démocratiques s'établissent dans les pays occupés par les armées alliées. Le 27 février, Vychinsky, qui était arrivé par surprise la veille à Bucarest, demanda une audience au roi Michel et exigea le renvoi du gouvernement composé de représentants de tous les partis ; celui-ci avait été formé au lendemain du coup d'État royal d'août 1944, et avait provoqué l'expulsion des Allemands de Roumanie. Le jeune monarque, appuyé avec sang-froid par son ministre des Affaires étrangères, Visoianu, repoussa ces exigences jusqu'au lendemain ; Vychinsky revint alors et, balayant la requête du roi qui voulait au moins consulter les chefs des divers partis politiques, tapa du poing sur la table, exigea en hurlant un acquiescement immédiat et sortit de la pièce en claquant la porte. Au même moment, des chars et des troupes soviétiques se déployaient dans les rues de la capitale, et le 6 mars, un gouvernement nommé par les Russes entra en fonctions.

Je fus profondément troublé par ces nouvelles, qui annonçaient clairement tout ce qui allait se produire par la suite. Mais nous nous trouvions gênés pour protester du fait qu'Eden et moi, lors de notre séjour à Moscou en octobre, avions reconnu à la Russie une voix prépondérante en Roumanie et en Bulgarie, tandis que nous prenions l'ascendant en Grèce ; Staline avait très strictement respecté cet accord au cours des six semaines de combats contre les communistes et l'ELAS à Athènes, si désagréable qu'eût été la chose pour lui comme pour son entourage. À présent, la paix avait été rétablie et, bien qu'il fallût s'attendre encore à de nombreuses difficultés, j'espérais que nous serions en mesure de tenir dans quelques mois des élections libres et exemptes de toute contrainte, de préférence sous la surveillance des Britanniques, des Américains et des Russes, et qu'ensuite, une constitution et un gouvernement pourraient être établis sur la base de la volonté indiscutable du peuple grec.

Mais Staline suivait désormais dans les deux pays balkaniques riverains de la mer Noire une ligne de conduite absolument contraire à toutes les idées démocratiques; il avait souscrit sur le papier aux principes énoncés à Yalta, et voici qu'ils étaient foulés au pied en Roumanie. Mais si je le lui reprochais trop amèrement, il pouvait me dire: « Je n'ai pas fait obstacle à votre action en Grèce, pourquoi ne me laissez-vous pas la même latitude en Roumanie? » Aucune des deux parties ne convaincrait l'autre, et du fait de mes relations personnelles avec Staline, j'étais persuadé que c'eût été une erreur de se laisser entraîner dans une telle discussion.

J'avais néanmoins la conviction qu'il fallait lui faire part de notre angoisse devant l'installation par la force d'un gouvernement de minorité communiste; je craignais particulièrement que cela ne provoquât une purge massive de tous les Roumains anticommunistes, qui seraient accusés de fascisme selon le même schéma que leurs homologues bulgares.

Pendant ce temps, l'impasse se prolongeait au sujet de la Pologne; durant tout le mois de mars, j'échangeai avec le président une correspondance assez âpre, mais bien que je n'aie pas reçu d'informations précises quant à son état de santé, j'avais l'impression qu'en dehors de quelques éclairs furtifs de courage et de sagacité, les télégrammes qu'il nous envoyait n'émanaient pas de lui. La politique des Soviétiques devenait de jour en jour plus évidente, de même que l'usage qu'ils faisaient du contrôle sans entraves et sans observateurs exercé sur la Pologne; ils demandaient que celle-ci fût représentée à la future conférence des Nations unies à San Francisco par le seul gouvernement de Lublin. Les puissances occidentales n'ayant pas accepté, les Soviétiques refusèrent de laisser Molotov participer à la conférence. Ceci menaçait de compromettre toute avancée à San Francisco, voire même la conférence proprement dite. Molotov persistait à soutenir que le communiqué de Yalta signifiait simplement qu'il fallait ajouter quelques autres Polonais au gouvernement *de facto* de marionnettes soviétiques, et que celles-ci devaient être consultées au préalable. Il maintenait qu'il avait le droit d'opposer son veto à Mikolajczyk et à tout autre Polonais que nous pourrions proposer, en prétendant qu'il n'avait pas de renseignements suffisants sur les noms que nous avions avancés longtemps auparavant. Il était clair comme le jour que sa tactique consistait à faire traîner les choses en longueur pendant que le comité de Lublin consolidait son pouvoir sur le pays. Les négociations menées par nos ambassadeurs ne laissaient entrevoir aucune perspective de règlement équitable de la question polonaise ; elles signifiaient simplement que nos représentations seraient aiguillées sur une voie de garage, et que l'on perdrait son temps à trouver des formules n'ayant aucun impact sur les points essentiels.

Étant persuadé que la seule façon de porter un coup d'arrêt à Molotov était d'envoyer un message personnel à Staline, je fis appel au président Roosevelt, dans l'espoir que nous pourrions effectuer une démarche conjointe au plus haut niveau. Une correspondance prolongée s'ensuivit entre nous, mais à cette époque cruciale, la santé et les forces de Roosevelt avaient décliné. En rédigeant mes longs télégrammes, je pensais m'adresser à l'ami et collègue qui avait ma confiance, ainsi que je l'avais fait pendant toutes ces années ; mais en vérité, je n'avais plus vraiment son oreille. Je ne savais pas à quel point il était malade, sans quoi j'aurais trouvé cruel d'insister aussi vivement. Les aides dévoués du président tenaient essentiellement à ce que la nouvelle de son état s'ébruite le moins possible, et les réponses envoyées en son nom étaient rédigées conjointement par plusieurs personnes ; alors que sa vie s'estompait, Roosevelt ne pouvait plus leur donner que des directives et une approbation générales, ce qui constituait déjà un effort surhumain. Le Département d'État avait naturellement tendance à éviter toute confrontation au moment où le président se trouvait dans un tel état de faiblesse physique, et à laisser peser le fardeau sur les ambassadeurs à Moscou ; Harry Hopkins, qui aurait pu apporter une aide personnelle, était lui-même sérieusement malade, il était souvent absent, ou bien on ne l'invitait pas. Ce furent là des semaines qui nous coûtèrent cher à tous.

*
* *

Pendant ce temps, une autre correspondance bien plus acerbe et plus importante s'échangeait sur une tout autre question entre les gouvernements américain et britannique d'une part, et les Soviétiques d'autre part. L'avance des armées soviétiques, les victoires d'Alexander en Italie, l'échec de la contre-attaque des Ardennes et la marche d'Eisenhower vers le Rhin avaient convaincu tout le monde, sauf Hitler et ses partisans les plus fanatiques, qu'une reddition était imminente et inéluctable. Mais dès lors, la question se posait : à qui se rendre ? L'Allemagne ne pouvait plus mener une guerre sur deux fronts. La paix avec les Soviétiques était évidemment impossible : les maîtres du Reich connaissaient trop bien l'oppression totalitaire pour permettre son importation depuis l'est. Restaient les Alliés occidentaux : ne pourrait-on, demandaient-ils, conclure un marché avec la Grande-Bretagne et les États-Unis ? S'ils pouvaient obtenir une trêve à l'Ouest, ils seraient en mesure de concentrer leurs forces pour endiguer l'avance soviétique. Hitler seul se montrait intransigeant : le IIIe Reich étant condamné, il voulait périr avec lui ; mais plusieurs de ses acolytes essayèrent d'établir secrètement des contacts avec les Alliés anglo-saxons. Toutes ces propositions furent naturellement rejetées ; nous exigions une capitulation sans condition sur tous les fronts. Toutefois, nos chefs militaires sur place étaient toujours parfaitement habilités à accepter la capitulation purement militaire des forces ennemies qui leur faisaient face, et c'est une tentative de conclure un arrangement de ce genre, alors que nous nous battions sur le

Rhin, qui provoqua un âpre échange de correspondance entre les Russes et le président, qui avait mon soutien.

En février 1945, le général Karl Wolff, commandant des SS en Italie, avait pris contact en Suisse avec le service de renseignements américain[1], grâce à des intermédiaires italiens. On décida de vérifier les pouvoirs dont disposaient les intéressés, et l'affaire reçut le nom de code de « Crossword ». Le 8 mars, le général Wolff vint lui-même à Zurich pour y rencontrer M. Allen Dulles, chef de l'organisation américaine, qui lui répondit sans ambages que toutes négociations étaient exclues, et que si l'on devait donner suite, cela ne pourrait être que sur la base d'une reddition sans condition. Cette information fut rapidement communiquée au quartier général allié en Italie ainsi qu'aux gouvernements britannique, américain et soviétique[2]. Le 15 mars, les chefs d'état-major britannique et américain de Caserte se rendirent en Suisse incognito, et quatre jours plus tard, le 19 mars, un second entretien exploratoire eut lieu avec le général Wolff.

Je compris d'emblée que le gouvernement soviétique pourrait prendre ombrage d'une capitulation militaire séparée dans le Sud, qui permettrait à nos armées d'avancer face à une opposition réduite jusqu'à Vienne et au-delà, voire en direction de l'Elbe et de Berlin. En outre, comme tous nos fronts encerclant l'Allemagne participaient du même effort de guerre allié, les Russes ne manqueraient pas d'être affectés par tout ce qui se produirait sur l'un d'eux. Si l'on prenait des contacts officiels ou officieux avec l'ennemi, les Russes devaient en être avertis en temps utile. Ce principe fut rigoureusement observé ; le 12 mars, l'ambassadeur de Grande-Bretagne à Moscou informa le

---

1. L'OSS (*Office of Strategic Service*), créé en 1942.
2. Assez curieusement, la mention du gouvernement soviétique a disparu dans la traduction française de 1954, mais elle figurait dans la version originale anglaise des *Mémoires*. La chose n'est pas sans importance...

gouvernement soviétique des communications avec les émissaires allemands, et déclara qu'aucun contact ne serait établi avant que nous n'ayons reçu la réponse russe. Il ne fut question à aucun moment de dissimuler la moindre chose aux Russes ; les représentants alliés alors présents en Suisse étudièrent même le moyen d'y introduire clandestinement un officier soviétique, au cas où le gouvernement de Moscou souhaiterait envoyer quelqu'un. Toutefois, cela se révéla impossible, et le 13 mars, les Russes furent informés que si « Crossword » s'avérait prometteur, nous accueillerions volontiers leurs représentants au quartier général d'Alexander. Trois jours plus tard, M. Molotov fit savoir à l'ambassadeur de Grande-Bretagne à Moscou que le gouvernement soviétique jugeait « absolument inexplicable et incompréhensible l'attitude du gouvernement britannique consistant à refuser aux Russes toutes facilités pour envoyer leur représentant à Berne ». Une communication analogue fut transmise à l'ambassadeur des États-Unis.

Le 21 mars, notre ambassadeur à Moscou fut chargé d'informer une nouvelle fois le gouvernement soviétique que le seul objet des réunions était de nous assurer que les Allemands avaient bien l'autorité voulue pour négocier une reddition militaire, et d'inviter les délégués russes au quartier général interallié de Caserte. C'est ce qu'il fit, et le lendemain, Molotov lui remit une réponse écrite contenant les passages suivants :

« À Berne, depuis deux semaines, à l'insu de l'Union soviétique qui supporte le fardeau le plus lourd de la guerre contre l'Allemagne, des négociations sont en cours entre les représentants du commandement allemand d'une part et ceux du commandement anglo-américain d'autre part. »

Sir Archibald Clark Kerr expliqua naturellement que les Soviétiques s'étaient mépris sur les faits, et que ces « négociations » n'étaient rien de plus qu'une tentative de vérifier les pouvoirs et l'autorité du général Wolff. Le commentaire de Molotov fut brutal et insultant : « Dans cette affaire, le gouvernement soviétique ne voit pas un malentendu, mais quelque chose de plus grave. » Il attaqua les Américains en termes tout aussi violents.

Devant une accusation aussi étonnante, j'estimai préférable de garder le silence plutôt que de rivaliser d'injures, mais en même temps, il me parut nécessaire d'avertir nos chefs militaires à l'Ouest ; je communiquai donc la lettre offensante de Molotov à Montgomery et à Eisenhower, auprès desquels je me trouvais alors pour assister au passage du Rhin.

Le général Eisenhower se montra bouleversé et fort indigné devant ce qu'il percevait comme une mise en cause aussi injuste qu'infondée de notre bonne foi[1]. Il déclara qu'en tant que chef militaire, il était disposé à accepter la reddition sans condition de n'importe quelle unité ennemie sur son front, depuis une compagnie jusqu'à une armée entière, qu'il considérait cela comme une question purement militaire et qu'il avait toute autorité pour accepter une telle capitulation sans avoir à demander l'avis de quiconque. Par contre, si des questions politiques se posaient, il consulterait immédiatement les gouvernements ; il craignait que si les Russes intervenaient dans le processus de capitulation des forces de Kesselring, une affaire qu'il pourrait régler personnellement en une heure se prolongeât durant trois ou quatre semaines, au cours desquelles nos troupes continueraient à subir de lourdes pertes. Il précisa qu'il exigerait que les unités aux ordres de l'officier commandant la reddition déposent leurs armes et restent sur place jusqu'à réception de nouvelles instructions, afin d'empêcher l'ennemi de leur faire traverser l'Allemagne pour les opposer aux Russes ; par contre,

---

1. Le général Eisenhower, resté très naïf en politique, ne comprend pas la tactique de Staline consistant à lancer des accusations brutales pour déstabiliser l'interlocuteur ; Churchill, vétéran de quatre conférences avec le petit Père des Peuples, aurait dû être moins surpris par le procédé.

lui-même franchirait l'écran de ces troupes en reddition pour avancer vers l'est le plus vite possible.

Pour ma part, j'estimais qu'il fallait laisser ces questions à son entière discrétion, les gouvernements n'intervenant que s'il se posait des problèmes politiques. Je ne voyais pas pourquoi nous devrions nous couvrir la tête de cendres si, par suite d'une reddition massive à l'Ouest, nous parvenions avant Staline sur l'Elbe, ou même plus loin ; Jock Colville me rappelle que je lui avais dit ce soir-là : « Je ne tiens pas vraiment à envisager un démembrement de l'Allemagne tant que mes doutes au sujet des intentions russes n'auront pas été levés. »

Le 5 avril, le président me communiqua le texte surprenant de sa correspondance avec Staline :

« Vous avez parfaitement raison, écrivait Staline, d'estimer qu'en relation avec cette affaire de négociations entre le commandement anglo-américain et le commandant allemand quelque part à Berne ou en tout autre lieu, "il s'est créé une regrettable atmosphère de crainte et de méfiance". Vous affirmez qu'il n'y a pas encore eu de négociations. On peut donc supposer que vous avez été incomplètement informé. [...] Mes collègues militaires ne doutent nullement que ces négociations ont eu lieu, et qu'elles ont abouti à un accord avec les Allemands, sur la base duquel le maréchal Kesselring, leur commandant sur le front occidental, a accepté d'ouvrir le front et de permettre aux troupes anglo-américaines d'avancer vers l'est, tandis que les Anglo-Américains lui promettaient en retour d'adoucir les conditions de paix pour les Allemands. Il en résulte qu'à l'heure actuelle, les Allemands du front occidental ont en fait cessé de combattre contre l'Angleterre et les États-Unis. Au même moment, les Allemands poursuivent la guerre contre la Russie, alliée de l'Angleterre et des États-Unis... »

Cette accusation irrita profondément le président. Son état de santé ne lui permit pas d'apporter lui-même une réponse ; c'est le général Marshall qui la rédigea, avec l'approbation de Roosevelt, et elle ne manquait certes pas de vigueur :

> « Étant persuadé que vous croyez en mon intégrité personnelle et en ma volonté d'obtenir avec vous la reddition sans condition des nazis, je m'étonne que le gouvernement soviétique semble penser que j'aie pu conclure un accord avec l'ennemi sans obtenir au préalable votre plein assentiment. Je voudrais enfin ajouter ceci : ce serait l'une des plus grandes tragédies de l'Histoire si une telle méfiance et un tel manque de foi venaient compromettre toute l'entreprise, au moment précis où la victoire se trouve à notre portée, après les pertes colossales en vies humaines, en matériel et en argent qu'elle nous a coûtés. *Franchement, je ne peux m'empêcher d'éprouver un amer ressentiment envers vos informateurs, quels qu'ils soient, qui ont si abominablement déformé mes actes et ceux de subordonnés en qui j'ai toute confiance.* »

Je fus profondément frappé par cette dernière phrase, que je cite en italique. J'eus l'impression que si M. Roosevelt n'avait pas rédigé lui-même tout le message, il avait sans doute ajouté personnellement ce dernier trait, qui ressemblait à un ajout, à un résumé, et à l'image même d'un Roosevelt en colère.

Je lui écrivis sans tarder, de même qu'à Staline, et quelques jours plus tard, je reçus un semblant d'excuses de la part du dictateur russe. Quant au président, il me câbla le 12 avril :

> « Je suis enclin à minimiser le plus possible l'ensemble du problème soviétique, parce que ces difficultés semblent se présenter chaque jour sous une forme ou sous une autre, et la plupart d'entre elles finissent par se régler, comme dans le cas de la rencontre de Berne. Il nous faut toutefois rester fermes, et la ligne de conduite que nous avons suivie jusqu'ici est la bonne. »

*
* *

Le président Roosevelt mourut subitement dans l'après-midi du jeudi 12 avril à Warm Springs, en Géorgie. Il avait soixante-trois ans. Alors que l'on peignait son portrait, il s'affaissa soudain et mourut quelques heures plus tard, sans avoir repris connaissance. En recevant cette nouvelle dans la matinée du vendredi 13 avril, j'éprouvai comme un choc physique ; mes rapports avec cette personnalité éclatante, qui avaient joué un rôle si important au cours des longues et terribles années où nous avions travaillé ensemble, s'interrompaient pour toujours, et je fus accablé par le sentiment d'une perte immense et irréparable. Je me rendis à la Chambre des communes qui se réunissait à 11 heures, et par quelques phrases, je proposai de rendre hommage à la mémoire de notre grand ami en levant immédiatement la séance ; ce geste sans précédent à l'occasion du décès d'un chef d'État étranger répondait au désir unanime des députés, qui se retirèrent lentement après une séance qui n'avait duré que huit minutes.

Ma première impulsion fut de me rendre aux funérailles, et j'avais déjà commandé un avion à cet effet. Lord Halifax télégraphia que Hopkins et Stettinius, tous deux très touchés de cette intention, étaient entièrement d'accord avec moi pour penser que cela aurait des effets éminemment favorables. M. Truman l'avait prié de me dire combien il apprécierait personnellement l'occasion de me rencontrer au plus tôt ; son idée était que nous aurions pu nous ménager deux ou trois jours de conversations après les obsèques.

Pourtant, une très forte pression s'exerça sur moi pour me dissuader de quitter le pays à ce moment hautement critique et difficile ; je m'inclinai donc devant le désir de mes amis. Rétrospectivement, je regrette de n'avoir pas accepté la proposition du nouveau président ; je ne l'avais jamais rencontré et j'ai l'impression que sur de nombreux points, des entretiens personnels auraient été extrêmement précieux, surtout s'ils s'étaient déroulés sur plusieurs jours, sans être trop hâtifs ou protocolaires[1]. Il me paraissait extraordinaire que Roosevelt se fût abstenu, surtout au cours des derniers mois, de mettre son adjoint et successeur en puissance pleinement au courant de toutes les affaires et de le faire participer aux décisions que l'on était en train de prendre. Voilà qui devait s'avérer extrêmement préjudiciable à notre cause ; aucune comparaison n'est possible entre le fait de lire les événements après coup et celui de les vivre heure par heure. J'avais en M. Eden un collègue qui savait tout et pouvait à tout moment reprendre l'entière direction des affaires, bien que je fusse moi-même en bonne santé et en pleine activité. Mais le vice-président des États-Unis passe d'un bond d'une fonction où il a peu de renseignements et moins encore de pouvoir à une position d'autorité suprême. Comment M. Truman aurait-il pu connaître et évaluer l'importance de tout ce qui était en jeu à ce point culminant de la guerre ? Tout ce que nous avons appris de lui depuis lors le montre comme un homme résolu, sans peur et capable de prendre les plus graves décisions. En ces premiers mois, il se trouva dans une situation extrêmement difficile, qui ne lui permit pas d'exercer pleinement ses éminentes qualités.

La première initiative politique du président Truman nous concernant fut de reprendre la question polonaise au point où Roosevelt l'avait laissée à son décès quarante-huit heures plus tôt ; il me proposa d'envoyer une déclaration commune à Staline. Le texte de ce document avait dû déjà se trouver à un stade de préparation avancé lorsque le nouveau président arriva au pouvoir ; il n'en est pas moins remarquable qu'il se soit senti si rapidement en mesure de

---

1. Ce qui laisse entendre assez clairement que Churchill aurait pu influencer Harry Truman au point de lui faire adopter une ligne plus ferme vis-à-vis de l'URSS ; mais Truman avait au moins hérité de Roosevelt une méfiance certaine à l'égard du Premier ministre britannique.

s'engager dans cette affaire, au milieu de toutes les cérémonies officielles de son entrée en fonction et des obsèques de son prédécesseur[1].

Il reconnaissait que l'attitude de Staline n'était pas très encourageante, mais estimait que nous devions « faire un nouvel essai ». Il proposait donc de lui dire que nos ambassadeurs à Moscou avaient accepté sans réserves que les trois dirigeants du gouvernement de Varsovie soient invités aux consultations dans la capitale soviétique, et de l'assurer que nous n'avions jamais refusé de les voir jouer un rôle éminent dans la formation du nouveau gouvernement provisoire d'union nationale. Nos ambassadeurs ne réclamaient pas le droit d'inviter un nombre illimité de Polonais de l'étranger et de l'intérieur; la véritable question était de savoir si le gouvernement de Varsovie pourrait opposer son veto à la présence de certains candidats aux consultations, un droit qu'à notre avis, les accords de Yalta ne leur accordaient nullement.

Le message commun fut expédié le 15 avril. Dans l'intervalle, M. Mikolajczyk confirma qu'il acceptait la décision prise en Crimée au sujet de la Pologne, y compris l'établissement d'une frontière orientale au niveau de la ligne Curzon, ce dont j'informai Staline. Comme je ne reçus pas de réponse, il était permis de supposer que le dictateur s'estimait provisoirement satisfait. D'autres points demeuraient en suspens; M. Eden télégraphia de Washington qu'il était d'accord avec Stettinius pour renouveler notre demande au sujet de l'entrée d'observateurs en Pologne, et pour que nous insistions une fois de plus auprès du gouvernement soviétique afin qu'il suspendît ses négociations en vue de la conclusion d'un traité avec les Polonais de Lublin. Mais peu de temps après cette

---

1. Mais la chose s'explique aisément par l'influence d'Averell Harriman, qui a envoyé de Moscou des rapports circonstanciés, avant de rentrer précipitemment à Washington pour exposer l'ensemble de l'affaire au nouveau président.

décision, nous fûmes informés que le traité avait été conclu.

Le 29 avril, lorsqu'il devint évident que nous n'aboutissions à rien, j'exposai à Staline l'ensemble de la question telle qu'elle m'apparaissait, dans un long télégramme dont voici les paragraphes essentiels :

> « Il est tout à fait vrai que nous avons arrêté avec les Américains une ligne d'action précise en ce qui concerne la Pologne, parce que nous sommes tout naturellement d'accord à ce sujet, et aussi parce que nous avons sincèrement l'impression d'avoir été assez mal traités... depuis la conférence de Crimée. Nul doute que ces choses paraissent différentes quand on les considère du point de vue opposé. Mais nous nous accordons entièrement sur le fait que les engagements que nous avons pris d'établir une Pologne souveraine, libre et indépendante, avec un gouvernement représentant complètement et adéquatement tous les éléments démocratiques existant au sein de son peuple, sont pour nous une question d'honneur et de devoir. Je ne crois pas qu'il y ait la moindre chance de voir l'attitude de nos deux puissances se modifier à cet égard, et lorsque nous sommes d'accord, nous ne manquons pas de le dire. Après tout, nous vous avons appuyé au début de 1944, en grande partie grâce à mon initiative personnelle, en adoptant la frontière russo-polonaise que vous désiriez, c'est-à-dire la ligne Curzon, y compris l'attribution de Lvov à la Russie. Nous estimons que vous devriez à présent nous donner satisfaction en ce qui concerne l'autre moitié de la politique que vous avez proclamée en même temps que nous, à savoir la création d'une Pologne souveraine, indépendante et libre, à condition qu'elle soit amicale à l'égard de la Russie...

De même, des difficultés surgissent à l'heure actuelle parce qu'il arrive de Pologne toutes sortes d'histoires que beaucoup de membres du Parlement écoutent d'une oreille avide, qui peuvent à tout moment être évoquées avec passion à la Chambre ou dans la presse malgré ma désapprobation à l'égard de ce procédé, et sur lesquelles M. Molotov ne daigne nous donner aucun renseignement, en dépit de mes nombreuses demandes. *On parle par exemple des quinze Polonais qui auraient rencontré les autorités russes pour des conversations il y a plus de quatre semaines... ainsi que de bien d'autres déclarations faisant état de déportations, etc.**. Comment puis-je démentir de telles allégations, dès lors que vous ne me fournissez absolument aucun renseignement, et que ni moi ni les Américains ne sommes autorisés à envoyer qui que ce soit en Pologne pour constater *de visu* l'état de choses existant ? Il n'y a pas un seul endroit, dans les territoires occupés ou libérés par nous, où vous n'ayez toute liberté pour envoyer des délégations, et le public ne comprend pas quelles raisons vous pourriez avoir d'interdire aux délégués britanniques un accès similaire aux pays étrangers que vous avez libérés.

Il n'est guère encourageant de scruter les perspectives d'avenir d'un monde où vous-même et les pays que vous dominez, ainsi que les partis communistes dans de nombreux autres États, vous trouveriez tous groupés du même côté, tandis que ceux qui se rallient aux nations de langue anglaise, leurs associés ou Dominions, seraient rangés de l'autre. Il est bien évident que leur querelle mettrait le monde en pièces et que, dans les deux camps, nous tous dirigeants qui en porterions la moindre responsabilité serions couverts d'opprobre devant l'Histoire[1]. Le simple fait de s'engager dans une longue période de soupçons, d'insultes, de ripostes et de politiques antagonistes serait une catastrophe qui compromettrait le grand développement mondial de la prospérité des masses que notre trinité peut seule réaliser. J'espère qu'il n'y a dans cet épanchement de mon cœur aucun mot, aucune phrase qui puisse vous causer quelque offense bien involontaire. Dans l'affirmative, ne manquez pas de m'en informer. Mais je vous en prie,

---

* Souligné par moi. WSC.

1. Un argument qui a fort peu de chances de porter, mais – sans doute par projection – Churchill pense que Staline est aussi soucieux que lui de la place qu'il occupera dans l'Histoire.

Staline, mon ami, ne sous-estimez pas les divergences de vues qui sont en train de naître à propos de questions que vous pouvez juger de peu d'intérêt pour nous, mais qui représentent un symbole de la façon dont les démocraties de langue anglaise conçoivent l'existence. »

L'incident des quinze Polonais disparus auquel mon télégramme fait allusion mérite d'être rapporté ici, bien qu'il nous faille pour cela anticiper quelque peu sur notre récit. Au début de mars 1945, la police politique russe invita le mouvement clandestin polonais à envoyer une délégation à Moscou pour y discuter de la formation d'un gouvernement d'union dans le sens des accords de Yalta ; cette invitation fut suivie d'un sauf-conduit écrit, et il fut entendu que le groupe aurait ensuite l'autorisation, en cas de succès des négociations, de se rendre à Londres pour s'entretenir avec le gouvernement polonais en exil. Le 27 mars, le général Léopold Okulicki, successeur du général Bór-Komorowski à la tête de l'armée secrète, ainsi que deux autres dirigeants et un interprète, rencontrèrent un représentant soviétique dans un faubourg de Varsovie ; ils furent rejoints le lendemain par treize délégués des principaux partis politiques de Pologne ; un autre dirigeant polonais se trouvait déjà aux mains des Russes. Aucun d'entre eux ne revint de ce rendez-vous. Le 6 avril, le gouvernement polonais en exil publia à Londres une déclaration donnant les grandes lignes de ce sinistre épisode ; les représentants les plus éminents du mouvement clandestin avaient disparu sans laisser de trace, bien que les Russes leur aient officiellement fourni des sauf-conduits. Des questions furent posées au Parlement, et selon certains bruits ayant couru depuis lors, des chefs polonais locaux auraient été fusillés dans les régions occupées à l'époque par les armées soviétiques ; on a cité plus particulièrement un épisode qui se serait déroulé à Siedlce, en Pologne orientale. C'est seulement le 4 mai que Molotov avoua à San Francisco que ces hommes étaient détenus en Russie, et le lendemain, une agence de presse officielle soviétique annonça qu'ils attendaient d'être jugés sous l'inculpation de « menées subversives sur les arrières de l'Armée rouge ».

Le 18 mai, Staline démentit publiquement que les chefs polonais arrêtés eussent jamais été invités à Moscou, et affirma qu'il s'agissait de simples « éléments subversifs » qui seraient jugés d'après « une loi analogue à la loi britannique sur la Défense du royaume ». Le gouvernement soviétique s'en tint obstinément à cette position. On n'entendit plus parler des victimes de ce guet-apens jusqu'au 18 juin, date de l'ouverture du procès ; celui-ci se déroula selon la procédure communiste habituelle : les prisonniers furent accusés de subversion, de terrorisme et d'espionnage, et tous sauf un reconnurent tout ou partie des charges retenues contre eux ; treize furent déclarés coupables, et condamnés à des peines d'emprisonnement allant de quatre mois à dix ans, tandis que trois étaient acquittés. Ce fut en fait la liquidation judiciaire du commandement de l'armée secrète polonaise, qui avait combattu si héroïquement contre Hitler ; les simples soldats avaient déjà succombé dans les ruines de Varsovie.

Dans l'intervalle, j'avais reçu la réponse de Staline au long appel que je lui avais adressé le 29 avril. Datée du 5 mai, elle était extrêmement décourageante :

> « Je me vois dans l'obligation de dire que je ne saurais accepter les arguments que vous avancez à l'appui de votre position...
>
> Je ne peux partager vos vues [...] dans le passage où vous suggérez que les trois puissances devraient superviser les élections. Une telle supervision, concernant un peuple d'un État allié, ne peut qu'être considérée comme une insulte envers ce peuple et une intervention flagrante dans ses affaires intérieures. Une supervision de ce genre est inutile dans le cas des anciens pays satellites qui ont ensuite déclaré la guerre à l'Allemagne et rallié le camp des Alliés. C'est ce que prouve l'exemple des élections en Finlande, qui se sont tenues sans intervention extérieure et ont abouti à des résultats

constructifs... La situation particulière de la Pologne en tant qu'État limitrophe de l'Union soviétique [...] exige du futur gouvernement polonais qu'il cherche activement à nouer des relations amicales entre les deux pays, ce qui est également dans l'intérêt de toutes les autres nations éprises de paix. Les Nations unies tiennent à voir s'instaurer une amitié solide et durable entre l'Union soviétique et la Pologne. Par conséquent, nous ne pouvons accepter que soient associées à la formation du futur gouvernement polonais des personnalités qui, selon votre expression, ne sont pas « foncièrement antisoviétiques », ou que soient seules exclues de la participation à cette tâche celles qui sont, selon vous, « extrêmement hostiles à la Russie ». Aucun de ces critères ne peut nous satisfaire. *Nous insistons, et nous insisterons à l'avenir pour que seules les personnalités ayant activement manifesté une attitude amicale envers l'Union soviétique, et qui sont honnêtement et sincèrement disposées à collaborer avec l'État soviétique, soient convoquées aux consultations relatives à la formation du futur gouvernement polonais**.

Il me faut commenter plus spécialement un [autre] point de votre message, où vous signalez les difficultés résultant de rumeurs au sujet de l'arrestation de quinze Polonais, de déportations, etc. À cet égard, je puis vous informer que le groupe de Polonais auquel vous faites allusion comprend non pas quinze, mais seize personnes, sous la direction du très notoire général polonais Okulicki. Au vu de son caractère particulièrement odieux, le Service de renseignements britannique se garde bien de parler de ce général qui a « disparu » avec les quinze autres Polonais ayant, paraît-il, partagé son sort. Mais nous n'avons pas l'intention de garder le silence à ce sujet. Ce groupe de seize individus emmenés par le général Okulicki a été arrêté par les autorités militaires sur le front soviétique, et il fait actuellement l'objet d'interrogatoires à Moscou. Le groupe du général Okulicki, et particulièrement le général lui-même, est accusé d'avoir planifié et exécuté des actes de subversion sur les arrières de l'Armée

---

* Souligné par moi. WSC.

rouge, qui ont provoqué la perte de plus de cent officiers ou soldats de cette armée ; il est également accusé d'avoir installé des radio émetteurs clandestins sur les arrières de nos troupes, ce qui est illégal. Tous les membres de ce groupe, ou certains d'entre eux, selon les résultats de l'enquête, seront présentés devant la justice. C'est ainsi que l'Armée rouge doit défendre ses soldats et ses arrières contre les éléments subversifs et les fauteurs de troubles.

Le Service de renseignements britannique fait également courir des rumeurs concernant des Polonais qui auraient été assassinés ou fusillés à Siedlce. Ces déclarations sont inventées de toutes pièces, et ont manifestement été suggérées par des agents [anti-soviétiques]...

Il ressort de votre message que vous n'êtes pas disposé à considérer le gouvernement provisoire polonais comme base du futur gouvernement d'union nationale, ni à lui reconnaître la position qui lui revient à l'intérieur de ce dernier. Je me vois obligé de déclarer franchement qu'une telle attitude exclut la possibilité d'aboutir à un règlement concerté de la question polonaise[1]. »

Je transmis ce sinistre message au président Truman, en l'accompagnant du commentaire suivant :

« Il me semble que nous n'obtiendrons guère plus en poursuivant cette correspondance, et qu'il faudrait organiser au plus tôt une rencontre entre les trois chefs de gouvernement. *Dans l'intervalle, nous devrions nous maintenir fermement sur les positions déjà occupées ou en cours d'occupation par nos armées en Yougoslavie, en Autriche, en Tchécoslovaquie, sur le front central des Américains et sur le front britannique jusqu'à Lübeck, Danemark compris**. »

Le 4 mai, je fis parvenir mon évaluation de la situation européenne à M. Eden, qui se trouvait en contact

---

1. En règle générale, ces lettres « brutales » étaient rédigées par Molotov dans le style du Maître, qui apportait ensuite les modifications nécessaires pour les durcir ou les modérer, selon les circonstances.

* Souligné par moi. WSC.

quotidien avec Stettinius et Molotov à la conférence de San Francisco, et devait prochainement revoir le président à Washington :

« 1° Je considère que le seul moyen actuel de sortir de l'impasse polonaise réside probablement dans une conférence réunissant les trois chefs de gouvernement dans quelque ville allemande demeurée intacte, si l'on peut en trouver une. Elle devrait se tenir début juillet au plus tard. Je me propose de télégraphier une proposition au président Truman au sujet de sa visite ici et de la nouvelle rencontre indispensable entre les trois grandes puissances.

2° Il se peut que le problème polonais soit plus facile à régler s'il est traité en relation avec les nombreuses questions de la plus extrême gravité restées en suspens et nécessitant un règlement urgent avec les Russes. Je crains que des choses effroyables se soient produites au cours de l'avance soviétique à travers l'Allemagne en direction de l'Elbe. Le retrait envisagé de l'armée américaine jusqu'aux limites des zones d'occupation telles qu'elles ont été définies avec les Russes et les Américains à Québec, et tracées en jaune sur les cartes que nous y avions étudiées, aurait pour conséquence une avancée de la domination soviétique de quelque 190 kilomètres, sur un front de 500 à 600 kilomètres. Un tel événement, s'il devait survenir, serait l'un des plus sombres de l'Histoire. Lorsque les Russes auraient occupé tout ce territoire, la Pologne se trouverait engloutie et profondément enfoncée en territoire occupé par les Russes. La frontière russe partirait en fait du cap Nord en Norvège, suivrait la frontière finno-suédoise, traverserait la Baltique juste à l'est de Lübeck, longerait la ligne de démarcation convenue actuellement, puis la frontière entre la Tchécoslovaquie et la Bavière jusqu'à celle de l'Autriche – qui doit en principe être soumise à un régime d'occupation quadripartite –, et passerait au centre de ce pays pour atteindre l'Isonzo, derrière lequel Tito et la Russie réclameront tout ce qui se trouve à l'est. C'est ainsi que les territoires sous contrôle russe comprendraient les provinces baltes, toute l'Allemagne jusqu'à la zone d'occupation, toute la Tchécoslovaquie, une grande partie de l'Autriche, toute la Yougoslavie, la Hongrie, la Roumanie et la Bulgarie jusqu'à la Grèce, dans son état d'instabilité actuel. Ils engloberaient toutes les grandes capitales de l'Europe centrale, dont Berlin, Vienne, Budapest, Belgrade, Bucarest et Sofia. La situation de la Turquie et de Constantinople ne manquera certainement pas d'être remise en question sans délai.

3° Tout ceci constitue un événement sans précédent dans l'histoire de l'Europe, et qui n'a jamais été envisagé par les Alliés au cours de leur long et périlleux combat. Les Russes réclament à l'Allemagne des réparations telles qu'elles leur permettront de prolonger leur occupation presque indéfiniment, en tout cas pendant de nombreuses années, au cours desquelles la Pologne et bien d'autres États s'enfonceront dans la vaste zone européenne sous contrôle russe, qui, sans être forcément soviétisée économiquement, n'en sera pas moins soumise à un régime policier[1].

4° Il est grand temps que ces redoutables problèmes soient examinés dans leur ensemble par les principales puissances. Nous avons de notre côté plusieurs atouts majeurs, dont l'exploitation pourrait permettre de parvenir à un règlement pacifique. *D'abord, les Alliés ne devraient pas abandonner leurs positions actuelles pour gagner la ligne d'occupation, tant que nous n'aurons pas obtenu satisfaction au sujet de la Pologne, ainsi que des assurances sur le caractère temporaire de l'occupation russe en Allemagne et sur les conditions à établir dans les pays de la vallée du Danube russifiés ou placés sous contrôle russe, surtout en Autriche et en Tchécoslovaquie, ainsi que dans les Balkans**. Deuxièmement, nous pourrions être en mesure de les satisfaire au sujet des sorties de la mer Noire et de la Baltique dans le cadre d'une déclaration générale. Toutes ces questions ne peuvent être résolues qu'avant l'affaiblissement des armées américaines en Europe ; si elles ne le sont pas avant que ces armées ne

---

1. Une vision assez prophétique de ce qui allait se produire au cours des quarante-cinq années suivantes...

* Souligné par moi. WSC.

quittent l'Europe et avant que le monde occidental ne commence à démonter ses machines de guerre, il n'y a aucune chance d'aboutir à un règlement satisfaisant, et fort peu de chances d'éviter une troisième guerre mondiale. C'est désormais vers cette explication et ce règlement prochains et rapides avec la Russie que nous devons faire porter nos espoirs. En attendant, je m'oppose à toute atténuation des revendications que nous présentons à la Russie au nom de la Pologne. J'estime qu'elles doivent demeurer telles qu'elles ont été exposées dans les télégrammes rédigés par le président et par moi-même. »

« Rien, ajoutai-je le lendemain, ne peut nous sauver de la grande catastrophe, si ce n'est une réunion et une explication devant avoir lieu à une date aussi rapprochée que possible, en quelque endroit de l'Allemagne qui soit sous contrôle britannique et américain, tout en offrant des possibilités de logement convenables. »

L'invasion de l'Allemagne

Chapitre XXVI

LA CAPITULATION ALLEMANDE

Nos opérations en Méditerranée s'achevèrent sur d'éclatants succès. En décembre 1944, Alexander avait remplacé Wilson au poste de commandant suprême sur ce théâtre, tandis que Mark Clark prenait la tête du 15e groupe d'armées; après leurs épuisants efforts de l'automne, nos armées d'Italie avaient besoin de marquer une pause, afin de se réorganiser et de récupérer leur puissance offensive.

La résistance longue, obstinée et imprévue des Allemands sur tous les fronts avait provoqué une grave pénurie d'obus d'artillerie chez les Américains comme chez nous, et les pénibles épreuves de la campagne d'hiver en Italie nous obligèrent à reporter au printemps notre offensive générale. Mais l'aviation alliée, aux ordres du général Eaker, puis du général Cannon, mit à profit sa supériorité de trente contre un pour attaquer sans relâche les lignes d'approvisionnement des armées ennemies; la plus importante d'entre elles, qui reliait Vérone au col du Brenner – où Hitler et Mussolini se rencontraient en des temps plus fastes – fut coupée en de nombreux endroits pendant presque tout le mois de mars; d'autres cols furent souvent bloqués pendant plusieurs semaines, et deux divisions en route pour le front russe s'en trouvèrent retardées de près d'un mois.

L'ennemi avait assez de munitions et de matériel, mais il manquait d'essence. Ses unités étaient généralement à effectifs complets et leur moral restait élevé en dépit des revers subis par Hitler sur le Rhin et sur l'Oder. Le haut commandement allemand n'aurait pas eu grand-chose à craindre, n'étaient l'écrasante supériorité de notre aviation, le fait que nous possédions l'initiative et pouvions frapper n'importe où, et enfin sa position défensive mal choisie, qui l'obligeait à combattre adossé à la large plaine du Pô. Il aurait mieux fait d'évacuer l'Italie du Nord et de se retirer sur les puissantes positions défensives de l'Adige, où il aurait pu nous contenir avec des effectifs bien plus réduits, ce qui lui aurait permis de renforcer ses armées surclassées ailleurs, ou bien d'organiser solidement la face sud du réduit national, dans les montagnes du Tyrol, que Hitler aurait pu considérer comme son « ultime retranchement ».

Mais une défaite au sud du Pô aurait été désastreuse; Kesselring dut s'en rendre compte, et ce fut sans nul doute l'une des raisons qui le poussèrent à engager les négociations relatées au chapitre précédent. Hitler constituait naturellement la pierre d'achoppement, et lorsque Vietinghoff, successeur de Kesselring, proposa d'effectuer un repli tactique, il essuya une rebuffade dans les termes suivants : « Le Führer attend de vous, maintenant comme avant, la dernière fermeté dans l'exécution de votre mission actuelle, qui est de défendre chaque mètre carré des régions d'Italie du Nord placées sous votre commandement. »

Dans la soirée du 9 avril, après une journée d'attaques aériennes et de bombardements d'artillerie massifs, la 8ᵉ armée prit l'offensive. Dès le 14, les nouvelles étaient bonnes sur l'ensemble du front; après une semaine de rudes combats, la 5ᵉ armée, puissamment appuyée par les forces aériennes alliées, déboucha des montagnes, traversa la route principale à l'ouest de Bologne et frappa au nord. Le 20 avril, malgré les ordres d'Hitler, Vietinghoff ordonna la retraite, mais il était trop tard; la 5ᵉ armée accentua sa pression en direction du Pô, précédée de l'aviation tactique qui provoquait des ravages le long des routes. Pris au piège de la 5ᵉ armée, leur retraite coupée, des milliers d'Allemands gagnaient les dépôts de prisonniers ou étaient emmenés vers l'arrière. Nous traversâmes le Pô sur un large front, en talonnant l'ennemi. Notre aviation, qui avait détruit tous les ponts permanents, attaqua les bacs et les passerelles provisoires si efficacement qu'elle sema la confusion dans les rangs allemands. Les survivants qui parvinrent à traverser le fleuve, après avoir abandonné tout leur matériel lourd, furent incapables de se regrouper sur la rive opposée ; les armées alliées les poursuivirent jusqu'à l'Adige. Les partisans italiens harcelaient depuis longtemps l'ennemi dans les montagnes et sur ses arrières ; le 25 avril, le signal de la révolte générale fut donné, et ils lancèrent des attaques de grande envergure, en prenant le contrôle de beaucoup de villes grandes ou petites, notamment Milan et Venise. Dans le nord-ouest de l'Italie, les redditions commencèrent à se généraliser ; la garnison de Gênes, forte de 4 000 hommes, se rendit à un officier de liaison britannique et aux partisans.

Il y eut une pause avant que les hésitations des Allemands ne cèdent devant la pression des événements, mais le 24 avril, Wolff reparut en Suisse, muni des pleins pouvoirs de Vietinghoff ; deux plénipotentiaires furent transportés en avion au quartier général d'Alexander, et le 29 avril, ils y signèrent le document de reddition sans condition, en présence d'officiers supérieurs britanniques, américains et russes. Le 2 mai, près d'un million d'Allemands se rendirent et les hostilités prirent fin en Italie.

Ainsi se termina notre campagne de vingt mois. Nos pertes avaient été lourdes, mais celles de l'ennemi l'avaient été bien davantage, même avant sa capitulation finale. La principale mission de nos armées avait été d'attirer et de fixer le plus grand nombre possible d'Allemands ; elles l'avaient admirablement remplie. À l'exception d'une brève période à l'été de 1944, les effectifs de l'ennemi furent toujours plus nombreux que les nôtres ; lors de la crise que subit l'adversaire au mois d'août de cette année-là, il n'avait pas moins de 55 divisions déployées sur le théâtre méditerranéen. Et ce n'était pas tout : nos forces parachevèrent leur mission en détruisant les effectifs supérieurs en nombre qu'elles avaient été chargées de contenir. Peu de campagnes se sont achevées sur une telle apothéose.

*

* *

Mussolini lui-même était au bout du chemin. Comme Hitler, il allait conserver ses illusions presque jusqu'au dernier moment. À la fin de mars, il avait rendu une dernière visite à son partenaire allemand, et était revenu à son quartier général du lac de Garde rasséréné à la pensée des armes secrètes qui pouvaient encore arracher la victoire ; mais l'avance rapide des Alliés à partir des Apennins mit fin à ces espoirs. On parla fiévreusement d'un baroud d'honneur dans la région montagneuse de la frontière italo-suisse, mais tout esprit combatif avait déserté la République sociale italienne.

Le 25 avril, Mussolini décida de dissoudre ce qui restait de ses forces armées et de demander au cardinal-archevêque de Milan d'organiser une rencontre avec le conseil militaire clandestin du Mouvement italien de libération nationale. Des conversations eurent lieu l'après-midi même à la résidence de l'archevêque, mais dans un dernier geste d'indépendance rageur, Mussolini partit en claquant la porte. Dans la soirée, suivi par un convoi de trente voitures qui emmenait la plupart des dirigeants fascistes survivants, il gagna la préfecture de Côme. Faute de plan cohérent et toute discussion étant devenue inutile, ce fut chacun pour soi. Accompagné d'une poignée de fidèles, il se joignit à un petit convoi allemand qui se dirigeait vers la frontière suisse ; le chef de ce convoi ne tenant pas à avoir d'ennuis avec les partisans, on convainquit le Duce de revêtir une capote et un casque allemands. Mais le petit groupe fut arrêté par des patrouilles de partisans ; Mussolini fut reconnu et fait prisonnier, en même temps que d'autres dirigeants fascistes et la signorina Petacci, sa maîtresse. Sur instructions des communistes, le Duce et sa maîtresse furent emmenés en voiture le lendemain et abattus ; leurs corps, envoyés avec d'autres à Milan, furent suspendus la tête en bas à des crocs de boucher dans une station d'essence de la Piazzale Loreto, où un groupe de partisans avait été récemment fusillé en public.

Ainsi finit le dictateur italien. On m'envoya une photographie de la scène finale, et j'en fus révolté ; malgré tout, le monde se vit ainsi épargner un Nuremberg italien.

En Allemagne, les armées d'invasion de l'Est et de l'Ouest avançaient de vive force, et la distance qui les séparait encore s'amenuisait de jour en jour. Au début d'avril, les forces d'Eisenhower avaient traversé le Rhin et s'enfonçaient profondément en Allemagne comme en Europe centrale, contre un ennemi qui résistait farouchement par endroits, mais se trouvait absolument hors d'état de résister à notre ruée triomphale. Bien des trophées politiques et militaires étaient encore en jeu. Nous ne pouvions plus rien pour la Pologne, et pas davantage pour Vienne, où l'occasion qui nous était offerte de devancer les Russes en avançant depuis l'Italie avait été abandonnée huit mois plus tôt, lorsque les forces d'Alexander avaient été dépouillées au bénéfice du débarquement dans le sud de la France. Les Russes, ayant investi la ville depuis l'est et le sud, s'en étaient rendus maîtres le 13 avril. Pourtant, rien ne semblait devoir empêcher les alliés occidentaux de prendre Berlin ; les Russes n'en étaient éloignés que de 55 kilomètres, mais les Allemands s'étant retranchés sur l'Oder, il faudrait bien de rudes combats avant que l'Armée rouge ne puisse forcer le passage du fleuve et reprendre sa marche en avant. Par contre, la 9ᵉ armée US avait progressé si rapidement que le 12 avril, elle franchissait l'Elbe près de Magdebourg et parvenait à 90 kilomètres environ de la capitale[1] ; mais elle s'arrêta là. Quatre jours

---

1. Ce qui semble donner l'impression que Berlin était dès ce moment à la portée des troupes américaines. En réalité, elles étaient

plus tard, les Russes passèrent à l'attaque, et ils encerclèrent Berlin le 25 avril. Staline avait déclaré à Eisenhower qu'il lancerait son offensive principale « dans la seconde quinzaine de mai environ », mais il fut en mesure de la déclencher un bon mois plus tôt ; la progression rapide des armées occidentales vers l'Elbe n'y fut peut-être pas étrangère.

Ce même 25 avril 1945, des avant-gardes de la 1re armée américaine venues de Leipzig rencontrèrent les Russes près de Torgau, sur l'Elbe. L'Allemagne était coupée en deux, et l'armée allemande se désagrégeait sous nos yeux. On fit plus d'un million de prisonniers au cours des trois premières semaines d'avril, mais Eisenhower pensait que des nazis fanatiques tenteraient de s'établir dans les montagnes de la Bavière et de l'Autriche occidentale, aussi fit-il obliquer la 3e armée US vers le sud. Son aile gauche s'enfonça en Tchécoslovaquie jusqu'à Budejovice, Pilsen et Karlsbad. Prague était encore à notre portée, et aucun accord antérieur ne l'empêchait d'occuper la ville, si la manœuvre était militairement praticable ; le 30 avril, je la suggérai au président Truman, mais il semblait y être opposé. Une semaine plus tard, j'envoyai également un télégramme personnel à Eisenhower, mais il avait l'intention d'arrêter son avance sur la ligne générale de la rive ouest de l'Elbe et le long de la frontière tchécoslovaque de 1937. Si la situation le lui permettait, il comptait la franchir pour arriver sur la nouvelle ligne générale délimitée par Karlsbad, Pilsen et Budejovice ; les Russes approuvèrent ce projet et le mouvement fut exécuté. Mais le 4 mai, les Russes réagirent vigoureusement quand on leur proposa de faire avancer la 3e armée américaine jusqu'à la rivière Vltava, qui traverse Prague ; cela ne leur convenait pas du tout. C'est ainsi que les Américains « s'immobilisèrent tandis que l'Armée rouge nettoyait les

---

encore trop dispersées et rencontraient une résistance si acharnée en de nombreux points du front qu'elles étaient hors d'état d'atteindre la capitale en force avant l'Armée rouge.

Les zones d'occupation en Allemagne, comme convenu à Québec en septembre 1944

deux rives de la Moldau et occupait Prague* ». La ville tomba le 9 mai, deux jours après la signature de la capitulation générale à Reims[1].

*
* *

À ce stade, un retour en arrière s'impose. L'occupation de l'Allemagne par les principaux alliés avait été étudiée depuis longtemps ; à l'été de 1943, un comité du Cabinet, que j'avais constitué sous la présidence de M. Attlee en accord avec les chefs d'état-major, recommanda d'occuper toute l'Allemagne si l'on voulait la désarmer efficacement, et de répartir à cet effet les forces en trois zones principales d'étendues sensiblement égales, les Britanniques au nord-ouest, les Américains au sud et au sud-ouest, et les Russes à l'est. Berlin constituerait une zone séparée, occupée par chacun des trois grands alliés. Ces conclusions furent approuvées et transmises au Conseil consultatif européen, alors composé de M. Gousev, l'ambassadeur soviétique, de M. Winant, l'ambassadeur des États-Unis, et de sir William Strang, du *Foreign Office*.

À cette époque, la question semblait purement théorique, car personne ne pouvait dire quand et comment se terminerait la guerre ; les armées allemandes tenaient encore d'immenses régions de la Russie d'Europe ; un an allait s'écouler avant que les soldats britanniques et américains ne posent le pied en Europe occidentale, et près de deux ans avant qu'ils ne pénètrent en Allemagne. Les propositions formulées par le Conseil consultatif européen ne furent pas jugées suffisamment urgentes ou pratiques pour être soumises au Cabinet de guerre ; comme beau-

---

* Eisenhower, *Rapport au Comité des chefs d'état-major combinés*, p. 140.

1. En décembre 1952, d'autres commentaires très peu flatteurs sur l'inaptitude politique du général Eisenhower ont été expurgés *in extremis*, celui-ci venant d'être élu à la présidence des États-Unis...

coup d'autres efforts louables pour préparer l'avenir, elles demeurèrent dans un tiroir pendant que les hostilités faisaient rage. À cette époque, on croyait assez communément que la Russie se retirerait de la guerre dès qu'elle aurait atteint ses frontières, et qu'il viendrait peut-être un moment où les Alliés occidentaux seraient obligés de l'inciter à ne pas relâcher son effort. La question de la zone d'occupation russe en Allemagne n'occupait donc qu'une place réduite dans nos pensées comme dans les conversations anglo-américaines, et aucun des dirigeants ne la souleva à Téhéran.

Lorsqu'au retour de cette conférence, nous nous réunîmes au Caire en novembre 1943, les chefs d'état-major américains abordèrent le problème, mais non à la demande des Soviétiques. La zone d'occupation russe resta donc un concept abstrait, pratiquement trop beau pour être vrai. J'appris cependant que le président Roosevelt souhaitait voir Britanniques et Américains échanger leurs zones ; il aurait voulu que les lignes de communication de toute armée américaine occupant l'Allemagne partent directement de la côte plutôt que de traverser la France[1], ce qui entraîna quantité de discussions techniques détaillées et eut maintes répercussions sur les plans d'« Overlord ». Aucune décision ne fut prise au Caire, mais par la suite, une correspondance considérable s'engagea à ce sujet entre le président et moi-même. Les chefs d'état-major britanniques préféraient le plan initial, en estimant que cette permutation entraînerait beaucoup d'inconvénients et de complications ; j'eus l'impression que leurs collègues américains étaient sensiblement du même avis. À la conférence de Québec, en septembre 1944, nous nous mîmes définitivement d'accord.

Le président, manifestement rallié au point de vue des militaires, avait une grande carte déployée sur les genoux. Un après-midi, alors que la plupart des membres du Comité

---

1. Une des manifestations de la gaullophobie aiguë du président Roosevelt à cette époque.

des chefs d'état-major combinés étaient présents, il convint verbalement avec moi que l'on conserverait les dispositions déjà arrêtées, pourvu que les armées américaines aient un accès direct à la mer par la zone britannique; Brême et le port annexe de Bremerhaven semblaient répondre à leurs besoins, et il fut entendu que cette région serait placée sous leur contrôle. La carte ci-contre illustre cette décision. Nous avions tous le sentiment qu'il était encore trop tôt pour faire place à une zone d'occupation française, et personne ne fit même allusion à la Russie.

À Yalta, en février 1945, le plan de Québec fut accepté sans autre examen comme base de travail pour les discussions peu concluantes au sujet de la future frontière orientale de l'Allemagne; la décision fut réservée pour le traité de paix. À ce moment précis, les armées soviétiques franchissaient en masse leurs anciennes frontières, et tous nos vœux les accompagnaient. Nous proposâmes de conclure un accord portant sur les zones d'occupation en Autriche. Cédant finalement à d'énergiques représentations de ma part, Staline accepta l'attribution aux Français d'une partie des zones britannique et américaine, ainsi que d'un siège à la commission de contrôle interalliée[1]. Il fut bien entendu pour tout le monde que les zones d'occupation ainsi délimitées ne devraient en rien gêner les mouvements des armées; Berlin, Vienne et Prague seraient pris par ceux qui y parviendraient les premiers. Nous nous séparâmes après la conférence de Crimée, non seulement en alliés, mais aussi en amis qui devaient encore affronter un puissant ennemi, auquel toutes nos armées livraient une bataille aussi féroce qu'incessante.

Les deux mois qui s'étaient écoulés depuis lors avaient vu des changements prodigieux, bouleversant nos conceptions de fond en comble : l'Allemagne d'Hitler était

---

1. Churchill avait effectivement insisté sur ce point avec la dernière énergie, à la demande expresse d'Eden et de Cadogan – peu soucieux de « partager la cage avec l'ours » après le départ des troupes américaines.

condamnée, et lui-même était sur le point de périr; les Russes se battaient dans Berlin; Vienne et la plus grande partie de l'Autriche étaient entre leurs mains. L'ensemble des rapports de la Russie avec les alliés occidentaux se transformait rapidement, et nous n'avions réglé aucune question concernant l'avenir; les accords et les ententes conclus tant bien que mal à Yalta avaient déjà été violés ou balayés d'un revers de la main par un Kremlin triomphant. De nouveaux périls, peut-être aussi effroyables que ceux que nous venions de surmonter, surgissaient du néant pour venir hanter un monde déchiré et harassé.

Mon inquiétude au sujet du tour sinistre que prenaient les événements s'était manifestée avant même la mort du président. Celui-ci, comme nous l'avons vu, était également inquiet et troublé; sa colère lors des accusations formulées par Molotov à l'occasion de l'affaire de Berne a déjà été notée. En dépit de l'avance victorieuse des armées d'Eisenhower, le président Truman se trouva dans la seconde quinzaine d'avril confronté à une crise redoutable. Je faisais de mon mieux depuis quelque temps déjà pour faire comprendre au gouvernement des États-Unis l'importance des transformations immenses qui se produisaient dans les domaines militaire et politique; nos armées occidentales n'allaient pas tarder à déborder largement les limites de nos zones d'occupation, alors que les deux fronts se rapprochaient inexorablement, prenant les Allemands dans leur étau.

Les télégrammes que j'ai publiés ailleurs[1] démontrent que je n'ai jamais suggéré que nous revenions sur notre parole au sujet des zones convenues, pourvu que les autres accords soient également respectés. Toutefois, j'acquis la conviction qu'avant d'arrêter, et plus encore de retirer nos troupes, nous devions essayer de rencontrer Staline face à face pour nous assurer que nous étions tombés d'accord

---

1. Dans le volume VI de la version originale des *Mémoires de Guerre*.

au sujet de l'ensemble du front. Tenir nos engagements avec une parfaite bonne foi, tandis que les Soviétiques se seraient emparés de tout ce qui était à leur portée sans tenir le moindre compte des obligations qu'ils avaient contractées, voilà qui eût été un véritable désastre.

Le général Eisenhower avait proposé de laisser les armées de l'Est et de l'Ouest avancer sans tenir compte des lignes de démarcation, chacune d'elles ayant, lors de leur entrée en contact, toute liberté pour demander à l'autre de se replier derrière les limites de sa zone. Les commandants de groupes d'armées auraient toute latitude pour réclamer et ordonner de tels replis, qui s'effectueraient alors en fonction des exigences de la situation militaire. Je considérais que cette proposition était prématurée et qu'elle dépassait les limites des nécessités militaires immédiates; des mesures furent prises en conséquence, et le 18 avril, je m'adressai personnellement au nouveau président. M. Truman n'avait bien sûr été informé que récemment et indirectement de toutes les complications auxquelles nous faisions face, et il devait s'appuyer très largement sur ses conseillers; le point de vue strictement militaire prit donc une importance disproportionnée. Je lui câblai ceci:

> « [...] Je suis tout à fait disposé à m'en tenir aux zones d'occupation convenues, mais je ne voudrais pas que nos troupes alliées ou vos unités américaines soient brutalement refoulées d'un quelconque endroit, à l'initiative impudente de quelque général russe présent sur les lieux. Il faut se garantir contre une telle éventualité par un accord entre gouvernements, afin de donner à Eisenhower une bonne chance de régler la question sur place à sa manière, qui est admirable.
>
> [...] La délimitation des zones d'occupation a été décidée de façon plutôt hâtive à Québec en septembre 1944, à un moment où l'on ne prévoyait pas que les armées du général Eisenhower pénétreraient aussi profondément en Allemagne. Cette délimitation ne peut être modifiée que par

entente avec les Russes. Mais il nous faudrait essayer, immédiatement après le jour V. E. [jour de la victoire en Europe], d'installer à Berlin la Commission de contrôle interalliée, et insister pour obtenir une répartition équitable des vivres produits en Allemagne entre toutes les zones. Dans l'état actuel des accords, la zone soviétique renferme la population la moins dense et produit de loin la plus grande quantité de vivres; dans la zone américaine, le rapport entre la population conquise et la production de vivres n'est pas très favorable, et quant à nous, pauvres Britanniques, nous allons occuper la Ruhr en ruines, ainsi que de grandes régions industrielles qui sont, comme nous, grandes importatrices de vivres en temps normal... »

M. Eden, qui était à Washington, donna son plein accord aux points de vue que je lui télégraphiai, mais la réponse de M. Truman ne nous avança guère; il proposait un retrait des troupes alliées vers les zones convenues d'Allemagne et d'Autriche dès que la situation militaire le permettrait.

*
* *

Dans l'intervalle, Hitler s'était demandé où il livrerait son baroud d'honneur. Le 20 avril, il envisageait encore de quitter Berlin pour gagner le « réduit méridional » des Alpes bavaroises; ce jour-là, il présida une réunion des principaux chefs nazis. Le double front allemand risquant à tout moment d'être coupé en deux par les percées alliées, il accepta de créer deux commandements distincts: l'amiral Dönitz assumerait dans le Nord les pouvoirs militaires et civils, avec pour mission spéciale de ramener sur le territoire allemand près de deux millions de réfugiés de l'Est; dans le Sud, le général Kesselring commanderait ce qui restait des armées allemandes. Ces dispositions devaient entrer en vigueur à la chute de Berlin.

Deux jours plus tard, le 22 avril, Hitler prit la décision suprême et définitive de rester dans la capitale. Celle-ci fut bientôt entièrement cernée par les troupes soviétiques, et le Führer perdit tout contrôle sur les événements ; il ne lui restait plus qu'à organiser sa propre mort au milieu des ruines de la ville. Il annonça aux dirigeants nazis restés avec lui qu'il comptait mourir à Berlin. Göring et Himmler avaient tous deux quitté la conférence du 20 avril en caressant des projets de négociations de paix. Göring, qui s'était rendu dans le sud, présuma qu'en décidant de demeurer à Berlin, Hitler avait en pratique abdiqué, et il demanda confirmation du fait qu'il devait désormais agir officiellement en tant que successeur du Führer ; en guise de réponse, il fut immédiatement relevé de toutes ses fonctions[1]. Dans un village éloigné des montagnes du Tyrol, il fut fait prisonnier par les Américains en compagnie de près d'une centaine des plus hauts officiers de la Luftwaffe. L'heure du châtiment avait enfin sonné.

Les dernières scènes qui se déroulèrent au quartier général d'Hitler ont été décrites ailleurs de façon très détaillée. De toutes les personnalités du régime, seuls Goebbels et Bormann restèrent avec le Führer jusqu'à la fin. Les soldats russes combattaient à présent dans les rues de Berlin. Hitler rédigea son testament dans les premières heures du 29 avril ; la journée s'ouvrit sur les occupations habituelles dans l'abri antiaérien aménagé sous la Chancellerie. C'est alors qu'arriva la nouvelle de la mort de Mussolini ; elle ne pouvait arriver à une heure plus sinistrement opportune. Le 30, Hitler déjeuna tranquillement avec sa suite, après quoi il serra la main des personnes présentes et se retira dans sa chambre. À 15 h 30, on entendit un coup de feu. Des membres de son personnel entrèrent dans la pièce et le trouvèrent gisant sur le canapé, un revolver à ses côtés ; il s'était tiré une balle dans la bouche. Eva Braun, qu'il avait épousée secrètement au cours de ces dernières journées, était étendue près de lui ; elle s'était empoisonnée. Les corps furent brûlés dans

---

1. Et arrêté par les SS sur ordre de Martin Bormann.

la cour, et le bûcher funéraire d'Hitler, au milieu du fracas de plus en plus violent de l'artillerie soviétique, jeta sa sinistre lueur sur la fin du IIIe Reich.

Les chefs survivants tinrent une ultime conférence ; on fit des tentatives de dernière minute pour négocier avec les Russes, mais Joukov exigeait la reddition sans condition. Bormann essaya de traverser les lignes ennemies et disparut sans laisser de traces[1] ; Goebbels fit prendre du poison à ses six enfants, puis ordonna à un garde SS de l'abattre, ainsi que son épouse ; le reste des membres du QG d'Hitler tomba aux mains des Russes.

Ce soir-là, un télégramme parvint à l'amiral Dönitz, qui se trouvait à son quartier général du Holstein :

> « Le Fürher vous a désigné, Monsieur le grand amiral, pour successeur à la place de l'ex-maréchal Göring. Des pouvoirs écrits vous ont été expédiés. Vous prendrez sans délai toutes mesures dictées par les circonstances.
> Signé : BORMANN. »

Ce fut le chaos. Dönitz avait eu des contacts avec Himmler qui, pensait-il, allait être nommé successeur d'Hitler si Berlin tombait ; or, voici que la responsabilité suprême lui était dévolue à l'improviste, et qu'il devait assumer la tâche redoutable d'organiser la capitulation.

Une fin moins spectaculaire fut réservée à Himmler. Il s'était rendu sur le front de l'Est, et depuis quelques mois, on l'incitait à prendre de sa propre initiative des contacts

---

1. Condamné à mort *in abstentia* à Nuremberg, Martin Bormann sera recherché pendant un quart de siècle, et l'on signalera sa présence successivement au Paraguay, au Chili, au Brésil et même en Égypte. C'est seulement en décembre 1972 que des ouvriers d'un chantier de travaux publics découvriront son squelette près de la gare de Lehrter, à quelques mètres seulement de l'endroit où Arthur Axmann, chef des jeunesses hitlériennes, avait déclaré avoir aperçu son cadavre dans la nuit du 1er au 2 mai 1945. Les restes de l'âme damnée d'Hitler seront identifiés grâce à ses empreintes dentaires, puis à des analyses ADN ; après crémation, ils seront dispersés dans la Baltique par un prêtre – son propre fils.

personnels avec les alliés occidentaux, dans l'espoir de négocier une reddition séparée[1] ; il essaya dès lors de le faire par l'intermédiaire du comte Bernadotte, directeur de la Croix-Rouge suédoise, mais nous rejetâmes ses propositions. On n'entendit plus parler de lui jusqu'au 21 mai, date à laquelle il fut arrêté au poste de contrôle britannique de Bremervörde. Il portait un déguisement et ne fut pas reconnu, mais ses papiers éveillèrent la méfiance des sentinelles ; on le conduisit jusqu'à un camp situé au voisinage du quartier général de la 2ᵉ armée, où il révéla son identité au commandant. Il fut placé sous bonne garde, dévêtu et fouillé au corps par un médecin voulant s'assurer qu'il ne portait pas de poison sur lui ; au cours de la dernière phase de cet examen, il mordit une ampoule de cyanure qu'il avait apparemment dissimulée dans sa bouche depuis quelques heures, et mourut presque instantanément peu après 23 heures, dans la nuit du 23 mai.

*
* *

Au Nord-Ouest, le drame se termina de façon moins sensationnelle. Le 2 mai, nous apprîmes la capitulation de l'ennemi en Italie, et le même jour, nos troupes atteignirent Lübeck, sur la Baltique ; elles prirent ainsi contact avec les Russes et isolèrent toutes les garnisons allemandes du Danemark et de la Norvège. Le 3 mai, nous entrâmes sans opposition à Hambourg, dont la garnison se rendit sans condition. Une délégation allemande se présenta au quartier général de Montgomery, dans la lande de Lünebourg. Elle était conduite par l'amiral Friedeburg, émissaire de Dönitz, qui tenta d'obtenir un accord de capitulation comprenant les troupes opposées aux Russes dans le Nord. Le maréchal Montgomery refusa, déclarant

---

1. Ce « on » était en l'occurrence le général Walter Schellenberg, chef du SD *Amt VI*, service d'espionnage et de contre-espionnage de la SS.

que la chose dépassait la compétence d'un commandant de groupe d'armées, qui ne pouvait traiter que pour son propre front. Le lendemain, Friedeburg, ayant reçu de nouvelles instructions de ses supérieurs, signa la reddition de toutes les forces du nord-ouest de l'Allemagne, de Hollande, des îles, de la Frise, du Schleswig-Holstein et du Danemark[1].

Friedeburg se rendit ensuite au quartier général d'Eisenhower à Reims, où il fut rejoint le 6 mai par le général Jodl; tous deux s'efforcèrent de gagner du temps pour permettre au plus grand nombre possible de soldats et de réfugiés d'échapper aux Russes en rejoignant les lignes des Alliés occidentaux, et ils tentèrent d'obtenir une capitulation séparée du front de l'Ouest. Eisenhower leur fixa une échéance et exigea une capitulation générale; Jodl fit son rapport à Dönitz: « Le général Eisenhower exige que nous signions aujourd'hui. En cas de refus, les fronts alliés se fermeront à ceux qui tenteront de se rendre individuellement. Je ne vois pas d'autres possibilités: c'est la signature ou le chaos. Je vous demande de me confirmer immédiatement par radio que j'ai les pleins pouvoirs pour signer la capitulation. »

Le 7 mai à 2 h 41 du matin, l'acte de reddition totale et sans condition fut signé par les généraux Bedell Smith et Jodl, en présence d'officiers russes et français servant de témoins; les hostilités cessèrent le 8 mai à minuit. La ratification officielle par le haut commandement allemand eut lieu aux premières heures du 9 mai à Berlin, où toutes dispositions avaient été prises par les Russes. Le maréchal de l'Air Tedder signa au nom d'Eisenhower, le maréchal Joukov pour les Russes et le maréchal Keitel pour l'Allemagne.

---

1. Le 1er mai, Churchill avait déclaré aux Communes : « Je n'ai pas de commentaire particulier à faire au sujet de la situation en Europe, sinon pour dire qu'elle est nettement plus satisfaisante qu'il y a cinq ans à la même époque. »

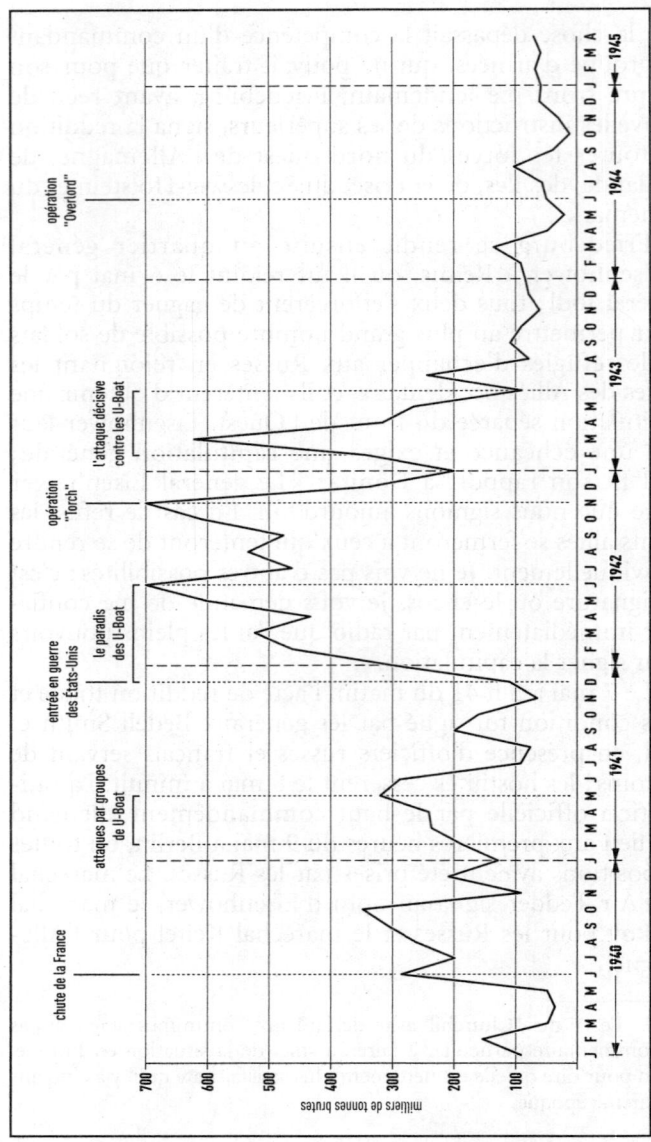

Navires de commerce coulés par les U-Boat (tous tonnages), janvier 1940-avril 1945

*
* *

L'immensité des événements qui se produisirent sur terre et dans les airs a quelque peu terni l'éclat non moins impressionnant de la victoire sur mer. Toute la campagne des armées anglo-américaines en Europe dépendait du mouvement des convois à travers l'Atlantique, et le moment est venu de mener l'histoire des U-Boote jusqu'à sa conclusion ; en dépit de pertes effroyables, ceux-ci continuèrent d'attaquer, mais avec un succès décroissant, et le flot de nos transports s'écoulait sans entraves. Les sous-mariniers ne perdirent pas courage, même après l'automne de 1944, lorsqu'ils furent contraints d'abandonner leurs bases du golfe de Gascogne. Les bâtiments munis de schnorchel désormais en service, qui aspiraient l'air extérieur par une manche tandis qu'ils rechargeaient leurs batteries en plongée, n'étaient qu'un prélude à la nouvelle guerre sous-marine imaginée par Dönitz ; il comptait sur l'entrée en service d'un nouveau type de bâtiments, dont un très grand nombre se trouvait alors en construction et dont les premiers effectuaient déjà leurs essais. Leur grande vitesse en plongée nous posait de nouveaux problèmes, et aurait effectivement, comme l'annonçait Dönitz, révolutionné la guerre sous-marine ; ses projets échouèrent surtout parce que les matériaux spéciaux nécessaires à la construction de ces submersibles étaient devenus très rares, et qu'il fallait modifier constamment les plans en conséquence. Mais les sous-marins ordinaires continuaient à être construits dans tout le pays par segments préfabriqués et assemblés dans des abris portuaires à l'épreuve des bombes ; en dépit des efforts intenses et continus des bombardiers alliés, les Allemands construisirent davantage de sous-marins en novembre 1944 qu'en n'importe quel autre mois de la guerre. Grâce à des efforts prodigieux et malgré toutes les pertes, soixante ou soixante-dix sous-marins demeurèrent en action presque jusqu'à la fin ; ils n'obtinrent pas de grands résultats, mais conservèrent l'impérissable espoir de faire échec à l'ennemi sur mer. En définitive, les nouveaux sous-marins révolutionnaires ne jouèrent aucun rôle dans la Seconde Guerre mondiale ; 350 d'entre eux devaient être achevés en 1945, mais quelques-uns seulement entrèrent en service avant la capitulation. Entre les mains des Soviétiques, cette arme compte au nombre des dangers que recèle l'avenir.

Les attaques aériennes alliées détruisirent beaucoup de sous-marins au mouillage. Néanmoins, lorsque Dönitz leur ordonna de se rendre, il n'en restait pas moins de 49 en mer ; plus d'une centaine capitulèrent dans les ports, et 220 environ se sabordèrent ou furent détruits par leurs équipages. Tels furent les inlassables efforts de l'Allemagne et l'indomptable courage de ses sous-mariniers.

En soixante-huit mois de lutte, 781 submersibles allemands furent perdus. Pendant plus de la moitié de cette période, l'ennemi conserva l'initiative ; après 1942, la situation s'inversa, les destructions de sous-marins augmentèrent et nos pertes diminuèrent. D'après le décompte définitif, les unités britanniques ou sous contrôle britannique détruisirent 500 des 632 sous-marins coulés en mer par les Alliés.

Au cours de la Première Guerre mondiale, les marines marchandes perdirent du seul fait des sous-marins 11 millions de tonnes de jauge brute, et au cours de la Seconde, 14 millions. En y ajoutant les pertes dues à d'autres causes, les totaux furent respectivement de 12 750 000 et de 21 500 000 tonnes ; les Britanniques en supportèrent plus de 60 % lors du premier conflit, et plus de la moitié lors du second.

La capitulation sans condition de nos ennemis provoqua la plus grande manifestation de joie qu'ait enregistrée l'histoire de l'humanité ; la Seconde Guerre mondiale ayant vraiment été menée jusqu'à sa dernière et cruelle extrémité en Europe, les vaincus comme les vainqueurs éprouvèrent un soulagement inexprimable. Mais pour nous, en Grande-Bretagne et dans l'empire britannique, qui avions seuls vécu toute la lutte du premier jour jusqu'au dernier en y jouant notre existence même, la fin des hostilités avait une résonance plus grande encore que pour nos très puissants et très vaillants alliés. Las, épuisés, appauvris, mais toujours intrépides et désormais triomphants, nous connûmes un moment qui touchait au sublime. Nos remerciements montèrent vers Dieu pour nous avoir accordé la plus noble de ses bénédictions : le sentiment d'avoir fait notre devoir.

Lorsqu'en ces jours exaltés de réjouissance générale, on me demanda de parler à la nation, j'avais assumé la responsabilité principale du pouvoir dans notre île pendant presque exactement cinq ans. Et pourtant, peu de cœurs devaient être plus dévorés d'inquiétude que le mien ; après avoir passé en revue l'histoire de nos fortunes si diverses, j'en vins à des considérations plus graves, qu'il convient sans doute de reproduire ci-dessous :

> « Je voudrais pouvoir vous dire cette nuit que tous nos labeurs et tous nos tourments ont pris fin. Alors, je pourrais certes achever sereinement mes cinq années de service public, et si vous estimiez que vous m'avez assez vu, si vous pensiez que je devrais être mis à la retraite, je vous assure que j'accepterais cette décision de la meilleure grâce du monde. Mais bien au contraire, je dois vous avertir, comme je l'ai fait lorsque j'ai entrepris cette tâche de cinq années – et personne ne savait alors qu'elle durerait aussi longtemps – qu'il reste encore beaucoup à faire, qu'il faut vous préparer à accomplir de nouveaux efforts physiques et moraux, à consentir de nouveaux sacrifices pour de grandes causes, si vous ne voulez pas retomber dans l'ornière de l'inertie, dans le désarroi des politiques et dans la lâche crainte d'être grands. Votre vigilance ne doit se relâcher en aucune manière. Quoique des périodes de joyeuse détente soient nécessaires à l'esprit humain, elles n'en doivent pas

moins donner à chaque homme et à chaque femme plus de force et de ressort pour se remettre au travail, et plus de vigilance pour surveiller les affaires publiques.

Sur le continent européen, il nous reste encore à nous assurer que les buts simples et honorables pour lesquels nous sommes entrés en guerre ne seront pas brutalement balayés ou négligés au cours des mois qui suivront notre succès, et que les mots "liberté", "démocratie" et "libération" ne seront pas détournés de leur véritable sens, celui que nous leur attribuons. À quoi servirait-il de punir les hitlériens pour leurs crimes, si le règne de la loi et de la justice ne s'établissait pas, si des gouvernements totalitaires ou policiers devaient prendre la place des envahisseurs allemands ? Nous ne voulons rien pour nous-mêmes, mais nous devons nous assurer que les causes pour lesquelles nous nous sommes battus seront dûment reconnues à la table de paix, en fait comme en paroles, et par-dessus tout, nous devons œuvrer pour que l'Organisation mondiale que les Nations unies sont en train de créer à San Francisco ne devienne pas un vain mot, un bouclier pour le fort et une dérision pour le faible. C'est aux vainqueurs d'interroger leur cœur durant leurs heures de gloire pour se montrer dignes, par leur noblesse, des immenses forces dont ils disposent.

N'oublions jamais que tout là-bas, le Japon reste tapi, harcelé et faiblissant, mais fort encore de cent millions d'âmes, et dont les guerriers redoutent bien peu la mort. Je ne saurais vous dire cette nuit combien il faudra de temps et d'efforts pour obliger les Japonais à faire réparation de leur traîtrise et de leur barbarie odieuses. Tout comme la Chine, si longtemps indomptée, nous avons reçu d'eux d'affreuses blessures, et nous sommes tenus par les liens de l'honneur et d'une loyauté fraternelle envers les États-Unis de combattre à leurs côtés sans faiblir et sans faillir, dans cette grande guerre à l'autre extrémité du monde. Souvenons-nous que l'Australie, la Nouvelle-Zélande et le Canada ont été et sont encore menacés par cette puissance du mal. Ces dominions nous sont venus en aide durant nos heures les plus sombres, et nous ne devons pas laisser inachevée la moindre tâche intéressant leur sécurité et leur avenir. Je vous ai dit des choses bien dures au début de ces cinq dernières années ; vous ne vous êtes pas dérobés et je serais indigne de votre confiance et de votre générosité si je ne vous criais encore : "En avant, stoïquement, inébranlablement, indomptablement, jusqu'à ce que toute la tâche soit accomplie, jusqu'à ce que le monde entier soit devenu sûr et pur." »

Chapitre XXVII

L'ABÎME S'OUVRE

L'inquiétude pour l'avenir et bien des incertitudes me hantaient alors que je traversais les foules londoniennes qui donnaient libre cours à une jubilation amplement justifiée après tout ce qu'elles avaient subi. Pour la plupart d'entre elles, le péril hitlérien, avec toutes ses épreuves et ses privations, semblait s'être évanoui dans une grande flambée de gloire. Le redoutable ennemi qu'elles avaient combattu pendant plus de cinq ans venait de capituler sans condition ; il ne restait plus aux trois puissances victorieuses qu'à bâtir une paix durable et équitable garantie par une organisation mondiale, à ramener les soldats parmi leurs êtres chers, et à instaurer un nouvel âge d'or de prospérité et de progrès. Rien de plus, pensaient leurs peuples, mais assurément rien de moins.

La médaille avait pourtant son revers : le Japon demeurait invaincu ; la bombe atomique était encore dans les limbes ; le monde se trouvait plongé dans la tourmente ; le danger commun, principal lien entre les trois grands alliés, avait disparu du jour au lendemain. À mes yeux, la menace soviétique avait déjà remplacé l'ennemi nazi. Mais en face d'elle, il n'existait plus de camaraderie ; en Grande-Bretagne, l'union nationale, fondation sur laquelle le gouvernement de guerre avait pu s'appuyer si fermement, s'était également dissipée ; notre force, qui avait bravé tant de tempêtes, allait fondre au grand soleil. Comment, dès lors, parvenir à ce règlement définitif qui pouvait seul récompenser tous les labeurs et toutes les souffrances de la lutte ? Je ne pouvais chasser de mon esprit la crainte de voir les armées victorieuses de la démocratie se disperser bientôt, alors que la véritable et la plus dure épreuve était encore devant nous. Tout cela, je l'avais déjà vu ; je me souvenais de cette autre journée de liesse, près de trente ans plus tôt, lorsque je m'étais rendu en voiture avec ma femme depuis le ministère des Armements jusqu'à Downing Street pour féliciter le Premier ministre, après avoir traversé une foule pareillement en délire. À cette époque aussi, je comprenais l'ensemble de la situation mondiale, mais au moins, nous n'avions pas alors de puissante armée à redouter.

*
* *

J'aspirais avant tout à la réunion des trois grandes puissances, et j'espérais que le président Truman s'arrêterait à Londres en s'y rendant. Mais comme on le verra, c'étaient des vues bien différentes que certains milieux influents de Washington s'efforçaient de faire valoir auprès du nouveau président. L'état d'esprit et les opinions déjà notés à Yalta s'étaient encore renforcés ; les États-Unis, prétendait-on, devaient absolument éviter de se laisser entraîner dans une confrontation avec la Russie soviétique, car cela aboutirait à stimuler les ambitions britanniques et à creuser un nouveau fossé en Europe. Par contre, la bonne politique consisterait pour les États-Unis à jouer entre la Grande-Bretagne et la Russie le rôle d'honnête courtier, voire même d'arbitre, pour essayer d'aplanir leurs divergences au sujet de la Pologne ou de l'Autriche, et d'instaurer une paix tranquille et heureuse, permettant de concentrer toutes les forces américaines contre le Japon. Les pressions qui s'exercèrent sur Truman durent être très fortes ; ainsi que ses actions historiques l'ont démontré depuis, son instinct naturel l'aurait sans doute poussé vers des voies différentes. Je ne pouvais naturellement pas mesurer l'intensité des forces qui étaient à l'œuvre au centre nerveux de notre plus proche allié, même si j'en pris rapidement connaissance[1] ; je ne pouvais que constater l'écrasante manifestation de l'impérialisme russe et soviétique déferlant sur des pays sans défense[2].

À l'évidence, le premier objectif devait être d'organiser une conférence avec Staline. Moins de trois jours après la capitulation allemande, je télégraphiai au président que nous devrions l'inviter à une réunion : « *En attendant, j'espère ardemment que le front américain ne reculera pas par rapport aux lignes tactiques sur lesquelles nous nous sommes accordés**. »

Il me répondit aussitôt qu'il préférerait que la proposition de conférence vînt de Staline, et qu'il espérait que nos ambassadeurs le décideraient à la présenter ; il ajouta que nous devrions tous deux nous rendre séparément à cette réunion, pour éviter de donner prise à des soupçons de

---

[1]. Il est clair que tout cela vise à exonérer le plus possible Harry Truman, en faisant porter la responsabilité des erreurs politiques de l'époque sur son entourage. C'est que ce chapitre a été dicté en pleine guerre froide, alors que le soutien du président Truman était indispensable à la Grande-Bretagne.

[2]. Mais Churchill n'est pas exactement un spectateur passif : le 17 mai, il demande aux services de planification conjoints de préparer un plan d'opérations militaires contre l'URSS, (nom de code : « *Operation Unthinkable* ») pour « imposer à la Russie la volonté de la Grande-Bretagne et des États-Unis » – en d'autres termes, pour la faire reculer en Europe centrale et notamment en Pologne. Les planificateurs sont même informés qu'ils pourront compter sur « l'utilisation de troupes allemandes et de ce qui reste de la capacité industrielle de l'Allemagne » – tout cela moins de dix jours après la reddition allemande et en pleine guerre contre le Japon ! Les chefs d'état-major, considérant qu'il ne pourrait en résulter qu'une guerre totale avec des chances de succès minimes, informent Churchill au début de juin que l'opération est effectivement « impensable » (CAB 120/691, COS to PM, 8/6/45). Le Premier ministre se gardera bien d'en souffler mot dans ses *Mémoires de Guerre*, même s'il y fera une brève allusion – aussitôt regrettée – lors d'un discours de novembre 1954.

* Souligné par moi – W.S.C.

« complicité ». À la fin de la conférence, il pensait s'arrêter en Angleterre, si ses obligations en Amérique le lui permettaient. Je ne manquai pas de remarquer la différence de point de vue que faisait ressortir ce télégramme, mais j'acceptai la procédure proposée par le président.

C'est à cette même époque que j'envoyai au président Truman ce que l'on peut appeler le télégramme du « rideau de fer ». De tous les documents publics que j'ai écrits à ce sujet, c'est sur celui-ci que je préférerais être jugé :

« 1° La situation européenne m'inquiète énormément. J'apprends que la moitié de l'aviation américaine en Europe a déjà commencé à se déplacer vers le Pacifique. Les journaux sont remplis des grands mouvements de vos armées qui quittent l'Europe. Il est probable que les nôtres, conformément à des dispositions antérieures, subiront également une réduction notable. L'armée canadienne ne manquera pas de partir. Les Français sont faibles et il est difficile de traiter avec eux. N'importe qui peut se rendre compte que dans un bref délai, notre puissance militaire sur le continent se sera évanouie, à l'exclusion des modestes effectifs qui resteront pour occuper l'Allemagne.

2° Que ferons-nous dans l'intervalle au sujet de la Russie ? J'ai toujours travaillé pour l'amitié avec les Russes mais, comme vous, j'éprouve une vive inquiétude du fait de leur dénaturation des décisions prises à Yalta, de leur attitude envers la Pologne, de leur influence écrasante dans les Balkans à l'exception de la Grèce, des difficultés qu'ils créent au sujet de Vienne, de la combinaison de leur puissance dans les territoires occupés ou contrôlés par eux avec l'emploi de la tactique communiste dans tant d'autres pays, et surtout de leur aptitude à maintenir durablement d'immenses armées en campagne. Quelle sera la situation dans un an ou deux, lorsque les armées américaines et britanniques auront fondu, alors que les Français ne seront pas encore organisés sur une assez grande échelle, que nous ne disposerons que d'une poignée de divisions, essentiellement françaises, et que la Russie pourra choisir d'en maintenir deux ou trois cents en service actif ?

3° Un rideau de fer est tombé sur leur front, et nous ignorons ce qui se passe derrière. Il n'y a guère de doute que l'ensemble des régions situées à l'est de la ligne Lübeck – Trieste – Corfou sera bientôt complètement entre leurs mains. Il faut y ajouter les immenses territoires conquis par les armées américaines entre Eisenach et l'Elbe qui, je suppose, seront occupés par les Russes dans quelques semaines, lorsque vos troupes s'en retireront. Le général Eisenhower devra prendre toutes dispositions pour prévenir un nouvel exode massif des populations allemandes, lorsque les Moscovites effectueront cette avance gigantesque vers le centre de l'Europe. Après quoi le rideau de fer tombera de nouveau, très bas, sinon complètement. Dès lors, une bande de territoire large de plusieurs centaines de kilomètres occupée par les Russes nous isolera de la Pologne.

4° Entre-temps, l'attention de nos peuples sera absorbée par les châtiments imposés à une Allemagne prostrée et en ruines. Dans très peu de temps, il serait possible aux Russes d'avancer jusqu'aux rives de la mer du Nord et de l'Atlantique, si tel était leur choix.

5° Il est certainement vital de parvenir maintenant à une entente avec la Russie, ou de bien voir où nous en sommes avec elle, avant d'affaiblir mortellement nos armées ou de nous replier sur nos zones d'occupation. Seule une rencontre personnelle peut nous permettre d'y parvenir. Je vous serais extrêmement reconnaissant de me faire connaître votre opinion et vos conseils. Évidemment, nous pouvons toujours supposer que la Russie se conduira de façon irréprochable, ce qui serait sans nul doute la meilleure solution. En résumé, la question d'un règlement avec la Russie avant que notre force se soit évanouie me paraît éclipser toutes les autres. »

Une semaine s'écoula avant que M. Truman ne m'entretînt à nouveau des problèmes essentiels. Puis, le 22 mai, il m'annonça qu'il avait demandé à M. Joseph E. Davies de venir me voir avant la conférence à trois, afin de discuter d'un certain nombre de sujets qu'il préférait ne pas traiter par câble.

M. Davies avait été ambassadeur des États-Unis en Russie avant la guerre, et il était connu pour sa très vive sympathie à l'endroit du régime. En fait, il avait écrit sur sa mission à Moscou un livre[1], dont on avait tiré un film, et qui paraissait à bien des égards présenter un tableau très enjolivé du système soviétique. Je pris naturellement des dispositions immédiates pour le recevoir, et il passa la nuit du 26 mai aux Chequers. J'eus une très longue conversation avec lui ; l'essentiel de ce qu'il avait à me proposer était que le président rencontrât d'abord Staline en tête à tête quelque part en Europe, avant de venir me voir. J'en fus réellement étonné. Je n'avais guère aimé l'expression de « complicité » employée par le président dans un de ses précédents messages au sujet d'une réunion entre lui et moi. La Grande-Bretagne et les États-Unis étaient unis par des principes et par une conception semblable de la politique à bien des égards, et séparés tous deux des Soviétiques par de profondes divergences sur de nombreuses questions essentielles ; des conversations entre le président et le Premier ministre britannique portant sur ces affaires d'intérêt commun, comme il y en avait eu tellement du temps de Roosevelt, ne pouvaient mériter à présent d'être désignées par un terme aussi péjoratif. D'autre part, si le président avait contourné la Grande-Bretagne pour aller

---

1. Ce best-seller, publié en 1941 et intitulé *Mission to Moscow*, était d'une consternante naïveté, confinant à la cécité lorsqu'il traitait des grandes purges, des procès de Moscou et du pacte germano-soviétique. La mission de son auteur à Moscou ne fut pas moins déplorable : cet avocat d'affaires, grand contributeur aux campagnes électorales démocrates et diplomate amateur, s'était fait l'apologiste de Staline, refusant en outre d'intervenir en faveur des Américains arrêtés et torturés par le NKVD avant d'être exécutés. Joseph E. Davies fut très logiquement décoré de l'ordre de Lénine. Il est significatif que le nouveau président ait choisi un tel homme – qui ne parlait pas un mot de russe – comme « spécialiste » de l'URSS à envoyer auprès de Churchill, alors qu'il disposait de véritables experts comme Kelley, Bohlen, Kennan ou Harriman.

rencontrer le chef de l'État soviétique seul à seul, il n'aurait pas fait preuve de « complicité » – car c'était chose impossible –, mais aurait tenté d'obtenir un accord unilatéral avec la Russie sur des questions capitales au sujet desquelles les Américains et nous-mêmes étions en parfait accord. Je ne pouvais en aucun cas accepter ce qui apparaissait comme un affront, même involontaire, fait à notre pays qui avait si fidèlement servi la cause de la liberté depuis le premier jour de la guerre. Je rejetais l'idée implicite selon laquelle les nouvelles controverses avec les Soviétiques n'opposaient que la Grande-Bretagne et la Russie ; les États-Unis y étaient aussi intéressés et engagés que nous-mêmes. Je le fis clairement comprendre à M. Davies lors de notre conversation, qui porta également sur l'ensemble des affaires de l'Europe orientale et méridionale, et pour éviter tout malentendu, je lui remis une note officielle en ce sens. Le président la reçut dans un esprit aussi bienveillant que compréhensif, et je fus très heureux d'apprendre que tout était pour le mieux, nos amis très chers n'ayant pas méconnu la justesse de nos vues.

À peu près à l'époque où il m'envoyait M. Davies, le président Truman avait demandé à Harry Hopkins de se rendre à Moscou en tant qu'envoyé spécial du président ; il avait pour mission d'essayer à nouveau de parvenir à un *modus vivendi* au sujet de la question polonaise. Bien que sa santé fût loin d'être bonne, Hopkins partit vaillamment pour Moscou ; il y reçut un accueil des plus chaleureux, car son amitié pour la Russie était bien connue. Pour la première fois, en tout cas, on progressa : Staline accepta d'inviter Mikolajczyk et deux de ses collègues de Londres à se rendre à Moscou pour participer aux consultations, conformément à notre interprétation des accords de Yalta ; il accepta également de faire venir de Pologne même quelques personnalités extérieures au groupe de Lublin.

Dans un télégramme qu'il m'envoya, le président me confia son impression selon laquelle tout ceci représentait un progrès très encourageant à ce stade des négociations ; en outre, il semblait que la plupart des dirigeants polonais arrêtés aient uniquement été accusés d'usage d'émetteurs radios clandestins, et Hopkins pressait Staline de les amnistier, afin que les consultations puissent se dérouler dans l'amosphère la plus favorable possible. Il me demanda d'user de mon influence auprès de Mikolajczyk pour lui faire accepter l'invitation de Staline. Je le persuadai en effet de se rendre à Moscou[1], et pour finir, un nouveau gouvernement provisoire polonais fut constitué. À la demande de Truman, il fut reconnu par la Grande-Bretagne et les États-Unis le 5 juillet.

On voit mal ce que nous aurions pu faire de plus. Pendant cinq mois, les Soviétiques avaient disputé chaque pouce de terrain, et ils l'avaient emporté grâce à leurs atermoiements. Pendant tout ce temps, le gouvernement de Lublin, présidé par Bierut et soutenu par la puissance des armées russes, avait pris le contrôle total de la Pologne, qu'il imposait au moyen des déportations et des liquidations habituelles. Contrairement à ses promesses, il avait interdit à nos observateurs tout accès au pays. L'ensemble des partis politiques, à l'exception de leurs marionnettes communistes, se trouvait en minorité absolue dans le gouvernement provisoire que nous venions de reconnaître. Nous étions aussi éloignés que jamais d'une tentative sincère et loyale de permettre à la nation polonaise d'exprimer sa volonté par des élections libres. Restait l'espoir – et c'était le seul – que l'imminente réunion des « Trois » déboucherait sur un règlement véritable et honorable. Jusqu'à présent, nous n'avons recueilli que cendres et poussières, et c'est tout ce qui reste aujourd'hui de la liberté nationale polonaise.

---

1. Il fallait effectivement certains talents de persuasion, si l'on considère le sort réservé par les Soviétiques aux quinze négociateurs précédents.

Le 1ᵉʳ juin, le président Truman m'annonça que le maréchal Staline consentait à une réunion de ceux qu'il appelait « les Trois » à Berlin aux environs du 15 juillet. Je répondis immédiatement que je m'y rendrais très volontiers avec une délégation britannique, mais que la date du 15 juillet proposée par Truman me semblait beaucoup trop tardive au regard de l'urgence des questions à traiter entre nous, et que nous porterions atteinte aux espoirs et à l'union du monde si nous permettions à des considérations personnelles ou nationales de faire obstacle à une réunion anticipée. « Bien que je me trouve engagé dans une campagne électorale chaudement disputée, je considère que l'importance de mes tâches ici n'est pas comparable à celle d'une réunion entre nous trois. Si le 15 juin est impossible, pourquoi ne pas choisir le 1ᵉʳ, le 2 ou le 3 juillet ? » M. Truman répondit qu'après mûr examen, il ne pouvait se dégager avant le 15 juillet, et que des dispositions étaient prises en conséquence ; Staline ne désirait pas avancer la conférence ; je ne pouvais insister davantage.

La principale raison qui me poussait à avancer la date de la réunion était naturellement le retrait imminent par l'armée américaine des territoires conquis de haute lutte, pour gagner la zone prévue par les accords d'occupation. J'ai indiqué dans un chapitre précédent comment s'était conclu l'accord au sujet de ces zones, ainsi que les arguments avancés pour et contre leur modification. Je craignais que Washington prît d'un moment à l'autre la décision de céder cet immense territoire, long de 650 kilomètres et profond par endroits de 190, peuplé de millions d'Allemands et de Tchèques. Son abandon aurait pour effet d'élargir encore le glacis qui nous séparait de la Pologne, et de nous ôter pratiquement toute possibilité d'exercer une quelconque influence sur son sort. Le changement d'attitude de la Russie à notre égard, les violations continuelles des accords conclus à Yalta, la poussée vers le Danemark heureusement devancée par Montgomery, les empiétements en Autriche, la pression menaçante de Tito à Trieste, tout cela paraissait, à mes conseillers comme à moi-même, créer une situation entièrement différente de celle qui régnait lorsque les zones d'occupation avaient été définies deux ans plus tôt. Il fallait assurément examiner toutes ces questions dans leur ensemble, et il fallait le faire *maintenant*, pendant que les forces terrestres et aériennes américaines et britanniques représentaient encore une puissance militaire imposante, et avant qu'elles ne fondent sous l'effet de la démobilisation et des exigences considérables de la guerre contre le Japon. C'était la toute dernière occasion de parvenir à un règlement général.

Il aurait mieux valu s'y prendre un mois plus tôt, mais il n'était pas encore trop tard. D'autre part, il m'apparaissait qu'abandonner sans contrepartie tout le centre et le cœur de l'Allemagne – bien plus, le milieu et la pierre angulaire de l'Europe – constituerait une décision très grave et fort imprudente en tant qu'acte isolé ; elle ne pourrait être prise que dans le cadre d'un règlement général et durable. Nous irions à Potsdam sans aucune monnaie d'échange, et toutes les perspectives d'une paix future pour l'Europe pourraient bien s'en trouver compromises. Toutefois, ce n'était pas à moi d'en décider. Le repli derrière les limites de notre zone d'occupation était en soi peu considérable : l'armée américaine comptait trois millions d'hommes, la nôtre un million seulement. Tout ce que je pouvais faire, c'était plaider pour que la date de rencontre des « Trois » soit avancée, et ensuite, en cas d'échec, pour que l'évacuation soit reportée jusqu'à ce que nous puissions aborder tous nos problèmes, ensemble, face à face et sur un pied d'égalité.

Comment se présente le tableau huit années plus tard ? La ligne d'occupation des Russes en Europe s'étend de

Lübeck à Linz ; la Tchécoslovaquie a été engloutie ; les États baltes, la Pologne, la Roumanie et la Bulgarie ont été réduits à la condition d'États satellites sous l'emprise du communisme totalitaire ; la Yougoslavie a rompu ses liens ; la Grèce seule est sauvée. Nos armées sont parties, et il s'écoulera encore bien du temps avant que l'on ne puisse rassembler à nouveau ne serait-ce que soixante divisions face à des forces russes disposant d'une supériorité numérique écrasante en hommes comme en chars. Et cela ne tient pas compte de tout ce qui s'est produit en Extrême-Orient. La menace d'une troisième guerre mondiale, qui s'engagerait dans des conditions de grave infériorité initiale, jette son ombre sinistre sur les nations libres du globe. C'est ainsi que nous avons tranquillement laissé échapper lors de la victoire ce qui était notre meilleure chance, et ce qui pourrait bien être la dernière, d'établir une paix durable dans le monde*. Le 4 juin, je télégraphiai au président ces propos que bien peu de gens contesteraient aujourd'hui :

> « Vous comprenez, j'en suis sûr, pourquoi je tiens tellement à une date plus rapprochée, le 3 ou le 4 [juillet] par exemple. C'est avec une profonde appréhension que j'envisage le repli de l'armée américaine sur notre ligne d'occupation dans le secteur central, qui aura pour effet d'installer la puissance soviétique au cœur de l'Europe occidentale et de faire tomber un rideau de fer entre nous et tout ce qui se trouve à l'Est. J'espérais que ce retrait, s'il devait absolument s'opérer, serait assorti du règlement de nombreuses questions essentielles qui constituerait la véritable fondation de la paix mondiale. Or, rien de vraiment important n'a encore été réglé, et nous aurons l'un et l'autre une grande responsabilité à assumer pour l'avenir. Je veux donc encore espérer que la date sera avancée. »

M. Truman répondit le 12 juin que l'accord tripartite sur l'occupation de l'Allemagne, approuvé par le président

---

* Écrit en 1953 – W.S.C.

Le retrait des alliés occidentaux en juillet 1945

Roosevelt après « de longues réflexions et des discussions approfondies » avec moi, le mettait dans l'impossibilité de retarder l'évacuation de la zone soviétique par les troupes américaines pour hâter le règlement d'autres problèmes. Le Conseil de contrôle interallié ne pouvait commencer à fonctionner avant cette évacuation, et il fallait mettre fin sans délai au gouvernement militaire du commandant suprême allié, afin de partager l'autorité entre Eisenhower et Montgomery. On l'avait prévenu, ajoutait-il, que le fait de reporter l'exécution de ces mesures jusqu'à notre rencontre de juillet pourrait nuire à nos relations avec les Soviétiques ; il proposait donc d'envoyer un message à Staline.

Ce document suggérait de donner sans retard à nos armées l'ordre d'occuper leurs zones respectives. Quant à l'Allemagne, le président était disposé à fixer au 21 juin la date initiale du repli des troupes américaines. Les chefs militaires prendraient entre eux les dispositions nécessaires pour occuper Berlin simultanément, et pour permettre aux forces des États-Unis d'accéder librement à cette ville par la route, le rail et l'air à partir de Francfort et de Brême. En Autriche, il était possible d'aboutir de façon plus rapide et plus satisfaisante, en chargeant les chefs militaires sur place de définir les zones d'occupation dans le pays comme à Vienne ; ils ne soumettraient à leurs gouvernements que les problèmes qu'ils seraient hors d'état de régler eux-mêmes.

Je sentis comme un glas sonner dans ma poitrine, mais je ne pouvais que m'incliner ; il n'y avait rien d'autre à faire. Il faut tenir compte du fait que le président Truman n'avait pas participé à la délimitation initiale des zones, et n'avait pas même été consulté à cet égard. Telles que les choses lui étaient présentées si peu de temps après son accession au pouvoir, il avait à décider s'il devait ou non s'écarter de la politique des gouvernements britannique et américain définie sous l'autorité de son illustre prédécesseur – et en un sens la répudier. Il fut, je n'en doute pas, soutenu dans son action par ses conseillers civils et militaires. Sa responsabilité à ce stade se bornait à décider si les circonstances avaient changé assez radicalement pour justifier l'adoption d'une politique fondamentalement différente – en s'exposant par là même à être accusé d'avoir renié sa parole. Ceux qui font preuve de sagacité après les faits devraient avoir l'intelligence de se taire.

Le 1er juillet, les armées américaines et britanniques commencèrent à se retirer vers leurs zones respectives, suivies par des foules de réfugiés. La Russie soviétique se trouvait désormais installée au cœur de l'Europe, et c'était pour l'humanité un événement aussi marquant que fatidique[1].

*
* *

Alors que se déroulaient ces événements, j'étais plongé dans le tourbillon de la campagne électorale, qui commença pour de bon durant la première semaine de juin. Ce fut donc un mois difficile à vivre ; d'épuisantes randonnées automobiles en direction de toutes les grandes villes d'Angleterre et d'Écosse, trois ou quatre discours à prononcer quotidiennement devant des foules immenses et apparemment enthousiastes, et surtout quatre allocutions radiophoniques laborieusement préparées absorbèrent mon temps et mes forces. Pendant toute cette période, je n'arrêtais pas de penser que bien des choses pour lesquelles nous avions combattu si longuement en Europe étaient en train de nous échapper, tandis que l'espoir de voir s'établir rapidement une paix durable commençait à s'estomper. Je passais mes journées dans la clameur des foules et lorsque, recru de fatigue, je me retirais la nuit venue dans le train qui me servait de quartier général, j'y retrouvais un personnel important ainsi que

---

1. Il omet tout de même de préciser que les Soviétiques viennent de rétrocéder aux Alliés occidentaux les trois quarts de Berlin...

tous les télégrammes arrivés entre-temps, et il me fallait encore travailler de nombreuses heures. Le contraste effarant entre l'excitation et le vacarme de la campagne électorale d'une part et les sombres pressentiments qui agitaient mon esprit d'autre part était déjà en soi un affront à la réalité et au sens des proportions. Je fus vraiment heureux quand arriva le jour du scrutin, et que les urnes contenant les bulletins de vote furent dûment scellées pour trois semaines[1].

J'avais décidé de m'accorder une semaine au soleil avant la conférence. Le 7 juillet, deux jours après le scrutin, je partis en avion pour Bordeaux avec Mme Churchill et Mary, et me trouvai fort agréablement installé dans la villa du général Brutinel, à Hendaye, près de la frontière espagnole ; il y avait là un site magnifique et une fort belle plage. Je passai au lit la plupart des matinées, à lire le livre d'un excellent auteur français sur l'armistice de Bordeaux et ses tragiques conséquences de Mers el-Kébir ; j'éprouvais une impression étrange en revivant des souvenirs déjà vieux de cinq ans, et en apprenant bien des choses que j'avais ignorées à l'époque. Les après-midi, je me mettais en route avec tout mon attirail de peintre, et découvrais de séduisants paysages sur la Nive ou la baie de Saint-Jean-de-Luz. J'étais accompagné d'un peintre de talent en la personne de Madame Nairn, l'épouse de notre consul à Bordeaux, avec qui j'avais noué des liens d'amitié à Marrakech l'année précédente. Je ne m'occupai que de quelques télégrammes relatifs à la conférence toute proche, et m'efforçai de bannir de mon esprit la politique des partis. Et pourtant, je dois avouer que le mystère des urnes et de leur contenu avait la détestable habitude de frapper à la porte et de se montrer à la fenêtre. Mais une fois ma palette garnie et mon pinceau en main, je n'avais aucun mal à chasser ces intrus.

---

[1]. C'est le temps nécessaire pour collecter les bulletins de vote des soldats britanniques encore stationnés aux quatre coins du monde à cette époque.

Partout, les Basques me firent un accueil chaleureux ; ayant supporté une longue période d'occupation allemande, ils se montraient joyeux de pouvoir enfin respirer librement. Je n'avais pas besoin de me préparer pour la conférence, car j'avais présentes à l'esprit bien des questions à traiter [1], et je fus content de m'en affranchir, ne fût-ce que pendant quelques journées éphémères. Pendant ce temps, le président traversait l'océan à bord du croiseur *Augusta*, celui-là même qui avait amené Roosevelt à notre rencontre de 1942 dans l'Atlantique. Le 15 juillet, je traversai les forêts en voiture pour gagner l'aérodrome de Bordeaux, d'où mon Skymaster m'emporta vers Berlin.

---

1. Franchise désarmante, mais présomption effarante au regard du caractère extrêmement mouvant et complexe des problèmes qui vont se poser durant la conférence.

CHAPITRE XXVIII

LA BOMBE ATOMIQUE

Le président Truman arriva à Berlin le même jour que moi. J'étais impatient de rencontrer ce haut personnage avec qui, en dépit de quelques différends, j'avais déjà noué de cordiales relations épistolaires. Lui rendant visite le lendemain matin, je fus frappé par sa gaieté, la précision de son esprit, sa vivacité et son aptitude manifeste à prendre des décisions.

Le 16 juillet, le président et moi fîmes séparément le tour de Berlin. La ville n'était qu'un amas de ruines. Bien entendu, notre visite n'avait pas été annoncée, et il n'y avait dans les rues que des passants ordinaires ; par contre, une foule considérable s'était rassemblée sur la place devant la Chancellerie. Lorsque je descendis de voiture et entrepris de la traverser, tous se mirent à m'acclamer, excepté un vieil homme qui hochait la tête d'un air désapprobateur. Ma haine était morte avec leur capitulation, et je fus profondément ému par leurs manifestations de sympathie, ainsi que par leurs visages émaciés et leurs vêtements élimés. Nous entrâmes ensuite dans la Chancellerie et parcourûmes assez longtemps ses galeries et ses salles dévastées. Nos guides russes nous conduisirent ensuite à l'abri antiaérien d'Hitler ; je descendis jusqu'au fond et vis la pièce où il s'était suicidé avec sa maîtresse. Lorsque nous remontâmes, on nous montra l'endroit où son corps avait été brûlé, et on nous donna les meilleurs renseignements disponibles à l'époque sur ce qui s'était passé lors de ces scènes finales.

La solution choisie par Hitler nous convenait bien mieux que celle que j'avais redoutée ; à n'importe quel moment durant les derniers mois de la guerre, il aurait pu gagner l'Angleterre en avion pour se rendre, en déclarant : « Faites de moi ce que vous voudrez, mais épargnez mon peuple égaré[1]. » Je ne doute pas qu'il aurait partagé le sort des criminels de Nuremberg ; les principes moraux de la civilisation moderne semblent prescrire que les dirigeants d'une nation vaincue soient mis à mort par les vainqueurs. Voilà qui les incitera certainement à poursuivre la lutte jusqu'à la dernière extrémité dans un conflit futur, car cela ne leur coûtera pas plus cher, quel que soit par ailleurs l'excédent de vies humaines sacrifiées en pure perte ; ce sont les masses populaires, si peu consultées quand il s'agit de déclencher ou d'achever les guerres, qui en paieront les coûts supplémentaires. Les Romains, eux, partaient du principe inverse, et leurs conquêtes furent le fruit de leur clémence presque autant que de leurs prouesses martiales.

*
* *

Le 17 juillet nous parvinrent des nouvelles sensationnelles ; Stimson me rendit visite dans l'après-midi et déposa devant moi une feuille de papier portant ces mots : « Les bébés sont bien nés. » À le voir, je compris qu'il s'était produit quelque chose d'extraordinaire. « Cela signifie, me dit-il, que l'expérience dans le désert du Mexique a réussi ; la bombe atomique est devenue une réalité. » Bien que nous ayons suivi ces terribles recherches à l'aide de chaque bribe d'information que l'on nous communiquait, nous n'avions pas été prévenus

---

1. Cette noblesse d'esprit est tout à fait digne des Romains décrits par Edward Gibbon, l'un des auteurs préférés de Churchill, mais elle est à des années-lumière de la mentalité d'Adolf Hitler – ce qui apparaît d'emblée à toute personne lisant son testament.

de la date de l'essai décisif, ou du moins je n'en avais rien su. Aucun savant responsable ne se serait risqué à prédire ce qui se passerait lors du premier essai d'explosion atomique à grande échelle ; ces bombes étaient-elles inopérantes, ou bien dévastatrices ? Nous savions désormais : les « bébés » étaient « bien nés ». Personne ne pouvait encore estimer les conséquences militaires immédiates de cette découverte, et d'ailleurs, personne n'avait encore rien évalué d'autre à son sujet.

Le lendemain matin, un avion nous apporta tous les détails relatifs à cet événement gigantesque dans l'histoire de l'humanité. Stimson me communiqua le rapport, et j'en fais le récit de mémoire : la bombe, ou son équivalent, avait explosé au sommet d'un pylône haut de 30 mètres. Tout le monde avait été évacué à 16 kilomètres à la ronde, et les savants comme leurs assistants s'étaient abrités derrière des écrans et dans des abris en béton massifs à une distance comparable. L'effet de souffle avait été terrifiant ; une énorme colonne de flammes et de fumée s'était élevée jusqu'aux limites de l'atmosphère de notre pauvre Terre, et dans un rayon d'un kilomètre et demi, la dévastation avait été totale. Voilà donc que nous tenions le moyen de mettre fin rapidement à la Seconde Guerre mondiale, et peut-être à bien d'autres choses encore.

Le président m'invita à venir m'entretenir sans délai avec lui ; le général Marshall et l'amiral Leahy se trouvaient à ses côtés. Jusqu'alors, nous avions envisagé l'assaut de l'archipel nippon sous forme de bombardements aériens effroyables et de débarquements de très grandes armées[1].

---

1. Ce sont les plans « Olympic » pour un débarquement dans l'île méridionale de Kyushu en novembre 1945, et « Coronet » pour un assaut contre l'île principale de Honshu en mars 1946 – le tout sous le commandement du général MacArthur pour les opérations terrestres et de l'amiral Nimitz pour la partie navale. Mais leurs états-majors sont effarés par la difficulté de l'entreprise : l'archipel nippon est encore défendu par 2 millions de soldats réguliers, 250 000 hommes des troupes

Nous nous attendions à ce que les Japonais résistent jusqu'à la mort dans la tradition des samouraïs, non seulement lors de batailles rangées, mais aussi dans chaque souterrain et chaque fossé. J'avais toujours présent à l'esprit le spectacle de l'île d'Okinawa, où des milliers de Japonais, refusant de se rendre, s'étaient alignés et suicidés avec des grenades après que leurs chefs eurent solennellement accompli les rites du *kara-kiri*. Réduire cette résistance homme par homme et conquérir le pays mètre par mètre pouvait coûter le sacrifice d'un million de soldats américains et d'un demi-million de Britanniques – voire davantage si nous pouvions les acheminer jusque-là, car nous étions résolus à partager l'épreuve. Or, voici que s'évanouissaient ces visions dantesques, remplacées par la perspective – apparemment séduisante et lumineuse – de mettre fin à la guerre en une ou deux violentes secousses. Je pensai immédiatement que le peuple japonais, dont j'avais toujours admiré le courage, pourrait trouver dans l'apparition de cette arme presque surnaturelle un prétexte pour sauver l'honneur et se libérer de l'obligation de se faire tuer jusqu'au dernier combattant.

De plus, nous n'aurions plus besoin des Russes ; la fin de la guerre contre le Japon ne dépendait plus du déferlement de leurs armées pour participer au massacre final et sans doute prolongé ; nous n'avions plus de faveurs à leur demander. L'ensemble des problèmes européens pouvait donc être traité indépendamment et conformément aux grands principes des Nations unies. Nous paraissions être soudainement entrés en possession d'un moyen d'abréger miséricordieusement le massacre en Orient et de voir s'ouvrir des perspectives bien plus souriantes en Europe. Je ne doutais pas que ces mêmes pensées habitaient l'esprit de nos amis américains. En tout cas, la question de savoir s'il fallait ou non utiliser la bombe atomique ne se posa pas un

---

de garnison, 32 millions de membres des milices civiles, 10 000 avions Kamikaze et une flotte de défense côtière qui reste redoutable.

seul instant ; prévenir une immense et interminable boucherie, terminer la guerre, apporter la paix au monde, imposer des mains apaisantes sur les blessures de ses populations torturées grâce à la démonstration de puissance irrésistible de quelques explosions, voilà qui apparaissait comme un miracle de délivrance survenant après tous nos tourments et tous nos périls.

Les Britanniques avaient donné leur consentement de principe à l'emploi de l'arme dès le 4 juillet, avant que l'essai n'eût été effectué[1]. Il appartenait désormais au président Truman, qui disposait de l'engin, de prendre la décision définitive ; mais je ne doutai pas un seul instant de ce qu'elle serait, pas plus que je n'ai douté depuis lors de sa justesse. Il demeure historiquement établi, et il faudra en juger avec le recul, que la question de l'utilisation de la bombe atomique pour contraindre le Japon à capituler ne s'est pas même posée. Autour de notre table, l'accord fut unanime, automatique et incontesté[2], et je n'ai jamais entendu personne laisser entendre le moins du monde que nous aurions dû agir autrement.

Une question plus délicate se posait : qu'allions-nous dire à Staline ? Le président et moi estimions que nous n'avions plus besoin de son aide pour vaincre le Japon. Il avait donné sa parole à Téhéran et à Yalta que la Russie soviétique attaquerait le Japon aussitôt après la défaite de l'armée allemande, et pour la tenir, il avait fait transporter par le Transsibérien un flot continu de troupes russes vers l'Extrême-Orient depuis le début de mai. À notre avis,

---

1. Churchill ne fait pas allusion à l'accord de Hyde Park du 19 septembre 1944, qui précisait pourtant déjà que lorsqu'une bombe atomique serait prête, « elle pourrait peut-être, après mûre considération, être utilisée contre les Japonais ».

2. Selon Anthony Eden, les membres de la délégation américaine, notamment l'amiral Leahy, avaient encore bien des doutes quant à l'efficacité réelle de la bombe. De fait, l'engin expérimental d'Alamogordo n'avait pas été largué d'un avion, mais fixé en haut d'un pylône.

elles seraient probablement inutiles, et Staline se trouvait donc privé de l'atout qu'il avait utilisé si efficacement face aux Américains à Yalta. Pourtant, il avait été un magnifique allié pendant la guerre contre Hitler, et nous jugions tous deux qu'il fallait l'informer du grand fait nouveau qui dominait désormais la situation, sans toutefois lui fournir des détails. Comment lui en faire part ? Verbalement ou par écrit ? Lors d'une réunion officielle et spéciale, au cours d'une de nos conférences quotidiennes, ou bien à l'issue de l'une d'elles ? Le président finit par conclure que le mieux était d'adopter la dernière de ces options. « Il me semble, déclara-t-il, qu'il est préférable de lui dire après une de nos séances que nous possédons une bombe d'un type entièrement nouveau, sortant tout à fait de l'ordinaire et qui, pensons-nous, aura des effets décisifs sur la volonté de résistance des Japonais. » J'approuvai cette procédure.

*
* *

Pendant ce temps, l'attaque dévastatrice contre le Japon se poursuivait par air et par mer ; la marine japonaise avait pratiquement cessé d'exister à la fin juillet ; le chaos régnait dans la métropole japonaise, qui se trouvait au bord de l'effondrement. Les diplomates de profession étaient convaincus que seule une capitulation immédiate, sous l'autorité de l'empereur, pouvait encore sauver le pays de la désintégration totale ; mais le pouvoir demeurait presque entièrement aux mains d'une clique militaire, résolue à condamner la nation à un suicide de masse plutôt que d'accepter la défaite. L'effarante destruction qui la menaçait ne produisait aucune impression sur cette hiérarchie fanatique ; elle prétendait encore croire à quelque miracle qui détournerait en sa faveur le cours du destin.

Lors de plusieurs entretiens prolongés, en tête à tête avec le président ou en présence de ses conseillers, je discutai de ce qu'il fallait faire. J'insistai sur l'énorme sacrifice en vies américaines et, dans une moindre mesure, britanniques, que réclamerait le maintien de l'exigence d'une « reddition sans condition » des Japonais. Il appartenait au président de voir si la chose ne pouvait être formulée autrement, afin que nous obtenions tous les éléments essentiels à la paix et à la sécurité futures, tout en laissant à nos adversaires quelque moyen de sauver leur honneur militaire et certaines assurances concernant leur existence nationale, une fois qu'ils auraient fourni toutes garanties requises par leurs vainqueurs. Le président me répondit carrément qu'il ne croyait plus à l'honneur militaire des Japonais depuis Pearl Harbor. Je me contentai de lui dire qu'en tout cas, il leur restait une cause pour laquelle ils étaient prêts à affronter en masse une mort certaine, et qui n'avait peut-être pas la même importance pour nous que pour eux. Il devint alors tout à fait compréhensif et parla, comme l'avait fait M. Stimson, des effroyables responsabilités qui pèseraient sur lui en cas d'effusion illimitée de sang américain.

En fin de compte, on décida d'envoyer un ultimatum réclamant la capitulation immédiate et sans condition de toutes les forces armées du Japon ; ce document fut publié le 26 juillet. Les dirigeants militaires du Japon en rejetèrent les termes, et l'aviation américaine prépara donc des plans pour larguer une bombe atomique sur Hiroshima et une seconde sur Nagasaki. Nous fûmes d'accord pour accorder aux habitants toutes les chances de salut possibles, et la manière de procéder fut fixée en détail. Afin de réduire les pertes en vies humaines, onze villes japonaises furent averties par des tracts le 27 juillet qu'elles seraient soumises à un bombardement aérien intensif ; six d'entre elles furent attaquées le lendemain. Douze autres furent également prévenues le 31 juillet, et quatre bombardées le 1er août. Un dernier avertissement fut donné le 5 août ; à cette date, les superforteresses avaient lancé quotidiennement un million et demi de tracts et trois millions d'exemplaires de l'ultimatum. La première bombe atomique ne fut lancée que le 6 août.

Le 9 août, la bombe d'Hiroshima fut suivie par une

seconde, larguée cette fois au-dessus de Nagasaki. Le lendemain, en dépit d'un soulèvement mené par des militaires extrémistes, le gouvernement japonais se déclara prêt à accepter l'ultimatum, pourvu qu'aucune atteinte ne fût portée aux prérogatives de l'empereur en tant que souverain. Les flottes alliées entrèrent dans la baie de Tokyo, et au matin du 2 septembre, l'acte officiel de reddition fut signé à bord du cuirassé américain *Missouri*. La Russie avait déclaré la guerre le 8 août, une semaine seulement avant l'effondrement de l'ennemi ; elle n'en fit pas moins valoir tous ses droits en tant que belligérante.

Il serait faux de croire que le sort du Japon fut réglé par la bombe atomique. Sa défaite était certaine avant la chute de la première de ces bombes, en raison de la supériorité navale écrasante qui avait seule permis de s'emparer de bases océaniques d'où partirait l'ultime attaque destinée à contraindre l'armée métropolitaine à capituler sans coup férir. La marine marchande japonaise avait été détruite. Le Japon était entré en guerre avec plus de cinq millions et demi de tonnes, auxquelles s'était ensuite ajouté un immense tonnage en navires capturés et constructions neuves, mais son système de convois et d'escortes était inadapté et mal organisé ; plus de huit millions et demi de tonnes de navires marchands japonais furent coulées, dont cinq millions par les sous-marins. La Grande-Bretagne, puissance insulaire également tributaire de la mer, peut méditer cette leçon et comprendre ce qu'aurait été notre sort si nous n'avions pu juguler la menace sous-marine.

*
* *

Cette ultime conférence des « Trois » à Potsdam devait sonner le glas de nos espoirs. Je n'essaierai même pas d'évoquer toutes les questions qui furent soulevées, mais non réglées, au cours de nos diverses séances ; je me bornerai à poursuivre l'histoire de la bombe atomique, dans la mesure où j'en ai eu connaissance à l'époque, et à esquisser la terrible question de la frontière germano-polonaise. Ces problèmes pèsent encore sur nous aujourd'hui.

Nous avions accepté à Yalta de voir la Russie avancer sa frontière occidentale en Pologne jusqu'à la « ligne Curzon ». Nous avions toujours admis que la Pologne recevrait en échange de substantiels gains de territoire aux dépens de l'Allemagne ; mais toute la question était de savoir jusqu'où elle pourrait s'avancer en territoire allemand. Les divergences avaient été nombreuses. Staline voulait voir la frontière polonaise s'étendre jusqu'à l'Oder, en suivant son cours jusqu'à la Neisse occidentale ; Roosevelt, Eden et moi avions insisté pour qu'elle s'arrêtât à la Neisse orientale. À Yalta, les trois chefs de gouvernement s'étaient publiquement engagés à consulter le gouvernement polonais et à renvoyer le règlement définitif à la conférence de la paix. Nous n'avions pu faire davantage. Mais en juillet 1945, nous nous trouvions confrontés à une situation toute nouvelle : la Russie avait avancé sa frontière jusqu'à la ligne Curzon ; comme Roosevelt et moi l'avions bien compris, cela signifiait qu'il fallait transporter vers l'Ouest trois ou quatre millions de Polonais habitant du mauvais côté de la ligne. Mais nous nous trouvions désormais face à un problème bien plus grave : le gouvernement polonais sous domination soviétique avait lui aussi avancé sa frontière, non pas jusqu'à la Neisse orientale, mais jusqu'à la Neisse occidentale ; une bonne partie de ce territoire était habitée par des Allemands et, bien que plusieurs millions d'entre eux eussent fui, il en restait encore beaucoup. Que fallait-il faire ? Déplacer trois ou quatre millions de Polonais était déjà fort problématique ; fallait-il aussi déplacer plus de huit millions d'Allemands ? Et même si l'on pouvait envisager ce transfert, ce qui restait de l'Allemagne n'avait pas les moyens de les nourrir : une grande partie de ses céréales provenait justement des territoires saisis par les Polonais, et si on nous les refusait, les Alliés occidentaux allaient devoir gérer des régions industrielles dévastées en même temps qu'une population accrue et affamée. Voilà, pour la paix future de l'Europe, une iniquité auprès de laquelle les problèmes de l'Alsace-Lorraine et du couloir de Dantzig n'étaient que vétilles. Un jour ou l'autre, les Allemands voudraient reprendre leurs territoires, et les Polonais seraient hors d'état de les en empêcher.

*
* *

Il ne me reste plus qu'à évoquer un certain nombre de contacts personnels et de réceptions qui allégèrent quelque peu nos sombres débats. Chacune des trois délégations recevait les deux autres. Les Américains ouvrirent la série ; lorsque vint mon tour d'offrir un toast à ce dîner, je proposai de boire à la santé du « chef de l'opposition », en ajoutant « quel que soit son nom ». M. Attlee s'en amusa fort, et toute l'assistance avec lui[1]. Le dîner offert par les Soviétiques fut tout aussi agréable, et suivi d'un très beau concert où parurent d'éminents artistes russes, mais il se prolongea si avant dans la nuit que je m'éclipsai discrètement avant la fin.

C'est à moi qu'il revint de donner le banquet final au soir du 23 juillet ; je l'avais organisé sur une grande échelle, en invitant les chefs militaires au même titre que les délégués. Je plaçai le président à ma droite et Staline à ma gauche. Il y eut de nombreux discours, et Staline, sans même s'assurer que tous les serveurs et toutes les ordonnances avaient quitté la salle, proposa de tenir notre prochaine réunion à Tokyo. La Russie allait très certainement déclarer la guerre au Japon d'un moment à l'autre ; elle

---

1. Churchill, impressionné par l'exemple de Harry Truman, avait demandé au chef de l'opposition d'assister à la conférence, afin qu'il puisse prendre immédiatement le relais en cas de victoire travailliste aux élections – une éventualité jugée très improbable à l'époque, ce qui peut également expliquer l'amusement de M. Attlee.

avait déjà massé des armées considérables à la frontière pour enfoncer la ligne de front japonaise en Mandchourie, qui était beaucoup plus faible. Afin d'alléger l'ambiance protocolaire, nous changions de place de temps à autre, et le président vint s'asseoir en face de moi. J'eus un nouvel entretien très amical avec Staline, qui était d'excellente humeur et paraissait n'avoir aucune idée de la prodigieuse information que le président m'avait communiquée au sujet de la nouvelle bombe ; il parla avec enthousiasme de l'intervention soviétique contre le Japon, en paraissant compter sur bon nombre de mois d'une guerre que la Russie mènerait avec une ampleur croissante, uniquement limitée par la capacité du Transsibérien.

Un fait très curieux se produisit alors ; mon redoutable invité se leva, son menu à la main, et fit le tour de la table en quémandant la signature de bien des personnalités présentes. Je ne l'aurais jamais imaginé en chasseur d'autographes ! Quand il revint vers moi, j'apposai mon nom comme il le désirait, nous nous regardâmes et nous mîmes à rire. Ses yeux pétillaient de gaieté et de bonne humeur. J'ai déjà eu l'occasion de mentionner qu'au cours de ces banquets, les délégués soviétiques buvaient toujours les toasts dans des verres minuscules, et Staline n'avait jamais procédé autrement. Mais cette fois, je décidai de lui lancer une sorte de défi ; je remplis donc de cognac deux petits verres à bordeaux, après quoi je le fixai d'un air entendu. Nous bûmes tous deux d'un trait et nous lançâmes des regards approbateurs. Au bout d'un moment, Staline me dit : « Si vous jugez impossible de nous donner une position fortifiée sur la mer de Marmara, ne pourrions-nous avoir une base à Dédéagatch ? » Je me bornai à lui répondre : « Je soutiendrai toujours la Russie dans son désir d'accéder toute l'année à la mer libre. »

Le lendemain 24 juillet, à la fin de notre séance plénière, alors que nous venions de quitter la table ronde et nous attardions par groupes de deux ou trois avant de nous

Zones d'occupation en Allemagne et en Autriche, finalement adoptées en juillet 1945

disperser, je vis le président se diriger vers Staline, et tous deux se mirent à converser en présence de leurs seuls interprètes. Je me trouvais peut-être à cinq mètres d'eux et j'observai avec la plus vive attention cette conversation capitale. Je savais ce que le président allait dire, mais il était essentiel de voir la façon dont Staline allait réagir. Je revois encore la scène comme si elle s'était produite hier. Staline parut ravi : une bombe nouvelle ! D'une puissance extraordinaire ! Susceptible d'exercer un effet décisif sur toute la guerre contre le Japon ! Quelle chance ! Telle fut mon impression sur le moment, et j'eus la certitude qu'il n'avait aucune idée de l'importance de ce qu'on lui disait. Manifestement, la bombe atomique n'avait tenu aucune place dans ses préoccupations et ses intenses labeurs ; s'il avait soupçonné le moins du monde la révolution qui s'annonçait dans les affaires mondiales, ses réactions l'auraient trahi[1]. Rien ne lui aurait été plus facile que de dire : « Merci infiniment de m'avoir parlé de votre nouvelle bombe. Quant à moi, je n'ai naturellement aucune compétence technique en la matière. Puis-je envoyer mon expert en énergie nucléaire voir le vôtre demain matin ? » Mais il conserva son expression de bonne humeur, et l'entretien entre les deux puissants chefs d'État prit bientôt fin. Alors que nous attendions nos voitures, je me retrouvai près de Truman. « Comment cela s'est-il passé ? » lui demandai-je. « Il ne m'a pas posé une seule question », me répondit-il[2].

---

1. À l'évidence, Churchill sous-estime les talents de comédien de Staline – et il rédige ce passage en 1951, alors que moins d'un an auparavant, un célèbre scandale avait montré que le physicien Klaus Fuchs, qui participait au projet Manhattan, avait tenu les Soviétiques au courant de l'avancement des travaux nucléaires américains pendant toute la durée de la guerre. Dans ces conditions, l'étude de la physionomie du petit Père des Peuples n'offre qu'un intérêt purement littéraire…

2. Certes, mais de retour à la villa de Ludendorff où il a installé ses quartiers, Staline dit à Molotov, qui est chargé du projet nucléaire soviétique : « Il faudra que nous en parlions au professeur Kourtchatov, afin qu'il accélère les choses. » Pour être sûr de leur accélération, il en

La conférence reprit le 25 au matin ; ce fut la dernière des séances auxquelles j'assistai. Je soulignai une fois de plus que l'on ne pouvait régler la question de la frontière occidentale de la Pologne sans tenir compte des 1 250 000 Allemands qui restaient dans la région. Le président insista de même sur le fait qu'aucun traité de paix ne pouvait être ratifié sans l'avis et l'assentiment du Sénat américain ; il déclara qu'il s'agissait de trouver une solution qu'il puisse recommander en conscience au peuple américain. J'ajoutai pour ma part que si les Polonais étaient autorisés à jouer le rôle de cinquième puissance occupante sans que soient prises des dispositions pour assurer une répartition équitable entre toute la population des vivres produits en Allemagne et sans que nous nous soyons mis d'accord au sujet des réparations ou du butin de guerre, la conférence s'achèverait sur un échec. Cet ensemble de problèmes constituait le cœur même de notre tâche, et pour l'heure, nous n'étions parvenus à aucune entente à cet égard. La querelle se poursuivit ; Staline prétendit qu'il était plus important d'obtenir du charbon et du métal de la Ruhr que de l'alimentation, ce à quoi je rétorquai qu'il faudrait les troquer contre des vivres en provenant de l'Est, sinon comment les mineurs pourraient-ils extraire du charbon ? « Ils importaient autrefois des vivres de l'étranger, rien ne les empêche de recommencer », me fut-il répondu. Et comment paieront-ils les réparations ? « Il reste pas mal de graisse en Allemagne », fut la sinistre réponse. Je refusais de laisser les habitants de la Ruhr mourir de faim, uniquement parce que les Polonais occupaient toutes les terres céréalières de l'Est. La Grande-Bretagne elle-même manquait de charbon. « Alors, faites travailler les prisonniers allemands dans les mines, c'est bien ce que je fais, moi, dit Staline. Il y a encore 40 000 soldats en Norvège, prenez-les ! »

---

retirera la responsabilité à Molotov et la confiera à Beria avant même de quitter Potsdam.

Les frontières de l'Europe centrale

« Nous exportons notre propre charbon vers la France, la Hollande et la Belgique, fis-je. Pourquoi les Polonais vendraient-ils le leur à la Suède, alors que nous nous privons en faveur des pays libérés ? » « Mais c'est du charbon russe, répondit Staline. Notre situation est encore plus difficile que la vôtre. Nous avons perdu plus de cinq millions d'hommes à la guerre, et nous souffrons d'un terrible manque de main-d'œuvre. » Je revins à la charge. « Nous enverrons le charbon de la Ruhr en Pologne, ou n'importe où ailleurs, pourvu que nous recevions en échange des vivres pour nourrir les mineurs qui l'extraient. »

Ceci parut faire réfléchir Staline, qui admit que l'ensemble du problème méritait examen. Je me déclarai d'accord, en ajoutant que je désirais seulement souligner les problèmes auxquels nous étions confrontés. Pour ce qui me concerne, l'affaire se termina là-dessus.

*
* *

En dehors de ce que j'ai rapporté ci-dessus, je ne puis accepter aucune responsabilité pour les décisions qui furent prises à Potsdam. Au cours de cette conférence, je laissai subsister des divergences inconciliables, que ce soit au cours de nos séances ou durant les réunions quotidiennes des ministres des Affaires étrangères[1]. En consé-

---

1. Comme à Yalta, Churchill donne l'impression d'avoir maîtrisé les négociations de bout en bout, mais plus encore qu'à Yalta, il semble les avoir abordées avec un certain dilettantisme. Voir par exemple le témoignage du sous-secrétaire d'État Cadogan : « Depuis qu'il a quitté Londres, le Premier ministre a refusé de faire le moindre travail ou de lire le moindre document. Sans doute a-t-il raison, mais il ne peut pas avoir tout et son contraire : s'il ne sait rien du sujet en discussion, il devrait se taire, ou donner la parole à son ministre des Affaires étrangères. Au lieu de cela, il intervient à tout propos et hors de propos, raconte les pires sornettes et risque de compromettre toutes nos positions à chaque tournant. » (*Cadogan Diaries, op. cit.*, p. 765) Plus édifiant encore, le témoignage du diplomate sir William Hayter, secrétaire de la délégation

quence, une redoutable masse de questions sur lesquelles nous étions en désaccord s'accumula dans les dossiers. Si mon mandat devait être confirmé par les électeurs, comme on le croyait généralement, j'avais l'intention d'affronter le gouvernement soviétique au sujet de cette liste de décisions. Ainsi, ni M. Eden ni moi n'aurions accepté la Neisse occidentale comme frontière ; la ligne de l'Oder et de la Neisse orientale avaient déjà été accordée à la Pologne à titre de compensation pour son repli sur la ligne Curzon, mais un gouvernement dont j'étais le chef n'aurait jamais admis l'occupation par les Soviétiques de territoires s'étendant jusqu'à la Neisse occidentale et même au-delà[1]. Ce n'était pas une question de principe, mais plutôt un problème pratique d'une ampleur gigantesque, entraînant le déplacement d'environ trois millions de personnes supplémentaires.

Il y avait bien d'autres questions au sujet desquelles il convenait de tenir tête aux autorités soviétiques, ainsi qu'aux Polonais qui, en absorbant de vastes étendues de territoire allemand, étaient manifestement devenus leurs ardentes marionnettes ; ces négociations furent ajournées et malencontreusement interrompues par le résultat des élections générales. Mon propos n'est pas de blâmer les ministres du gouvernement travailliste, qui durent se

---

britannique pour les questions politiques : « Churchill était fatigué et en petite forme ; il souffrait également de l'illusion qu'il savait tout et n'avait pas besoin de lire les rapports. [...] Lors des séances, Staline et Molotov, toujours parfaitement préparés, lançaient des questions très précises. "Que faut-il répondre à ça ?", demandait le Premier ministre en se retournant avec peine vers ses conseillers assis derrière lui. Nous ne pouvions lui rétorquer : "Si vous aviez lu notre rapport, vous le sauriez !", alors nous tentions de lui expliquer à voix basse – qu'il n'entendait pas – la genèse de l'accord Tito-Soubachitch ou les mésaventures du roi Michel de Roumanie. » (Sir William Hayter, *The Kremlin and the Embassy*, Hodder & Stoughton, Londres, 1966, p. 29-30)

1. Churchill ne précise pas quelle forme concrète aurait pris le fait de ne pas admettre cette occupation.

rendre à Potsdam sans aucune préparation sérieuse, et qui ignoraient naturellement mes vues et mes projets, consistant à avoir une « explication » à la fin de la conférence et, si nécessaire, à rompre publiquement plutôt que d'admettre la cession à la Pologne de la moindre parcelle de territoire au-delà de l'Oder et de la Neisse orientale[1].

Toutefois, comme je l'ai expliqué dans les chapitres précédents, le bon moment pour régler cette question aurait été celui où les fronts des puissants Alliés s'étaient rejoints sur le terrain, et avant que les Américains, et les Britanniques dans une moindre mesure, aient effectué leur vaste repli sur une ligne de 650 kilomètres et une profondeur atteignant 190 kilomètres en certains endroits, abandonnant ainsi aux Russes le cœur et une grande partie de l'Allemagne. C'est à ce moment que j'avais voulu obtenir un règlement, avant l'exécution de cette immense retraite et tant que les armées alliées demeuraient intactes. Les Américains estimaient que nous avions pris des engagements précis au sujet d'une ligne d'occupation bien définie, et je soutenais fermement qu'il fallait attendre pour la rejoindre d'avoir obtenu l'assurance que la question du front tout entier, du nord au sud, était bien réglée en fonction des aspirations et de l'esprit dans lesquels nos engagements avaient été pris. Toutefois, je ne parvins pas à obtenir l'appui des Américains sur ce point, et les Russes poursuivirent leur avance, poussant les Polonais devant eux, refoulant les Allemands, dépeuplant de vastes régions dont ils avaient saisi toutes les ressources en vivres, et chassant une multitude de bouches à nourrir vers les zones américaine et britannique déjà surpeuplées. Peut-être aurait-on pu encore sauver la situation, même à Potsdam, mais la dissolution du gouvernement britannique d'union nationale et mon exclusion de la scène des

---

1. Ici encore, on ne voit pas très bien quel effet concret aurait eu cette « rupture publique », d'autant qu'elle n'aurait sans doute pas été secondée par les Américains à cette époque.

débats au moment où je disposais encore de pouvoirs et d'une influence considérables rendirent impossible la conclusion d'accords satisfaisants.

Je rentrai à Londres en avion dans l'après-midi du 25 juillet, accompagné de ma fille Mary ; ma femme vint me chercher à Northolt et nous dînâmes tranquillement ensemble.

Le capitaine Pim et son personnel de la salle des cartes avaient pris d'excellentes dispositions pour présenter de façon continue un tableau des résultats des élections, tels qu'ils parvinrent dans la journée du lendemain. Les dernières prévisions du bureau central du parti conservateur étaient que nous conserverions une majorité substantielle. Je ne m'étais pas exagérément préoccupé de cette question pendant le travail essentiel de la conférence. J'acceptai dans l'ensemble l'opinion des dirigeants du parti et j'allai me coucher en pensant que le peuple britannique souhaiterait que je poursuive ma tâche ; j'espérais qu'il me serait possible de reconstituer le gouvernement d'union nationale en fonction du dosage des partis dans la nouvelle Chambre des communes. Sur quoi je m'endormis profondément. Mais juste avant l'aube, je m'éveillai en sursaut sous l'effet d'une douleur presque physique. La conviction, jusque-là subconsciente, que nous étions battus s'imposa à mon esprit et ne me quitta plus. La pression des grands événements favorables ou contraires, grâce à laquelle j'avais si longtemps maintenu moralement ma « vitesse de croisière », allait s'interrompre et provoquer ma chute ; le pouvoir de modeler l'avenir me serait refusé ; les connaissances et l'expérience que j'avais acquises, l'autorité et la sympathie gagnées dans tant de pays s'envoleraient en fumée. Cette perspective me déplut fort, et je me retournai aussitôt pour me rendormir. Je ne m'éveillai qu'à 9 heures, et lorsque j'entrai dans la salle des cartes, les premiers résultats étaient déjà tombés ; comme je m'y attendais désormais, ils étaient défavorables. À midi, il devenait manifeste que les socialistes obtiendraient la majorité. Au déjeuner ma femme me dit: « D'un mal sortira peut-être un bien. » « Pour le moment, le bien est admirablement dissimulé », répondis-je.

D'ordinaire, je n'aurais pas hésité à prendre quelques jours pour expédier les affaires courantes, ainsi qu'il est d'usage en pareil cas. Constitutionnellement, j'aurais pu attendre la session inaugurale du nouveau Parlement pour recevoir mon congé de la Chambre; cela m'aurait permis de présenter à la nation la capitulation sans condition du Japon avant de me retirer. Mais du fait qu'il était nécessaire que la Grande-Bretagne fût représentée avec toute l'autorité nécessaire à la conférence où devaient aboutir les grandes négociations que nous avions menées jusqu'alors, tout retard eût été contraire à l'intérêt public. En outre, le verdict des électeurs s'était exprimé de façon si massive que je ne souhaitais pas conserver une heure de plus la responsabilité de leurs affaires; à 19 heures, donc, ayant au préalable sollicité une audience, je me rendis au palais pour présenter ma démission au roi, et conseillai à Sa Majesté de faire appel à M. Attlee.

À la nation, j'adressai le message suivant, qui servira d'épilogue à ce récit:

26 juillet 1945.

« La décision du peuple britannique s'est manifestée dans les bulletins dépouillés aujourd'hui. J'ai donc déposé la charge qui m'avait été confiée en des temps plus sombres. Je regrette qu'il ne m'ait pas été permis d'achever le travail contre le Japon[1]. À cet égard, cependant, tous les plans et les préparatifs ont été effectués, et les résultats pourraient bien survenir beaucoup plus rapidement que nous n'étions en droit de l'escompter jusqu'ici. D'immenses responsabilités

---

1. Churchill a déjà mentionné la capitulation du Japon ci-dessus, mais il est contraint à cette anomalie chronologique par le fait que les bombardements d'Hiroshima et de Nagasaki, suivis de la reddition du 2 septembre, se sont produits après sa démission.

incombent désormais au nouveau gouvernement, tant à l'extérieur qu'à l'intérieur, et nous devons tous espérer qu'il s'en acquittera avec succès.

Il ne me reste plus qu'à exprimer au peuple britannique, pour le compte duquel j'ai agi durant ces périlleuses années, ma profonde gratitude pour son appui inflexible et inébranlable, ainsi que pour les nombreux témoignages d'affection qu'il a apportés à son serviteur. »

FINIS

INDEX

A

ABDUL ILLAH, 86
AIREY (général Terence), 880
ALEXANDER (maréchal Harold), 228(n), 288, 340-341, 344-347, 349-351, 385-386, 388, 391-393, 395, 404, 406, 410, 435-436, 448, 452, 462-464, 474-475, 478, 480, 494, 497, 520, 532-533, 534(n), 535, 535(n), 572, 574, 591, 611-612, 616-617, 619, 621, 641-642, 644, 648, 665, 691, 693-694, 696, 698, 700, 702-703, 706-707, 709-710, 817, 819, 819(n), 821-822, 831(n), 879, 881, 899, 901, 903
ALEXANDRE DE YOUGOSLAVIE, 814(n)
ALI AL-GILLANI (Rachid), 85-88, 90, 112
AMBROSIO (général Vittorio), 498-500, 503
ANDERS (général Władysław), 379, 382
ANDERSON (lieutenant-général Kenneth), 348, 461, 681(n)
ARLISS (capitaine Stephen), 79
ARNIM (général Jürgen von), 462
ARNOLD (général Henry H.), 578, 670(n), 818, 828(n)
ATATÜRK (Mustafa Kemal dit), 533
ATHLONE (lord Alexander), 196
ATTLEE (Clement), 15, 218, 233(n), 343, 346, 376, 401(n), 440, 681(n), 814(n), 906, 948, 948(n), 958
AUCHINLECK (général Claude), 86, 88, 98, 98(n), 155-159, 162, 166-168, 191, 215, 285, 287-289, 303, 305, 312, 321-323, 331, 339-342, 344-346, 348-350, 386(n), 398, 533
AUPHAN (Gabriel), 425

B

BACK (capitaine de vaisseau Geoffrey), 78
BADOGLIO (maréchal Pietro), 499, 504, 507, 528-529, 531, 538, 637, 639, 705
BARRÉ (général), 423
BEATTIE (capitaine de corvette Stephen), 243
BEAVERBROOK (lord William) *dit* Max Aitken, 117, 131-132, 134, 136-138, 183, 185, 188, 204, 209, 233(n), 374, 376, 613
BERESFORD-PEIRSE (général Noel), 468
BERNADOTTE (comte de), 914
BEVIN (sir Ernest), 401(n), 442, 659, 681(n)
BILLOTTE (général Pierre), 688
BIRSE (Arthur), 372(n), 379, 578, 588, 783
BOCK (maréchal Fedor von), 138, 454
BOETTIGER (Anna Roosevelt), 856
BOISSON (Pierre François), 424, 437(n)
BONNIER DE LA CHAPELLE (Fernand), 425
BONOMI (Ivanoe), 705
BOOTHBY (Robert), 308
BOR-KOMOROWSKI (général Tadeusz), 722, 890
BORMANN (Martin), 912-913, 913(n)
BRADLEY (général Omar), 682-684, 687, 769-770, 777, 804, 859
BRAUCHITSCH (Heinrich von), 129, 130(n)

INDEX

BROOKE (général Alan), 17(n), 122, 183, 183(n), 232, 293, 293(n), 340, 340(n), 341, 343, 358, 369, 377, 386(n), 448, 474-476, 520, 525-526, 544(n), 568, 571(n), 593, 595-598, 598(n), 616, 667, 669, 670(n), 861(n)
BULLARD (sir Reader), 354
BURROUGH (contre-amiral Harold), 419

C

CADOGAN (sir Alexander), 144, 147, 148(n), 353, 355, 358, 369, 374, 376, 380, 382, 401(n), 448, 544(n), 831(n), 836(n), 908(n), 954(n)
CAMPBELL (général John) *dit* Jock, 164
CAMPBELL (sir Ronald), 41
CARTON DE WIART (général Adrian), 72
CASEY (Richard Gardiner), 287, 340, 569, 610
CAVALLERO (général Ugo), 320(n), 498
CAVIGLIA (Enrico), 531
CHAMBERLAIN (Arthur Neville), 303
CHANEY (major-général James), 142
CHERWELL (lord Frederick), 144
CHOLTITZ (général Dietrich von), 688
CHURCHILL (Clémentine), *dite* Clemmie, 139-140, 453, 512, 518, 526, 561, 614, 699(n), 795, 924, 937, 957-958
CHURCHILL (général Randolph), 99, 435, 598, 627(n), 631(n), 856
CHURCHILL (Mary Soames), 512, 795, 797, 937, 957
CIANO (Gian Galeazzo), 502, 640
CLARK (général Mark Wayne), 298, 299(n), 327, 393, 422-423, 548, 617, 622, 642-644, 664, 702, 710, 899
CLARK KERR (Archibald), 881
CONINGHAM (sir Arthur) *dit* Mary, 342, 403, 775
COPELAND (William Oranmore), 243
CRERAR (général Harry), 683, 772
CRIPPS (sir Stafford), 108, 113, 117, 376
CUNNINGHAM (amiral Andrew), 38, 54, 66, 76, 79-80, 82, 160, 297(n), 464, 474-475, 480, 494, 496, 532, 534-535, 616, 831(n)
CUNNINGHAM (général Alan), 159, 165-167
CURTIN (John), 226-228
CVETKOVI (Dragiša), 42-43

D

DARLAN (amiral François), 87, 417-418, 418(n), 420, 422-426, 436, 452
D'ASTIER DE LA VIGERIE (Henri), 425(n)
DAVIS (Elmer), 299
DE GAULLE (général Charles), 15, 18, 92(n), 312, 364, 413, 434, 436-438, 438(n), 440, 444, 474, 474(n), 629(n), 668(n), 670, 688, 795-797, 845, 849
DE GUINGAND (sir Francis), 864
DE LABORDE (amiral Jean), 425
DE LATTRE DE TASSIGNY (Jean Joseph), 701(n), 796
DEKANOSOV (Vladimir), 111
DEMPSEY (général Miles), 683, 797
DENTZ (général Henri), 87, 91-92
DESMOND (commandant Morton), 107
DEVERS (général Jacob), 612, 777, 798
DILL (maréchal John Greer), 38, 49, 64, 116, 143, 143(n)-144(n), 183, 183(n), 189, 203, 209, 326, 332, 578
DÖNITZ (amiral Karl), 27, 31, 236, 241, 244-245, 491, 911, 913-915, 917-918
DOUGLAS (Lewis), 35
DULLES (Allen), 880
DUNBAR (sergent Michael), 310

E

EDEN (sir Anthony), 38, 40-42, 49, 99, 114, 117, 133-134, 139, 153, 175, 206, 374, 401(n), 437, 440, 474, 477-478, 518, 544(n), 555, 561-562, 573, 578, 580, 583, 603, 608, 608(n), 610, 628, 630, 633(n), 634, 783, 790, 795(n), 809, 818, 818(n), 821, 823-824, 828, 830(n)-831(n), 833, 846(n), 853, 856, 876, 886-887, 893, 908(n), 911, 943(n), 955

EISENHOWER (général Dwight), 16, 282(n), 298, 299(n), 327, 347, 393, 416-417, 422, 424, 432, 435-436, 452, 472-477, 479-480, 492, 494, 521-522, 529, 537, 537(n), 538, 540-542, 545-546, 574, 576, 609, 611-612, 615-617, 621, 652, 652(n), 653, 655, 658-661, 679, 684, 687, 689, 692-695, 697-698, 701-702, 708, 710, 769-770, 772, 798(n), 801-804, 806, 829, 859, 864-865, 867-870, 870(n), 879, 882, 882(n), 903-904, 906(n), 909-910, 915, 927, 935
ELLIOT (Walter), 316
ESMONDE (capitaine de corvette John), 240
ESTEVA (amiral Jean-Pierre), 423

F

FÉNARD (amiral Raymond), 417
FLETCHER (contre-amiral Aubrey Wray), 254, 256-258, 260, 263, 265
FRASER (amiral Bruce), 562-563
FREYBERG (général Bernard), 72, 78-79, 165, 167, 321, 388-389, 644
FRIEDEBURG (amiral Hans-Georg), 914

G

GAMELIN (général Maurice), 795
GEORGE II, 39, 53-54, 79, 631, 633-634, 717, 817, 817(n), 824
GEORGE VI, 16, 148, 174-175, 307, 336, 584, 658-659, 958
GHORMLEY (amiral Robert), 141-142
GIBSON (lieutenant-colonel Guy), 511
GIRAUD (général Henri Honoré), 413, 415, 417, 422-423, 426, 434, 437-438, 438(n), 440, 444, 474, 474(n)
GODEFROY (amiral René-Émile), 424
GOEBBELS (Joseph), 912-913
GÖRING (Hermann), 44, 74, 81, 245, 507, 795, 912-913
GRABSKI (Wladyslaw), 783, 844
GRANDI (Dino), 501-503
GREY (Edward), 174
GUDERIAN (général Heinz), 139

H

HALDER (général Franz), 115, 457
HALIFAX (lord Edward), 23, 292, 885
HALSEY (amiral William F.), 755-756, 758-760, 764-766
HARRIMAN (William Averell), 132, 134, 136, 138, 142, 171, 301, 353-354, 357-358, 364, 369, 373-374, 376, 584, 887(n), 928(n)
HART (amiral Thomas Charles), 177-178
HARWOOD (amiral Henry), 297, 297(n), 340
HIMMLER (Heinrich), 833(n), 912-913
HITLER (Adolf), 17(n), 25, 31, 33, 37, 43-45, 49, 60-61, 61(n), 87, 90, 103-106, 108, 110, 112-113, 114(n), 115-116, 118-119, 119(n)-120(n), 124-125, 127-129, 129(n), 130-131, 135, 137, 153, 160, 169, 173, 178, 181, 187, 189, 192, 206, 238, 245, 273-274, 277, 309, 319-320, 323, 356-357, 361, 364, 366, 376, 401(n), 406, 408, 419, 424, 427, 431, 454, 456-457, 457(n), 458-459, 461, 463, 485, 489, 491, 499-500, 505-507, 521, 540, 543, 547, 549, 582, 590, 600, 610, 624, 637, 640, 643, 646, 667, 673-674, 677, 679, 679(n), 680, 685-686, 689, 721, 731, 779, 781-782, 787, 792, 803, 806, 827, 860(n), 867, 867(n), 879, 891, 899-900, 902, 908, 911-913, 913(n), 939-940, 940(n), 944
HOLLIS (colonel Stanley), 144, 189, 209
HOPKINS (Harry), 141-142, 144-145, 193-194, 271, 273-274, 293, 299, 301, 317, 327, 332, 436, 441, 445, 469, 471-472, 518, 578, 596, 609, 846(n), 856, 878, 885, 929-930
HORE-BELISHA (sir Isaac), 305, 311
HORROCKS (général Brian), 404
HORTY (amiral Miklós), 45, 792
HOWARD (Leslie), 481

I

INCHCAPE (lord James), 33

INDEX

INÖNÜ (Mustafa Ismet), 447-449, 608
ISMAY (général Hastings), 64, 137-138, 224, 290, 296-297, 300, 347-348, 348(n), 441, 468, 472, 475, 573, 578, 607, 659-660, 831(n)

J

JACOB (colonel Edward), 144, 345, 350
JODL (général Alfred), 44, 178, 915
JOUKOV (Gueorgui), 913, 915
JUIN (général Alphonse), 417-418, 418(n), 420, 688

K

KEITEL (maréchal Wilhelm), 44, 116, 178, 679(n), 915
KESSELRING (maréchal Albert), 170, 320, 522, 535, 547, 642-643, 647, 649, 664, 693, 695, 710, 800, 867, 882-883, 900, 911
KEYES (amiral Roger), 305, 307-308
KILLEARN (lord), 448
KING (amiral Ernest), 76, 79-80, 326-327, 331, 578, 667, 670, 670(n)
KING (Mackenzie), 196, 509, 526
KINKAID (amiral Thomas), 759-760, 764
KIRK (Alan), 569
KLUGE (général Hans von), 679, 686
KORYSIS (Alexander), 53
KURITA (amiral), 758-760, 764-765

L

LAMPSON (Miles), 100, 341
LAVAL (Pierre), 425
LAYCOCK (général Robert), 653
LEACH (capitaine de vaisseau John), 145
LEAHY (William), 365, 413, 578, 941, 943(n)
LEATHERS (lord Frederick), 33-35, 468
LECLERC (Philippe Leclerc de Hautelocque), 451, 687
LEE (général William), 142

LEESE (général Oliver), 404, 617, 664, 706, 708
LEMNITZER (général Lyman), 880
LINDSELL (général), 451
LIST (général Siegmund), 454
LITVINOV (Maxim), 199-200
LUMSDEN (général Herbert), 405
LYTTELTON (capitaine Oliver), 100-101, 146, 167, 233(n), 308

M

MACARTHUR (général Douglas), 177, 225(n), 752, 755-760, 764-766, 941(n)
MACLEAN (général Fitzroy), 627, 631(n), 699
MACMILLAN (Harold), 795(n), 808-809, 817, 819, 819(n), 821(n)
MACVEAGH (Lincoln), 821
MAISKY (Ivan Mikhailovich), 132-134, 278, 560
MARSHALL (général George), 204, 207, 271, 273-274, 277, 282(n), 290, 292, 296(n), 298-299, 326-327, 330-331, 393, 472-475, 477, 480, 520(n), 543, 568, 574, 578, 595, 597, 608-609, 621, 667, 670, 670(n), 802(n), 825(n), 869, 883, 941
MARSHALL (Geoffrey), 453-454
MARTIN (John), 829, 831
MAXTON (James), 218
MAY-LING (Soong) dite Madame Tchang Kaï-chek, 569, 572
MENZIES (sir Stewart), 41
MERCIER (capitaine de vaisseau Léon), 422
METAXAS (Ioannis), 53, 631
MICHEL Ier DE ROUMANIE, 720, 876, 955(n)
MIHAILOVITCH (général Draža), 623, 624(n), 625-629, 629(n), 630, 630(n), 631, 699(n)
MIKOLAJCZYK (Stanislaw), 724-726, 728, 731, 783, 789, 789(n), 791, 828, 842, 844, 847, 852, 878, 887, 929-930
MOLOTOV (Viatcheslav), 109, 112-114, 278-280, 356-359, 365, 369, 371, 373, 375, 379-380, 382, 449, 555-556, 559-561,

569, 579, 584, 597, 716, 782-783, 791, 831, 842, 846-848, 850, 852-853, 875, 877-878, 881-882, 888, 890, 893(n), 894, 909, 951(n), 955(n)

MONTGOMERY (général Bernard), 340-341, 344-348, 348(n), 349, 385-386, 388-389, 392, 395-397, 398(n), 405-407, 410, 432-433, 435, 451, 474, 494, 520, 535, 591, 611, 613, 616-617, 652, 657-658, 667-668, 675, 680, 682-684, 689(n), 769-772, 774, 798, 804-806, 859-865, 868, 870, 882, 914, 932, 935

MORAN (lord Charles) *voir* WILSON *(Charles)*

MORGAN (sir F. E.), 510, 512-514, 519, 652

MORSHEAD (général Leslie), 406

MOUNTBATTEN (amiral Louis), 243(n), 324, 326(n), 436, 513-514, 517, 517(n), 527(n), 571(n), 603, 605-606, 653, 670, 736(n), 739-741, 743, 745-747, 800

MOYNE (lord Walter), 809

MUSSOLINI (Benito), 160, 173, 304-305, 319, 323, 498-505, 507, 546, 637-640, 899, 902, 912

MYERS (colonel Edmund) *dit Eddie* Charles Wolf, 632

N

NAGUMO (amiral Ch ichi), 176, 261-268
NELSON (Donald), 204-205
NIMITZ (amiral Chester), 254, 260-262, 269, 752, 756, 766, 941(n)
NOBLE (amiral Percy), 32
NOGUÈS (général Auguste *Charles*), 423, 437(n)

O

OSAWA (amiral Jisaburo), 757, 759, 764
OSOBKA-MORAVSKI (Edward), 790

P

PAGE (sir Earle), 226

PAPAGOS (général Alexandros), 47, 51
PAPANDRÉOU (Geórgios), 635, 808-810, 812, 817, 823
PATTON (général George), 494, 616, 798, 805, 860
PAUL DE YOUGOSLAVIE, 41-43, 623
PAULUS (maréchal Friedrich von), 457-458
PAVLOV (V. N.), 357, 372(n), 375, 379, 579, 598-599, 783
PECK (sir John), 301
PENDAR (Kenneth W.), 445-446, 448
PÉTAIN (Philippe), 419, 424, 426
PETERS (capitaine de vaisseau Frederick), 421
PHILLIPS (amiral Thomas), 180
PIERRE II, 623, 623(n), 628, 630, 699, 814
PLASTIRAS (général Nikolaos), 824, 824(n)
PORTAL (maréchal Charles), 64, 183, 189, 208, 211, 212(n), 336, 434, 525-526, 831(n), 832
POUND (amiral Alfred), 26, 64, 146, 183, 185, 189, 208-209, 434, 526, 528, 534
PRIEN (Günther), 27

Q

QUINAN (général Edward), 155

R

RAEDER (amiral Erich), 31, 551
RAWLINGS (amiral Henry), 78
REYNAUD (Paul), 795
RIBBENTROP (Joachim von), 44, 114
RITCHIE (général Neil), 167-168, 216, 285, 288-289, 305, 310, 312, 321
ROBERTS (général George), 388
ROBERTSON (général Brian), 451, 622
ROKOSSOVSKI (maréchal Constantin), 730
ROMER (Traddée), 783
ROMMEL (général Erwin), 59-62, 65, 93-94, 96-98, 157, 159-161, 164, 166-170, 215-216, 285, 289, 304, 304(n), 305, 310, 310(n), 319-320, 322-323, 330, 344, 348, 350, 365, 377, 386-388, 390, 392(n), 394-397, 404-405, 408-409,

419, 432-433, 435, 461-462, 479, 522, 673, 677, 679, 769
ROOSEVELT (Eleanor), 193
ROOSEVELT (Elliott), 147
ROOSEVELT (Franklin), 16, 29, 31, 33, 108, 141, 144-147, 150, 172, 174, 174(n), 186, 188, 191, 193, 193(n), 194, 196, 199-200, 202, 204-205, 207, 209, 212, 219, 237, 240, 241(n), 271, 277, 283, 292-293, 295(n)-296(n), 298-300, 317, 324, 326, 326(n), 330-332, 337, 354, 363, 367, 376, 393, 395, 413, 433, 435, 438-441, 443-447, 454, 459, 467, 470-472, 509, 511, 516, 518, 520, 522, 527-528, 532, 543, 560, 567(n), 569-570, 570(n), 572, 574, 578-579, 583-584, 587(n), 588, 593-595, 597, 599-601, 603-610, 614, 618-619, 621, 628, 670, 670(n), 694-697, 708-709, 714-716, 718, 726, 728, 736(n), 743, 781, 784(n), 787(n), 792(n), 800-801, 801(n), 816, 818, 828-829, 830(n), 831, 833(n), 834, 839, 843, 846, 846(n), 847, 850-851, 854(n), 856, 868, 871-872, 877-878, 883-886, 896, 907, 909, 928, 935, 938, 941, 943, 945, 947
ROWAN (sir Leslie), 829
RUNDSTEDT (Karl von), 110, 130, 656, 673, 677, 679, 803
RYDER (capitaine Robert), 242-243

S

SARACO LU (Mehmet ükrü), 449
SCHELLENBERG (général Walter), 914(n)
SCHULENBURG (Friedrich-Werner von der), 110, 112-114
SCOBIE (lieutenant-général Ronald), 808, 811-812, 855
SCORZA (Carlo), 502
SIMOVIC (général Dušan), 42-43
SIMPSON (général William Hood), 866(n)
SMART (vice-maréchal Harry-Georges), 86, 89

SMITH (général Walter Bedell « Beetle »), 473, 475, 617, 621, 660, 697, 915
SMUTS (général Jan), 40, 112, 340, 343-344, 346, 454, 657, 659, 667, 669, 670(n), 696, 775, 798
SOMERVILLE (amiral James), 66, 160, 468
SOONG (Paul Tse-ven), 200
SOUBACHITCH, 631, 699, 955(n)
SPAATZ (général Carl) *dit Tooey*, 327
SPEER (Albert), 779
SPEIDEL (général Hans), 769
SPRUANCE (amiral Raymond), 263, 265, 267-268, 753
STALINE (Joseph), 104, 106, 108-109, 112, 114, 114(n), 122, 126-129, 132, 134-135, 137(n), 139, 145, 193(n), 200, 281, 336, 356, 358-366, 369, 370(n), 371-372, 374-380, 382, 395, 431, 437(n), 447, 449, 454, 459, 504, 555, 558, 558(n), 560, 560(n), 561, 562(n), 567(n), 578-587, 587(n), 588, 590-604, 606, 609, 629, 666-667, 692, 694-695, 709(n), 715, 718, 723, 725-726, 729, 729(n), 781, 783, 783(n), 784, 784(n), 785, 787, 791-792, 792(n), 813, 822(n), 828, 831, 832(n)-833(n), 834, 839, 841-845, 845(n), 846, 846(n), 847, 847(n), 848, 850-853, 853(n), 854, 854(n)-855(n), 857(n), 868, 871, 876-878, 882(n), 883-884, 886-888, 890-891, 904, 908-909, 925, 928, 928(n), 929-931, 935, 943-944, 947-949, 951, 951(n), 952, 954, 955(n)
STARK (amiral Harold), 327
STAUFFENBERG (colonel Claus von), 679
STEPHEN, 308
STETTINIUS (Edward Reilly Jr), 205, 813, 853, 885, 887, 894
STEVENSON, 34(N), 630
STIMSON (Henry), 290, 296(n), 299, 326, 609, 941, 945
STUMME (général Georg), 405
SYFRET (amiral Edward), 528

INDEX

T

TAYLOR (Mrs), 445, 622(n)
TCHAKMAK (maréchal), 448
TEDDER (maréchal Arthur William), 167, 340, 342, 353, 369, 403, 462, 474, 480, 494, 612, 616, 915
TELEKI (comte Pál Teleki de Szék), 45, 53
THOMA (général Wilhelm Ritter von), 396, 409, 506
THOMAS (général Georg), 112
TIMOCHENKO (maréchal Semion), 129, 139
TITO (Josip Broz) *dit* Tito, 624-628, 630, 630(n), 631, 633(n), 638, 698(n), 699, 709, 717, 788, 792, 792(n), 814(n), 851, 894, 932, 955(n)
TOGLIATTI (Palmiro), 705
TOJO (général Hideki), 754
TRUMAN (Harry S.), 16, 816(n), 825(n), 872, 885-886, 886(n), 893-894, 904, 909-911, 924, 926-927, 929-931, 933, 935, 939, 948(n), 951
TRUSCOTT (général Lucian King Jr.), 665
TSOUDEROS (Emmanouil), 634
TUCHET-JESSON (Sarah), 829, 856

V

VANDERKLOOT (capitaine Ernest L.), 335, 338, 353, 392-393, 448
VIAN (amiral Philip), 169, 669
VICTOR EMMANUEL III, 501, 503-504, 507, 538
VIETINGHOFF (général Goffried von), 900
VOROCHILOV (Kliment), 358, 579, 585
VORONOV (maréchal Nicolaï), 458
VYCHINSKY (Andreï), 109, 608, 725, 876

W

WARDLAW-MILNE (sir John), 304, 306, 308, 315-316
WAVELL (maréchal Archibald) *dit* Archie Percival, 51, 54, 59, 63, 65, 67, 70, 72, 79-80, 87-88, 91, 93-97, 97(n), 98-99, 157-158, 221, 223-226, 228, 231-232, 339-340, 353, 355, 358, 360, 369, 376, 468, 510
WEIZSÄCKER (Ernst von), 111
WELLES (Summer), 144, 147
WERTH (général Heinrich), 45-46
WEYGAND (général Maxime), 418-419
WILSON (général Henry) *dit* Jumbo, 47, 51, 53, 91, 159, 392, 448, 494, 520(n), 539-541, 612, 617, 645, 663, 693, 695-696, 699, 809, 899
WILSON (lord Charles), 16, 184, 184(n), 209, 338, 437(n), 453, 612, 619-620, 831
WINANT (John), 171-172, 856, 906
WINGATE (général Charles), 510-511, 738, 738(n)
WOLFF (général Karl), 880-881, 901

Y

YAMAMOTO (amiral Isoroku), 176, 176(n), 261-263, 267-268, 270(n)

Z

ZERVAS (Napoléon), 632-633

DANS LA MÊME COLLECTION

Louis ALTHUSSER, *Machiavel et nous*
Éric ANCEAU, *Napoléon III*
François-Jean ARMORIN, *Terre Promise, terre interdite*
Colette ARNOULD, *Histoire de la sorcellerie*
Raymond ARON, *Essais sur la condition juive contemporaine*
Frédérique AUDOIN-ROUZEAU, *Les Chemins de la peste : le rat, la puce et l'homme*
Elisabeth BADINTER, *Les Remontrances de Malesherbes*
Jacques BAINVILLE, *Histoire de France*
Jacques BAINVILLE, *Napoléon*
Malcom BARBER, *Le Procès des Templiers*
Alessandro BARBERO, *Barbares. Immigrés, réfugiés et déportés dans l'Empire romain*
Jean-Jacques BECKER et Gerd KRUMEICH, *La Grande Guerre. Une histoire franco-allemande*
Giovanni BELZONI, *Voyages en Égypte et en Nubie*
Jean BÉRENGER, *Histoire de l'empire des Habsbourg. Tome 1 : 1273-1665*
Jean BÉRENGER, *Histoire de l'empire des Habsbourg. Tome 2 : 1665-1918*
David BERLINSKI, *Une brève histoire des maths*
Anne BERNET, *Les Chrétiens dans l'empire romain*
Célia BERTIN, *La Femme à Vienne au temps de Freud*
Georges BORDONOVE, *La Tragédie des Templiers*
Georges BORDONOVE, *La Tragédie cathare*
Marcel BRION, *Frédéric II de Hohenstaufen*
Marcel BRION, *Les Borgia*
Louise BROOKS, *Loulou à Hollywood*
Christopher R. BROWNING, *Des hommes ordinaires. Le 101e bataillon de réserve de la police allemande et la Solution finale en Pologne*
Christopher R. BROWNING, *Politique nazie, travailleurs juifs, bourreaux allemands*
Riccardo CALIMANI, *Histoire du ghetto de Venise*

Piero CAMPORESI, *Le Goût du chocolat*
Paul CARELL, *Ils arrivent! Le Débarquement vécu du côté allemand*
Michel CARMONA, *Richelieu*
Boni DE CASTELLANE, *L'Art d'être pauvre*, précédé de *Comment j'ai découvert l'Amérique*
Curtis CATE, *La Campagne de Russie*
Matei CAZACU, *Dracula*
Matei CAZACU, *Gilles de Rais*
Rémy CAZALS et André LOEZ, *14-18. Vivre et mourir dans les tranchées*
Pierre CHAINE, *Mémoires d'un rat*
Eddie CHAPMAN, *Ma Fantastique Histoire*
Pierre CHAUNU & Michèle ESCAMILLA, *Charles Quint*
Guy CHAUSSINAND-NOGARET, *Les Femmes du roi, d'Agnès Sorel à Marie-Antoinette*
Guy CHAUSSINAND-NOGARET, *Les Français sous Louis XV*
Kellow CHESNEY, *Les Bas-Fonds de Londres. Crime et prostitution sous le règne de Victoria*
Winston CHURCHILL, *Discours de guerre*. Édition bilingue
Winston CHURCHILL, *Journal politique, 1936-1939*
Winston CHURCHILL, *Mes jeunes années*
Winston CHURCHILL, *Mon voyage en Afrique*
Winston CHURCHILL, *Réflexions et Aventures*
Ivan CLOULAS, *César Borgia*
Marthe COHN, *Derrière les lignes ennemies*
Philippe de LA COTARDIÈRE, *Histoire des sciences*
Bernard COTTRET, *Histoire de l'Angleterre*
Roger DACHEZ, *Histoire de la médecine*
Pierre DAIX, *Aragon avant Elsa*
Franck DANINOS, *CIA. Une histoire politique, 1947-2007*
Pascal DAYEZ-BURGEON, *Les Coréens*
Amable DE FOURNOUX, *La Venise des Doges*
Philippe DELORME, *Aliénor d'Aquitaine*
Arthur DEMAREST, *Les Mayas. Grandeur et chute d'une civilisation*
Sophie DEROISIN, *Le Prince de Ligne*
Roger DUCHÊNE, *Madame de Sévigné*
Michel DUCHEIN, *Histoire de l'Écosse*
John K. FAIRBANK & Merle GOLDMAN, *Histoire de la Chine*

Jean FAVIER, *Louis XI*
Jean FAVIER, *Charlemagne*
Jean FAVIER, *Philippe Le Bel*
Marc FERRO, *La Vérité sur la tragédie des Romanov*
Moses I. FINLEY, *L'Héritage de la Grèce antique*
Janet FLANNER, *Chroniques d'une Américaine à Paris*
Robert FLEURY, *Marie de Régnier*
Michael R.D. FOOT & J.-L. CREMIEUX-BRILHAC, *Des Anglais dans la Résistance. Le SOE en France, 1940-1944*
Philippe FRANCHINI, *Les Guerres d'Indochine. De la conquête française à 1949*
Philippe FRANCHINI, *Les Guerres d'Indochine. De 1949 à la chute de Saïgon*
Isabelle FRANCO, *Dictionnaire de mythologie égyptienne*
Max GALLO, *Garibaldi*
Max GALLO, *Rosa Luxemburg*
Max GALLO, *La Nuit des longs couteaux*
Max GALLO, *L'Italie de Mussolini*
Pierre GAXOTTE, *Le Siècle de Louis XV*
Murray GORDON, *L'Esclavage dans le monde arabe*
Sylvain GOUGUENHEIM, *Le Moyen Âge en questions*
Sylvain GOUGUENHEIM, *Les Chevaliers teutoniques*
Zalmen GRADOWSKI, *Au cœur de l'enfer*
Michael GRANT et John HAZEL, *Dictionnaire de la mythologie*
Jesse Glenn GRAY, *Au combat*
Peter GREEN, *Les Guerres médiques*
Pierre GRIMAL, *Cicéron*
Mogens Herman HANSEN, *La Démocratie athénienne*
Victor HANSON, *Le Modèle occidental de la guerre*
Gilles HENRY, *Petit dictionnaire des mots qui ont une histoire*
John HERSEY, *Hiroshima*
Richard HILLARY, *Le Dernier Ennemi. Bataille d'Angleterre, juin 1940-mai 1941*
Adam HOCHSCHILD, *Les Fantômes du roi Léopold. La terreur coloniale au Congo belge, 1884-1908*
Alistair HORNE, *Comment perdre une bataille*
John HORNE et Alan KRAMER, *1914, Les Atrocités allemandes. La vérité sur les crimes de guerre en France et en Belgique*

Richard HOUGH, *La Mutinerie du cuirassé Potemkine*
Aldous HUXLEY, *Les Diables de Loudun*
Christian JACQ, *Le Monde magique de l'Égypte ancienne*
Jean-Noël JEANNENEY, *Georges Mandel. L'homme qu'on attendait*
Lucien JERPHAGNON, *Julien dit l'Apostat*
Lucien JERPHAGNON, *C'était mieux avant…* suivi du *Petit Livre des citations latines*
Alexandre JEVAKHOFF, *Les Russes blancs*
Pierre JOURNOUD et Hugues TERTRAIS, *Paroles de Dien Bien Phu*
Camille JULLIAN, *Vercingétorix*
Donald KAGAN, *Périclès*
André KASPI et Hélène HARTER, *Les Présidents américains*
François KERSAUDY, *Churchill contre Hitler*
Joseph KESSEL, *Jugements derniers. Les procès Pétain, de Nuremberg et Eichmann*
Joseph KESSEL, *L'Heure des châtiments*
Joseph KESSEL, *La Nouvelle Saison*
Joseph KESSEL, *Le Jeu du roi*
Joseph KESSEL, *Le Temps de l'espérance*
Joseph KESSEL, *Les Instants de vérité*
Joseph KESSEL, *Les Jours de l'aventure*
Anja KLABUNDE, *Magda Goebbels*
Arthur KOESTLER, *La Treizième Tribu*
Arnaud de LA CROIX, *L'Érotisme au Moyen Âge*
Paul LAFARGUE, *Paresse et Révolution, 1880-1911*
Olivier LALIEU, *La Résistance française à Buchenwald*
Hermann LANGBEIN, *Hommes et femmes à Auschwitz*
LA RECHERCHE, *Histoire des nombres*
Henry LAURENS, *Français et Arabes depuis deux siècles*
Richard LEBEAU, *Une histoire des Hébreux*
G. LENÔTRE, *Vieilles maisons, vieux papiers*, tome 1
G. LENÔTRE, *Vieilles maisons, vieux papiers*, tome 2
G. LENÔTRE, *Vieilles maisons, vieux papiers*, tome 3
Evelyne LEVER, *Marie-Antoinette, journal d'une reine*
Claude LÉVY et Paul TILLARD, *La Grande Rafle du Vel d'Hiv*
Bernard LEWIS, *Istanbul et la civilisation ottomane*
Louis XIV, *Mémoires* suivis de *Manière de montrer les jardins de Versailles*. Textes présentés par Joël Cornette

Pierre MENDÈS FRANCE, *Dire la vérité*
Jean MEYER, *La Révolution mexicaine*
André MIQUEL, *Ousâma. Un prince syrien face aux croisés*
Pierre MIQUEL, *Mourir à Verdun*
Nancy MITFORD, *Madame de Pompadour*
Horst MÖLLER, *La République de Weimar*
Philippe MONNIER, *Venise au XVIIIe siècle*
Pierre MONTAGNON, *Histoire de la Légion*
Daniel MORNET, *Les Origines intellectuelles de la Révolution française*
Dominique de la MOTTE, *De l'autre côté de l'eau. Indochine, 1950-1952*
Donald M. NICOL, *Les Derniers Siècles de Byzance*
George D. PAINTER, *Marcel Proust*
Jacques-Henry PARADIS, *Le Journal du siège de Paris*. Texte annoté et présenté par Alain Fillion
Joseph PÉREZ, *Brève histoire de l'Inquisition en Espagne*
Michel PERNOT, *La Fronde*
Régine PERNOUD, *Les Hommes de la Croisade*
Jean-Christian PETITFILS, *Le Véritable d'Artagnan*
Henri PIGAILLEM, *Anne de Bretagne*
Jean-Robert PITTE, *Histoire du paysage français*
Karyn POUPÉE, *Les Japonais*
Christophe PROCHASSON, *14-18. Retours d'expérience*
Claude QUÉTEL, *Histoire de la folie*
Claude QUÉTEL, *L'Histoire véritable de la Bastille*
Salomon REINACH, *Sidonie ou Le Français sans peine*
Yves RENOUARD, *Les Hommes d'affaires italiens au Moyen Âge*
Jean-François REVEL, *Un festin en paroles. Histoire littéraire de la sensibilité gastronomique de l'Antiquité à nos jours*
Jean-Pierre RIOUX, *La France de 1900*
Jacqueline DE ROMILLY, *Alcibiade*
Steven RUNCIMAN, *Histoire des croisades, 1095-1188*
Steven RUNCIMAN, *Histoire des croisades, 1188-1464*
Steven RUNCIMAN, *La Chute de Constantinople : 1453*
Cornelius RYAN, *La Dernière Bataille : 2 mai 1945*
Cornelius RYAN, *Le Jour le plus long*
Frédéric SALAT-BAROUX, *De Gaulle-Pétain*

Heinrich SCHLIEMANN, *La Fabuleuse Découverte des ruines de Troie*
Comte Philippe de SÉGUR, *Un aide de camp de Napoléon. De 1800 à 1812*
Comte Philippe de SÉGUR, *La Campagne de Russie, 1812*
Comte Philippe de SÉGUR, *Du Rhin à Fontainebleau, 1812-1815*
Gitta SERENY, *Au fond des ténèbres*
William L. SHIRER, *Les Années du cauchemar, 1934-1945*
La Baronne STAFFE, *Usages du monde. Règles du savoir-vivre dans la société moderne*
Robert VAN GULIK, *Affaires résolues à l'ombre du poirier. Un manuel chinois de jurisprudence et d'investigation policière du XIIIe siècle*
Fey VON HASSEL, *Les Jours sombres*
Paul VEYNE, *Sénèque. Une introduction*
Alexander WERTH, *Leningrad, 1943*
Alexander WERTH, *La Russie en guerre. La patrie en danger, 1941-1942*
Alexander WERTH, *La Russie en guerre. De Stalingrad à Berlin, 1943-1945*
Edith WHARTON, *Villas et jardins d'Italie*
Arthur YOUNG, *Voyages en France*
Natalie ZEMON DAVIS, *Le Retour de Martin Guerre*

L'homme d'État et ses écrits demeurent aujourd'hui des monuments inébranlables. Verve, humour, énergie et lucidité sont la marque de celui qui pouvait dire en 1936 à Lord Baldwin : « L'Histoire dira que vous avez eu tort… Et si j'en suis certain c'est parce que c'est moi qui l'écrirai ! »

Dans ce volume, Winston Churchill (1874-1965) s'y montre tel qu'en lui-même : tonitruant, bavard, rusé, extraordinaire : « le grand artiste de la grande histoire », selon le mot du général de Gaulle.

688 pages – 12,50 €

Dépôt légal : septembre 2013
ISBN : 979-10-210-0259-3
N° d'édition : 3619
Imprimé en France